U1018099

荆楚文庫

〔同治〕崇陽縣志

〔清〕高佐廷 修
〔清〕傅燮鼎 纂

荆楚文庫編纂出版委員會
武漢大學出版社

荊楚文庫

〔同治〕崇陽縣志

TONGZHI CHONGYANG XIANZHI

圖書在版編目(CIP)數據

〔同治〕崇陽縣志/〔清〕高佐廷修;〔清〕傅燮鼎纂.
—武漢:武漢大學出版社,2019.12
ISBN 978-7-307-21075-2
Ⅰ.同…
Ⅱ.①高… ②傅…
Ⅲ.崇陽縣—地方志—清代
Ⅳ.K296.34
中國版本圖書館 CIP 數據核字(2019)第 169212 號

責任編輯:李 程 黄河清
整體設計:范漢成 曾顯惠 思 蒙
責任校對:汪欣怡
出版發行:武漢大學出版社(中國·武漢)
地址:武昌珞珈山
電話:(027)87215822 郵政編碼:430072
録排:武漢恒清圖文菲林輸出工作室
印刷:湖北新華印務有限公司
開本:787mm×1092mm 1/16
印張:30
版次:2019 年 12 月第 1 版 2019 年 12 月第 1 次印刷
定價:145.00 元

ISBN 978-7-307-21075-2
9 787307 210752 >

《荆楚文庫》工作委員會

主　　任：蔣超良
第一副主任：王曉東
副 主 任：王艷玲　梁偉年　尹漢寧　郭生練
成　　員：韓　進　劉仲初　喻立平　龍正才　雷文潔
張良成　黃曉玫　尚　鋼　黃國雄　陳義國
吴鳳端

辦公室

主　　任：張良成
副 主 任：陳　明　李耀華　周百義

《荆楚文庫》編纂出版委員會

顧　　問：羅清泉
主　　任：蔣超良
第一副主任：王曉東
副 主 任：王艷玲　梁偉年　尹漢寧　郭生練
總 編 輯：章開沅　馮天瑜
副總編輯：熊召政　張良成
編委（以姓氏筆畫爲序）：朱　英　邱久欽　何曉明
周百義　周國林　周積明　宗福邦　郭齊勇
陳　偉　陳　鋒　張建民　陽海清　彭南生
湯旭巖　趙德馨　劉玉堂

《荆楚文庫》編輯部

主　　任：周百義
副 主 任：周鳳榮　胡　磊　馮芳華　周國林
成　　員：李爾鋼　鄒華清　蔡夏初　鄒典佐　梁瑩雪
黃曉燕　朱金波
美術總監：王開元

《荆楚文庫·方志編》編纂組

組　長：賀定安　陽海清（執行）

副組長：劉傑民（執行）　王　濤　謝春枝　范志毅（執行）

參編人員（按姓氏筆畫排名）：

王　濤　李云超　宋澤宇　范志毅　柳　巍　馬盛南　陳建勛

梅　琳　張文静　張雅俐　陽海清　彭余焕　彭筱澂　賀定安

楊　萍　雷　静　劉傑民　潘　玲　謝春枝

編　審：周　榮

顧　問：沈乃文　李國慶　吴　格

出版説明

湖北乃九省通衢，北學南學交會融通之地，文明昌盛，歷代文獻豐厚。守望傳統，編纂荆楚文獻，湖北淵源有自。清同治年間設立官書局，以整理鄉邦文獻爲旨趣。光緒年間張之洞督鄂後，以崇文書局推進典籍集成，湖北鄉賢身體力行之，編纂《湖北文徵》，集元明清三代湖北先哲遺作，收兩千七百餘作者文八千餘篇，洋洋六百萬言。盧氏兄弟輯録湖北先賢之作而成《湖北先正遺書》。至當代，武漢多所大學、圖書館在鄉邦典籍整理方面亦多所用力。爲傳承和弘揚優秀傳統文化，湖北省委、省政府決定編纂大型歷史文獻叢書《荆楚文庫》。

《荆楚文庫》以「搶救、保護、整理、出版」湖北文獻爲宗旨，分三編集藏。

甲、文獻編。收録歷代鄂籍人士著述，長期寓居湖北人士著述，省外人士探究湖北著述。包括傳世文獻、出土文獻和民間文獻。

乙、方志編。收録歷代省志、府縣志等。

丙、研究編。收録今人研究評述荆楚人物、史地、風物的學術著作和工具書及圖册。

文獻編、方志編録籍以一九四九年爲下限。

研究編簡體横排，文獻編繁體横排，方志編影印或點校出版。

《荆楚文庫》編纂出版委員會

二〇一五年十一月

前言

《〔同治〕崇陽縣志》十二卷首一卷，清高佐廷修，清傅燮鼎纂，清同治五年（一八六六）木活字印本。内封題：「同治五年鐫　崇陽縣志　校對無訛。」

高佐廷，字小川，清廣東順德人，副貢，歷官漢川、崇陽知縣。傅燮鼎，字鐵椽，本縣人，副貢，候選教諭，有《我泉集》《崇質堂詩稿》《雪浪餘音》。

崇陽縣沿革可參康熙志前言。邑志現今所存者有四，同治志前三志，分别爲清康熙九年（一六七〇）知縣高景之修刻本，乾隆六年（一七四一）知縣黄袞修刻本，乾隆十七年（一七五二）知縣曹學詩修刻本。是志卷十一《藝文志·舊志》載：「道光壬寅年（一八四二）志，邑人劉鎮鼎定稿，凡八卷，知縣金云門序，將繡梓，未遂，遭亂散失，近購得之，已亡其半。」今道光志未見存本，其成時距同治志成不過二十餘年，雖是時已散佚過半，仍可能被作爲同治志參考。

志分十門：疆域、建置、食貨、禮樂、職官、選舉、人物、綸音、藝文、雜紀，凡六十一目。凡例共分八則，逐一舉例説明，一目了然。一則考實，以沿革、山川、古蹟爲重。一則辨訛，前志有誤者考以各朝史書，通志所録涉崇者則取邑志參之，各自厘訂。一則求詳，凡舊志所遺者補之，略者詳之，並新增多至數倍乃至數十倍，而地以人重，選舉志中顯宦與明季殉難、清初守節者，若有可核者，一一補傳之。一則歸簡，以綸音志爲重。一則正體，禮樂志以《大清會典》爲本，田賦準《賦役全書》，職官、人物、藝文諸志，參之史例，名宦、鄉賢列傳，一概書名；官紳現存者不入傳，士人生存者不編文，耆民、節婦等，如舊志各書行署，以免久而無徵；其餘各目因事比附，各從其類。一則通俗，選舉用表，人物用傳，選舉以傳附之，不與選舉者列入人物志。一則示防，陂塘、寺觀、坵墓，此三者大半由舊，或有增注，皆爲紳耆集衆論商定而後筆之。一則乖鑒，職官、人物傳稱美不稱惡，若事關政俗、變兆、兵戎者，據事直書，不隱惡而使聞者戒之。

是志卷首爲高佐廷所撰序言，介紹了有關崇陽茶葉種植的内容，對當時社會風貌進行了簡要描述，如「男女以茶爲業，或採或販，或挑或揀」，「今紅茶行而各省之商至矣，外國之商至矣」，具有鮮明的時代特色。《藝文志·舊志》收録自楊文昭始，四百餘年來，崇陽志續編一十三次始末，可考者詳盡敘之，散佚者簡略説明，並附有個人評價，具有考證崇志修纂的史學價值。

據《中國地方志聯合目録》，國圖、北大、上海、天津、南京、浙江、湖北、湖南、川大等館藏有該志同治五年（一八六六）木活字印本。本次影印以湖北省圖書館藏本爲底本，其中卷六《職官志·知縣》第三十三葉缺失，其他藏本同樣未見該葉，故未進行替補。（彭筱溦）

目録

卷三 建置志下

卷四 食貨志

同治五年鐫

崇陽縣志

校對無訛

重修崇陽縣志序

嘗讀史至張乖厓宰崇拔茶一事其深思遠慮先事預防凡為民父母誠求保赤顧不當以乖厓為法乎凡為地方予民消累弭患顧不當於乖厓是懲乎但發令之初害未形而先除其利

中南圖書館藏書

有未易與慮衆期者予於咸豐乙卯歲選授漢川縣令丙辰捧檄來楚同治癸亥調補是邦比下車詢民間利害僉曰崇沐

國家寬大之政二百餘年諸無甚害惟自咸豐壬子至同治壬戌十年間數遭兵燹害莫大焉然氣運使然不獨崇陽然也近來崇之為利則在紅茶夫崇屬武昌地瘠民貧偏隅僻處向為商賈所不至奇技淫巧之貨所不鬻幸山多泉引以灌田穀賴有秋又多木足供薪爨民俗儉樸衣食之外無他求敦詩書而講

禮讓亦楚中一樂土也今紅茶行而各省之商至矣外國之商至矣食物用物百貨如泉蔚然一大觀矣每當暮春穀雨後茶庄盛開邑之男女以茶為業或採或販或挑或揀以及車夫舟子縴之所入歲以萬計茶又不

宜於曠野平原而宜於高山峻嶺崎嶇磽埆將來開墾種植數千年不毛之地皆為利藪復又貢獻不及賦稅不增植茶之利數倍稼穡貧轉富富愈富設令日乖厓宰此仍以抜茶之政行之民之樂從與否未可知也且不特不以為善政而以為虐政道路側目羣相怨咨亦未可知也自來民志難齊違道干譽虞書所戒為官者不貪財不剝民立一法行一令盡心竭力祇求其是愛憎在所不計惟利中有害夫利中有大害有不能不為

崇處焉語曰沃土之民不材瘠土之民好義崇既易瘠土為沃土富矣而不加之以教將從前儉樸變為驕淫喪人心壞風俗皆由於此禮以防之義以正之方能去其害而實受其利否則沃土不如瘠土之為愈而乖厓抜茶之政雖千萬年行之可也夫防微杜漸宰官責也而都人士生於斯長於斯聚國族於斯鄉田同井較宰官耳目尤近家諭之戶曉之黜奢華崇樸儉諄諄勸戒共勖不違使之富而不驕富而不淫人心風俗無異於

者雖遠地植茶有何不可又何必盡令拔去始爲善政哉邑志成諸縉紳請序於予辭之不獲乃以此序之補志書所未詳即以備採風者之觀覽焉至井疆沿革政治異同及邑中人文章氣節科第勳名載在志者燦然大備無俟予之縷陳而藻飾也已　晉

同治歲在丙寅孟冬即補同知直隸州知州前知漢川縣事調補崇陽縣嶺南高佐廷序并書

高佐廷印　小川氏

崇陽縣志修輯姓氏

總修
即補同知直隸州知州崇陽縣知縣　高佐廷

督修
崇陽縣學教諭陞任襄陽府學教授　燕光烇
署崇陽縣學教諭　晏承烈
崇陽縣學訓導　萬裕澐

監修
恩貢生候選教諭邑人　饒應暄

纂輯
副貢生候選教諭邑人　傅燮鼎（榜名肇可）

分編
邑增貢生候選訓導議敘中書銜　楊一鶚
拔貢生候選教諭邑人　王啟源
舉人議敘同知銜邑人　熊會心

分校
舉人揀選知縣邑人　陳炳南
邑廩生　黃光瑛
邑庠生　劉樹藝

采訪

邑附貢生議敘員外郎銜 舒良弼
邑增貢生議敘同知銜 吳光瀚
恩貢生候選教諭邑人 王溯源
捐貢生邑人 趙壽驥
廩貢生候選訓導邑人 李之仁
邑廩生 陳炳業
邑庠生 汪灼瑜

參考

歲貢生候選訓導邑人 沈昌教
邑優增生議敘翰林院待詔銜 王濟世

邑庠生 楊褒業
邑人 劉樹玉

參訂

舉人選授黃陂縣學教諭邑人 王元策
優貢生郎用知縣邑人 劉樹典
邑舉人 柳文宿
邑庠生候選縣丞 殷壽泰

督刊

誥封五品銜邑人 程步雲
候補府經歷邑人 沈裕源

各里采訪

誥職 孫汝華 誥職 熊洪猷 武舉守備 周燮堯
增貢 熊毓陵 廩生 王濟霖 恩貢 邱承裕
附貢 劉俊偉 附貢 雷新民 議敘八品 張本安
廩生 饒俊沅 廩生 黃世英 監生 鄒伯元
庠生 汪紹南 監生 陳時珍 庠生 丁大鏞
廩生 葉煦 職員 沈潤堂 庠生 汪紫琳
監生 汪際開 監生 余家勳 增生 吳光煜
魏斐然 廩生 劉貞幹 庠生 夏紹鼎
監生 傅竹淇 職員 甘登魁 監生 沈應南

歲貢 饒恆泰 武生 楚蓮陞 監生 李代祖
廩貢 劉文炳 廩生 王灼源 武生 沈朝欽
例貢 龍交俊 增生 程家猷 例貢 吳德宣
監生 宋冠英 武生 李炳奇 監生 廖鄉山
監生 藏欽之 監生 陳德華 監生 王國泰
增生 傅文瀚 增生 黃光謙 職員 鍾山玉
例貢 程元清 監生 楊鳴鳳 監生 余作紳
議敘八品 楊肇業 議敘州同 劉樹熇 附貢 任益彰
鄉庠 程大鵬 庠生 米珠 監生 雷徵文
庠生 許榮陞 武生 談定山 監生 汪啟興

歲貢林鳴鳳　增貢程鎮川　李鍾驥
監生李召棠　議敘主事楊榮玠　庠生陳鍾福
庠生龐交璧　庠生沈清濱　王槐奎
武生柳清月　武生謝盛朝　議敘縣丞余子金
庠生陳兼善　庠生王上拔　庠生姜祖銑
武生宋定山　庠生王洪惠　武生李錦章
監生鄧晃明　監生傅艮臨　廩生劉樹淥
庠生賴濟時　武生周貞吾　增生陳懋先
武生陳登魁　庠生楊之幹　監生丁文之
例貢曾應鑾　傅文瀾　監生陳逢甲

監生湯春霖　庠生王楷　庠生陳炳瀚
監生吳廷璋　庠生沈定陽　陳炳中
監生羅青雲　庠生陳履亭　黃正齋
監生王銘元　王鍾雲　汪銘堂
職員藍家璧　宋昌發　例貢周文祥
監生鄧直亭　監生王懷德　捐貢李步雲
武生吳兆麟　武生米登華　庠生黃啟甲

繪圖繕書

議敘縣丞程雲　軍功六品陳錫銘　議敘縣丞饒鑲傑
童生黃洪思　童生王廷柱

崇陽縣志全書目録

凡例

崇志百十餘年未續徵近典則劫灰餘燼文獻盡湮稽古編則荒冢所藏見聞別出事雖因而爲體近創疑既闕而求信難全其規摹與俗違虞見咍於衆兆或勉强隨時尚恐貽笑於方家志例不可不首列也凡八則

一考實　邑志以志地爲先沿革山川古蹟宜一一考正如漢下雋縣治在崇陽水經淯水源流即雋水吳城爲孫權所築槐頭壘爲張昌所據梁上雋郡唐唐年縣仍下雋故治皆舊志所未考茲稽諸書史復就相沿地名及當時形勢證之實蹟無疑舊志山類有鐵柱山古蹟有乖厓讀書堂其實一在通城一在通山與崇無涉故不復載崇陽之名自宋始唐邑令溫遷約隱士高讓書并崇居崇俱不合改書唐年爲是至星野與舊志異本湖北通志全楚皆然非特崇邑也

一辨訛　古今書志求無舛訛者蓋鮮如後漢書馬援傳下雋壺頭分屬兩郡相去甚遠地理志自明章懷注下雋在沅陵字典壺頭在崇陽兩說俱誤不可不辨唐史召王珪章挺於雋州本蜀地綱鑑

[illegible][illegible]詩館傳州康熙庚戌續志辨別以爲據茲節
去不[illegible]覽舒始職官鄭迴誤載南唐任希夷誤載
[illegible]作[illegible]後梁觀魏濟誤載德祐時楚遷古蹟清遠
樓誤列明涼燕閣誤列唐壇廟伏波祠參以葛洪
祠宇二僕祠改作周杜俱非今釐正之至於通志
所引方輿勝覽寰宇記元和志等書紀山川道里
多誤故不錄大抵通志字迹舛訛處未能枚舉涉
崇土者當取邑志參訂之

一求詳　志有未可或簡者若疆域食貨禮樂職官
選舉諸志及舊志之學校義所人物志之忠義

隱逸是也凡舊志所載者補之略者詳之并新增
多至數倍或什倍或數十倍者追援康熙武功志
寡寥數行爲例時[illegible]資[illegible]耳其選舉志中顯官姓
名行業已見史書及湯內名公墓志雜記可核者
竟增長傳緣諡以人重也至於明季殉難
國初守節諸君子先年未詳者事實尤爲憾事茲一
一補傳庶足慰先[illegible]崇義之心

一歸儒　崇志之涉祭者第音一卷爲最凡列宸翰
必特錯專勅授以重任其交者關時政可編入國
史斯增重至秉公則許錄交亦稱殊榮其餘封贈

若勅祭全文總備描過多舊志相沿已久未便竟
廢論[illegible]任錄名目非如汪太僕總理河道劉中丞
督華淮陽所授之勅不復全載至於一切詩文無
甚關係即工麗亦不能多存汪尚書三疏其文甚
長難入本傳當載南京倉儲漕運書於崇無涉以
相沿久仍之乾隆壬申志曹邑侯所著自爲一編
今刪去十之七八

一正體　志爲史類守土者上達
朝廷之書禮樂本
大清會典明賦準賦役全書尚已而職官人物藝文

諸志尤當參之太史氏名官鄉賢列傳一概書名
官紳見在者不立傳邑人士見在者不編文營體
裁應爾惟見存之者民節婦如舊志各書行略蓋
顯微闡幽惡久而無徵故稍寬其例至於星野風
土入疆域物產倉儲入食貨因事比附各從其類
參諸他志不必盡同但求無乖體製者使編首一
卷省入封蔭門壇遺廟省入禮樂志似於體製
尤合此衷與志衡嶽所以有是議也

一通俗　邑志本非便俗之書然有特重違衆論聽
復爾爾如選舉用表人物用傳品行勳業節義文

章八人物多乎自選舉中來或乃謂梓里先達月旦未便於是志選舉以傳附表後別以不與選舉者為人物志合二為一而採取論定尚有待於郡志通志茲因通俗之一端也他如神壇官地界至丈尺必書寺觀津梁捐募姓名必記勸忠義則略其生平表節壽則詳敘前後斯皆免俗未能惟第一卷八景之目裝門面無關形勝因分注各處不復標題以徇俗好

一示防　邑陂塘最多寺觀次之邱墓又次之之三者皆志書所不能遺而最易啓爭端三者之中陂塘為要其次邱墓至於寺觀之爭殊屬無謂今新志所載大半由舊或有增注俱經紳耆集眾論商定然後筆之冊有圖為爭訟章本者一概不登至於進之以崇民事之重退之以矯俗尚之非則亦有微意寓其中矣

一垂鑒　邑志稱美不稱惡職官人物傳則然若事關政俗變兆兵戎自當據事直書以昭筆伐其他鄉閭已事邑巷相傳聳人聽聞生人悚息者善固當揚惡亦不必隱所謂言之無罪聞之足戒也雜祀之有災祥廣撫以誌也夫

志目甚繁遂一舉例更僕難終約以八則全書得失具見於茲昔者邵仲德補宋史之缺魏順甫爭楚志之長孔自來拾江陵之餘毛大可勘蕭山之謬矧茲弇鄙易見瑕疵凡百高明幸加裁正

崇陽縣志卷一目録

崇陽縣境全圖
東北界通山咸甯蒲圻
葛仙山
河田保
崇洪保
黃沙港
黃沙保
東泉嶺
大集山
浪口保
鹿門保
羊角峯
龍頭岩
龍頭保
豪頭保
芦泉港
東岳保
縣治
小港保
肖坊保
下岩保
白羊山
中洲
新塘保
下津保
橋㙼保
東界通山
白羊保
石坑保
東流港
横山
銅鐘保
仙師保
東平山
乳山
北山
洪泉
沙坪保
大梅嶺
大泉港
大源保
雙港保
小東港
寒泉
横嶺
大湖山

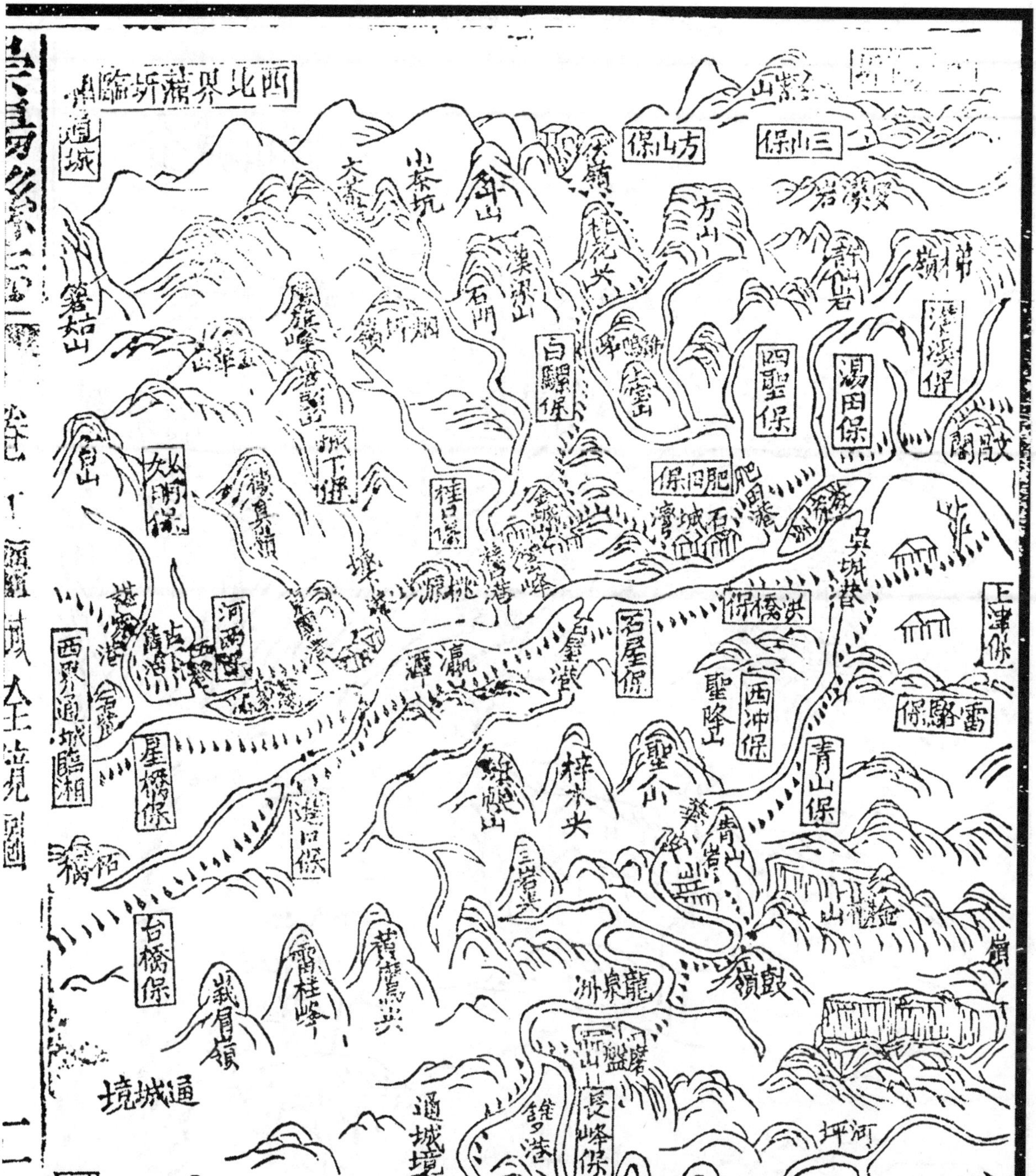
西北界瀏陽臨湘
西南界通城甯州
方山保
三山保
四聖保
湯田保
白驛保
桂口保
肥田保
洪橋保
石屋保
西冲保
青山保
雷驛保
上津保
星橋保
河西保
台橋保
長峰保
茶峰保
西界通城臨湘
通城境
通城境
龍泉洲
鼓嶺
梓木尖
雷桂峰
峨眉嶺
聖山
方山
小茶坑
高枧
槐頭砦
小山界
平河
金塘
文閣

金城山圖
黃山谷讀書處
劉家橋

易縣志 卷一 疆域名勝圖
三
餘耕橋
紫垣氏摹
傅禮卿鐫

壺頭山圖
飛琴亭
野鶴洲
伏波廟

卷一　疆域名勝圖　四
紫垣氏墓
汪觀棋鐫

崇陽縣志

桃源嶺圖
程雲畫
汪觀其鐫

龍泉山圖
小鵬畫
汪觀其鐫

右崇邑全境圖用縱四分半橫六分方格爲準每格十里橫十二格準東西一百二十餘里縱十四格準南北一百四十餘里縣治距東西南三界較遠距北界近故位置偏北其城鎮及各保山川略倣其形勢圖之分寸俱未準格式其後分圖四出東金城北壺頭西桃源南龍泉非但點綴名勝而已思賢之旨設險之義望治之心澤物之情於是乎寓不作圖觀可也

崇陽縣志卷一

大同坤軸細析并疆上擬翼軫遐稽漢唐山川赴鄂無氣沿湘升之土訓稟我

王章志疆域

沿革

崇陽縣漢長沙國之下雋縣也秦分楚爲三郡長沙居其一漢高祖五年改郡爲國領縣十三下雋居其一長沙名郡始自秦下雋稱縣始自漢秦以前否稱未著廣袤無稽已漢下雋幅員數百里今巴陵臨湘蒲圻通城及嘉魚西南角皆所轄地縣

沿在崇陽水經注可按也湖北通志專以通城爲下雋以崇陽爲沙羨地大謬下雋新莽時改閏雋東漢長沙復爲郡下雋仍舊稱三國下雋屬吳隸南郡考先主嘗與吳分荊州界湘水南郡屬蜀下雋應隸長沙又考關侯鎮荊州湖以東屬先主者數年所隸殆無一定（時吳析下雋地爲蒲圻入武昌不部疆域淆於漢時）晉下雋仍隸長沙郡析置巴陵縣南宋元嘉十六年下雋改隸巴陵屬湘州時長沙稱湘州巴陵升郡郡統於州也南齊下雋隸巴陵郡舊志云改上雋縣未詳何年南梁大同五年置上雋郡析地爲樂化縣與蒲圻沙陽並轄樂化郎今通城崇通之析蓋肇於此承聖三年改雋州南陳仍之旋廢隋開皇中與樂化縣先後併入蒲圻隸江夏郡唐天寶二載置唐年縣仍併樂化地元和間陞縣西錫山市爲通城鎮五代先屬吳改宗陽後屬南唐仍稱唐年後梁遥改臨夏後晉遥改臨江宋開寶八年始名崇陽屬湖北路通志謂吳改崇陽誤熙甯五年析通城鎮爲通城縣紹興五年復併十七年復析元屬武昌路明改路爲府屬武昌府

國朝因之武昌府十屬崇陽中縣簡缺道光二十二

年改題疲繁難要缺

下雋漢以前無考故志沿革自漢始舊志謂上古三苗地禹貢荊州域春秋屬楚今試爲分疏亦畧有異同焉按史記三苗之國左洞庭右彭蠡尚書蔡傳三苗在江南荊揚間杜氏通典闍氏釋地以江州鄂州岳州潭州衡州當之崇地初隸長沙郎潭州繼隸巴陵郎岳州今隸江夏郎鄂州謂古三苗地殆是也禹貢導山過九江至于敷淺原九江郎今洞庭在長沙下雋西北敷淺原即廬山俱見蔡傳崇地當洞庭東其西南天岳山一名幕阜縣

亙數百里東訖廬山崇居其左腋間則近鄂州之
南境爲荆揚域也楚都今荆州府地熊渠封子紅
於鄂隔大江重湖林莽幽邃當爲蠻𧧺啓山所未
能窮春秋楚幷小國多俘諸江南如巴陵爲麇平
江爲羅皆遷地又吳公子慶忌居艾即今江西甯
州崇地當鄂之南麇之東羅之東北艾之西北則
地與吳鄰爲楚邊境也至於三苗地或又辯其非
夫後之名區昔之荒壤五州皆然其又奚辯焉○
前漢地理志注充縣澧水東至下雋入沅後漢馬
援傳注下雋故城在辰州沅陵縣據二注所指之

下雋皆今沅陵地故沅陵亦稱下雋然考後漢郡
國志下雋屬長沙郡沅陵充俱屬武陵郡疆土畫
然非若巴臨蒲通與崇陽山川相接沅陵不爲下
雋所轄明甚至謂下雋有二或由彼遷此或由此
遷彼皆臆斷耳以史證史當由師古章懷二注之
誤詳山志○三國吳先封周瑜偏將軍領南郡太
守後封呂蒙孱陵侯下雋皆其奉邑明封楚王楨
庶第五子孟㸅崇陽王王未就國省垣崇府山郎
王府也邑爲封地史書一二見亦數典所宜舉也
附志之

星野三垣列宿諸星附
崇於天文太倉一稊米耳顧星與土精氣相通凡
在海宇徧覆無遺
皇朝建極授時綱維萬國蕞爾崇亦居衆星環拱之内
次星野於沿革昭一統也今按鶉尾楚也見周官
鄭注南方朱鳥尾曰𥚃周楚之分見左傳杜注翼
軫荆州見史記江夏入翼十二度長沙入軫十六
度見晉書天文志舊志云邑分野從郡崇隸鄂固
江夏地入翼度又云崇舊隸長沙應入軫度徐行
星野圖說云楚爲鶉尾崇陽爲鶉尾之次可知是

皆準古法也考辰次星度古今歲差不同謹遵
國朝
欽定明史天文志武昌府軫分
國朝歷法壽星起於翼終於軫崇地軫分次壽星
崇陽今隸江夏古隸長沙入翼入軫舊志已不一
其說今江夏亦入軫度可不必更占翼星矣顧銅
儀測驗占法日增星分其度度分其分天官家司
之外人未易窺其奧而荆州星分翼軫其大畧人
所習聞則二宿星數及附近二宿之星亦當詳志
備典故非爲占候也按續文獻通考明史天文志

翼二十二星軫四星軫中長沙子一星軫旁左右轄各一星軫東南青邱子七星今止存三星其餘東甌五星在翼南軍門二星在青邱西土司空四星在軍門南器府三十二星在軫南俱向有今無而考之步天歌武密書乾象新書言諸星屬翼屬軫或屬張各據所見不歸於一今諸星雖無而諸書具在亦星度有盈縮之一證也王一甯江夏志謂翼不止二十二星軫不止四星將諸星俱混作翼軫則非是○步天歌云二十二星大難識舊志圖翼星與乾象不合今武昌既入軫度圖有翼無

軫不備也器府三十二星今皆不見舊志圖之贅也茲不復圖○又按鶉尾之次劉歆費直諸家及明大統歷皆起於張中於翼終於軫但微不同耳

國朝歷法推算歲差最爲精密鶉尾起於星終於翼壽星起於翼終於軫今壽星之次至爲楚占固不待言而翼居鶉尾之終軫又爲大火所起是楚分野在翼度者尚留小半次鶉尾在軫度者更分小半次大火壽星未足盡楚占也

三垣列宿諸星

太乙第二星主荆州見統論北斗璇星其分爲楚見宋書天文志荆州麗北斗權星見史記荆屬衡星見廣雅吳楚之疆候在熒惑占於鳥衡見史記十二國凡十六星在牛女南魏西一星爲楚見宋書天文志天市垣西藩第二星主楚之財帛見通志五車五星在畢東北次東南曰司空主鎭星主楚見隋書天文志三台六星上台下星主荆揚見宋書天文志

界至道路附

崇陽縣在武昌府南居江西湖南湖北三省之交東西廣一百一十五里南北袤一百四十五里

東至通山縣界白羊山四十五里　東南至通山縣界塘及江西南昌府義甯州界三界尖俱八十里　南至義甯州界鋋子坵一百一十五里　西南至義甯州界槐頭砦通城縣界柘橋俱八十里　西至通城縣界白馬廟七十里至湖南岳州府臨湘縣界鷂姑山八十里　西北至蒲圻縣界分水嶺五十里　北至蒲圻縣界壺頭山三十里　東北至咸甯縣界連河嶺郎小嶺七十里

邑惟西南界通城人村一帶沿雋水之旁無山爲限限以橋北界蒲圻官程十里踰壺頭之外山不

爲限限以鋪餘則四山環列凡水注崇陽河者皆崇地也故畛域分明莫如崇

道路

邑東門右踰下津渡左五里浮溪橋三里新塘嶺左六里白霓橋二里光祿鋪五里回頭嶺十里露口

雙路鋪右七里白羊山嶺八里界塘入通山界

雙路鋪左五里駞泥嶺十里牛欄鋪十里黑橋十一三里蓮河嶺入咸甯縣界古大路由此

新塘嶺右七里油市嶺五里麗緣巷十里高隄十一三里豪豬隴七里下沙坪八里陽家墩左八里北山一十五里界塘雙港保入通山境

湯家墩右七里横嶺五里靈官殿七里金家邊十一二里金塘坳七里青草原七里居北橋八里大原橋五里鋌子坵入義甯州境

下津渡右十里石子嶺十里銅鐘坪五里伏嶺五里中保鋪一名伏嶺坑一十五里仰山殿二十里金塘達鋌子坵

邑西門緣河三里白泉橋七里打石嶺五里烏龜石十里石城灣一十五里桂口司左八里沙坪十里櫟林十里石嶺二里鐵柱港入通城境

沙坪上三里左踰洪鐘渡三里黄臺橋達江西路詳後

西門右行五里洋漸橋五里香山十里冷坳橋十里桂花樹下八里黄土塝七里分水坳入蒲圻境

桂口西北行十里虎爪石三里熊家隄五里神口乾隆間里人廖祖尼修路道光間其孫欽雲重修九里雙港八里伏嶺入蒲圻境

桂口右上五里上峯嶺十里東關十里水口鋪入通城境

西門左踰上津渡至五里牌右三里吳城渡二里吳城鋪五里洪家橋五里莎塘鋪一名後塘五里蔡家墩五里石屋鋪二里劉婆橋八里清水鋪黄茆橋一名黄駱十里進口鋪右十里星橋鋪十里白馬鋪入

通城境

進口鋪左七里黄臺橋二里堰市三里入通城境

五里牌左十里城嶺十里青山口十里櫟山鋪十里思義坳右十里雙港十里高梘左二十里小山界入甯州境右踰雞鳴嶺入通城境

思義坳左五里茅坳十里河坪五里坑口五里羊眼灘五里石門五里金塘達鋌子坵

邑北門（五里）地名五里界（自北門至洪上路俱蒲圻章應璜甃石）（五里）鹿門舖（五里）金竹堡（五里）王子舖（三里）洪上即壺頭（明邑人劉日孚國朝知縣何嘉儒福昌阿先後修路）（一里）洪下入蒲圻境（六里）屏山舖仍入崇陽境（十里）東流舖入蒲圻境　洪下右行往咸甯

陸路七十里至蒲圻縣治　九十里至通城縣治

九十里至通山縣治　一百三十里至咸甯縣治

二百里至臨湘縣治　二百五十里至義甯州治

陸路三百六十里水路五百四十里達武昌城

陸路三千九百二十里水路五千五百三十五里

達

京師

道路詳書扃故宿息井樹野廬氏司之路室候舘遺人職焉茲固王政所董也崇道多迴盤險仄時平商旅猶懼其艱至於遂寇行師如比年以來幾人況瘁矣以此作負弩之導誰曰不宜

艾叔午雞鳴嶺路記雞鳴山去崇陽縣治西南九十里地接通城之梓木有古道焉山峻石犮嶁巇蜿蟺或援其扈或附其巘或陟其岵或躋其岨或降其坂或緣其阿或依其崔嵬然俯眺其崖壑山暴石泱滐激陡峻之下時或伏臘則滑葉擾擾洹淋酷熾行者病甚嘉靖戊子歲里人王紳倡義重修乃托募於僧海旺其扈者取其平直渠以洩其澤駛巘者裁其高下土以實其墟危岵者撤其耿塞剗以杜其侵蔓岨者平其苴磧甃以廣其湫隘坂者從其高闊石以疊其深浚阿者順其曲折堤以綴其陘絕崔嵬者從其崥伏砌以衛其碎裂縱約十五里橫約四尺經始於秋七月畢工於冬十一月也坦坦如底輿徒稱利噫諸君子其利於人亦溥矣哉視世之祟虛以蠹民財者用心不同矣而況修理道路王政所係諸君子不少有裨於時政也歟予道過廖翁雙厓喜而詩之乃遂屬以記志於石

吳楚材上津路碑銘漁郎仙路在上津渡口歲久水齧路崩徃來驚危邑大夫汝南復泉陳公爲政之明年伐石修之捐金首義不欲費民也士庶助以終役四旬而功成歡欣踴躍頌聲載道不佞楚材猥徇衆心爲之刻銘自昔先民義稱正路導民孔艮豈惟君子能由是路正直平康小人視之趣令從好道則遵王有津通市誰其闢之曰惟漁郎

古道既湮誰其嗣之示我周行明明我侯修廢舉墜植弱扶僵砥石障流登之坦途式效勛勷初議是役不潰於成築舍道旁公力行之旬月奏績夙夜未遑爰立厥程費省事集心則恐傷以此從政與其鷹鸇不若鸞凰用告來茲此時口碑異日甘棠何以頌之壽考弗祿與路俱長

曹學詩桂口鎮修路碑崇邑西南桂口鎮古三市之一也南接甯州西界通湘北鄰蒲圻爲數省衝衢煙火相連居民稠密闤闠鱗次負販紛紜轂擊肩摩輪蹄絡繹先年市街皆甃碎石歲久坍缺陰

雨泥濘行旅苦之近市劉君士函隱君子也性行醇樸嫺睦彬榆利濟存心樂施無倦惻然憫行路之多艱迺於乾隆丁卯年捐貲二百餘金聋石鳩工修成坦途廣五尺延袤一百二十丈城平甃潔缺陷盡完自是而行者負者戴者輿且騎者霖潦不滑於汙泥昏黑無憂於顛躓余以巡溢四郊途經桂口父老猶歌誦不衰劉君又以重值買曾姓宅中私井公諸一市汲者咸便之市西溪梁易朽劉君欲易以石而力有弗逮命其子終未成之志嗟乎其嗜善而勇於爲義耄而彌篤卓乎可風也已夫先王之政雨畢而除道水涸而成梁詩不云乎周道如砥其直如矢易曰履道坦坦幽人貞吉今劉君以布衣爲善於鄉而有便於民助有司之德意使邑士民盡好行其德若此其功之及於鄉里者甯有涯歟劉君名棪士函其字也子光復光裕光朝俱能紹述前勞光朝不忍厥考之德久而就湮乞余一言鐫諸石並爲尚義者勸云

廖政大修盤山路自雙港至思義坳詩上修赤壁下盤山不使人嗟行路艱共指前程尋遠到悠悠平步過溪灣

鄉里保甲附

崇邑鄉里向有乘除太平寰宇記崇五鄉元豐九域志崇二鄉明一統志編戶一十六里舊邑志一十八里大約本唐制五里爲一鄉而增損之準以周官一鄉五百里崇鄉里俱非古制也今三鄉十一里之稱不知始於何年相沿已久仍之

鄉三天城　金城　仁義

里十有一縣市　欽風上　平上　平下　仁上　仁下已上六里天城鄉　十都　十一都已上二里金城鄉　仁義　烏石　下故郡已上三里仁義鄉　舊有欽風下欽賢十二

都金城丁步丁仁上故郡七里久廢舊志仁上仁下屬金城十都十一都屬天城相其地勢不相聯屬故更正

保

鹿門 東嶽 新塘已上三保縣市里 磻墩 蕭坊

石坑 白羊 豪頭 下巖已上六保鐵鳳上里

青山 西衖 肥田 石埄 雷駱已上五保平上里

洪橋 濯溪 三山 四聖 湯田已上五保平下里

上津 下津 河山 銅鐘 小港已上五保仁上里

淇口 崇洪 河田 龍頭 黃沙已上五保仁下里

仙師 雙港 沙坪已上三保十都里 塘峯 茶峯

大源已上三保十一都里 桂口 白灘 方山已上三保仁義里

進口 星橋 巫橋 河西已上四保烏石里

妙明 鐵下已上二保下故都里

甲

十一里每里十甲共一百一十甲里有長以大家巨族為之甲有首以寒門單戶為之舊制也今惟設保正里長甲首俱廢

舊志只書鄉里而遺保甲之法於今實為急務故附著焉按保甲之設古法今弊風俗因是而厚薄訟獄因是而簡繁奸宄尤因是而消長所關匪淺其故可思也崇邑四十四保道光二十二年大保四分之次三分之又次二分之為一百三十二保尋廢不行夫多一法卽多一弊有治人始有治法此四十四保果若周官族師之四閭相保相受比長之五家相親相及邑大夫可靜鎮而臥治矣觀於鄉而知王道之易此其一端也

曾學詩仲冬月由上津保沿路編查保甲宿華陂畈詩斜景匿餘霞蟲語澹將夕涼風過馬首落葉荒郊積整駕歷巡遊僕隸勞鞭箠燈光明古渡父老聚阡陌秔稻已登場桑柘俱安宅魚鱗考版圖

犬吠守欄柵觀民德意宜問俗山田瘠農家具雞黍愧此村醪白夜枕類鄉園宦游倦行役微鐘醒旅夢始悟身為客

形勝

天城四面周遭壺頭萬峯回合東南山跨左右湖楚吳關隘西北水通上下雋湘鄂咽喉

崇陽為江夏南屏舊志諸序記有云彌望平疇曠博沃衍四圍有山愈遠愈高如列屏疊障言天城也隱巖峭壁夾岸交鎖一夫當關丸泥可塞言壺頭也然此僅就一邑而言象龍片甲肖虎一斑其

紬已甚若統至楚大勢論之大江以南鄂渚星沙兩省相望中間門戶蒲圻當驛站要衝崇通尤爲山鄉捷徑故湖濱之斥候揚塵則巖邑之輪蹄滿地歷考往昔崇常苦兵且民氣多懦無以聯之天城不可恃壺頭雖險僅一面耳西南連通城其道坦易東南鄰義甯東北接咸甯通山如鋌子坵兩界塘小嶺等處其道雖僻江東有警則盜賊常出沒焉蓋九江不守則界塘以東疊嶂重山如無遮迾義甯不守則鋌子坵易啟窺伺通城之南樓苦竹二嶺亦難爲險隘小嶺爲古達省垣大路益無

論已通城之九嶺羅湘倚爲藩蔽崇通受控制焉往者崇陽屢次陷賊至賴官軍自上而下旋即收復邇年吳楚根本既固幕廬兩阜間寇即經過不敢久停可見彈丸小邑固視東南省會諸大關隘爲安危者也何形勝之有特山林幽邃雖間爲盜萑苻而鄉井亦便於避劫用清野堅壁法制勝有餘以故晉時遁寇踰歲被擒漢代居民至今畱裔衆志成城是在上之人有以得此於民也必形勝乎哉

山水

崇山皆祖幕阜洞天福地記二十五洞天幕阜山在鄂州唐年縣今屬通城幕阜東北葯嶬直行歷南樓苦竹二嶺東起黃茆山位崇之南崇居其陰巇嵯曲行歷相思銅鼓諸山北起箬姑山位崇之西崇承其足隽水西北岸山皆箬姑來東南岸山惟星橋臺橋二保分自通城餘皆黃茆來也黃茆入崇變直爲曲邑東南山其水西北箬姑入崇變曲爲直邑西北山其水盡東黃茆爲首壺頭爲尾狀如眠鰕逆水而側崇抱其懷中五華爲尾壺頭爲首狀如遊魚順水而下崇分其右脊此崇山之

大勢也舊志山無起訖峯嶺巖洞門類區分全體不顯今倣禹貢導山詳考原委次第書之正行曰來旁行曰支不斷曰連特出曰起

箬姑山西八十里跨三縣界北臨湘南通城東麓入崇有坳曰馬頸狀其形也咸豐甲寅官軍殲賊於此連峯障天上產百藥絕頂可眺洞庭邑西山之最高者　天井山西七十里箬姑山支界通城與臺山對峙端正莊嚴如人危坐東麓迤邐臨隽水谷中爲明季逸民王道大隱遯處

桃花山西七十里箬姑山來五峯相連一名五華

上有八花壇筆竹井下爲桃花洞
臺山西七十里與五華山連上有卓錫龍霖二泉
歲旱禱雨投楮錢泉中沈則雨浮則否近麓有龍
井產水蟲俗呼龍子詳物產　龍潭洞西八十里
在臺山天井之間
劉景韶北峯亭望臺山寄柳應和詩北峯懷子厚
西望落臺山大地清秋色遥天倦鳥還洞庭霜染
樹匡阜月臨關耿切惟芝宇何時一解顏
汪樾再遊臺山詩數年不到山愈古漸曠漸深入
林塢山景漫云今昔殊草草前遊曷足數支笻又

上紫衣嶺一曾一歇雲中冷磬板聲傳落山腰知
是青精前客請此老此遊何以再花鳥欲爲語往
槪陰鬱風吹芝圃香秦歟漢歟將近代吁嗟于今
悵昔遊愼莫後遊將今悔
龍頭山西六十里城下保桃花山支其北麓路旁石
壁有小窪出泉杓許行人就飲俄頃復盈　大垴
嶺西五十里龍頭山支其下有泉湖大垴故名
白沙嶺西四十五里桃花山支俗名城上咸豐閒
胡文忠公林翼塔忠武公齊布嘗駐師山麓
龍窖山西七十里五華山來界臨湘土人呼雷師

嶺北麓有桃花坳桃樹瀰水出桂口　摩旗峯西
五十五里龍窖山支相傳有紅花太子結壘山上
被困而死其墓曰紅花壇或犯之雷雨猝至壇旁
摩旗砱石上有孔嘗見輒失其處山麓右曰陷馬
坑左曰戰場山不知太子何時人或曰巨寇也
金山西五十五里旗峯右角相傳有主簿采金此
山穴崩壓死鄉人爲立祠有廢寺曰福聖址存
巖頭山西五十里摩旗峯支廣輿記山周迴百餘
里蓋合摩旗上峯桃源諸峯嶺爲一山也唐僧全
豁於此建叢林山有二巖分載於下餘詳寺觀

羅漢巖在山前洞門窄小縋而下内極幽邃深不
可窮有石臺可以坐臥石竅響潺潺從山麓壁隙
歕出爲卓錫泉　寶陀巖距羅漢巖數十武軒朗
若大廈宋建炎中丞相李綱命名緣昌國海中有
補陁山因舉似也詳見古蹟巖前有喝落石舊產
龜紋竹頻伽鳥詳寺觀及物產　斗洞西四十五
里巖頭山支出石青翠色遠近取以爲碑　上峯
嶺西四十五里巖頭山支岡巒平衍其土宜松苗
咸豐閒官軍殲賊谷口湖南新甯縣知縣趙啓玉
嘗駐營焉　桃源嶺西四十里與上峯嶺連　易

博士嶺西四十里巖頭山支坡陀重疊與上峯相望咸豐四年胡文忠公駐軍其上

雲車嶺西七十里龍窖山來西爲梨樹坡東爲大竹原原上有山曰金盆溫遷約墓在焉　碧雲峯西五十里雲車嶺支高峯聳秀上出層霄煙雲繚繞四時不絕里人呼煙坪嶺有大小水塘在其絕頂　石門山西五十里煙坪嶺左角危途臨澗俯見巖𠂆石穴有香三瓣歷久不剝落壁高數十仞四無路徑可望不可即不知誰置也

劉鎭鼎乙卯春月雨夜上煙坪嶺詩亂山層疊萬

千重山裹茅庵山外鐘透漏禪燈遮不住一星明滅碧雲峯敞著柴扃夜不關遥遥一犬吠雲間分明招手如相問又隔坡陁幾曲山鵑叫猿啼悄不聞喜逢微雨歇宵分征衫溼透渾無礙半是煙嵐半是雲

李夔松九日自石門歸巖頭書齋詩客散出重關離山又入山谷風奔峽猛澗水落潭閒路待樵夫指人隨倦鳥還登高雖負約彳亍白雲間

水桐嶺西七十里雲車嶺來高十里西屬蒲圻東有滴水巖其下爲象鼻嘴茶坑水所自出　八斗山西六十里水桐嶺支高峯插漢峯旁田八斗故名谷底爲八斗潭飛流瀉石滙成深碧潭中出雲則雨山陽爲小茶坑山北曰牽牛嶺　漢梁山西四十五里八斗山東起高嶂横列如屋梁山麓出炭居民取煉石灰　金城山西四十里雉卩漢梁山支　獅子巖西四十里苒藪谷中漢梁山支林壑幽僻消夏最宜巖前舊有吼雪亭詳寺觀　紫雲峯西四十里上新村金城山支形如飛鳳秀削天成日初出紅霞掩映淸暉娛人楊文昭廉使品崇邑勝景雲峯朝陽其一也楊孟凱廬墓於此

神山西三十五里獅子巖支　頭巾石西三十五里獅子巖支連山臨雋水危巖陡削一石突出狀似頭巾故名每大比歲邑士獲雋則山先墜石爲之兆近地漁者能一一指數謂某石應某科云

烏吴山西二十五里獅子巖支相傳有主簿鑿山引白騾潴水注肥田畈烏聲吴其上故名　獅子石烏吴山前高巖臨岸下爲獅子潭潭中石齒巉露出水面可坐垂釣

張開東賓陽蒲圻人茶坑雨中詩嶺雲高礙日林雨亂隨風嫩卉封茶徑春蔬潤竹籠書聲溪響外樵唱

鳥歌中伏枕增詩思幽栖耳為聾
棲雲峯西五十五里八斗山支北折東起峯巒重
沓林木深蔚可以避喧谷底饒泉石枕漱尤宜
寶林山西四十五里栖雲峯支山麓回抱田塘村
落頗饒幽趣　桃花峯西四十五里一名重巖山
栖雲峯東起三峯刺天樵徑偪仄登者難之東麓
地名金盆有熊則禎宅
李德一寶林山村詩古道無人迹荒庵晝掩門樹
多山隱屋橋轉水圍村入穴魚龍遯當關虎豹尊
如何彈劍客驅馬向平原

伏嶺西六十里保方山水桐嶺至此而伏故名俗呼
佛嶺北界蒲圻江客入山此為要路咸豐甲寅胡
文忠公收復崇陽由此進兵　夏家嶺西六十里
伏嶺來　白花嶺西北五十里夏家嶺來俱跨蒲
圻界　分水坳西北四十五里連白花嶺　臙脂
坳西北四十五里白花嶺支
方山西四十里臙脂坳東起高嶂排空橫列如一
字林壑幽邃瀑布飛石間有龍池大小石門香鑪
石雞冠石雞籠峯諸勝層巔為九仙壇旱雩輒應
詳見古蹟西麓復起為小方山　溟水嶺西四十
里方山支嶺旁石穴水深叵測　檻木坳西三十
八里溟水嶺支　雞鳴峯西四十里　黑石嶺西
三十五里俱檻木坳支　上寶山西三十五里雞
鳴峯支岡巒重複山澗環繞西南谷口有小阜曰
鉢盂山東北谷中有生成石竈俗呼仙人竈　虎
爪石西四十里雞鳴峯支石上有虎跡故名
嚴士貞方山詩遥望群峯擁翠鬟紆回一徑借躋
攀枯藤倒挂長松上亂瀑斜飛巨石間龍卷雲歸
常帶雨犬隨人去自登山半空知有湫池在欲啓
瑶函論大還

金紫山西北五十里由白花嶺分水坳來跨蒲崇
界合水嶺羅漢嶺為三山原　柴嶺西北五十里
與金紫山連　水嶺西北五十五里亦連金紫山
西界蒲圻
羅漢嶺西北四十里金紫山來上多洗水窪其陽
有羅漢巖高丈五尺以上內有石柱石牖石輪石
鼓之類入百步溪湍限焉莫知所止山麓為羅漢
泉地屬古丁步里　石嶺西北三十五里與羅漢
嶺連
一峯西三十里羅漢嶺東起其下曰大小黃沙

石燕巖西三十里一峯支空嵌如屋流水經其內穿壁出焉　雙峯西二十五里羅漢嶺支其陽爲楊林畈　龍崩峯西北二十五里羅漢嶺支嘗有龍出其頂崩迹尚存　大雄峯西二十五里羅漢嶺支一名汪家峯　許仙巖西北二十里與大雄峯連相傳許遜逐蛟過此劍劈石裂有插劍池石壁篆許仙巖三大字泉石奇僻神物所窟宅也

神馬山與許仙巖近　犁頭峯西二十里大雄峯支　大木嶺西二十里犁頭峯支地宜松苗

梯嶺西北十五里大雄峯東起　楊榆山西北十

五里梯嶺支　灌溪山西北十五里與梯嶺連唐智閑禪師建刹山下有劈箭橋漚麻池諸勝詳寺觀　打石嶺西十里灌溪山支石山逼岸俯瞰深淵官道所經咸豐五年平江武庠何忠驥擊賊遇害於此

神峯西北三十五里羅漢嶺支下有泉白泉陂源出焉　白泉山西北三十里神峯支泉瀉成河乘崖所刓即此　水落峯西北三十里神峯支峯凹水落石穴潛行出香山故名　團雲峯西北三十里水落峯支峯頂石罅起雲郎雨　香山西北十里水落峯支白泉水經此居人多置水碓　虎巖洞西十里香山支大如廣廈石色潔白

陳山秀虎巖洞詩一徑浮雲護翠苔洞門無鎖日長開夜闌澗壑風生樹知有神仙馭虎來

伏嶺西北十里（灌溪保）石嶺來俗呼伏作佛　竹山北七里伏嶺支

大集山北五里自砦姑歷白花嶺金紫山羅漢石嶺伏嶺來至此諸山叢集爲縣龍少祖故名一名紗帽山下有石泉久晴將雨雲霧出焉　蝦蟆石西七里大集山支

王應斗四月三日同汪東一諸君遊紗帽山詩春去兩三日留光回晴峯坐對豁遊目心神與之從出郭未數里歷山如千重巖花導幽折谷鳥工迎逢下馬踏危磴歷歷凌層空翠嵐出襟袂雲影生孤筇行行止巔際秀削疑芙蓉莊重一端冕厥名長自工清泉出其下白日眠蛟龍上者接河漢萃昊懸孤松俛首眺來逕羣巒咸肅恭非不自奮迅無一敢龍從如彼淮陰營寂寂嚴軍容一杯納萬流湛然盪心胸如彼雁蕩水不聞鳴淙淙昔賢選佳勝纍纍眠高峰造物司鈐秘以茲靈氣鍾是氣

所蒸溟藹然通蒼穹細發始一縷寄與衆山縫我
來值初霽猶與煙光衝再拜謝林麓掫獲矜私衷
於焉理清酌席壞披蒙茸校詩山鬼駭野鹿鳴長
風僕夫乃促行相對懷忡忡爲我道梅亭有酒酬
歡悰亭香逼山翠幽致擬晷同笑取巖與壑納之
杯勺中流覽不覺暮夕陽在高墉
汪柱紗帽山詩家在峯前幾歲寒掉頭相對亦相
安林無捷逕千轡組山不移文笑簪冠方正恰加
犖嶂上巍峩儼挂五雲端溷青樓聳珠簾卷只作
名園畫軸看

破岡山北三里大集山來宋知縣張詠引白泉水
灌北郭田鑿此通圳道故名
七星嶺破岡山來依縣城西北一帶岡阜皆是雋
水横其前曠野居其左西角爲南峯北角爲北峯
宋知縣張詠陳仲微所建亭館諸勝迹在其間南
峯低處爲學坡傍西門爲葉津嶺臨水高阜有文
昌閣北峯有奎星閣城牆雉堞隨嶺勢起伏憑高
四眺數十里外遠嶂疊巒周遮爲天城皆收入眼
底西北一里許向來官軍駐營之所咸豐六年王
壯武鑫復崇城大破賊於其下 揭冢嶺七星嶺

南麓入城一小岡也在縣署之左學宮之後嶺以
東傍城舊有王疇劉景韶陳忠愛王應斗黃色中
宅 袁家嶺西北一里七星嶺支 雷打石西一
里袁家嶺支石被雷擊故名 呂公洞西郭外古
美美亭下溪邊立石巉巖宛如洞府
劉景韶山城遣興詩草閣憑城起柴門逐巷開種
魚分細沼栽竹傍高臺晚計能安節時名負愛才
炎涼何世態天地一浮杯
王應斗山城避暑詩窅然城角寄深邱遺世何當
覓遠遊心到靜中諸味冷境逢孤處一壓幽池邊

淺碧難容暑樹裏高寒忽遣秋羣動只今爭附熱
可能大火不西流
譚暐山城詩城外行人夜半歸城中半夜漏聲稀
頹垣壞堞容高枕分付雲山四面圍時乾隆間縣城未繕故云
○秋日同龔潔田過金氏山亭詩行遍回廊繞小
亭來從曲徑坐疎欞旁人指點白雲外猶有遥岑
一角青
桃花洞北五里大集山東麓居人呼學堂山洞旁
多桃樹故名山前爲蘆渚泉朱砂橋 仰蓮山北
四里大集山支其麓臨河岸爲石龜背元隱士嚴

士貞宅在山後　鮎魚山北八里大集山支出赭
石下有鮎魚泉灌田甚廣
任希夷桃花洞詩我來欲訪桃花洞地老天荒無
處尋應是武陵源上路落花遺恨到如今
城嶺北十二里石嶺支周遭如城曲徑盤上田廬
煙井逼眞圖畫　梧桐山北十里城嶺支山下爲
望天隴　馬鞍石北八里梧桐山麓臨雋水曰段
馬其石狀若鞍故名　龍門石與馬鞍石並峙波
濤中空若門魚舠出入其閒　雞籠山北十五里
梧桐山支山頭怪石狀甚猙獰　印山北十六里

雞籠山支俗呼石灰山　氈帽嶺西北二十里城
嶺支與王𨔵山夾雋水北行山麓有六坑小水流
出傍岸石壁自王子鋪至洪上官道經其下
李宙復嘉魚人洪上道中詩倚石窺平陸沿溪得徑
長娟娟縈篆水曲曲引虹梁馬足撩雲亂禽聲穿
樹忙御凝騎旭裏空翠溼征裳
北山西北五十里金紫山支巳下俱界蒲圻　韭
菜嶺西北五十里連北山　汪家山西北三十里
北山支石壁數十丈雨後瀑布可觀山上大霧坪
東角曰鷹嘴巖其麓爲壺頭左岸詳後壺頭山

雪峯西北三十五里金紫山支屬蒲圻其麓屏山
鋪一帶隸崇陽山上雪峯庵秋糧在崇◯巳上雋
水西北岸山
瑣石嶺西南七十里自通城堆山來星橋保
鳳凰山西南七十里瑣石嶺來峯巒秀麗狀如鳳
翥山後鴨公泉禱雨輒應台橋保
黃茆山俗呼黃袍山南八十里界甯州通城其陰
爲避原有響石扣之聲聞里許危峯矗立雲表曰
槐頭嵤詳古蹟相傳山生神韭見之任意采掇或
以告人則失其處　雞鳴嶺黃茆山支相傳黃巢

乘雞鳴踰此故名西界通城之梓木里
雷柱峯南六十里黃茆山一支西北起界通城一
名靈芝峯上有靜室　團竹山南五十五里雷柱
峯支其下爲龍王關
峩眉嶺西南五十里雷柱峯西起界通城　進口
嶺西南五十里峩眉嶺支　白鶴巖西南四十里
進口嶺支在磯埠瀛潭之間巖兩疊面臨雋水左
右洞達中有山精白日惑人
黃鷹峯西南四十里峩眉嶺北起　猴坑嶺黃鷹
峯之陰相傳古官道經其下　鐵頭山西南四十

里黃鷹峯支　搶水巖（進口保）西南四十里黃鷹峯支石壁立溪岸巖欲深潭水壯舟下歷險相傳昔有龍舟誤入巖中同舟二十四人俱溺惟操槳者得出至今端陽前後值天陰雨猶聞鼓聲

茱萸山南四十里黃鷹峯支唐僧存制建寺其下山多蛇虺種茱萸辟之故名順治間僧開古井烹茶有別味餘詳寺觀　幀旗山南四十里與茱萸山連

三陽峯南四十五里黃茆山支北起居通城界界方嶺南三十五里三陽峯支　石龍山南二十

五里界方嶺支層巔盡石骨西麓巨石跨澗如龍穹然活泉流其下北麓有棠正發宅　獅子山與石龍連　聖人山連獅子山端正如几與青山巖夾吳城港並峙

徐登元石龍原懷棠聖功給諫詩半壁南天草樹荒出山小草氣飛揚千軍夜肅潼溪月匹馬朝馳粵嶺霜不恤讒言訾五虎長懷忠悃弔三湘石龍原上風雲壯想見當年義烈光

梓木峯南三十三里界方嶺西起明季逸民甘澹甯隱居其下　旗帳山南二十八里梓木峯北起兩山並峙明季鄉民避李闖賊俱結砦焉　圍山南二十五里旗帳山支石可爲碑碣　楠木嶺西南三十里旗帳山支相傳昔產楠木其下爲南谷林塘幽秀可釣可樵　羊巖西南三十里旗帳山支石壁臨澗有微泉滴瀝不絕　黃狗巖西南三十里梓木港口壁立雋溪旁旗帳西行至此止

釋願輝上梓木峯詩策杖披雲去清風澹澗阿蕭條新韻少解脫舊緣多曲徑鋪紋蘚懸崖挂綵蘿好山搜未盡絕頂數煙螺

熊鍾祥南谷樵答詩樵聲時近耳此外一無聞但

恨稀來往山村易起雲

屏風山一名石崙山南十九里旗帳山支雋水流其左山麓頗饒泉石前臨曠野吳城煙樹羅列如畫咸豐六年秋王璞山觀察鑫破賊山下駐營其上　聖降山南十八里一名聖筊山旗帳山支

郭嶺南十五里聖降山支

大湖山距治八十里自黃茆來經小山界峽峯巒競起陽吳陰楚與黃茆居北並爲邑南高山上有五湖蓁葭叢生朝嵐暮靄不見其頂或云洞庭水通彭蠡潛經山底山陰百丈巖俯瞰龍塘西谷爲

鐘山石銳如筍谷口有宋廖思齊明王景昭宅北谷爲寒泉泉冬温夏寒明傅源居此危峯戴石曰關山石峯頂猪婆泉禱雨頗應東谷九曲嶺下有老龍窩石上瀑布飛流不斷東麓鋋子坵田形如鋋子故名　皂靴巖大湖山西麓其地爲乾滲黄沙巖在其間一石懸巖罅黑質白底宛肖靴形

青峯巖在皂靴巖之下　雷公峯南七十里大湖山支孤峯特起寒泉大原二水會其下

王應斗遊大湖山寺詩累日穿層岫尋煙得大湖水痕依漢絶巖勢削天孤風起山如沸雲深地欲

遁空王幾浩刼又閲海桑枯

廖道南爲廖處士慶源賦黄沙詩四言四章有峙者阜厥象元龜英英白雲覆彼泰著岵屺在望岡陵可期有紀有堂不震不虧彼幽人兮壽考維祺靜觀物化養厥靈知洛水錫範會極孔時右龜阜贍雲有峯峩峩攢簇如筆盤雲崎嶇干霄崒嵂青鏤飛巒綠蔓絶壁月出皎兮於崖之竅彼幽人兮於焉石室玉魄揚輝金波滋液陟則在巘神情自適右筆峯眺月有石巖巖其釣伊何匪溪匪澗如江如河磻谿六獱桐江一蓑游鷗忘機結盟湘波彼幽人兮朝諷暮歌任公挈鰲屈子乘鼉匪絲伊緡其樂靡他右釣石盤磯有崖突兀鬱鬱其青銀河瀉瀑素練含清綠蘿旖旎丹壑琮琤鳥道縈紆猩谷阻深彼幽人兮而有遐心樹德務滋懋休有聲靜言觀之洞鑒性眞右青崖觀瀑

汪際秋鋋子坵詩半畝桑田兩界分須教赤壤等黄金雨晴鄰叟占星野唱和山農鬬土音負耒出疆通地力方田同井各鄉心一犁隴上才驅犢楚尾吳頭耕並深

居北山東南八十里大湖山來自鋋子坵迤邐北

起高巒峻嶺塞滿雲漢界甯州通山稱三界尖

横嶺東南六十里三界尖支　金塘山一作金堂南六十里在居北山西北其麓有金塘坳

龍泉山一名河山距治四十里金塘坳北起層嶂横亙半空上有民居村落徑路陡絶相傳葛洪采藥經此山周二百里邑南山之最大者其峯巒隨處異名分志於下　白崖山龍泉西角石壁峭立色白獼猴所窟内多野蜂其飛蔽日崖竅下垂上有五龍靈應行宫天然石竈引水入釜相傳石孝廉於此出家有祖師塔近時有道人冬月攝崖端

草果吞之辟穀半載　曾溪巖龍泉西谷洞門幽
僻秉炬入行數十步寬平如居宅可容千人旁有
穴若戶牖中有石渠泉流清駛常時草木狠藉遇
旱致禱則地無纖芥若有司灑掃者巖閒有詩漫
漶剝落止存二句云飯和鼠耳蒸來軟羹雜羊蹄
味帶酸蓋避紹興亂李孝廉題鼠耳羊蹄二野蔬
名也　楂枒山龍泉西麓復起危巒一名弩牙以
崖勢如弩牙也或作拏牙今稱磨盤山四面陡削
仄徑盤旋石壁始得上回溪繞其三面宋末廖正
大結砦焉　思義坳龍泉西峽相傳有兄弟爭田

將訟之縣憩此各悔而罷故名　西籠峯一曰雞
籠龍泉東角孤峯削秀望之神悚峻壁如削曰西
籠巖上有石磴可坐以眺遠其麓爲西籠泉從深
洞出溉田甚多或云洞與曾溪巖通　雷巖龍泉
山陽半嶺開洞口甚狹側身入可容百人石罅有
光泉流壁上高數百丈人迹罕到其水下注泉洪
可資灌溉　葵山當居北之北已上俱古龍泉山
此其南麓也

巖士貞白崖山詩白崖峭插逼蒼穹上有巍巍老
氏宮晉代神仙曾卜隱唐年福地獨稱雄龍吹夜
淚千山雨虎嘯陰巖萬壑風佇立不知襟袖冷朗
吟飛步下曾峯（）曾溪巖詩峩峩絕壁倚空青洞
府寥寥夜不扃半里寒沙留虎迹一巖陰氣帶龍
腥敗蓬漂泊疑通海虛籟玲瓏仰見星秉炬莫言
深不測冥搜吾欲問山靈

蒙時言遊曾溪巖詩步近靈巖苑洞天翠微高聳
薜蘿懸濃雲靉靆封疎樹小澗潺湲瀉活泉卻向
龍湫求假寐更從苔壁問遺鐫登臨欲賦尋幽句
愁絕羊蹄鼠耳聯

汪際美字燦紫邑庠生早過河山詩炎朝行趁早茲嶺冠

諸危冢塢高峯盡鄉音野店移宿雲分擔杖斜鳥
掠鬢眉俯眺初升日青霄憩少時

金櫃山南三十里龍泉山來石壁陡削俗呼棺材
山上有洞高四十丈洞外有池林木掩映自成村
落山民居其閒相傳周侯清丈履畝見白鷺翔林
表知上有田塘人遂不敢隱　鼓臺山南三十八
里金櫃山支　高石南四十里金櫃之麓　馬鞍
山南三十五里與金櫃山連　伏嶺河山保距治三
十里馬鞍山至此而伏跨峽有古亭譚琳題曰息
肩亭畔有泉行者飲之

詣軸山東南四十里伏嶺東起連山横亙當龍泉之陰絶頂亂石林立環繞如堂一名雲臺山西角有修月洞　朝陽洞在詣軸東角半山間正對雨山石室三重俯臨絶壑黄冠構精舍其旁曲折取徑入焉内重常暗旭日始升光從巖竇映射駐景移時故名洞門有泉如簷溜淅瀝鑿石盛之長年不竭遊者指爲奥區　搶水巖沙坪保詣軸東麓石壁攔溪流水洄漩入巖下深不可測　黄獺巖詣軸東麓洞口半隱水中漁者入取魚内有石門數重爲限愈入水愈深廣　魯家巖詣軸山北險峻

可避兵　集雲峯東南三十五里詣軸山支在中保形如縣署砥柱水口　分金嶺東南三十里詣軸山支　眞人峯南二十五里分金嶺支上有麻鞋跡一石絶肖漁翁俗呼仙人撒網下有仙人洞極幽勝

銅鐘山南二十里伏嶺支相傳山巔古寺龍起其間鐘隨水流至江夏有異僧取置開元鐵佛寺款識大歷八年鑄山有數洞西面洞尤深秀如廳堂者八九重外重頂平色白成黑文大篆數字彷彿峋嶁碑其内曲折高下廊回檻轉石笋下垂如冰綴檐鏤刻作花草不可名狀一石類蹲獅尤奇

丫髻山南二十里馬鞍山支有泉出注田　小巖南二十里馬鞍山來與銅鐘對峙　黄鷹巖在小巖之左　大巖右與黄鷹巖近内有泉塘天旱山民負桔槔入洞轉水

汪宗凱小巖詩千仞巖高俯翠微晴嵐裊裊靜朝暉衡門皂帽何爲者白首看山興不違

青山巖南二十五里連大巖石皆青色故名山下溪水滙龍潭深靚莫測危巖壓潭面洞門雙啓非舟航不入雨餘漲後沙上有巨人足迹長三尺餘

有黑獺腹白如月暈夜出有光有鼈大如盃其腹赤見者必病幽處雲根下垂蜿蜒作龍狀暗泉落石有聲不知去處居民鑿壁架圓瓴接出灌田大旱不竭巖上路甚崎嶇路旁復有巖如廈差可居

米萇崑遊青山巖宿逖懷堂簡趙巖仙詩數年寤寐登茲堂今日閒身願始償凝露不凋嘉樹葉輕煙先抹好山粧桑麻成巷皆幽事雞犬隨人無俗腸高擁圖書供坐嘯知君白日到羲皇

羊角嶺南二十里馬鞍山支　城嶺雷驛保南十五里丫髻山支　天靈山南十五里丫髻山支上有

廟雩求每應　潭頭嶺南十里天靈山支吴城港
深潭滙其下　棠嶺南七里潭頭嶺支　黄土嶺
南十二里丫髻山支
案山南十里丫髻山來正當縣治故名中大嶺左
仙姑山右麒麟垠鼎峙如筆架下多活泉諸山俱
出崇縣案關係一邑宋元以來官有嚴禁不准開
挖仙姑山上有仙姑廟相傳仙女修眞於此
劉廷俊半山邑廪生九月登山詩幾家茆屋峯旁列萬
疊松林嶂外浮老我詩無豪士韻西風黄菊又深
秋

石子嶺南十里仙姑山支　雞冠嶺南十里石子
嶺支　人嶺南七里石子嶺支　横山東南五里
石子嶺支俗象形呼挂榜山　楊席巖東南十五
里雞冠嶺支巖臨石梘陂其下多怪石
金啓南軒來全敬人石梘堰奇石詩奇石拔地出傴僂
觀流泉倚然在濠濮癯瘦同莊仙造化炫巧怪顛
倒呈媸妍百物尚美秀石醜爲得天覩兹皺陋質
姿態何蹁躚撫之若拱璧愛之如嬋娟安能置懷
袖傚彼襄陽顛
旗山一名北山東南六十里三界尖來由界塘北

起石嶂嶙峋如偃旗故名上有洞如屋爽塏可居
梅嶺東南五十里旗山支大小二嶺相連達甯
州小路經此坳上石亭行人息肩之所　七峯山
東南六十里梅嶺支
雨山東四十五里旗山來龍從特起跨通羊境一
名乳山其泉如乳禱雨輒應五峯筍立雲霄縹緲
間綿亙數十里上有龍潭風洞登仙石等勝爲省
龍少祖邑東山之最高者　鬬石巖雨山支出泉
注鷺鷥陂　大泉巖雨山支巖罅有石類龜泉出
其下每湧起如潮時或大湧則如雷聲訇訇萬斛

迸出頃刻決隄壞屋其內有神物也
汪文盛禱雨山文惟兹高山奠邑之東百靈所聚
萬福攸同厥名曰雨爲鎭實雄精發其儲氣洩其
融蒸雲滃霧鞭雷策風變化莫測潤澤無窮歲往
或旱求靡不通兹者不雨五旬告終太和閉鬱元
氣滯壅終風霾暴烈日朝紅慘地陽烏貫天長虹
赫赫炎炎蘊蘊蟲蟲畝有拆龜原野彫容怨生赤
地聲徹蒼穹神之聽之豈曰不聰罔恤其下罔惻
其衷某等獲戾罪止厥躬四境無辜毒苦是逢擢
擢嘉生惟天之功忍使粢盛春秋靡供民固不利

神亦何從神智以知我誠是鍾勢窮訴哀詞追禮
恭神其降康救我疲癃雷驅其駕龍啟其宮奮響
出地騰波發裳膚寸而合須臾易充我黍與與我
稷芃芃轉災爲福易歉爲豐率我父老歌神之功
欽若仰止敢忘帡幪

汪世綸（海嶼邑庠生）雨山詩　岧嶤秀色滿煙村井里頻
沾雨露恩陰壑千尋藏霧失奇峯雙乳插天存遙
尊岱岳爲東帝俯瞰崇山若衆孫我欲結廬居絕
頂終朝伸手摘雲根

燕光烇崇陽竹枝詞　乳山絕頂住山農重疊開田
傍碧峯礲硜高堆天外望黃雲都被白雲封

東平山東三十里雨山支　儒師巖在東平山俗
呼木魚洞石室幽邃東西洞戶中通往來內有石
田大小十二區應十二月土人視其燥溼占水旱
深入有石如象如輪如蓮花龍湫寒泉穿石竇出
注爲泉陂天旱湧水濁則雨清則否凡水湧三前
三卻而後噴出一月輒一湧或數湧焉其上半里
又一洞空嵌深杳有石牀帳幄烏泡泉源出其中
歲旱禱雨屢驗　劍背嶺東二十里雨山支

金城山東十五里雨山西行至此止宋黃庭堅讀
書其上山陽白石港中流石磯其洗硯沼也好事
者鑿其硯後爲人取去今所存粗石具硯形而已
山上蝦蟆首赤斑瘖不鳴或云庭堅憎其聒耳以
朱筆點之

曹學詩金城墨沼詩　孤鶴巢澗阿羣鴉散林麓前
賢息遊地白雲媚修竹髫齡訪親舊暇日志誦讀
松崖一卷書光可燭天祿滌硯石成凹含毫花作
簇墨氣傳古香春泉流碧玉蘇黃名並高幾眉未
許獨山僧學遺書種蕉滿空谷

靈女山東四十五里雨山支跨通山境山頭有古

城號女城不知所自有泉清冽歲旱禱焉
龍窩巖東四十五里雨山來嶺高巖險中有巨石
狀如懸鐘其側有泉旱禱每應
白羊山東四十五里界通山自石磴腦來踰界塘
高峯卓起巒崒端穎山腰有洞相傳晉永昌中有
三人乘白羊入洞一說舊有神羊出沒其間故名
其石作鐘磬鼙鼓聲皆畢肖泉禱雨靈驗

嚴士貞白羊洞詩　絕頂高寒境界幽倚筇舒嘯豁
凝眸邃林箐蔽香初動夾道松杉翠欲流赤豹啼
時山月曉白羊眠處洞雲秋鄉民歲乞靈泉水一

滴天瓢遍九州

豪頭坳東七十里白羊山峽　沿河嶺亦曰連河東七十里自豪頭坳起爲蔡家嶺蜿蜒至此界咸甯達武昌古路所經　小嶺自沿河嶺來　横巖東六十里自小嶺來　苦竹嶺東北六十里自横巖來俱界咸甯相連有嶺曰鱖魚圻

韭菜巖東四十里自苦竹嶺來壁立如削屏壁上洞口出泉居民避亂梯棧而上復下數丈内容千人其上爲薄刀嶺道光壬寅春劉軍門孝標駐師於此更名磨刀嶺　大灣嶺東北四十里連韭菜

巖踰嶺爲板坑二里許係崇地水出蒲圻　老虎巖與大灣嶺連界蒲圻

鏡面山東四十里韭菜巖來　棠棣嶺俗名駞泥鏡面山下咸豐乙卯秋參將彭三元保舉知縣李杏春繞兵禦賊殉難於此　紫龜巖在鏡面山舊有紫龜出沒其間　楊梅山東四十里鏡面山支

五峯山東四十里　白石巖(保下巖)東三十五里連鏡面山

尖山東三十里白石巖南起　田東洞東三十里尖山支洞深杳無涯門口一石如懸鐘其南有盧潭巖　横山(保白羊)與尖山連　石下山横山支

劉家巖東三十里與白石巖連　石洞嶺劉家巖來　東沖巖石洞嶺來

龍頭巖山在邑東二十里東沖巖來山高百餘丈絶頂寬平曰東坪約五十畝沃衍可耕時而積水不洩則成巨浸巖在其麓高龕數仞如堂出泉萬斛溉田數千頃巖前斷澗有石類龍首臥波間故名巖旁有洞縋入深至九重其上爲王月臺眞人修道處其下則神龍所宅也踰山而北有龍窟深不計尋丈與龍頭泉相吞吐秋冬水涸汲者入百

步下横長溪莫知所止山之東有石人高二丈旁有石類狻猊作回盼石人狀　柳林洞龍頭山支有泉出洞中與龍泉小泉二水通洞口有方石

王應斗龍頭洞閱眞人堂紀事詩石壁啓丹扉蒼霞護逕微苔封仙子骨翠逕道人衣漸入川原迥翻疑天地非神龍不易狎所貴在忘機猶是人間路偏驚色界幽嚢遊翻秉燭暑在即披裘萬壑潛通海孤濤迭代不知從此外更復有丹邱

曾學詩龍頭山禱雨詩積翠入煙巒包絡萬峯會縣崖拔地起突兀鴻濛外叢灌各蒙籠雲嵐相瀰

薈萃山如蛸縮肅立儼冠佩芒鞋觸熱登足繭忘
勞憊匍匐祈出靈鐘磬望雲拜鐵壁何谽谺蚌胎
張口噏怒流聲喧豗亂石響澎湃危磴歷崚嶒龍
湫俯陰晦古窟藏精靈深巖露光怪昔聞有眞人
入洞跨龍背羽化救蒼生石牀仙骨蛻祇今黃冠
客遺事增感慨我來命土人縋幽度險隘陰生毛
骨寒震盪雷霆礚洞門守狻猊驚愕挈瓶退歸來
祭雩壇噀取飛泉灑涼風颯然至黑雲起如蓋滂
沱遍四郊鱗甲鼓濤泆秧田水已盈活活流溝澮
微躬有何德感召甘霖沛詎敢貪天功生成由大

塊青旗出東皋鉏笠慰保介錢鎛勿辭勞轉眼秋
成快

金啟南龍頭巖詩聞道龍宮洞九層洞中寒氣夏
尤凝宮深九曲何人到龍睡千年有客乘漠漠野
雲迷大壑萋萋秋草沒高陵我來憑弔王居士欲
探驪珠愧未能

王觀潮龍頭山下詩淩空一徑入雲斜小嶠深藏
八九家門外有溪溪上竹滿山開遍杜鵑花

羊角峯東二十里連龍頭巖峯前遠眺銀山雋水
在襟袖間倚崖有寺壓角階前森羅泉石遊客品
爲勝境　烏土山或呼於菟東連羊角峯上有包
公砦載古迹　臥龜山東北十三里烏土山支
梧桐岡東北十里臥龜山支西麓昔有書室劉景
韶饒仁侃饒曾盧鳳來陳采皆讀書其中　城岡
嶺東北十里臥龜山支其麓有湯泉

萬裕澐遊羊角山記縣治東巍然一峯卓立如筆
者羊角山也其端秀甲諸峯辛酉重九前四日友
人邀登眺是日宿饒生大均清臣邑庠生書室初六日
微雨宿長冲庵初七日辰後乃往遊焉數里至山
麓亂石嶙峋石中一徑繚曲爲輿礙難行各徒步

山陡峻三五步輒憩徑石嵌空玲瓏位置奇巧如
園墅所植假山數折至寺門寺前一泉出巖下光
黝然入寺殿如蝸廬以山峻削故旁爲禪堂寺僧
妙道取泉瀹茗味甘而質輕佳泉也是夜月明如
晝山中雲氣滃然望遠山不甚了了惟見白練鋪
平野自南繞北則溪水也初八日早起至前亭倚
檻而望西北諸山橫疊於前高低相若每枝數節
如蓮藕焉正西之山或圓或欹如蓮葉之受風捲
側不一烏土山侍羊角右上斂下張如側垂之蓮
蓋轉視羊角正峯則石裂數瓣旁尖聳而中微低

如菡萏之欲舒未舒者余指謂同人曰此蓮華也名羊角厚山矣域中山成斯形者多仙都曲江蓮花山六祖棲眞之地也黃山蓮花峯文殊現光之場也羊角千百年未聞仙佛卓錫於此則蓮非佛氏之優曇其殆文人之筆花乎且勝朝邑貴多此山之脉所鍾毓者斯蓮決非清淨之花明矣使於此設立書院士人讀書其中得山水之清淑挹煙霞之卷舒眼界胸襟日新月異安在無大儒如蓮溪者出於山閒乎惜干戈未靖不得與同人共襄斯舉也然山必不虛生矣語竟寺僧肅客入飯飯

後由山後取徑視來徑平坦去三十餘里望蓮花猶灼灼雲表也

米舫九日山頭讌集詩秋山濃淡暮雲遮處處籬邊餞菊花惟有壺中春不老一聲長笛徹天涯

米調元城岡賚居詩風色歸窮巷門閒盡日關布衣四海士寒樹古時山夢想羲皇上身居夷惠間小童出負米昏黑踏泥還

白竹山北十里城岡西起　香罏石北十里在蘆泉港口大河中劉景韶豎旗竿其上　燕子巖北十五里白竹山麓下臨白雲潭石厂空嵌水漲則局其戶

回頭嶺東二十五里劉家巖支　江水嶺東七里赤土嶺東七里俱回頭嶺支

東泉山東北五十里老虎巖支跨蒲圻界迤邐盤旋百餘里懸巖峭立山上有山邱壑半在雲間村落不減平疇其泉分注兩邑　石仙巖在東泉山巖高九丈有奇深過之高處有石仙像周遭石龕如鑱刻前有石類鐘皷扣之皆應右有丹竈左有羅漢田十八坵穿穴循田而上可至絕頂奇峒冠邑諸巖

葛仙山北二十五里東泉山支上有葛仙壇壇西石竈石井皆若天成井泉久旱不涸舊傳葛洪煉丹於此後人建石墖石屋祀石像禱雨立應　南箕洞葛仙山上嘉慶三年白蓮教匪匿洞中鄉勇逼之盡死今白骨成堆　白石巖北二十里在葛仙山

王應斗登葛仙山詩褎然淩衆岫凝望得瀟湘庵雨分山翠巖風透橘香境隨雲不定僧與石同蒼丹井猶堪酌神仙豈渺茫

王過山北二十五里連葛仙山俗呼黃角與氊帽

嶺對河並峙　虎頭巖在王過山　盛家巖　蔡
家巖俱與虎頭巖近

壺頭山東北三十里夾崇洪兩岸皆稱壺頭左爲大霧坪支有飛翠亭右爲王過山支有伏波廟雙崖逼立一洪流出寰宇記謂川如嬰壺之口故名也水中野鴨洲狀如半月舊有古樹成林道光末年盡爲洪流衝去邑紳舒萬峯新種柳其間水底碎石鱗次向上生其巨者曰鱖魚石正當水口明中葉爲易姓知縣鑿去詳陳忠愛崇洪橋記或傳馬援經此訛也今伏波廟有神蛇甚大隱見不測

如援傳所云蓋亦偶然相符耳互詳壇廟○按馬援所駐壺頭在今湖南常德府桃源縣西辰州府沅陵縣東崇洪稱壺頭不知所自其山道肇啓於宋寶祐初水道再鑿於明嘉靖中援征五溪蠻泱不由此夫人知之矣乃壺頭之稱相承不改又往往見諸書志竟成千古疑案深維其故則由崇爲下雋故也援傳云初軍次下雋有兩道可入從壺頭路近而水險從充塗夷而運遠此兩道一水一陸自下雋分非謂壺頭即下雋地漢郡國志下雋屬長沙郡壺頭在武陵郡下雋壺頭迴不相涉而誤讀援傳者將長沙之縣武陵之山并作一處於是彼此互相遷就而疑團生焉遷下雋就壺頭則云下雋故城在辰州沅陵縣遷壺頭就下雋則云壺頭在崇陽縣北據水經注下雋縣治實在崇陽凡巴陵臨湘瀕江等處皆其所轄援當日自洛南征必涉漢江泝洞庭至六溪口以上舟次南岸皆下雋地將由壺頭則進沅口將由充則進澧口沅澧二口相隔百餘里舟未過湖必先定所向兩道之由自下雋分其爲洞庭東岸可知大約援所次不必崇地而總不離乎鄂岳間者近是至沅陵亦

稱下雋則沿漢書注之誤蓋援所入之壺頭不在下雋所次之下雋別有壺頭不并作一處疑團自兩釋矣

甘澹甯崇洪石鐫記崇禎戊辰應府童子試歸雪陷泥淖止宿洪下次早天晴行至柳樹橋石路將盡處忽見壁間字畫微分拂視之有大宋歲癸丑寶祐七小字下四行鑿山引水拔石通道使往來者永有利濟十六大字旁一直行有歲寶祐云云其下似有十餘字多是此公姓名官秩則石罅縱裂齒縫崚嶒莫可識認後又有小字百餘只存一

丑字於微茫依稀之閒歸告先子先子曰皃未行欽上里連河嶺路乎砥途砌級爲吾崇長沙郡達武昌舊路至隋唐始劃屬武昌崇洪爲後開之路明矣尹時誌勿忘繼此十六年來風雅凋盡區區斯世之存亡亦置度外順治辛丑偕長皃李至崇洪低徊詳審字跡宛在如逢故物但昔年鑿字存金今亡矣使字去人旁只存吏字一半三十年間石有莫保之勢況千百年耶竊思其文曰鑿山引水必其初有巨鰲怪筍磨立水中噴沫喘波簇占変鎖鑿之以通舟楫者也文曰拔石通道必其初

爲山攢隨頓五丁束手造冥迴駕長天一線無可著屐拔之以通車馬者也文曰使往來者永有利濟必其荒開草昧自我作始爲前人所未及貽後人以永賴者也閱宋而明吾崇諸名輩覽勝考古多所表章獨於斯缺焉嗟乎數何奇哉及遍搜崇記在南宋都杭時郵使命臣遊滇黔閩粵者道經吾崇名人於小橋野店莫不題詠崇洪崳巇竟無半字則寶祐前之道不出於崇洪昭昭矣漢末孫權往來江上進駐崇陽築城中圳今河以吳城名洗瓜試劍有池不圍有崇洪遺蹟而黃巢陷逆之變禍遍崇山巖頭金界斬塔有瘞亦不見於崇洪有惡跡則漢唐兩代之道不出於崇洪又昭昭矣至隔岸伏波一廟尤爲疑案想即開山引水之公所立以保障一方者大約如西郭之丁祠北郭之張祠類耳後人不察以爲馬援征五溪經此而祀之抑何荒唐不經也哉不然張乖厓李忠顯爲邑名宰何曾半字及崇洪惟明許學道少華臨崇考棱顧中丞東橋三宿北峯亭俱有過崇洪詩明人見之而歌豈漢唐宋人見之不歌乎第不知此作者何人獨於其人之姓名官秩不少堅也噫嘻可

怪矣意名邑宰陳仲徽爲之或任希夷爲之仲徽喜作亭榭點綴山水品題至佳按其於崇尚爲淳祐開前乎寶祐使開闢在其時題詠當溢他景之外矣希夷踵仲徽後後乎淳祐必此君乎山川有知尚其來告萬年奇績不可無詩○按任希夷在陳仲徽前詳見官師志

燕光烇竹枝詞蒲崇界處峭峯開飛翠亭高險道來洪上水聲洪下聽懸巖十丈吼如雷○已上雋

水東南岸山

水經注陸水出下雋縣西三山溪東逕陸城北巳

今通城境陸城蓋三國吳將陸營處陸水通城得名俱本此又東逕下雋縣南在今崇陽西畈心畈詳古蹟故長沙舊縣王莽之閉雋也宋元嘉十六年割隸巴陵郡陸水又屈而西北流逕其縣北北對金城吳將陸渙所屯也已上今崇陽境金城當在崇洪一帶疑郎城巖桂口橋墩兩保金城山方位俱不合江夏縣志所載方位合而相去遠當又是一山已下蒲圻嘉魚境陸水又入蒲圻縣北逕呂蒙城西昔孫權征長沙零桂所鎮也水逕蒲磯山北入大江謂之刀環口○閱漢書注崇陽疑非下雋地考水經注崇陽實爲下雋治此段叙陸水簡核分明因更加註脚爲志水權輿

崇陽河即陸水一名雋水一名桃溪四山環繞溪流淸澈崇水之大者源出通城東北行入崇陽縣界會鐵柱港又東北會諶家港又東北會伍港又東北會星橋港又東北會黃臺港又東北會東關港又東北會城下港又東北會桂口港又東北會梓木港又東北會肥田港又東北會荻洲港又東北會吳城港又東北會灌溪又東會白泉港又東會浮溪又東北會小港又西北會抄草港又西北會龍頭港又西北會黃沙港又北至洪上會崇陽港下壺頭入蒲圻界會東流港以下爲蒲圻河

李師庾唐年竹枝詞四闌芳岸號天城兩色煙嵐望裏明一帶河流穿石骨浪花飛雪送船行

王鎮常桃溪竹枝詞卜豐亭北美亭西漏盡遙聞五夜雞警枕睡餘還起眺一簾花雨泛桃溪

鐵柱港邑西源出通城至鐵柱山東入雋水　諶家港源出邑西鷂姑山下龍潭洞經佛圖陂至蕭家灣東入雋水　伍港源出邑西臺山經六斗畈東南入雋水　油壠港源出通城堆山經油隴白馬廟西北入雋水　黃臺港邑西南源出通城高沖經崇之堰市黃臺橋至進口鋪西北入雋水

東關港源出邑西臺山桃花洞經東關至田家觜東入雋水　城下港源出邑西五華山由緣橋山出泉湖至沙坪東入雋水港口有汪必東宅

汪文盛贈西溪主人詩主人耽逸興結屋俯清流月照巖頭夜風生桂口秋岸花明野渡溪竹映山樓水落魚龍蟄雲深草樹幽長年違舊國有夢到芳洲與子期漁釣沙邊兩白鷗

桂口港一名桂溪源出邑西大小茶坑逕石門至桐楓嶺又源出雲車嶺逕桃樹灣至白土山合戰場山澗水至桐楓嶺曰桃花港逕柘樹潭出桂口

南入雋水　桃源即桂口港將出雋水處兩餘春色最佳崇邑八景其一桃源春霽夾岸有楊髙周琮宅　梓木港源出邑西南雷柱峯瓦子棚界方嶺梓木峯等處合流至石屋鋪西入雋水

肥田港源出邑西伏嶺逕神口至虎爪石合重巖山八斗山油冲諸水爲白驟港至馬頭畈合上寶山龍鳳港水至肥田畈合楊林畈水東入雋水

白驟港西三十里有龍潭　龍鳳港源出邑西分水坳經長港受羅漢巖水出大源山口受方山水至學官畈合肥田港　楊林港源出邑西龍崩峯

逕楊林畈受栢林水合肥田港　荻洲港源出西北萬家山逕許仙巖楊林橋至荻洲東入雋水

仙巖港即許旌陽逐蛟處

吳城港邑南一名青山港滙高梘大原諸港水經龍泉洲出青山口至吳城坪西北入雋水　高梘港源出遯原高梘至雙港會大原港　大原港源出鋋子垴合寒泉等處水經黃楊灣合細港經河坪合金港至雙港會高梘港　寒泉港源出大湖山麓正源至雷公峯合大原港　細港源出乾滲經黃沙至黃楊灣合大原港　金港源出金塘坳至河坪合大原港　東流港長峯保源出三陽峯合

青山港

灌溪源出邑西灌溪山清蘭泉至五穀壇東南入雋水　白泉港源出邑西北神峯至白泉橋東南入雋水港口裏有一洲洲上古栢二株左岸有伏波廟

浮溪源出丫髻山北流入雋水溪口有汪文盛宅其官福州時有句云念我浮溪舊釣磯是也

白石港源出邑東南十都會小東大東北山中保諸水至三汊潭合小港

汪宗伊過白石港詩青山長隱霧白水自生波魚

躍舟中異鶯啼野外多懸崖看亂石驟雨溼輕羅鼓棹長年數淒風起暮歌

小東港源出邑東南三界峯至雙港合大東港

大東港其源亦出三界峯　深渡港小東大東北山諸水合流所經　中保港源出邑南龍泉山谷中東合深渡港　羊港源出邑東小嶺白羊等處經大市遠陂至白霓橋爲橋墩港至三汊潭會白石港爲小港　後溪源出邑東梨樹坳注小港

小港邑東三汊潭合羊港白石港西入雋水

抄革港源出邑北菖蒲原經鹿門鋪至毛家橋東

入雋水　龍頭港一名蘆泉港源出邑東北龍頭泉至香鑪石西入雋水　黃沙港源出邑東北屏風山逕東泉山至板橋合寶花泉經河田湖口西入雋水　崇陽港源出邑北三山原凡九十九灣至洪上東入雋水水口爲崇洪磜　東流港崇洪保源出金紫山之陰地屬蒲圻經崇邑屏山舖至洪下東入雋水

陳忠愛重修崇洪磜記吾邑介在山中列嶂四塞而千谿萬壑皆會流於崇陽洪而出巉巖峭壁夾岸交鎖亂石鱗次橫截河流每隆霖泛漲卒難宣

洩淹浸田廬石罅行舟篙槳莫措多所顛覆其苦水患者此水口也然風氣完聚靈秀攸鍾人文財賦甲於他邑其受利益者亦此水口也先是易侯會齋精曉堪輿而與一二鄉紳有隙遂取中流奇石如鱖魚者斷而小之名爲便舟實以鑿秀夫以修怨一夫而貽害一邑抑何忍也父老僉謂經始之日萬鴉繞鳴報罷始散夫自此科第日漸寥落積貯日漸虛耗乃始歸咎乎鑴石者之巧於售害晚矣其夾流斷岸舊有橋梁一以利往來一以固關鍵也形家謂如咽喉之會橐籥之管最爲喫緊頃爲洪水所圮勢難飛渡顧病涉猶其小者而水關散漫形勢不無少損我聶侯惻然動念曰王制司空不視塗則國非其國而況此橋有關利害者乎第役吾瘠民興事而攘以自勞非愛也然而避選事名而姑需之後人以坐貽一邑患非仁也於是捐俸發粟鳩工伐石巋然一新之士庶之感奮好義者亦爭先輸餘貲以佐不及侯固不忍勞民而民忘其勞子來不倦未數月而告成不獨輿馬負戴利有攸往而地脈之斷而復續形局之殘而復完風氣之散而復聚異日者人文寖盛財賦寖

饒而一返其舊安知虹橋之興不可補鱖魚之闕吾民不能一日少此橋也其能一日而忘吾侯哉侯諸所興革有功德於國家生民甚大不具書特書其成橋者如此侯名有聲別號思文蜀之宜賓人

王應斗崇陽洪記縣北三十里爲崇陽洪環邑之千溪萬派滙於雋水者盡出於洪兩岸山緜衍夾送自浪口而下至段馬巒勢漸起局漸收流漸狹又屈曲迴遶無半里直遂者登舟則面與山敵疑不知有出路及灣盡谿折又豁然無礙竟二十里

皆然亦暘境也至洪則峯愈峻其東愈巖河愈駛
瀉萬流於一口如脫瓶甕之喉志載壺頭取斯義
耳漢馬伏波征五溪蠻經道壺頭灘卽此地其東
岸樵徑不達通衢惟西岸一徑通蕁川途廣不盈
尺如鳥道然幾不受趾又左倚絕壁右臨深淵行
者股慄當承平時誇示天險謂一夫當關丸泥可
塞此道其常耳山下巨石層疊橫亙彌河長可二
里許闊不踰十丈兩崖相遇以脊欲求尺膚不可
得石不甚高卓但厲齒磨牙片片向上狀如盤蛇
如蹲虎如上水魚如衝風側翼如驪龍項下鱗鮮

一寸馴伏者其色蒼銅紫鐵如戈戟滿地琅琅森
森不可觸犯堪輿家以水口甲三湘人文蔚起想
當然耳石間洪路有三中爲大洪東西爲小洪每
洪廣三尺有奇僅容小舠深則不可測水與石相
戰其聲如雷轟雹擊山爲之聾其飛濤噴沫如灑
玉飄花邑乘八景中一稱壺頭雪浪殆近之矣凡
舟過洪上不敢徑下必得本地長年一二人以其
生長慣習有呂梁丈人風每運篙有成算悉中肯
棨乂能隨波曲折如控生虬首尾皆動曾不轉盼
已在百步之外矣故在賈人多動色相戒而負高

興者恒欲臨之天啓中荆溪吳石渠爲蒲令攝崇
曾過此中驚喜欲狂旣下猶叫笑不已謂榜人曰
吾欲挽舟上再下一次何如雖其語出好事然洪
之爲洪益可知也余長於是鄉幼嘗躬歷數四然
領略山川冒險窮奇乃在壯老今孟夏四日有事
南嘉復過是洪雖不遇漲溢可幸無懼而乘潮御
風之致未之少減因作詩云一尺容刀路千鈞發
箭機蓋實錄也初十日歸舟抵洪下漏盡二鼓可
以休矣而意興勃勃不自遏旋鼓厲舟人亦各技
癢奮迅逆流而上時月將落風起晦冥不見洪道

賴舟師胸有成竹著著不差如許敬宗識何劉沈
謝雖暗中摸索可得而知也論捷便飛還上不如
下然震撼凌駕駭谷崩山奇與險十倍過之余矜
持舟中追憶吳君之言猶隱隱自喜乃旁顧侍僮
皆心悸魄奪矣少頃入平流山上杜鵑聲急小泊
待曦命點燭蓬窗中作上洪詩二絕時奚童倦極
嗜臥未嘗出聲然吾揣其意中曰有是哉子之迂
也壬辰四月十一日記

楊昺壺頭雪浪詩山擁奇峯鎖太阿一灣流水瀉
銀河層濤湧雪驚舟楫峭壁參天挂薜蘿雨霽嶺

頭紅日近寒凝澗底白雲多似排三峽歸滄海功
説當年馬伏波
許宗魯崇陽洪詩崇陽之洪高百丈龍牙虬角石
相向懸溜空明一水通銀河倒瀉青天上前山三
日驟雨鳴淸晨澗壑雙巖平浮查泛梗寄木杪舟
帆來往摩雲行奔湍激漱雷霆走盤渦急濺蛟龍
吼開濬還思禹鑿初流通佗想神功久雪花散亂
白浪翻蒼崖合沓生陰寒炎晶五月失光彩中流
坐覺衣裳單我生雅志向山水訪石求泉徧遐溯
年來登覽頗富豪海嶽崢嶸懷袖裏將尋巫峽觀

秋濤更泛龍門春漲高窮源便欲泝天漢直引星
槎推斗杓
汪際烜崇陽洪應邱三尊課詩環邑羣山東水勢
狹不廣有水險其山天氣日摩盪局蹐觀流峙崩
豁憤俯仰穿雲怒長蛟落石如破盎樵斧天半聲
漁篙地底響傳聞阻伏波何曾穴巨蟒山開千古
面水尊百道長巫峽具端倪呂梁共惝惘想見闢
洪荒亦借巨靈掌使節賁山椒歌謠何草莽
汪壆藍圖邑諸生崇陽洪應課詩選山自選深選水自
選潔山水幽默情退聽徯契結虛衷采風謠空谷

賁虎節俛仰澄淸閒巖壑貧蓄洩磷磷石齒横白
浪翻如雪四瀆旣可杯一勺詎不屑峭風吹層冰
月小飛霜冽遙韻生邈緜細流發靜閒詩筆幸無
塵洗我硯池鐵周道來陽春寒澗千載熱
釋宏度冬日經崇洪詩水潺潺處磷磷石無復春
流滾雪濤兩岸人家煙隔斷一泓淸淺恰容舠○
已上依序次已下分門類
油榨灘東一里　秤鉤灘　洸樹灘俱東十五里
墻前灘西城外　官陂灘西五里　婁家灘西
十五里其北岸爲婁家洲　華石灘西南二十里

上下重疊有灘上灘鳴晴下灘鳴雨歷驗不爽
張家灘在華石上　魏家灘西南二十五里　頭
巾灘西南三十五里頭巾石下　六石灘與頭巾
近有六石故名一曰種穀灘其下有潭　風下灘
西四十四里　白馬灘西八十里其南岸爲白馬
鋪　鹿牙灘東北十五里　壺頭灘卽崇陽洪
高灘南四十五里　柞剌灘西十一里潭頭嘴上
有洲生楊樹成林庠生雷新民等稟請禁蓄以保水口
傅以忠葵圃邑諸生華石灘謠二章雷殷灘下鳴雲陰
灘上生水流競何事不報雨天晴莫聽上灘晴莫

聽下灘雨一笠戴灘頭雨晴天作主
雷磧雨峯邑布衣高灘詩萬山回合鎖龍蹤路走羊腸
一線通渡過小溪淸淺處滿洲蘆荻戰霜風
三汊潭東十里　蘆潭東三十里羊港中　雞冠
潭東四十里石梘港搶水巖下　自泉潭南十四
里　尚書潭南十五里下有尚書陂久廢　銅鐘
潭南十六里銅鐘山下內有巨鐺善泅者取魚從
其耳竅出入　青山潭南二十五里青山巖下產
魚味美　雙魚潭南六十里清不見底一穴橫通
梘井常有雙鯉排擠出遊一名魚擠潭　香山潭
西北十里白泉港　釣絲潭方山雙港相傳釣絲
盡一釣始及潭底今塞　八斗潭八斗山下見山
志　石門潭仝上俱西五十里　龍潭西三十五
里白騾港滙神口八斗山諸水　石牛潭西北七
十里　風亭潭西二十里肥田港口已上支河
圳口潭西南十九里九節橋水注雋溪匯此已下
俱大河　松樹潭南岸爲蔡家墩　獅子潭烏吳
山下同上俱西二十五里　夜坪潭西三十二里
種穀潭在六石灘見前　瀛潭俗呼邊月潭西
四十里傍有山如半月形水底有石如牛大畝許

皓魄秋澄波光四射爲崇邑八景之一　楓樹潭
西四十五里　石龜潭北七里仰蓮山下　白雲
潭白竹山陰　河田潭與白雲潭近深廣甲諸潭
出三角鯿魚味絕美他處所無同上俱北二十五
里
楊昺瀛潭秋月詩碧天如水晚生寒一片秋澄水
底看冷浸石牛星影淡清涵獅子曙光殘雁鳴霄
漢金風早鴉噪楓林玉露溥幾度倚巖多興趣恍
疑身在五雲端
吳世雄龍潭古意詩漠漠寒煙起澄澄空潭水渺
然煙飛盡潭水清到底
大湖邑南九十里見山志　戴家湖西八里　長
湖西二十里通志稱長江湖　肥田湖西二十二
里一名揭家湖　岳家湖西五十五里　泉湖西
六十里泉出石沖行數里至魯溪沖伏流二里汪
汪瀁出故名○崇安得有湖山巔涯次低窪積潦
菰蒲滋生水禽翔集煙雨冥濛中存湖之意象而
已
芙蓉池西城內甘棠橋下　蓮花池古淵海亭畔
巖士貞詩云蓮花池上憶同遊客去亭空幾度[illegible]

是也　濯錦池東五里浮溪畔　白龍池西二里
西禪寺前　洗瓜池南七里吳城坪相傳吳王種
瓜洗此詳古蹟　漚麻池西十五里灌溪寺右
插劍池西北許仙巖詳山志
嚴士貞插劍池詩袖攜三尺過西茭麋迹唐年隱
翠巒赤犢潛蹤波浪息青蛇入水斗牛寒遙聞飛
舄來山般猶想行滕下石壇吟髮蕭蕭重訪古午
風偷弄碧琅玕
揉藍井西城內張家沖泉色紺碧取濯錦最鮮
戴家井西城內　南官井南門內官街側今廢

雙井東城巷中　文瀾井北城學官前騰蛟坊畔
雞公石井南二十里　葛洪井邑北葛仙山八
景之一詳山志　鹵水井北三十里
徐衍揉藍井說井以揉藍名取其色也其說見於
黄帝正統云鑿井而飲色如揉藍挼易井冽寒泉
食則非寒冽之類不可食矣揉藍即其義也然筆
談曰瘴水烏腳不敢飲飲則病瘴昔亦有梅花圖
者墜於瘴溪頂乃出舉體盡黑自謂必死而風病
竟爲之盡除此類又不知其爲何也豈非水色之
有藍有烏者耶乃圖經又載黄山東舉硃砂泉春

水點茶色微紅又非水之色有定者歟揉藍亦猶
是也今崇之揉藍水味清潔果不同於他水至云
其昔曾作染則村俗不稽之譚耳
龍頭泉邑東龍頭巖見山志　芭蕉泉　桂泉
後村泉　烏泡泉在仙師巖下詳山志俱東三十
里　石屋泉有石如屋泉出其中故名東四十五
里居民起水碓造紙　茅龍泉雨山麓東三十五
里　鏡面泉　分水泉俱東四十里　港頭泉龜
山嶺下　石流泉韭菜巖之上俱東四十五里
張家泉　鳳泉白羊山下俱東五十里　沿河泉

東六十里泉山下山以泉得名　寒泉在大湖山
下　白崖泉　雞籠泉俱龍泉山下詳山志　桂
家泉南二里　三田泉南十五里　何家泉南二
十里西沖灌田千餘石　史家泉南二十五里
飲泉西一里　西泉西北十五里　分泉西二十
五里龍崩塘山口　陽和泉西二十五里源自許
仙巖伏流至此湧出　白泉西北十里　羅漢泉
西北四十里　毛家泉西北五十里金紫山下
黄團泉西四十里　玉潤泉西五十里巖頭山前
一曰卓錫泉見　志　石厂泉西南十九里石澗

山麓泉嘗出黑魚剖之腹中惟一直腸食之者死　楓樹泉西南三十里　鮎魚泉　蘆渚泉朱砂橋畔　蘆泉泉眼在雋溪中與龍頭泉相接　段馬泉已上俱北十里　柘亭泉　楊梅泉俱北二十五里　湯泉東北十里城岡嶺麓田中噴出沸熱如湯　寶花泉有臺呼蓮花墩泉流其上　小泉在屏風山石底湧出挂壁爲瀑布沿澗起水碓造紙灌田流薪俱資其利山前即龍頭泉二泉互相盈縮陽年龍頭增小泉減陰年反是　東泉三泉俱黃沙保邑東北二十五里

汪璺湯泉亭募引邑東北城岡有湯泉湯泉之上爲金蓮寺寺僧欲搆亭甃陷以通往來澡潔余曰通往來澡潔驪山等處久化爲爭奪之場矣何聽此之洶洶烝烝謝名於豐草綠蒨閒耶粵稽神女洗瘢與夫神人所暖之說未嘗不嗤其謬卽如茂先博物歸諸石硫黃亦屬臆說今置硫黃水中未必溫如所暖如所洗尤荒弗經之甚唐子西惠州湯泉記務爲格理之言以泉在天地閒自爲一類受性本然又譬諸吹氣爲溫噓氣爲寒同出於一口深與江東之泉吳積之池半分溫冷而共出一池一壑相合洵足以翻茂先之案矣彼僧之欲等衆泉而搆亭甃陷通往來之澡潔將無遺其理而鬩其事歟徐思之是殆不然世無夷齊則塗炭痂瘢抑於胡底卽所推吳隱之爵然不溜恐終未免爲往來中人湯泉亦猶是也極目族類之繁疲癃殘疾瘡痍誰起正又不妨迂視子西輩而樂神其說於神人神女也斯則僧搆亭甃陷之意亦可取也如是與潤州之竹武林之桃幾幾乎有莫自保之勢而余今日之筆墨誠有如嚆矢之莫禁者〇右所志池井無甚裨益湖與泉大半能資灌注並

列於水從其類也泉多不知名不能悉載舊志所遺約畧補之又或附見山志及古蹟陂堰中不盡於茲云

談名勝者動謂崇無名山故遊屐鮮至夫山何由而名也大抵有峯巒泉石之勝足以留千古傳人之往迹而名始歸名由實致亦求其實而已實至而名未顯於山何歉焉崇山咫尺洞天實饒勝蹟明季有浙人王雪癡者稱中有佳處大類山陰遠方且欣慕之矣近里轉習焉不察山之名與否殊俗惡足知之雖然萬壑千巖引人入勝是爲實景

崇則有餘沃壤流泉爲民興利是爲實用崇尚不足民生日艱山農尤甚今時所求之實又在彼不在此矣

原隰

山環其外川貫其中平衍之地可以阡陌田賦所自出也崇邑原野於山僅得十分之一高下參差名稱錯出兹各從其類分書之較舊志加詳焉著重也其以畈名者東有碧田負郭一里有王疇胡定宅址小港距治五里詹家十里小港保饒天民居此內洲十里一名石梘遠畈　桂泉　軍畈　舒畈　夏家俱十五里白鷺　尖山二十五里高隄

三十里汪延鉞居此宋家三十五里下巖保白羊四十里　高田五十里　後畲王應斗居此高畈俱五十五里黑橋六十里

東北有夾澤七里浪口十里梧桐　大白俱十二里松田　馬家劉景部居此巳上俱十四里

南有港南二里官田三里棠嶺六里湉泉八里一名毛家相思十里南田三十五里華畈十里一名百家一名中垌戴書龔伯甯吳楚材陳忠愛皆居此雷駱十五里青山二十五里老屋三十里南田三十五里

西南有河嶺二十里石屋　水口俱三十里楊家三十二里大江三十三里江田三十五里秋畬五十里　劉家五十五里台橋保大激　城隍俱六十里官軍營六十二里詹家臺橋保蘆蔡俱六十五里

西有李家六里曾家十二里湯田十五里一名塘田西莊十八里肥田二十里胡定居此楊林　興隆　馬頭俱二十五里學官　大屋　白騾巳上俱三十里桂口四十里陳家五十里城下五十里烏石六十里　六斗　伍塘俱六十八里宋家妙明保宋忠居此青山　瑕心　白馬俱七十里石下有二西二十五里肥田保四十里桂口保

北有北門負郭泉塘五里毛蔣　栢亭　河田　古樓俱十五里羅家　劉家崇洪保俱二十五里

以坪名者東坪龍頭巖山上見山志金雞坪黃沙山中相傳胡丞相墓金雞飛出至此不見故名同上俱東四十里吳

城南七里桃林　銅鐘俱南二十里磯石二十六里河坪南六十里陽坪四三十里夜坪三十二里打牛四十里長坪五十里杉坪五十五里巳上西葛藤坪有洞與蒲圻剃泉通詳雜摭里未詳大霧北四十里大坪有二南二十二里西沖保西四十五里方山保沙坪有三東南五十里沙坪保西五十里城下保東北四十里黃沙保

以沖名者張家西城內梅沖負北郭汪柱汪桂居此桂宅廢園石筍存　東沖二十里三百十五里趙家五十里巳上東查沖七里鄧家　伍家俱八里唐封十八里西沖二十里方沖二十二里巳上南長沖八里盧沖十里大沖　白羊俱二十五里鐵鑪　城隍俱三十五里舒家沖口有古樹叢

四十里　普沖　南沖　橫沖俱四十五里　柳芳七十里已上西　盧家東北七十里　爛泥有四東十里龍頭保西十五里灌溪保七十里星橋保西南五十里石崖保

以原名者泉原東五十里　廖原南二十里　石龍二十五里　金竹三十里　七家四十里　宋原五十里　青草八十五里　大原　避原俱九十里已上南　王家二十里　小原三十五里　獨蚣四十里　八斗五十里　大竹七十里已上西　菖蒲北十里　三山西北四十里

以襱名者王家三十二里　泉坑五十五里　新屋六十五里已上東　蔣家十五里　丫髻二十里已上南　青獅　水滴俱二十五里　金雞二十七里　楠木三十里　漿坑三十五里已上西南　寺襱一里　馬湖十八里

袁家　殷家　斗岡　六和　道士　陽和俱二十里　詹家　馮家俱二十五里　紫仙五十二里　傅家　油襱俱七十里已上西　王師四里　望天八里　熊家四十里已上北

以灣名者羅田舊作羅頭東十五里饒仁佩居此　黃楊南六十里　東山西南二十里　鄒洸西十八里　石城西三十里　竹林西四十五里　白沙西五十里　蕭家西七十里　白馬北十五里

以坑名者河坑東郭外百武　老鴉東二十五里有宋楊起莘宅址　梅坑東六十里　竹坑東南十五里　下坑東南六十里　泉坑　郭公俱十五里　鐵鑪三十里　伏嶺四十里　大泉四十五里　金竹南六十五里　潘家　金塘俱七十五里　水坑八十里已上俱南　梧桐西南二十五里　相居

三十里　黃公坑與桃源嶺近諺云水打黃公坑狀元中澤生地有上中下三澤也西四十五里　堤龍五十里　大茶　小茶俱六十里已上西　魚腮郭外里許　梘頭三里　黃泥五里已上北　板坑有二東四十里黃沙保南四十里長峯保　石坑有二東四十里石坑保南三十里銅鐘保　汪家坑南一里

以洲名者郭家洲在東門外咸豐甲寅冬胡文忠公及何龍臣太僕忠駿俱駐營於此　外洲先是石梘陂廢田遂成內外洲　內洲路旁有古樹二株俱十里已上東　夾澤北七里　中洲南郭隔水橫亘里許諺云中洲生接上津台渡頭朱紫攙不開元狀元李政

茂居此楊文昭廉使品中洲返照爲邑八景之一又河嶺畈亦有中洲　新淤七里　揭家　各家　廣仁俱十五里　龍泉四十里　團洲四十五里已上南　婁家洲溪漲生時四面皆水咸豐間羅公羅山澤南經此駐營西十八里　荻洲二十里　肥田三十里已上西　鶴山二十五里　謝家洲雋水左右夾流上有居人村落七十里　菊家洲一名菊花七十五里已上西南○灣與坑當列水類而邑諸灣乃傍山田諸坑乃傍水田洲近水多沙不可田種木棉菽粟之類歲無水旱亦有收故並附原隰之末

米調元春日獨行北門畈經荒村有所懷詩春野

曠無際興來惟獨行偶逢谷口樹因憶昔人名芳
草由廬換浮雲身世輕機心息已久麋鹿不須驚
王道大中洲返照詩坐擁南樓夕氣佳紅輪倒影
散晴霞光摇遠岸渾秋樹色抹平蕪當晚花溪水
夾流金帶裊漁舟停釣紫竿斜須與煙靄蒼無際
又見東峯吐月華
陳鵷李侯壽筵賦中洲返照詩雋陽城外賸晴虹
二水環流美在中紫氣南天光拱北金輪西海影
朝東依稀遠樹珊瑚點閃灼平沙琥珀烘介壽公
堂歸正晚酡顏面面映相同

山田多磽薄歲稍不登鄖仰食商販溪水不通大
舟米價騰貴居民病之俗有多三石無處賣少三
石無處買之說原隰在崇似無足志然珠不禦寒
玉不療饑惟茲土田民生利賴況自經清丈後野
無不稅之田可荒弗治耶無游無曠力穡有秋志
此爲老農勸

風土

民情土俗囿於地而轉移於時崇居湘鄂間於荆
楚歲時岳陽風土二記可覘大概其或今之所有
昔之所無地同時異故也夫十室之邑豈無家自
爲俗不爲地囿善與時轉者然求之士族且難於
編氓乎何責移易之權端歸賢令尹矣司馬温公
云上行下效謂之風風繫以土仍本乎地上之人
因地制宜相機而利導之豫防之力挽之是爲風
化司風化者風土之美惡不可不知也因彙所聞
見以殿疆域備輶軒之采焉
南楚地薄寡於積聚人輕易發怒好詞巧說少信
見史記火耕水耨民食魚稻以漁獵山伐爲業果
蓏蠃蛤食物常足故呰窳媮生而亡積聚飲食還
給不憂凍餓亦亡千金之家見前漢志有道先服

無道先强見晉志人率多勁悍決烈蔽鬼重祠祀
之事屈原以五月望日赴汨羅土人追至洞庭莫
得濟者乃歎曰何由得渡湖因鼓櫂爭歸習以相
傳爲競渡之戲迅檝齊馳櫂歌亂響喧振水陸觀
者如雲見隋志稱兵跋扈無代不有見杜氏通典
岳鄂俗薄而質見宋志士以文辭相高有六朝之
體見柳拱辰郡守題名記〇已上統全省及武昌
十屬風土已下專屬崇陽
五代以來軍卒凌將帥胥吏淩長官餘風至宋初
猶未盡除見鶴林玉露畬粟種茶拙於治生見王

谿乖崖祠堂記崇陽素號難治見歐陽修集
黄庭堅和鄂州節推陳榮緒沿檄崇陽道中詩張公少爲令懲俗有遺書左販洞庭橘右擔彭澤魚歌奔中夜女歸抱十年雛近歲多儒學仁風似有初○已上宋時風土
君子業儒不習錢穀簿書小人椎魯貧窘不解期會發徵至號爲難治見張仕可賦役册序地狹土瘠磽沙石雜沓小有水旱不厭糟糠性偷惰不善治生且不事商賈貧窶日益衆俗尚鬼歲時伏臘斂財賽神以覬福利繦黄糜費病者率事師巫不

知重藥餌四通山澤易爲盜藪爲齊民憂薦紳人士秉禮敦義猶有先進風顧其民不顧公家急急之則相率稱厲緩之則玩愒而事坐廢見陳洪烈志序風俗敦樸女婦推節壯士效義見劉永清志序山多田少土瘠民貧士大夫鼎盛時喪祭之禮質而不文見總志舍末務本俗習雜儉見古志
王應斗端陽竹枝詞三首少年歌舞少年船不惜春衣浪與錢拍手江干貧亦樂管他正賦與加編
鄉村兒女望城遥十里五里歡相邀不怕新羅紅著雨不愁歸路水平橋
楊柳叢頭朴樹隈菖蒲甕底藕花杯平仇殺賊無消息日日高歌得勝回○已上明時風土
舊俗尚囂競輕扞文網近則秉性慕義有先民遺風見賈漢誼大邱册序俗樸訟簡民力農少爲商賈頗愚而重犯法士務詩書尚廉恥見續志
立春日遐邇入城視土牛五色占水旱視勾芒神冠占寒燠元旦長幼盥沐新衣冠拜天地祖先畢開門擇吉向日出方飲椒酒先幼後長曰頭腦酒卽屠蘇酒也親故相賀曰拜年兒童鳴爆竹擊鉦鼓曰鬧年是日不傾水欲行不遇雨也不掃地不

與錢物不形怒色聽鵲聲占養雞鴨三日俗云送祖日各焚其門錢亦有遲至上元者五日爲牛日以飯飼牛戒勿鞭詈重農事也十五上元節燈燭夕然野望如繁星人家奥窔俱遍曰照虛耗曼衍魚龍之戲城市尤盛粘詩射謎嬉遊達旦閨中迎紫姑神問休咎往往有驗二月社日四鄉賽社農人浸早稻曰社種初葬之塋是日祭掃俗云新墳不過社三月清明是處上冢上巳日士人多爲踏青之遊四月八日浴佛舊稱龍華會城鄉乃先備競渡龍舟徹夜打開頭鼓蓋誤以華爲划也可笑

一噱午日戸懸蒲艾以朱砂雄黃塗小兒臉士女鮮衣往來溪上觀水嬉親故相饋角黍饅頭醃卵香扇等物六月六日農家禳田祭鄗官土地之神七月七日曝書籍衣裳是夕占天漢隱見卜穀價貴賤婦女乞巧於月下穿鍼十五中元節先三日家各列筵几迎祖先朝夕供飲饌如事先禮先一夕焚楮錢送之新亡者則先二夕寺僧作盂蘭會夜然膏炬曰放燄口二十六日祀張乖崖遵成都奠公像於僊遊閣故事也八月中秋比戸以餅餌菱藕相遺設夜筵玩月以月之明暗占來歲上元

晴雨重九日士夫皆攜酒登高采菊賦詩爲樂是日釀酒曰重陽酒十月墓祭曰掃黃葉俗重冬至家各祀祖先且有祀日者十二月八日效浮屠食臘八粥釀酒曰臘八酒二十四日俗謂小年家各掃埃塈具香供迎祖先以米作餅供竈神置燈釜中曰送竈除夕貼門神上懸五色錢紙旁貼門聯取吉利語夜靜祀祖先及太歲神曰送年撾鼓鳴鉦響爆竹夜飲爲尊者壽曰團年達旦不寐曰守歲少者拜長者曰辭年○立春以下舊志另編歲時與風尚俱列禮制其實皆風土非禮制也並繫於此

汪際秋村女挑野菜詩雨後春田迎春旭滿壑莪莪添嫩綠誰家兒女隔村來三三兩兩淡粧束懿筐拏執弓鞋倣遍采香蔬踏畦曲一摘再摘葉漸稀和根挑盡不盈掬日出采蔬日暮回安得百草充枵腹吁嗟乎村莊兒女半艱辛蓬頭菜色自甘貧不見溪上采蘭爭贈芍閨中鬭草約尋春問渠誰是咬根人

釋儀容插禾歌田家無如插禾苦秧雞啄泥昂其股行行分取手中春一一點將煙外雨頭戴笠子

背荷蓑羽民國裏矮民多滿眼生花脚踏浪日長消遣兎園歌看看雲破下春了一鈎新月依山小歸眠初伸磬折腰布穀未明驚喚曉

劉鎮鼎采茶行楝風吹過寒凍盡深林長就孩兒筍養花天氣雜陰晴遶山一碧生意迴山前山後種茶場春風初試芽旗香六斑好趁雨前采芽東鈎籃手提筐采茶須采早莫待茶芽老茶老價亦廉茶早售較好朝采茶暮采茶山花壓損鬢雲斜蠶事未了茶事急忙煞山中兒女家○已上俱藍本舊志雜引書集證之其有未備者補志於後

崇邑士風向尚古樸重窮經前朝大老數輩以文名海內故持鉛槧者輒稱之近今風尚不逮遠矣然鄉閭各趨家塾兒童盡使知書迂士腐生拘執禮法亦足覘風化之首農力耕作貧者佃種田宜稻山宜藷山多於田故富者不滿十萬莊田例穀草粉石灌田舊藉陂堰故歲有爭水之訟喜較錙銖故兄弟多析爨歲有饑饉故貧戶不無逋租然上下忙錢糧則輸將多恐後人浮於土工商離鄉十之四商販盈道擁厚貲爲巨商者百不一人近水者行舟舟行大河曰崇陽艑小河曰青山艄陸

路運貨物輦獨輪車山獵水漁事之者亦爲恒業而游手浪蕩事撈蒱酒食於村市中者不能盡無近則市井隸卒亦耽洋煙官禁不能止可怪也婦女務紡績蠶織雖宦家富室不廢女紅中產之戶兼任耰鋤桔槔耞枷之勞山中健婦登危負薪力逾男子孀居烈性者甘貧不再醮民勞則善閨訓懍然近年村家婦女逐隊入市揀茶則風俗之大憂也冠禮久廢不行婚姻多於童時定聘信合婚之說女年及笄或男家親迎或女家具妝奩自送各稱貧富富者亦不過奢古風猶存至若初生與

男家抱養及童時來壻家者鄉閒尤多省物力也俗慣溺女故有育嬰堂之設風因漸改男女年五十輒啟壽讌村俗好用木作榻對縣漆描金套語俗書殊不耐觀喪事稱貧富用僧道者十有八九停柩中堂里中無賴之徒輒來鳴鉦擊鼓終夕歌唱雜以諧謔名曰鬧喪士人喜談堪輿鄉愚無知至有灰骨偷葬甚於徽州所謂穿山甲者疾病勤事巫覡禱野廟叢祠謂之收魂近來亦重醫藥權量不一物價之低昂因之城中制斛大於鄉斛一二斗不等秤十六兩爲一觔或二十兩有多至二

十四兩者曰接半近年遠客買紅茶多至三四十兩售田上鄉多計斗下鄉多計畝丈尺長短亦略有不齊山翁年老稀至城市故易受欺吏民易水火故往歲嘗興訟搆禍宴客肴數簋酒數巡古風也近日城市相尚以奢羞言儉約諺云富家一席酒貧漢半年糧信然市人對飲喜拇戰鄉閒賽神祈福又往往好群飲酒酣號呶動生事故鼠牙雀角鄉之出頭者充調人理曲之家罰令出錢調人瓜分曰打臺盤此風山谷爲甚邑故多寺觀閒有爲前朝仕宦家倡捐募修者子孫輒稱山主進退

住持時復興訟僱攺創重新必倡衆董役甚至吞祭田營之不惜殊不可解考諸寺觀多始於唐憲宗朝及南唐後主時其時人君好佛民皆效之習俗相沿貽害不絕毎年秋穫後大衆持香楮繫黃布訶子鳴鉦呼南無曰朝山遠則通羊九宮山近則臺山羊角峯等處其神率稱張眞牧朝謁者往來絡繹累月不休春月秧歌茶歌各成音節蘇東坡所謂如雞唱者是也田家自以爲樂二黃絲竹近世盛行城中城隍廟奏曲娛神毎歲糜費不貲鄉村市鎭時復效之秋冬至春月沿戶迎儺夜燈演劇觀者亦如堵牆至於問鐵許願士夫閒亦爲之最壞俗者莫如花鼓淫腔屢經官禁不能盡革端午船歌有聲無字不可解曉競渡之戲鬭爭特甚至於毀踐禾稼飛石殺人尤俗之不善也茹素之說愚夫婦惑之屢煩官長曉諭識者憂焉深山窮谷便於避刼居民有累朝土著者如滛氏廖氏金氏著於唐高氏胡氏徐氏顯於宋包氏先世避黃巾則漢人之苗裔也方言呼祖曰爹父曰爺母曰娘亦曰嫣兄曰哥女兄曰姐未嫁曰姐哥男曰崽罵人亦曰崽名女曰秀男女行小者曰滿曰么

曰晚幼未名者曰毛曰牙無曰貎食曰喫如何曰那樣忽然曰斗然皷快曰鄉溜放潑曰尤賴能任事曰倜儻善幹事曰僂儸兩物相比高曰石舐曰潮前三日曰先前日後三日曰外後日諸如此類與湖湘大同小異且音與巴陵臨湘蒲圻相近通城但微不同諸縣皆漢下儁郋此可證也

崇陽縣志卷一終

崇陽縣志卷二目録

建置志上 首列城池公署圖

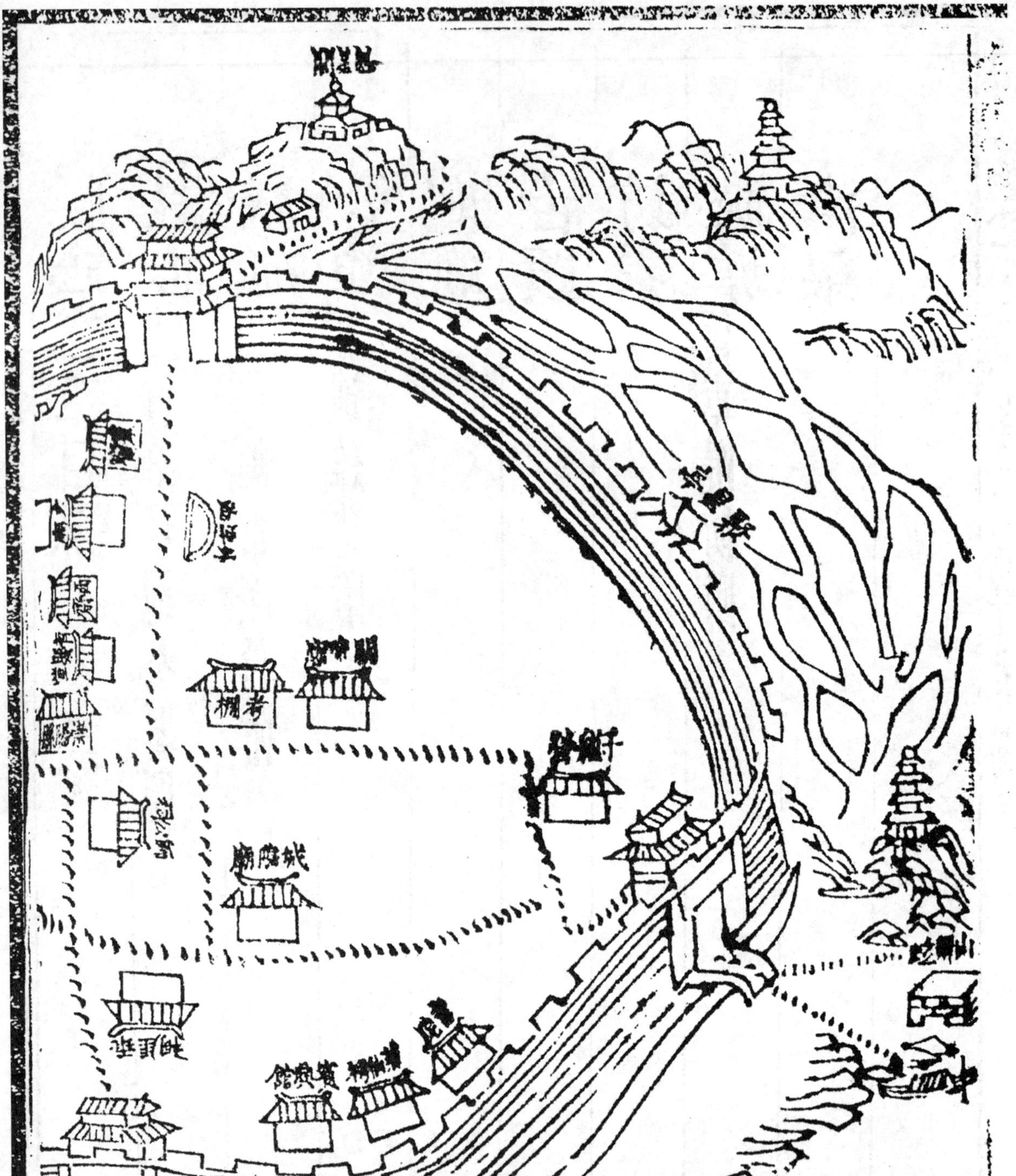
城隍廟
考棚
賓興館
下津渡
南河渡

崇陽縣城垣圖
社稷壇
小鵬程雲摹

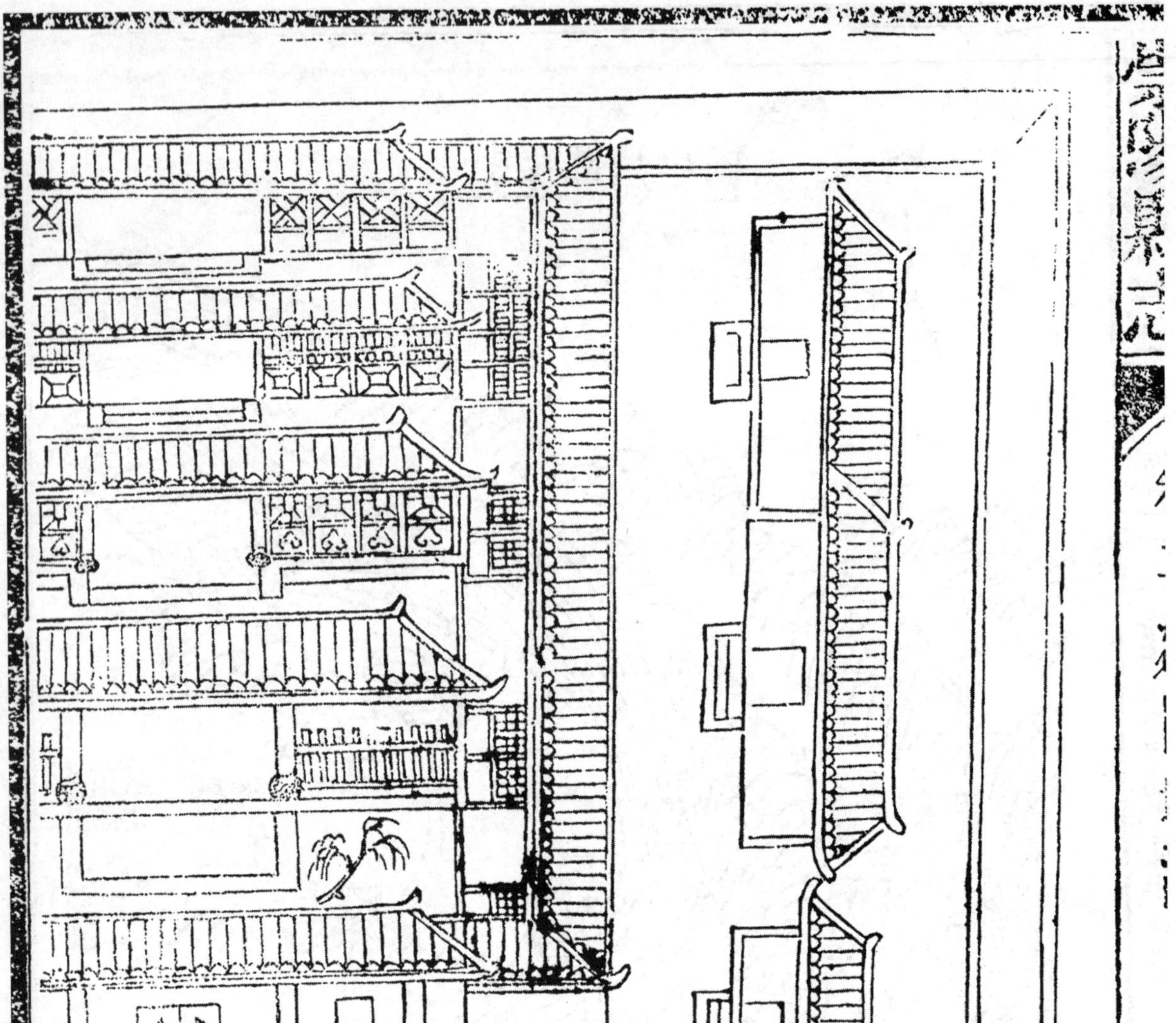
程雲畫

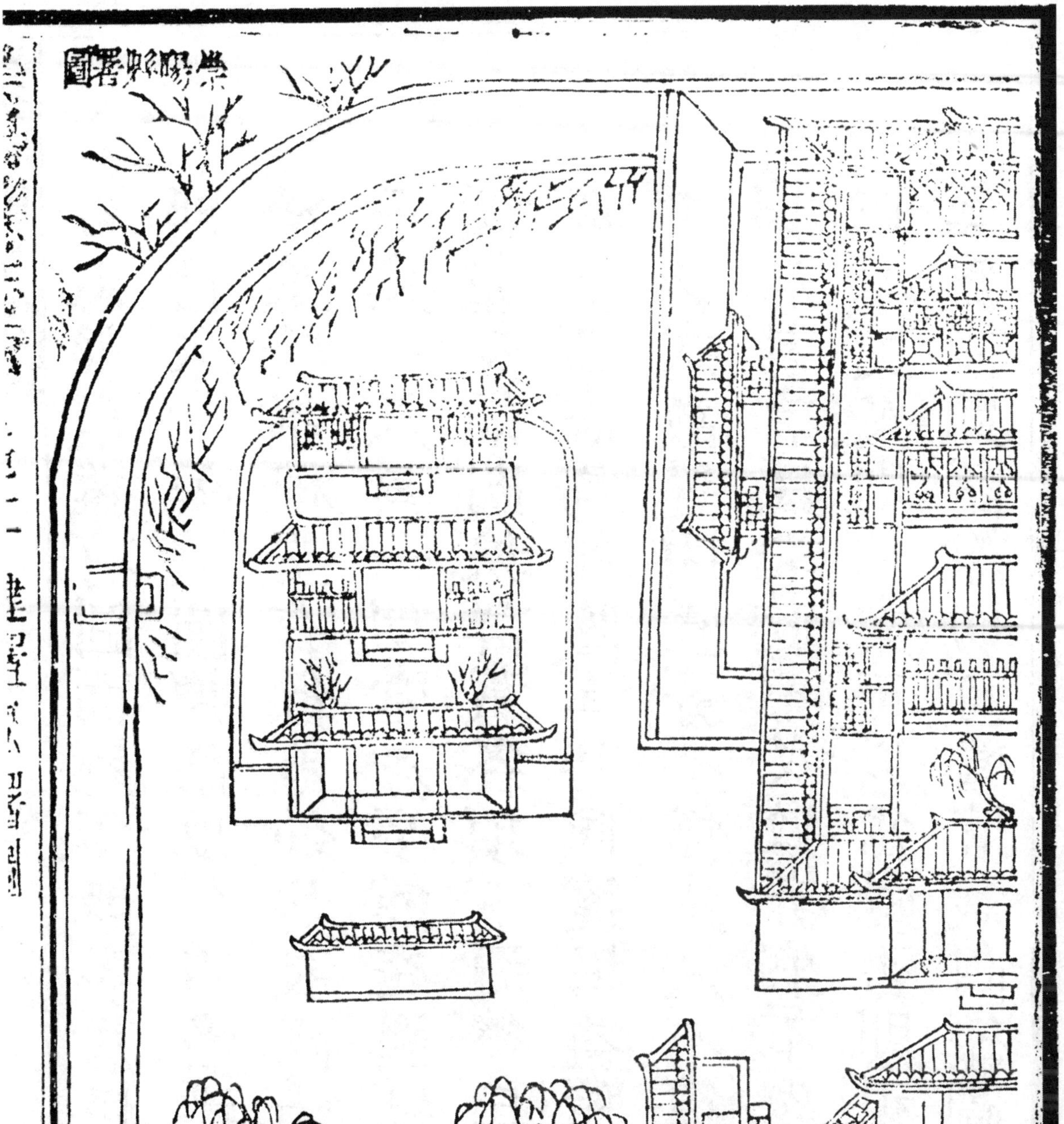
崇陽縣署圖

舊志縣治雖有圖而歷年餘多居民侵占不少康熙己未余侯據圖搜訪取侵占者悉丈還公總計治基除譙樓左右餘地外共長四十一丈廣二十三丈三尺其一切堂房亭館在圍牆以內者逐一度量長短闊狹詳載各項下灕縱兵燹瓦礫無存聊仿舊志爲此圖異時興復損益隨宜未必一一準舊式故署內堂房亭館丈尺不復細注舊志引白居易言民非政不乂政非官不舉必官署立而政舉民乂則甘棠可以爲愛否則視之若敝壘署奚爲哉此語深切可當官箴附綴圖後

崇陽縣志卷二

相宜荒度卜吉經營範圍神化矩絜政平栁星萬戶桃兩兩贊永綏下邑遙拱

上京志建置

城池 街巷舖市諸局附

崇陽縣城西北枕山東南帶水左臨曠野右倚平坡高二丈周一千三百三十步四門門有樓水洞二西北隅入西南隅出沿南城有濠餘三門無東南雉堞平遠西北多起伏因地勢然也

縣治自南唐稱唐年時遷今所宋前之城池之制書志未詳元嚴士貞詩山城隱隱樓臺起又朝京門外楚山長謂北門也而城制仍不可考明初惟土城成化十二年知縣劉信拓西北宏治十四年知縣李鋭築四圍萬歷三年築石城四門始建樓戶有糧一石賦銀三錢人一丁詳劉景韶記四年春城隕五年重繕費取贖金工取羨卒與匿稅者自東門右至西門輒垛石城自西門右改徙環抱殺舊城十之三七年補繕自西門右至東門左皆更築復於其左開小東門詳汪宗伊記十七年知縣陳洪烈復完西北明末半圯於兵燹

國朝康熙十二年知縣蔡興鎬補繕二十一年知縣李特生葺西南門樓三十四年知縣何嘉儒葺東北門樓雍正間知縣李五愔重新四門樓清官基禁民房混侵城內準古制留馬路一丈城外五尺以便巡行嗣是承平日久漸就傾頽嘉慶三年白蓮教匪將近城而退明年知縣孫邦憲重加補繕閉小東門十二年知縣李夢珠重新四門樓邑紳沈麟書商紳章應璜汪致和等分任役道光間知縣朱清標補繕二十二年鍾逆平知縣金雲門增埤堄三尺覆以石自址及巔高一丈七尺甃馬道旁護以甎寬五尺高稱之般樞澧董役二十八年大水壞檽星橋馬道營房知縣鹿啓烈福昌阿先後補繕汪本皐倡捐金程銘烈等董役咸豐丙辰粵匪退後又增埤堄三尺同治二年知縣王紹薪濬城濠建石橋迎薰門前引東郭水西會檽星橋口程步雲沈蕃源董役已上俱邑紳士用彤家言固地脉云

街

前街　後街　十字街　北街　上街　下街

橫街已上城內舊俱砍鵝卵石康熙間易石板半出徽商汪汝竪捐金　桃花街東城外　河街南城外　達泉街西城外　朝京街北城外街道沿山盡處爲古狗肉店邑人汪永清捐金甃石并作石垣護路旁古冢

巷

麗家巷　沈家巷　潘家巷　鄭家巷　殷家巷

仁義巷　烏石巷

劉景韶崇陽城記主上新服命思保障元元以干城王室詔天下郡縣各繕若城浚若池三務成功無内憂而外是懼抑亦使邦大夫愼其四境而州若縣是城是完遲速衰序於是焉在維兹方城漢水險猶外也城莫先於楚於是中丞趙公柱史李公實受成命下其議藩臬長一時數十縣各表分搠以令大事崇陽固漢下雋之未成城也山澗盤紆舊稱天城以其鄰六縣介乎豫章之西溢出入衝焉故崇宜先城愚民不習詔令洶洶以爲厲己亡論制與時卽不勞民傷財且懼大役難成作者不任將中廢業不爾以數歲之積易千數百年因循之陋亦足固也豈其知役所由起利所由成堯與舜且猶不廢平治天下獨何難於用民乎議既定遂檄別駕鄧公營之而調南漳王公爲邑長已又檄郡推程公董其役是時有司非不束溼斯城而程又以遷去民卽徛而舂揭將亦調靡不有初遲遲吾重圖之矣會譙大夫方擢守普安州兩臺

因之疏於朝改與國攝崇政實留其才爲崇墉計也侯至覽之心授其算曰夫昔所計丈數揣高卑度厚薄仞溝洫物土方議遠邇量事期計徒庸慮財用書餱糧以令役於一邑若則有常奈何屬役賦丈以貽之我而何其覆簣之不前也與衆爲政築道傍舍爾茍不徵怨於百姓慮始之民吾甯任焉罷力以完之而可與樂成是用臨之不忿於素因罷子弟七十人計里分堵刻期程力萬夫悉來公日督挾之靡不夙夜身在陴間至撤庭羨之卒以助不給簡守丈之吏以轄不虔施不測之賞以懲不敏弛不急之務以舉不逮剔弊防罅飭聾審堅閔閔焉若大匠氏之運繩尺以耆巨室蓋再閱月而城成周六百六十四丈高丈三尺廣丈一尺堞四尺水洞二門四門各有樓樓高二丈東曰賓曦南曰迎薰西曰阜成北曰拱極崇端顯巖曼與城稱山河表裏域絃誦禮樂之民而甯處乎其中蓋屹然大觀也城始於萬歷三年八月落成於本年十二月大夫所用民之力纔百有餘日而陶甓伐石構木塗塈民各以其力自爲之夫豈不輕用而城不自地出安得以時訓爲解官施其賦民勸

其成兩臺實云畏此璽書我固身受其命何可後時即有後事何可弗與知也詩曰天子命我城彼朔方彼實發以赫赫之名顧所為悄悄若此其勤又何敢不奔走於今日以為榮施也哉夫城處也以盛民也用民之力而民是盛以宣上德而不居其成功是用藉手兩臺以報天子四封之臣無以踰此矣余不佞因附春秋之法而謹書之又以見崇城之不朽非徒作也撫臺某屬有成勞於法宜書并書為記

汪宗伊崇陽城記皇上登極之歲詔天下郡縣城

睿晢遠覽至仁徧覆海隅蒼生盡措之久安長治之域也於是監牧之臣祇承德意惟謹萬歷元年巡撫都御史趙公賢巡行城崇陽檄武昌推官程君正誼經度之周覽山川定其廣袤以學偏左拓其左隅亦相土之宜也後縮三之一惟城之便程君攝縣壘城石三尺許民宜之譙君田龍以興國知州來治縣事代之去譙君料丁糧賦市廛民方慮始工堅即城壯矣乃棘其欲春雨浸淫城壞無遺堵周君應中繼之令行禁止取徑再城民不敢怠又興他役遂輟前功王君學曾宰醴陵有豈弟聲吏部奏移崇君廉民疾苦一意休息行之期年度民可用矣力請各邑修城之羨金不得又議鬻餘地以濟民之急民亦鼓舞競勸暮春東作又弛役俾盡力南畝農隙庸之必殫心思以石為城縱衡以石築之以土馮馮堅實其高二尋基之厚二丈面之廣半之周一千三百三十步有奇壘甓為女牆甃石為四門門之上各覆以樓以備守禦崇陽自唐天寶為縣國朝甲辰開設二百有餘年矣至是始克有城不亦艱哉春秋凡城悉書體國經野莫急於斯以重民力以寓褒貶若莒城之惡城

沂之美直書其事得失炳焉是役也天子命之城墉言容保無疆邑令處財力俱竭之餘興已成復頹之工乃能不拂民情不奪農時事期底績不愆於素此春秋之所褒也城成役者忘其勞居者安其佚士民商賈咸德君經營之善相與歌帝力於何有乎聞國以人心為城時方令則壤平賦蠲逋裁費以利用厚生蓋固本甯邦之道與設險域民之義相為經緯也君廉靜節愛民悅易使既已成効其益之無倦須之遲久使民生樂利風俗純美百姓親睦衆心成城四境之內隱然天險不可

升也仲山甫城齊而詩昜之曰天子是若必如是而後有以欽若聖心永樹保障之績哉樂觀厥成乃記其事以垂永世云

鋪

總鋪在縣前詳公署　光祿鋪　雙路鋪俱東達通山十五里一所

鹿門鋪　王子鋪　屏山鋪　東流鋪俱北達蒲圻

吳城鋪　莎塘鋪俱西達通城已上俱十里一所右共九鋪設鋪司二名總鋪鹿門鋪各一名係永充鋪兵一十九名總鋪三名餘各二名係徭編　石屋鋪　清水鋪　進口鋪　星橋鋪　白馬鋪已上通城當差

市

下津渡市　浮溪橋市　新塘嶺市　白霓橋市

花涼亭市　露口市　駞泥嶺市　黑橋市

油市　龐家街市　大市　豪猪隴市　沙坪市

沙坪保已上邑東　銅鐘坪市　伏嶺坑市　皷子嶺市

已上邑南　洪家橋市　蔡家墩市　劉婆橋市　黃茆橋市　洪鐘埠市　星橋鋪市　黃臺橋市

堰市已上邑西　白泉橋市　烏龜石市　石城灣市

桂口市　沙坪市城下保　櫟林市　石嘴頭市

上峯嶺市　東關市　虎爪石市　熊家隄市

神口市　雙港市　伏嶺市已上邑北　鹿門市　金竹堡市　洪上市已上邑北　香山市　桂花樹下市

黃土坊市已上邑北　古有泉陂市　蕭家市　高家市久廢

舊志有西場市　高橋市　小港市　白土市　石門市　泉湖市　謝家港市今亦廢

邑故無大市鎮惟白霓橋桂口沙坪堰市數處爲趁墟所集餘祇山亭野店十數家點綴村景而已然亦見逐末之多也至於三家村中闤闠酤肆爲遊手摴蒱之場尤更僕難數豈人浮於土不足於産與抑俗尚營利使然也是以聖王首重農事也

嚴士貞泉陂市詩茆店雞鳴戶早開終朝賈客自

喧豗凍雲不放臺山出春雪倍添溪水來湖海半生空筆硯乾坤萬事付樽罍因羞滿目紅塵者競較錙銖亦鄙哉

局

里局一十一里各一局曩日大差時里長徵收錢糧處也有局居香火祀郭子儀之神不知何取每年移祀隨徵收所寓民居無定在後禁革里排局廢　須至造册局　弓箭局　惠民藥局　紵絲局已上俱廢

團練局縣城桂口兩總局四十四保分局咸豐四年設或賃市鎮房屋或假寺觀廟祠無定所同治四年改鄉局爲東西南北四局

公署 官地雜建附

縣之有治國體之尊官師之肅政令之出教化之行扞禦之寄俱視乎此公署之重並於城池有以也崇陽公署經兵燹無一存者志以存之舊志明洪武七年知縣胡興福鼎建縣署崇禎十六年獻賊分黨陷城燬焉

國朝康熙十八年知縣金綿祖重建規模廓大直冠

武府諸屬其詳具金侯自記中自時厥後知縣曾翕受范繼昌先後整理道光二十二年知縣金雲門重新至咸豐四年粵賊入崇墟爲瓦礫惟門外屏牆一片巋然獨存今依舊志所登一切在圍牆內者臚列名目總計基址橫直丈尺其在縣門以外仍照舊志丈尺詳書於後

聖諭亭知縣黃袞建敬摹

世宗憲皇帝御製諭州縣牧令文一道於甬道上

戒石亭在堂墀中石鐫爾俸爾祿民膏民脂下民易虐上天難欺十六字

正堂明知縣周應中題惠愛堂鄧以成題親民堂旁豎胡定王侯去思碑金綿祖重建題膏雨堂旁豎劉利賓鹿侯遺愛碑右庫房左前贊政廳左後儀仗庫

二堂吳伯民秩官未載俟考題視民如傷金綿祖重建題玉壺冰映　三堂在二堂後　家廟贊政廳左　子民堂即吏隱齋在縣堂後宋知縣任希夷建

吏隱齋宋知縣陳仲微改建寺丞陳乘之易名并係以銘　三不欺堂在縣堂後　列星堂在三不欺堂左宋知縣王家福以張忠定爲柳星之精故名　柏梓樓在二堂前金綿祖建　眠琴樓金雲門建樓之上爲飛雲閣　如野堂在柏梓樓右金綿祖建有記王觀潮題松桂讀書之室金雲門題楹聯云開徑卻憐新薙草倚闌閒愛舊栽花

柏蔭軒在二堂之左黃袞建宋鋒改仕學軒曹學詩改拄笏樓俱有記金雲門重建仍柏蔭舊稱

桐雲桂月軒在三堂左金雲門建

縣門前爲大門次爲儀門大門之上爲譙樓金綿祖題天城第一樓

寅賓館在儀門左明知縣譙田龍建王學曾題聞

過亭聶有聲題旣見堂魏光前題喜拜堂署縣理
問題聽竹堂金絲祖重建題集思堂
六房東吏戶禮西兵刑工附東糧西承發二房
馬房在寅賓館前　牛房在土地祠後　南漕糧
倉在寅賓館左　獄在儀門右　土地祠在馬房
右　關王廟在獄前○已上俱在縣署圍牆內總
計基址長四十一丈廣二十三丈三尺
香霧亭在縣堂後圃宋知縣張詠建任希夷重葺
題詩云忠定來遊二百年花陰光采尚依然亭荒
猶喜遺基在爲向東風話短緣

綠野亭在縣圃東北角張詠建　塵外亭在縣圃
南宋知縣蔡觀建　春草亭蔡觀建前後瞰池扁
曰蘸綠陳仲微改名　旣成亭在春草亭側　天
風閣在縣後陳仲微建　四時佳興天風閣後
靜思亭在縣圃中明知縣顧華建王炎陪留宰亭
中夜飲詩高燒蠟炬照深紅恐負一年花信風惡
客敢辭今日醉明朝別去自匆匆東風桃李可招
客吏事塵埃能困人蘸甲一杯留我醉知公胸次
有陽春○已上舊志列古蹟以俱在縣圃圍牆內
故附此已下俱圍牆外

旌善亭縣前左北向明制民間有小善邑宰揭姓
名於此示獎勸明好德也廢基東西闊二丈六尺
南北深二丈七尺　申明亭縣前右北向明制民
間小訟剖斷於此當可而止示無訟也廢基東西
闊一丈九尺南北深二丈三尺　醫學傍旌善亭
西向廢基南北闊二丈六尺東西深二丈五尺
陰陽學傍醫學西向廢基南北闊二丈六尺東西
深二丈五尺　左社學傍陰陽學西向廢基南北
闊二丈五尺東西深四丈九尺　右社學冷鋪傍
申明亭後東向廢基南北闊二丈五尺東西深二

丈六尺八寸　急遞鋪東向廢基南北闊二丈八
尺東西深二丈六尺其鋪驛司廊房基地各六間
各長二丈六尺各闊四丈五尺鋪驛司官廳基地
長二丈三尺闊六丈二尺又公廨基地長四丈八
尺闊一丈一尺已上俱鋪驛司住坐又官廳後基
址南北長六丈二尺東西闊二丈一尺　又譙樓
左廢基南北深五丈三尺五寸東西闊六丈四尺
八寸譙樓右廢基南北深四丈東西闊六丈七尺
六寸縣前右傍申明亭廢基東西闊一十一丈四
尺南北深二丈三尺併馮節婦坊基在內

金鍾祖崇陽縣署記邑有治政教所自出也古者巡行鄉邑有倚樹爲廬者若日責其聽斷於棠陰栢影之下其勢必不能則公署之剏爲不容緩矣崇治始於北峯亭北繼在桃溪橋東再徙而至今所山圍水繞靈秀攸鍾故其冠蓋相望比戶可封非他邑所敢較自癸未寇變以來生齒凋耗科第日漸寥落官廨民廬盡遭灰刼巋然作魯靈光之存者了不可得莅斯土者又去就無常議同築舍郵時有葺修歲久復爲風雨侵蝕以故迄無成就甲寅歲予受篆來崇父老候於道備陳年來踐更

之累村市蕭然士氣沮喪賓鹿不聞雖運會應爾艮由縣治頹廢興舉無期本基撥而精神渙也嗣後紳士歲以爲請今天方降割俾我民不克艱食余煢煢在疚不災患是懼而興大功以召怨余則曷敢乃崇人士義迫於不得已上請郡侯杜公郡侯躍之力爲申請大中丞張公中丞允焉且下令曰速成盛舉以壯觀瞻余乃集學博曾君及邑紳士諸父老盈庭僉議首推黃子金華何子修汪子樾丁子世美汪子際焜孫子嗣沆王子垣蒙子貞吉陳子升祚汪子塈力爲分任以便考覈於是捐

俸發粟鳩工集材視其緩急而先後之先譙樓大門次儀門次賓館次戒石亭次大堂及贊政廳庫房次左右六房又次後堂以至退食偃息之所庖廄倉廂靡不畢舉外則芟荆度地築甎垣百丈以樹厥藩雖址不加擴而規模宏遠視昔有加使三十餘年茂草瓦礫終月道謀一旦煥若日星凡勝衣之男佔畢之士莫不踴躍趨事而躬自編於畚臿之間者則黃子金華丁子世美孫子嗣沆汪子際焜尤爲盡瘁是役也經始於己未夏四月落成於本年冬十有一月其間有事東作復阻於歲

旱車救不遑計需民力纔百餘日捐輸所入僅四百餘金輪奐之速未有踰於斯者此余向爲慮始今幸觀成焉惟願後之君子坐斯堂莅斯邑幸鑒余今日音羽之勞幷上憲鼓勵樂成之意士庶急公從事之勇爲保障勿爲繭絲爲佩韋勿爲東溼庶幾當年人文財賦之盛更隆隆於不替余與有榮施矣是爲記○如野堂記署之西偏有隙地可一畝築室三間爲退食燕休之地前後有古樹三復手植老桂數株環以梧竹餘卉無算凡自外入者幾忘其爲官舍之傍右有土岡相映名花異石

兩兩丙愛因以如野名焉詩曰十畝之間桑者閑閑又曰衡門之下可以棲遲長林豐草間豈非隱遯者所居乎然簿書鞅掌日憂吏責者何限今民貧訟簡歲無逋租得優游以嬉應之幸矣昔稱庭可張羅朝看衆鳥飛還者伊何人哉眞吾師也以如野名之誰曰不宜

宋鏻仕學軒記仕學一理也學所以立仕之體仕所以達學之用先賢卜子兩言盡矣余學未優而仕仕未優復學藉學之功將以補仕之拙也崇署之東有室三楹舊名柏蔭軒軒之前犖芳歷落有古柏一株高數仞大可合抱不計其年入夏蓊鬱成蔭炎烈弗及前尹恆陽黃公寻以斯名自序云柏蔭一室官蔭一邑以自勉蓋亦觸目警心隨仕隨學之意云自癸亥之冬大雪嚴寒木多凋槁聖宮數十株皆傷凋謝而此軒之柏遥遥對峙亦先後就枯邑人士有不凋者亦凋之嘆傷柏也亦以傷士風之不振也余於丁卯之夏來宰是邑思以革故更新斬而伐之易以穉者手自培植時爲灌溉歷戊辰及己巳欣欣向榮饒有生意枝葉扶疎顧而樂之曰十年之後茲柏可以蔭一院矣抑吾

思之古人十年之計樹木百年之計樹人夫樹木者資乎灌溉而樹人者資乎學問余於諸生日月刮劘質疑辨難切磋未嘗稍懈簿書之暇即就茲軒披圖檢册以驗吾政事之得失且取諸生課藝去瑕存瑜刮垢磨光教學相長互滋麗益異日諸生沖霄蔽日爲榦爲楨皆於是軒權輿焉則是軒之蔭一邑者未嘗不可以蔭天下謂之爲仕可謂之爲學可謂之爲仕未優求學學必優後仕亦無不可因更軒名曰仕學作仕學軒記

胡定王侯去思碑公名學曾字唯吾別號省軒廣東之南海人舉萬歷丁丑進士試醴陵令期月報政天子用巡察使言徙知吾邑公爲政務正身帥下鐲耳目之好娛自非惡以先百姓有伯起介然不淄之節察閭閻患苦罷遣隸廝犬不夜吠岁熙劉寵不能過也恥言深文不驚儆詭緣飾以陽賈聲譽而令舉必時法必麗犂然引繩尺裁成之其忠信以斷似季路致法而不忍人又似子臯疾俗偷福設章服與民要約禁無得淫靡事老釋徼誣民戢不敢犯令又以爲民不知法而冒抵文乃科條章律爲書懸布令可家喻而戶說之吾邑人所

奉以矜法寡罪不至觸罟隆井隕身破戸者豈少數哉其爲起教於微耻而禁惡於未萌艮徙薪之智清濁之源也晚近治獄吏率鈎覈深文骨沾沾自喜上者能閔之卽稱賢耳公之言曰與其哀矜於得情之後孰與求生於未犯之先德念深矣余覽其書未嘗不俛首嘆焉其指在道德齊禮幾民無訟爲貴而後裁之政刑者也諸所罷行如平賦均徭與起饔序勤課耕桑及他晝令具侯所著治崇規要中吏僕未易數也總之其指不離是邑新城亡何雨壞幾盡而公私空詘不能舉役公至則

白請鐲諸里廢局與民易價爲再築而躬親規畫省勸不輟城遂以完百雉言言民用是賴斯廩廩千百世之伐矣其尤異章大者邑嘗不戒於火公亟向拜禱風爲之反事大類漢江陵郎桓公言長者侯不自爲功要所感動先後如一轍詎偶然也侯以久任留邑六年前後臺使累章薦其賢歲大計吏以異等徵入且發邑長老子弟相與奔走扶攜遮道攀留之不得至脫侯韡去旣去愈益思之不能已已乃相率謁定言曰吾欲如崔瑗荀勗立石以誦侯德願公識之余瞿然辭避曰幸長老言

之顧余言何能揚公美以慰公等且吾故知侯侯有庚桑楚之意何如長老曰雖然吾君則誠庚桑楚也吾將爲畏壘之人乎且吾聞莊周多寓言其說不雅馴不有國風魯史甘棠田疇之歌乎幸公爲我歌之無讓第無令我公知也余曰唯唯請爲父老歌附之野史焉歌曰皇帝臨照視我勞人誰甯汝好帝之天覆簡序南邦而公來造君侯來思其道光明素絲委蛇其政恢恢氾濩育之又綱維之人曰邑艱乃公易治奏刀砉然人曰邑頑而公子之弗格匪姦人劇我邑公治以簡鳴琴閑閑旣

術崇墉其德翔鴞偃然風從皇帝念功遂徵中牟尊德闡忠耕夫輟耒婦歎於室走告倪童曰我長老民之父母始覯自公公之去矣邦胥賴矣畜我不終我作歌詞甘棠之思以繼國風於萬斯年式我侯度永遵於中

劉利賓鹿侯遺愛碑艮吏初無干譽之思沒世自有難忘之德我

朝鼇飭官方大法小廉凡膺民社者豈弟樂只類皆有聲第來而頌之去而思之生而榮之歿而志之則惟我故邑侯鹿公其尤卓卓乎公諱啓烈字南

漢潁州阜陽人累世勳閥其先蘭臯公巡撫河南介石公觀察江西經濟文章有令聞於世公生而瑰異自少即力學砥行志繼前徽以舉人大挑一等試用楚北歷署棗陽通城孝感諸縣所至有聲最後乃涖吾崇崇素號難治道光壬寅以後治益難惟公本淳儒心行循吏政推保赤之心保民而民乂歲戊申孟秋大水壞民畜田廬無算九月公至道經原野爲之惻然念崇邑洊年之難即嚴飭糧吏曰饑饉之歲惟正是供無苛取絲粟以重吾憂故是屆徵收民甚便之而官無羨餘公曰苟民

無餘我何恐獨有餘也涖任踰年罔誅求以安富民罔追呼以安貧民罔虧短物價以安市井之民其保惠有如此者以式穀之心造士而士與下車即舉行童子試識拔皆眞才公暇復進諸生勗之以爲倫紀綱常守身之本禮義廉恥立國之基士所學莫先於此又時時接見高年宿學講論經義爲膠庠樹之圭臬蓋不欲徒詡風雅工帖括博取人閒富貴而已以故崇士凜公教皆烝烝礪名節恥盜虛聲焉其作育有如此者若夫聽訟則務清訟原曉以情理諭以利害人所能也至於剖斷明

決小者片言息爭二三日爲限大者拘甲喚乙七日爲限不株連一人不遷延一事此豈武健嚴酷能勝任而愉快哉有憯怛之愛有忠利之教以故愿者懷其德黠者亦感其誠舉連年積案清以兩月民至受責退無怨言近侍云公疾大漸猶欲強起決獄彌留之際語諄諄惟以牽累百姓爲恨其憂勤有如此者弭盜則務除盜藪責成保甲及巡役沿途密訪以案之多寡有無定賞罰公訊他案不欲威脅民獨於此類不少寬行之一月報盜者稀矣又閱月報者愈稀矣如此期年雖謂晝伏夜

動之徒不敢復入吾境可也其德威有如此者凡諸善政昔聞其語自公於歲暮小試之悉驗其實蓋非有公之心及公之才公之操必不能表裏始終如一也四境之內無貴賤賢愚率歡忭歌舞皆擬於農隙奉羊酒稱壽公以民食方艱堅辭弗許

乃相與語曰吾公非百里才他日荷

聖主之知必不次超擢大展夙抱黼黻

昇平將與其先中丞觀察二公輝映後先垂諸永世第在吾崇布澤方始當必爲吾民少留二三載俾慶

德化之成焉夫望福星者冀停光仰慈雲者思駐

景民情類然吾崇尤甚孰謂天竟奪吾公之速耶公甫歿崇士民且驚且疑閭巷哀號若喪其親久之稽於衆議勒石追頌遺愛則皆應若響蓋德之所入者深也嗚呼天奪我崇父母如之何勿思耶爰條公治崇善政數大綱存爲矩矱其事之始終曲折待於毛舉者有口碑在不具書云公生乾隆癸卯年道光己酉四月十三歿崇署中公嘗謂崇邑號稱難治此大不然以子撫之皆吾子也嗚呼公殆欲桐鄉我乎公子墀孫百鈐百錯百鈞扶柩去不能留石之勒所以不能已也墀候選訓導鈐

等皆氣象嶸嶸亢宗可預卜善人昌厥後崇士民馨香祝之矣

教諭訓導廨署在學宮左右詳學校

典史廨署在正堂右康熙六年典史蔣昇建道光二十二年知縣金雲門重葺咸豐四年燬其址南北深一十六丈七尺東西闊八丈九尺　六房廨在西三房後久廢

桂口巡檢司廨署在桂口市西頭道光二十三年建咸豐三年燬其址周三十六丈七尺五寸

千總營房在東城門內南向道光二十二年買民屋一所前闊三丈五尺中闊四丈五尺後闊四丈前後長十三丈（東至城南至街西至吳姓屋北至戴氏祠）

外委千總營房駐洪上道光二十二年購民屋上下兩重東向深四丈六尺闊五丈六尺（左至余姓牆右至公）溝後公溝外園地縱一丈一尺横五丈七尺

外委把總（舊係把總道光間改外委）營房西城甘棠橋西街雍正七年購置民屋上下兩重北向前闊三丈二尺五寸後闊二丈八尺深五丈七尺五寸○崇邑原無塘汛惟四城悉有駐防亦無營署昔年借駐鞏賢祠及分司無定所也甘棠橋西營房知縣張懍

購置并新駐武昌城守千總營房及外委千總所駐俱咸豐四年燬存者或壞牆數堵或僦屋數椽而已故比年任職者仍借駐他宅

僧會司在城內觀音寺順治間建康熙間重建

道會司在西城外文昌觀順治間建康熙間重建俱咸豐四年燬

布政司分司在縣前東街明景泰間建爲上官行縣之館

國初縣署未創時治此後又爲防守借駐處尋廢雍正七年知縣張懍於其地建城隍廟　按察司分

司初在縣前左後改建北門舉賢祠右久廢其址在今學宮左牌坊側　府館在縣治西明萬歷間知縣陳洪烈立義倉三間久廢其址東西橫三丈南北長一丈六尺

官地

舊養濟院基在西城外南北長一十七丈五尺東西橫三丈四尺東至社稷壇南至河西至葉津嶺民基北至官街　院右廢址南北長七丈東西橫五丈六尺東至養濟院南至胡家園西至高姓民基北至葉津嶺民基　河壩上廢地卽胡家園南北長二丈六尺東西橫四丈五尺東至社稷壇界南至河西至陳姓民基北至院右廢址　洗金池在東城外東西長三十七丈五尺上橫七丈五尺下橫五丈東南俱至壩西至民田北至水溝

東城外山川壇餘址丈尺詳壇廟　郭家洲東城外沿河半里許胡文忠公林翼駐營處　牧馬廠在南河背卽中洲　演武場在東門外百武屋三間明隆萬間屢修今久廢凡遇校閱誅茆爲棚而已舊制民壯六十名農隙訓練道光二十三年添設四十名每年霜降操演存其意也場地東西長三十五丈西橫十四丈五尺中橫十一丈五尺東橫八丈南至民地東至鄭姓園北至民田西至路　公婆樹地在上津渡南官道旁其樹本皂莢榆柳三種糾結而成一大株垂蔭畝餘往來者藉以憩息如亭榭然迺年枯死仍種槲於其處

雜建

奎星閣舊在學宮左側創於前朝邑中丞王應斗有募修引其神像孫太守鋐所供也康熙間知縣何嘉儒重建雍正間知縣侯爵改建外泮池舊節烈祠右樓上供奎星下供梓潼知縣李五愔補葺未幾移置城外北峯道光十七年起傑閣三層圍牆四周邑紳杜昌言殷權澧等倡募董役咸豐四年燬其在外泮

池廢基南北長十丈東西橫五丈九尺東至節烈祠廢址南至外泮池西至民基北至城路○按奎當作魁北斗七星內四爲魁魁戴筐爲文昌閣立本畫魁星像上圖北斗神像適當魁前蓋文昌之變相也王中丞募引本作魁星後人據孝經援神契奎主文章之說改爲奎失畫像本意矣

文昌閣在西城外美美亭故址康熙二十二年知縣李特生建嘉慶元年更新邑紳夏景恭姜世超王秉忠沈士林等倡捐董役道光十五年重新邑紳劉鎭岐程鵬程倡捐董役建鐘樓二周以牆二十二年知縣金雲門撤去上層咸豐中

神像鐘樓俱燬同治元年知縣王紹薪更新有記舊有香火田一石又程鵬程全紹聞雷煥楚玉世基雷起璟程開益雷起鰲全紹徽捐田二石碑存

淩雲塔在城東古城岡道光二十二年知縣金雲門集貲建高七丈六尺有奇累石爲之附屋數間曰天香書屋咸豐四年屋燬　梯雲塔在城南吳婆塘山岡邑士程明才之孫曾等捐金建高五丈有奇前搆屋數間　登雲塔在城北仰蓮山上貢生汪啟敏捐金建高五丈有奇三塧建俱同時

王公亭在城垣東北隅同治元年知縣王紹薪捐廉建

迴峯閣西四十五里桃源水口迴峯寺旁同治四年建劉汝霽劉汝熙楊一鶚劉樹煒倡捐

王應斗募修魁星閣引前歲羅和尚乞魁星閣燈吾友汪庫部爲之引具言本僧能以一身爲諸羅漢相凡眉目項臂老少悲喜之容無不酷肖使人見之作大歡喜故不言募燈而燈具也至是歲當比士乃以魁星文昌之司不可令寂寥香光唐突風雨將欲大新其閣而屬不佞首爲詞不佞進之曰汝爲阿羅漢則似矣今有事魁星亦能右執椽毫左持斗柄出入青雲中效種種變態使諸文學躋躡快覩乎僧曰我饒爲之又進之曰汝能懸此香願使眞魁星出見人間放大光明高崇山於北斗盪雋水之文波俾此多士聯翩上國囊取元而升拾魁乎僧躍然起曰某之禱久矣

王紹薪重新文昌閣記崇邑西城外有文昌閣奉

帝君像其上

國初康熙閒建相傳張乖崖美美亭遺址云閣舊三層南向前令金君撤去上層像亦隨毀山川韜采士氣不揚者數十年予宰是邑之明年邑人士以改建斯閣請按斗魁戴筐是爲文昌其星枕參首

近三台參宿在申閣位西宜近三台閣三層亦宜惟文昌與文廟相拱照宜改向東爲啓文明之助議既定卜吉經營閱月蕆事金像重裝輝光爛若董其成者王君溯源周君燮亮李君之仁而捐田以備修葺者則程君日華也後之君子尚其隨時整理令山川效靈人文蔚起亦如是閣之層累以上日進高明則予之所厚望也夫是爲記

王應斗文昌閣次友韻郎事詩循城百武入山幽走馬衝雲亂翠稠西岫嵐光千逕曉南河煙景八牕收吟壇響動魚知聽客興盃闌鶴解留更有餘

歡休未得安排放艇續清遊

譚琳登文昌閣詩文昌古閣山頭矗數武距城迴深谷一雀上戴六星明八牖齊開千嶂簇地有丹釜傳仙蹤至今洞雲能飽腹煙來出沒路無端鐘聲鶴唳時相逐我來危坐問前朝歌舞亭臺今幾族但見舟影度闌干霜天石白溪水綠憑高萬景一望收蒼狗紅羊駭心目幸有黃冠共隨攜載酒乘槎興未足乾坤俯仰須嘯歌何處容人面孔俗

金如璧文昌閣詩文昌高閣砥中流石磴煙雲幾曲幽最是碧空新雨後鐘聲清聽五更頭

壇廟

社稷壇在西門外南北長一十七丈五尺東西闊一十一丈六尺（東至葉姓民基西至養濟院南至河北至街）雍正十年知縣李五愔捐俸鼎建壇內圍牆高五尺方圓一十一丈壇後東有鋪面四間餘基詳前官地

先農壇在邑西五里灌溪畔雍正四年知縣侯爵購藉田壇基五年知縣張慄建祠三間東西配房各一間祭臺一座其上重高一丈八尺進深長一丈七尺廣二丈四尺下重高一丈一尺進深一丈五尺廣二丈四尺祭臺井甬道餘基長六丈前廣一丈二尺後二丈八尺（三共東西南至田北至山）共[illegible]三分一釐八毫除壇基外實存藉田五畝五分四釐四毫

山川壇在東門外南北以縱計中長二十丈又東長八丈四尺東西以橫計前闊一十六丈中闊一十七丈後闊一十二丈（東至蔡姓園南至官路西至黃姓基塹北至吳姓牆）雍正十年知縣李五惇捐俸建壇並圍牆高五尺方圓一十一丈

邑厲壇在北門外南北長一十五丈五尺拜臺餘基一丈在內東前闊八丈五尺西後闊七丈五尺（東至畢南至民田西至圳北至趙姓塹）○已上俱道光十三年知縣王觀潮重修

曹學詩風雩出北門祭厲壇詩陰雲慘淡壓城濠敢惜寒郊祭奠勞燐火國殤悲鼓角女蘿山鬼望旌旄聞鐘且自依迦葉求食何曾餒若敖風雪最憐枯骨路白楊荒草夜蕭騷

城隍廟在城中東街雍正七年知縣張慄於分司故址并購餘基鼎建正殿一重兩廊各六間頭二門各三間前立戲臺抵街後一重五間供夫人像牆後餘基五尺其右旁小屋七間大殿甬道門廊石階皆知縣李五愔續建道光間知縣符其珍重

新咸豐中燬知縣王錡節建正殿同治四年知縣
高佐廷建廟門及門首戲臺增新六曹廨左右牆
壁（董事程季安吳古林程秉忠田峙軒洸靜菴徐義治汪定珠楊涵勳等歷年置田十六石零併西廊下鋪屋一所收租爲慶祝之資）舊城隍廟在西門外南向明
洪武初建宣德中典史楊泰重新有記景泰末知
縣焦玘重新康熙十七年禱雨靈應知縣金緜祖
重建後改稱祖師廟久廢廟基長十一丈闊十三
丈一尺（東至吳姓民基南至街西至葉津嶺民基北至龔姓捐基界內）大門東鋪
面三間西鋪面六間原龔姓所捐菜園地東西長
十一丈南北横四丈（東至路南至殿後牆西北至勘）龔姓捐田王

宇七十二三號稅一畝四分五釐九毫（東至廟基南至民基西至勘北至園又黃木秀捐田二石六斗地一塊莊屋一所徐義治捐田六斗汪上交捐田三斗九升俱新廟住持吳慧仙收租）
楊泰城隍廟記崇陽城隍祠禮殿兩廡儀門一與
縣署等蓋洪武守土官遵旨作也年久廟摧泰署
事朔望謁拜弗葺爲懼於是割俸命工朽者易之
缺者補之丹墨藻繪咸一新之起工於宣德七年
八月訖工於十二月初九日或請識歲月示永久
仰惟聖朝明制度尊祠祀所以爲民者幽明雖殊
其理則一彼治人事神固有司之職若禦災捍患

非神之力又何賴焉今幸民安歲稔日得相樂於
熙洽無事之天則官與民陰受賜於神者奚可忘
所自哉因爲記
張慄徙建城隍廟記維神聰明正直護國佑民自
明迄今靈應弗爽其祠向在崇城外之西隅年久
傾塌拜謁者咸以弗葺是懼慄涖茲土即欲徙而
新之適己酉春郡守臨崇允士民請乃移創城內
布政司分司之廢基雖經始區畫由於慄亦賴邑
士民協力同心共成茲舉其規模宏遠視昔有加
本擬從容就理樂觀厥成因慄有奉調武昌之役

爲時所迫粗爲草創而修飾潤色之功則尚有待
也惟願後之君子毅然繼起益令廟貌輝煌不等
功虧一簣用垂永久亦崇邑一大觀也爰書之以
誌不忘時雍正庚戌孟春望後五日
關帝廟一名護國寺在東城後街南向康熙三十
三年建知縣何嘉儒捐俸購基置香資田四石外
有柴山莊基糧餉自官墊解延僧住持咸豐四年
燬其基南北長二十三丈（東至王姓塘南至田）東西横五丈
五尺（西至學前塘北至城牆勘）寺前餘基東西長一十一丈作
山門外廠西畔菜園東西長一十二丈五尺南北

横六丈三尺　古關帝廟在邑治西南二百步北街口西向元邑人嚴貞常建衡山羅辰龍記久廢遺址長二丈五尺廣二丈二尺（東南至民基西至街北至姜宅民基）

伏波廟在壺頭山祀漢伏波將軍馬援按援所次之下雋實在岳鄂閒故灘圻臨湘巴陵俱有伏波廟崇邑之祀不爲無自非因壺頭山名偶合而附會祀之也舊志謂葛洪遷伏波將軍不就疑祀洪不知洪祀列普應廟號威潤昭惠侯不應又從伏波之稱

王應斗伏波祠詩莫怪風濤徹夜驚將軍千古志

難平望高銅柱猶來謗功蓋雲臺不署名

丁公祠在西城外祀吳將丁奉祠下臨雋水郎達泉亭故址康熙十四年知縣金縣祖建文昌觀道士住持咸豐四年燬址存（東至熊氏地西至街南至河北至城）九年南城外河岸新立一祠塑像祀焉

普應廟在東郭廣德觀左祀顯潤廣利侯赤壁之神威潤昭惠侯葛洪惠澤慈利侯蕭丹廟始於唐至宋始賜額久廢亦塑神舊訛稱曹操據唐祠記雍正郭祥正詩三神鼎峙名謂何子胥范蠡馬伏波不知又何據也

雙忠祠在北門外祀張巡許遠舊稱太尉廟一名景佑祠

司空祠在古學宮內祀唐令温遷約久廢今灌溪妙明西禪等寺猶奉其像嚴士貞詩祠堂已徹儒宮內香火猶存佛寺中

廖將軍廟原在西城外靈應觀前爲廖忠廖恕立久廢雍正三年知縣侯爵移建儒學東齋頭門內歷年廖姓修葺

苦竹祠一名吳王廟在南城內元泰定中建祀楊行密屢葺今存又北門外有廟亦祀行密見嚴士

貞詩集今四鄉多有祀孫權者稱曰吳主廟其實孫楊俱可祀必主行密泥也

嚴士貞吳王廟詩朝京門外楚山長北望空多草樹蒼寰宇幾回殞漢歷邑人猶記祀吳王構祠設像增新制有土稱尊實後唐卻笑當年緣底事又思製赦改崇陽

乖崖祠初在西城外美美亭畔張公去崇之日民思其德生祠之也及歿其遺迹處皆立祠宋知縣王谹元憲使程文海爲記又一碑闕名亦宋時所勒明嘉靖閒知縣易貞元徙縣治東知縣毋懽移

祀北峯亭以陶楙任希夷陳仲微皆嘗祀公其上也後始移祀城內分司右斜對龐家巷口雍正七年知縣張慄重建十一年知縣李五愔捐俸補建又置香油店屋一間二進在廟右第五間以每年店課作奉祀香燭資爲兩記勒石祠北向其基址南北長五丈東西廣二丈五尺（東至巷南至滴水西至民基北至官街）香油店基址南北長五丈東西廣九尺五寸（南至黃宅滴水東西至民基北至官街）歲久失業道光二十二年金雲門重新祠宇并清出店基葺屋招租給祠事

王鎡乖崖祠記乖崖祠堂記爲崇陽民記也公諱

詠字復之太平興國中嘗宰崇陽蓋流風善政遺之至今雖三尺童子能傳公之臨民何德及此而遺愛至於如此歟公之臨民無文字以慰斯民而民不能忘公之心且有請於余也余惟公生有奇節志操過人而臨政之績最著於蜀蓋始於崇陽而盛於蜀先是邑地廣人稀境之會茂林重嶺民阻於食遂畬粟植茶拙於治產公宣以政教畬末務本俗素無桑使拔茶而藝之教令未孚而公綰之以法不數年盡一邑之境皆植桑至今纍絲衣被公一日坐北峯亭鄉民市菜而還者公召詰之以其不能自蒔而易於他人也自此家植蔬果俗習勤儉利用厚生民到于今受其賜其教民之術大畧類此夫當盤錯之地者過於嚴寄臨樸野之境者失於鄙慢是不能教者也惟公治崇陽一以豈弟之心待之故人皆知愛而不能忘公嗚呼可謂盛德矣哉然而公治蜀之績世皆知之因其傳之衆也至於崇陽之遺美去思則士大夫不能得而傳矣鎡承之崇陽尹謹記公之祠不獨著邑人之不忘而將廣其傳也元豐三年九月一日新淦州軍士推官承務郎試秘書省校書郎以權縣事

記

無名氏重修乖崖祠堂記乖崖堂爲忠定張公詠作也詠字復之乖崖者乖則違衆崖則絕物此復之自贊其畫像云像傳自成都仙游寺摹寫至鄂州刺史後屋追隘塵囂與像匆稱乃更祀於崇軒爽地并書所以作堂意揭示來者公鄄城人中太平興國五年進士第初宰崇陽有異政涓化初復議擢使荆湖北路越三歲召拜樞密學士出守成都祥符八年卒於淮陽追謚忠定則景祐三年詔也復之大節奇行海內傾仰其居朝廷之日少處

方面之日多不登相位時論惜之寇平仲王子明皆復之同年之賢者平仲攘遏之功天下賴之而復之故謂直不我使則以復之當平仲任其處之必有道矣玉清昭應宮之役子明不能强諫奉天書行事舟有愧色復之獨抗疏乞斬丁謂以謝天下子明病革眞宗擬相復之則復之亡矣假復之無恙丁謂何敢肆其奸周懷政雷允恭亦安從始禍復之嘗議平仲不學無術或謂復之太過而平仲獨心折焉末路低回還秉鈞軸託與附會視復之學術豈不少愧哉復之木不欲仕攘袂纓冠誠

非得已凡所與交多方外逸人視棄軒冕猶敝屣耳其至大至剛直養之氣一生不少屈至今凜然也畫像服飾悉如隱者之態便遨遊乎茲邑蓋復之所經行神其會之矣（已下疑有闕訛）然余猶恨復之之於當時私謗竊議果無足信要以趙閱道司馬君實所録爲實

程文海重修乖崖祠堂記仁其人而及其所從遊處彌遠而親久而益勿忘故觀河洛而思禹見甘棠如見召伯焉此一念之眞也乖崖張公有遺愛於崇邑人祠之至今嗚呼可感也已拨公之終吏而去也民思之生祠公於所建美美亭紹聖中移而復置舊所者一隆興二年令陶楙又以北峯亦公遺迹欲森列公蹟遷楚安浮屠主祠今別駕白雲公介其父老言曰美美亭舊有公祠前令新之尋廢大德庚子邑長改建社壇立石繫祠夫一念之不忘則窮天壤亙萬世而猶存而不繫乎祠之有無也而祠之不一而足者要皆崇聞風之民而爲是惓惓無已焉張公何以得此於人哉有民社之責者其亦可以鑒矣夫仁人心也上與下相蒸於此心又使百世而下復相蒸於此心所謂一念

之眞大有以感之云爾因書以遺白雲翁時翁爲武昌路總管府治中察罕申也大德七年歲在癸卯冬月望日○拨治中察罕姓白名察罕官治中居孝感白雲山別墅以白雲自號申字衍文

程賢祭乖崖文維公惠政在民相業在史作宰崇陽鑿山引水公神在崇如水在地無時不流無思不繫七月廿六實公誕辰蜀人祀之崇復詠今祠宇我新牲帛我將公靈於茲山高水長

李五愔重新乖崖祠堂記古之列在祀典者必有卓焉可紀之功與湛焉不泯之澤非是則否至其

功垂竹帛德被生民雖偶焉小試之地聊示一斑而已使人久而思思之而廟祀不替無疑也韓昌黎官於潮未幾而歸乃潮之人久而俎豆之也故蘇子後公數百年猶爲撰文廟碑以志不朽夫非久而猶思之明驗與鄭城張公爲宋名臣始仕崇邑擢使荆湖北路知益州尹京兆拜樞密學士所至多異政一以潔己利民爲務如在益州之化賊歸農在崇之勸農開渠拔茶種桑國史縣志亦綦詳矣宜崇之民至今廟祀不忘也余幼考史書巳慨慕其爲人適以壬子年奉

簡命承乏崇土修舉祀事因得公祠而展禮焉邑中父老猶能爲余具道先世遺事余益低回者久之獨怪其以乖崖命名疑若與世齟齬而其勞心撫字乃如此然則所乖在流俗而豈有乖於父母斯民之道哉噫是眞足以不泯矣公之在崇也亦如韓之寄於潮崇之祀公也奚啻潮人之思韓獨惜余以鄙陋胸次簿書鞅掌不能爲公闡揚盛美如長公之文足行遠也惟約舉公之梗概兼置香油店俾崇世祀之以志仰止之思云〇香油店碑文紺宫梵宇香氣氤氳燈光閃爍而先哲名賢廟貌雖存或闃寂塵封何好尚之失類而人情之多舛哉昔狄梁公奏毁淫祠獨存先聖先賢四所可謂知所輕重矣有宋乖厓張公豐功駿烈彪炳一時烹鮮崇邑雖若飛鴻寄跡乎然生平宦政實權輿乎此矣崇人懷之久而弗諠故祠祀至今不廢歷任縣令春秋薦饗以時而旦暮之香火或缺即觧囊爲資終懼不可以繼也余涖兹土晉謁之暇深惟可久之圖以妥幽靈爰捐俸購屋名曰香油店每歲官賦其租以給香油無累於民無損於官而用自足差爲長策是用勒之貞珉以告來哲於戲人

之欲善誰不如我顧名思義有隆無替是所望於後賢哉系以銘曰祭非其鬼古聖所嗤卓彼先型百世之師備爾牲牷潔爾明粢春秋匪懈奏假以時購屋數椽辦香是賫豈敢獨爲君子乃懿好而非私如大廈之既久將衆木其來支

石如璉乖崖祠詩郡接鄂城近官同下雋鄉斷碑人墮淚駐馬獨登堂泉瀉稻長熟桑時茶不忙至今行部日山水載清光

忠顯祠在縣東南城上南向祀宋令李涓屢經修葺有王應斗疏道光三年重修

王應斗忠顯祠引憑城之東南有忠顯祠賜額自宋爲邑大夫李公浩然立也公在崇值靖康之禍率募勇六百人勤王遇害義聲震天地其詳在國史茲不具述但自廟食以來垂七百載里人世荷神貺捍禦災患猶有當年司民社之意焉譬之關壯繆祠滿天下徼福響應豈不知漢家已屬他人而精靈顯赫不衰者亦曰前代爵祿詒我我捐軀殉之今國家血食祀我我極力祐之事殊報一其在今猶在漢耳李公之在今日不猶其在宋耶自亂後祠宇蕩然數椽粗蔽神像客秋鄰火不戒僅

隔一垣道士擊鼓祈神不踰時反風燄息空中瓦石並下斷祝融界如有人揮擲之者市民切近聞見無不咋舌稱異孔子於神怪第付不言至於精誠變見大著伎倆當亦不能抹殺之矣今歲登大有神人歡暢黃冠以丈室湫隘恐雲車風馬不便周旋欲恢擴前殿使還舊觀是報忠祈福兩得之道也有十人首其事而屬不佞題其端

曹學詩謁忠顯李公祠詩勤王痛憤斷援兵淮蔡天寒雪滿旌血戰市人爭効死破家儒吏敢求生揮戈返日心猶壯免胄歸元恨未平寂寂壺關遺廟在斷風鐵馬夜長鳴

王侯祠在巖頭寺祀宋令王溉溉嘗復寺田與丞相李綱同龕王炎記

杜李二侯祠在石梘堰大圳南岸祀明邑侯杜宗彝李沖皆嘗有功於堰也舊志作周杜誤

舉賢祠在北門內祀歷任賢侯久廢

名宦鄉賢忠孝節烈四祠俱詳學校

何公祠祀何侯嘉儒在北門外油草沖近傍城牆知縣李芳記舊係佃田莊屋道光二十三年知縣金雲門修葺爲祠堂一房二每年清明前一日致

祭於此其墓及田皆以廟僧守之

眞君祠在忠顯祠右已上俱舊志所載

吳季子祠在臺橋市祀吳公子札

三閭廟在搶水巖堡口祀屈原有祀田十餘畝

張昭侯廟在石城灣

昭明太子廟一在東關一在上峯嶺南梁於其地建上雋郡治廟之立所自始也

郭汾陽祠在桂口市他處亦有之昔日大差時十一里徵收錢糧局皆奉郭子儀神後局廢改爲雛案今建祠多在舊局所

韓文公祠在西山墖坳

黃山谷祠在金城山

岳忠武廟在河嶺畈石觜山久廢址存

師公祠在上市一圖美錦坊西向道光二十二年建祀師侯長治王尉光字袝焉祠一進三重天窗二正房一北邊廂房二其南有餘基東至汪楊二姓屋南前後至汪姓滴水公牆爲界惟中重天窗腰牆係汪自創西至官衙北至朱姓賣主鋪屋均以公牆爲界知縣金雲門額以清時巡遠率士民每年十二月十三日行祭奠禮

菊仙祠在南城裏憑城南向道光壬寅年爲金侯

雲門建侯字菊仙邑人於十月初六日生祠之也咸豐三年九月十六侯以黃州太守殉難嗣後每年於是日設祭恭人汪氏及二女從祀焉邑太學生金國珊捐田二石六斗八升爲香火祭祀資祠三重房屋共十三間

昭忠祠在城中祀殉難官紳及鄉勇士民同治初建

文廟列學校魁星文昌二閣附公署文治所憑非必藉神道設教故不入壇廟若夫禦災捍患實賴威靈在事有明徵可或畧歟王北垣中丞關祠引云明季有綠林數百夜半踰城官署民居破扃闌入及關祠則驚懼羅拜而去乙酉夏流賊百萬過崇咸瞻拜祠宇建醮贖愆其去也擲金於鑪以資香火城以內得免焚殺亭侯之威靈有以懾之也又相傳嘉慶初白蓮教起凡所經過輒見紅衣人林立其氣遂熸不數日爲鄉勇撲滅非有神克相何以若斯之易乃知項羽赴援臨汝丁奉助戰睢陽皆實錄也唐人詩云古來名將盡爲神舊志所未登茲特補入至若瑰崖表遺愛忠顯著死事宦迹在崇後來者自當依類續志而吳季子梁昭明韓文公山村市鎮有祀之者又足爲節義文章之

勸楚俗多淫祠志此以立之防不亦可乎

古蹟

漢下雋縣故治在邑西下故郡里暇心畈元和志在唐年西南一百六里誤水經注陸水東逕下雋縣南即指此里名故郡者梁置上雋郡亦治此也今沿澗里許隱隱有城址可尋其東曰東關西曰西關南爲風城嶺崩處出鎧甲戈矛之屬西北泉陂市遺墟長二里許彌望皆荒塚爲古逵岳州驛路近土人挖地得碑曰伍家鎮疑隋廢雋州後改稱也○按唐置唐年縣其治亦當在此今其地有溫還約所居遺

址又相近有黃巢城可見（駅心畈距治七十里通志唐年縣在邑西四十里四字訛耳）

吳宗陽縣故治在北郭外槐頭坑其地尚有曾家巷扇子街等名吳順義七年改唐年為宗陽徙此

南唐唐年縣故治在東郭外桃花橋東土人所稱古城岡是也相傳因槐頭坑地卑溼徙此其麓有天香壇遺址

吳城在治南十里孫權駐軍所築遺迹無存惟石門限瘞土中居人識其處尚有城裏城外之稱其東北曰吳城港逾港曰吳城坪地有吳王洗瓜池

有古冢曰吳王墓葢瘞亡卒處也又傍吳城有邱壠俗呼高冢市○一云城係楊行密築考其時縣治違今東北郭外不應十里之內築兩城

伍塘坳古城在星橋保與下雋故治隔水相望殘壘尚存缺東一面興廢時代無考

白沙嶺古城在治西四十五里唐賊黃巢築遺壘見存俗名其地曰城下

包公砦在烏土山牛藤塝相傳包姓翁避黃巾賊瀝險於此砦旁石洞有古牛藤攀緣以入可容千人中有碓磨當時物也（包氏家乘包公唐末人舊志云避黃巾未知何據）

槐頭砦一名回頭在黃茆山絕頂崖旁石如櫃望不可近下有響石扣之聲鏗然聞里許有暗竇天欲雨即陰霾如晦相傳昔張姓蠻王據此官兵攻下之考晉太安中義陽蠻張昌為陶侃等所敗[illegible]竄下雋山中踰年就擒疑即此地今俗呼張八蠻王又新塘通津橋張家沖亦傳是蠻王築壘處

葛家砦在青山嶺畔一名牛刀砦險峻儼然關隘

甘調陽（雨若邑庠生）九日自青峯嶺出葛家砦詩登高欲賦愧無才匹馬穿雲洞戶開菊色喜依林翠賞松聲怪作海濤猜閒尋樵客過蘿徑醉共山翁把

酒杯地好避秦今日驗安然雞犬客歸來

高堤砦在下高堤崇岡臨澗怪石如劍戟森然旁有石洞可避兵明季李闖賊衆入崇鄉人多保此

王近訥高堤塞登高詩登高便說山猶小一上凌空勢欲飛怪石亂屯虎豹陣篆煙斜挂蛟龍衣菊花歷歷綻金甲楓葉蕭蕭搖彩旗世道昇平秋興好豪吟如唱凱歌歸

張君壇在治北五里壇臨雋水相傳張仙人修煉飛昇於此繞壇皆泉石前為朱砂橋後為桃花洞

任希夷張君壇詩朱砂橋下桃花洞仙駕當年淩

紫霞閒說山中丹井在遺基今屬野人家

葛仙壇在葛仙山壇西有泉禱雨多應詳山志

九仙壇在方山壇側有井隱顯無常相傳五代時宋眞人九仙於此採苦菜石上有趺坐迹山中樵者偶於無意中遇之

佛圖澄洗臟陂在暇心畈傍下雋故治舊傳澄過此從腹旁一孔引出臟腑洗之餘詳陂塘

遺文堂在灌溪寺佛堂右豎唐元和中勅徐浩書金剛經碑學士趙㬅開山碑宋黃庭堅書山居詩碑年久湮失邑庠陳雲鸞呈論補白石一片而已

長松徑在灌溪寺前唐紙衣道者克符訪智閑禪師爲種松於此

寶陁巖碑一鐫寶陁巖三大字宋丞相李綱書道光年間塌碎寺僧補豎一石非古也一鐫銀青光祿大夫隴西郡公李綱自通城如崇陽中路宿巖頭寺爲目之曰寶陁巖男宗之從行建炎戊申六月十九日共四十五字乃寶祐癸丑秋孟陳仲微立上篆丞相寶翰四字此碑流落他邑明正德間吳廷舉得之命知縣程賢翻刻有記一舒璩重興巖頭記碑紹熙二年立一任希夷詩碑款識嘉泰癸亥上元日吏隱齋書二碑詩文俱載寺觀又一小碑上篆帥僉軍正汪判縣留題係雪後勸農詩淳祐丙午立詩凡四首其一云田畯催耕二月天野田彌望盡瑤田陽和畢竟難埋沒放出枝頭翠色鮮

吳廷舉翻刻寶陁碑記此碑總領山僧巳不能考碑文於總幹胡公鼎話次得之蓋丁未貶鄂州戊申往來崇通所染碑石遂爲山僧鬻於蒲川爲喜兩記既又易爲慶元縣學記而碑陰無恙得所聞亟遣客朱生錫邑大夫摹刻之一置縣廳一置巖

所七十年流落他邑一旦歸之故山何前者之漫不省耶因思一時君子小人進退若有關於天而人不與者汪黃在建炎欲罷張傳而廢宗澤則先去綱此機之失人也姦檜相紹興欲罷諸將併誅岳飛則先貶浚此機再失亦人也獨丁未武昌之命則首異議者出於浚宋高宗仁明神武未之信也再疏而後竄亦浚所發一浚也而建紹如二人焉人乎天乎使浚移姦邪反覆之疏以竄賣國之臣則兩河復在旦夕何待異日江上之役哉蓋三山以後識趣非復殿中執法時而機會往矣則於

潛善伯彥輩何責又何以詰姦檜之議己哉其視大聲疾呼於七年之前決策從容於受圍之際定經制招撫於七十五日閒者始終一節何如僕庚戌趨府嘗拜岳侯國簿祠下茲又得寶晻眞蹟敬祠祀於山閒俾歲以是日奉寒泉之薦併述二公本末云正德庚辰仲冬月

慈氏閣在巖頭寺楄額李綱書後失去陳仲微搜得因改建閣於縣治後梵安院明初閣廢址入學宮

石墻在縣西街心上鐫大唐保大五年立知唐年縣楊文檢蓋南唐李後主時也久廢失其址

愚翁亭東南七里唐高驤建初名愚亭驤自號愚翁性好山水遇勝日引客賦詩酌酒其中卒後荊南高季興過此命圖威武王及愚翁像供焉後人稱愚翁亭一曰高家亭今高門嶺其遺址

美美亭上津臺之顚一山突兀下臨雋水遙岑四環風景明秀張詠建今文昌閣其遺址

王國士美美亭詩桑下行穿一徑苔江山信美美亭開染成野色煙呈巧聘就晴光雪作媒水底倒粘山影卓樹梢隔斷市喧來吟邊喚得乖厓起踐力扶春上早梅

北峯亭原名卜豐北城外百武小山之椒張詠建任希夷陳仲微先後重葺明知縣劉信始易名其前平疇千頃煙嵐環翠軒敞閒曠詠嘗督買菜人於此亭屢經興廢順治末知縣賀人龍重建邑庠丁世美董役後更爲奎星閣峯已下皆久廢

南峯亭在縣治西規制如北峯陳仲微建半山閒取徑高低三曲由白雲芳草歷處士家山而至北

寬閑之野在南北二峯閒四望盡見環邑之山陳仲微建亭以四字題額

處士家山南峯亭左取徑出北峯亭夾道環嶺皆梅樹陳仲微手植也

瀟郎仙路南峯亭右取徑高低夾道遶池皆桃樹亦陳仲微種

白雲芳草淵海亭故址陳仲微建浚池種蓮取王元之遂乖崖出宰序語顏之

月地雲階陳仲微建與美美亭對峙環溪種梅三百餘株取坡公放翁詩名之陳乘之記

月明風露在北峯亭側高臺遶眺置石闌石凳陳

仲微建
秀穹亭在處士冢山外古木百株藤蘿繚繞下横
醉石曰醒心處明醉宜臥也陳仲微建
盟鷗亭在美美亭下溪旁陳仲微建陳乘之記
釣雪亭在美美亭下有石屹立下臨深淵上平可
坐釣陳仲微建陳乘之記
江海心在甘棠橋裏陳仲微建亭題額
冰壺道院在官塘南舊有館驛曰桃溪館陳仲微
加繕治易名其徑門題一川風月又作亭水中楄
曰水香

達泉亭在西城外宋邑人徐夢鼎建楊起莘記
詠歸亭在舊儒學前下臨雋水知縣魏濟建宣慰
阿榮存題
問津亭在朱紫橋畔元宣差普顏忽都魯建
清遠樓在十字街心知縣陳彧建提刑楊恕題
得月樓在文昌宫下瞰雋水明同知萬璋建
勅書樓在東城明汪宗伊建以供御書故名
崇恩樓在縣東羅田灣明萬歷三年饒仁侃建今
圯基石尚存高七尺五寸長三丈五尺闊三丈二
尺石楄亦存

雁翅樓在高堤汪蕎姑所居詳節孝傳
甘雨樓在北門内明知縣强兆龍建後移崇洪
春谷園在美美亭畔　桑棗園在演武場前
花村在西門外桐栁夾道徑出舊儒學前
飛翠亭在洪上土門界緣山石路嶮巇邑人劉日
孚重加修甃建亭於此
古蹟之失傳者多矣如暇心畈爲古郡縣治歷千
百年不著非水經注有明文及其地尚存古郡里
名目雖闤市城壘遺址未泯孰從而知之因憶道
光末臺山之麓崩出古銅鐘有兩欒如合兩瓦面

左右九乳總三十六牙厥音瑱然大小隨扣與秦
觀所弔嘉魚太平湖挖出之鎛鐘形製宛出一治
殆秦漢以上物也鄉人見者能道其詳今不知所
在臺山當暇心畈西意必當時郡縣所藏廟中樂
器經亂瘞埋非尋常寺觀所有也○舊志有張乖
崖讀書堂楄曰休心其地今在逼山故不載

坊表

承流坊在縣前左　宣化坊縣前右　肅政坊
澄清坊　美錦坊俱在縣前　朝天坊在北街原
名朝鉉知縣徐應問改今名　居仁坊在分司街

前　安和坊　中和坊　善慶坊　利濟坊俱在後街　興禮坊　崇教坊俱在學宫前　太微執法坊在南城内　安仁坊在後街

狀元坊西城觀音寺前爲元狀元李政茂立道光間程銘烈重新　梯雲坊爲楊昺立　攀桂坊爲龐貴立　登英坊爲胡浩立　繼英坊爲夏瓊立　文秀坊爲楊孟凱立　挺秀坊爲王守貞立　鵬搏坊爲艾傑立　梯雲坊爲姜英立　雄飛坊爲廖秀立　揚芳坊爲王甸立　勅葬坊爲楊昺立在桂口畈　進士坊爲龔伯甯立　進士坊爲王疇立

父子進士坊爲龔伯甯龔湜立　都憲坊爲戴書立　勅葬坊爲戴書立在邑東東嶽嶺　八才坊北城内爲陳曾汪宗元王近素汪宗凱王文瑞陳仕王近訥及訓導葉永昌立時嘉靖戊子科也丞昌慈谿人　二賢高節坊爲陳曾王近訥立在學宫外泮池左　父子兄弟都憲坊爲雲南巡撫汪文盛江西巡撫汪宗元南京掌院事汪宗伊立在縣屏前規制同會城水陸街八彥坊　卹功坊在羊港爲大廷尉汪文盛立　勅葬坊爲汪宗元立在孔塘山　尚書坊爲汪宗伊立　都憲坊爲劉景韶立　文宗坊爲胡定立在外泮池右　貤封坊爲饒仁侃立　勅使祭葬坊在羊港爲汪宗伊立　勅葬坊在邑南六廟嘴爲熊則禎立

嘉惠斯文碑在學宫大成門之右崇禎四年立

懿德碑在北城門左崇禎七年立俱陳忠愛碑

旌節坊在縣前左街爲馮節婦谷氏立　節孝坊在白驛畈爲魏節婦揭氏立　節孝坊在梅冲爲汪節婦王氏立　節孝坊在高田畈爲石節婦程氏立　貞節坊在蔡家墩爲傅貞婦徐氏立　節孝坊在雷駱畈爲王節婦陳氏立　三代節孝坊

在西城裏後街爲節婦殷雷氏殷李氏殷沈氏立

○右自馮谷氏以下所載皆現在已建之坊

徐應問陳公嘉惠斯文碑予讀遷固所傳漢公卿大夫政治文章爛然絕載然而幽芳軼行必加蒐闡靡遺何哉語有之太上立德其次立功立言夫德顯爲功業溢爲辭華班列人耳目誰不見且聞之獨是淵懿中含育孚惠心大德不事矜飾直抉其由衷之藏斯以心心相感百世下猶豔慕焉而況身際其盛者哉育海陳公以理學名宗聯一班筍政事在四朝聲望瞻八極乎不佞獨往久之承

之牧雋因炙公休光如景星祥鸞爭先快覩時聆
謦欬猶是憂國憂民造士作人至意闕明年文廟
傾圮而明倫堂宇岌岌欲摧因是日勤諸弟子負
材程藝鍛㢘俞與一新次撤講堂巍然鼎構乃諸
生猶憶歲在壬寅學使者馳檄校多士會歲祲斗
粟千錢至不能裹糧昏暮叩人鮮有應者公慨然
傾囊以給輕重有之至今津津不置口夷考當年
公讀禮家居蔬食淡如也公憐才若渴故輕幣若
屣維時翩翩俊傑得專志場屋發憤爲天下雄厥
意顧不宏且遠哉秦誓思一个臣人之有技若己

有之衛公叔文子擧大夫僎同升諸公功業文章
孰大於是以方令德公何多讓焉乃者史局宏開
表彰文獻亟蒐而載之漢公卿列傳中直足並垂
不朽而諸生猶以勒碑請豈必是而始識不忘也
哉雖然大德不德公固已卹然忘之久矣郎今碩
美者半非曩時借潤輩而聞風慕義共切不忘盍
徵盛德之在人心三十年來如一日茲舉也於都
甚盛哉弔弗文其曷敢辭是宜壽之以石崇禎四
年歲次辛未立

魏說陳公懿德碑嘗聞耿天末以遠期規萬世而
大摹其德之謂乎又聞大鯨之海不爲深巨鰲之
山不爲重其戴德之謂乎弔時憩青山縱覩花鳥
有感於華山之雀咄咄未已忽桃溪耆民來自上
雋緣輿情欲樹懿德碑佩仰陳公之德也進而乞
言於余以誌不忘余曰都哉德之感人若是乎郎
邑有司有功於地方迨陞擢之日父老懷其惠而
治碑往往有之若鄉達搢紳則有功在朝廷惠在
治任人或狎而多玩從未聞有樹碑者今崇之人
依公如怙恃復碑以勒之則何以故非所謂民之
秉彝好是懿德乎公雋陽名族翩翩少衡翁佳公

子生而多奇徵少郎以天下爲己任紡刻芹沼負
倚馬吐鳳之才居親喪哀毀不勝禮至析產盡以
父所遺者讓兄弟一無所取家雖不厚而多方賑
恤宗族戚里無倦蓋自未第時邑人已口碑其孝
友矣萬歷戊子登賢書聯登己丑甲榜初授南司
農邑人歲有糧稅叩南都者百計維持用以保全
里役使無稱貸而銜結者無涯出守河南未幾執
桐杖歸讀禮三年揖讓謙厚爲世矜式適壬寅春
衡文者歲校崇士正以洪水作祟資斧亍無所需
公慨然出篋金數百助壯多行色終未嘗一置喙

焉多士至今不泯前通庠弟子員公舉建碑樹於文廟之左以揄揚盛美噫嘻可以風矣鄉有洪家隄歲當大水之衝深爲民患公請建爲隄長數里許民不以爲勞迄今恃以爲安服闋起守眞定撫井陘以不善事執事量移蒼梧所在政治赫然無何天子慭西南文風不正詔公司黔陽文章造就多士文風丕變吾道爲南時年已七十矣夙知清淨養氣之妙性與道合契悟黃老於是回息梓里其長嘯遠眺取度於白雪綠水采制於延露巴人丰儀與秋月齊明音徽與春雲等潤寒谷成暄辭

壇生色銘德於昆吾之鼎豈淺鮮也哉公雖家居凡聖誕長生元日必朝服北面再拜志不忘君遂遵爲例從入仕籍操行清潔吏隱杜門匪特非公不入郎凡有事於官干求囑託者亦兢兢自砥不敢以小利而虧大節蓋居鄉若斯之純謹也惟時邑侯新任或時節公事相往來則娓娓以小民疾苦奸吏積蠹痛切敷陳郎署豢者亦必以告四十七年如一日所以邑侯習尚其德言出重如九鼎利弊多所興除閭閻雞犬無不陰受其賜尚義好施分炊田與族之子姪族女貧不能嫁者代嫁之

族子貧不能娶者代娶之凡祖塋必多金納價買以培蓄且增祭田邑人有貸其俸金或貧乏逋負至不能償者悉市義焚其券誓不索遇暑施茶遇饑施粥遇疾病施藥遇死亡施棺槨作橋梁平道路諸可以起陷溺膏肓而置之生全衽席者無所不至邑西河渡有吳城覆舟者種種沈魂江干時驚逆旅公捐貲設法道場澤及枯骨纖毫皆公德也若所云濟人利物沾沾小惠則公日用平常事又不可更僕枚舉其接父老故人無小大無敢慢周旋曲秘擿惡揚善訓誨諄諄與人言雖幼賤必

盡敬色穆然如恐傷之幅巾徒步過閭市絕無尊大之態以故黃童白叟頌揚公德不啻自口出津津道之願誌不磨予與公地相去不百里出處相先後知公爲詳依稀圖之粗寫其畧料不足以盡公之萬一耳汝等持此鐫石其媲美峴山負隻燕然殆將與並垂不朽云公諱忠愛號育海官授三品之尊壽晉八旬之一尚未致政後來長發之祥不可紀極爰爲之歌其歌曰崇山蒼翠雋水汪洋人文毓秀靈穎發祥誕厥陳公崛起明良氣凌霄漢劍耀光芒金玉君子黼黻文章名班鵷鷺勛著

旂常朝堂羽翼鄉黨勖勸濟川利楫渡世慈航惠澍一世澤曁遐方凡屬搢紳孰與頡頏咸歌休美遠播芬芳茂蘭叢桂旭晷扶桑繩武繼述衍慶允臧公德繇溯赤舄流長留之竹帛賁矣琳琅童顏鶴髮日舜年唐鏤鐫不朽鄉賢有光懿德頻紀嘉言孔彰

莊有恭汪節母膺

旌表詩蠟鳳家聲咏絮才母儀尤著婺源來琴彈別鶴音先斷鏡照離鸞影半埋寒荻灰從深夜晝叢蘭香傍五雲栽

龍章已見輝門閥逈勝懷清僅築臺

陂塘 筒車堤防附

白泉陂宋太平興國五年張忠定公詠郎泉上流偃大木成堰鑿破岡山灌近郭田十五里共稅二千七百餘畝堰以上節寸皆泉滔滔汨汨如萬斛源雖亢旱各陂盡涸未嘗少竭焉建炎寇蕩陂廢紹興時錢侯師仁修復之淳熙初王侯溉條畫規約謂之陂條然陂犁三百年防水者土木耳淳祐間陳侯仲微撤故陂木易以堅石分大堨三小堨六十有八水梘三今廢其一田間遂道纖悉疏啓歷久旁潰一口明天順間邑人劉貴糾衆補葺事詳堰南小麓碑中萬歷間陳侯洪烈視行繕修李侯沖勒石分水水稍歸一未幾龍水衝鉄百餘年不治受蔭八戸以柯條竹棘雜沙土壅塞每歲一再築隨築隨頹民以爲病康熙己未金侯緜祖臨其地度河勢之可障者甃石安流使循故陂邑庠汪際烺董役集業戸二十餘人履畝派工斂費縣尉劉維鼎監之石闊九丈許高百尺有奇上盛土無算計工四千簡費僅二十餘兩工竣侯郎會諸里老詢各堨受水田畝多少鐫碑碣次分注丈尺寸分

有差計破岡山裏三庸管六車埠山外九碣乾隆間曾沈二侯同治初王侯紹薪先後按視之

石梘陂縣東十有七里因石圳如梘得名其源自西江數百里山峽而注於此古以巨木堰水溉田一萬一千餘畝然暴漲時至土木不支寶慶初權縣劉煥易木以石而罅漏受弊壞不旋踵淳祐中知縣陳仲微謀爲久遠計收頹石命工鱗砌之廣四十八丈厚二丈高一丈三尺水道一十五里內有七庸五堨七長車因龍泉廢額建寺度僧守焉洪武十一年知縣元俊修張賓記嘉靖九年與史

徐球修知縣黃直邑副使王疇俱有記萬歷三十三四年間知縣杜宗彝李沖相繼整飭順治十二年賈侯漢誼修王應斗記康熙十九年庚申水衝西岸正堰十丈其秋金侯縣祖修二十五年丙寅春龍水衝壞一十四丈閱三十七年難於修復田半荒廢六十一年壬寅生員王淇之母饒氏捐貲百兩令次子生員淙爲陂正會衆鳩工自壬寅秋迄乙巳冬約費金千餘兩工五萬餘鑿石加鐵檟鐵鋌塗石灰八萬石正堰子堰俱鼎新斵砌較老堰有加厚至五丈高至一丈五尺其規則林侯日

焆周尉開泰樹珉勒焉道光二十八年大水有損知縣鹿啟烈補修地有杜李二侯祠見壇廟

張賓石梘陂記崇陽之東有陂曰石梘灌田萬餘畝其流廣而源長其田美而多稼雖甚旱之年較他田差少獲民賴以生世遠人不知始創之年代舊有斷碑剝落劇滅莫審其詳按其大畧云後唐長興二年知縣陳公修陂以木爲之而不逾[illegible]數年木朽陂壞厥後間廢迭興亦有之矣趙宋南渡後廢甚民大以爲難寶慶二年監鄂州鹽稅攝縣事劉濚始命士人張孝林董其役以石代木然後堅完陂得不廢元末兵燹以來崇之民遂離散野無煙火山溪之水衝嚙無時田既荒蕪而陂則廢壞極矣本朝開國敷治民稍稍自遠還歸其田什乞二三無陂水灌溉薄旱而稼不收民甚苦之前官斯邑欲興而以其役廣爲憚遂不果作洪武十年秋元侯來牧是邑因民之暇興墜起廢故老以爲言侯欣然曰足民食增國賦二者俱在於斯乎殆不可緩九月乃率耆儒造其地度其工民之赴役者如子之趨父越三月而功成纍石如削高丈餘廣百步計日工三萬有奇於是決通渠瀉浩

渺汪洋乎千頃之間昔之槁者今則濡昔　潤者今則藝四方民大集歲餘墾其田什之八農舍周匝挾耒執耜者遍於千畝之間厥後禾稼蘙蘙含哺鼓腹而樂者幾千人矣咸願刻文以識之雖然昔之宰邑者皆畏其難而不敢爲今侯之成是陂也初若易而成功速果安在哉要在乎順民心利民事也詩不云乎豈弟君子民之父母傳曰民之所好好之侯其有焉春秋大有年必特筆書之重民食也今元侯興百世之利而民不失有年之望又書法之不可缺者乎故爲之記侯姓元名俊字

世臨河南人後之君子觀其所尚足以知其人云
旹洪武十一年歲在戊午冬十月縣文學修江張
賓記

黄直石梘陂記余初未至崇時嘗與白泉汪公同官於閩乃知白泉爲先正張乖崖之所肇濬其水利在崇攸係固重且大也既至崇適典史徐子球以石梘陂少壞捐俸大作請於余於是余乃知崇之水利又在石梘後人將不復知有白泉者矣豈曰白泉之陂乖崖修之既久迄於後世半湮於豪右古人不知其利之大耶或者曰白泉之陂未必

眞有石梘之利之大而其有聞於後者特以乖崖修之之故耶抑石梘之利未必減於白泉而後世不知之者顧以乖崖未之修故耶嗟夫江山之在宇宙間其聞於天下與夫不聞者亦惟託諸其人而已矣故濂溪伊川豈必盡天下之勝而天下之勝豈無濂溪伊川者耶夫惟周子在濂溪濂溪勝矣程子在伊川伊川勝矣其他江山名勝固不少也然非有其人如周程者以託之則失其所以爲勝者矣抑豈非有幸不幸之故存乎其間也耶嗚呼吾於是有以斷白泉石梘二陂聞與不聞之故矣吾安敢概以白泉之聞於天下眞爲其利之大而石梘之不聞於世眞爲其利之小耶先是修石梘者有若陳公仲徵有若劉公煥唐宋之聞人也然而石梘之聞於世不若白泉者無亦陳劉二公之賢不若乖厓之烈者耶嗚呼此亦二陂有幸與不幸之殊者也雖然天下之數極則必變石梘自是將有聞矣崇人愼毋徒羨乎白泉之託於乖崖也余故記以示邑人王畊陂之治畊實董之是爲石洲憲副王公之仲兄也蓋名家子固知所助力云

王廷斗重修石梘陂記崇之陂大小二十有一石梘爲壯他陂間有修葺工費易就石梘爲難蓋其址踞溪山之衝飛流陡迅如建瓴下勢不易支也陂高一丈五尺廣四十八丈分堨五道溉田三千八百餘畝其創制在上世邑乘莫詳所始但從殘碑剝落中細識姓字後唐長興間有縣令陳某宋寶慶間有攝篆劉煥淳祐間有令公陳仲徵明洪武十年元公俊嘉靖九年縣尉徐球皆先後著勞於陂嗣是百二十年間未有紀載而萬歷中杜公宗蘇李公沖並有增飭則不佞爲童子時猶能曰

擊之也今順治十二年春山雨暴發驚濤拍空倒石十餘丈推從三百餘步而沈於潭則從來堰害所未有維時承流之衆如黃口奪乳莫知所措會賈侯爲政百廢修舉聞報履驗再四爲難任鉅其視邑事過於爲家視氓隸又過於爲子孫何則世之爲家爲子孫者匪不悉心拮据而當力殫倦勤時猶曰誰作千年計乃侯矢念爲民必期於不朽而後已故曰過也又侯精神徹體力與材劑有畢役戴星之勤有錢塘射波之勇毎風晨雪夜緩帶輕騎無騶從無期約諸承事踴躍爭奮無敢後者

用是淩駕古人事半功倍計役工五千有奇費銀二百餘兩經始於十月而以歲暮落成從來佚道之使未有捷於此者越歲孟夏文學王子將謀豎碑而屬不佞爲之紀不佞曰唯唯夫國僑小惠尚稱遺愛召伯一木猶懸後思矧以數百家待澤之民復數千畝汪洋之觀從此千百載飲侯之波食侯之粒其可吝峴山片石不以志久遠耶且夫乙未之變妖雲怪風有物憑之惟侯清明在躬而後馮夷退舍水族銷形獲有成績昔之斷蛟驅鱷沈馬燃犀未有神於此者也用得并書以彰廉平之異作後事之師耳侯諱漢誼別號長傅滿洲籍山西曲沃人是役也首事則王子大臣獨任勞瘁而東鄉令陳君親承擘畫實左右侯若不佞高臥一邱坐有百畝之賜何勞之有唯是磐石操觚紀侯之勞是亦勞也不識免於貪天之誚乎

吳壽平格齋通城人石梘陂詩崇山突兀拔地起大都以石爲基址岡巒騰沓赴巨陂以水束石石戰水一溪遠自東南來山脚回旋走怒雷霜鋒畫破芙蓉瓣激濺磷磷天倒開崚嶒石骨踞河中老蛟晝臥嘯陰風寒氣作雲沫作雨暗滋泉脉誰能窮低

昂偃仰散清影鰲背映天白日冷洪濤疾注砰訇翻石力漸微水力猛夾岸諸石骨尤壯虎負猿攀紛異狀有如七國負長雄堅壁嚴壘屹相向我聞此陂始自後唐年驅石屢斷祖龍鞭安得更生千丈之石截川水混混盡歸原上田

歐家陂東南十五里東流寺前

鷺鷥陂東南三十里明成化丙戌邑人汪恭麗景明修築俞繪記厥後陵谷變遷其巖下老基潭深岸險不可再堰雍正七年知縣張慄相土制宜定基於古筒車堰基距陂牙地下六丈有奇邑庠廩

先泮汪流通堰長龎榮魁龎上按督衆修復九年告竣其後兩姓屢經搆訟府憲張邑侯晏俱有讞語載新碑陂蔭田六百餘畝甽分南北二條南甽四股之一北甽四股有奇陂旁舊有庵宇田畝係兩姓首事捐置詳印信堰簿

俞繪鷺鷥陂記距縣之東南三十里爲十都其山至此而尤簇最高第一峯曰雨山雨山之麓皆田疇也山泉溪澗雜流爲河故田資以溉然溉以筒車河故多浮沙稍晴則伏流沙底車爲之不轉轂矣民無所用其力而嘉苗立就槁邑人汪恭以冠

帶歸省相地可堰乃合龐景明輩謀之倡捐白金二十兩購民人汪凱鷺鷥巖下去浮沙就堅土築基既定遂興工於成化丙戌七月次年十一月訖事陂長三十丈有奇闊倍之甽長三百六十丈闊六尺深如闊大小木七千有奇石三百顆所溉田六百餘畝按陂水之源一自西江甯州一自通山界首源甚不遠旱未一月水不上甽矣然陂上有潭潭中有泉曰茅林林一作龍大旱絶流則車戽之故每歲有收憶昔李冰堰水蜀不憂旱由其有度越人之識也汪公以爲吾不事他式崇自乖崖引白泉而碧田變爲沃壤今所利雖非其鉅而苟有濟於民事者不可不盡乃心而極乃力也余思雨山之麓自古有河何前此之勿堰豈前人不利水黍耶豈今見乖崖之利而前獨不能見亦其識量之不如也使汪公肯寄民社以長水利夫子嘉僑大夫養惠不過田疇封洫之事惜也汪公厭仕進而樂田園也余重其爲人重其所事皆可書遂記之能言之石以永其傳云

大亨陂東三十里一名大陂在刁家潭下前朝建順治初庠生龎其璜倡衆增築易木爲石溉田千

餘畝仙師巖泉從石竇出注泉陂此其最也

小陂一名徐家堰在大亨北岸

官陂溉田二百餘畝已上四陂俱仙師保

逵陂縣東二十里高七尺餘闊一十六丈餘二庸一十四堨溉田四千三百餘畝陂不知所自始久廢宋寶慶初劉煥訪尋舊疆重別溝洫淳祐中陳仲徽封土爲識鞬屋數楹爲陂長董役視功之所元大德中爲里豪所占陂失其舊明正德間饒伯滸易木以石饒天民記碑存天啟初貢生孫纓重加鏻砌公置西岸田六號正米二斗零地四號麥

米三升零石山一障山旁有塘更葺屋爲遠陂庵
庵後及東岸舊有山兩障并官地三號俱付住持
耕種碑存順治間知縣賈漢誼均丈西岸田地十
號係堰長王森承丈單在王姓米在王戶糧餉係
住持完納雍正三年堰圯邑庠孫奕里民丁重旦
鑿石平砌闊二丈横築三石睦較前高尺餘長三
尺重整兩岸修復堨口其菴場係湻祐時故址康
熙初禪僧無作葺庵三間旋廢孫奕等同僧清鑑
捐募擴修以祀主陂之神
饒天民遠陂碑記崇邑東有遠陂衆泉滙其流凡
七十有二溉田四千畝古碑剷滅莫詳創始而殘
畧可考者宋湻祐邑侯陳公仲微按劉煥舊迹修
葺而遠陂之利遠矣碑乃寶祐改元所記條目節
約父老猶及見之元大德間里豪吳則延據爲已
有嚴寄庵詩云欲問老農求故牘重箋衷赤叩皇
扉寄庵之時距大德亦已遠矣詩以湮廢爲憂此
陳公劉公之不能忘也天開混一姦僕向化父老
率由陂約陂有長碣有甲地域有禁視工有賚祭
有田佃有圖與籍溝澮庸涵深廣有度始以板繼
以柱皆取諸林木於時民俗湻簡用之頗獲優裕

宏治正德間洪水輒壞山童力疲人有憂色父老
謀曰創始於前貽謀於後古之制也盍圖之而易
以石乃鳩工赵民萃緡於畝鑿石於山度地高七
尺有奇闊三百尺有奇里民饒天遠董役盧俊首
倡勤勞凡石必修整其堨石又必準繩一石不堅
雖疲必易衆咸稱服率引趨來踰年遂落成焉越
三年水溢西岸堤圯饒天才饒蕚董役仍障以石
磚以節横流夫石制始正德丁卯逮今民賴其成
得免屢役之患先王之設有陂障以廣惠也昔鳩
隙陂決壞鄧晨修復之傳美其功寶慶之循舊彊
湻祐之衍修復陂之興廢幾存乎人先賢之德所
以廣先王之訓也革木用石所以承先賢之志也
今歲水頗艱執事者饒天福熊恩上其事於邑侯
嘉禾王公儒侯曰水利民生之本政事之先乃集
衆議準諸往昔曲加隆殺首尾相因咸有秩序彊
梗不率者罰人咸感利之於時邑幕徐君球林君
以德共相贊成於茲有功大凡事之弊溺於私者
阿昏於才者惰今去陳公幾四百歲矣恢復之計
若有相契誠若是乎其遠已僉謂鉅績不可無記
因以屬予予廁里末竊論之曰斯舉也有紹往之

思有風來之義恩不遺其恩義不隋其成恩以制
禮則俗厚義以廣成則澤久信乎其所以彰遠也
故記其實而登之云爾
巖士貞遠陂詩晚來駐馬立荒陂石溜涓涓一線
微孤鶩逐隨霞影去饑鳶低貼水紋飛畫規守約
世悠久獻税侵疆果是非欲問老農求故牘重箋
衷赤叩皇扉
黃坑陂東三十里
桂泉陂東二十里橋墩保其源出豐家山會老鴉
坑水西流逕此明代士人作石隄高丈許闊三丈

餘基址較石梘華陂稍隘而其流不減淵底凡三
五穴清泉上湧歲旱用水愈多北岸灌田千餘畝
南岸灌田百餘畝分時刻輪流放水詳載堰簿南
北不得混爭上下不得攙越即高田低灌溉甚便
其田悉稱上產或以穢衣澣濯水立涸宰猪羊祀
之活潑如舊大抵中有龍潛故其靈驗不爽父老
傳云值大比之年近堰人徵聞桂香南北岸必有
登賢書者陂名桂泉以此
軍陂　舒陂蕭坊俱東二十里
高梘宵堰邑南九十里宋張詠命土人掀築從山

麓開叫架兩梘渡東港水過西岸灌田數百畝地
名高梘以此　國初邑大夫立有堰規刊石
傅源高梘堰詩怒湍迴處石爲隄雙梘橫空澗道
低樹杪行人行不得飛泉先過板橋西雲徑蘷環
泉脈長潺潺急溜爲誰忙水聲漸遠聞鼙鼓沿岸
山田唱插秧
曹學詩過高梘陂詩樹密山無縫峯迴澗自分哀
湍鳴急雨怒石壓殘雲馬怯寒蘆響猨愁苦竹聞
陂頭笑村叟歲晚話耕耘
王建陂在高梘古有上下二堰下堰勢低復修中

堰同治初太學王城南稟縣給示凡放樹木從洪
口而下不得撞毀堰石違者出貲補築
熊陂在河坪邑南六十里古陂久廢明季里老汪
浩然掀修邑臬憲黃色中記并詩云田疇資水利
興之在人功荒陂廢已久稱名猶姓熊山水滙萬
壑春漲桃花紅傍岸種禾黍旱乾無歲豐轉橰力
已瘁抱甕計尤窮誰歟謀野獲著借多田翁杖策
尋古迹伐山鳩羣工依舊障迴瀾累石爲奔洪泉
流入溝洫漱玉聲玲瓏河坪河山下百畝方鄧同
鶩翔狎浣女犢飲隨牧童從兹樂耕耨倉廩不告

空南峯夜來雨高地泥土融陂水所不到生氣亦
潛通萬事有旋斡精心孚上穹移山不自止神鬼
助愚公汪老重鄉井敵隴存古風為予話前代碑
字已磨礱斯陂既起廢尤期保厥終賦詩誌嘉績
層崖仰嵯巍

熊則禎熊陂詩深源來曲岸淺瀨就平洲截作熊
陂水河山翠不流雷公峯下雨大湖山上晴溪流
緣底濁陂水本來清古井仙稱葛方塘嫗姓吳不
知謝公埭介甫可居無

李家堰西南二十里河嶺畈受梧桐坑水灌李家

畈田

華陂邑南二十五里青山港上為史家壋下有護
堰洲陂水入甽流經三眼橋甽分為三溉田七千
九百四十畝唐縣令溫廷約宋張詠陳仲微明趙
瑞李銳先後匯書陂畔有華公祠相傳其剏始之
人也明中葉陂荒不治萬歷七年吳楚材呈東請
修知縣王學曾清畝分工修治如舊陂旁官地禁
蓄以防水有民混報學租查復申詳抵補又置田
及淤地收租修舉華祠之祭詳具侯所作記及吳
楚材東中已而淤地又被隱占十七年知縣陳洪
謨稽核清丈除抵補外餘地一十八畝取租十石
二斗五升改定官簿又西甽田低甽直溉之有餘
東中二甽田高水滯溉之不足陳侯行視為立堨
石

國朝雍正間知縣張慄復修新堰道光間總甽崩決
入河署縣鄧培捐廉購買裏岸民田另開甽路二
十年衆姓清丈官田熟地計二石二斗四升一合
二十五年又置全石庵大洲上田七斗為祭神之
費

嚴士貞華陂詩源出西江一派遙華陂如揀白沼
迢殘霞映水光零亂返照穿林影動搖釣叟求魚
歸酒市牧童騎犢過溪橋青山有約吾當隱不用
幽人折簡招

吳楚材呈王邑侯請修華陂始末東節錄華陂為
崇邑三陂之一其水發源大湖山抵甯州匯黃荊
龍泉諸水過青山巖二里橫障之為史家壋過餓
鬼灘又數百步為華陂流出吳城港與大河合史
家壋當河正流餓鬼灘又善淤升沙塞壋水至復
飽故灘名餓鬼華陂工頗易就而史家壋最為要
衝修陂惟用木樁木柞雜塡沙石為隄高廣三四

尺百夫之力三日可辦　陂流分東中西三甽溉田三千八百斛由華陂甽口三里爲張家三眼橋橋下爲西堨堨下爲西甽西甽流出爲五百增爲潮陂爲江公陂五百增横而南流爲蔣家堨爲三堨口分東中上小三甽迤南山西流灌至唐峯冲口潮陂甽灌至洪家磉江公陂甽灌至吳城鋪又折而東灌至鵓鴣橋與東中二甽末流合永通西流皆甽西竇也中東二甽自西堨分而共流爲新堨爲阜角堨爲中堨爲蒙家大堨堨下爲蒙家三眼橋二甽始分橋眼東西各一而中分其半中甽

一支爲黄泥堨今崩入港爲畢家堨過淨嚴寺爲覃家堨分三小甽過大梘至中洲南甽灌至桃樹壩尾狀元橋左北甽灌至聞家觜江公陂東岸末流與西甽合一支爲胡婆堨爲葉家堨灌至高坪村又一支爲桃樹堨爲楊家堨流出鵓鴣橋與東甽合東甽一支而下爲謝家堨爲揭家堨爲吳家堨爲周家甑爲周家堨爲馮家堨爲横甽堨爲鵝頭堨爲龐家堨爲縣家堨爲楓樹堨末流出吳城港與大河合周圍十數里四望環山溝澮井列平疇在目故其鄉謂之天城云舊制三甽各推一人爲陂長一人爲陂甲照田起工每田五石起一工每甽各五十工每工大樁中樁五十六口大柞三百株籤條四十株倒柞二十石歲之十月陂甲鳴鉦催工陂長上陂坐棚擇日作陂以一猪一羊祭華公華母之神而始事焉　後之如何曰丈量之後田既有魚鱗册矣誠按册而覈田按田而起工因工以定樁柞因樁柞以復舊制三甽各作二艙一如杉油陂石城陂之制樁必五尺圍一尺專用松櫟二木柞必長七八尺圍二寸籤條亦如之俱用深山堅木擇二甽之公正者爲之長勤敏者爲之副

歲十月興工五日告成庶復舊日之制無士夫無編氓有不如約者必罹於法○按此東文甚長前後序陂堨及修復法程皆有條理故節録之

王學曾華陂記華陂在縣南二十五里聖人山前史家墻當河正流爲陂横障其功最鉅然受田之民搏沙石藉柴木百夫旬日辦爾而歲一修再修隨修隨決朝決而夕涸民以爲厲何也萬歷七年余行視陂見其流分三甽甽分四十堨平原入望溝澮井列而陂甚廢弛父老迎車爭言所以不修狀余曰是誠在我蓋吳文學楚材具牘請修意至

勤矣舊志溉田三千八百余始命履畝得所溉七千九百四十畝有奇因爲定籍畝五十爲一工戶有長工五十三爲一甽甽有長令之曰各厲其如期應役違者必有罰各長其秉丞趨時違者其罰倍文學以身率民勸呼就役計日奏功余及鄭尉再往莅之父老又以祀事請余曰官地祀所自出且種樹以防水衝其不可沒入學田宜也會報平上里稱夜二字號有淤地因牒鄭尉與偕視得一十六畝五分七釐歲可收租一十石四斗九升以贖前所沒入學田租十石四斗六升八合上之督

學使曹公郡守劉公允復覈而後得命始以前地歸之華陂非清得其隱漁者新墾者地二十五畝五釐四毫歲賦粟一十五石四斗五升八合田二畝歲賦穀三石巳又得平上里崑字號新淤地一十八畝二分六釐三毫歲賦粟一十石二斗五升三合合前共歲得粟二十五石七斗一升穀三石俾掌事者收支屆期剗羊釃豕以祭詳具載余所印給二簿其一在民庶幾乎有成勞哉然而非我作始也僉謂自唐尹溫公遷約宋令張公詠陳公仲微以迄於今代有作者而其主計營劃惟今始有定籍以視來茲當不與易矣夫佚道之使不待督責良民也勸民之事無忘興廢良有司也彼彊有力者誠不能以既定之籍而病其廬井封洫之人乃食人之食而任其事者獨安能不加意於斯哉父老伐石請記以垂久遠余不許今年萊尉行陂石巳鐫弗能禁也鄭名棪山陰人萊名芮岳池人萬歷十一年二月王學曾記

西沖石堰南二十里

尚書陂南十六里尚書潭俗名金雞陂今久廢

小陂溉田至熊家坪　東陂俱南十五里　白箬陂南十六里水分三梘　牛軛陂東南二十里俱雷駱保　馬鞍陂　上黃土陂　下黃土陂巳上俱南七里活泉畈

孔塘陂東南三里灌下津田宋令張詠建久廢明成化九年邑民諶鑑呈請典史陳河督修歲久復廢乾隆庚午曹侯學詩重修與江水塘同歲役有記道光乙巳金侯雲門定八甲堰簿

曹學詩修孔塘堰江水塘碑崇邑環萬山中田常苦旱自宋張忠定穿塘築堰民享其利數百年於茲矣顧爲歲既久谷變陵遷古堰率多傾圮塘亦

耕佔為田居民狃小利惜小費坐視其廢憚於興役予以乙巳秋涖斯土明年春夏之交彌月不雨予步禱黃獺巖龍頭觀幸而雨大注民賀有秋當其憂旱時巡四境其塘堰未壞之地桔槔相望溝澮流通而下津渡數百畝膏腴委為石田蒿萊彌目詢諸父老僉言地有孔塘堰江水塘圮廢未修予惻然憫之適奉大府檄令興水利乃於農隙集紳士定章程勸諭居民乘時修築僉曰堰塘未復非民情之不願民力之不齊也無人焉為之董督也爰立爾鳩工費取諸田工取諸佃擇謹厚老成者董其役民心踴躍舂築立成凡四境之塘堰未修者皆聞風興起鼓舞同心修塘數百畝堰數十區繄孔塘一役倡之也夫因民而利擇可而勞政之先務況修忠定舊跡順民心之同然予何力之有焉然斯民可與樂成難與圖始既開其始尤宜謹其終書不云乎勸之以九歌俾勿壞今塘與堰俱興既已流泉灌注畎澮交盈矣尤願吾民沐浴膏澤歌咏勤苦隨時補築勿廢前勞庶四境瘠田皆成沃壤忠定遺澤千古長留是則予之所厚望也爰書數語勒諸石并繫之以詩

佛圖陂西七十里灌暇心畈田唐溫遷約掤築陂上山岡有高峯庵祀佛圖澄及溫令像亙見古蹟

嚴士貞佛圖陂詩暇心領行入佛圖陂綠淨無塵清且漪十里山光凝紫翠一天月色浸玻璃溪頭閃閃明漁火石髮粼粼漾釣絲我本澹然心似洗高僧何事炫神奇

望承陂西七十里河西保伍港口水自方勝橋來灌注屯田三百餘畝　烏石堰西六十里溉田一百六十石有田繕堰　大湖堰西六十五里

澤下陂一名杉木陂在桂口畈　龍灣陂桂口灣頭俱西四十里

神口陂西五十里　黃水堰西四十二里　雙源陂一名雙堰其上會神口寶林兩澗之水故名

櫟林陂　大富陂白驛保俱西四十里　白驛陂西三十五里　龍潭陂　新田陂承龍潭水灌田五百畝吳世雄記同上俱西三十五里　馬路陂

徐家陂　湯家陂堰尾有泉混混不竭俱西三十二里　石城陂　沙牛陂　胥家堰一名西堰

馬頭陂灌馬頭畈田已上俱西三十里　萬家堰西二十五里一名上甕已上至神口陂俱白驛港

石陂西二十八里上寶山中　牛䭾堰西二十
五里　敖家堰二十二里馬頭畈俱上寶山港
鄒公陂在大源山口　王家堰一名危家堰　郎
沙堰　佘家堰已上學官畈港俱西三十里　檵
木堰西四十里　畫師堰　仙人堰仙人竈旁
中堰俱西三十里　馬家堰西二十五里已上黄
金港　老壋堰　石壋堰俱大沖龍鳳垻下西二
十五里　龍鳳陂西三十里龍鳳港一名龍坊堰
梓木陂西二十四里灌田二千餘畝有林侯日
熷印簿亭　大洪堰亦名大富陂西二十三里肥田

保
毛氏陂西二十里　石堰饒家橋下　台陂有
上下二陂已上俱西二十二里　鞏夫陂西十八
里　龍塘堰西十五里
大白堰東北十一里邑紳米漳修知縣曹學詩記
後改名曹公堰

曹學詩修築大白新堰碑

國家重田功莫先於興水利顧水利在田旱則蓄之
潦則洩之所以操蓄洩之制者非堰不爲功然當
其旱也桔槔相望涓滴爲珍及其潦也受淫霖之
泛溢挾泉澗之橫流其奔騰潰突之勢非一丸之
土數丈之椿所能殺其威而制其怒則築堰之初
欲其久且堅非石不爲固崇邑自宋張忠定陳文
溪二公開塘築堰享其利者數百餘年而代遠迹
湮率多傾圮乾隆庚午夏雨少愆期民困於旱予
惻然思補救之方適奉上憲檄勸民興廢補壞乃
訪求忠定遺蹟督民舉役未數月而完復古堰者
數十區獨邑之西北隅有水源出龍頭山流爲蘆
泉港經龍頭馬家梧桐大白諸畈沿流灌田皆築
堰而大白一堰獨當河尾之衝爲功較難居民樹
松木爲基覆以沙草當春夏霖潦河流暴漲朝修

暮廢歲築爲勞欲易以石而礱鑿無所出其西里
許有駱家橋歲久圮於河橋石皆水激沙埋散棄
於無用之地辛未夏原任海豐令米君漳率紳士
耆老相度經營議取其石爲堰用時里黨中有一
二奸民因歲歲修築醵民錢分餘羨且端流衝潰
得取漂木給爨薪便諸小利遂浮議紛紜百端旁
掣愚民受其煽惑皆環視莫敢發端及米君率諸
紳耆以請予爲熟籌形勢銳志興修曉諭弊端嚴
行禁止奸民乃潛聲斂迹莫敢阻撓夫以舊圮離
復之橋而爲新築永堅之堰策之最良者也以一

年補修之費而成累歲不壞之基功之最善者也今中流屹立衝激無虞俾數百年旱潦之田皆成沃壤而一勞永逸其與苟便目前者孰得而孰失歟嗟呼守土者爲　國家牧養元元欲周知民情之疾苦非有賢士大夫慮懷而咨訪其道無由而士君子之居是鄉者亦宜利弊關心從容請告無避嫌怨俾百廢具修庶造福鄉鄰不無少補云工旣竣爲文勒石以告來兹

新石陂在馮家畈邑人劉日孚修　王家堰俱東北十三里　何家堰十五里　紅花堰十六里

隳浪陂八里樓下戸濟丙已上俱東北　河田陂一名官陂北十五里　大堰　鄢家堰溉田百餘畝　慈悲堰　蔡家堰已上俱黃沙保　蜈蚣堰北十里　張家堰　大陂堰　譚家堰八里鹿門保已上俱北　關王堰　黃土堰俱在灉溪港　巷口堰在香山口　板堰　生成堰俱白泉陂下已上邑西北

蓮花塘在東嶽廟前　小堤塘在碧田畈塘內淤塞田畝共稅一石三斗四升五合南長五十五丈七尺五寸北長八十丈零五尺東廣四十丈零五尺西廣四十九丈七尺五寸朱家泉塘在小港

新塘東七里稅三十六畝一分七釐五毫順治初邑紳汪樾陳寬邑庠汪際煥承丈三分各一汪維山陳鼎石汪殿豪世守汪仕進陳碩恭汪起先相繼濬修　石塘俱新塘保　朱家塘在詹家畈　大塘在花涼亭　新塘東三十里已上邑東　蒲塘東南七里　山角塘八里　清水塘十四里已上邑東南　吳婁塘南二里大七十二畝溉田百十餘石爲諸塘冠　官塘四里　江水塘三里大五十三畝乾隆庚午曹侯重濬與孔塘陂並記載前　雷家塘十四里土人呼大塘下有俱仕堰雷安瀾修　王家塘十五里一名諶家塘

黃沙塘十五里已上邑南　莎塘西南二十里一名棱塘　隨冲塘二十二里　傅家塘　東山塘俱二十里　褲脚塘有二一田塘坳一楠木礲俱三十里　清水塘四十里黃茆橋　李四娘塘大四十餘畝　藕塘　宋家塘俱大十餘畝　横星塘俱六十里臺橋保　伍塘　欒城塘俱八十里星橋保已上邑西南

蘆冲塘西十二里　泉沖塘二十五里　熊家塘一名釁止塘二十五里咸豐丙辰夏旱生員熊洪猷鑿井得泉近塘田頃資灌溉焉　磊石塘三十里上寶山中一名茆埠塘　長塘三十五

望盧塘　合川官塘與隆畈谷中王國治濬有老石堨上加土三尺一寸爲壩俱三十里　桂口塘四十里　湖塘六十里　大松塘六十五里畈心畈　上官塘已上邑西　古塘西北十六里　宋古塘　過水塘俱二十里　八方塘　龍崩塘俱二十六里　柳樹塘　石墩塘塘底出活泉俱三十里　三眼塘四十里已上邑西北　西塘北六里五塘之一諺云西塘三沖五谿不如吳婁塘一壩　經塘胥家塘俱十五里已上邑北　清水塘浪口保　胡家塘　羣背塘　上官塘　下官塘俱十二里已上東北

筒車

筒車之製爲木輪用檞櫟木爲軸以柱承之軸貫於輻兩輪皆夾筒或用大竹或鏤木爲之筒閒以板水推板動輪轉有聲筒皆斜置入俯出仰吸水盡滿傾如建瓴旁架兩梘一橫一直橫梘受筒注水以板遮之令不外泄直梘度水到岸奔流如箭置車處爲石槽横溪累木石爲堰豬水入槽水急筒滿一車溉田數百畝邑老堰惟數處近多增置不能悉志凡置車下堰之首不得近上堰之尾違下口水豬則上車不轉

燕光烇崇陽竹枝詞自轉機關巧足誇飛流激動水筒車灌田不用農人力閒煞茅簷百姓家

隄防

熊家堤白騾港畔　葛家隄在肥田畈相傳葛姓築胡氏補繕或云自張乖崖始康熙末水潰乾隆壬申曹侯學詩重築有記　港口堤肥田港人儔水處　華石堤與肥田港口對岸乾隆閒傅姓築道光戊申水潰重繕其上相連爲交加堤堤裏有井　馮家隄馮一作洪　洪橋市上下沿大河一帶明萬歷閒杜侯宗彝請官項建隄惠愛記碑存道光辛卯蕭邑太學徐章廷邑紳陳之杞里人陳煌見等補繕戊申水潰陳姓改築內堤　揭家堤吳城港畔　郭家堤吳氏補繕　廣仁洲堤道光癸巳庠生趙淩雲里人張登川等補築　城嶺堤已上俱沿吳城港　高堤沿石梘港長六七里明萬歷壬寅周邑侯築康熙庚申水崩百餘丈辛酉金侯綵祖補築　官板堤臨黃沙港三生橋上下長七十丈咸豐元年知縣王紹薪督建增貢生饒[illegible]董役有公田收租備補繕

昔學詩重築葛家堤碑周禮稻人掌稼下地以豬
蓄水以防止水以溝蕩水以列舍水以澮寫水蓋
水欲收其利則通之使流欲避其害則捍之使阻
故田功之有塘堰也即豬溝列澮之遺法也其有
堤埂也即防之遺法也既收其利且避其害旱與
潦乃可以無虞崇邑西南肥田畈有葛家堤宋張
忠定築以防雋河衝決者也河自通邑入崇經伍
港過瀛潭由搶水巖頭市灘曲折至此當春夏霖
潦時挾其奔騰澎湃之勢自南岸直衝而北肥田
沃土半化泥沙即溝流亦復淤湮無以資灌注居

民苦澇旱久矣自忠定鑿山引白騾小河開渠築
堰復接山築堤以捍河遂使溝塍繡錯秔稻豐登
民歷朝不易之軌嗣後萬歷三十六年李令修築
之康熙五十一年高令又修築之前功所在未可
廢也奈甫停舂揭而河流復暴漲漫堤居民遂以
為勞費無益環視而莫可如何因之累歲崩坍久
而益廢迄今三十餘年矣夫水之瀰漫非堤之不
能止水也以其勢薄且卑無以禦狂瀾而當巨浸
也余涖崇四載睠念農功徧興水利肥田紳耆亦
籲請修復古堤余數番親臨相度地形委典史徐

君宏業召集紳耆余首登魏鏞等經營規畫居民
皆同心踴躍剋日鳩工視前堤倍高厚其未壞者
亦有加焉計畝捐貲則視衝淤之深淺定出貲之
重輕所以防磨齒之亡寒均民力之苦樂也堤成
護以草蔓植以垂楊新綠濃陰蓊鬱蟠結所以固
堤基也設堤長以監修設堰長以司甽立祠以報
神功立簿以均灌注且條畫善後機宜所以杜爭
端而垂久遠也且夫堤之決也其始蟻漏而已踰
涔而已補而築之不過數人之力不終日之勞也
惟因循玩愒不為增繕遂令月圮歲頹潰敗而不

可救今長堤屹立環抱蜿蜒數千畝膏腴幸如故
矣後之人其隨損隨修有基無壞庶幾為百年久
遠之圖矣乎功既成諸父老請余數言鐫諸石爰
紀興廢之顛末以告將來云

通志水利考畧崇地濱河者值水漲輒被漂損旱
亦資灌溉壹似志溝洫當首隄防次陂堰其實憂
水者十一憂旱者十七三陂五塘夥經千載乖崖
鑿山猶其後也明初蒲圻令周洪始置筒車崇邑
始相先後邇年隨地築堰水利益興為王子貢之
修毋為翟子威之壞是在民有司耳蛟龍為害歟

十年一遇備豫不虞故堤防附焉

津梁

上津渡西門外官渡也編夫二名船二隻亦名西關渡郎古朱紫渡元時有浮橋久廢近來造板橋與船並渡乾隆閒邑庠王元才捐田三石創屋三閒給舟子收租召住渡頭古路明萬歷閒知縣陳洪烈甃石吳楚材記載第一卷　蔡家埠渡西四里　泥灣渡五里　打石嶺渡七里　謝家埠渡十二里　烏龜石渡十五里　已上俱有田繕渡　洪橋渡西南十五里始於明萬歷閒吳楚材記乾隆初陳鞏基等八人捐金置巨閾二字號田為義渡一名八士渡田大小十八坵二石零五合承鼻漊塘官塘新塘水灌注又屋三閒東至蓄石西至圳南至園北至周宅共正米四斗一升七合六勺八人分納各五升二合二勺

黃衮洪橋渡碑　洪橋鎭在雋水南岸與水北村市煙樹掩映酒帘相望端陽水嬉勝處也渡口故有船船故有田明萬歷十三年置碑志磨滅始事姓名不可考歲久其田又為豪强乾沒居民行客欲渡無舟者歷有年所矣乾隆元年鄉有士八人始醵金刱為之六年尋至請記於予予惟津要之所

地方有司造船以濟往來曰官渡自里中好善者為之曰義渡此渡有舟諸君子之義也乃諸君子長慮卻顧又為久遠之計置田繕渡置屋宅渡子何行義之不倦耶夫中流遇風秦越同心勢不得不爾也若茲之為殆抱古人獨為君子之恥乎因目之曰八士渡八士為誰陳鞏基盤石陳立基柱石余首登炎書余誕登先岸陳鉅勷賜三陳鉅勅詔書王治泰大來丁奇燕韻雪

火燒廟渡西十九里　肥田港口渡有橋其船春夏在小河秋冬大河二十里　龍鳳港渡在龍鳳港口十二五里　張家埠渡一名莎塘渡舟橋並濟二十二里　曾家埠渡有橋揭國信捐貲建　磯石坪渡夏船冬橋已上俱有田繕渡俱二十五里　石屋鋪渡舊有石橋久廢詳見後同治四年魏象賢魏斐然程元清各捐田若干置舟與板橋並濟西南三十里　永興渡在夜坪程宗秀等倡捐田繕渡秋冬有橋傅璉列等捐金倡建西三十三里　黃土坳渡三十六里　捦水巖渡四十里　瀛潭渡一名港口渡居民楊鄒兩姓倡置洲上有保舟菴亦名保洲地勢不甚高大水不能沒若浮洲然西四十三里已上俱夏船冬橋有田繕渡

磯埠古渡道旁有石中空可罩魚四十五里　楓樹潭渡四十六里　邱嵇渡有橋四十八里　石嶺渡黃廷煜捐田倡建五十里　沙坪渡俱夏船冬橋合上諸處俱有田繕渡　老官埠渡西六十里地有蕭老官廟故名一名穆林渡乾隆間衆姓造船及𡋣太學田坣信里人胡三能捐田四石三斗為義渡其後田浸失義渡廢道光間增生李夢松倡募置田二石四斗一升復為義渡咸豐時太學李代祖劉大川艾炳南加募置田二石一斗改創房屋增船夫各一新舊並濟先是明艾誠建穆林橋艾求鎮重修秋冬用以代船乾隆時李冰玉重建置繕橋田二石六斗道光間其子仕國加捐田五斗　永濟渡在櫟林舊有繕渡田二石零太學胡膺珍加捐七斗五升有橋衆姓建秋冬代船六十里　蕭家灣渡六十五里　石嶺頭渡俱夏船冬橋七十里已上俱邑西

南關渡在南門外舟橋並濟有田繕渡　吳城渡南七里官渡也一名田家埠古有夫船明中葉廢隆慶間知縣胡秉性申請置夫一名船一隻饒天民記　國朝陳世因捐田一石八斗置屋三間餘基一塊增夫一名陳太泉募捐田一石二斗龔東

溪吳光瀚胡石溪楊丹瑚程西溪等又先後各倡捐胡彥[illegible]陳田三石自繕一船外總計實繕義渡田六石二斗五升夫一名船一隻另造板橋與舟並濟置燈渡口以便夜行捐田名目列左趙光宇六斗汪循鍾五斗五升徐渭珠步棨茂林共五斗台僑大原共七斗星橋上下共二斗棨亮程竹溪龔廷杜各二斗劉白安劉惇允劉正興陳荆山汪南軒王元圭胡應宗葉宗九舒重賢程西溪張元萬程𤊟鄭正日高何儆農楊椎君龔藍田龔東海王兩豐周均堂孫千揮程季安程小鵬黃鳴九張登文振萬寶揚燕富談萬里談君相龔德仲趙萬頃各一斗董事名目陳湘帆傅草窗田斗文程席上龔拾溯龔肇谿龔學珪葉三俊徐賜久　潭頭嶺渡　柞刺灘渡俱南八里　曲家埠十二里乾隆間庠生王元才捐繕渡田二石五斗後崩入河咸豐初其後裔復捐田一石　各功渡十二里　城嶺渡十五里　冷水港渡二十里已上三渡徐渭珠步棨各捐田　青山渡　巖下渡俱二十五里已上陳燮贊徐渭珠步棨各捐田　櫟山渡三十五里　龍泉渡　黃沙渡俱五十里　蒲團渡六十里已上俱邑南水出吳城港

下津渡東門外官渡也編夫二名船二隻康熙間金邑侯鰲石岸有碑向來渡船俱居民捐置歲久廢其一道光丁未周方玉捐田為倡復置一船陳宗海丁久長黃對揚金子成等勸募成義渡共計繕渡田十餘石鋪屋數重收租有橋並濟　郭家

埠古渡久廢東三里　石壋埠渡一名譚家埠四里
廣濟渡小港口庠生汪祝年丁次衡里人彭元盛
舊捐田一石五斗繕渡道光間饒光輝朝拔化明與言
庠生汪絲琳饒三傑饒瀚等加置田二石五斗為義渡
小港渠義渡乾嘉間先後置舟橋倡捐者饒既明勝
常庠楊庠龐黃代富公置田備補繕同治五年饒小蒲汪珍
山劉達卿饒小雲等加置田為義渡十六里　殷家埠
渡有跳石咸豐五年平江武庠何敬椿禦賊於此
被害十里　東流渡在殷家嶺十八里　砦下渡傍高
隄砦二十里　沙坪渡舒春林汪登明戴欽之等倡

捐造舟置田三畝八分備補繕五十里已上俱邑東　史家渡舊
有繕渡田五石八斗同治二年邑庠程大鵬許榮陞米
珠劉貞燮鄉耆戴招信夏首芬等稟縣改義渡東北
五里　夾澤渡舊有汪張兩姓捐田三石六斗庠生饒俊
沅許榮陞汪定基汪灼瑜等稟縣改義渡八里　蘆
泉渡饒俊沅許榮陞汪灼瑜等募成義渡十里　白
雲潭渡一名漁翁渡相傳昔有漁丈得魚惟換酒
故名近渡里許石上有人坐迹雙趺印其前俗云
仙人待渡於此有繕渡田若干眾姓捐置十五里
米燦漁翁渡詩日暝空山醉暮煙青到船牛穿巖

上石鷺立水中天有酒常邀月得魚羞賣錢至今
霜落後蓼火對風然
易家埠渡一云一家埠有田繕渡十六里　洪上渡
余姓造船二十五里　已上俱北〇吳城石梘二港源
接義甯雋河支港二水為大故俱有渡考水經注
濦口水出豫章艾縣東入蒲圻縣至沙陽西北魚
嶽山入江今嘉魚無濦口之名蒲圻義甯中隔崇
陽大江南岸水從義甯界來者惟崇之吳城石梘
二港也二水俱注雋水由壺頭出陸口春夏水漲
別有一道從魚嶽山入江冬月水落則不通矣濦

口定即指此雋與濦音相近實只一水當時傳聞
異辭耳因志津渡附辨及之
甘棠橋西城內芙蓉池上為舫數間邑人追思張
忠定公建元宣差馬合謨重修憲使程文海書額
任希夷詩云橋外甘棠已百年橋南楊柳亦參天
何人更植金沙架無數紅妝出曉煙
欞星橋芙蓉池口明季築城其上城中水從此出
焉　無名橋西城外社稷壇後饒天民記　朱紫
橋文昌觀右宋孟珙建邑庠王世超重修　石鏗
橋西里許橋下水聲觸石鏗然故名　白泉橋宏

治間邑人張暹建順治間里民王任臣重修　灌
溪橋在灌溪口　宗子橋長冲口康熙間周宗子
建　石觜橋陽田保　荻洲橋　楊林橋　冷水橋
艾翁堰下正德癸酉僧員慧募金重修　饒家橋
陽和瀧水出其下　舒家橋肥田保　陳家橋　龍
鳳橋　石下橋吳世祿徐正常領修　何瀆橋在
龍鳳澗明何節婦建　舒家橋上寶山中　太平
橋　范家橋石城灣上三里近易家湖　白驟十
二橋魏秋芳吳豈凡倡建　龍牙六橋劉小魯建
神口橋有記

汪澤民元岳州路同知平江州事神口橋記崇陽有通道曰方
山自泥湖嶺至於蒲之羊樓嶺距縣四十餘里盤
迴峻隘百步數折中凡四十有餘處而湍悍莫甚
於神口舊有橋咸自宋頹廢已久浮屠詹氏扳崖
揭水冒其險迺卽山鳩工告於昌江余君白石共
勸葺之是溪流深山窮谷之中地少人煙深漲滐
溽商旅阻滯往往絕食斯橋新成疊石兩岸楹其
中架空而行搆艱危若履枕席費出於余而里之
好義者結屋以除風雨橋八十尺而屋稱之昔周
官司險知川澤之阻達茲有以佐其不逮焉不書
何以作勸庠生陳忠言請記於余余以君八十之
年而捐力濟平人以成厥終性之厚者事事有賴
也事無巨細成於仁而敗於不仁多矣一命之士
苟存心於愛物其於人也必有所濟余嘗繹程子
言而重有感焉噫天下人心一也豈無繼余作而
廣其善乎姑記以俟
史家橋苒藪谷口　市分橋在桂口市明成化間
里人曾伯揚建正德間易石構亭橋上兩旁創屋
各一間　桃花橋龍灣堰下水自龍窖山出經此
咸豐間貢生楊洪允城丁議敘楊肇業繕修　杉

木橋在澤下陂　桂林橋桂林墩下各有田繕修
車碓橋道光間劉鎮淮補修　五福橋元象山
下明宏治間楊孟鐵建俱桂口　堤龍橋　石門
橋　雙港橋茶坑口　何家橋舊名扛架橋沙坪
市上何姓繕修　玉澗橋巖頭寺前宋僧來僖建
江家橋田家觜太學何煜川李代祖里人宋祥
璧倡募重修　泉湖橋里人楊玉端倡修生員何
應崧監生鄒伯元置田五斗繕橋　鄧灣橋鄧家
灣下　棲眞橋棲眞寺下　方勝橋東關上　印
墩橋白沙灣下　樂善橋節婦鄧張氏建　黃沙

橋艾永欽修　櫟林橋嘉靖戊子僧明鏡募修後爲永濟渡見前　東關橋
八斗橋在八斗潭下　仰港橋寶林谷口　雙
堰橋　豐樂橋黃世丞李恒照募建　甘家橋鄭
錡領修　紫雲橋　杜坪橋李鉅建　頭渡橋
陽沖橋周南山領修　獅石橋　兩泉橋　新建
橋已上邑西洋澌橋白泉港　香山橋舊惟三眼道光
開西庠米登華鄒子瑜募修加高三尺增二眼
黃板橋　冷坳橋　劈箭橋灌溪寺前　義翁橋
楊坪畈宏治辛酉義官王恩海建　楊林橋在楊
林畈　大源山口橋　百人橋跨長港同治三年

生員熊洪猷倡建　羅漢橋　長港橋有古柳一
樹護橋　三山橋在三山原吳世雄詩七里盤回
曲更低三山路轉石橋西林深曉步無人境疎雨
桐花幽鳥啼
觔絲橋跨觔絲潭　雙港橋有古柳二株陰覆其
上俱方山保已上邑西北
鵓鴣橋一名佛機橋　化錢鑪橋陳治緒修　洪
家橋成化丁酉知縣劉信建嘉靖間邑人陳仕易
石有記乾隆初王治泰等重建知縣黃衮記
陳仕洪家橋記洪家橋吾邑要津也初渡以權道

程病涉者衆洎後更以石梁歷久寖頹遭歲歉沮
修者再厥歲在閼茂之秋僉謀曰於時可以舉矣
適蜀涪水沈公尹崇亦以杠梁非細故王政時修
令速行之仕遂屬疏籲助無如勢難偶集家君及
諸父伯兄各捐己貲爲鳩工倡又齋行明滿持鉢
不憚勞瘁百氏輸貲佽靡告匱葢修頹利涉人心
所同然而樂施爲賢尤義所易感也爰經始於戊
戌八月百靈輸佑羣策輸贊明年蕆事則己亥秋
七月也廣仍舊址不以襲故爲陋長倍於初相忘
於更新之煩惟審曲面勢以趨厥工而已矣險夷

襄治周道如砥昔汾陽義橋恃柢石以爲固今不
可爲古哉衆觀厥成強予記之書此勒石備觀覽
云
黃衮重修洪家橋記千人之功而成之數人爲之
弗善而廢之此一時之憾也千人之功而成之數
人之力而重新之此非獨百年之慶而幸是邑者
亦有餘光也余涖崇六載每有志於橋梁東至通
山有橋曰餘耕久圮弗治捐俸修之經始於乾隆
三年冬落成於五年夏崇山稱便西至通城有橋
爲洪家余興修於乾隆二年爲者弗善於今又圮

將欲募之邑人乃紳士王治泰陳立基丁奇燕鄭錡王元圭慨然曰何募爲吾輩當任也遂鳩材召匠諏日從事甃以巨石覆以堅亭共糜白金三百燦然改觀焉夫橋梁爲王政之一端入境而覘橋梁其政可知余宰崇愧無善政今東望通山王道蕩蕩西望通城王道平平諸君不獨種德於冥冥其所以助余政者夫豈淺鮮也哉是爲記

九節橋石上有爪掐痕凡九節故名一名久濟

石觜橋在東山灣洪橋保　石灣橋　梧桐坑橋

青獅橋水出松樹潭　石屋橋在石屋鋪宏治閒

始建艾鍾秀記萬歷壬寅水壞康熙己未知縣金絲祖重建石墩板橋豎屋其上久之復壞於水居人橫以署約春夏溪漲輒阻行人同治四年置船詳見前石屋渡

艾鍾秀嶽麓山長石屋橋記縣之南三十里有濫觴之源發於梓木遶於金界流於石屋以會於雋乃崇通上下要津也其源雖近出百里然春夏雨暴激頃刻平岸隆冬深寒必褰裳乃濟涉者病焉宏治初年有尼僧募民財爲石橋石完而工拙不踰歲而遽爲濫觴所毀民病涉者又踰二十年金界僧清澄毎廑厎蹟之心而力苦不逮正德己卯遍募於崇通得貲財若干鳩其工之良求石之堅牢又分一派爲五道以散山潦橫流之勢厥功大焉越明年而橋成僉謂予有事於楚紀之修宜記之予一日策馬橋上嘆曰雨畢除道水涸成梁先王之政也孰意王政久廢有司不知而閭閻好善慕義者復少乃一僧流不靳而竟爲之耶雖土石材木取之吾民而非僧之廣募亦未易遽集使僧皆若人以勤民事以裨王政則逃墨歸儒有漸矣其視世俗惑民財以苟衣食者用意何如也吾斯有取焉援筆爲之記

劉婆橋　楠木橋　黃茆橋清水鋪上嘉靖戊子修　朱客橋石馬寺前僧海空募建　磯埠橋正德丁卯修　青石橋青石菴側明正統時修　甘家橋進口保　黃台橋元延祐五年建　永興橋跨黃台市長二十餘丈衛千總吳立軒倡捐田四斗增貢生吳光瀚等募捐田一石六斗領積爲補繕貲　合洲橋舊置田四斗吳光瀚洪爾福等續募捐田一石繕橋　合心橋跨堰市港長二十餘丈生員吳聯魁等募捐置田繕橋　白馬橋　登雲

橋生員劉玉溪重建　南星橋古橋宏治閒洪伯琦等重建嘉靖乙酉僧如琢募修　望星橋　大星橋乾隆閒僧紫峯建同治初僧滄浪重修　柘橋（配上邑西南）　迎薰橋南城門口同治初知縣王紹薪建　濟南橋　中洲橋明朱守律建　洲嘴橋同濟橋明知縣周應中建胡定重修　大石橋馬鞍陂（下津保）　西溪橋元岳麓山長徐源明記

徐源明西溪橋記周官云司險有職通道路也山林之阻開鑿之川澤之阻橋梁之國郊及野不以遠近閒也邑傍十五里許有西溪溪有橋所以便

往來也前春洪水橫流梁圯畏塗咫尺難逾千里行子吁嗟鮮有復其初者里人葉澄慨然募鄉之好義者同迺心協迺力修復舊蹟不日成之以堅石固其岸種樹覆其址而農者而樵者而興者騎者往來欣便予因歎慕葉君之復此橋也無司險之責而有王政之助故記之且使後之視今亦猶今之視昔更爲修葺之而濟往來於無窮也凡諸朋善者併書於石

狀元橋在華陂畈一名高石橋　歐家橋　細石橋　大石橋（洪橋保）　楠栗橋　唐家橋　各功橋天靈山下　蕭市橋監生甘佐周修　西沖橋一名三眼橋在蘆潭莊　石龍橋　神堂橋　甘家橋在青山裏金竹港口　龍泉橋在大泉坑口水出青山港對岸爲龍泉洲　合永橋有田四畝二分　雙港橋（雙港保）有繕橋田四畝　龜圮橋僧圓覺募建王應斗爲引　大原橋　善成橋石門關山嘴　柳陰橋高梘石嘴上旁有柳百餘株因名積有公費備補繕　青石橋元廖政大建并題詩

橋成非是欲標名山石巉巖路不平青史無傳記青石水聲流不斷家聲○廖震炎韻詩石橋高架

久留名鎖斷溪流掌樣平從此煙波閒蕩漾更無人喚渡船聲（配上邑南）

米家橋在吳家港米春泉建丁美善等繕修周方圓重建　查家橋　道貫橋任清德補修　何家橋石子嶺下　李家橋在中保　遺命橋雙港保節婦汪龐氏命子茂壽建（配上邑東南）　桃花橋附東郭水出神峯過朱砂橋繞北峯經此入雋水　尚書橋跨雋水汪宗伊建久廢　思古橋古城岡澇雲塔下　浮溪橋明陳恭廬文友修知縣趙翰記順治乙未邑庠王大臣重修　楊花橋順治丁酉

王大臣重修　通津礄一名新塘　雙卯橋　東
流橋宏治間邑人汪恭建　餘恩橋一名劉家橋
劉景韶建兩岸基地數十丈順治間王大臣重修
石墩　餘耕橋舊名宋墩與餘恩橋並高大爲邑
諸礄之冠創始詳吳楚材記僧了經邑人熊哲等
重繕劉日孚繼之搆屋其上祀鎮橋神順治間水
圮邑中丞王應斗疏建乾隆三年知縣黃亥重繕
增飾神祠道光間貢生王鎮華等重修併創南岸
鋪屋二所收租爲補繕費外捐田畝并前補修首
事名目俱詳碑志戊申大水屋圮王鎭華饒棠旭

等復捐貲加高礎石二尺更建橋屋完善如舊
吳楚材餘恩餘耕二橋碑邑東去十五里有通津
曰白石世黃庭堅讀書金城山下稍前三里曰宋
墩皆巨瀨不可方舟有礎五距河中擲自孫氏上
世興德公興德之曾孫締與熊大夫儒更置石梁
費家產之半梁垂成而圮因爲之復累礎白石故
無礄以水勢湍迅前人無敢擲始然宋墩不葺則
不可渡白石不渡郎葺宋墩無益也萬歷乙亥先
中丞劉公創白石礄成名曰餘恩語具公所自記
及方司馬徐司空方司徒銘文再踰年中丞卒龍

起前淵水避礄之右方嚙其岸衛將軍應占往洸
之泣曰日孚之過也亟鑿石更築之視昔逾加矣
癸未乃葺宋墩倍其礎之半而增其二施棧道而
覆以飛甍旁設欄楯顏其額曰餘耕二礄東西相
望蓋屹然雙美云餘耕臨稅舍而餘恩野處中丞
擲觀左岸隙地謂此可居守因鑿片石纏趺臥地
上屬楚材曰吾甯爲此而以宋墩屬吾兒異日者
君爲我記之至是將軍闢前地建閣二楹祠眞武
其中翼兩室前爲塾署曰永祐北負墨池南廁梁
道居羽流守焉邀不佞往觀曰若不記前人治命

乎不佞愴然曰是中丞昔司農長卿我也將軍旣
已報命不佞安得以卑卑辭夫餘恩彰君賜也餘
耕成親志也抑不特忠孝人之大倫且人世父子
之情孰有大於成繼承之志者淮海之役中丞差
節臨之起自郎官受賜孔多我不敢私而成是礄
爲吾君之赤子共濟焉苟未病涉則君恩之餘也
將軍昔也身在行陣原有弓矢之寄旣平蠻寇歸
而秉耒而耕耕者之所獲以奉二親什不用一中
丞下世而五鼎虛其半用之宋墩尚記昔日問有
餘必曰有之義以此爲養志無不可也中丞上世

樂善好施即于鱗元美兩先生所稱說不啻邑人耳目及將軍而益徧四境庸非溉其所有餘乎不佞蓋猶憶中丞著記時云何今之君子重於與人爲善也藉令有爲而爲不應矯俗輕施而博名高卽覬陰報庶幾明神之庇我此又烏足蓋前愆與其困而悔之而胃猶將貳過之爲賢抑積朽而無所孰能狠藉而委諸塗且吾上世饔飧能餘幾而所不足者非善也夫積善有餘慶吾豈能必之於天而又屬之吾兒爲其所當爲聊以世守之也已嗟乎此中丞所重慨於中不佞聞其緒論者也河

山雖邈意氣猶新況又有將軍孝於其親而襲慶於世守者耶餘恩先後費二千六百餘金餘耕巳殺其五是用礱石鑱焉告於中丞而植之道左萬歷十七年己丑春月

王廳斗重修餘耕大橋引月之十三爲關壯繆生辰余弔古讀書方與西賓兒曹尚論英雄濟世大事忽有沙門性聰以六文學字至首倡修餘耕濟而屬不佞爲之引其發願宏猛濟世之業孰大是斯第橋梁王政也法牽牛象東井天道也在易曰利涉大川而旣濟未濟與易終始聖人經世之先務也與夫紺殿元宮緇黃託鉢事不相類文學發此大機乃啣命於一衲其指何居噫嘻我知之矣濁世金錢珍於血髓拋捨難於割膚自瞿曇氏以施報之因喝醒大衆然後捐所愛徇之世人蔡君謨建萬安仙佛並築亦神道設教之權旨也然則沙門之任文學之委詎可忽諸雖然善鼓者非確則不能動非近亦不能確故概論施報不如實徵之橋概舉施報於橋不如實徵之餘耕昔者蔡司城載貞稱其上世高王父集衆輸貲而成是橋一夕夢老人坐餘耕之巔手散賢書繽紛如雨橋下

人應接不暇嗣是嘉隆之間科第雲起強半皆受錄之人司城篤士其語不欺餘耕之往效不亦彰彰矣乎乃吾邑榜花焜耀夙後江漢自政步以來四度天荒無亦善機尚鬱將有需時而發耶文學當賓興前合謀利濟由此破荒可期橋上老人必有執左券以待之者或曰吾子之引證確矣近矣然惟是薦紳子衿之言也夫橋君子小人所共履視毋乃偏遺歟余曰不然士者民之望也文學秉高一呼萬機胥動彼三民之嚮應素封之景從又何疑哉是日也進沙門復申之曰天下事一氣所

爲耳北與移山則操蛇悚慄上帝毀答錢武肅彎
弓射潮則陽侯卻步三舍而李曉騎發南山之鏃
貫石沒羽氣之所到豈有量乎且夫三說多幻奇
古人加乃魄力用昭激昂未若吾鳩材纍石寸寸
取效捷於竿影者也爾沙門正告十方堅盟同志
有不能始終一致立臻厥成者請以質之壯繆

白霓礄一作白泥嘉靖四十年孫可僎張本洪進
高礄創始未詳康熙庚子庠生汪娫鐸舉人麗
養拔重修　蔭龍礄蔡幹有詩　福善礄一名長
坪大順閘里民甘露重修　百結礄嘉靖閘興史

徐球倡建甘義德重修　永濟礄白羊畈知縣黃
衮建　羊港礄　花紅礄　矩礄　蓮花橋王鎮
斑修　黑橋邑東上　留恩橋江水嶺東饒萬象汪
紫琳募修　望仙橋汪先岸饒化民募修　渡仙
橋江水嶺西饒化民汪紫琳等募修　晉家橋
黃金橋在陳家嶺陳清泰羅於道饒大順等募修
白西橋在大白原劉中丞景韶建一名駱家橋
久廢　白中橋　横龍口橋　大白橋俱饒姓募
建　白東橋劉日孚建　彬石橋原名杉木橋同
治三年募修更以石　張石橋龍頭觀下　紅石

橋劉縉建　黃官橋在魚腮坑道光間黃姓重建
已上邑東北　義城礄北郭外白泉水經其下宋知縣
蔡詠建嚴士貞詩野人曉決陂畦水猶說乖厓舊
政聲明艾傑有記道光間蒲圻章應璜補修　朱
砂礄見山志　升仙橋一名郭塘鹿門鋪前知縣
李銳邑人劉縉先後重修　古龜橋　余家橋
毛家礄　柳樹　廣濟礄張恭人建　楊柳礄
宏治間婁仕惟等生員王世超補修　崇陽礄洪
上崇陽港匯雋水處馮鰲記萬歷間重修陳忠愛
記載水志　三生礄在黃沙保沈家灣　板礄晉

興遠修　聽泉橋順治初胡仲珏建俱黃沙保已
上邑北

地險維山川而涉艱於跋相距數武行者阻焉浮
寵續航由來尚矣崇邑官渡有三此外利濟之所
不一而足大半由鄉之好義者捐貲爲之先儒李
宏齋云力能到處有以及物即爲功業此類是也
誌厥姓名用風示後人云

崇陽縣志卷二終

崇陽縣志卷三目録

建置志下

首刻學宫圖

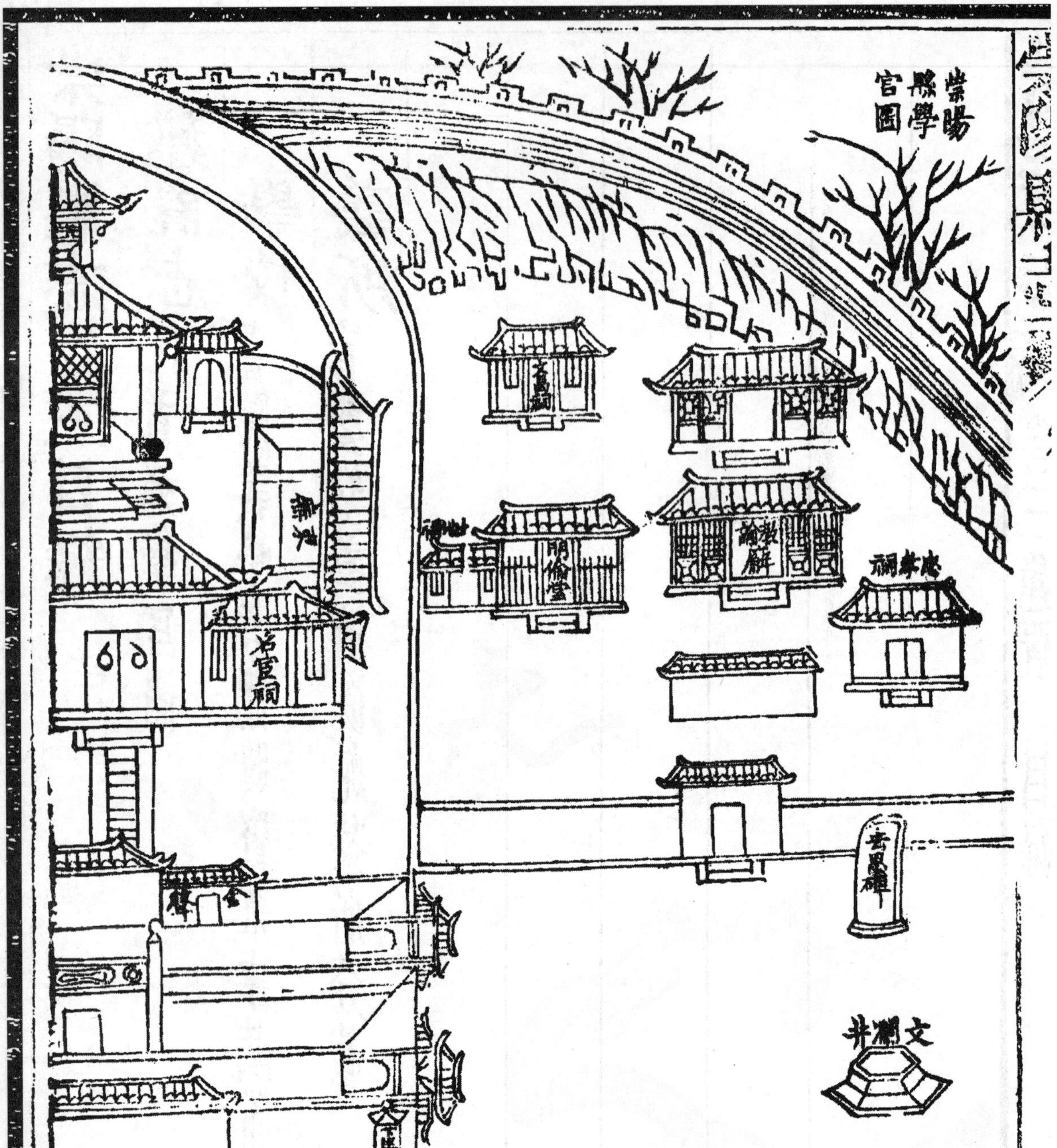
崇陽縣學宫圖
明倫堂
教諭廨
忠孝祠
名宦祠
文瀾井

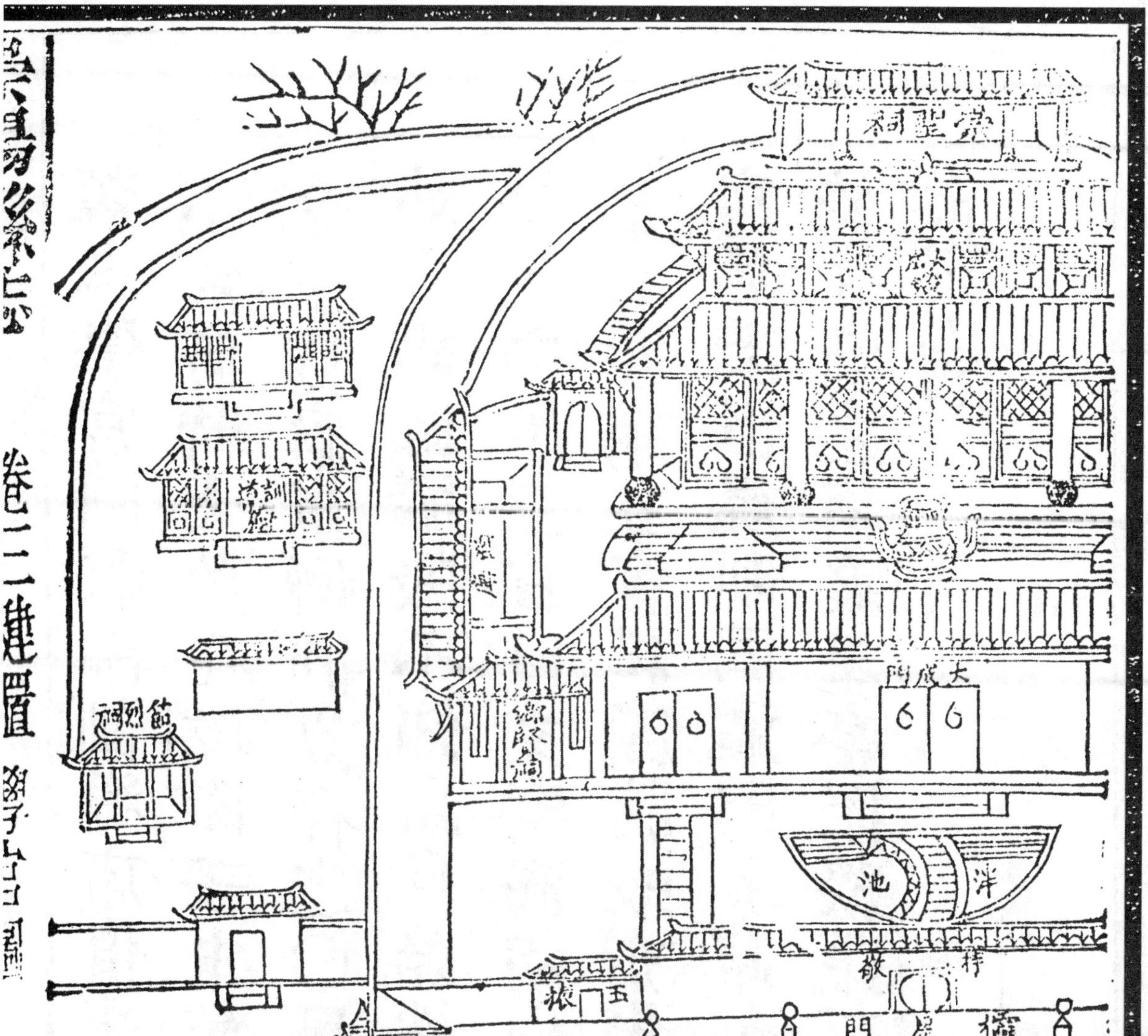
崇陽縣志　卷三　建置　學宮圖
啓聖祠
大成門
泮池
欞星門
節烈祠
外泮池
起鳳
禮門

舊志學宫圖教諭訓導廨俱在廟右改副署於右不知何時大約在乾隆壬申續志以後惜無明文今左右廨俱燬因以存之○學前四坊禮門義路外為起鳳騰蛟不知所自始按舊圖於外泮池旁分載廢坊二右曰文宗為胡定立左曰二賢為陳璽王近訥立意起鳳騰蛟亦先朝支士之坊與黌宫無涉但規制同禮門義路位置又近因附志學校并圖之與聚星亭附綴第二卷城垣圖志中事正相類

崇陽縣志卷三

學校 書院 義學 考棚 興賢莊附

崇陽縣學在北城內枕七星嶺東向中爲大成殿殿後崇聖祠殿前兩旁爲東西廡前爲大成門左右戟門外分列名宦鄉賢兩祠庭中爲內泮池前亙橫牆闢門三中持敬左金聲右玉振門外橫出爲左右黌門南北向又前爲欞星門又前爲照牆左右紅牆二門南北向門額左德配天地右道冠古今照牆外豎下馬碑二又前爲外泮池大成殿左爲明倫堂堂後文昌閣堂前教諭廨署署前爲

忠孝祠殿右訓導廨署旁爲節烈祠照牆前爲北街道跨街左右分豎禮門義路起鳳騰蛟四坊其基址東抵外泮池前田溝南抵縣署後巷道西北抵城內馬道

舊縣學在西城外元末兵燬今稱學坡明初知縣顧華訓導龔善徙今所古梵安寺故址也天順五年同知萬璋知縣焦玘重建明倫堂兩齋膳堂伍福記成化二年同知馮璋搆折桂亭九年教諭俞繪修兩廡戟門十六年知縣劉信甃石月橋植松柏其上二十二年知縣趙鑭新正殿嘉靖中知縣黃直建啟聖祠及名宦鄉賢祠汪宗伊記四十四年訓導羅繼元甃中唐萬曆九年知縣王學曾建博文約禮二齋十三年知縣宋興祖建屏牆外泮池東題曰數仞宮牆十五年知縣陳泱烈修兩廡三十六年知縣李沖新殿堂徙啟聖祠張文光記崇禎中知縣徐應問重建明倫堂明末兵燬

國朝順治十二年知縣賈漢誼教諭馬世盛率弟子員捐優免銀規舊制從新鼎建王醮斗記康熙二十二年知縣李特生建明倫堂三十二三年知縣張恃何嘉儒相繼新正殿擴外泮池先是明副使

薛綱按邑購民地爲外泮池蓄水邑文風遂盛至是處爲居民汙穢立圍牆限之四十二年知縣胡俊新大成門雍正五年知縣張憬新正殿及敬一亭鄉折桂亭明嘉靖中改各乾隆三年知縣黃袤加修正殿及明倫堂改兩齋修泮池有記十六年知縣曹學詩改大成門嘉慶五年知縣曾翕受教諭石元吉改建廟貌仍舊址移向改明倫堂於殿左闢紅牆左右二門紳士饒開慧汪正珂沈士太林汪克繩劉鎭奎董役學生陳受福領建崇聖祠道光五年知縣趙秉清加橫牆於欞星門內闢門三加左右黌門各一紳士

汪正瓊沈用貞黃應運陳琫起黃應位等董役八年太學生陳啓楨重新
崇聖祠太學生汪敔德移建內泮池二十二年知
縣金雲門重新時外泮池闈牆久圮邑州同汪本
皐領修外周甃石內豎石欄并廟門四坊悉整飭
之咸豐四年寇燬八年知縣王錡節重新貢生饒應瞻董
役候補府經歷陳炳忠領建崇聖祠規制悉如舊

大成殿正位

至聖先師孔子木主高二尺三寸七分闊四寸厚七分
坐高四寸長七寸厚三寸四分朱地金書殿宇欽
奉康熙二十四年

御書萬世師表題額雍正三年
御書生民未有題額乾隆三年
御書與天地參題額嘉慶五年
御書聖集大成題額道光元年
御書聖協時中題額咸豐元年
御書德齊幬載題額同治元年
御書聖神天縱題額

東配

復聖顏子名回字子淵魯人　述聖子思子名伋字子思鯉之子

西配

崇聖曾子名參字子輿魯人　亞聖孟子名軻字子輿鄒人
木主高一尺五寸闊三寸一分厚五分座高二寸
八分長四寸厚三寸二分赤地墨書

東哲

閔子名損字子騫魯人　冉子名雍字仲弓魯人
端木子名賜字子貢衛人　仲子名由字子路魯人
卜子名商字子夏衛人　有子名若字子有魯人

西哲

冉子名耕字伯牛魯人　宰子名予字子我魯人
冉子名求字子有魯人　言子名偃字子游吳人
顓孫子名師字子張陽城人　朱子名熹字元晦婺源人

東西哲牌位俱稱先賢木主高一尺四寸闊二寸
六分座高二寸六分長四寸厚二寸赤地墨書○
已上乾隆十八年改定位次已下俱同治二年改
定位次

東廡先賢

公孫僑字子產鄭人　林放魯人
原憲字子思檀弓作仲憲宋人　南宮适字子容魯人
商瞿字子木魯人　漆雕開家語字子若史記字子開蔡人
司馬耕字伯牛宋人家語作司馬黎耕　梁鱣字叔魚齊人史記鱣作鯉

冉孺字子魯魯人
伯虔字子析魯人家語字子楷
冉季字子產魯人
漆雕徒父字子文魯人
漆雕哆字子斂魯人
公西赤字子華魯人
任不齊字子選魯人
公良孺字子正陳人
公肩定字子仲魯人
鄡單字子家語作縣亶
罕父黑字子索魯人一作宰父字子黑
榮旂家語作祈字子旂魯人
左人郢字子行魯人
鄭國字子徒魯人一作薛邦
原亢字子杭魯人家語作元亢
廉潔字子庸衛人
叔仲會字子期魯人文翁圖作噲
公西輿如字子上魯人
邽巽字子斂魯人家語作邦選
陳亢字子禽陳人

琴牢字子張衛人家語字子開
步叔乘字子車齊人廣韻注作少叔乘
秦非字子之魯人
顏噲字子聲魯人
顏何字子冉魯人
縣亶字子象聊城人
牧皮
樂正克
萬章
周敦頤字茂叔營道人
程顥字伯淳洛陽人
邵雍字堯夫范陽人
西廡先賢
蘧瑗字伯玉衛人
澹臺滅明字子羽武城人
宓不齊字子賤魯人
公冶長字子長魯人家語作萇史記齊人
公晳哀字季沈齊人史記字季次
高柴字子羔衛人家語齊人

樊須字子遲魯人
商澤字子秀魯人
巫馬施字子期陳人史記字子旗
顏辛字子柳魯人史記作幸
曹卹字子循蔡人
公孫龍字子石或作隴衛人一作楚人
秦商字丕茲魯人史記字子丕
顏高字子驕魯人家語作顏刻
壤駟赤字子從秦人史記作壤
石作蜀字子明秦人家語石子蜀
公夏首字子乘魯人
后處字里之齊人史記從處
奚容蒧字子楷史記子晳衛人
顏祖字子襄魯人
句成疆字子野衛人山東志字子孟
秦祖字子男魯人或曰齊人
縣成字子期魯人家語字子祺
公祖句茲字子之魯人家語公祖茲
燕伋字子思秦人
樂欬字子聲魯人家語樂欣秦人

狄黑字晳之衛人一作墨
孔忠字子蔑史記孔子兄孟皮之子
公西蒧字子尚史記子上魯人
顏之僕字子叔魯人
施之常字子常魯人史記子恆
申棖字子周史記申黨
左邱明魯人
秦冉字子開蔡人
公明儀
公都子
公孫丑齊人
張載字子厚郿人
程頤字正叔洛陽人
○已上牌位俱書先賢
東廡先儒
公羊高齊人
伏勝字子賤鄒平人
毛亨趙人
孔安國字子國孔子十一世孫

后蒼字近君東海人　鄭康成高密人
范甯字武子　陸贄字敬輿嘉興人
范仲淹字希文吳人　歐陽修字永叔廬陵人
司馬光字君實夏縣人　謝良佐字顯道上蔡人
羅從彥字仲素劍州人　李綱字伯紀邵武人
張栻字敬夫綿竹人　陸九淵字子靜金谿人
陳湻字安卿龍溪人　眞德秀字景元浦城人
何基字子恭金華人　趙復字仁甫安州人
金履祥字吉夫蘭溪人　陳澔字可大都昌人
方孝孺字希直天台人　薛瑄字德溫河津人

胡居仁字叔心餘干人　羅欽順字整菴泰和人
呂枏字仲木高陵人　劉宗周字念臺山陰人
孫奇逢字鍾元容城人　陸隴其字稼書平湖人

西廡先儒

穀梁赤字元始魯人　高堂生字伯魯人
董仲舒廣川人　毛萇趙人亨之子
杜子春河間人　諸葛亮字孔明南陽人
王通字仲淹龍門人　韓愈字退之修武人
胡瑗字翼之海陵人　韓琦字稚圭相州人
楊時字中立將樂人　尹焞字彥明洛陽人

胡安國字康侯崇安人　李侗字愿中劍浦人
呂祖謙字伯恭婺州人　黃幹字直卿閩縣人
蔡沈字仲默建陽人　魏了翁字華甫蒲江人
王柏字魯齋金華人　陸秀夫字君實鹽城人
許衡字平仲河內人　吳澄字初清撫州人
許謙字白雲金華人　曹端字正夫河南人
陳獻章字公甫新會人　蔡清字虛齋福建人
王守仁字伯安餘姚人　呂坤字新吾
黃道周字石齋江人　湯斌字孔伯睢州人

已上牌位俱書先儒木主規制同十哲

崇聖祠正位

肇聖王木金父公

裕聖王祈父公

詒聖王防叔公

昌聖王伯夏公

啟聖王叔梁公

木主高一尺五寸闊二寸二分赤地墨書

東配

孔氏孟皮孔子兄　顏氏名無繇字路回之父

孔氏名鯉字伯魚伋之父

西配

曾氏名點字晳參之父　孟孫氏名激公宜軻之父

已上牌位俱書先賢木主如十哲式

東廡先儒

周氏名輔成敦頤之父　程氏名珦字伯溫顥頤之父

蔡氏名元定字季通沈之父

西廡先儒

張氏名迪載之父　朱氏名松字喬年熹之父

已上牌位俱書先儒木主如兩廡式

至聖封謚漢平始元年追謚褒城宣尼公南陳光

大二年封孔英哲奉聖侯奉孔子祀北魏延興元年謚文聖宣父北周封鄒國公隋謚聖尼父唐貞觀二年尊爲先聖顏子爲先師乾封元年尊孔子爲太師總章元年贈顏子少師曾子少保開元二十七年追封文宣王服王者衮冕顏子兗國公閔損等九人爵皆侯曾參伯宋建隆三年上親撰文宣王兗公二贊詔立十六戟於廟門太平興國中詔孔宣襲封文宣公咸平元年加謚元聖文宣王費侯閔損以下皆公郕伯曾參以下皆侯左邱明以下皆伯尋避諱改稱至聖追封叔梁紇齊國公

顏氏魯國太夫人开官氏鄆國夫人大中祥符二年加宣聖冕服九旒九章桓圭用玉封七十二賢俱列侯命中書門下撰諸賢贊王旦撰顏子贊左邱明以下至范甯二十一人皆爲伯王肅司空杜預司徒命羣臣贊之景祐元年封孔宗愿衍聖公元豐七年封孟軻鄒國公崇甯四年加冕十二旒服九章封孔鯉泗水侯伋沂水侯大觀四年執鎮圭用王者之制增廟戟二十四紹興元年御製文宣王贊及七十二子贊因孔氏族於衢以孔玠襲封金天眷三年詔求孔子後於山東以四十九代

孫璠襲封衍聖公大定四年加服十二章纁旒九就顏孟章服皆用九元大德十一年加號曰大成至順元年加聖父爲啟聖王母爲啟聖王夫人顏子兗國復聖公曾子郕國宗聖公子思子沂國述聖公孟子鄒國亞聖公明宣德八年正文廟繪像衣冠成化十二年朝臣楊守陳請追崇帝號周洪謨請改神聖廣運帝鄒幹駁之宏治中命孔氏世舉一人爲曲阜令公親承子弟爲翰林五經博士居衢州者亦爲博士嘉靖九年改稱至聖先師孔子大成殿爲先師廟門曰廟門四配爲復聖顏子

宗聖曾子述聖子思子亞聖孟子從祀稱子爲先賢左邱明以下稱先儒去肖像易木主罷封爵

國朝順治九年

詔四配十哲及東野周張程朱各世襲博士康熙三十三年

御製至聖先師孔子贊顏子曾子子思子孟子俱有贊五十一年改啓聖祠爲崇聖雍正元年追王五代

四年

詔避聖諱除

圜丘外餘俱加邑

康熙三十三年

御製至聖先師孔子贊并序蓋自三才建而天地不居其功一中傳而聖人代宣其蘊有行道之聖得位以綏猷有明道之聖立言以垂憲此正學所以常明人心所以不泯也粵稽往緒仰溯前徽堯舜禹湯文武達而在上兼君師之寄行道之聖人也孔子不得位窮而在下秉删述之權明道之聖人也行道者勳業炳於一朝明道者教思周於百世堯舜禹湯文武之後不有孔子則學術紛淆仁義湮塞斯道之失傳也久矣後之人而欲探二帝三王之心法以爲治國平天下之準其奚所取衷焉然則孔子之爲萬古一人也審矣朕巡省東國謁祀闕里景企滋深敬摛筆而爲之贊曰清濁有氣剛柔有質聖人參之人極以立行著習察舍道莫由惟皇建極惟后綏猷作君作師垂統萬古曰惟堯舜禹湯文武五百餘歲至聖挺生聲金振玉集厥大成序書删詩定禮正樂既窮象繫亦嚴筆削上紹往緒下示來型道不終晦秩然大經百家紛紜殊途異趣日月無踰羹牆可晤孔子之道惟中與庸此心此理千聖所同孔子之德仁義中正秉彝之好根本天性庶幾夙夜勖哉令圖遡源洙泗景躅唐虞載歷庭除式觀禮器摛毫仰贊心焉

遐企百世而上以聖爲歸百世而下以聖爲師非師夫子惟師於道統天御世惟道爲寶泰山巖巖東海泱泱牆高萬仞夫子之堂孰窺其藩孰窺其徑道不遠人克念作聖

御製顏子贊聖道早聞天資獨粹約禮博文不遷不貳一善服膺萬德來萃能化而齊其樂一致禮樂四代治法兼備用行舍藏王佐之器

御製曾子贊洙泗之傳魯以得之一貫曰唯聖學在茲明德新民止善爲期格致誠正均平以推至德要道百行所基纂承統緒修明訓辭

御製子思子贊於穆天命道之大原靜養動察庸德庸言以育萬物以贊乾坤九經三重大法是存篤恭慎獨成德之門卷之藏密擴之無垠

御製孟子贊哲人既萎楊墨昌熾子輿闢之曰仁曰義性善獨闡知言養氣道稱堯舜學屏功利煌煌七篇並垂六藝孔學攸傳禹功作配

春秋魯哀公十七年立廟孔子舊宅東漢永平二年祀周公孔子於郡縣學晉光和元年置贊門學畫先聖及七十二弟子像梁天監四年立孔子廟北魏延興元年以顏子從祀唐貞觀二年罷周公

祀令四時專祭孔子二十一年詔以左邱明卜子夏公羊高穀梁赤伏勝高堂生戴聖毛萇孔安國劉向鄭衆杜子春馬融盧植鄭康成服子慎何休王肅王輔嗣杜元凱范甯賈逵並從祀總章元年以曾子配饗開元八年圖七十弟子及二十四賢於壁立十哲坐像曾子特坐從祀宋元豐七年以孟軻配饗荀況揚雄韓愈從祀大觀二年以子思配饗政和三年以王安石配饗子雱從祀淳祐元年黜安石父子列周張二程朱於兩廡景定二年加張栻呂祖謙伯爵從祀咸淳三年以顏回曾參孔伋孟軻配饗升顓孫於十哲以邵雍司馬光從祀元皇慶二年以許衡從祀明洪武元年詔天下儒學各建先賢祠春秋祔祭五年停孟子祀尋復二十九年黜揚雄祀進董仲舒宣德十年以吳澄從祀正統元年定從祀名爵位次三年禁祀孔子於釋老宮以胡安國蔡沈眞德秀從祀八年以楊時從祀成化十二年分先賢祠爲名宦鄉賢二祠嘉靖九年罷申黨公伯寮秦冉顏何荀況戴聖劉向賈逵馬融何休王肅王弼杜預吳澄從祀林放蘧瑗鄭康成鄭衆盧植服虔范甯各祀於其鄉進

后蒼王通胡瑗歐陽修陸九淵從祀專祠祀啟聖公以顏無繇曾點孔鯉孟孫氏配饗以周輔臣程珦蔡元定朱松從祀隆慶六年進薛瑄從祀萬歷十四年進胡居仁陳獻章王守仁從祀四十一年進羅從彥李侗從祀

國朝康熙四十一年升祔朱子於十哲之次雍正元年以張迪從祀崇聖祠二年復以蘧瑗林放秦冉顏何鄭康成范甯從祀進牧皮公孫丑公都子樂正克縣亶萬章諸葛亮尹焞魏了翁許謙羅欽順黃幹何基趙復金履祥陳澔蔡清陸隴其從祀乾

隆三年升有子於十哲中復以吳澄從祀道光二
年進劉宗周從祀三年進湯斌從祀五年進黃道
周從祀六年進陸贄呂坤從祀八年進孫奇逢從
祀二十二年進文天祥從祀咸豐元年進李綱從
祀二年進韓琦從祀三年進公明儀從祀七年進
公孫僑從祀進孔氏孟皮配饗崇聖祠九年進陸
秀夫從祀十年進曹端從祀同治二年進毛亨方
孝孺呂柟從祀
漢高帝十二年以太牢祀孔子明帝永平二年命
郡縣行鄉飲禮於學校南宋文帝朝太子釋奠北

魏文武帝朝勅有司行薦饗之禮隋文帝朝諸州
縣學以春秋二仲月上丁釋奠唐貞觀二十年詔
諸州刺史爲初獻上佐亞獻博士終獻縣學令初
獻丞亞獻簿終獻開元十三年上幸孔子宅親奠
遣使以太牢祠墓二十七年令貢士釋褐謁廟後
周廣順元年上幸闕里廟奠祭皆再拜或曰天子
不當拜曰夫子聖人也百王取則安得不拜宋端
拱中上幸太學哲宗時幸太學一獻再拜紹興元
年上幸太學步趨大成門外執爵灌獻元成宗朝
勅到任官先詣聖殿著爲令明洪武元年定制春

秋二丁釋奠丞相初獻翰林學士亞獻國子祭酒
終獻四年定釋奠祭器各爲高臺無籩豆簠簋以
甆代牲用熟十四年文廟成遣官以太牢祀詔像
無用土繪十七年勅每月朔望府縣官以下詣學
行香永樂四年行一奠四拜禮宣德八年正文廟
繪像衣冠宏治中上親釋奠太學詔衍聖公及三
代子孫聽講賜冠帶有差
國朝康熙二十三年上幸闕里
御製詩勒石孔林雍正元年特頒執事官三品二人四
品四人五品六人七品八人八品十人九品十二

人悉以孔氏子孫爲之○按崇邑正獻分獻官及
禮生數俱詳後禮樂志
晉光和元年詔孔廟舞六佾設軒縣之學南宋文
帝朝亦如之唐開元二十七年樂用宮縣舞用八
佾宋景祐元年詔用登歌洪武六年學士詹同樂
韶鳳上釋奠樂章定舞六佾十七年議大成樂二
十六年頒樂器於天下成化元年加牲用樂十二
年樂用八佾十二籩豆嘉靖九年祭用籩豆十州
縣籩豆八佾舞六六四配籩豆六十哲籩豆四兩
廡如之佾舞六萬歷十四年樂用六佾

國朝頒定禮器祭品樂器舞譜新舊樂章俱詳後禮樂志○已上二則漢晉以來歷朝奉祀禮樂節目依道光壬寅志稿登入參之他書此外挂漏尚多姑存以備考

崇聖祠舊名啟聖在明倫堂後自明嘉靖建立以來屢經成毀雍正九年林日煟復建奉旨增祀先聖祖父乾隆四年黃亥建臺龕嘉慶五年改明倫堂於大成殿左祠當殿後陳愛龐子孫三次建修前已分見祭典詳後禮樂志

名宦祠舊在戟門左嘉靖中始建屢經改修今在

大成門左祀名宦一十五位

張詠　歐陽曄　段少連　李涓

錢師仁　王溉　陳仲微　尹穀

楊伯成　元俊　楊泰　焦玘

龔善　劉信　李鋭

鄉賢祠舊在戟門右與名宦祠同建修今在大成門右祀鄉賢一十八位

胡興福　龔著　周琮　宋忠

楊喬　王守貞　龔伯甯　王甸

戴書　饒天爵　汪文明　汪文盛

詳焉

國朝作育士人尤超越往古謹將學宮規條載籍及邑學額學署學田學山編次於後

敬一亭在崇聖祠前張僎重修明嘉靖五年世宗

國朝頒定禮器樂器樂章舞譜俱詳後禮樂志
崇聖祠舊名啓聖祠在明倫堂後今在大成殿後（太學康受禰子孫三代三奕建修）祭典詳後禮樂志
敬一亭在崇聖祠前舊名折桂亭嘉靖五年世宗
親撰敬一箴並書宋儒程氏視聽言動四箴范浚
心箴頒於天下學校立碑以肅生徒十年易亭名敬
一今鈌
明倫堂舊在大成殿後今在大成殿左左右舊有
博文約禮二齋楣曰興賢曰育才今鈌明洪武二
年令禮部傳諭立石於學謂之臥碑十五年頒禁
約於天下學校勒石明倫堂
國朝順治九年
頒勒學校臥碑
朝廷建立學校選取生員免其丁糧厚以廩膳設學院
學道學官以教之各衙門以禮相待全要養成賢才以
供朝廷之用諸生皆當上報國恩下立人品所有教條
開刻於後
一生員之家父母賢智者子當受教父母愚魯或有
非爲者子既讀書明理當再三懇告使父母不陷於
危亡

一生員立志當學爲忠臣清官書史所載忠清事跡
務須互相講究凡利國愛民之事更宜留心
一生員居心忠厚正直讀書方有實用出仕必作良
吏若心術邪刻讀書必無成就爲官必取禍患行害
人之事者往往自殺其身常宜思省
一生員不可干求官長交結勢要希圖進身若果心
善德全上天知之必加以福
一生員當愛身忍性凡有司官衙門不可輕入卽有
一切己之事止許家人代告不許干與他人詞訟他人
亦不許牽連生員作證
一爲學當尊敬先生若講說皆須誠心聽受如有未
明從容再問毋妄行辯難爲師者亦當盡心教訓勿
致怠惰
一軍民一切利病不許生員上書陳言如有一言建
白以違制論黜革治罪
一生員不許糾黨多人立盟結社把持官府武斷鄉
曲所作文字不許妄行刊刻違者聽提調官治罪
御製訓飭士子文頒行直省各學勒石明倫堂（康熙四十一年）
國家建立學校原以興行教化作育人材典至渥也朕
臨御以來隆重師儒加意庠序近復慎簡學使釐剔弊

端務期風教修明賢才蔚起庶幾棫樸作人之意乃比
來士習未端儒效罕著雖因內外臣工奉行未能盡善
亦由爾諸生積錮已久猝難改易之故也茲特親製訓
言再加警飭爾諸生其敬聽之從來學者先立品行次
及文學學術事功源委有敘爾諸生幼聞庭訓長立宮
牆朝夕誦讀寧無究心必也躬行實踐砥礪廉隅敦孝
順以事親秉忠貞以立志窮經考業勿雜荒誕之談取
友親師悉化憍盈之習文章歸於醇雅毋事浮華軌度
式於規繩最防蕩軼子衿佻達自昔所譏苟行止有虧
雖讀書何益若夫宅心弗淑行己多愆或蜚語流言挾

制官長或隱糧包訟出入公門或唆撥姦猾欺孤凌弱
或招呼朋類結社要盟乃如之人名教不容鄉黨弗齒
縱幸脫褫扑濫竊章縫返之於衷寧無愧乎鄉會科名
乃掄才大典關係尤鉅士子果有真才實學何患困不
逢年顧乃標榜虛名暗通聲氣夤緣詭遇罔顧身家又
或改竄鄉貫希圖進取囂陵騰沸網利營私種種弊情
深可痛恨且夫士子出身之始尤貴以正若茲厥初拜
獻便已作姦犯科則異時敗檢踰閑何所不至又安望
其秉公持正為國家宣猷樹積膺後先疏附之選哉朕
用嘉惠爾等故不禁反覆惓惓茲訓言頒到爾等務共

體朕心恪遵明訓一切痛加改省爭自濯磨積行勤學
以圖上進國家三年登造束帛弓旌不特爾身有榮即
爾祖父亦增光寵矣逢時得志寧俟他求哉若仍視為
具文玩愒不警毀方躍冶暴棄自甘則是爾等冥頑無
知終不能率教也既負栽培復干咎戾王章具在朕亦
不能為爾等寬矣自茲以往內而國學外而直省鄉校
凡學臣師長皆有司鐸之責者並宜傳集諸生多方董
勸以副朕懷否則職業弗修咎亦難逭弗謂朕言之不
預也爾多士尚敬聽之哉

按舊志宋大觀元年詔布周官八行八刑之法於

學宮令所在鐫刻淳祐六年御書白鹿教條頒行
各學及書院立石是為明倫堂勒石之始

崇經閣舊在教諭廨左饒天民記考宋至道三年
賜太學御書六經大中祥符二年賜九經三史疏
釋文為學校藏書之始明嘉靖間建閣藏書今閣
廢書目不存

國朝頒藏載籍舊貯尊經閣屢經兵燹無一存者敬
錄書目如左

聖諭廣訓　十三經註疏

御纂周易折中　春秋傳說彙纂

書經傳說彙纂　日講四書
御批淵鑑古文　詩經傳說彙纂
欽定三禮義疏　廿一史
四書文　周易述義
詩義折衷　春秋直解
御批通鑑綱目　擬白居易新樂府
上諭三部雍正年頒　科場條例
御纂唐宋文醇　唐宋詩醇
御製詩初集二集　文初集
樂善堂全集　全韻詩

上諭三部乾隆年頒　明史
性理精義　大學衍義
朱子全書　大清會典
名教罪人詩　學政全書
湖北通志　孝經近思錄二部四本
磨勘簡明條例　朋黨論

學官自漢始學校置經師庠序置孝經師元始時制也五經博士光武始置後魏大郡博士二人助教四人中郡博士一人助教二人下郡博士一人助教一人唐開元中令天下州縣皆置博士助教各一人宋熙甯六年詔諸路學官兼委中書門下選差縣置博士助教各一人謂之主學官由漕司聘署元中統初詔師儒命於朝廷者曰教授路府大中州置之命於禮部及行省宣慰司者曰學正曰教諭州縣置之明制府設教授一員訓導四員州學正一員訓導三員縣教諭一員訓導二員歷朝學官之制相沿如此崇邑元以前學官不可考明初設官三員如制佐貳張友光二記可證萬歷末年裁訓導二員

國朝因之康熙三年裁教諭復訓導一員四十三年

復設教諭歷任姓名載後職官志

漢時郡縣弟子員額數未詳後魏郡置學生六十人後又令大郡學生八十人中郡六十人下郡四十人唐制上縣四十人中縣三十人下縣二十人宋無定員崇甯間照見籍三分汰一元州縣學額十五人其盛至五十人受餼於學明洪武著令在京府縣生員六十人府學四十人州學三十人縣學二十人日給廩膳免差徭二丁宣德三年增廣生員如額數無廩膳正統十二年於常額外復增附學生無定員

國朝初仍舊康熙十三年甲寅分科歲兩試各取進
附學生員崇陽中縣定十二名外取進一名撥府
學歲考取進武生十二名康熙六十一年奉
恩詔加額五名雍正十三年奉
恩詔加額五名乾隆元年奉
恩詔加額五名十六年二十二年二十七年三十年四
十五年四十九年五十五年六十年俱奉
恩詔加額四名嘉慶三年六年俱奉
恩詔加額五名道光二年三年俱奉
恩詔加額五名道光三十年

顯宗文皇帝登極奉
恩詔加額五名咸豐八年補行三年歲試奉
恩詔加額五名同治元年補行咸豐十年科試奉
詔廣額一名永遠爲例文武同本年歲試奉
恩詔加額五名四年奉
詔廣額五名三名永遠爲例二名不爲例同治六年奉
詔廣額六名永遠爲例文武同自同治七年歲試始文武各二
十二名府學在外加額四名不爲例
教諭廨署在泮池左明教諭徐濬改立張敷瞽重
修順治間知縣賈漢誼改建嘉慶間仍舊重修咸
豐四年寇燬
訓導廨署舊有二在明倫堂左右久廢歷任俱借
民居康熙五十九年教諭蕭璟捐俸創屋四間於
本廨之左分其右二重作副署後以偪狹改建文
廟右立儒學門與正署前門左右並列咸豐四年
寇燬
號房在兩廡後明成化十年知府秦夔通判王蔓
建分南北各十間久廢
射圃明成化十年督學嚴淦命通判王蔓立於學
前左十六年知縣劉信改立敬一亭右創觀德亭

三間朔望師生演習射儀久廢
禮門坊在學前右義路坊在學前左起鳳坊在禮
門右騰蛟坊在義路左四坊俱道光二十四年重
新〇舊志云學宮之建前人蒙視之長子孫許久
遠作者迭興補罅塞漏廣廈庇寒斯留芳百世矣
豈其視爲蘧廬而秦越我徒勤我飲食棟宇已乎
君子是以重有恩於桐鄉也
伍福重修儒學記聖朝以文治天下垂百年於茲
詩書禮樂之化日新月盛煥然休明雖僻壤遐陬
莫不蹈咏至仁所以臻此者孰非興崇學校基其

本觚崇陽舊有學在縣西數百武創自有宋毁於
元末兵燹洪武初知縣顧華始卽梵安寺故址搆
禮殿嚴祀事而倫堂齋舍漸次以備諸生來游來
歌涵濡文化激昂青雲於斯久矣歲遠風雨震零
堂宇摧撓去年冬適太府二守萬侯德純公務行
縣顧謂學校爲政所先弗修吾責也雖切而不緩
然揆其費匪一二計明日視政集吏民督其怠事
輕其罰得碩材百餘乃召邑宰焦君玘邑博余君
瑄司訓吳君讓魏君敬謂曰學之修吾有處矣而
工用之需飲食之具嚴督之方邑宰主之朝夕相

成規畫則邑博諸君事也由是二三君子競勸樂
爲士民者老翕然佐之掛明倫堂三間高二丈有
奇深三丈廣倍之東西齋六間諸生文房饌堂如
干楹皆高明堅緻經始於庚辰冬十二月落成於
今年辛巳二月茲望兩易輪奐之速規模宏遠視
昔有加旣而邑博曁諸生咸曰學修矣邑宰任其
勞肇始實萬侯功也勿書不可乃不遠百里遣造
士楊孟凱徵予記於戲學校國家元氣摧明至理
敨敘彝倫裁成輔相之道修齊治平之方本末備
具細大不捐垂憲立極萬古不易矧今文運重熙

茲典誠切而不緩萬侯拳拳置心眞知所本者哉
侯世家海南發軔巍科有守有爲且得邑宰焦君
之賢才能兩全克繼其志故事集而民不擾皆可
書也殆見崇陽縣茲山川改色英淑之氣氤氳開
闔鍾靈毓秀奇才輩出又將邁迹前修詩書禮樂
日新而又新矣昔張忠定公以農桑治茲邑而享
盛名詎知二守諸公異時不以興學之政馳譽
膺大任哉農桑學校皆王政之本而學校尤風化
所關不可以不書用是以復諸君刻諸麗石俾觀
者有徵云天順五年夏咸甯教諭臨川伍福記

汪宗伊重修儒學記聖祖開天首意育材崇陽縣
學創自國初當時考選升紬皆屬之郡守令以教
養爲己任率諸弟子員飭行修文學成而効於用
有鄉舉里選之遺焉正統設憲職以申飭學政也
乃郡縣分教養爲兩事然督學巡歷僻邑必至稽
行較藝並舉不廢絃誦之宮一有損壞有司修理
令甲昭如也自後以楚地遼闊羣聚師生而試之
掄文之外他不遑及學之不修五十餘年其勢將
圮凡有司簿書之所不責者以爲不急然也今歲
仲秋予謁先師見宮牆崔巍門内泮池石壹毀之

道經其上其平如砥趨拜階下廟廡翼翼肅然鋒觀升其堂揖讓之所綽有餘裕啟聖祠移置廟東上方名宦鄉賢二祠從祀宮牆左右皆遵制典而前所未備何完美若是也師生曰邑侯黃君所作也侯課士經術約以準繩興學肄習撤故更新財用取之學租工匠取之募役公不知費私靡告勸乃侯之言曰吾之責也侯急其所不責者不亦知先務哉[illegible]財力之用皆適於宜即義利之訓也匪直作泮且示士子以嚮往夫士將有當世之責必修身以為之本修身以道修道以仁而所以存其

心之仁者莫先於義利之辨也無所為而為謂之義有所為而為謂之利毫釐之分千里之判必有貧賤無故不去之志然後有富貴非道不處之操必有一介不取一介不與之節然後有萬鍾弗顧千駟弗視之守故自語默食息之微以至去就行藏之著必合乎義雖造次顛沛不違吾仁大則懷之以事親出則懷之以事君行義達道彌綸匡濟彬彬然聲施於天下後世即虞庠夏序之所鄉成吝岳闕門之所明揚何以加焉其有以成侯作泮之美矣乎諸士既德侯不已予從父師更老之後

又獲進鄉之子弟而詔之乃勒記於石以助髦士俾後之來者周覽黌宇思樂侯之教思云

張文光重修儒學記今天下似須而實急似見功緩而取化捷曠有若教典者乎膠庠收之矣顧其衡提於守令長守令六事教實居先其重可知漢史傳循吏如龔少卿黃次公召翁卿數君子鴻業輝映史冊而班史獨稱首文翁夫文翁治蜀無他瑰奇特以教化著聞如選郡邑開敏者為博士弟子受學京師歲省少府錢貨市刀遺諸博士又建學成都擇郡邑子弟充其選復其身家以明經飾

行者自隨出入閨閤諸吏人華之居數年競為學官子弟蜀用此大化埒於齊魯崇陽居鄂西偏學宮歲久圮壞主者溺時詘舉羸之說孫弗任也戊申秋李侯至謁先師周覽黌宇闕狀慨然曰新之在今日及今不葺補異日者費且什伯於今昔當主者櫺星門故豎四楹脩無何輒圮旋圮旋脩費亦不貲三閱月侯捐俸金出贖鍰募匠氏伐石易木以垂百千禩侯又精形家言謂門左青龍界北氣散爰集薦紳先生弟子員相度周詳遷進四丈許先是啟聖祠陋隘庳湫徙至堂後上方厥土爽

塏厥材孔良已而殿堂齋舍垣堵甎瓴灰鍛黝堊丹漆咸舉以法尊經閣鄉賢祠撤故更新越明年冬工訖宮牆之內煥焉改觀已又購四書五經集註副在有司月旦望臨講壇諸生執經問難訓詁大義教諭敖君明善訓導謝君世濮黃君希皐命文學雷啟宿春糧走數百里而屬予記謂不佞從史氏後宜勉而脩班掾之業不佞以爲侯所加意脩學興賢循良之一理也上雋故多材士鼓吹休明趾蹤前修是侯大有造於雋人士也休哉而問諸所經費不請於公不徵於私又能直釐剔省少麻金錢也者丈翁不得專嬍於蜀矣侯脩其學以勸多士多士尚亦夙夜稟稟自修其學以謝侯之美乎多士勖哉士二經術而薄本根辟之綵華雖肖神理索然而本根則在乎子臣弟友吾毎見士人陳說倫常語極了洞至攷其曆足乃與所嗲口悖惡用工此聾悅爲也惟是子臣弟友稟於一眞行符於言質有其文沃根厚本其指在此多士勖哉語曰經術所以經世務夫經術先本根乃爲眞經術即爲眞經濟無兩致也夫惡知夫侯之亟於今日者非爲國家異日計耶侯名沖字鴻舉號雲

麓滇之鶴慶人

王應斗重修儒學碑記天下昌明博大之氣有所自開必精神完聚根柢深固而後發皇於無窮易之萃渙並隆假廟凡以人本乎祖棲靈有地後葉滋昌道弗爽耳乃若斯文之本根孰有大於先師廟者乎其血脈相承非啻祖考而風會之隆替率惟數何是瞻吾邑彈丸一區叨附文獻曩昔黌序莊嚴科第蔚起含香簪筆之倫侖比鱗次其重者九列班聯高牙碁布海內競南風時無有睥睨茲土者自中原多故戎馬驛騷燈火奪於烽煙咿唔銷於鼓角致令十餘稔不聞歌鹿等於石田不收雖曰氣數偶沴亦由宮牆頹廢補理非才根柢疎而精神渙也會今

上首崇道化辟雍禮成敕天下郡縣咸修學而吾邑賈侯報政三載適與時會愷悌之餘民悅易使於是集博士馬君某暨子衿某某赴學僉議力任更創始鳩夌荆度地築土垣數萬步以樹厥藩次依占候某所卜大成門及東西廡皆如故址次儒學門稍西徙以正厥面次廣文齋舍遷就高爽次啟聖名宦鄉賢三祠址不易故制則標新次建明倫堂周

環新美始拔去朽腐鼎建文廟巍巍翼翼觀者歆
起數十年茂草之墟忽耀星日恍若轍環之歸故
鄉而絲竹之音鄒鄒在四壁間也自經始迄終侯
毋且坐堂皇幾一二晷則臨學董治雖木石薪土
之煩必親必戒迨天中擢守益復經營勿替躬收
合尖比今之蘧廬一官視數畝之宮僅如敝脫奚
翊霄壞哉署成之際適值賓興得脫穎一人已光
始事乃侯意覬望甚宏猶存乎見少則有說焉華
之初開始於一蓴樂之初作肇於一音其爛雲霞
而摐金石直需炙以及耳多士聯翩接武仰副栽

培不在旋踵耶雖然此文事也不佞竊有進焉凡
築室者奠其基礎豐其梁棟繆其牖戶最後丹黄
藻飾之泰山之雲霖雨天下由其顯氣渥淪蘊千
仞而一洩夫文章藻繪也科甲霖雨也先後本末
之際則從可思已恆繹四科以德行冠文學而四
教文行並舉歸於忠信聖人之所重果安在哉多
士身遊膠庠如女未笄亦唯是誦法孔子闡明數
本之學已爾是故鏌鋣之鋒不患不剸利而要須
潛穎韜光無躍冶自鳴之意吉黄之足不患不千
里而要當天機隱映在存亡滅沒之間從之似不

其德乃全毋恃寵憍而應影響說在紀渻子之養
雞也江河日下古道易澆抱璞不言厚者自貴說
在陶朱之論玉也神龍威鳳原以不見爲奇武城
之室戒於先趨說在陽貨之論魚也審若是而含
和葆眞精神逼乎先聖於以吐英華拾青紫翊廣
大昌明之運甯有窮哉語成質於博士上於大夫
咸謂歡忭之餘不廢勸勉其與
天子作人之意無悖謬也命永諸石是役也起於丙申
十月竟於丁酉十二月度其費當千有餘金而紳
士捐助義民輸資僅四百有奇餘皆冰蘖節省之

遺也力少功倍民未知勞蓋侯宏才四應百廢修
舉此特其一端云侯諱漢誼別號長傅滿洲籍山
西曲沃縣人由官生今陞河南光州知縣尉陳御
雯北直眞定縣人署教諭馬世盛景陵縣人湖廣
壬午鄉進士署訓導通道縣教諭吳緒揚鄖縣人
歲貢其首事任勞諸衿暨將作吏民有事於學宮
者具列碑陰
黃袞重修儒學碑記國家所需莫切於人才人才
之興必由乎學校雍正乙卯冬月寻承乏茲土祗
謁先師廟獻奠畢偕從事諸生徧觀殿廡堂祠深

切弗葺之懼一行作吏兩袖清風用加勸勸得二百金而明倫堂業已棟折榱崩難緩歲月因捐薄俸屬諸生之老成者丁蘧戴祖聖暨黃溪夏士任急謀改作不日告成繼瞻大成殿滲漏剝落皆由崇匠拙於用筒瓦故悉令撤去取棟之朽者易之椽之損者更之桷之薄而不勝重者改之以瓦之長廣倍於常瓦者鱗次而灰封之雖丹黃藻繪適如舊規而一勞永逸蓋庶幾焉諦審崇聖祠及兩廡名宦鄉賢各牌位龕臺傾欹玷缺惕然心悸新其舊而補其缺蓋亦異於前此之簡陋也櫺星門外左右二坊諭之崇人士廢墜已五十年噫是非予責而誰責哉立謀鳩工如法鼎新務期垂久金碧煌煌雅與廟稱報竣後五日適值釋菜多士羣集而謂予曰從前宰斯邑者亦屢謀修葺矣終以傳舍視之孰與今日之完美願勒之石以誌不朽予應之曰吾盡吾職耳所請非所願也乃多士固請紀其實因備誌之繼維
聖天子右文重道其於學校至嚴且敬崇固文獻之藪也多士景型前哲爭自濯磨以無負
國家作人之雅化是又予之所厚望也夫

宋鋒學宮創建廚屋序聖人之道本於天命順乎人心其大者在君臣父子兄弟夫婦之倫其細者不遺於動靜語默日用飲食之微所謂莫載莫破鳶飛魚躍活潑潑地者是也我
朝崇儒重道春秋二祀俎豆馨香聲名度數亙古爲隆山僻小邑莫不恪恭將事秩秩有則矣然聖人有言吾食於少施氏而飽少施氏食我以禮聖人所爭者禮耳不爲其物也鋒承乏茲邑與廣文殷正翁李尚裕二君日以整理聖宮振興文教爲事正殿之滲漏者補葺之名宦門垣之頹壞者剏修之暇諳樂佾滌治豆籩省器省鑰閉稽限越至東廡側見燈氣逼人火光爍爍驚問其故咸曰廡與廚屋相連噫將以敬神先以慢神可乎爰捐俸月置廚屋二間去東廡若干尺維時監工者有生員丁蘧黃溪戴易諸人既勤且慎兩月告成非曰神之格思將在此屋亦以明有禮焉耳學者體此當知一戶一牖莫不有禮推而廣之一行一止莫不有道應有斯須懈弛不得者庶於鳶飛魚躍與緊爲人之意有合乎

吳世雄改修大成門頌并序吾崇自宋迄明人文

科第甲他邑凡登顯仕以勳猷氣節彪炳史册者
班班可考
國初文治鼎新崇士繼起亦復有人乃嗣後寖以陵
夷至今三十餘年文運偏枯士氣鬱塞論者謂人
事之不修要亦地靈之未匯蓋學宮爲儲材地而
文廟自乙未改辦向背陰陽失循古制宜乎神不
據而麻莫凝也乾隆己巳天都曹侯以南邦名賢
來涖甫下車咨邑利病愀然於科第之寥落加意
振興整頓書院甫畢卽議改修文廟以功重大未
卽舉迺越二年政通人和崇人士以爲請侯捐廉

爲倡與段李兩學師大集諸生明倫堂諭以指示
以經營方略先大成門次兩廡次欞星門次內外
泮池以及屏牆牌樓一時並舉於是斲刻丹艧隆
然完富又以奎星閣湫處北隅堙其光彩仍移建
北峯亭復其故所習宏廠改觀既落成眺望東南
諸峯天馬誥軸森集於前紫氣嵐光蓊鬱交映宛
然天開圖畫所謂雲山經用始鮮明有如是與則
使吾崇人士從新振起克復疇曩之盛者皆我侯
賜也世雄不文謹獻泮水之頌凡八章章八句思
樂泮水將將大成古制往背正位今凝靈承巽秀

照繼離明文運連蹇我侯是亨思樂泮水觀聽橋
門左右斯翼有伉掖垣昔愆於度今正其藩吾道
閑鍰我侯是尊思樂泮水泮水洋洋澤滋芹藻載
芟蘇芳芹侈靈渙今容秀藏文瀾灝渙我侯是皇
思樂泮水瞻彼北峯閣崇奎宿景耀黌宮秋風鳴
鹿春雨化龍文星之依我侯之庸穆穆我侯國之
楨柱其德格天和風甘雨其膏孔長前歌後舞旣
作泮宮媲休東魯明明我侯天祚下邑培我民風
端我士習在泮飲酒蘩祉雲集子子孫孫繼蹡鵠
立濟濟多士侯弟侯子克齋德心毋俾室北黜爾

浮華敢爾靡恥庶有不孝令聞不已皇皇聖道亙
地配天攸居永奠與隔永繇無以復歸
天子曰賢何以祝之億萬斯年
○按順治乙未年鼎建學宮至曹侯改大成門時
九十八年舊志載侯碑云自乙丑改廟以來文風
凋敝於今六十餘年矣前繼此碑原本亦稱乙丑
俱失考更正之又按舊學宮震向此改兼巽方仍
未爲妥後五十年嘉慶壬戌石蓉城學師復原向
鋤土得先年柱礎基石位置脗合嗣後文運較利
於前同治元年恩科王侯樾臣先於學宮前倚城

垣建聚星亭（一名王公亭見前公署門）預卜三人獲儁已而舉三鄉貢一副貢侯自記云吾鄉周太常志齋攝應天府篆府學文廟坐乾向巽乾方有高阜上建尊經閣高大用事兌制巽門公於廟前建巨坊以益震巽之氣謂後當出三鼎甲繼而皆驗崇之文廟坐兌向震城北乾方亦有高阜建奎星閣其上與應天文廟形勢略同予因師其意於震方建小亭以補震氣額曰聚星亭欲倖收應天之效亦未敢期其必效也是科獲儁者竟得四人予既喜言之幸中而尤願諸君砥礪琢磨相繼於無窮云

王應斗鶴集泮林詩靈羽從何至翛然遠殿除夙供仙子駕今傍聖人居響振青霄外光澄碧沼餘由來非玩物引首看淩虛又學宮古柏次袁參嵗韻二首飽盡風煙幾歲寒裒然高韻矗文壇聳搖五夜飛金玉色映千秋擁蓋冠誰秀已無羣卉在後凋應作老成看森陰偶寄騷人榻槩日豪吟屬和難蕭條猶見典型垂鐵幹銅標迥自持鎮定轉憐風勁後孤清遙對月明時危巢蔽日棲烏老瑞骨留仙夢鶴知幾度宮牆鳴夜雨淒淒如響壁間絲

學田宋元俱有其制明洪武初令師生廩食月米六斗後令日米一升魚肉鹽醋之類官給之皆出自田租十五年定廩膳月米一石正統元年令有司僉與膳夫二名後俱裁只存膳夫銀六錢零

國朝康熙四年定廩膳生二十名餼銀詳後食貨志此中縣例也崇邑學田舊無考明萬歷元年知縣胡秉性捐俸買民田二十一畝三分有奇爲膏火花紅及貧生資劉景韶記立石戟門五年知縣周應中清丈均賦查隱漏田三百八十五畝入學共租三百石有奇租銀三兩十六年司訓李如芝履畝踏實申減租三分之一定租二百三十一石一斗七升三合

劉景韶學田記語曰周士貴秦士賤詎直教也與哉蓋亦養之殊致云周人百畝而徹士有恆產得以操縵而息之以游于田矣惟是人人有資於己者靡不有學靡不有田是上之所劘然也周衰而井田廢陵遲以至於秦六藝從此缺焉士特賤乎哉惟士無田不有康食齊民末業什佰下之亦猶鄒魯之於曹鄭氏也以其故多去文學而趨利不足以爲士矣君子觀之其所謂養與教不可偏矣

明興建學徧天下其法蓋準諸虞庠邑諸生亡論
正業即歲復其身既廩其高等輸之成均賓興其
賢者食之祿足云不家食矣顧田未可井授無巖
奇處士之行而長貧賤以取給於上焉是有司之
守也有司斤斤簿書月旦望一至學舍謁夫子爲
諸生陳說訓詁大義察其無所爲養與喪也者而
周之世稱良吏譽隆且去邊恤我後即周之莫能
徧且雖乎其爲繼矣有能敎之周之攝慮而繼之
蓋毙去而不能忘之則胡侯之於茲崇人士也侯
所課士予穀給膏火菁莪其俗語在循治紀已而

政成被召侯且依依念諸士復爲捐俸若干買田
一區俾學舍掌之以時爲焉田在郭南三里凡若
干畝歲可收穀若干石士所取給以養以相愉快
於冠婚喪祭之間而其敎益章是侯所爲周之萬
年一日也且令後世得以觀擇嗣有興焉斯可繼
也亦爲侯貽之也邑有學自國初始學有田則始
自侯惠澤豈其微哉嗟夫是田也古之遺愛也嗣
是而修禮以耕之陳義以種之講學以耨之本仁
以聚之播樂以安之是在諸士之力田無負置田
者之意云爾矣若名業或不相得因緣爲姦冈士

不潤自貴而秦自賤則吾豈敢知之哉侯去崇之
明年諸生雷生某等相與茹侯之愛不朽以告署
縣陳君某博士廖君某周君某田君某屬余記其
事於石余故論著其大者而主計擘劃條法具列
諸碑陰侯名秉性字汝成河南辛酉鄉進士今爲
南京山東道御史萬歷三年五月朔日記
國朝順治十四年知縣賈漢詔丈糧後學田一頃九
十八畝一分三釐七毫五絲地一十七畝九分四
釐九毫租一百九十一石七斗五升七合七勺專
給貧生歲徵折銀三十五兩二錢七分嗣後田地

陸續有加道光六年丙戌十月田元清元貴元爵
鼎乾立成明奇濟高等捐烏石里大嶺山田三石
三斗四升共二十八號塅　口房屋二間八年戊
子八月買外泮池左蘇大林正房二間偏屋二間
屋後菜園在內（東至奎星閣舊基新開之田南至外泮池西至官街北至畢姓堂屋左邊牆直上爲界）又買外泮池右田六升嘗郎折屋廢田
作外泮池路（已上俱有契約）九年己丑秋月新開西關外
古學宮基田并古詠歸亭基田共一石三斗大小
一十五號又新開塘一口古學宮基址在西關外
龔姓墳山下其基墈上東西闊一十三丈南北長

一十二丈東至冀墳山西至山坳北至冀墳前除禁一丈南至堤坳下基東
西闊十丈五尺南北長十八丈五尺東至港溝今廢溝作田西至聶家牆
古詠歸亭基址東西闊三丈南北長五丈五尺東至溝西至聶家菜園南至河北至街又新開北關內節烈祠舊
基奎星閣舊基田一號稅二斗節烈祠舊基在外
泮池左南北長十丈東西前一丈三尺後二丈八尺東至寺園西至奎星閣基南至外泮池北至城路奎星閣舊基在節烈
祠基右南北長十丈東西前二丈七尺後三丈二尺東至節烈祠基南至外泮池西至民基北至城路道光十一年辛卯三
月節婦楊張氏捐下泮渡墩田一斗二升七月汪

正時捐沙坪保田一畝九分八釐十三年癸巳四
月買汪洋忠等北關內坐東向西房屋一所一進
一重北至蘇屋共牒南至汪本繩屋共牒西至官街傍北屋後正房一開西北俱與蘇姓共牒屋後有餘基南至蘇牒牆直出北至與蘇姓所共隈直出至官街
已上俱有契二十二年壬寅汪本皋修理外泮池於池
外餘基開田一坵計種三斗○已上田租皆文廟
檢蓋之用惟楊節婦所捐用檢蓋節烈祠租數詳
楊一鶚所編雲路先資册內
學山不一處仙獅巖收租較多其山周遭十餘
係明成化時邑人汪恭捐入

國朝順治間知縣賈漢詛清丈造册召佃每年學租
錢三千文爲年終發給貧生之費嗣經教諭方梁
材訓導宋伉佺教諭彭兆珂訓導劉焜先後清得
是山產木子出息頗蓄今衆花戶赴學承召納租
錢四十串更立汪捐學花名每年除以三千文繳
縣外其三十七串爲助文廟歲時修理之資其餘
諸山學租舊志不詳俟補載雲路先資册

書院

桃溪書院在東城內雍正十三年邑侯李五棓捐
俸瑕肄諸生戴祖聖丁邁董役正屋前重北向後

重講堂南向前建仰文亭堂額曰追蹤白鹿李侯
原題也黃侯袞題曰人文淵藪仰文亭邑人奉李
侯祿位其上曹侯學詩更名凉薰閣有記嘉慶間
曾侯翕受重建改院門南向面雉堞道光十七年
從九衙丁學足重新講堂二十二年金侯雲門捐
俸爲倡丁學足等捐金重新前重侯題聯云郅治
溯雍熙孝友任卹睦婣願百里間蒸成美俗育才
同學校道德文章勳業爲三代後做箇完人咸豐
甲寅兵燹惟講堂存
曹學詩凉薰閣記古之學者藏修於閣而抗志於

虛故必有息遊之所以抒其牢籠萬象吐納江山之氣而後能遊心天表悠悠乎與造化為徒記云可以居高明可以遠眺望蓋靜觀而遐矚其境空斯其情曠其神爽斯其氣澄而鄙垢俗塵不得而入崇邑有桃溪書院余捐淸俸助膏火延師講書課諸生肄業其中其西偏有傑閣摩空爰題其額曰涼薰暇則率諸生論文而登覽焉閣南向俯城闉窅然以幽軒然以敞其西南天靈丫髻銅鐘金櫃諸峯皆青環翠拱出沒蜿蜒橫亙如畫城以外爲中洲渡煙波彌望夕照渺然沙鳥風帆歷歷可

數遠近皆漁村農屋多野色無市聲凡夫雲之起月之生嵐之濃靄之濟與夫霞光之綺麗雨氣之空濛皆可以悅性靈而娛心目予課士餘閒凭闌遠望有洽然善颯然和振響於林皋而調刁於樹末者披襟而受之曰快哉風乎其御之而可仙乎其醺之而可醉乎其臥之而可羲皇乎其漁於水爾成文其噫於空而爲籟乎詩曰凱風自南又曰飄風自南言長養也蓋其散也無形其虛也易入吹噓披拂而生意潛滋君子之澤高以唱而長養人才亦猶是也夫士固有氣囂於淩競心熱於奔趨曾不知物外以遊有淸涼之況味者何也其境卑其神隘也諸生之登茲閣也無亦感喟于之洽響悟淸妙之天機躁者消煩者滌飄飄乎有遺世獨立思歟且中洲爲元季李方齋讀書遺址方齋以對策魁大廷諸生無亦有接踵前賢而九萬培風扶搖直上者歟予竊喜諸生之績學能文而尤願其抗志於虛滌其煩而消其躁也於是乎書

書院始建購民基爲址黃李開地東至小巷南北一十六丈二尺內除城基一丈東西三丈二尺一寸正屋三間前重三間中大門左右鋪房正屋後廂房

七間作書舍後連正屋三間中講堂左右書舍又於書院左買基地三契王瑚黃皇山黃梁地南北一十六丈二尺東西前及中俱闊二丈八尺五寸後闊三丈六尺五寸前造鋪屋兩重各三間後閒以牆面南書舍三間面東書舍三間面西廚屋二間其鋪屋租銀歲十餘兩爲業師蔬菜資其門旁店屋租歲三兩爲書院檢蓋費又買夏梁士雷駱畈縈家沖露字號田塘稅一十八畝七分九釐屋三間基稅一畝正米七斗六升其租給業師作學俸其糧餉每年官自鏊解此俱係李侯捐廉也乾隆五年增入

周姓所捐桂口楓林塅新字號田十三畝有奇地四畝有奇共田地二十九號并後陸續增入灌溪保田一石一斗八升銅鐘保田一斗六升茶地一塊收租俱爲書院膏火之資至於觀風月課花紅則歷任邑侯捐俸給之○按舖屋屢經廢興租數隨時增減有差茲所載本舊志不爲定例

曹學詩桃溪書院觀風告示照得崇陽一邑山環水抱本人文蔚起之鄉俗樸風淳爲科第蟬聯之地薦芳蘋於俎豆清風尚想乖厓尋瑤草於丹鑪仙跡猶留葛井羨地靈之毓秀柳暗花明當文運

之增輝雲蒸霞蔚聽書聲於茅屋音流鐵柱之山譜琴韻於膠庠響徹銅鐘之洞白騾眂遠有追風躡電之才黃獺巖高多戢翼隱鱗之客近寶陀之樹色頻伽鳥報仙音鄰丫髻之嵐光纓絡松垂佛座池名濯錦波澄五色之文心山喚團雲影幻萬重之筆彩水浸黃公坑口客跨金鼇煙開靈女峯頭人騎碧鳳是以銘鐘勒鼎代有名臣曳組鳴珪家傳望族光生綸綍九重之賜璽煇煌寶重球圖一室之藏書炳耀任封疆之節鉞人歌績多歲名掌制誥於金泥士慕銅螭雅望播慈和於邵杜歌

孺回蛾黛之生傳謇諤於皐夔抗疏落貂璫之膽前徽雖遠豈嗣響之無人後哲相承幸淵源之有自本縣恭膺憲檄出宰巖疆思

聖朝嘯鳳棲梧已慶風雲於璧沼喜多士餐蘭佩芷將親月旦於芹宮泳雪英才已見絃歌比屋煙霞拙吏何妨鼓舞登堂爰從琴鶴之餘閒願拔驪黃之眞品爲此仰闔邑舉監生童知悉入桃源而奏曲落花隨夢管繽紛臨墨沼以揮毫流水與春箋蕩漾宮鳴商應文昌和夏擊之鐘骨換胎移抱朴煉飛昇之鼎照瀛潭之寒月靈心同七寶俱圓看

洲浦之餘霞麗綺與五雲交映文瀾傾峽飛雪浪於壺頭健筆摩空捧朝陽於峯頂本縣孤寒鑒賞憐才最有眞心甘苦親嘗品藻甯無定鑑聚五星於奎璧自可探珠吟寸晷於風簷無妨刻燭松風冷署冰壺靜照官齋花雨疎簾玉尺頻量國士但願言坊行表端模楷於家修庶幾春誦夏弦化囂陵之里俗士先器識無徒標榜浮名人砥廉隅漸可磨礱經術爾多士或文章華國陵雲看寶氣之騰或詩賦升堂擲地聽金聲之響盥薔薇之香露願讀佳篇開翡翠之巾箱欣觀雅製

王觀潮留別桃溪書院王恕齋山長詩四載書堂快飲醕見君如見古之人知交豈有形骸隔名士從來面目眞栢館春風思杖履孤帆秋雨憶鱸蒓高年眠食須珍重好把雙魚相寄頻

山谷書院邑東金城山椒黃庭堅讀書處堂榻曰浩然今於其旁建文昌閣

譚登元浩然堂記浩然堂者宋太史黃山谷讀書邑之金城山顏其堂曰浩然蓋取孟子善養浩然之氣以自命也是氣也配義與道充之而塞天地集義之功不至而襲取之未有不餒者也太史以

此自命可想見古人以聖賢爲必可學而欲推之以至乎其極千載下猶可想見其意慶焉嗟乎以太史之才之德用以黼文治敷雅化綽然有餘而厄於權奸投竄以死昔人云蘇黃不作文章客童蔡偏爲社稷臣蓋傷其不遇也相傳太史有姑適邑髙姓偶來訪親因讀書是山考其年譜未載當非久處於此者顧行蹤所至不廢披吟可知蕭疎澹遠翛然自得於雲水煙霞之間其氣之不容屈抑者自有在也生平文章節操足以冠特流而跨百代而詩詞煥發曾無摧挫不平之氣其所養又可知矣吾鄉之士歲以二月朔祀文昌於茲堂并祀太史嗚乎太史往矣而是氣所磅礴必將往來於太虛與茲山並峙蓋其肄業之地當年之所以自命者在是卽眞氣之靈棲亦必在是茲山不朽而太史之名與之俱不朽者其氣使之然也

狀元書院在南河中洲元李政茂讀書處

鳴鶴書院在邑西油隴元進士艾朝端建遠近遊學者居之今廢

白泉書院大集山麓明邑人汪文明文盛兄弟讀書處

林泉書舍在白泉邑人夏謙立多名人題詠

桃溪書屋在邑東邑人蔡甯立廣陵程鑑記俱廢

天香書屋城東古城岡上知縣金雲門建兵燹○

郡邑書院之設元中統間令先儒過化之地名賢經行之所民自出錢粟贍學者並充爲書院其掌教自行省與宣慰司命之謂之山長原本鹿洞鵝湖之意而定爲例所以羽翼黌宮鼓吹泮水者也邑桃溪書院蓋沿其制若山谷狀元諸名色記前人之遺迹而已規模或未之備惟鳴鶴及林泉諸書屋殆聚朋講學地然亦無復遺址矣因其爲名

教所憑依故以次附焉

義學

城中兩社學外（社學見公署門）舊立義學一道光二十二年金侯雲門增設四義學於四鄉二十九年姚侯國振復增城中義學一城中舊義學設西城後街新義學設菊仙祠東鄉義學一設回龍寺一設白霓橋南鄉義學設唐封寺西北鄉義學設羅漢寺

○右六義學有田自官收租用爲修脯延師訓蒙設城市以市兒易習於詐也設山寺以山童多病於愚也近年鄉閒各起義塾各有公儲會文講藝

士氣之振興殆重有賴乎例得並書

高堤書館在雨山麓明宏治閒汪恭爲鄉子弟建久廢

龍團義塾青山保聖人山廟（太學生陳直心倡置田畝）　石屋義塾石屋保公建　梓溪義塾石屋保第六牌（明經熊鍾祥倡建）　美林義塾肥田保上牌公建　興文義塾肥田保下牌公建　碧田義塾碧田畈公建　韻雩義塾崇洪保（余子金余尚澄倡建）有印簿　四聖義塾四聖保（熊洪獻王國泰陳啓芳劉春泉）倡建

大原義塾林桂軒爲鄉子弟建有田糴學（已上鄉塾）

高侯佐廷喜石屋肥田新設鄉塾詩次傅山人燮步韻并序石屋肥田二保新設鄉塾月會課文復有公積垂永久正合范文正公學田之舉洵邑中善事也碧田大原亦將踵行從此比戶絃歌人文蔚起仁讓之風遍行四境古道可復誠厚幸矣山人請登諸志乘詩紀其事予聞之爲之欣然色喜尤願各塾子弟互相砥礪勉爲善士文章氣節彪炳千秋不特仕宦科名光增閭里以慰予期望之意也可

爲貪鶴俸漫乘車十載風塵老簿書不有潘花憇作縣幸鄰陶柳儼同居雲霄咫尺高攀鳳雷雨飛

騰預種魚石屋肥田佳子弟課功爲報月何如科名努力希前哲植品根基始少年氣節千秋關見地詩書萬卷勝求田舉頭天上爭看榜放眼人閒笑執鞭講席是誰堪領袖四山桃李爲公妍

關西書塾在碧雲峯舊爲碧峯庵楊一鶚改家塾捐田爲倡

劉氏義塾在雷駱畈劉坊裔子孫立同治元年劉乙輝等稟縣給印諭刊碑貽後

彭氏義塾在城下畈

甘氏義塾在蔡家墩井厂上

陳氏義塾在楊林畈　鄧氏義塾號凌雲軒在城隍畈　艾氏義塾在烏石畈　丁氏義塾在羅樓灣丁志善後裔建　汪氏義塾在浮溪橋汪長水後裔子桂等建　果育義塾在壺頭東岸與西岸韻雪義塾相並余果卿子金捐田一石爲倡以溪水漲村童往還爲艱復建此

考棚

考棚在東門後街南向道光二十五年知縣金雲門建有記勒石其規制前爲頭門曲折由雲路再進爲龍門直上爲堂兩旁分東西棚棚各二東棚外有子棚規制如督學試院堂後左右皆有屋兩重東邊較廣爲閱文所爲廚舍出龍門右首與雲路相對有房屋爲司管鑰所龍門前爲內屏牆頭門外爲外屏牆前後屋霤爲限左右圍牆爲界其基購民地爲之有生員王顯烈捐基在內兵燹以來號舍盡燬歷任知縣借爲衙署改棚爲房舍過半非復往時規制

金雲門創建考棚碑

國家稽古右文振興士類處之以學宮課之以書院而又闢地爲試士所其地內必宏敞無取隘以促也外必鉅麗無取卑以陋也豈曰窮物力侈華美所以明待士務崇禮貌以昭愼重無所苟焉爾已崇邑向無考棚試士於縣署應試者几案與偕或負或戴纍擁來前余始至詫焉及再來涖爲置桌凳八百號顧未遑議考棚之建以時有待也又二年歲甲辰始謀諸邑人士則皆踴躍從命鳩工庀材剋期而集於是相度城東北隅得爽塏地築之登登百堵皆作經始於乙巳四月明年五月工成門楹堂室畢備如制地則平之甃之壁則堊之黝之宗桷得其材瓦石適其職質而有文別而有容正大而高明洵足以極壯觀光盛典矣已又以餘錢四千緡權子母爲文童買卷並新進院覆之費附與賢莊經理俾士之寒素無力者不致向隅焉是二者蓋嘗數年往來于胸中一旦皆如願償其愉快爲何如耶夫人才之興必有所自亨通由於運會鼓舞視乎氣機邑向稱人文藪國朝科第乃較減於往時向非無培基而植本者也將有所爲或令出而應之者少或謀定而沮之者多則時未至耳今者興大役晝遠圖立見成就如是是邑文教將昌之候也顧予得際此運會乘此氣機爲多士推之挽之以追蹤前軌又何幸如之

與各文章期於有用器識在所宜先邑人士其互相鼓舞爭自琢磨異日宣力中外爲名臣並儒學行爲大儒並立名節爲誼士允足爲邦家光者皆於斯出則又非區區一科一第足厭予之厚望也已是役邑紳士與有勞者劉鎮鼎沈昌教黃應運汪本皋劉鎮淮黃應位沈興仁夏茹榮劉學升程燮昭金國珊田正表汪澧仁何昺燮譚應春陰楚金田植清殷安邦劉得勤名其各保勸捐及樂輸姓名俱以次刊石俾後人知所勸焉〇按院費一項今暫發侯後舉行

課雨亭在考棚後偏左咸豐七年諸邑侯藺谷借民地爲小圃（今志局給價買作考棚餘基）同治二年高侯篠川構亭其旁名曰課雨自記云崇陽山多田少與前宰漢川澤國不同漢川時多望晴崇陽時多望雨現借考棚爲衙署閒闊過高欲觀天象課雨者無幾同坐井爰於署後旁地架木爲亭以便課雨朝看東南晚看西北語雖俗而多驗於今四載農賴有秋因以課雨名亭用傅山人韻賦詩二章

萬家衣食繫民間難託林泉一味閒晴到十天須課雨此亭不止爲看山花影剛扶月上牆四山雲起雨來忙借將師課勤官課百里南風粳稻香

燕掌衡廣文和韻雨歇剛經十日閒滂沱又浦老農濟宰官朝夕懸懃課祈禱無須到嶧山構亭衙畔對宮牆課士勤農兩兩忙雨後風光無限好稻花香送又芹香

萬澍辰廣文和韻官閣常懷隴畝閒使君霖雨刻難閒枯槔欲動池塘滿心逐飛雲早出山楊柳低簷蕉過牆登臨不爲賞花忙澆闌早晚看雲後卜易一爐沈水香

興賢莊

興賢莊始於道光四年趙侯秉渲允邑紳劉鎮鼎沈士林汪正瓊沈用貞黃應運黃應位汪敵德等請倡興是舉時捐者二十八家錢一百五十萬存典生息印簿二本侯爲序九年顧侯世熹詳請立案粗議條規十四年王侯觀潮允汪正瓊殷植澧沈得源黃應運陳臻翹汪敵敏等請續舉勸捐捐者二十九家錢一百五十萬侯爲序詳請如前二十六年金侯雲門議再續捐廉爲倡捐者三十六家錢一百八十五萬改定條規始建賓興館侯爲序咸豐初粤匪趨西南傅燮鼎倡議改存典錢置

田產衆議不合遂止四年賊入崇各典歇業八年
饒應暄黃玉楊一鶚柳鎭瑚姜鳳翽劉汝錡田濟
川等清理舊項值王侯鎔節以作育人材爲己任
稟介大府飭令各典量力賠繳於是諸典繳錢買
田畝以田屋抵補有差此後遂變爲賓興田矣外
又各姓捐田及金界院祇園庵廢田判令入莊皆
王侯力主之同治元年楊一鶚編興賢莊田册爲
雲路先資更酌條規稟各大府王侯紹薪及燕
光烇萬榕澐兩學師皆爲序王侯栽培士類意尤
懇切議舉續捐邑人先後加捐者又得若干并積

年增置田莊接管首事條例具載雲路先資册
趙秉滄崇邑賓興場費册序自古人材之興原於
朝廷教澤之盛而其董而成之者由於一鄉一邑
周官大司徒之職賓興三物其自鄉大夫至於比
長後兢兢以德行道藝孝弟睦婣任恤敬敏和親
爲教非直苟且而補苴已也蓋以耳目親暱之儔
引而聚之朝夕游處之中加以愛惜而廣爲宏奬
使人人爭自淬厲馴致鼓舞振作於莫可已風俗
以成人材以興詎不由此崇舊多閥閱之家有明
嘉隆以還文人輩出其時多掇巍科躋顯秩宏文

佐治後先輝映至今傳之邑乘猶有餘光余初涖
崇時攬溪山雄秀之氣儐然而磊粹然而清知必
有人焉奮翹蔚起聯翩天衢之上安見今果異於
昔所云耶十年來文運漸開士氣彌奮射策明光
之殿附報泥金之帖較前數十年顯晦頓殊不可
謂非一時之盛也顧余屢主童子試忝餘校課諸
生見所爲文章類皆雄傑可喜之作以斯見賞於
宗工哲匠應有蹶然興者而乃銳意鑽研或不盡
應科名詢其故則爲艱於場屋之費吁其亦可歎
也已余舊聞興賢莊之說他郡邑往往有之而崇

獨缺焉於是讀書有用之才莫克踴躍觀光蜚英
聲而騰茂實歲甲申劉辛畬主講桃溪書院與都
人士創興是舉用以培植寒畯羽翼青雲將令鸞
鳳翔而蛟龍躍奇資不橫棄於道側詎非不朽之
僅事彼聚類也甚夥而取數也不多合之得如干
數迄茲議克協而事竟成余竊嘉焉夫以我
國家造士之隆也恩渥而意勤舉凡砥德礪材者靡
不沐浴福德仰被甄擢而一鄉一邑之閒復覩義
氣奮興仁讓風行則教澤之所涵濡而薰蒸者固
深且久也不然得之者豈遽以爲利予之者亦非

以爲名胡爲慷慨仗義之舉人心不約而同如此
此以知崇之人淬厲有加更鼓舞振作於莫可已
猶有周官遺意風俗之成人材之興余能無厚望
也夫
金雲門再續捐貲興場費册序事有舉而不能守
則廢能守矣而或不能權宜變通因時補益亦無
由維持焉以傳於無窮
國家三年大比郡縣士合試於省明年試中式士於
禮部甚盛典也試士多寒素其邑之饒者率醵貲
生息以贈行命曰賓興公車費所在有之而崇則
自前令趙若秉渲邑紳劉學博鎮鼎議勸於前前
令王君觀潮續捐於後洵所稱能舉能守者歟顧
其聚貲無多計歲所入每正科可給省試人五緡
部試人三十緡値　恩科則恆歉其數方今
壽考作人　恩科迭舉士之踴躍觀光者所需固不能
以時增減也又崇陽去京師三千里部試者挾三
十緡何足以濟余自辛丑春攝邑篆慨然思有以
變通而補益之旋以受代不果行是冬吏民釀巨
禍越正月事平余復奉調來辦善後事慨然曰是
可以行吾志矣其時大難初夷更生之族嗚嗚向

化適歲又倍收愈樂出其餘以助義舉自城垣學
宮書院煥然一新城外造塔三座以培文峯其餘
養濟育嬰均有增設値大比期余既捐給合邑卷
燭以賓興續捐之謀咨於衆且捐廉爲倡僉應曰
諾於是仍屬之劉學博鎮鼎相率勸諭未幾而事
集何吾民好義之誠而赴義之勇也計新捐並舊
所有合得若干數存典生息以紳士二人董之自
今酌令省試者正科分給如舊　恩科分給如正
科無有所歉部試者無論正科　恩科舉人五十
緡又以餘貲於城東隅購屋一區稍加補葺爲賓
興聚集所彬彬乎美矣備矣余因告於衆曰凡事
成之難墜之易此舉自甲申肇議歷二十餘年始
能美備卽今日蓋其成若斯之難也思其難而慎
持之使不至墜緊惟董事者之責抑又聞之事與
時易爾崇民俗日厚文風日上卽今應童試者已
將倍於余初來涖時可知春秋兩闈人材方興而
未有艾安見今之美備不更有待於後之變通補
益也是用厚望於來者
王紹薪賓興場費册序崇邑賓興場費之設由來
已久始自前令趙君秉渲王君觀潮醵錢若干緡

為省部兩試費而聚貲無多用輒支絀迨前令金
君雲門擴而充之捐廉為倡邑中殷實家皆樂出
其餘積成義舉并前所儲共得若干緡存質庫生
息董以紳士二人復以餘貲構屋城東偏為賓興
聚積所此外更修葺學宮書院城外造塔三座其
培植文風作養士氣者固如是之美且備也咸豐
四年甲寅粵逆竄擾浩劫頻經至十一年辛酉方
就安謐中間焚掠殺擄里巷為墟存典生息之款
蕩然無存當時讀書士子弱者率流離蕩析強者
多投筆從戎絃歌為之暫輟者七八年矣復賴前
令王君錡節令諸質庫各繳錢千緡購田若干畝
並邑紳所捐田畝共得若干畝計租鬻值以濟兩
試雖未復其舊而因時權變俾數十年鉅典廢而
復興王君之功豈出金君下哉同治元年壬戌春
余承乏斯邑董事諸紳以新舊各章相質並屬為
敘手受閱之見其籌畫周妥條款詳明所以守先
裕後歷久不敝者美哉無遺憾余既喜前任諸君
共任其難且勞而余獨享其易且逸又嘉諸君不
憚辛勤罔恤怨謗奉公潔己終底於成使窮鄉僻
壤中有志上進者皆不困於資斧遲騂騮之路展

騏驥之才甚盛事也是科省試獲雋者四人為
本朝所未有此雖有關文教彰明較著已如余猶有
攖焉從來文運之開愈鬱則愈盛人才之奮漸積
則漸多由今日而推將見人文蔚起連茹彙征以
見在賓興有限之儲應異日多士無窮之用其不
貽譏於瓶罄者未之有也余方擬踵事增華與諸
紳籌議續捐多多益善俾後來蜚聲騰實之彥彈
冠于于永恃為不涸之源不竭之府豈不幸甚恐
余瓜代有期不克目擊其盛仍望諸君竭力維持
準人情爲沿革酌時勢爲變通務使從前官紳作
養人才之雅意歷久常新則余有厚望焉

賓興館城東南隅道光丙午購汪姓宅改建屋三
重面城南向位菊仙祠右牆宇相連後重左過更
有堂室當菊仙祠後相傳俱明黃鉞觀別業也中
廳毀造寬大新設兩龕奉文昌關帝牌位兩壁舊
但嵌石鐫序文及先後捐戶姓名依次臚列如左

汪鳴盛　沈垂久已上各捐錢一百串

饒孟釗　丁亨叟　劉士函　金文祥

黃升極　甘勝九　姜文輝　王都泰

陳聖樹　劉傑廷　金世澤　陳之瀚

陳盈科 魏大穜 陳炳晉 楊貢淮
陳天瑞 汪永清 陳增運 沈瑞國
謝兩卿 石之綱 何作霖 陳啓楨
田正寅 龍繼有已上各捐錢五十串俱道光四年
魏日章捐錢一百串
殷愛愷 譚國賢 柳庚什 謝瑞才
王文瑞 王炊閏 汪義庭 劉仲文
周秉方 周玉朝 談明萬 王司直
譚直義 劉鎮淮 劉汝堯 石光貴
舒全壽 程明才 黃台川 雷少二

曾興達 陳景臣 田杏魁 王其華
甘玉相 陳協贊 金國珊 龔坤明
已上各捐錢五十串俱道光十二年
金侯菊仙捐錢五十串
程時彥捐錢一百串本邑五十串其子銘烈官京都黃村巡檢助建武昌試館錢五十串
沈麟書 汪天瑞 夏應登 楊洪璧
何品尚 何銀甫 何冠羣 何昔模
吳其章 魏應南 汪義庭 楊星佑
程忠秀 汪育泰 任世爵 汪隆玉
張仲輔 林炳照 汪正時 舒禹孚

盧超披 盧躍芳 蕭際成 沈興珍
艾宗魯 徐義治 饒廿六 饒萬煜
程必禎 何二祖 孫福五 熊辛鼇
甘佐廟 金致祥 熊黃山已上各捐錢五十串俱道光二
十六年 劉炳瀾二十八年捐
趙光宇捐錢一百串
楊洪允 黃廷煜 魏席珍 宋潮祖
鄧楚珩 李之仁 汪本舉 王龍占
周會泰 周正明 陳之杞 李兩曜
曾道南 丁志善 龔淑和仝姪瑞賢 張東燦

傅奇卿 魏象賢 胡席珍 魏應南
程宗秀 劉貞幹 周文祥 汪禮元
傅玉振 孫宗義 馮旭亭 殷炳順
周應槐 陳省餘 張國祥 汪洞義
舒和亭 程東海 豪頭保上半 方山保
胡義靜 金華珍 葉壽伯 吳先新
已上各捐錢五十串咸豐九年後陸續挪捐

詹秀峯　方雲部　譚有典　夏德祿
孫宏齋　程振家　蔡武烈　饒元勝
汪鎮南　林樹森　李拔翀　廖純熙
已上各捐錢二十五串
龍繼有錢一千串　章日新錢六百串
汪義和田十石四斗五升抵錢一千串　田以義田六石八斗二升抵錢一千串
余承康典屋一所捐周姓田八石抵錢一千串
文昌宮源蕃領何怡豐典交出息除用捐數繳出錢二百二十四串

已上各典所繳錢
曾成齋田三石
宗齋五田一石
王汝彌田二斗七升五合
鄒如岳田九斗
蕭惠三田五斗
鄧香山田一斗二升
周定立田五斗屋基一塊
金界寺田十六石
祇園庵田三石七斗五升

凌雲塔田五石五斗五升　已上歷年捐撥之田

字藏

桃溪書院側一所　楊曰斯文化境諸生金赤文董繕　江水嶺一所　餘耕橋一所　石橋背一所　大白源一所　大塘一所保浪口　侯王廟一所　牌上一所　沈家冲口一所保黃沙　塘口一所保雙港陳義豐等倡建外有汪茂壽捐繕潰命橋田五畝五分其餘費存積送字紙錢　鼓嶺一所　石頭亭一所保河山　雙蟆石一所太學周開勳等倡建　烏龜石一所　洪家橋一所諸生沈炳杰募建　龍鳳港一所庠生熊洪猷改建小龕　舒家橋一所上寶山　白騾畈

一所明經劉汝祥倡建　城隍沖口一所方山麓　錫絲橋一所　白土山一所　迴峯寺一所保桂口　大塘下一所保妙明

居庠序地讀聖賢書由之而不知習焉而不察學者之通病也矧連年兵燹所在郡縣橫舍頹敝鞠為園蔬異言日張士氣衰餒斯道之憂殆甚於楊墨紛起時學校志惡可忽乎邑舊志過於簡略茲於廟與學典俱加詳焉以至書院鄉塾凡作養士類有關文教者一一附後昭慎重也春秋廟祀禮儀樂舞以文繁另載第五卷

義所

義在天下至顯也行而由之弗思其義義遂隱矣義學義倉義渡義塚舊志分繫各類以義爲名其義易見而有事關政典利在養民尤當顧名而思義者莫如育嬰養濟二端聖人言志老安少懷大學平天下老老恤孤因特編爲義所次學校後民生待澤謦渴者之於飲思義莫如充類故施茶所附爲編列如左

育嬰堂縣署左側面北街正屋兩進門樓一重前後廊房共七間甎垣四周雍正十三年知縣李五

悟奉文飭邑人士捐貲建購陳治勛陳旻傳羅頤畈田二十六畝七分六釐爲哺嬰資每年糧餉官墊其捐項存當暨每年租穀交在城耆善輪管生息然未嘗育嬰虛設而已道光二十一年知縣金雲門學官方粱材宋佑佺典史王光宇暨四鄉士民各捐錢金侯五十萬兩學一萬典史一萬四鄉二十二萬八千二百發典生息沿出舊年田畝召佃歲收租三十五石二十四年金侯復加捐錢五十萬有零委黃應位汪本阜沈輿仁等經理定條規邑人士頌侯額曰召父杜母咸豐四年燬所存前後捐入之田收租如故繼黃應位等經理者沈裕源

育嬰堂田數下津渡田三石七斗四升七合七勺棠嶺畈田一石零二升官田畈田五斗八升白霓橋田八畝四分八釐羅田灣田十七畝七分二釐五毫共租一百零五石八斗七升七合

育嬰田國學李立早總其事

四鄉育嬰局河西保一所增生李夢松倡捐置有臺橋保一所吳光瀚等四十人捐給號坤成局

金侯辦理育嬰條例

一設局處懸一牌上寫本城某里同善公局自本年某月起

一設立本城某里同善公局捐輸簿一本每一頁記一人首行載某人捐錢願每月計錢若干當捐全數當繳者註明某月某日親送至局旁註某人經收捐時不能全付者於月朔親送至局以後按月用小字註某月朔某人經收數字

一設立本城某里同善公局報名簿一本每一頁記一人首行載第某號某月某日據地保報明某村某人於某月某日生女某名實係無力育養每月助

錢三百文以三年爲期自本年某月起至某年某月止以後按月用小字註某月朔某人給發數字

一設立本城某鄉同善公局收支簿一本首一頁開列董事十二人姓名並註明某月某人董理收支以後逐月朔日結帳輪流管理如有餘錢亦即輪交存貯將來不時譜修育嬰堂之用不得票單抵押致啟弊竇

一設立同善公局執憑並手摺及同善公局圖書用在執憑押後爲記並簿上用一合縫圖書俾易查考

一本城某鄉董事弍人每月輪值週而復始仍將值月姓名住址開明用白粉版懸掛公局中以憑各戶往報

一本城某鄉同善公局設立某某處所凡附近各保均已分別另示如有極貧之戶生女無力育養者即通知地保開具姓名住址至值月董事之家轉報由董事查實登簿即給與執憑單並手摺以憑每月驗放錢文

一給發憑摺後經董事查出並非極貧之戶即行撃回不准冒領

一所育之女或因病夭殤即通知地保將憑摺繳局註銷倘有冒領一經董事查出許將地保送縣懲處並將冒領之款追還交局

一經董事查明果係極貧之戶自生女之日爲始扣至十日即給予憑摺並月錢三百文以後則仍照月朔撥給不得豫支

一樂輸錢文隨到隨捐富貴之家力足有爲自必好施但既將願捐數目登簿即望全行交出俾得早爲生息多活一人陰隲非小再寒士有願捐者或半願或一願或數願力能全繳更佳如不能即

時併付務按月於朔日早晨親送至同善公局查收凡所捐錢文須足數不得短扣底串以便值月董事收存好爲給發至樂輸之錢幸勿待人催取有失雅誼

一每月朔董事在同善公局會敘一次值月者錢文收放畢憑眾登記在簿即將帳簿餘錢交下月董事收存

一各戶領錢育女之家每戶朔日親賫憑摺赴公局照驗由值月董事給錢仍將嬰孩抱至局中憑眾看驗如有不加將養任其黃瘦不堪者即加理

所問有小恙未便抱往許央同左右鄰舍一人到局對衆告明亦即驗憑給錢仍用小字註明於簿並令下月送驗

一董事及樂輸姓名俟行有成效即當勒石以垂久遠並照例給予樂善好施四字獎勵其爲數多者詳請給予敘錄

一城鄉公局所餘錢文每年六月十二月兩季總結統歸本城公局合計實存若干一并發典生息

一詩書殷實之家自無溺女之事但或因產女過多或因望男心切養女需乳不利速孕或惑於風

水家謂女山不利在男子即不欲溺而給女竟溺者恐難保其必無如果實有其事許該地保稟明查究

一或有不能自養暗棄於路者該地保即向公局報明董事一面妥覓乳媪令其抱歸家中按月酌量加給錢文亦以三年爲限仍俟限滿報明公局首事妥爲擇配其或限內有願領作養媳者亦即報明公局酌量許配

養濟院向在西城外明隆慶間知縣胡秉性建後圮於水萬歷九年知縣王學曾改建舊鄉約所

國初仍之後屢經興廢道光間知縣朱清標金雲門先後增廓咸豐中兵燬其基址列官地載前同治四年知縣高佐廷重建當舊院後距廢基十數武南向堂一重堂室共三間

養濟院額設孤貧七名增額十名先是道光中武昌知府裕謙札縣增額二十名府縣捐廉各半知縣金雲門又陸續收養額外孤貧二十二名捐廉存典生息給發後經兵燹典歇額外不復設增額去其半現存孤貧額一十七名每月給錢二百二十文

施茶所

大榔嶺一所東南五十里　伏嶺一所跨峽有亭舊名息肩今改題無雙亭南三十里　河山一所南四十里　白崖山一所　茅坳一所當白崖磨盤兩山之間人煙稀少咸豐中太學生業光倡建涼亭置田及山地備施茶之資全上俱南四十五里　吳城鋪前一所道光八年程潤文引立兄弟募置有田收租備費西南十一里　方山臙脂坳一所西北四十五里　洪上飛翠亭一所北二十三里

崇陽縣志卷三終

崇陽縣志卷四目録

崇陽縣志卷四

土均天下貢制荆南男一女二田八賦三桼畦次

稻茶戶倍蠶鄉山舊瘠

聖澤今覃志食貨

戶口

古力役之征於民數稽之漢有口算晉置戶調隋唐以來代益加詳矣崇陽戶口明以前見史册者統於所隸郡路無專籍可核蓋分列戶口於各州縣之下自元至正間始而元季崇民極爲凋殘志亦無考歲甲辰明太祖平武昌崇陽戶僅三百八十七洪武八年用邑明經胡興福爲知縣招集流亡計戶一千六百三十二洪武二十四年增戶三百八十維時賦役黃册已定例甲役以戶計徭役以丁計十年一更造至永樂十年增戶二百四十計口一萬二千九百一十六爲數乃日蘩矣是歲爲壬辰嗣後每値壬年更造册景泰壬申增戶一百零八增口二千四百六十八天順壬午戶一百口五千一百七十八成化壬辰戶九十三口一千八百五十六壬寅戶八十八口八千八百四十五宏治壬子戶三十二口一萬三千一百九十六壬

戌戶八十口一萬四千二百三十七正德壬申戶八十口一萬一千四百一十四嘉靖壬午戶二百一十口一萬一千五百一十一壬辰壬寅仍舊壬子戶三百零九口一萬一千八百八十二壬戌仍舊隆慶壬申亦如之先是嘉靖間給事中姜性奏行條編法均徭諸項胥派於糧一云一條鞭俗稱條餉當時民間僉謂無復力役之征然戶口册十年更造無異於昔均徭諸項名罷實存不盡遵也萬歷壬午戶三百口除軍伍雜役逃故外共成丁一萬五百二十七丁壬辰壬寅壬子俱仍舊天啓

壬戌崇禎壬申壬午亦如之蓋自萬歷以後田賦戶口之徵一切浮濫日甚民數之繁耗不可易至老穉俱無可辭故絕苦於賠代至於軍事旁午飛芻挽粟其傷抑又甚矣雖編審承替不無變通而踐更之役民仍苦之哉

國朝奠定海甸子惠元元凋瘵之餘頓有起色順治四年

題准編審人丁凡年老殘疾并逃亡故絕者悉行豁免又

題准三年一次編審造册年六十以上開除十六以上添註十三年覆准每五年編審一次維時崇戶口於九年壬辰造册仍明萬歷壬午舊額一萬五百二十七丁至十四年額外新增人丁四十七丁康熙二年因剿西山派民夫運米累苦夫故豁免舊額八十四丁實額人丁一萬四百四十三丁加入新增人丁四十七丁共一萬四百九十丁每丁徵銀一錢六分一釐六毫三十一年

題准直省編審人丁俱造花名徵銀科則細册送部（自康熙十一年起至五十年崇邑所增人丁六十六丁所增丁銀詳後經制內）五十二年

恩詔內開各省地方官遇編審之期察出增益人丁止

將實數另造清册奏開其徵收錢糧但據康熙五十年丁册定爲常額續生人丁永不加賦仍不許有司於造册之時藉端需索五十五年覆准編審新增人丁欽奉

皇恩已永不加賦今以新增人丁補足舊缺額數除向係照地派丁外其按人派丁者如一戶之內開除一丁新增一丁卽以新增抵補倘開除二丁三丁本戶抵補不足卽以親族之丁多者抵補又不足卽以同甲同圖之糧多者頂補如有多餘之丁歸入滋生册內造報雍正七年湖廣總督邁柱奏准

丁隨糧派是年
恩除天下丁銀崇邑奉司減餉四百一十一兩五錢七
分永爲經制乾隆三十七年七月奉
上諭五年編審不過沿襲虛文無裨實政嗣後編審之
例永行停止計是時崇戶口實額人丁一萬五百
五十六丁一准康熙五十年丁册定額一萬四百九十丁增
六十六丁實徵丁銀一千三百二十五兩八錢隨糧均
派自康熙五十五年至乾隆三十七年停止歷次
編審滋生人丁共一千六百五十二丁欽奉
恩詔永不加賦

帝則昭垂萬世賴之矣
戶口爲保甲根由戶口之數不清則保甲之稽不
實二者自當合書前附保甲於鄉里而戶口依舊
志仍列食貨緣丁歸田派故也自滋生之丁永不
加賦後來煙戶册雖數年一造具文而已至於鄉
閒有事於保甲則戶口實數各里隨時清核非邑
志所能罄書故概從畧云

田賦

國朝順治十四年定賦役全書地之項曰田曰地曰
塘其田地分上中下三則又有水鄉則山鄉則名
目皆因前朝之制而折中之立法詳審海甸用是
均平焉崇陽山邑也前朝田賦之書與戶口相並
當元之末年僞漢割據原野荒蕪舊志所書甲辰
年田地僅二百四十頃八十八畝洪武八年七百
四十頃八十七畝四分八釐洪武二十四年一千
一百三頃六十四畝七分自是與戶口俱逐年有
增矣當開墾之初上司議課欲倣長沙例起科耆
民楊朝宗等訴稱山田磽确知縣楊伯成請於大
府竟畝三升八合科稅永樂十年增二十三頃六
十三畝景泰三年增至二百二十四頃五十四畝

三分天順六年田地塘增至三百一十二頃七十
一畝成化八年仍舊十八年增至三百二十八頃
五十六畝一分宏治五年增至三百四十頃九十
畝三分十五年增至三百五十八頃八十六畝正
德七年增至三百六十頃七十九畝六分嘉靖元
年增至三百六十一頃四十七畝六分十一年仍
舊二十一年增至三百六十二頃三十四畝二分
三十一年四十一年及隆慶四年俱仍舊萬歷五
年知縣周應中奉旨清丈改正均攤十年知縣王
學曾繼之計額外丈出田地一千五百五十二頃

六十八畝二分九毫七絲十四年知縣張仕可刻賦役册合洪武二十四年原額及嘉靖二十一年以後所增之數得三千頃有零焉當是時徵收弊滿如穴萬蟻詳具陳忠愛周侯清糧序張仕可賦册序中蓋田不丈故賦不均包懸侵欺瞞延換毀奸宄百出富者出銀賣糧貧者買糧包納田南人北戶西稅東吏胥因以爲弊羨規冗費額外浮收編戶受病有不可勝言者至是田畝清丈田賦畫一田數雖增而民病甦矣十六年知縣陳洪烈刻石永遵計原丈過田地塘稅通共三千二百七頃

三十七畝五分六釐三毫其內上則田一百頃每畝科秋糧五升四合共正米五百四十石中則田九百頃每畝科秋糧三升九合共正米三千五百一十石下則田一千三百五十七頃六十六畝一分六釐九毫四絲每畝科秋糧二升八合二勺九抄共正米三千八百四十石八斗二升四合七勺八抄內上則地一百八十一頃二十九畝二分五釐三毫每畝科秋糧三升七合共正米四百八十九石四斗八升九合八勺三抄一撮下則地五百六十二頃七十五畝二分七釐六毫每畝科小麥

米一升四合四勺四抄共小麥米八百一十二石六斗一升四合九勺八抄內塘一百五頃六十六畝八分六釐四毫六絲每畝科秋糧二升七合共正米二百八十五石三斗五合八抄九撮通共田塘上地派足原額秋糧正米八千六百六十五石六斗一升九合七勺每石派夏稅絲一兩六錢一分四釐共正絲八百七十四觔三兩四錢三分足原額批絹六百九十九疋一丈一尺四分五釐通共下地派足原額小麥米八百一十二石六斗一升四合九勺八抄每小麥一斗科桑絲一錢八釐

共桑絲五十四觔一十五兩三錢二分足原額南京農桑絹四十三疋二丈八尺九寸八分當是時徵收定例民徵民解各里立里長以大家巨族爲之每甲立甲首以寒門單戶爲之里長人少而米多甲首丁衆而糧寡里長出身當差甲首坐地幫費崇邑一十一里一百一十甲每甲正米七十八石零大約里長米或四五十石甲首米或三四十石湊成一甲合一百一十甲湊成總額米數凡當差者討十年中大小差各三三小差里書鋪兵北絹是也三大差收解南糧漕糧條餉是也六差皆

名大差其貲三小差只當一大差假如一甲收南糧則二甲收漕糧三甲收條餉四甲當二小差四年輪換調之十年當四大差其實只四年當而六年可無事也計每遇一大差石米幫費五錢綽有餘裕里長尚有利益迨啟禎年間加征糧餉弊滿復開每大差石米約費七兩八兩十年四大差石米共費二十五六兩至三十兩不等里長爲甲首賠累甲首受里長苛剝由是當一甲則敗一甲輪一家則空一家四差甫畢六年復來以致人逃田荒囊空壁立朝廷雖有殊恩閭閻終無生聚明季

大差之病民蓋若是之甚也大抵法久則生弊事窮則反本

聖朝建極民物一新順治十四年知縣賈漢詣奉

旨清丈除水衝沙淤老荒外派足田地塘原額三千二百七頃三十七畝五分六釐三毫上中下田塘及上地派秋糧下地派小麥米俱照原頃畝則例額載秋糧八千六百六十五石六斗一升九合七勺每年除優免外科則不等照額徵并新加每石該銀七錢三分六釐六毫七絲一忽一微七塵四纖四渺共派徵銀六千三百八十三兩七錢一分二釐二毫一絲五忽二塵每石帶派夏稅絲一兩六錢一分三釐九毫折銀派秋糧內額載麥米八百一十二石六斗一升四合九勺八抄每石該銀三錢二分二釐三毫一絲一忽六微一塵五渺共派徵銀二百六十一兩九錢一分五釐二毫四絲二忽每畝科桑絲一分五釐秋糧內帶派共徵夏稅桑二絲九百二十九觔二兩七錢五分萬歷四十六七八年加九釐地畝餉銀二千八百八十六兩六錢三分八釐六絲七忽順治二年免徵九年復徵充餉秋糧小麥均派

漕糧兌軍本色正米一千五百五十八石九斗每

石耗米四斗該耗米六百二十三石五斗六升另正米一石里納盤腳米二升船腳米二升該腳米六十二石三斗五升六合又糧道條陳於四斗耗米外加耗米二斗順治九年楚撫遲日益題請免加戶部覆奉

旨革除多加二斗耗米南漕本色正米一千七百六十一石二斗每石耗米二斗五升該耗米四百四十石三斗另正米一石納船驟腳米一斗五升該米二百六十四石一斗八升奉文船驟腳米每石折銀一兩以二分給解役八分充餉共該充餉銀二

百一十一兩三錢四分四釐該給解銀五十二兩八錢三分六釐凡諸則例皆因前朝之制而折中之者距周侯淸糧之歲蓋八十年於茲矣弛而更張緜婺而復理民稱便焉又二十八年爲康熙乙丑知縣李特生奉
旨禁革里排官徵官解民病益甦初邑故多走稅飛糧之訟緣明季有胡劉汪三姓虛賠之米吏書造册因之爲奸覗萬歷以前弊端後先一轍吏書倚爲壟斷輒占役至二三十年經賈侯履畝淸丈造魚鱗大坵册糧歸各戶吏書報之里役每年輪當不

令久占從前積弊賴以澄淸然里書之報上房因指爲大差爲三小差之一凡請款覈式墨單戶單季規各項民又以爲病一弊方除一弊復起淘作法之難也又如扎絹一差亦三小差之一萬歷閒周侯詳請蠲除其銀一千有零已充入司餉而名色未除上房各費仍前不減小者如此大者可知此向來諸大府屢有革里排之檄邑貢生陳鼎祚著平擡末議上李侯爲桑梓請命至是大差罷崇民歡聲動地皆頌李侯能體
聖天子覆載生成之德拯民疾苦寻之乂安雋永絃聲

之詩所由作也未幾李侯以養親去任後二年廢平擡又踰年復行平擡大差永罷

陳忠愛周侯淸糧序崇陽居鄂西偏南漕正耗米全書額業已定爾來弊竇愈益開剔膚愈益刺如民閒之貸廪梭斗之奢費無名之虛派額外之增支大舟之科斂小舟之厚糈潤靡貼解之濫收收戶之神叢參隨吏書之尾閭奸宄之包攬斗面之淋尖更僕難數剜肉醫瘡萌無如矣丁丑秋周侯甫下車一意撫循申問更老得民所疾苦家覗邑子覗民明年擘振廢墜甦起困弊慨然曰南漕國

計誰非民脂剝竈更始是誠在我反復數百言以請郡大夫臬大夫藩大夫御史中丞升斗則準漕官量徵收則裁減冗役編戶擔輓唱籌入廪出入起運躬自登壇淸籍奇贏勤胝封識先勞畢至晨昃不遑問食諸凡耗外之秏貼外之貼取甲塡乙如前所稱諸弊悉行釐汰自是好仁好義應捷敲枹鄉所宴追而逋負者今一朝絡繹而至向所攢眉吞聲以輸者今鼓歌徹道而至郎一絲一粒狐鼠瞰粟靡敢侵牟諸當事者僉報曰美哉始基之矣是墨墨編氓之幸也蓋條貫昭蘇若此其孚尹

旁達也已而薦紳先生父老子弟爭請壽石以垂
長利侯不任德禁曰不不已而相問言于忠愛曰
崇壤美爽于今歟寥大夫實生我也幸先生識之
而備輿人之誦不佞曰唯唯夫寡弱不茹豪猾不
吐清淨甯一爲民觧月歲之苦一時之績也催科
更始公私兩便爲吾邑畫百千秋之伐百千禩之
績也一時之績一時之愛百千禩之績百千禩之
愛侯兼之也此豈不佞暨都人士之私言乎輿人
歌之矣歌曰嗟嗟甯漕僉壬賂章倚爲窟穴民髓
其枯負痛自禁愁雲慘結何幸公來甯我雞犬脫

我鶤鷹滅羸省餘恐以削朘奪我藿羹尩羸從此
欣然色起有如再生質言文告檄自上下苏猶式
張村嫗野老問是何緣碎肌莫償欲請天子釋級
躋廉其如廉堂唯有稽首呼天籲日塞戸盈香易
垂餘慶書告陰隲和氣致祥行其尸祝庚桑畏壘
山高水長我侯德政纚纚法有特書
張仕可賦役册序古者建國君民田賦爲要英主
良弼率宵旰以圖之著爲令典是故三代而上其
事見於經如禹書任土作貢周官則壤成賦是也
三代而下其事見於史如漢有仲舒限田之議唐

則載李翱平賦論焉條分縷晰無非示民以畫一
之法俾其易知易守爾不然雖有良法美意足澤
當世抑何所藉以喻諸人傳諸後哉我明制田定
賦足國裕民蓋監夏周酌漢唐而用其中具載功
令昭如經史有司與民相與遵從久矣後乃一切
紛更變置條目繁興弊孔滋出毋論有司者以四
遐九有之人傳舍兹土卒不能以燭照而數計彼
嵬嵬之氓纔鋤巖谷萬里公門安所得其會計之
數而曉然上供哉卽明知飛射僞增亦無由自質
於縣令之堂故有罷征而吏猶藉爲壟斷有科斂

而民猶不惜脂膏俗本呰窳又無積聚一遇水旱
甚至稱貸益息鬻子蕩家二月絲五月穀剜肉醫
瘡祇自忍痛焉爾蓋在三楚皆然而崇陽爲甚何
者地介山陬磽确瘠土其君子業儒不習錢穀簿
書其小人椎魯貧窘不觧期會發徵夫是以獨後
公家之急而官私兩病至號爲難治嗟夫法令不
明而上下聾瞶亂政之囮也窮民之孽也可勝嘆
哉頃者兩臺藩臬洞悉民隱振剔弊源蠲除一切
宂費參酌經久可行著爲賦役全書刋布全楚近
復檄示徵糧條款令官毋得染指而野夫孺子俱

可執籌輸納蓋補前書之所未及而先後嘉惠楚
人者至詳備矣顧州縣例給全書一册而僻里遐
陬所不悉者何限卽條款須示州縣而奸吏積書
陰匿洗滯不行轉給者何可究詰仕可三仕于楚
熟習崇俗又以佐郡之暇再署崇篆因摘刻一邑
賦役并附戶由串票分給境內軍民俾家藏此書
人喻此法催徵以時輸課恐後胥吏不得開一竇
穴皂卒不得持寸牒驚田閭雞犬或者亦小有補
乎夫奉揚天子德意以子惠黎元者院司事也廣
宣院司憲令以分惠郡國者守令責也仕可敢曰

吾於崇陽暫署云爾乃不悉心竭慮承流宣化共
丞承賴之澤乎哉萬歷十四年夏六月之吉
賈漢誼大郎册序順治甲午夏余叨承乏崇邑邑
故叢爾荒陬也兵荒頻仍彫殘過半司牧者與民
休息洎可小康耳閒有一二亡賴乘亂滋弊匿册
飛糧之訟儹成無虛日余厭之邑人士累控上臺
以丈糧歸戶請余自揣綿力更謝卻之無何欽奉
睿旨凜承憲檄率土莫不清丈乃敢矢公矢慎以從事
五閱月而草册始授三閱月而覆覈始徧又兩閱
月而繕册彙正大郎册亦次第就緒緣邑無梓人

故遲遲迨遠募得之鏤未半而余瓜代行矣是役
也夜則通算稅糧寤寐與俱旦則涉歷險遠寒暑
都忘廷無不田之稅野無不稅之田庶上答
簡書下協輿情者或藉手得一當乎但地博人踈榛莽
亙里沙石雜沓腴壤亦磽确矣彼時林澤尚豐物
產今水竭山童有貸輒逋兼以士嚣民憧不善生
聚小遇水旱卽菜色相對窶戶日衆賦役日煩司
牧者其何以堪往聞俗多嚚競輕扞文網以余耳
目所及大都秉性慕義有先民遺風焉若余執性
成癖硜硜不阿度與謗不得免何期閉關遮道扳

轅泣別如邑人士之多情者或曰保無詭豪猾胥
怨其厲己乎曰厲若輩所以澤吾民吾知吾
君與民耳知我罪我奚恤焉
咸豐七年北撫胡公林翼奏請減漕奉　部文酌
定折價充餉裁去積年陋規知武昌府嚴公樹森
勸辦糧臺總局出示曉諭崇邑定例石米以足錢
四串文折收耗米水腳券票等項一併在內所革
陋規具詳告示中全錄於左
武昌府告示爲出示曉諭酌減徵漕章程刪除浮
費以甦民困事案奉　撫憲札飭湖北漕務積弊

民苦浮勒官無經制其取於民者厚其交於公者
微類皆中飽於丁船雜費及上下衙門一切陋規
現值停運之時奉　部文折價充餉急應清釐積
弊取中飽之資以分上下於
國計民生均有裨益惟各州縣情形不同其如何分
别删減定立章程應由道府大員親詣督查以杜
州縣官吏隱匿趨避而收實效飭委本攝理府親
詣所屬各州縣體察情形核其徵收兑運實費遵
照　部案折價充餉其浮勒積弊太甚之州縣酌
定删減並將節省兑運之費提解充餉裁汰浮費

實屬有益於民有益於
餉務須認眞督查因地制宜妥協議擬定限九月以
前通禀酌辦勿稍徇延等因奉此當經轉行遵照
將徵收兑運漕糧一切費用實帳開呈去後茲據
崇陽縣禀覆徵收漕南米石用帳前來本攝理府
逐一查閱復明查暗訪該縣徵收漕南米石係統
徵分解約收本色十之六收折色十之四收本色
者每石加五六七八九合以及二石不等外收耗
米又收水脚銀一錢五分收折色者每石連水脚
收錢四串二百六百以及五串六百甚至六串不

等積弊相沿已久深爲閭閻之害殊堪痛恨又查
該縣批漕向與下游水次州縣抵兑分解判省二
倉有院道府廳房差費銀八百六十四兩六錢三
分六釐錢一千三百七串八百九十三文米一百
四十一石零又糧道本府漕規銀二百三十三兩
種種陋規實屬浮費當頻年兵燹之餘瘡痍未復
元氣須培本攝理府軫念民艱力圖拯救急應痛
裁浮勒酌減定價官吏之用費既省而羣黎之困
苦立甦現經本攝理府隨同　撫憲將崇陽縣應
徵漕南米石按照舊章大加删減每石定以足錢

四千文一律折收耗米水脚券票等項一併在四
千文之內不准多索民間一文漕糧米石以銀一
兩三錢折解南糧米石以銀一兩五錢折解又每
石隨解水脚銀一錢五分俱用庫平庫色漕糧價
銀批解　糧庫兑收南糧價銀聽候撥解再提解
運費庫平銀八百兩解府轉送　糧臺暫充軍餉
餘銀留作縣中製備徵冊流水券票紙劄書役飯
食等項津貼辦公之用俱在定價四千文之內所
有院道府廳衙門一切陋規浮費全數删除開單
飭知至該縣一切費用自行實力删減自此次定

章之後官吏丁役如敢格外多索一經訪聞或被告發丁胥立拏枷斃官則專案嚴參懲辦除詳明院憲一面札飭崇陽縣遵照開徵外合行臚列刪除浮費剴切示諭爲此示仰崇陽縣紳衿士庶人等知悉爾等須知　撫憲及本攝理府體恤民艱痛裁浮勒酌減定價之苦衷按照舊章大加刪減每石定以足錢四千文一律折收耗米水脚票費一併在内此外不准多索民間分文爾紳民亟應激發天良踴躍輸將務將應完本年漕糧米石赶緊遵照此次定章年内掃數全完該紳民等如果

不知自愛有意抗違定拏照例治罪決不寬貸切切特示

計開刪除崇陽漕南一切陋規單一道差提斗級及修倉册費錢三千六百文一府差提樣米佺錢一千六百文往蒲圻夫三名錢四百八十文一道差催每年隨漕運批費錢四千四百文往蒲圻夫三名錢四百八十文聽事錢四百四十文一道差催每年漕糧項下減平銀兩給費錢三千四百文往蒲圻夫三名錢四百八十文一荆州府差催荆南米費錢四千八百文往蒲圻夫三名錢四百八十文聽事錢四百八十文一省荆委經廳催漕南程儀九七五平紋四兩八錢往蒲圻夫錢四百八十文聽事錢九百六十文隨分錢二千文一司道府各委從九未入人員程儀九七五平紋三兩二錢往蒲圻夫錢四百八十文聽事錢九百六十文隨分錢一千六百文一道委糧庫廳程儀九七五平紋三兩二錢往蒲圻夫錢四百八十文聽事錢九百六十文隨分錢一千六百文一道差提樣米費錢七千文往通山夫三名錢七百二十文差往蒲圻夫價錢四百八十文聽事錢六百四十文一

請斛費錢八十千文一斛省倉米無關有關斛一千五百九十石該費三百六十兩八兌扣錢二百八十八千文一千九百八十二石二斗該費三百九十兩八兌扣錢三百一十二千文一省倉斗級省平紋七兩二錢一六扣錢十一千五百二十文一捐給通山斗級銀二兩四錢每一千扣錢二千四百文一道糧房范年規費銀四十八兩(二三十二兩耐)一領運銀三十六兩(二十兩)一雜款銀三十二兩一紅簿銀三十兩(耐十六兩)一報銷銀十六兩(六兩四錢)一南案銀三兩八錢一抵解進出銀六十九兩一免差銀

六兩四錢（三兩二錢）一單批銀三兩二錢（一兩六錢）一漢陽加增銀二十二兩一蘄水加增銀一十四兩一程單銀六兩四錢（三兩二錢）一庫官土儀銀二兩一國史館銀二兩一奏銷銀二兩四錢一交盤銀二兩四錢一隨分錢一千六百文一道漕糧房年規銀三十二兩一領運銀三十二兩（二十兩）一雜款銀三十兩一紅簿銀二十兩（十六兩）一報銷銀六兩四錢一漕案銀三兩六錢一節省銀六兩四錢一免差銀三兩二錢一松板銀七十五兩（三十六兩）一奏銷銀二兩四錢一交盤銀二兩四錢一大計銀二兩四錢

一漕運議單銀一十兩（三兩二錢）一外隨分錢一千二百文一府糧房董年規銀二十四兩一驗米銀十六兩一奏銷銀二兩四錢一交盤銀二兩四錢一大計銀二兩四錢一漕南房書吏紙筆飯食九三九二每工錢九千三百九十二文一荆州府倉內斗級李錢七千零四十文一承差戶錢七千零四十文一三府漕南劉年規銀四兩八錢又奏銷交代大計銀二兩四錢共費銀七兩二錢八扣錢五千七百六十文又抽分錢六千六百文一道差提樣米錢八千文一號房楊投文錢一十七千六百文一倉內八旗三總靴十雙折錢十八千文一五案上靴五雙折錢四千文一土儀茶葉蕨粉醃肉扇鞭計錢二十四千文一旗布水手升旗犒賞酒計錢六千文一旗頭小旗看米照旗費錢三十千文一兑米上倉小三行酒錢飯食每關四千錢三十二千文一倉內使費照正米每石八文計錢二十八千九百九十七文一八旗頭錢八千文一原差錢一千六百文一總頭號房茶房廳子小三行每一千二百文錢六千文一棚子錢一千文一蘆蓆錢八千文一八關幫斛每關錢一千八百文共

錢十四千四百文一原差下河催米規錢六千文一經廳二爺下河驗米規費車力錢二千七百二十文一倉內三爺抽分錢二千文一送飭知收來八規錢一千二百文一往返盤費錢七十千文一八關兌米費九九二平紋六百兩正一投文費九九二平紋三十兩零四錢一分四釐一程單一張銀一兩九九二平九兑紋一兩八錢一倉收五張銀十兩九兑九九二平紋九兩一案上二釐三毫照正米三千四百十一石三斗八升八合四勺算計銀七兩五錢零五釐九兑九九二平銀六兩七

錢五分四釐一京邊房王樣米費錢二十九千二
百文一糧道卷房彭錢二千七百文一値印房錢
一千文一庫房蘗錢二千四百文一抵批房錢二
千四百文一院單房錢四千八百文一履歷房錢
二千四百文一鹽卷房錢三千二百文一家廟燈
油錢四百文一庫廳錢一千六百文一樣米茶煙
錢二百文一院房兌提程單遲延錢六千四百文
一買土儀錢二十千文一盤纏一切飯食神福等
共錢四十千文一買黃布五疋做大小袋旗號各
十餘錢五千文一廳子上兌較斛照正米算四釐

四毫九九二平紋十五兩零一分一經廳驗米照
正米算三釐三毫九九平紋十一兩二錢五分八
釐一總上袍套折銀二十四兩九兌九九二平紋
二十一兩六錢一庫内折席九九二平紋三兩六
錢一糧道南糧房范年規實紋九七五平紋五十
兩一奏銷費二十兩八折九七五平折紋十六兩
一蘄水加增十兩八折九七五平紋八兩一道房
張每年規銀三十二兩近年添給五十兩一程儀
錢六千文隨兌錢二千文一解水脚找付范道房
銀三十兩一南糧房范規米八石一漕糧房規米

四石一南案房規米四石一漕案房規米四石一
京邊房樣米四石一府糧房樣米一石一府房樣
米四石一三府房規米二石一解米經承飯食米
二石一批差飯食米一石一下省米五廒每廒賞
斗級米四斗共米二石一下荆米七廒每廒底賞
斗級米四斗共米二石八斗一船戶飯食照正米
三千四百一十一石三斗八升八合四勺每石二
升計米二十八石二斗二升七合八勺一荆府兩
總上米六石一八旗四案十二位每二石共米二
十四石一解書飯食米二石一樣米二石一批差

飯食米二石〇以上院道府廳房差銀八百六十
四兩六錢三分六釐錢一千三百零七串八百九
十三文米一百四十一石零全數裁汰
一糧道漕規銀一百兩又門包銀二十兩隨銀二兩一
本府漕規銀一百兩又門包銀十兩隨銀一兩〇以上
道府漕規銀二百三十三兩全數裁汰
一倉内値日書辦或三名四名按年領辦公錢十
九千八百文一本縣開銷門上公分錢二十千文
一管漕家人錢三十千文一簽押錢十六千文一
官折席錢五千一百二十文一師爺征比帶漕錢

十千五百六十文一隨廒口征比二爺抽分錢六千六百文一倉內折席錢三千六百四十文一庫房規錢六千四百文一跟刑錢師爺抽分錢六千六百文一門正三爺抽分錢四千四百文一營汛錢五千四百文一捕衙錢五千四百文一開倉起至封倉止派頭役三四名散役四五名謂之倉差每人每日給飯食錢頭役四十文散役三十文一倉下値日糧書二三名每名每日給飯食錢四十文一折色糧書二三名每名每日給飯食錢四十文一年終送規米教諭四石一千總米六石一訓

導米四石一外委米四石一又外委米四石一典史米四石一巡檢米四石一山長米二石一義學米一石一城裏紳耆四人米四石一庫房米一石一丁廷玉米一石一戶總一人米一石一糧總每名三石一糧房八人米八石一號房米一石一倉差頭三人米三石一聽事米一石一把門二人米一石一倉差六人米一石二斗一大班四名米八斗共送米六十二石○以上縣中一切費用自行痛加刪減

舊志田賦只載賈侯清丈時原額嗣後增減有差俱列後經制中茲仍其例清糧賦役田冊三序損益盈虛可得而稽而平擡末議爲當時芻獻之善者故節采補入遠省改徵折色康熙間靳文襄總督河道疏論生財裕餉兼籌及此軍興以來胡大中丞因漕運方停奉文行之固一時權宜之計也而察吏弊洞民隱消中飽以益上下三鄉踴躍兩稅輸將應時而集卽萬世經常之制豈外是耶

經制

經制者條鞭法也肇於明嘉靖朝萬歷初張居正當國始力行之所刊會稽錄戶口田賦合爲一凡

力差銀差額辦派辦及存留供億諸項一一臚列邑舊志所載卽萬歷壬午所編惟遼餉係後增入則明啓禎制也存諸册見因革之宜焉按萬歷時邑經制夏稅起運抵絹六百九十九疋一丈一尺一寸四分五釐每疋正銀七錢損銀二錢共銀六百二十九兩四錢三分四釐三毫五絲南絹四十三疋二丈八尺九寸八分每疋正銀五錢五分損銀一錢五分共銀三十兩七錢七分六釐四毫撥運本府倉本色小麥米六百一十二石六斗一升四合九勺八抄內撥補本學倉十石實該米六百

零二石六斗一升四合九勺八抄存留本縣倉小
麥米五十石每石折銀五錢共銀二十五兩本學
倉小麥米一百五十石又府倉撥補十石俱每石
折銀五錢共銀八十兩秋糧起運本色兑軍并運
糧官軍行月二糧正耗船脚共米二千六百五十
四石一斗九升三合每秋糧一石派米三斗零六
合二勺南京米一千七百六十一石二斗坐單徵
派大倉米折銀共一百六十四兩五錢五分一釐
二毫一絲撥運辰州軍餉銀四十兩六錢八分楚
府親王祿米折銀一十七兩三錢四毫九絲九微

郡王祿米折銀四兩五錢一分三釐四毫六絲各
將軍祿米折銀六十四兩四錢八分二釐一毫練
兵糧餉折銀六百八十三兩六錢七分九釐三毫
三絲九忽存留本縣倉秋糧夏麥折銀四十九兩
八錢本學倉秋糧夏麥折銀一百一十七兩五錢
七分七釐六毫南北糧運官盤纏銀二十五兩丁
糧額辦起運北京藥味正價銀三兩零五分八毫
九絲六忽八微損銀四錢六釐七毫八絲六忽七
微五塵南京藥味正價銀三錢四分六釐六毫九
絲六忽原無損解緞疋正銀八十三兩五錢損解

十二兩五錢閏月加正損共銀一十九兩二錢白
銷麂皮折銀九十六兩并脚價在內弓箭弦條正
價銀五十五兩六錢五分九釐五毫損解銀二兩
二錢二分六釐三毫八絲翎毛銀四兩四錢一毫
六絲狐狸皮正損共銀五錢營繕司料銀一百七
十一兩一錢二釐撥運軍器銀十八兩一錢五分
科舉銀二十三兩四錢五分淺船銀三十一兩三
錢八分六釐存留坐派銀二百三十兩戶口起運
南京戶口鈔本折正損共銀三十兩七錢二分六
釐八毫五絲七忽遇閏加編撥運本府戶口鈔銀

四十四兩三錢一分六釐遇閏加編驛傳江濟水
夫九十五名共銀三百八十九兩二分五釐本府
遞運所紅船一隻水夫十名共銀七十八兩過關
銀十二兩籐州驛站水夫銀六兩官塘驛中馬四
疋銀一百一十二兩扣民壯六名解辰州軍餉銀
四十三兩二錢原討民壯八十三名裁撥九名原
共銀六百零六兩扣撥七十三兩二錢存留應役
民壯七十四名共銀五百三十二兩八錢遇閏加
編均徭起運扣解濟邊弓兵一名銀六兩撥運楚
府廣阜倉斗級一名銀七兩武岡王教授柴薪二

名銀二十四兩遇閏加編民枚三名武崗王二名
永安王二名共銀三十六兩察院皂隸六名銀四
十三兩二錢布政司京觧一名銀三十兩分守道
皂隸四名銀二十八兩八錢按察司皁隸十六名
銀一百一十五兩二錢屯鹽道快手一名銀七兩
二錢驛傳抽夫快手一名銀七兩二錢戶部抽夫
快手二名銀一十四兩四錢本府正堂皁隸四名
銀一十八兩八錢本府禁子四名銀四十三兩二
錢本府庫子一名銀一十八兩大有倉斗級二名
銀二十兩府學膳夫二名半銀二十五兩遞運所

防夫一名銀七兩二錢府堂打聽快手一名銀七
兩二錢三江口守備廩糧銀二兩七錢四分興國
州界首堡官廩糧銀十兩魚山驛支應銀八十兩
港口驛支應銀一百兩山陂驛支應銀六十兩石
頭口巡司弓兵五名半銀三十三兩遇閏加編存
留本縣柴薪五名共銀六十兩遇閏加編馬夫二
十名共銀八十兩門子三名共銀一十五兩皁隸
十四名共銀八十二兩禁子三名共銀二十七兩
庫子一名銀二十四兩斗級三名共銀三十三兩
孤老布花銀二兩二錢上下津渡各二名吳城渡

一名共銀一十八兩修船銀四兩二年一修每年
二兩本學齋夫六名共銀七十二兩膳夫四名銀
四十兩廩膳生員支領文廟二祭銀四十兩啟聖
祠二祭銀七兩名宦鄉賢二祭銀七兩山川壇二
祭銀一十二兩社稷壇二祭銀一十二兩邑厲壇
三祭銀一十二兩文廟看守門子一名銀二兩四
錢明倫堂啟聖名宦鄉賢門子一名銀五兩教官
門子三名銀一十五兩祭器庫子一名銀四兩鄉
飲二次銀八兩歲貢盤纏銀一十五兩各鋪司兵
二十五名銀一百二十四兩排夫二十六名銀一

百八十七兩二錢腳馬一十二疋銀二百八十八
兩公費銀一百八十七兩一錢七分供應銀五十
兩備用銀六十兩○右諸名目即萬歷壬午所編
而有畧而未書者若朝覲所以遵王鑰廩所以造
士養濟所以恤孤鄉闈會試之需又大比興賢能
之遺意皆不容不志康熙九年遵照布政司刊定
全書增入諸項較前爲加詳焉臚列如左
額載秋糧八千六百六十五石六斗一升九合七
勺該徵銀六千三百八十三兩七錢一分二釐二
毫一絲五忽二塵額載小麥米八百一十二石六

斗一升四合九勺八抄該徵銀二百六十一兩九錢一分五釐二毫四絲三忽○凡稱額載原額者皆萬歷壬午會稽錄原數也互見前田賦中

秋糧小麥該徵遼餉銀二千八百八十六兩六錢三分八釐六絲七忽○卽九釐銀始於明季康熙初滇黔用兵復行之謂之遼餉

原額人丁一萬五百二十七丁除豁免運夫故丁八十四丁外實在人丁一萬四百四十三丁該徵銀一千六百八十七兩八錢六分一毫五絲九忽六塵七纖二渺順治十四年額外新增人丁四十

七丁該徵銀六兩七錢四分三釐一毫五絲二忽四微一塵五纖五渺三漠夏稅桑二絲共九百二十九觔二兩七錢五分秋糧內派

戶部項下起運解南農桑絹正損銀三十二兩三錢一分五釐二毫二絲京庫米折滴珠正損除解費外該五百兩一錢三分五釐二毫三絲八忽二徵大倉米折正損除解費外該一百六十四兩五錢五分一釐二毫江南戶口鈔折正損并閏銀除解費故丁外該三十一兩四錢九分七釐八毫八絲五忽八微八塵二纖批京絹價正損銀七百六十九兩三錢八釐六毫五絲新加絹價銀二百四十四兩七錢八分一絲七忽五微光祿寺改充兵餉除本色果品牲口及解費故丁外該一百八十四兩五錢九分五釐四毫六絲八忽六微二塵四渺新加顏料銀除故丁外該二百二十六兩五錢八分一釐二毫八絲二忽宗祿折色銀除解費外該二百六十二兩八錢六分三釐一毫三絲九微官役俸食銀除故丁外該二十四兩七錢二分八毫四絲四忽民校銀除故丁外該三十五兩八錢八分五釐九毫五忽茶價除解費及故丁外該二

十一兩二錢三分二釐一絲五忽南糧席竹囤頭銀三十八兩四分一釐九毫二絲南糧運官艜纒銀二十兩○此上二項因南糧留省暫入充餉

民田遼餉銀二千八百八十六兩六錢三分八釐六絲七忽新增丁銀六兩七錢四分三釐一毫五絲二忽四微一塵五纖五渺三漠賦役舊編冗款裁剩銀除故丁外該五百八十七兩七錢一分五釐四毫五忽四微七塵順治九年裁修宅家伙書役工食等銀除故丁外該二百四十兩三分一釐四毫一絲四忽六微順治十二十四年裁柴薪油

燭廩糧膳夫鄉飲供應等銀除故丁外該四百八十八兩七錢一分九釐五毫三絲七忽七微順治十六年裁教官俸食及補裁門斗并民壯馬快工食除故丁外該銀三百六十六兩三錢四分六釐九毫四絲九忽六微康熙元二年裁書辦廩糧銀除故丁外該一百八十兩六錢二分一釐六毫四絲六忽康熙五年裁大使司俸銀除故丁外該三十一兩四錢一分九釐四毫

禮部項下起運批京藥味正損銀除解費故丁外該三兩一錢六分二釐八毫五忽四微七塵五纖

解南藥味銀除故丁外該三錢四分五釐五毫九絲二微七塵五纖改扣光祿寺牲口銀除故丁外該二十兩二錢八分四釐七毫九絲四忽 微四塵一纖三渺

工部項下起運緞疋正損帶閏銀除解費故丁外該一百四兩二錢一分三毫一絲七忽白硝麂皮正損除解費故丁外并新加京損該九十六兩五錢五分四釐八毫三絲狐狸皮正損除解費故丁外該四錢九分八釐四毫四忽翎毛正損除解費故丁外該四兩三錢八分六釐一毫一絲六忽營繕司料銀正損除解費故丁外該一百七十二兩九分八毫七絲八忽二微新舊弓箭弦條正損除解費故丁外該三百六兩一錢三分七釐九毫二微軍器銀除解費故丁外該五十四兩七錢二分八毫八絲二忽六微

光祿寺項下起運甲丁庫供應銀除摘入兵餉改解牲口及解費故丁外該四十九兩九錢四分一釐一毫三絲一忽五微三塵八纖三渺各部寺解費除故丁外共該九兩八錢三分六釐九毫七絲九忽七微七塵

隨漕款項起解督糧道徵收楞木松板銀六兩二錢三分五釐六毫運糧官軍行月二糧米四百一石三斗五升原議每石折銀四錢共折銀一百六十兩五錢四分三六耗蓆輕賫銀二百八十八兩三錢九分六釐五毫每百原議解淮損銀一兩該銀二兩八錢八分三釐九毫六絲五忽淺船銀除解費故丁外該四十六兩六錢四分一釐四毫四絲三忽二微部解兌官盤纏銀六兩六錢

撥運款項科舉銀并辰州兵餉改抵科舉正解費共銀三十四兩九錢六分三釐九毫五絲兵部江

濟水夫改解補驛道馬銀三百九十二兩五錢二分六釐二毫二絲五忽金口驛水夫一名正閏銀六兩一錢官塘驛中馬四疋正閏銀一百二十二兩魚山驛支應銀八十四兩潜口驛支應銀一百兩山陂驛支應銀六十兩本縣脚馬正閏撥解銀二百四十四兩排夫除本縣應役外該解一百一十兩四錢遞運紅船一隻水夫十名正閏工食并修船銀八十五兩二錢界首堡官糧銀改下江防修理兵船銀十兩

存留款項各官俸食具除運夫及故丁裁充外撫院門子四名銀二

十三兩九錢四分鋪兵二名銀一十一兩九錢七分傳報舍人四名銀二十三兩九錢四分本府皁隸一十六名銀九十五兩七錢九分本縣知縣俸銀四十四兩八錢八分猩紅銀一十九兩九錢六分門子二名銀一十一兩九錢七分皁隸一十六名銀九十五兩七錢九分民壯五十名銀一百一十九兩七錢四分馬快八名銀四十七兩八錢八分轎傘扇夫七名銀四十一兩八錢四分燈籠夫四名銀二十三兩九錢四分禁卒八名銀四十七兩八錢八分修理監倉銀一十九兩九錢六分庫

子四名銀二十三兩九錢四分斗級四名銀二十三兩九錢四分典史俸銀三十一兩四錢五分門子一名銀五兩九錢八分五釐捕皁隸四名銀二十三兩九錢四分馬夫一名銀五兩九錢八分五釐教官一員俸銀三十一兩四錢五分齋夫六名銀三十五兩九錢二分喂馬草料銀一十一兩九錢七分門斗五名銀一十四兩三錢三分四釐各鋪兵徭編正閏銀九十三兩六錢上下津渡夫二名吳城渡夫一名銀九兩八錢本縣排夫工食銀三十六兩龍亭儀仗修理銀二兩文廟二祭銀四

十兩啓聖祠二祭銀七兩名宦鄉賢二祭銀七兩山川壇二祭銀一十二兩社稷壇二祭銀十兩邑厲壇三祭銀一十二兩本縣霜降祭旗銀一兩五錢鄉飲二次銀四兩文廟香燭銀一兩二錢二分廩膳生員二十名膳夫銀一十三兩三錢三分四釐分司公館什物銀三兩四錢歲貢盤纏銀一十五兩歲貢生員正貢花紅旗匾銀二年一次每年五兩歲貢正陪二名赴考脚力每年一兩歲科考試卷供應賞給銀二十二兩五錢又協濟江夏縣搭廠銀五兩科舉生員盤纏銀三年一次每年二

十五兩科場對讀生員六名每名一兩謄錄書手二十名每名五錢每年銀五兩三錢三分三釐刋録梨板水脚銀每年三錢八分三釐新舊會試舉人以六名爲定每名長夫二十四兩每年四十八兩本縣朝覲造册紙劄盤纏銀四兩三錢三分三釐孤貧口糧一十二兩六錢孤貧布花銀二兩一錢備用銀四十四兩四錢

租田款項（原係額外不入條編）學田一頃九十八畝一分三釐七毫五絲地一十七畝九分四釐九毫該租課穀一百九十一石七斗五升七合七勺請給貧生

廢楚籓地三十頃三十八畝六分一釐該額徵銀一百四十二兩九錢又加九釐畝餉銀二十七兩三錢四分七釐四毫九絲廢籓穀田六頃五十九畝五分二釐該租一百三十二石六斗四升奉文每石折銀四錢六分六釐該折穀銀六十二兩二錢七分九釐九毫六絲八忽

班匠起運（匠戶自辦）江南人匠除逃亡故絕外見在納班銀二十五兩二錢解司充餉（已上庚戌志　以下甲寅增）已上舊志照康熙九年全書維時猶屬大差糧餉收解在各甲里民自二十四年奉

旨禁革里長凡一應地丁等項錢糧以及南漕米石俱係官徵官解臚列如左

一人丁除原額併順治十四年新增外續自康熙十一年起至五十一年新增人丁六十六丁詳見後戶部項下該銀一十兩六錢六分七釐三毫一絲四忽九微九塵二渺

一田地塘仍舊

一秋糧米麥仍舊照原則攤派該銀一萬一千九百六十三兩三錢八分四釐六毫八絲一忽九塵五纖九渺七漠七芒一沙自雍正七年奉

旨減除丁餉通省丁隨糧派案內崇邑除丁銀四百一十一兩五錢七分七毫三絲五忽四微八塵三纖五渺九漠五沙二灰〇郎下通共實徵數

額載秋糧八千六百六十五石六斗一升九合七勺該派銀一萬七百五十四兩八錢九分四釐六毫四絲九忽八微九塵三纖三渺八漠六芒五沙八灰每石作一兩二錢四分一釐二毫派

漕糧正米一千五百五十八石九斗外四耗米六百二十三石五斗六升外二耗米三百一十一石七斗八升又清出正米六升七合七勺五抄又

出四耗米二升七合一勺又清出二耗米一升三
合五勺五抄共該上倉起解漕米二千四百九十
四石三斗四升八合四勺赴省交兌有隨漕銀上下年分解詳
見後隨漕款項
南糧正米一千七百六十一石二斗耗米四百四
十石三斗又清出南米九升五合六勺八抄共該
上倉起解南米二千二百一石五斗九升五合六
勺八抄赴省併撥解他處有驛腳銀上下年分解詳見後驛腳款項
麥米八百一十二石六斗一升四合九勺八抄該
派銀五百八十兩二錢七釐九絲五忽七微二塵

每石作七錢一分四釐派
更名該銀二百一十六兩七錢一分二釐二毫〇
通共實徵銀一萬一千五百五十一兩八錢一分
三釐九毫四絲五忽六微一塵三纖三渺八漠六
芒五沙八灰
一起解布政司戶部項下批京新舊絹價銀一千
一十四兩八分八釐六毫六絲七忽五微　江南
農桑絹價銀三十二兩三錢一分五釐二毫二絲
京庫滴珠正損除解費外該銀五百兩一錢三
分五釐二毫三絲八忽二微　太倉米折正損除

解費外該銀一百六十四兩五錢五分一釐二毫
江南戶口鈔正閏除解費併扣故夫外該銀三
十一兩四錢九分七釐八毫八絲五忽八微八塵
二纖　光祿寺甲丁供應除本色果品牲口及解
費併扣故夫外該銀一百八十四兩五錢九分五
釐四毫六絲八忽六微二塵四渺　新加顏料銀
除扣故夫外該銀二百二十六兩五錢八分一釐
二毫八絲二忽　宗祿折色銀二百六十二兩八
錢六分三釐一毫三絲九微　官員俸薪銀除扣
故夫外該銀二十四兩七錢二分八毫四絲四忽

民校銀除扣故夫外該銀三十五兩八錢八分
五釐九絲五忽　茶價銀除扣故夫外該銀二十
一兩二錢三分二釐一絲五忽　觜竹園頭銀三
十八兩四分一釐九毫二絲　南糧運官廩銀二
十兩　賦役舊編冗款銀除扣故夫外該銀五百
八十七兩七錢一分五釐四毫五忽四微七塵
新增人丁銀八兩三錢五分四毫一絲二忽二微
六塵二纖五渺三漠　康熙二十一年增丁銀四
兩三錢六分三釐九毫一忽五微八塵六纖九渺
二十五年增丁銀一兩七錢七分七釐八毫八

絲五忽八微三塵一纖七渺　三十一年增丁銀
九錢六分九釐七毫五絲五忽九微八纖二渺
三十六年增丁銀六錢四分六釐五毫三忽九微
三塵八纖八渺　四十一年增丁銀三錢二分三
釐二毫五絲一忽九微六塵九纖四渺　四十六
年增丁銀四錢八分四釐八毫七絲七忽九微五
塵四纖一渺　五十一年增丁銀四錢八分四釐
八毫七絲七忽九微五塵四纖一渺　九釐遼餉
銀二千八百八十六兩六錢三分八釐六絲七忽
順治九年會裁銀除扣故夫外該銀二百四十

兩三分一釐四絲四忽六微　順治十二四年新
裁銀除扣故夫外該銀四百四十八兩七錢一分
九釐三毫九忽五微　順治十六年新裁銀除扣
故夫外該銀三百六十六兩三錢四分六釐九毫
四絲九忽六微　康熙元二年新裁銀除扣故夫
外該銀一百八十兩六錢二分一釐六毫四絲六
忽　康熙五年新裁銀除扣故夫外該銀三十一
兩四錢一分九釐四毫　清出新墾條銀五錢九
釐四絲　遼餉銀三錢二分六釐五毫五絲　優
免充餉銀二百二兩二錢三分內於康熙二十三

年奉文三分復一餘糧銀四十八兩支結外實應
起解銀一百五十四兩二錢三分　尾零銀一分
七釐三絲一忽四微七塵二纖一渺八漠
一奉裁款項本縣知縣心紅紙張銀除扣故夫外
該銀一十九兩九錢五分八釐七毫八忽六微二
塵九纖五渺七漠二芒　修理監倉銀除扣故夫
外該銀一十九兩九錢五分八釐七毫八忽六微
二塵九纖五渺七漠二芒　喂馬草料銀除扣故
夫外該銀一十一兩九錢七分五釐二毫二絲五
忽一微七塵七纖七渺四漠四芒　修理龍亭銀

除扣故夫外該銀一兩九錢九分五釐八毫七絲
八微六塵二纖九渺五漠七芒　本縣應朝覲盤
纏銀除扣故夫外該銀四兩三錢二分四釐三毫
八絲三忽五微四塵三纖二渺八漠八芒　分司
公館什物等銀除扣故夫外該銀三兩三錢九分
六釐九毫七絲二忽二微八纖七渺五漠三芒
備用銀除扣故夫外該銀四十四兩三錢八釐三
毫三絲三忽　微五塵七纖六渺五漠　歲科考
試卷價供應給賞等銀除扣故夫外該銀二十二
兩四錢五分三釐五毫四絲七忽二微八纖二渺

六漠九芒　協濟銀除扣故夫外該銀四兩九錢
八分九釐六毫七絲七忽一微五塵七纖三渺九
漠三芒　科舉生員花紅酒席等銀除扣故夫外
該銀二十四兩九錢四分八釐三毫八絲五忽七
微八塵六纖九渺六漠六芒　歲貢縕纏銀除扣
故夫外該銀一十四兩九錢五分二釐　渡夫修
船銀除扣故夫外該銀六錢五分八釐四絲六忽
七微七塵三纖三渺二漠二芒　科舉半裁銀除
扣故夫外該銀一十七兩三錢五分九釐八絲六
忽八微三塵五渺六漠九芒五沙　解費半裁銀

除扣故夫外該銀八分六釐七毫九絲五忽四微
三塵四纖一渺五漠三芒　科場半裁銀除扣故
夫外該銀二兩六錢六分一釐一毫四絲九忽五
微八纖二漠九芒五沙　刊刻梨板半裁銀除扣
故夫外該銀　錢九分一釐二毫五絲四忽三微
二塵五纖四渺四漠二芒五沙
兵部項下驛站等項錢糧原於協濟徒多轉折等
銀案內奉文派協江夏縣改解充餉銀七百二十
四兩
一更名外派更名楚租穀折價銀二百五兩一錢

七分九釐九毫六絲八忽內於康熙三十九年奉
文歸入民賦項下銀二十三兩四錢一分四釐四
毫五絲八忽均攤外實應起解銀一百八十一兩
七錢六分五釐五毫一絲　更名地畝九釐餉銀
二十七兩三錢四分七釐四毫九絲
民賦項下均攤外穀折價銀二十三兩四錢一分
四釐四毫五絲八忽
禮部項下北京藥味銀除扣故夫外該銀三兩一
錢六分二釐八毫五忽四微七塵五纖　江南藥
味銀除扣故夫外該銀三錢四分五釐五毫九絲

二微七塵五纖　牲口銀除扣故夫外該銀二十
兩二錢八分四釐七毫九絲四忽一微四塵一纖
三渺
工部項下緞疋正損銀除扣故夫外該銀一百四
兩二錢一分三毫一絲七忽　白硝麂皮併新加
京損共銀除扣故夫外該銀九十六兩五錢五分
四釐八毫三絲　狐狸皮正損銀除扣故夫外該
銀四錢九分八釐四毫四忽　翎毛正損銀除扣
故夫外該銀四兩三錢八分六釐一毫一絲六忽
新舊弓箭弦條正損銀除扣故夫外該銀三百

六兩一錢三分七釐九毫二微　嘗膳司料銀除
扣故夫外該銀一百七十二兩九分八毫七絲八
忽二微　軍器銀除扣故夫外該銀五十四兩七
錢二分八毫八絲二忽六微　匠班銀二十五兩
二錢奉文歸入民賦項下
光祿寺項下果品銀除扣故夫外該銀四十九兩
九錢三分八釐一毫三絲一忽五微三塵八纖三
渺〇已上六十四項地丁條遵更名等項共銀九
千四百九十八兩七錢六分九釐五毫六絲八微
一塵三纖五渺九漠五沙內於雍正七年奉文均

攤除減丁銀又奉文支給武廟祭祀等銀外實應
起解地丁銀九千五十一兩四錢五分二釐八毫
二絲五忽三微三塵四纖四漠七芒八灰〇按丁
銀減四百一十一兩五錢七分七毫三絲五忽四
微八塵三纖五渺九漠五沙二灰武廟祭銀支三
十五兩七錢四分六釐
一起解驛鹽道兵部項下驛站協濟江南江濟紅
船等銀一千一百九十四兩二錢五分六毫八絲
五忽內除派協江夏縣改解充餉七百二十四兩
外應解驛憲交收裁貳充餉銀四百七十兩二錢

五分六毫八絲五忽　排夫工食銀四十三兩九
錢二分奉文全解協濟蒲圻鳳山驛〇已上二項
共銀五百一十四兩一錢七分六毫八絲五忽
一起解督糧道隨漕項下三六耗蓆輕賫淮損等
銀二百九十一兩二錢八分四毫六絲五忽　運
糧官軍行月糧銀一百六十兩五錢四分　楞木
松板銀六兩二錢三分五釐六毫　部解兑官盤
纏銀六兩六錢　淺船銀除扣故夫外該銀四十
六兩六錢四分一釐四毫四絲三忽二微〇已上
五項共銀五百一十一兩二錢九分七釐五毫八

忽二微
驛腳項下驛腳銀二百一十一兩三錢四分四釐
給解役驛腳銀五十二兩八錢三分六釐　清
出驛腳銀一分一釐四毫八絲一忽六微〇已上
三項共銀二百六十四兩一錢九分一釐四毫八
絲一忽六微
存留項下應解支銀一千二百一十兩七錢一釐
四毫四絲五忽四微七塵九纖三渺三漠九芒五
沙　燈籠夫工食銀二十三兩九錢五分四毫五
絲三微五塵五纖四渺八漠八芒奉裁充餉　科

費全留銀除故丁外該銀一十七兩三錢五分九釐八絲六忽八微三塵五纖六漠九芒五沙　解費半留銀除故丁外該銀八分六釐七毫九絲五忽四微三塵四纖一渺五漠三芒　科場對讀謄錄半留銀除故丁外該銀二兩六錢六分一釐一毫四絲九忽五微八纖二漠九芒五沙　刊刻梨板半留銀除故丁外該銀一錢九分一釐二毫五絲四忽三微二塵五纖四渺四漠二芒五沙　原編界首保官廩糧改編下江防道修理兵船銀除扣故夫外該銀九兩九錢七分九釐三毫五絲四

忽三微一塵四纖七渺八漠六芒

起解司府役食款項撫部院門舍鋪兵工食銀五十九兩八錢七分六釐一毫二絲五忽八微八塵八纖七渺二漠　本府皂隸十有六名除故丁外該銀九十五兩八錢一釐八毫一忽四微二塵一纖九渺五漠　新舊會試舉人長夫除故丁外該銀四十七兩九錢九毫七微一塵九渺七漠五芒

縣倉項下支剩除故丁外該銀二兩五錢一分四釐七毫九絲七忽二微八塵七纖三渺二漠三芒

一支給款項本縣知縣俸銀四十四兩九錢七釐九絲四忽四微一塵六纖五渺三漠九芒　門子二名銀一十一兩九錢七分五釐二毫二絲五忽一微七塵七纖七渺四漠四芒抽解督撫門子外班工食銀二兩八錢　皂隸十六名銀九十五兩八錢一釐八毫一忽四微二塵一纖九渺五漠　民壯二十名銀一百一十九兩七錢五分二毫二絲五忽一微七塵七纖四渺三漠八芒　馬快八名銀四十七兩九錢九毫七微一塵九渺七漠五芒　禁卒八名銀四十七兩九錢九毫七微一塵

九渺七漠五芒內抽解協幫本府倉夫工食銀五兩九錢八分七釐六毫零又抽解三兩　轎傘扇夫七名銀四十一兩九錢一分三釐二毫八絲八忽一微二塵二纖一渺四漠　庫子四名銀二十三兩九錢五分四毫五絲三微五塵五纖四渺八漠八芒　斗給四名銀二十三兩九錢五分四毫五絲三微五塵五纖四渺八漠八芒　典史俸銀三十一兩四錢五分四釐九毫二絲四忽　捕門子一名銀五兩九錢八分七釐六毫一絲二忽五微八塵八纖八渺七漠二芒　捕皁四名銀二十

三兩九錢五分七毫五絲三微五塵五纖四渺八漠八芒　捕馬夫一名銀五兩九錢八分四釐六毫一絲二忽五微八塵八纖八渺七漠二芒　教官二員俸銀三十一兩四錢五分四釐九毫二絲四忽八微二渺七芒　門斗五名銀一十四兩三錢七分二釐二毫七絲二微一塵三纖二渺九漠二芒　齋夫六名銀三十五兩九錢二分五釐六毫七絲五忽五微三塵三纖二渺三漠一芒　嘉魚縣石頭口寺兵工食銀十八兩四錢四分四釐八毫四絲五微八塵二漠內抽解糧憲庫大使書

辦紙筆銀二兩一錢六分　各鋪遞兵編正閏銀九十三兩五錢九釐五毫三絲六忽五微一纖五漠七芒　文廟崇聖名宦鄉賢山川社稷邑厲霜降等銀八十九兩三錢一分五釐二毫二絲一忽一微一塵七纖三渺三漠一芒（應赴司請領荒缺銀一錢八分四釐七毫零）　鄉飲二次銀三兩九錢九分一釐七毫四絲一忽七微二塵五纖九渺一漠　香燭米折銀一兩二錢五分七釐三毫九絲八忽六微四塵三纖六渺六漠三芒　奉文抽支關廟祭祀銀三十五兩七錢四分六釐　歲貢生員花紅銀五兩九錢八分七釐六毫一絲二忽五微八塵八纖八渺七漠二芒　廩生二十名餼糧銀四十八兩　膳夫銀一十三兩三錢五釐八毫五忽四微二塵四纖二渺　渡夫工食銀九兩一錢三分一釐一毫八忽二微八塵三纖二渺八芒　孤貧七名口糧銀一十二兩五錢七分三釐九毫八絲六忽四微三塵六纖六渺三漠一芒　孤貧布花銀二兩九分五釐六毫六絲四忽四微六纖一渺五芒〇右一條鞭法綱舉目張俱有條理但或裁或增前後層見疊出易眩人目且算位零碎無益而適足滋

弊靳輔評銀之尾數當止於忽穀之尾數當止於撮良然今各額仍舊數其略有不合者此類是已因亘總其成算并新增款項分登於後以便瀏覽

一錢糧條編舊額

原額地丁正銀九千五十一兩四錢五分二釐八毫二絲五忽三微三塵四纖四漠七芒八灰今九千五十四兩九錢八釐

原額屯餉正銀二百一十四兩九錢三分七釐

原額條餉即九釐餉正銀一千兩〇此經順治康熙歷年裁定之額詳見前與上屯餉二款俱歸地

丁漕內征解
通共實徵錢糧正銀一萬一千五百五十一兩八
錢一分三釐
原徵北漕實徵正米二千四百九十四石三斗四
升八合五勺
原額南漕實徵正米二千二百零一石五斗九升
五合七勺○此二項咸豐七年改徵折色詳上田
賦志已上所列原額指雍正甲寅志非康熙庚戌
額數
一支給款項
社稷山川神祇邑厲壇每年春秋二祭品物銀各
仍舊
文廟崇聖祠名宦鄉賢祠每年春秋二祭銀仍舊
文昌廟每年春祭品物銀一十一兩九錢一分五
釐秋祭銀兩同聖誕祭品銀一十一兩九錢一分
五釐係新增總計三十五兩七錢四分五釐
武廟每年春祭品物銀一十三兩四錢六分九釐
五毫秋祭銀兩同聖誕祭品銀八兩八錢零七釐
總計三十五兩七錢四分六釐與舊同
額設知縣養廉銀八百兩正

額設教諭俸薪銀一十五兩七錢六分加品銀二
十四兩二錢四分齋夫銀一十八兩
額設訓導俸薪銀一十五兩七錢六分加品銀二
十四兩二錢四分齋夫銀一十八兩
額設典史養廉銀六十兩正
額設桂口巡檢養廉銀六十兩正
額設廩生二十名每名餼糧膳夫銀三兩零六分
六釐七毫共銀六十一兩三錢三分四釐
額設孤貧七名銀仍舊道光間奉武昌府札增設
二十名又額外收養二十二名府縣所捐銀兩詳
建置義所志
鄉飲歲貢新生花紅各鋪舖兵渡夫等銀俱仍舊
門子皁隸民壯馬快禁卒轎傘扇夫等類銀俱仍
舊
一租田分給款項
書院膏火銀三十八兩八錢七分八釐
社師二名銀二十二兩
貧生十名銀十五兩
極貧十名銀二十兩○已上四項於學田租銀九
十五兩八錢七分八釐內分給

六義學膏火錢各三十二串自義學田租分給
與賢莊育嬰堂各有租田其租穀數目分給條例
注各項下見學校義所志

物產

盈虛消息天道也撙節維持有人事焉即物產可驗已崇陽在趙宋茶絹迭興遞元暨明孰嗇孰豐書缺有閒大約木棉著花則條桑減蔭非復乖崖舊植矣

國初邑東南隅種葛苧地黃紅花芥穗之屬延及平阪十之三西南隅種藍蔗山藥瓜子煙草之類奪去五穀十之七犁鋤之夫半輟業以居貨爲事閒

經汪際炅著農桑論矯之謂舊志崇俗不事貿易利一歸賈客之論階之厲也迄今二百有餘年山林園圃之所出又與昔異貿易者益熙攘道路閒無時休息謂此盡由天道豈其然歟夫菽粟布帛生命所關百世不易至於他物則有厚利必有大害風俗因以澆人心因以薄害孰甚焉崇儉而絀侈重本而抑末轉移之微權端歸人事有心經世者不可不深長思也今按崇陽物產有他邑所同者有一邑所獨者有以土宜而勝者有以補物所

靈者有有利無害者有有害無利者有無害無利者有有利有害者有恥言利不知其利甚溥者有視爲利不知其害無涯者並列於志覽者擇諸

穀類　稻有二種糯者宜飯粳者宜酒二種又各分數種紅白異色早晚異時邑東新塘嶺出者最早　黍藝者絕少　粱俗名高粱有糯有粳又一種名包蘆或呼包穀苗葉類粱結實如排人齒有鬚如馬鬃山民多植之　粟有糯粳二種赤白黃三色細者曰狗尾粟　麥大小兩種又一種爲燕麥　蕎苦甜二種一歲兩收　豆有黃黑赤綠蠶

豌大泥米諸種斑色者曰麻雀蛋螺螄旋蠶豆一名牛皮豌　芝麻黑白二種黑者爲胡麻尤勝

芋有紫白二色分數種水田旱田俱栽可以代糧并可漬粉釀酒又一種名磨芋尖葉對生根大於芋磨細作團煮去其毒亦可食　薯紅白二種乾隆初自閩地傳來崇山徧處皆是五六月閒截藤扦插蔓生布地十月掘之結實纍纍生熟俱可食鉋絲切片屑粉釀酒熬糖俱宜藥亦甘脆其利甚溥山民多用以當糧

蔬類　萊菔一名蘿蔔張乖崖令民種之當時呼

知縣菜　菘俗呼白菜　芥味辛苦有毛小葉而紅者曰辣菜　莧有紅白二色又有冬莧馬齒雞冠諸名　油菜子可榨油　菠薐　萵苣　蒿有茼蔾蔞數種　苦菜　蕓薹　胡荽　蘿菜觧野葛毒　白花菜　韭　葱　蒜出白泉菖蒲原　薤俗名藠　薑出雨山今稀　跭躨名豇豆　扁豆　刀豆又有龍爪虎爪羊眼豆等名　筍各竹俱宜　藕　菌生松下者佳俗呼三九菇以三月九月生也其他各色不一多有毒能殺人　地皮菜一呼斑菜香味俱勝　鼠耳俗呼地皮菇　羊

蹄與上俱野蔬名詳山志　蕨初生如雀足之拳根碎可澄粉　黃花菜生田間春初開花如散金採去苦水可當園蔬飢民用以代糧

蓏類　黃瓜熟則色黃　冬瓜　絲瓜　筲瓜青白二色　南瓜俗呼北瓜　西瓜一名甜瓜　苦瓜　筍瓜　金瓜　瓠一作壺形長而一頭偏重又有短項大腹者捻頸者曰葫蘆　茄一名落蘇紫白二色　大胡椒亦呼金椒　蒸菇　勃齊一名鳧茈

果類　桃山中隨處有之故邑號桃溪　梅　李郁李　杏　梨青褐二色分數種出西莊楊林銅鐘坪等處　棗出菖蒲原及臺山之麓　栗橡俗名尖栗　柿　柑大小數種　橘　柚王禹偁送張誡序果多橘柚　橙　香櫞　石榴　楊梅　枇杷　枳椇子　白果一名銀杏　櫻桃林檎俗呼花紅　藤梨生山中其藤浸水有涎苦櫧子　櫟子可漬粉　榧子　葡萄　核桃木瓜香者供書案最宜　桑椹　椒香者俗呼花椒茗飲恆用之　菱　芡　蓮子　落花生出謝家洲洪鐘垻等處　無花果一名優曇鉢

藥類　茯苓　黃精　艾　石菖蒲葉小而香者俗名洗手蘭　仙茅根　紫蘇　薄荷　細辛香薷　香附即莎草根　三七　牛膝　澤蘭卷柏　藿香　車前草　石斛　木通　天丁即皂莢刺　芫花　夏枯草　甘葛　獨活　半夏前胡　茜草　鬱金草　小茴　蒼耳　射干即蝴蝶花　丹參　苦參　元參　沙參　茱萸兎絲　葳靈仙　骨碎補　五加皮　何首烏赤白二種　淡竹葉　天門冬　麥門冬　蒲公英　益母草　荸薺出雨山諸處　高良薑　南

[illegible]　百合　山豆根　土茯苓　金銀花　旱蓮
草　萞麻子　萆薢　馬兜鈴　天葵　荆芥
劉寄奴　蛇牀子　草決明俗呼觀音茶用以當
茗　覆盆子　栝蔞仁　枸杞　桔梗　地榆
桑寄生　楓寄生　山楂　烏藥土產最多諺云
崇陽烏藥當柴燒　桂枝　金櫻子　山藥　杜
仲　地骨皮　瞿麥　山梔子　穀精　馬鞭草
淫羊藿　地黃舊種今無　蒺藜　藜蘆根
七葉一枝花小本生山巖間根治癰毒以下土人所用畧志
一二陽雀花治腰脚痛　巖白菜生石上治熱病

半邊蓮治蛇毒
草類　靈芝　萱　芸　吉祥　書帶　龍鬚出
銅鐘山梧桐山等處作繩條用之　蔦通城人多
採取緝布　茅可覆屋嫩葉含花未吐曰芒取以
編繩作鞋老則刈其末作帚　鳳尾　虎耳　狗
尾　鴨舌　萬年青　仙人掌　子午藤　萑薕
杜若　天泡茄　青蒿　邪蒿　雁來紅　三
白草生田間三葉白則穀熟　鹿葱葉槁始花
烏喙俗名老鴉囂一名野鹿葱　紅花用染布又
一種農人種以薙田蕃生甚賤　螢火草開藍翠

花　瓦松　荇　藻　萍青紫二色　苔　金鳳
尾　破銅錢水草也俗以其狀名之　莎　芭蕉
燈心草　甘蔗今稀　黃藤草一名鉤吻一名
斷腸草一名水莽草一名鬼點頭有毒婦人輕生
者每服之治以雄雞血白蠟蘿菜山豆根飲冷水
則不治　骨牌草葉上有骨牌點紅黑位置與牌
無異
花類　蘭　蕙　牡丹　芍藥　蓮　菊種類甚
多又有五月六月萬壽等種　辛夷　棠棣　海
棠　梅花白紅綠蕚數種　蠟梅　桃花有碧桃

鴛鴦等名　夾竹桃　金絲桃　葵　淩霄　紫
荆　繡毬　薔薇　木芙蓉　紫薇一名怕癢樹
紅蕉　白芨　杜鵑紅紫黃三色　鳳仙　月
季俗呼月月紅　山礬一名鄭花俗呼春桂　木
槿　玉簪　酴醾　夜合　瑞香　百結一名黃
瑞香　八仙每開八朵　薝蔔即重瓣梔子又一
種矮者供盆玩　雞冠　臙脂　剪春羅　剪秋
紗　秋海棠　石竹單瓣者名洛陽錦　桂有黃
白丹三色又有四季開者　玉蘭　山丹俗呼獄
[illegible]紅　蓼　罌粟花似蓮子殼俱入藥今禁種

木類 梓 杞 枏南山舊產今無 樟 柹
柏 檜 桑根皮入藥 柘 榆 槐 檀 椆
櫧 檆俗作杉 椿 楊黃白水數種 柳
楮 櫟 柞 楓 冬青 椶櫚 桕俗呼木子
樹高隄菖蒲原最多 桐結實榨油 梧桐 水
桐 楝 楠葉綴紅癭破之蚊出俗呼蚊蟲樹
皁莢 樧楕 欏 櫬 樗類椿而臭 公婆樹
生上津渡旁榆柳皁莢糾結而成今無并下皆俗名
雞遺樹 魚腥樹 蒸銀樹結子赤且堅歷久色
不變置銀褱中驗實色

竹類 南竹龍泉壺頭方山等處居多 筆竹
紫竹 水竹 叢竹 苦竹 貓竹 鳳尾竹
羅漢竹 龜紋竹產昌國寺後紋如龜殼今無
天竹
禽類 雞 鴨 鵝 燕 瓦雀 鵓鴿 鴿
雉 竹雞 錦雞方山有之不多見 鳩 布穀
子規 百舌 鵙 鴷即啄木 鷃 桑扈
粟雀 鸜鵒 鶺鴒 鴽一名鵪鶉 鶯一名黃
鸝 畫眉鳥 白頭翁俗名芒花雀 鷓鴣 頻
伽鳥巖頭方山諸處俱有之大踰鴝鵒毛紺色聲
如胡琴性馴與人近一名妙音鳥一名太平雀宋
徽宗試畫院萬年枝上太平雀萬年枝謂檍樹或
云冬青樹 鳧 雁 鸊鷉 鷗 鷺 鸌水鳥
夜高飛而鳴可占晴雨 鸛 鶩 秧雞夏月晝
夜鳴田水中 翡翠 烏鴉有白頸純黑二類西
山有純白者又純黑而小者千百成羣見則主兵
災水災饑荒病疫 鷹 鷂 鵰 鴟鴞 勸讀
鳥小鳥也短身修尾其聲如云讀書必有貴
獸類 牛 馬 狗 豕 貓 羊 虎 豹
麂 兔 麝 豺 狼 狐 貍香者味絕佳

豻 獺 野豬 山牛今無 猴舊產白崖山
今無 鼠有數種黃而大者鼬俗呼黃鼠狼好齧
雞吸血其毛可為筆 猬 蝙蝠
鱗類 鯉 鯿產河田潭味特美曰三角鯿 鱖
鰱 鯽 鱒 鮎 鰷 鯶 鰻 鰍 鯊
青魚 草魚 汕魚產曾溪巖春夏閒隨水出青
山港蒸食多油雖冷不腥魚之最美[illegible]長 鱂魚
類青魚出壺頭灘石穴鱂長鱗堅味甚旨俗有是
名 穿山甲 蛇 蜥蜴 蝘蜓 龍子產臺山
龍井無鱗四足赤腹黑斑取養盆中經久輒不知

所在

介類　龜　鼈　蟹　鰕　螺　蚌　蝸

昆蟲類　蠶　蜂　螺蠃　蝴蝶　蟬　蟪蛄

蠅　螢　蜘蛛長脚爲蟢子見則吉　絡緯　蟋

蟀　蚱蜢　蜻蜓　蛇　權輿父　蛣蟯　蛭

蚯蚓　蟻　蛞蝓　蟾蜍　蛙未生脚爲蝌蚪

蠍　蜈蚣　斑蝥　紅娘　蠅虎　螳螂　蚊

蚋　蠛蠓　蚤　蝨　孑孓　叩頭蟲

貨類　絲　紬　絹　苧麻　木棉花　棉布

皮牛麂狐豻等物　蜜　蜜棗　油桐柏茶菜棉

子等名　粉藷蕨葛藕等名　豆油皮豆腐將注

缸取釜面凝汁卷之作箭曰豆油棍　料香山民

用水碓屑香木爲之　紙石坑出者可印書方山

龍泉等處出火紙南山出斗笠紙最賤爲草紙出

不一處　靛種藍漬汁浮水面者爲靛花　黑石

出石子嶺可鐫印　赭石　石灰　炭　瓦器

茶龍泉山產茶味美見方輿要覽今兩山俱種山

民藉以爲業往年茶皆山西商客買於蒲邑之羊

樓洞延及邑西沙坪其製采粗葉入鍋用火爐置

布袋揉成收者貯用竹簍稍粗者入甑蒸軟用稍

細之葉灑面壓成茶餅貯以竹箱出西北口外賣

之名黑茶道光季年粵商買茶其製采細葉暴日

中揉之不用火爐雨天用炭烘乾收者碎成末貯

以楓柳木作箱內包錫皮往外洋賣之名紅茶箱

皆用印錫以嘉名茶出山則香俗呼離鄉草凡出

茶者爲園戶寓商者爲茶行邑茶引舊四十八兩

同治初加六兩零三分二釐五絲茶非有加於舊

也自海客入山城鄉茶市牙儈日增同郡鄰省相

近州縣各處販客雲集舟車肩挑水陸如織木工

錫工竹工漆工篩茶之男工揀茶之女工日夜歌

笑市中聲成雷汗成雨食指既多加以販客搬運

茶來米去以致市中百物一切昂貴而居民坐困

至於乞丐無賴奸民盜賊溷跡其中爲害益不可

勝言矣

煙草其種自海外來名淡巴菰淡巴者海島地名

也邑中隨處種之秋葉黃時采而陰乾粗則卷爲

箭細則切爲縷吸用竹木長管曰旱煙用銅爲筒

貯水其中吸之曰水煙邑城鄉市鎮俱有煙店士

民老少男女吸者十居七八賓客入門必先奉茶

煙此舊俗也近來西洋所傳鴉片煙别是一種吸

者大有損

汪際炱農桑論今之司風者皇皇焉欲遂民之生養民之性立民之命苟不從其本而勝之徒取其弊而救之亦大昧古先王之意矣古制民之生宅不毛者有里布田不耕者出屋粟民無職業者出夫家之征及其死不畜者祭無牲不耕者祭無盛不樹者無槨不蠶者不帛不績者不衰迨漢取士以力田高帝令賈人不得衣絲乘車重租稅以困辱之太宗詔民有見業農者不得轉爲工賈工賈有舍見業而力田者免其調凡此皆重本抑末之

義故其時政簡囹圄盜竊不作民重犯法民之生以遂性以養命以立者農桑故也後世貨殖熏心最下者與之爭至若百粵貪利南島鑄山柳州駕馱而處廣畜牧而不事蠶作逐利者孔百出農桑之業何時還乎雖謂平準爲不善之書周官理財爲大害之法亦可近按崇俗南畝不禾者去其半矣貨殖之家他植之畝竟浮畝數矣乃邑志所傷司風所誠獨反覆於俗不事負易夫以張詠拔茶種桑之成法盡舉而廢之而欲遂其生養其性立其命也亡有況乎王歛之楹椁郭南之粳粟古人

憂患炯鑒之所寄歟余故重有感於邑志丈册之論而斷知删之且爲司風者告要而言之生民之故詎有他哉農有餘粟女有餘布而天下治

倉儲

崇舊稱唐年唐天寶中開山洞邑大有年米價賤故名其時常平義倉有無不可考宋張詠治崇興水利墾荒田籌足民食倉制亦無聞明宏治間知縣李銳始設便賑倉五郎預備倉也東曰蓮塘西曰城下南曰棱塘北曰漲口曰横嶺後數年爲正德己巳歲大饑知縣張瑞發倉賑民全活甚衆張

佩繼任率舊章行之久之廢萬歷十六年知縣陳洪烈建立義倉十二所城市三間在府舘縣市一間在東嶽廟嶺上仁上一間仁下二間俱在河田欽上一間在路口十都一間在港口十一都二間在張家觜平上一間平下二間俱在棱塘鋪仁義一間下故郡一間俱在城下畈烏石一間在星橋士民仗義者捐輸得穀一千七百三十七石著爲令立石刻副本有吴楚材序己丑大祲民賴以活久之廢

國初汪樾有請復義倉議康熙雍正中崇邑積儲稱

常平社倉

常平倉在縣署寅賓館左明萬歷中知縣周應中建毒廢康熙十九年知縣金絲祖重建歷任修增一十三間貯穀二萬七千三十三石七升七合四勺咸豐甲寅年倉燬穀無存

社倉四十六所雍正元年總督楊宗仁題請設立邑四十四保各一倉縣市二倉每保選舉正副社長二名經管勸諭捐輸共貯穀二千四百二十一石六升奉文每年春借農民以資春耕秋收還倉每石取息一斗以七升入倉三升爲修倉折耗之

用聽從社長專治官吏不預縣市倉建上下市共二間貯穀二百五十石東鄉倉二十一間貯穀共一千一百七石六斗三升西鄉倉二十三間貯穀共一千零六十二石四斗三升俱建各保寺觀今各倉亦寖廢

吳楚材義倉序邑大夫汝南陳公捄立義倉成遂著爲令令既具衆相與鐫諸石垂久遠而刻其副傳焉頒布閭里共承義勸使不佞楚材敘述其繇世稱楚俗呰窳居鮮積聚崇故下雋地瘠砂磽郎水旱凶歉之不時竭地之產不足供正賦又其人半儒無轉輸蹐財即在穰歲已壓矣奢藏之不謹羣然待哺於公庾有司告焉而後發吾固慮其朝不及夕也藉令舉火其鄰出什息於子錢家不長谿心則多德色倘亦舉相周之義責之乎鄰里鄉黨彼且謂吾不暇自謀而暇爲人謀穀價騰貴溝壑可憂夫豈人之盡不好義與無以先之也大夫曰是誠在我於是下令勸民出穀立義倉爲反覆數千言哀痛眞惻羣心俱喜大夫又曰是不可强强則懼其變也是不可多多或難爲繼也羣心益喜各量贏朒爭以其奇來輸尋爲之度地庀儲擘

劃主計而兩院勸輸之令且下矣縣購賞格受成縣官大夫胥以成言應之科條以請得報曰可是用著爲令垂久遠而義倉始有竣事云夫義公而利私也又人心之同也然倡義在上嚮義在下若爲後義而先利其誰與釐敵上好之下必甚焉未有義而後其君者也嘗試訊之民可蹈水火爲重糈使也抑可輕萬金爲信義趨也無以先之而咎夫人之不好義難矣繇自今家喻戶曉歲引月益翕然知相周之爲義凡民固有待而興焉可使閭閻藏富緩急有備無庸舉火於鄰仰哺於官大學

諭恆足而歸之以義爲利有繇然也大夫高明愷悌無一自志循理秉彝之心民是以信於其心鄉義如赴不賞而勸是時又行鄉約教民以禮義四郊景從彼將曰人富而仁義附大夫曰吾不忍見吾民之不仁且義而豈徒恃茲積倉之殷殷富也異時稱至治之國紘誦相望吾言其足徵乎大夫甫下車而百廢具舉一錢不名躬行節儉丕式於風種種善政毋令孫叔敖專美於前則大夫爲縣令爲輔相有兼長也方論義倉故不具論

汪檝請復義倉議義倉非古也義倉之義亦第如五霸之仁自仁義日遠有以仁義爲名者則亦爲民物立命之事也耿壽昌長孫平倉法亦周禮十二政之遺意耳朱子於其鄉值歲儉請於官得米以賑而春秋入其所償之息原本義倉也豈遂若散青苗錢之弊而當世訕之南軒規之何也毋亦少圖於償息之不便於官而一時閒有感於青苗錢之激論耶崇陽義倉倡自官而其法一令民閒之自爲十一鄉俱建有倉廒而其酌鄉之戶口定穀數之多寡則非安石以縣不以鄉之故矣其掌之者里舉物望之老歲終交接公私籍稽人人有

聲名之惜行檢之羞又非安石以吏胥而不以鄉老之故矣若其閒稍有不均不周以意爲高下者鄉私攻之邑合攻之而懲其法於公要其秉於公者直借爲而已皆原本於朱子義倉之遺也使義倉而公家得與焉則名色滋出不惟不可持久而民反有受其累者矣如今之預備倉可鑒也歲屢給貧困而十一鄉飢餒之民曷能波及其報於册者非不盈門圖之弗曾而領於官者則有操瓢者非操瓢之人嗟來者非嗟來之人將饑者仍饑而飽者益飽竊恐桑孔之算無遺者亦所不屑而恥心蕩然者爲之則義倉之斷不宜於官也明甚嗚呼古士食餼不得稱貧生里巷詬誶惡聲及養濟院則攘臂盜力奈何舉莫可問也聞昔義倉立時募義者種種有延塾師課民閒子弟者有旅館以待過客者有鬻質緩債還司馬之釵焚馮驩之券者故殘忍刻薄之習不聞而邑號湻俗彼耗磨盂賊鈇口鑷子之事無所容其技所賴於義倉者不綦重哉今歲屢豐而民反菜色而如稍不稔餓殍流離可立而待則處之不可不預也昔春秋桓公四年書有年宣公十有六年書大有年蓋謂桓四

年宜十六年外餘皆旱災凶荒之歲也故胡傳直筆爲災異自今觀之崇之象不大類是乎誠使義倉復屢豐之陳朽可分水旱之騰貴可減不可謂非救荒之遺意也苟鑒預備中飽之竇俾鄕民均沾徧濟一令民閒自爲與行殆亦所謂觀於鄕而知王道之易易也○按預備倉初設法制未嘗不良茲議所云其流弊也義倉即社倉歲久弊亦生今社穀存者無幾矣

穀者可食不可用者也崇民多以穀爲財用當其用也頁穀易金賤數必幾及食不濟貸金錢買穀

穀必貴用賤而食貴皆爲農病收其利者富室與販商耳躬耕之家食不足囤積之戶儲有餘是謂損貧益富損農益商君子平其政以私儲儲之公而常平社倉起焉崇邑公儲盡亡倉制不可不復志之亦餼羊意也然數十年前海宇無事城鄕各倉已半屬虛名蓋常平便於市吏社倉又利歸里豪公而轉私治法非治人不行也昔朱子社倉得劉如愚司事而效著義利之界惟儒者能分不然鮮不日滋弊實也噫獨倉儲乎哉

蠲賑

食出自民者也而有時民不自贍賴上之人有以食之周官十二荒政一曰散利二曰薄征蓋因民利民經常之善制損上益下通變之良方故志食貨終之以此按崇邑自宋逮明歷朝蠲賑之典史無特書但統書湖廣湖北及分書鄂州武昌或恩蠲或災賑崇皆與焉載在志籍歷數之更僕難終此豈盡存虛文無實惠哉民爲國之本君爲民所天希天澤以扶國本古未有不以爲急務者也洪惟我
朝

皇躬敬德和氣召祥及遇有災荒益
軫念窮黎蠲貸賑恤
恩綸疊沛至於崇邑不惟久荷乎
同仁抑嘗特蒙乎
再造遠徵父老之傳聞近聆兒童之歌頌殆書不勝書

舊志紀載多略敬爲蒐緝補綴成編所未悉者仍闕以俟考云

宋皇祐五年癸巳秋七月詔湖北路民因災傷所貸常平倉米免償

紹興十五年乙丑秋七月免鄂州舊額絹一年三

十一年秋八月蠲湖北民秋税之半
元大德十年秋七月武昌等處饑減直賑糶有差
明洪武九年丙辰春三月蠲湖廣租賦○已上各
舉一條以見例餘詳通志茲不勝載
康熙九年賜復湖北民賦之半優恤七十歲以上
老人乙丁養八十歲以上老人絹一疋綿一斤米
一石肉十斤九十歲以上者倍之五十九年崇邑
旱災奉上諭請將積貯案内賑穀三千二百石又
優恤老人如舊併蠲免北南民賦之全三十四年
又免全楚民賦一年四十五年又全免楚省額賦

一年除漕糧漕項外其餘地丁銀米一概免徵舊
欠未完者併停收納又優恤老人全前五十一年
又免湖廣全省民賦停徵舊欠錢糧
雍正七年
恩除天下丁銀崇邑奉司減餉四百一十一兩五錢七
分永爲經制九年蠲免銀三千九百六十五兩五
錢零已上舊志
嘉慶元年丙辰八月奉
上諭蠲緩本年應徵漕糧又未經被賊被水江夏武昌
咸甯嘉魚蒲圻崇陽等二十四州縣應於丁巳戊

午蠲免二次
二年丁巳春正月前奉
恩詔蠲緩武昌蒲圻咸甯崇陽十九州縣應徵錢糧
三年戊午春正月前奉
恩詔普免案内武昌嘉魚崇陽等二十六州縣並襄陽
德安二衛所共蠲銀三十六萬五千九十二兩四
錢八分一釐作爲三次於是年蠲免
四年己未蒲圻崇陽二縣給修房屋銀共四百五
十八兩七錢
七年壬戌秋八月蠲緩被水被旱之江夏咸甯嘉

魚崇陽十一縣本年秋徵地丁銀兩及應行帶徵
節年錢漕應完本年漕南二米
八年癸亥春正月蠲免武昌蒲圻崇陽十九州縣
民屯正耗錢糧一分三月蒲圻崇陽等四十二州
縣被賊滋擾地丁錢糧全行蠲免
道光二十二年蠲免崇陽二十一年所欠錢糧

崇陽縣志卷四終

崇陽縣志卷五目錄

崇陽縣志卷五

朝儀瞻象廟奏鳴鑾自天品節隨地雍和三鄉飲射十里絃歌無譏喬野歲蜡時儺志禮樂

禮儀

慶賀禮元旦冬至

萬壽節知縣帥僚屬遵照會典設香案朝服望闕行三跪九叩頭禮先一日習儀結綵公庭具鼓樂迎儀仗至陳設整齊是日五鼓然庭燎各官序班如儀往行禮後一日送儀仗

皇太后聖誕

皇后千秋儀節同崇邑供儀仗舊在觀音寺康熙三十三年知縣何嘉儒請供護國寺遇期往朝不敢迎送惟於公堂設齋戒牌齋三日不理刑名今護國寺廢仍行禮公堂儀仗附左

龍亭　龍幄　香亭　扇　椅　盥各一　戟　氅　戈

鑾　班劍　儀刀　梧杖　立爪　臥爪　骨朵

方戟　鐙　杖　斧　節　旗各二　鉦一　鼓二十　天丁六十有一

冠帶袍並如其數今半備

開讀禮凡遇頒到

詔書地方官員遵照會典具龍亭綵輿儀仗鼓樂出郊
迎接朝使下馬捧
詔置龍亭中南向朝使立亭東西向地方官朝服北向
行三跪九叩頭禮鼓樂前導朝使上馬隨亭後至
公廨門外地方官先入文武分東西序立候龍亭
至公庭朝使立亭東西向贊禮生贊班樂作地方
官跪叩如前朝使捧
詔授展讀官跪受詣開讀案前宣讀地方官皆跪讀畢
展讀官捧
詔授朝使朝使捧置龍亭中地方官跪叩如前禮畢退

凡
詔書經過地方官員軍民人等俱跪路旁候
詔過方起
上任禮凡新官上任舊例本衙門預備儀仗前期
出城迎接新官從東門入城駐公館各房吏書賫
呈須知册諏吉上任接印新官具公服先詣城隍
廟陳牲醴致告行一跪三叩頭禮獻爵讀祝或有
誓詞讀畢跪叩如初禮畢至本衙儀門前陳牲醴
致祭跪叩如前禮畢至月臺上設香案朝服望
闕行三跪九叩頭禮易公服拜印行一跪三叩頭禮

畢陞公座開印皂隸排衙吏房呈押公座畢參見
吏役屬官畢進內署詣香火倉神廟行禮三日內
巡城行香或俟各房送牌示期舉行○按崇邑近
例謁城隍廟在巡城後
行香儀前一日定期至日視各廟應穿禮服及跪
叩儀節分別行禮如文廟三跪九叩頭關帝廟舊
行二跪六叩頭今與文廟同城隍土地祠或四拜
或一跪三叩之類每月朔望行香儀亦如之每正
月開印十二月封印皆遵照部行欽天監擇定日
時行禮與上任拜印同封印惟標記印封不呈押

公座
迎春禮每歲立春有司官遵照會典迎春於東郊
出土牛先期塑土牛芒神前一日各官常服迎諸
儀門外土牛南向芒神在東西向立春日早陳設
香燭酒果各官具朝衣贊排班贊跪叩興各官行
一跪三叩頭禮興贊跪奠酒領班官奠酒三爵贊
叩興各官行一跪三叩頭禮興舁土牛芒神行香
亭鼓樂前導各官朝服後隨至東郊各官執綵仗
立土牛旁贊擊鼓樂工擂鼓贊鞭春各官環擊土
牛三禮畢退○按崇邑例立春日各官引春觴春

官三次報春各官出儀門卽於其處鞭春散給春
鞭春花於雁戶以祈年
附土牛芒神式土牛水土取歲德方位牛像頭至
尾樁八尺按八卦尾一尺二寸按十二時高四尺
按四時胎骨用桑柘木顏色視立春日干爲頭角
耳支爲身納音爲蹄尾肚各取所屬五行分靑赤
白黑黃籠頭栒索視立春日支色四孟日麻仲日
苧季日絲栒子用桑柘　芒神身像高三尺六寸
按一年三百六十日寅申巳亥年像老子午卯酉
年少壯辰戌丑未年孩童正旦前後五日內立春

爲忙芒神與牛並立前五日外立春爲早忙立牛
前後五日立春爲閑立牛後六支陽年立右陰年
立左服色視立春日支神受剋爲衣剋衣之色爲
繫腰頭髻前後視立春日納音位罨耳提戴視立
春時氣鞋袴行躔有無繫懸左右視立春日納音
之氣與位鞭結用柳枝長二尺四寸按二十四氣
結子麻苧絲視日孟仲季俱以五綵染色
耕耤禮每歲仲春亥日巳時各官祭先農壇其禮
詳後祀典中祭畢午時各官更蟒衣詣耤田佐貳
官一捧靑箱一播種正印官右手扶犁左手執鞭

行九推禮農夫終畝耕畢各官回廳更朝衣望
闕行三跪九叩頭禮仍將遵行日期具奏器物人役
附左
農具一赤色　牛一黑色　耔種一青色
耆老　各牽牛　農夫二名扶犁　農童六名唱
歌
救護禮凡遇日月食文武各官遵照會典依部頒
欽天監推算時刻於本衙門救護如日食結綵儀
門及正堂設香案月臺上陰陽生報日初食贊禮
生贊排班各官素服立贊跪叩各官行三跪九叩

頭禮班首官上香俱跪班首官擊鼓三聲衆鼓齊
鳴再上香俱暫起立上香畢各官仍跪以後上香
行禮同陰陽生報復圓鼓聲止各官更朝服行三
跪九叩頭禮畢各官散月食儀同○舊志曰食官
朝服命僧道誦經置壇鑪於臺階東月食便服蓋
明制也
祈禱禮凡遇水旱地方官遵照會典設壇行香竭
誠祈禱如祈雨設壇詣各廟行香官民致齋不理
刑名不宰牲各官素服芒屨行步致禱祈晴同
曹學詩城隍廟禱雨立應詩龍洞何須勺水攜芒

鞭滑滑踏街泥煙迷穲稏平疇批響入梧桐小閣
西槐國移封豸垤蟻稻田振羽有莎雞菊苗肥後
新皇瘦我亦官齋補藥畦
宣講禮每月朔望日文武教職各官遵照會典聚
集公所恭設
聖諭牌於鄉約所約正直月司講約設木鐸老人以宣
聲於道路各官如儀注三跪九叩頭行禮畢分班
坐地率領軍民人等敬聽講畢各官散崇邑鄉約
所明時在西城外知縣陳洪烈註御製六諭附二
十六條刻書曉民月旦講於其所後寖廢

國朝康熙九年知縣高景之從新舉行宣諭
聖諭十六條雍正二年
御製廣訓以十六條著爲萬言諭頒行天下七年奉部
文覆准凡州縣城內及大鄉村擇一寬閑潔淨之
處爲講約所舉紳士學行俱優者一人爲約正二
三人爲直月報名達部置功過二籍値期者老男
女皆至相對三揖衆以齒分左右設几案庭中直
月向案北面立先讀
聖諭廣訓抗聲宣揚使人悚聽然後約正推說其義使
人警悟通曉未達者仍許質問講畢鄉里有善者

衆推之有過者直月糾之約正詢其行狀衆無異
詞乃命直月分別書之朗讀記善籍一遍其記過
籍呈約正及耆老里長默視畢仍與直月收掌然
後衆揖而退歲終考校善過具册報縣縣官設爲
勸懲之法有能改過者一體獎勵維時崇邑上中
下增設三講約所上下兩金城觀四聖觀公舉約正副生員
王淇陳鵷汪璁孫煦張學良黃河濤石穎熊天章
黃國屏王鐕楊乘熊恩安楊廷贊等基布分講久
之寖廢道光間知縣金雲門舉行又乾隆間知縣
曹學詩作勸民歌每至鄉即集衆聽講金侯亦然

陳洪烈鄉約序夫民非上智鮮不待教而興故自
昔聖哲悉以教化爲大務彼謂耳聽目觀不若朝
漸夕摩之入人深也孔子曰吾觀於鄉而知王道
之易易也一飲讌猶然矧受繩墨趨約束不啻三
令五申已乎惟我皇祖六諭諭民道然木鐸象魏
之意二百年來郅隆熙皞主上遹繩祖武申飭功
令駿惠有司於是兩院而下實式臨之時舉令甲
責成縣官烈誠鶩下弗稱任使顧身已受命不敢
負初盟夙夜惴惴奉法惟謹昨吏長陽見民性之
悍也俗尚之澆也土口之雜居而攘盗之爲類也

則嘗莊誦六諭僭爲註釋爰附科條鐫刻成書編立保甲月旦望各就會所陳説講解令逺邇環聽又刻善惡二簿明示勸懲不數月而民稍稍知所興起矣比移下雋入其疆山川拱秀份份乎文獻之區夫長陽蕞甚間之民俗猶然近湻顧椎魯不甚循約法何與洋洋聖謨典章具在往亦嘗試行之上下相蒙視爲文具至使賢者恥名約長不肖者益無所憚忌此其故在教化不明而躬行未率噫是有司之過也因出舊帙謀之薦紳先生及博士弟子率斯民舉行如長陽焉方始事東西郊而

觀者乃如堵牆䜣䜣悚服頃則徹乎四境具報如約咸乞前書曰苦鈔謄之不廣盍不繙刻而布諸閭里人受一編之爲便也余曰使吾民誠遵於爾心吾何憯於家喻戶曉顧爾藉人不云乎新沐者必彈冠夫非更新之難而持久之不易也耳提面命久之則式章程巷吟街談終焉可被謠俗彼康衢擊壤之民其初不費勞來匡直之力乎故曰使自得之又從而振德之是上之所爲教而責成縣官之指也吾民尚懋勖之哉吾且於爾觀成定不以此編爲贅刻也是用申之首簡時萬歷戊子仲

冬月朔日

曹學詩冬月編查保甲作歌勸民親爲講解賦排律一首問俗荆蠻國溪山已熟經荒雞催曉日疲馬戴殘星

聖化登三古湻風滿四溟恩膏敷雨露法令肅雷霆遠宦勞冰署頻年歷訟庭鞭笞憐痛癢訴牒繪情形試鼓瑤琴靜遑誇永鏡熒長歌當藥石苦語代箴銘俗薄何知禮民愚亦畏刑提撕先警告蠢動自含靈但恐窮鄉遠誰爲聚族聽勤勞巡里社化導遍郊坰父老迎青蓋兒童望皂軿杖藜扶傴僂襁

負聚伶仃舌愧青蓮妙詞輸紫蕙馨祇求頑石悟且喚野猨瞑地僻人如堵陰濃樹作廳松毛深淺鳩槲葉短長亭到處攜詩篋歸來寫畫屏自慙迂拙吏何以報

朝廷

鄉飲酒禮地方官遵照會典每歲正月十五日十月初一日於明倫堂行禮以正印官爲主位東南以致仕官員爲大賓位西北擇年高有德之人或三人或一二人爲僎賓僎賓卽耆賓也位東北以次長爲介賓位西南以賓之次者爲三賓位於賓

主介僎之後以學官為司正以老成生員贊禮前一日是設坐次司正率執事習禮次日黎明宰牲具饌主人率僚屬司正先至遣人速客客至出迎於庠門外三讓三揖升堂拜訖就位司正至堂中北面立賓主皆立皆揖執事者酌酒於觶候禮生高聲朗誦曰恭惟

朝廷率由舊章敦崇禮教舉行鄉飲非為飲食凡我長幼各相勸勉為臣盡忠為子盡孝長幼有序兄友弟恭內睦宗親外和鄉里無或廢墜以忝所生讀畢禮生呼曰鄉賓就位鄉耆賓亦就位正印官

就位司正以下皆就位又曰主賓皆坐執事者舉律令案於堂中禮生報曰賓主皆拱立禮生呼曰講讀律令又一禮生詣案面北而讀曰鄉飲坐敘以年高有德者居於上高年淳篤者次之以次敘齒而列其有曾違條犯法之人不許干與良善之席主者若不分別致使貴賤混淆一經察知或坐中發覺主者罪以違制奸頑不由其主紊亂正席全家移出化外讀畢復位執事舉饌案至賓前主人獻賓饌賓酬主人亦如之獻介饌介酬主人亦如之訖鼓樂各鄉賓鄉耆賓俊秀子弟朝上揖樂止歌鹿鳴三章飲酒供湯鼓樂俊秀子弟朝上揖樂止歌皇皇者華五章飲酒供湯鼓樂俊秀子弟朝上揖樂止歌南有嘉魚四章鼓樂飲酒乃徹饌禮生報賓主兩拜訖又報鄉賓鄉僎與學官拜訖又報賓僎與縣尉拜訖送賓三揖出庠門而退賓僎退酬禮生　附明倫堂鄉飲坐次之圖

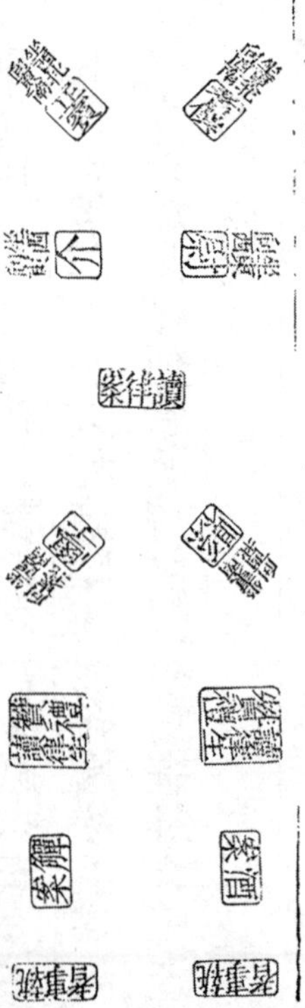

鄉射禮每月朔望行香舊例講書畢有司官詣射圃如儀注行習射禮其射位自三十步至九十步射四矢以二人為耦崇邑射圃舊設於儒學明倫堂右春秋二仲帥諸生行習今久廢

賓興禮凡三年鄉試舊例前期七月儒學官將奉准督學錄科生員呈送縣官擇日具書柬延集至期結綵於大堂或明倫堂鼓樂設筵拜揖如儀縣官與諸生舉排花紅就坐官正坐諸生以次兩旁坐酒五行或十行起由中門送出有例給科舉銀兩詳食貨經制志內

進學禮凡督學歲科取進文武新生舊例紅綵發到縣縣官送學肄業前期擇日傳集新生至期縣官於大堂公座簪挂花紅諸生行庭參禮縣官拱立答禮稟拜免由中門鼓樂導出率領新生先謁大成殿行三跪九叩頭禮畢縣官詣明倫堂與教官行禮新生見教官行四拜禮教官立受兩拜陪受兩拜畢設香案縣官教官俱望

闕行三跪九叩頭禮分班席地坐領新生撤聽讀臥碑讀畢退道光癸卯年致仕教授孫鍾琇生員丁容祚己酉年在籍訓導劉鎮崧重遊泮水士大夫多

紀以詩足爲

盛朝人瑞例得並書

金雲門爲孫廣文丁茂才賦重遊泮水詩杖藜重到泮池邊舊夢依稀六十年兩領襴衫成法物一雙白髮耀華顛預爲蕊榜諸生兆并作桃溪盛事傳欣喜作人逢

聖代文星光滿壽星躔

楊觀光雲夢人紀劉封翁攜孫重遊泮水詩算紀磻溪又二年欣逢五緯耀星躔耆能壽世來天祿伴少同儕本地仙教子已成攀桂客攜孫重上採芹筵長孫樹榮依然發軔鵬程日白髮青衿結勝緣

移風易俗莫善於禮禮者統朝野上下悉受範圍者也右所志於職官儀節特詳縣令比古諸侯萬民法則於是焉在蓋振裘挈領之象也講約鄉飲二端通乎上下尤爲立教先務將令桎梏仁義士梗禮法者知所觀感故文繁而不殺云

祀典

社稷壇每歲春秋仲月上戊日舉祭明洪武元年頒壇制於天下郡邑左社右稷十年定同壇合祭

國朝因之壇北向甃甎爲之縱橫各二丈五尺高二

尺一寸四出陛各三級壇下前十二丈東西南各五丈繚以垣四門紅飾由北門入其外建神廚庫房牽牲房帛坎神號曰縣社之神縣稷之神石主長二尺五寸方一尺埋壇上正中近南距壇邊二尺五寸露圓尖餘埋土中神牌二以木爲之硃漆青字高二尺四寸廣六寸座高五寸廣九寸五分

祭品帛一黑色羊一豕一鉶一和羹籩四棗栗鹽藁魚豆四韭菹青菹醓醢鹿脯簠二黍稷簋二稻粱凡祭前期三日齋戒前一日省牲掃除壇上下設獻官幕次於中門外至日黎明各官朝服詣主

供壇上如儀注行禮前後三跪九叩三獻頒福受
胙與文廟同詳見後惟無樂舞贊唱改望燎爲望
瘞祝帛焚坎中以土實坎祭畢送藏神庫
祝文維神奠安九土粒食萬邦分五色以表封圻
育三農而蕃稼穡恭承守土肅展明禋時屆仲春秋
敬修祀典丸丸松柏鞏磐石於無疆翼翼黍苗佐
神倉於不匱
先農壇每歲仲春亥日舉祭漢文帝以亥日耕藉
祠先農後世相承不易壇南向高二尺一寸縱橫
二丈五尺其後建正房三中供神主東貯祭器農

具西貯藉田米穀配房二東買辦祭品西看守農
民居住藉田四畝九分神號曰先農之神木牌高
二尺四寸廣六寸座高五寸廣九寸五分紅飾金
書祭品帛一白色羊豕各一鉶籩豆簠簋與社稷
壇同凡祭前期二日齋戒前一日省牲掃壇設幕
檢視耕器至日各官朝服請主供壇上行禮與社
稷壇同祭畢送神入祠然後行耕藉禮禮載前
祝文維神肇興稼穡粒我蒸民頌思文之德克配
彼天念率育之功常陳時夏茲當東作咸服先疇
洪惟　九五之尊歲舉三推之典忝膺守土敢忘

勞民謹奉彝章聿修祀事惟願五風十雨嘉祥咸
沐於神庥庶幾九穗雙歧上瑞頻書於大有
風雲雷雨山川城隍壇每歲春秋仲月上戊日舉
祭元以前祀典各異明洪武二十六年始合壇
國朝因之壇制與社稷同門由南入不設石主神牌
三以木爲之高廣與社稷神同風雲雷雨之神居
中帛四酒盞十二本縣境內山川之神居左帛二
酒盞六本縣城隍之神居右帛一酒盞三爵俱白
色獻爵各三羊豕諸品與社稷同凡祭前期一日
省牲掃壇設幕至期各官朝服如儀注行禮與社

稷同惟獻禮分中左右三位引詣望燎不以土實
坎祭畢送藏神庫
祝文惟神贊襄天澤福佑蒼黎佐靈化以流形生
成永賴乘氣機而鼓盪溫肅攸宜磅礴高深長保
安貞之吉憑依鞏固實資捍禦之功幸民俗之殷
盈仰神明之庇護恭修歲祀正値良辰敬潔豆籩
祗陳牲幣○邑諸神壇前列建置志丈尺俱仍舊
書存實也今依定制詳著之備掌故也以邑志爲
便俗之書則茲贅矣
文廟每歲春秋二仲月上丁日舉祭前期二日齋

祭前一日承祭官率陪祭各官齊赴廟階下行一
跪三叩頭禮滌器省牲瘞毛血是日觀樂習儀齋
宿及期質明各官衣朝服入西門旁序立鼓三嚴
典儀唱樂舞生就位執事官各司其事次唱陪祭官就
位分獻官承祭官以次就位贊引引承祭官就拜
位立分獻官隨後立典儀唱迎神舞生執羽籥麾生
舉麾擊柷樂奏昭平之曲承祭官分獻官及陪祭
各官俱行三跪九叩首禮興樂盡麾生偃麾櫟敔
樂止典儀唱奠帛行初獻禮捧帛者各捧帛執爵者
各執壺爵贊引至承祭官前唱詣盥洗所盥畢詣酒尊所司

尊酌酒執事者各以次執壺爵受酒同捧帛者各
以次在承祭官前分兩行由中門入序於神案之
側朝上立贊引導承祭官由東階上進殿左門詣
至聖前行一跪一叩首禮麾生舉麾擊柷樂奏宣
平之曲奠帛獻爵畢行　跪一叩首禮興贊引贊
詣讀祝位麾生偃麾樂暫止眾官皆跪贊引贊讀
祝讀畢捧祝至正位前案上跪安帛匣內三叩首
退麾生舉麾舞生接舞仍奏先未終之樂承祭官
及各官行三叩首禮興贊引贊詣顏子位承祭官
一跪一叩首興贊引贊奠帛捧帛者跪進於案左

承祭官接帛捧舉立獻案上贊引贊獻爵執爵者跪
進於案左承祭官接爵拱舉立獻案上行一跪一
叩首禮興贊詣曾子子思子孟子位前俱如前儀
獻畢行分獻禮東西哲東西廡分獻官俱照前儀
行禮畢復位樂盡麾生偃麾櫟敔樂止典儀唱行亞
獻禮如初獻禮但亞獻奏秩平三獻奏敘平無迎
神以下諸事故禮止三獻樂止典儀唱飲福受胙贊引
贊詣受福胙位贊引贊跪承祭官跪贊引福酒承祭
官受爵拱舉贊受福胙承祭官受胙拱舉行三叩
首禮復位行謝福胙禮承祭官分獻官及陪祭各

官俱行三跪九叩首禮興典儀唱徹饌麾生舉麾擊
柷樂奏懿平之曲徹訖司節引舞生序立樂盡麾
生偃麾櫟敔樂止典儀唱送神麾生舉麾擊柷樂奏
德平之曲贊引贊承祭分獻各官皆行三跪九叩首
禮興樂盡麾生偃麾櫟敔樂止典儀唱捧祝帛饌各
詣燎位讀祝者捧祝進帛者捧帛捧饌者以次送
至燎位承祭官退至西傍立候祝帛饌過仍復位
立典儀唱望燎舉望燎樂麾生舉麾擊柷樂奏德平
之曲贊引導承祭官分獻各官至燎位立祝帛焚
訖眾官三揖樂盡麾生偃麾樂止禮畢退

祝文惟先師德隆千聖道貫百王揭日月以常行
自生民所未有屬文教昌明之會正禮和樂節之
時辟雍鐘鼓咸恪薦以馨香泮水膠庠益致嚴於
籩豆茲當春秋仲祗率彝章肅展微忱聿彰祀典以
復聖顏子宗聖曾子述聖子思子亞聖孟子配
木主制見前建置學校志樂章載後
崇聖祠祭凡祭日先刻舉行儀注同正殿惟不用
樂
祝文惟王奕葉鍾祥光開聖緒盛德之後積久彌
昌凡聲教所覃敷悉循源而溯本宜肅明禋之典

用申守土之忱茲屆仲春秋聿修祀事以先賢顏氏
先賢曾氏先賢孔氏先賢孟氏配
至聖位祭品陳設一案禮神制帛一白色盛以篚
白甆爵三牛一羊一豕一登一太羹鉶二和羹簠
二簋二稻粱籩十白餅黑餅形鹽薧魚鹿脯
棗栗榛菱芡豆十脾析豚胉鹿脯兔醢魚醢醓醢
韭菁芹筍酒罇一四配位陳設各一案禮神制帛
一白色盛以篚白甆爵三羊一豕一鉶一簠二簋
二籩八豆八酒罇一東哲六位六案禮神制帛同
四配白甆爵各一豕一鉶各一簠各一簋各一籩
各四豆各四豕首一西六位同兩廡陳設禮神制
帛同十哲銅爵各一豕三每案簠簋各一籩豆各
四
崇聖祠陳設各一案每位禮神制帛同前白甆爵
三羊一豕一鉶一簠簋各二籩豆各八酒罇一配
位陳設各一案禮神制帛同前銅爵三豕首一簠
簋各一籩豆各四豕肉一從配祀陳設各一案禮
神制帛同前銅爵三簠簋各一籩豆各四豕肉一
各官鄉賢二祠同時分祭儀同兩廡
獻司 正獻官一員分獻官二員禮生七十九人

通贊二人引贊二人拂拭六人陳設十四人監宰
二人瘞毛血七人奉帛九人執爵九人盥三人司
尊三人祝一人香燭六人庫二人廚一人
禮器 祝版一爵五十七登五鉶二十簠四十一
簋四十一籩百八十四豆百八十四尊五篚九几
三案十七鑪四十五縈燭九十棹四十二盤二百
俎八瘞盆八盥三帨三椸二粃盆四勺五豕盆八
釜八燎架五瘞架一〇右禮器俱係舊志所載乾
隆五年知縣黃袞奉文領銀增置禮器
白磁爵四十二鉶三十二簠五十八簋五十八籩

二百三十四豆二百三十四酒尊十二銅爵三叉銅爵一百四十七

增置樂器　編鐘一架計三十六編磬一架計十六面琴六張并棹瑟四張并棹笛六枝排簫六枝笙六攢應鼓一面搏拊二座壎二箇篪四枝柷一座敔一座木簥六面羽籥二十六副旌節二首麾旛一首

增設樂工　樂生五十二名舞生三十六名執旌二名

徐行舊志釋奠論王通曰夫子之道不啻天地父母故學之釋奠亦得與郊禮禘享並儀國家聖賢之教詩書之澤涵濡浸浹於斯世斯民之深皆崇儒重道之功也究其儀物觀其制度莫不有意存焉其日以丁取文明之盛也其時用仲以四時之正也雲山之象奇耦之數寓於樽罍籩豆之器以吾道與天地陰陽爲一體也奠幣而後獻爵先誠而後物也再獻而後施爵先尊而後卑也奠爵所以致其厚故合樂以興舞羕榮所以致其薄故奠樂而不樂酒以元所以致其虔幣以白所以尚其質夫子之道猶元氣然周流兩間成小成大所以

答其賜者固宜其備也主政令教治者體國崇儒重道之意儀物制度不徒視爲虛文可也節錄

關帝廟每歲春秋仲月及五月十三日舉祭春秋祭品帛一白色牛一豕一羊一登一鉶二簠二簋二籩十豆十鐙二五月十三日祭品帛一牛一豕一羊一果五鑪尺祭前期一日齋戒省牲滌器祭日贊引引承祭官進左傍門至盥洗所贊盥洗盥洗畢引至殿內行禮處立典儀唱執事者各司其事贊引贊就位引承祭官就位陪祭官各就位典儀唱迎神司香官捧香盒就香鑪左立贊引引承祭官就香鑪前立司香官跪贊引贊上香承祭官立將炷香接舉插鑪內又上塊香三次畢贊引官贊復位承祭官復位立贊引贊跪叩興承祭官行三跪九叩首禮各官俱隨行禮典儀唱奠帛爵行初獻禮捧帛爵官將帛爵捧進神位前奠帛官跪獻執爵官立獻畢退讀祝官詣安祝文棹前行一跪三叩首禮捧起祝文立贊引贊跪承祭官陪祭官讀祝官俱跪贊讀祝讀畢捧至位前跪安盛帛盒內畢行三叩首禮退贊引贊叩興承祭官陪祭官行三叩首禮立典儀唱行亞獻禮執爵官照初獻禮畢退典儀唱行三獻禮執

爵官自案右邊照亞獻禮獻畢退典儀唱徹饌唱送
神贊引贊跪叩興承祭官陪祭官行三跪九叩首禮
立典儀唱捧祝帛香饌各詣燎位捧祝帛香饌官各
至神位前俱跪捧祝帛官行三叩首禮捧香饌官
不叩首將祝帛香饌依序捧送承祭官退至西傍
立候捧祝帛各官過畢復位立贊引贊詣望燎位承
祭官至燎鑪前焚訖揖贊引贊禮畢退
祝文維神浩氣凌霄丹心貫日扶正統而彰信義
威震九州完大節以篤忠貞名高三國神明如在
徧祠宇於寰區靈爽丕昭薦馨香於歷代屢徵異
績顯佑羣生恭值嘉辰遵行祀典筵陳籩豆凡奠
牲醪
後殿設木主正中光照公東一室裕昌公西一室
成忠公俱雍正三年追封爵祭品帛各一白色豕
羊各一無牛籩豆各八凡祭日先詣致祭行二跪
六叩首禮餘同前殿
祝文維公世澤貽庥靈源積慶德能昌後篤生神
武之英善則歸親宜享尊崇之報列上公之封爵
錫命優隆合三世以肇禋典章明備恭逢諏吉祗
事薦馨

文昌帝君廟每歲春秋仲月舉祭嘉慶六年三
奉
上諭始列入祀典同治四年六月奉部議二月初三日
聖誕增舉一次以同治五年爲始祭品與關廟同
凡祭日承祭官朝服行三跪九叩首禮中間三獻
執事官咸朝服將事俱同關廟儀注
祝文維神蹟著西垣樞環北極六匡祭曜協昌運
之光華累代垂靈爲人文之主宰扶正久彰夫感
召薦馨宜致其尊崇茲屆仲春秋用昭特祀尚其歆
格鑒此精虔
後殿設木主書帝君先代祭品儀注與關帝後殿
同
祝文祭引先祠之義禮崇反本之思矧夫世德彌
光延賞斯及祥鍾累代炯列宿之精靈化被千秋
緯人文之主宰是尊後殿用答前庥茲値仲春秋肅
將時事用申告潔神其格歆○崇邑諸祠多經兵
燬同治四年高侯佐廷合建文昌關帝二龕於賓
興館設木主紅飾金書春秋祭及朔望行香俱在
是
厲壇每歲清明日七月望十月朔請城隍之神蒞

主其祭榜無祀鬼神歹祀之神號曰邑厲明制各
里歲祀里社鄉厲四鄉皆有壇
國朝因之祭品羊三豕三飯米三石香燭酒紙隨用
凡祭前期一日主祭官詣城隍廟焚告牒行四拜
或一跪三叩禮至日各官齊集補服於壇上城隍
位前行禮如初中開三獻爵有告城隍文○按邑
里社久廢後乃榜十一里無祀鬼神俱祭於厲壇
祭畢里各出草薦給孤貧其祭品酒三爵果四籩
蔬四豆羊豕各二俎羹飯各十一盂例畧不同
城隍廟神號歲祭詳風雲山川壇內

告城隍文維神德懋聰明功隆捍禦壯金湯於千
載崇墉表畿甸之規節風雨於四時和會佐歲功
之敘禍淫福善顯呈有赫之靈威阜物康民默相
無私之化育神庥庇蔭祀典宜昭敬練日時肅陳
牲幣馨香惟德鑒格在茲
軍牙六纛霜降日武官致祭帛一豕一羊一○舊
志祀典并列羣賢祠又稱古有岳公樓祀岳忠武
久廢此皆縣令捐俸及士民醵金致祭品物豐儉
無定制故舉廢無常然乖崖忠顯及新設諸祠今
俱成例矣因已載壇廟志不復贅○通志羣賢祠
列溫麃鑄誤當作溫遷約
舊志祀典太簡茲詳志之禮在則然然非但具文
而已祀神與治民俱邑宰事必誠敬始足格神傳
曰祝史正辭信也災祲之滅風雨之和民物之豐
胥由乎此可或忽歟

樂舞

樂舞專為文廟志也舊樂章迎神擊柷作樂奏咸
平之章每歌一句擊鼓三聲無舞初獻奏甯平亞
獻奏安平三獻奏景平皆擊柷作樂舞生按節而
舞徹饌奏咸平作樂如初舞生直執其籥無舞送

神奏咸平作樂無舞望燎樂與送神同雍正三年
欽定樂章迎神奏昭平初獻宣平亞獻秩平中獻敘平
徹饌懿平送神德平俱用簫笛及壎篪排簫笙其
譜春夾鐘清商立宮倍應鐘清變宮主調秋南呂
清徵立宮仲呂清角主調舞起奏樂生舉麾升龍
見止奏偃麾降龍見歌彈吹擊四部各照律呂奏
樂舞者在殿外臺上中階兩邊對舞各有譜式六
佾縱橫六八左手執籥右手秉翟舞蹈起伏隨所
歌之音以象之又鄉飲酒禮乾隆中
御纂補南陔由庚等笙奏於工歌間歌之後正月太簇

商立宮倍無射變主調十月應鐘清羽立調林鐘
清變徵主調彬彬美善於論於樂之後斯稱極盛
崇邑僻處山陬禮儀多畧樂制尤未備儒生讀書
稽古
聖朝鉅典講求宜先謹撥大要編列於左
大四哉工至尺聖上道四德上尊尺崇上維工持
尺王上化四斯尺民上是合宗四典合祀四有上
常尺精工純尺並四隆上神合其工來上格上於
尺昭上聖合容四　右迎神樂咸平之章
自四生上民尺來上誰四底合其上盛四惟工師

尺神上明四度合越上前上聖四粢上帛四具上
成尺禮合容四斯尺稱上黍四稷工非六馨尺維
工神尺之上聽四　右初獻樂甯平之章
大四哉上聖合師四實工天尺生上德四作上樂
四以上崇尺時上祀四無尺斁上清合酤工維上
馨上嘉尺牲上孔合碩四薦四羞工神合明尺庶
工幾尺昭上格四　右亞獻樂安平之章
百上王工宗尺師上生尺民上物四軌合瞻合之
工洋尺洋上神尺其上甯四止合酌四彼合金尺
罍上惟工清尺且四旨上登上獻四惟尺三上於

合嘻工成尺禮上　右三獻樂景平之章
犧上牲四在上前尺豆四籩上在合列四以四亯
工以尺薦上旣上芬尺旣四潔上禮合成四樂上
備四人工和尺神上悅四祭合則四受上福尺率
合遵工無尺越上　右徹饌樂咸平之章
有四嚴工學尺宮上四合方四來上崇四恪合恭
工祀尺事上威工儀尺雝上雝四歆上玆尺惟工
馨尺神上馭四還尺復上明合禋工斯尺畢上咸
工膺尺百上福四　右送神樂咸平之章
○已上舊樂章已下

欽定樂章
大尺哉凡孔六子五先尺覺上先五知六與凡天
六地上參五萬尺世上之五師五祥五徵上麟凡
紱六韻凡答上金尺絲上日凡月六旣尺揭五乾
凡坤六清凡夷尺　右迎神昭平
予尺懷凡明六德五玉上振凡金尺聲上生六民
凡未上有五展凡也六大五成六俎五豆上千尺
古五春六秋六上五丁六清尺酒上旣尺載尺其
凡香六始凡升尺　右奠帛初獻宣平
式尺禮凡莫六愆五升上堂五再凡獻尺響上協

五鼗凡鏞六誠五孚上韓五鬳尺肅五肅五雍六
雍六譽上髦尺斯上彥尺禮上陶五樂凡淑六相
五觀六而凡善尺　右亞獻秩平
自尺古凡在五昔六先上民五有凡作六皮五弁
上祭凡菜尺於上論五思六樂凡惟五天上牖尺
民五惟凡聖上時凡若六彝五倫五攸上敘尺至
上今五木凡鐸尺　右終獻敘平
先尺師凡有六言五祭尺則上受尺福五四凡海
尺贊五宮上疇凡敢六不凡肅尺禮五成上告尺
徹五毋凡疏六毋凡瀆尺樂五所上自凡生尺中

五原六有凡菽尺　右徹饌懿平
黽尺繹凡裁六裁五洙上泗尺洋六洋六景上行
五行五止上流凡澤六無五疆六聿五昭上祀凡
事尺祀尺事上孔凡明六化尺我五烝尺民上育
凡我六膠凡庠尺　右送神德平巳上春祭簫譜
壎篪排簫同
大六哉乙孔六子尺先六覺凡先尺知上與乙天
上地凡參尺萬六世凡之尺師尺祥尺徵凡麟乙
紱上韻乙答凡金六絲凡日乙月上旣六揭尺乾
乙坤上淸乙夷六

予六懷乙明上德尺玉凡振乙金六聲凡生上民
乙未凡有尺展乙也上大尺成上俎尺豆凡千六
古尺春上秋上上尺丁上淸六酒凡旣乙載六其
乙香上始乙升六
式六禮乙莫上愆尺升凡堂尺再乙獻六響凡協
尺鼗乙鏞上誠尺孚凡罍凡鬳六肅尺肅尺雍上
雍上譽乙髦六斯凡彥六禮凡陶尺樂乙淑上相
尺觀上而乙善六
自六古乙在尺昔上先凡民尺有乙作上皮尺弁
凡祭乙菜六於凡論尺思上樂乙惟尺天凡牖六
民尺惟乙聖凡時乙若上彝尺倫尺攸凡敘六至
凡今尺木乙鐸六

先六師乙有上言尺祭六則凡受六福尺四乙海
六贊尺宮凡疇乙敢上不乙肅六禮尺成凡告六
徹尺毋乙疏上毋乙瀆六樂尺所凡自乙生六中
尺原上有乙菽六
黽六繹乙裁上裁尺洙凡泗六洋乙洋上景凡行
尺行尺止凡流乙澤上無尺疆上聿尺昭凡祀乙
事六祀六事凡孔乙明上化六我尺烝六民凡育
乙我上膠乙庠六巳上春祭笛譜笙同

大六哉乙孔上子尺先六覺凡先尺知上與乙天
上地凡參尺萬六世凡之尺師尺祥尺徵凡麟乙
紱上韻乙答凡金六絲凡日乙月上既六揭尺乾
乙坤上清乙夷六　右迎神昭平
予六懷乙明上德尺玉凡振乙金六聲凡生上民
乙未凡有尺展乙也上大尺成上俎凡豆凡千六
古尺春上秋上上尺丁上清六酒凡既乙載六其
乙香上始乙升六　右奠帛初獻宣平
式六禮乙莫上愆尺升凡堂尺再乙獻六響凡協
尺鼗乙鏞上誠尺孚凡罍尺甗六肅尺肅尺雍上
雍上譽乙髦六斯凡彥六禮凡陶尺樂乙淑上相
尺觀上而乙善六　右亞獻秩平
自六古乙在尺昔上先凡民尺有乙作上皮尺弁
凡祭乙菜六於凡論尺思上樂乙惟尺天凡牖六
民尺惟乙聖凡時乙若上彝尺倫尺攸凡敘六至
凡今尺木乙鐸六　右終獻敘平
先六師乙有上言尺祭六則凡受六福尺四乙海
六黌尺宮凡疇乙敢上不乙肅六禮尺成凡告六
徹尺毋乙疏上毋乙瀆六樂尺所乙自乙生六
尺原上有乙菽六　右徹饌懿平

鳧六繹乙峩上峩尺洙凡泗六洋乙洋上景凡行
尺行尺止凡流乙澤上無尺疆上聿尺昭凡祀乙
事六祀六事凡孔乙明上化六我尺蒸六民凡育
乙我上膠乙庠六　右送神德平○已上秋祭篇
譜壎篪排簫同
大上哉乙孔凡子六先上覺乙先六知凡與工天
凡地乙參六萬上世乙之六師六祥六徵乙麟工
紱凡韻工答乙金上絲乙日工月凡既上揭六乾
工坤凡清工夷上
予上懷工明凡德六玉乙振工金上聲乙生凡民
工未乙有六展工也凡大大成凡俎六豆乙千上
古六春凡秋凡上六丁凡清上酒乙既工載上其
工香凡始工升上
式上禮工莫凡愆六升乙堂六再工獻上響乙協
六鼗工鏞凡誠六孚乙罍六甗上肅六肅六雍凡
雍凡譽工髦上斯乙彥上禮乙陶六樂工淑凡相
六觀凡而工善上
自上古工在六昔凡先乙民六有工作凡皮六弁
乙祭工菜上於乙論六思凡樂工惟六天乙牖上
民六惟工聖乙時工若凡彝六倫六攸乙敘上至

乙令六木工鐸上

先上師工有凡言六祭上則乙受上福六四工海

上饗六宮乙疇工敢凡不工肅上禮六成乙告上

徹六毋工疏凡毋工瀆上樂六所乙自工生上中

六原凡有工萩上

彘凡繹工峩凡峩六洙乙泗上洋上洋凡景乙行

六行六止乙流工澤凡無六疆凡聿六昭乙祀工

事上祀上事乙孔工明凡化上我六蒸上民乙育

工我凡膠工庠上　已上秋祭笛譜笙同

舞譜

自　稍前向外開籥舞

生　蹈向裏開籥舞

民　合手蹲朝上

來　起辭身向外高舉籥面朝

誰　兩兩相對蹲東西相向

厎　合手蹲朝上

其　正揖

盛　起平身出左手立

惟　兩兩相對自下而上東西相向

師　稍前舞舉籥垂翟

神　中班轉身東西相向立惟兩中班十二人轉身俱東西相向

明　舉翟三合籥

度　稍前向外垂手舞

越　蹈向裏垂手舞

前　向前合手謙退步雙手合籥

聖　回身再謙退步側身向外高手回面向上

粢　正蹲朝上

帛　稍舞躬身挽手側身向外呈籥耳邊面朝上

俱　正揖

成　起辭身挽手復舉籥正立

禮　兩兩相對交籥兩班俱東西手執籥

容　正揖

斯　向身退挽手舉籥向外面朝上

稱　回身正立

黍　稍前舞

稷　正蹲朝上

非　左右垂手兩班上下俱雙垂手東西相向

馨　起合手相向立

惟　左右側身垂手向外開籥垂手舞

神　右側身垂手向裏垂手舞
之　正揖朝上
聽　躬而受之躬身朝上拱籥而受之三鼓畢起
大　左右進步向外垂手舞
哉　右向裏垂手舞
聖　向外落籥面朝上
師　退向正身立
實　正蹲
天　起身向前轉身向外舞
生　向裏舞

德　合手謙進步前雙手合籥蹲謙
作　兩兩相對自下而上兩班相舉籥東西
樂　上下俱垂手惟兩中班上下十二人俱垂手
　　轉身東西相向
以　轉身東西相向立
崇　相向立兩班上下以翟合籥
時　稍前舞蹈兩班上下俱垂手向外
祀　向裏垂手舞
無　合手謙進步向前垂手合籥
斁　回身再謙兩班上下東西相向合籥立

清　稍前舞向外開籥翟
酤　向裏舞
惟　雙手平執籥翟開籥翟
馨　合籥翟顛上正立
嘉　側身垂左右手兩班俱垂手向外舞
牲　躬身正揖
孔　雙手舞籥翟躬身
碩　躬而受之躬身朝上拱籥受之一鼓而起
薦　一叩頭舉右手叩頭
羞　舉左手叩頭

神　復舉右手叩頭
明　拜一鼓畢卻起躬身三鼓平身
庶　三舞蹈舉籥向左躬身舉
幾　舉籥向右躬身舞
昭　舉籥復向左躬身舞
格　拱籥躬身而受之
百　向外開籥舞
王　向裏開籥舞
宗　側身向外面朝上
師　朝上正立

生　兩班上下兩兩相對交籥
民　合手朝上正蹲
物　側身向裏落籥
軌　合籥朝上正立
瞻　向外開籥舞
之　向裏開籥舞
洋　開籥朝上正立
洋　合籥
神　向外開籥舞
其　向裏開籥舞

甯　進步向前雙手合籥
止　回身東西相向手謙
酌　向外開籥舞
彼　向裏開籥舞
金　開籥朝上正立
罍　合籥朝上正立
惟　向外垂手舞
清　向裏垂手舞
且　朝上正揖
旨　躬身而受之

登　躬身向左合籥舞
獻　躬身向右合籥舞
惟　躬身復向左右籥
三　合籥朝上拜一鼓便起身
於　側身向外垂手舞
嘻　側身向裏垂手舞
成　朝上正揖
禮　躬身朝南受之三鼓畢起身○右初獻寧平
亞獻安平三獻景平舊樂章舞譜也新樂章宣平
秩平敘平舞式亦同

御製補笙詩樂譜

我合逝乙南上陔尺言尺陟凡其尺岵六昔尺我
尺上行凡役凡瞻凡望六有尺父凡欲凡養六無尺
由尺風六木六凡何乙補乙我六逝六南尺陔凡言
凡陟六其尺岵上今乙我合行尺役凡瞻凡望合
有上母乙母尺也尺乙倚凡廬凡歸合則六凡甯乙止
乙南尺陔乙有尺筍合籊尺寶凡勺尺之上屛合
鼻合孩尺提尺孰尺噢合咻凡之凡愼合爾尺溫
凡清合潔上爾乙旨尺肴上今乙爾六不凡養六
日尺月乙上其乙慆合　右南陔三章二章章六句

一章八句
王合庚乙便上便乙東六西凡朔六南尺六乙符
上調尺變凡八六風凡節上宣乙王尺庚凡容六
容凡朔上南乙西尺東上惟六撒六凡與乙勤乙百
凡王尺道六同凡王尺庚凡廓六廓凡東尺西尺
南乙朔上先六憂凡而尺上憂凡後上樂六乙而凡樂
凡王尺庚凡恢六恢凡南乙朔上東尺西上皇尺
極凡孰尺建六惟尺德尺上之乙依合　右由庚四
章章四句〇已上正月笙譜
我尺逝凡南六陔五言五陟上其五岵尺昔五我

六五行上役上瞻上望尺有五父上欲上養尺無五
由五風尺木尺上何凡補凡我尺逝尺南五陔上言
上陟尺其五屺六今凡我尺行五役上瞻上望尺
有六母凡母五也五凡倚五廬上歸尺則尺上甯凡止
凡南五陔上有五筍尺犨五實上勺五之六孱尺
孱尺孩五提五孰五噢尺咻上之上慎尺爾五溢
上清尺潔六爾凡旨五肴六今凡爾尺不上養尺
日五月六凡其凡慆尺　右南陔三章
玉尺庚凡便六便凡東尺西上朔尺南五六凡符
六調五變上八尺風上節六宣凡王五庚上容尺

容上朔六南凡西五東六惟尺敬尺上與凡勤凡百
上王五道尺同上王五庚上廓尺廓上東五西五
南凡朔六先尺憂上而六五憂上後六樂尺凡而上樂
上王五庚上恢尺恢上南凡朔六東五西六皇五
極上孰五建尺惟五德五六之凡依尺　右由庚四
章〇巳上十月笙譜
內則十有三年學樂誦詩舞勺成童舞象古之學
者未有不知樂者也詩三百篇皆樂章調以琴瑟
鐘鼓之聲飾以干戚羽旄之象童而習之審其高
下清濁之節得其屈伸俯仰之致能使耳目聰明

血氣和平古之學者所以優游涵養德日進而不
自知也自古學不講士人從事帖括四教僅學文
六藝僅學書即其所學亦未嘗窮究古文古書源
流所不學者可知即如音律一道風流慧業之士
多旁及焉然大抵習新聲俚曲步明代唐寅張靈
輩後塵一優伶之事耳敗壞風俗莫此爲甚以此
思追企古學者直卻行求前也夫轉移民風挽回
士習責在官司文廟樂舞州縣學多不舉行有志
之士欲復古而無所觀感何由興起乎存餼羊可
復告朔矧煌煌大文而弁髦棄之編列樂譜舞式

譬諸夏鼎商彝質古色蒼對之動人上下千年之想而以邑志爲便俗之書者必又以爲贅也或謂志禮樂以禮儀祀典樂舞三者盡之乎曰邑大夫所右事盡斯三者矣舊志有禮俗一門紀冠及婚其大畧云男子年十六以上卿大夫家具公服士庶具本等服色告於廟父加之冠縉紳之後承蔭者敬縣吾制與俗同女子十五以上將嫁前吉日父母命之髻不告於家廟别陰遜陽也至其儀文節目詳未細舉蓋以禮則儀禮及紫陽書存以俗則又遠於禮故不詳也且冠禮久廢前於志風土已論及之婚嫁喪祭書俗所尚與禮無當者皆取入風土茲不復贅

崇陽縣志卷五終

崇陽縣志卷六目錄

職官志

崇陽縣志卷六

雷封是寄星好攸關琴臨雋水案對崇山𡉚亭鐸

振衰鄭弧彎咸遵臣法益懍

后艱志職官

知縣

周官縣有正各掌其縣之政令尚書作雒篇云縣邑之長曰宰曰尹曰令曰大夫春秋晉謂之大夫魯衛謂之宰楚謂之令尹其職一也秦漢晉宋唐皆曰令長漢秩至千石晉制大縣令有治績官報以大郡不經宰縣不得入爲臺郎宋制縣令銅印墨綬隋增大興長安河南洛陽四縣正五品他縣皆以所管閑劇衝要爲等級唐有赤畿望緊上中下六等京都所治爲赤縣旁邑爲畿縣餘則以戶口多寡貧地美惡爲差宋始改令爲知縣掌總治民政民有水旱流亡則撫字安集有孝弟行義聞於鄉閭者具事實上聞元名達魯花赤掌縣事卽知縣也明仍稱知縣職任六事一吏二戶三禮四兵五刑六工敷二治曰政曰教歷考往史惟𡉚魏𡉚齊令長多用厮濫士流恥爲之餘則無不貴專城之職重臨人之要如元文遂所云也

皇朝統一輿圖鑒觀前代守地親民非人不任簡則部銓要則題調務求無曠厥官將爲

國史循吏傳廣召父杜母之目愼重其選也固宜崇地梁置郡陳改州太守刺史之名不見史冊漢下雋縣令益荒遠難稽舊志只載李唐以來亦不能詳也宋時崇陽號稱難治遴選最嚴以乖崖開先故名宦接踵元達魯花赤傳者絕少勝代及

國朝則赫赫多有聲矣道光間改簡爲要比於江夏驥足牛刀不嫌小試盤根錯節益顯良工光我志乘不大有人在耶奈遭經兵燹乾嘉時歷任姓氏文獻無徵多所遺佚不能無憾姑闕以俟考舉聞見所及者列諸編

唐唐年縣令二人

鄭　迪滎陽人舊志列南唐誤　溫遷約有傳

溫遷約字從禮其先唐世臣乾符六年黃巢陷鄂州遷約自長沙糾義旅鎭唐年賊不敢犯邑賴以全僖宗嘉其勞授縣令凡十有三載功德及民最久歷官檢校司空鄂州制置使兼知鄂州卒葬唐年邑人祠而祀之識其墓宅遺墟云

後唐縣令一人

陳闢名長興二年任
南唐縣令一人
楊文檢保大五年任
宋知縣十九人
張　詠有傳　　崔遵度有傳
歐陽曄有傳　　段少連有傳
王　益元豐三年權任　　李　涓有傳
錢師仁有傳　　陶　楙隆興二年任
王　溉有傳　　酉清卿紹熙間任
任希夷有傳舊志序爻誤　　劉　煥有傳

蔡　觀舊志序爻誤　　陳仲微有傳
耿宜中有傳　　尹　穀有傳
王嘉福　　陳　彧
陳建勳附陳仲微傳　　○舊志於尹穀後列蔡
觀魏濟王嘉福陳彧概云德祐時任考德祐在位
只二年不應更四五令諸姓名俱見桃溪百詠注
細核之則蔡魏係誤列而王陳亦當闕疑
張詠字復之鄄城人宋太平興國五年進士以大
理寺評事出令崇陽王禹偁爲序送之云今之縣
尹古之諸侯秦郡天下小國皆化爲縣縣有政聽

郡係而後行縣有長觀牧守而後動秩卑祿微弗
足自庇固不暇使風俗之移易逮乎炎漢隆興始
有重外之旨故命郎官出宰百里之邑秩四百石
尊其位厚其祿蓋欲分君憂而求民瘼也由漢而
下邑官益卑故梁竦有徒勞之言淵明起折腰之
嘆儕胥伍吏區區於風塵間遂使抱王佐者恥而
不居黷貨利者稔而自處苟縣政有缺率曰吾將
罷兹邑而適他邑烏用革焉縣人有病亦曰吾將
舍此民而適他民烏用易焉觀其視一邑及一邑
之民若行客之宅郵舍也待旦而去固無所惜風

行雷同浸以成俗豈由國家小親民之任輕宰人
之官所致也將極其弊聖人孰能制乎宋天王嗣
位之五載親選貢士分甲乙科中甲科者通理郡
事乙科者專任縣政尊以廷評之位重以使者之
車縣政有缺得以擅革縣人有害得以專易既革
且易不康何待詩所謂能官人者豈獨美於文王
乎清河張詠字復之本宅九河間少有奇節釣魚
侍膳外讀書無虛日秉筆爲文落落有三代風今
春舉進士一上中選將我主命涖乎崇陽分君之
憂使帝心休休乎求民之瘼使民心熙熙乎江淮

之南郡大惟鄂鄂人得賢亦孔之樂波映鸚鵡煙藏鶴樓白雲芳草思古悠悠堂有鳴琴足以振穆若之風尊有醑醪足以養浩然之氣惟江湯湯鑑其襟袖惟山峩峩媚其戶牖鱠得魴鱸果多橘柚吏隱於茲足保無咎且優且游勿爲江山羞復之勉旃云爾詠性剛方令崇撫良祛奸訓民以義歲勸農耕嘗坐北峯亭望平疇如掌歎灌溉之利乃鑿山通渠引白泉水注之遂成沃壤事詳陂塘志中山民業種茶詠曰茶利厚官將榷之不若早自異也命拔茶植桑民初以爲病其後榷茶他縣皆

失業而崇陽桑成歲出絹百萬匹民利賴焉又嘗詰鄉民入市買菜曰爾居田里不自食力何惰也笞遣之自後人皆置圃種蘆菔稱知縣菜崇陽自五代來胥吏跅弛刻百姓淩官長了無忌憚至宋時餘風未革一日吏自庫中出詠視其鬢間著錢詰之庫中錢也命杖吏吏抗辯曰一錢何足道能杖我不能斬我詠援筆判云一日一錢千日千錢繩鋸木斷水滴石穿自仗劍斬之申臺府自劾境內肅然詠少學擊劍任氣不拘小節雖貧賤客遊未嘗下人別號乖崖畫像自贊云乖則違俗崖則

絕物乖崖之號聊以表德歷仕所至皆有聲轉工禮二部尚書出知陳州卒謚忠定功績詳宋史其仕成都也蜀人懷其德於六月二十六日生祠諸仙遊閣崇民效之亦於美美亭祀焉嘗在朝與羣僚公會忽假寐沉酣同輩詫問之詠曰吾今日初度適崇陽之民以杯酒相祝故微醺耳其精誠相感如此至今崇陽稱賢尹必曰張乖崖名宦及羣賢祠外復有專祀詳壇廟志中

崔遵度字堅白淄川人七歲好學登太平興國進士淳化中知忠州李順餘黨攻城坐失守貶崇陽

令旋移鹿邑後遷太子中允

歐陽曄咸平三年進士監興國酒稅徙治崇陽崇素號難治縣民王明與同母兄李通訟產累年明不能自理貧至爲人賃舂曄至折以一言取其貲鉅萬歸明而通無怨言曄嚴明方質尤以廉潔自持自爲布衣非義不受人遺親舊貴盛終身不造其門其涖官臨事長於決斷歐陽修盛稱之邑祀名宦

段少連字希逸開封人美姿表倜儻有識度仁宗時由秘書郎出任崇陽通敏才決大小事不爲權

貴所屆崇稱劇邑張乖崖以往政令嚴明惟少逵繼其風迹後仕至殿中待御侃侃正色遇事敢言郭后之廢以直諫聞天下邑祀名宦

李涓字浩然南豐人駙馬遵曷曾孫初蔭殿直靖康元年由通直郎出任崇陽時金人犯京欽宗檄召天下勤王時鄂七邑當發兵三千（一作二千九百）皆未集涓憤激獨以所募六百人往或曰安可以寡先嘗也涓曰事棘矣嘗持一信報天子爲東南義旗倡然應募多負販子不閑戰陣乃盡出家財易牛酒犒之曰我知力不敵顧受國恩厚惟有死耳若曹知法乎失將者死均之一死死國揚名男子不朽事也衆感泣即日引而東抵過淮蔡蒲圻嘉魚兵始至天大雪遇敵遊騎涓馳先犯其鋒下皆蒙鹵盾徑進頗殺其騎敵卻走乘勝追抵十餘里敵騎大至飛矢蝟集蒲嘉二縣兵舍去涓被創猶血戰大叱左右掖戰死之年五十三士之死者十之七上官忌之脇殘卒誣涓逃明年金兵去蔡人以喪歸朝廷錄其忠贈朝奉郎官其三子（一作二子）南渡後知縣陳仲微奏祠專祀賜額忠顯并祀名宦

崇陽縣志　卷之六　職官　知縣　七

錢師仁紹興間任有惠政邑西北白泉陂經建炎亂燕廢不治師仁鳩工修復之民戴其德祀名宦

王澂字巽澤乾道間任文章政事俱敏捷立白泉陂條約民甚便之公暇喜談禪自號無一居士邑祀名宦

任希夷字伯起邵武人朱子門人嘉泰間任有善政喜名勝嘗董築北峯香霧諸亭多所題詠自署衙齋曰吏隱後官參知政事謚獻宣

劉煥寶慶初權縣爲民籌水利修理遠陂重别其溝洫石梘陂舊用木瀦水以石易木自煥始焉

陳仲微字致廣號遂初瑞之高安人嘉泰二年進士淳祐間知崇陽縣性忠勤饔食公署日與田父樵豎相爾汝下情畢達吏胥無所措手嘗修石梘陂復遠陂撤白泉故陂易以堅石以澮寫水以防止水鑿石爲堨以分水爲邑籌久遠利民感德之又以餘閑修建近郭亭館諸勝迹流風善政懸久猶傳官至吏部尚書厓山兵敗辟地安南宋史稱其天資篤實雖生富貴而惡衣菲食自同寠人故能涵飫六經精研理致於學無所不通時稱文溪先生卒安南有絶命詩邑祀名宦仲微去崇後有陳建勳者亦嘗知崇陽縣事係仲微裔云

崇陽縣志　卷之六　職官　知縣　八

耿宜中咸淳六年任識趣高遠以培植人才爲務邑西郭外朱紫臺張乖崖建美美亭其上宜中相其形勝可收山川之秀依亭旁建靈應觀祠梓潼撥田贍道士爲經久計越明年辛未適當大比邑士預計偕爲多奏藝春官再登者三當時傳爲盛事

尹穀字務實號耕叟潭州進士性剛直莊厲初處郡學師友皆嚴憚之德祐初由常德推官令崇陽廉正有聲未幾丁艱歸元兵圍潭州穀爲李芾參謀城將陷縱火自焚死芾嘆曰務實男子也先我就義矣崇民欽其節祀名宦

元達魯花赤三人

雞濟舊志列宋誤　卜顔撒蒙古人泰定間任

楊文煥至正間任

明知縣六十一人

胡興福有傳　楊伯成有傳

顧華有傳　元儇有傳

楊泰有傳　孔禧有傳

駱士廉有傳　李善有傳已上洪武

虞宗福建順昌貢　朱履平

丁琯已上正統　焦玨有傳

廖忠陝西歲薦天順六年任　申賡定州人成化九年任

劉信有傳　趙弼有傳

宋禹浙江舉人成化二十三年任　李信泗州歲薦宏治四年任

胡濬婺源舉人十一年任　李銳有傳已上宏治

尤弼無錫舉人正德元年任　張瑞有傳

張珮有傳　姚寧吳縣監生十二年任

王穀江安舉人十六年任　程賢有傳已上正德

陳恩晉安舉人嘉靖九年任一月　李炤有傳

杜桂長甯舉人十年任　阮復初華陽舉人十一年任

王儒嘉興舉人十二年任　沈崇有傳

尹廷用山東歲薦十九年任　袁卓分宜監生二十三年任

易貞元有傳　楊道南閬縣舉人二十八年任

施霖有傳　毋權巴縣舉人二十九年任

鄭一鳳有傳　龐瑜南海舉人四十一年任

舒洪化順德舉人嘉靖四十三年任　胡秉性有傳

周應中有傳已下萬歷　王學曾有傳

宋興祖有傳　李樹聲南海舉人十五年任

陳洪烈有傳　王瞻雲南舉人二十一年任

鄧以誠新建舉人二十四年任　王元吉雲南舉人二十八年任

杜宗彝有傳
張　雁仁和貢生舊志序次誤
李　沖有傳
聶有聲有傳
周世賞華陽舉人萬曆四十七年任
李鵬程華亭舉人天啓四年任
魏光前遂平貢生七年任
徐應問南昌舉人崇禎二年任
强兆龍有傳
蔣應仔山陰保舉十年任
李方晳有傳

胡興福邑人洪武甲寅以明經任縣經元季兵燹衙宇皆其剏建招集流亡撫惠瘡痍百廢皆舉民不知勞卒祀名宦

楊伯成浙江龍泉人洪武間任時邑初開墾田畝

上司建議欲倣長沙例起科伯成以耆民楊胡宗等言上聞稱山田磽确非長沙沃土得竟畝三升入合輸稅著爲令崇百世賴之嘗勉民造舍宇曰亟爲之無失時我在此能量免差役以待汝成也一切政令便民皆類是崇人懷其德祀名宦

顧華浙江平陽人以秀才授太常寺祀丞改工部主事洪武丙辰任有善政嘗作靜思亭記

元俊字世臨河南人洪武丁巳任政多興利民事元季兵戈後石槻陂廢農人失業俊始復其舊詳張賓記邑祀名宦

楊泰陝西渭南人歲薦洪武中任溢政平恕賦役適均凡有修舉務在與民休息甚得民心尋以報政去耆民陳秀等詣闕乞留三年任滿邑士宋忠復請留不允調山西翼城令遺愛在崇久益勿諠祀名宦

孔禧山東章邱人洪武間任操履端潔莅事剛明吏民不能欺在任九載陞應天府治中

駱士廉浙江山陰人進士洪武中任操守廉介撫字有方吏民悅服秩滿陞夔州同知歷交趾太原守

李善將樂人歲薦洪武中由靈山調任平易簡當愛民如子陞江川同知致仕家於崇壽終葬邑西一里許邑人思其惠歲時致祭焉

焦玘眞甯人歲薦景泰丙子任果決明斷吏胥不敢欺撤署宇廣大之民不以爲厲天順庚辰有虎害玘禱於城隍虎自斃爪還北京兵馬司指揮邑祀名宦

劉信字明節南溪人進士成化丙申任剛毅威嚴嘗戮人於市勤課農桑暇則授易生徒徵拜御史歷粵東參政歿於王事贈嘉議大夫廕其子邑祀

名宦

趙弼大和人進士成化壬寅任政尚寬簡恤民隱葺學宮立里社以教子弟性甘澹泊食脫粟飯味不具肉其幼子毋索肉泣或聞而饋之弼拜卻不受曰仕非爲肉食也六載以憂去父老遮道不忍舍後知邯鄲歷太僕寺卿劉大夏爲詩美之其操守始終一致云

李銳字抑之安福人進士宏治辛酉任時士官武斷銳至伏謁道傍銳不爲禮遂貼然屏迹性廉明正直胥吏敬憚不敢欺注意學校朔望必與諸生

論難更所鼓舞斂於治事區畫邑政井如也嘗慨邑城垣廢衺隨所指而定靡不適宜冬行阡陌督修陂塘編列卯法後令皆遵之邑故無公儲銳曰餘一餘三以禦荒也今民食僅爲旦夕計脫有凶年將奈何乃於四鄉置五倉積穀備賑事詳食貨志後去任數年爲正德己巳邑大荒藉延活者甚衆至嘉靖甲辰歲旱父老言安福李公則簌簌泣下德澤及民之深如此涖崇凡五載徵拜工部主事仕至廣東參政嘗守泉州爲治一如涖崇時尚書林俊頌其政績云良二千石嘅我溫陵威行惠從是戒是懲參政廣東以征猺事與督閫議不協遂疏終養不俟命亟歸歸則督耕力圃理魚沼字畜牧以養親安之若素其鄉人鄒祭酒守益稱銳介特有古風云崇祀名宦

張瑞籍貫未詳舉人正德戊辰任爲政平易勤恤民隱歲大荒出前令李銳積穀賑之分給適均吏胥不敢作弊全活甚多連年盜發出沒不常擒緝有術盜平陞開封府判

張珮字儒佩新淦人舉人正德甲戌任廉敏任法折挫豪右扶植貧民門屏吏卒謝絕請託以事至

庭者無不戰慄讒譖折歷陞工部主事

程賢字子昭樂平人正德庚辰任時吏治肅清賢猶自飭敵家有漏節婦者賢指官地居之其維持風化多類此

李炤浮梁人舉人嘉靖庚寅任爲治一準古循吏不察而明不刑而威不施恩而民自潤踰年以憂去

沈崇涪州人歲薦嘉靖丙申任制行醕雅爲政寬仁居官無赫赫名實著循良之績去之日崇民遮道攀轅留之

易貞元字會侯臨桂人舉人嘉靖丁未任廉介自持遇事不苟尤恤孤弱禁彊禦步禱乳山應時澍雨調平江歿於官崇民受其惠者匍匐致哀焉

施霖長洲人舉人嘉靖己酉任爲政不擾吏不催科閭閻雞犬晏然不驚當時治績罕有其匹

鄭一鳳字少梧晉江人舉人嘉靖丙辰任先是邑令以事嗛鄉紳效杜正倫鑿杜固故事斲斷崇洪鰥魚石崇人病之又邑小民訟勢家令多右勢家有矯之者專主扶弱又輒中奸民計折獄每不平一鳳至問治崇要術於邑中丞劉景韶景韶報書

云吾崇近稱難治多歸咎於衣冠之輩不知前此官府一意持鄉士夫之短以覬樹威示衆故鄉士夫亦以人之持我者相持互搆不休到頭總閉氣兩底無益愚見謂明府惟視理以爲可否如理在士夫未可避嫌理在百姓未可徇勢中間果有大豪不逞者肆力一擊剗置之法不假借亦不追往惡如此則不惟小民懷德而士夫亦當守令矣非眞紳君哉一鳳得書常置座右遇事齎所咨詢決獄鮮偏私焉

胡秉性信陽人舉人隆慶戊辰任才優綜理嘉意青衿振興書院助寒生膏火捐俸置學田請旌節婦谷氏邑風教賴扶持焉萬歷元年行取御史

周應中會稽人進士萬歷丁丑由眞定調任才敏性決案無留牘公庭震肅豪猾重足而閭閻安堵修城有法無煩民力履畝均賦秋毫無犯雖食淡茹苦櫛沐風雨不自謂勞也其魚鱗大坵歸戶由單井然有條戶丁有册四差有册什物有碑清釐積弊爲編戶規久遠詳見食貨志中去任之日民思之爲立生祠後官四川與葉春及俱著循良聲巡撫艾穆舉以自代稱其行義過人疏上雖不報

時論韙之

王學曾字唯吾別號省軒南海人進士萬歷己卯任時邑均賦未就城工亦未竣學曾至始蕆其事性明決練達機宜區畫周悉務歸精妥利賴不止一時公暇即課文作士多所啟迪農隙巡行田野修理陂堰士民胥戴之邑嘗不戒於火學曾整衣冠拜禱反風滅火時稱異焉十一年行取南御史邑人留之不得立去思碑載建置志

宋興祖漢州人進士萬歷甲申任器度寬大重士愛民不假聲色而民懷畏尊以憂去

陳洪烈字復泉光山人進士萬歷戊子由長興調任風裁自勵留心民瘼邑舊有便賑倉歲久淩廢洪烈至復建義倉十二所下令勸民出穀實之明年值凶荒民賴全活立講約所註皇祖六諭附二十六條刻書曉民月旦集約所宣講民風丕變詳見食貨禮儀志中續編邑志論列崇邑利病切中要肯修理陂堰俱有成勞邑人視爲準則及今遵之

杜宗彝字滄洽上海人舉人萬歷甲辰任喜興水利請發糜粟築馮家堤整理石梘陂有功士人立

祠祀之任滿擢夷陵州知州

李沖鶴慶人舉人萬歷丁未任修治白泉陂勒石分水使歸於一石梘之役踵杜宗彝後有成勞士人並祀之曰二侯祠

聶有聲字思交宜賓人舉人萬歷甲寅任留心經濟凡所興革必有碑於民崇自鯿魚石鑿後科第日稀有聲建崇洪橋以補陷邑人德焉

强兆龍無錫人舉人崇禎乙亥任舊例有火夫及打手之役令市民更番大衛又令白役橫行里閈任其需索以不費公家一粟爲辭兆龍下車撤火夫設防兵所予工食取諸俸餘及舊規中節省者積困以甦民爲勒石

李方嗇字角月仁壽人舉人崇禎壬午任憫時危殆心存拯救邑舊有胡劉諸大家絕糧徧累同甲代賠徭役多有不均至是編散通邑數十年之困始甦癸未甲申間獻賊嘯據崇山往來不時方嗇守土自誓

國朝順治二年大兵下武昌方曾與邑紳汪桂趙繼抃等謀起勇相拒教官周生文脫逃赴省請大兵入崇陽時大雪嚴寒方嗇同蒙正發孫嗣濟夜走

邑西摩旗峯三日不得食間道由通城達長沙投督師何騰蛟行營備極勞瘁未幾病卒

明代署知縣十一人

黃　直有傳　　金文默有傳

鄧之松有傳　　王可賓南漳令萬歷二年任

譙由龍有傳　　張問仁有傳

張仕可有傳　　李獻可同安人進士府推官

吳　炳江南進士蒲圻令後官大學士　　孟良範有傳

陳　美江西舉人布政司理問

黃直字以方金谿人進士嘉靖間以沔陽州判署

崇陽持躬清苦徵糧躬自督收不令困民民以事詣庭諭以道義不用刑威衆皆悅服未幾丁外艱歸直受業王守仁應會試主司發策詆陽明之學直不阿主司意編修馬汝驥奇之力薦登第後以事戍雷州衛赦歸貧甚妻紡績以給朝夕不能隨俗浮沈蓋其素操云

金文獻京山縣丞署崇陽二次捐貲修學一切措置曲盡民情

鄧之松字玉臺萬歷癸酉以別駕代理方甸日積牘迎刃以解上官將城崇屢議不就之松至規模

始定解職之日邑人作去思卷見藝文志

譙田龍南充人舉人萬歷乙亥由通山知縣加興國知州銜攝理崇邑事性勤敏築城有勞民愛戴之

張門仁晉江人進士由戶部主事調興國同知萬歷十一年署崇陽文章德器俱優均平里甲井然有法

張仕可涪州人舉人武昌府同知萬歷十四五六年凡三署崇陽與民親治如家人父子刻賦役全書自為序載食貨志

孟良範字維九陝西鎮番衛人拔貢崇禎庚辰以咸甯令署崇陽時加派田賦吏胥借以行奸良範為清算歲浮科不下一千七百餘金乃梓賦役易知冊使民開盡曉規則南北糧餘米一切蠲免又為滅胥隸平出納曩時民開米十斛僅得輸其五至是弊竇始杜功令遼米取自正餉數十年間復斂民以實額浮取萬石有奇絹差為厲十餘年抑減絲價抑解費徵樣絹一切如餘米例良範悉除其弊又除崇洪上下舟楫私榷之費凡公門私謁一切屏謝秤無溢耗案鮮深文署崇數月調任羅

田崇士庶叩上臺請留不得為立德政碑頌曰滄溟易枯丹邱易赤樂只君子永懷無射煌煌令猷具瞻咫尺有不遵侯之規以嘉惠吾崇者請視此石

國朝知縣

王念藻長治舉人順治二年任　馬士鯤有傳

翟善陽和人貢生順治八年任　賈漢誼有傳

賀人龍有傳已上順治　白養正山西蘇州貢康熙六年任

高景之有傳　蔡興鎬有傳

金鯀祖有傳　李特生有傳

石如璉有傳　張愃有傳
何嘉儒有傳　胡俊有傳
陳世蔭有傳　高位有傳已上康熙
侯爵有傳　張慄有傳
林日熤有傳　趙楠字莪懷山東汶上人舉人九年
辛亥任　李五愔有傳
黃裘有傳已上雍正　胡式𤦺字少宋鑲白旗漢軍人監生援
例捐知州乾隆七年以候銓署九年實授升鶴峯州　孫廷權字中洋浙江海鹽人舉人乾隆
九年任調咸豐縣　宋鋒有傳
曹學詩有傳　謝奉璋有傳

曾志有傳　張其章
夏瑚　張鴻運
王沛膏　張五緎字蒲壁陝西蒲城人能左書
翟永鏞四十五年任　沈闕名四十九年任
馮瑞　馬尚襄
屈振卅　劉運浩巴陵人進士
晏善澄有傳　鍾昂五十九年任已上乾隆
孫邦憲貴州舉人嘉慶二年任　徐雲慶
曾翕受有傳　李夢珠有傳
梁有源廣東解元七年任　范繼昌有傳已上嘉慶

趙秉濆有傳　符其珍有傳
茶清標字樹叢浙江海甯人監生道光十一年任
王觀潮有傳　折錦元舒庵山西陽曲舉人十七年任
師長治有傳　金雲門有傳　鹿啓烈有傳
韓寶昌有傳　福昌阿有傳已上道光年
韓印濤夢雲浙江平湖人監生咸豐二年任　蔣照江蘇甘泉人亞元九年任十日
高佐廷字小川廣東廣州府順德縣人道光壬辰科副榜前肇慶府封川縣教諭軍功保舉遴選湖北漢陽府漢川縣知縣見調補崇陽縣知縣卽補同知直隸州知州

職官表道光壬寅志稿已不能詳兵燹以來此卷失去迄今又二十五年矣詢之老吏約略能舉數

人大都忘其籍貫又有闕名者乃得之民閒讞案山寺楄額及邑人詩稿中如嘉魚知縣吳字霖川嘗署崇載代署表見吳世雄鐔潭一勺吟其名未之注嘉志或可參考而邑無其書故亦闕如後世尚文餙字而不名往來投贈於禮固宜乃至付梓傳世之詩文一切避諱代遠年湮卽在同鄉亦多恍惚矧逆旅過客鴻爪雪泥宦迹易陳乎夏五郭公存以俟補志例如是若夫不藉青志而存自能使斯民口碑心銘歷久弗諼是又在司牧者深維其故也

馬士錕字赳北壽張人選貢順治戊子任性慈明不尚苛刻兵燹之餘人民離散田野荒蕪兼以軍需旁午里差繁劇士錕一以廉靜鎮之招集流亡設法籌餉民不苦差又興起學校拔識翹楚人士賴焉任滿陞廣安州尋遷西安府同復陞成都知府

賈漢詛字長倩曲沃人官生順治甲午任性剛介多才政績卓著其大者建學校丈田畝修石梘陂平里役立碑禁糧餉批絹羨耗治訟多所平反歷任七載恩威並濟境內肅然報最陞遷士民赴上

扳留不許送之日遮道不忍釋立去思碑乾隆間知縣曹學詩設木主與陳仲徵並祔祀乖崖祠

賀人龍字允升通州人歲薦順治戊戌任老成練達識算既周而才猷並副當西山夫草倥傯時料理有法無不妥當作養學校意極周徧性和易待士民藹若家人父子相諒以至誠每日片晷視事即退食躬課兒孫由其胸無沾滯故得蕭閒自在也冰操十載四境樂業安生致仕歸扳留不允送者由蒲咸至江漢始告別建去思碑

高景之字德跂號星巖山東膠州人進士康熙庚戌任崇葺學校拔識寒微續修邑志留心民瘼未久以憂去

蔡興鎬號西美遼東人舉人康熙壬子任性嚴敏好發奸摘伏値吳逆反雲南其黨據岳州各屬徵求罪應崇獨挽芻供糗無缺以能聲著調江夏縣

金餘祉號梅山灤州籍遼東人康熙甲寅任才識明敏愷悌居心時值逆剿長岳軍供繁劇迫無暇晷凡可以寬減者必力爲申請催科簡要徵比輪期杜一切包攬侵那之弊境內肅然縣治久廢捐俸發粟從新鼎建財力無傷害焉陞雲南師宗知

州

李特生號仙巖河南武安人舉人康熙辛酉任甫下車即赴闈分試薦士得人主司稱其公當性恭謹愛民恤士政尚寬平邑舊苦大差請改平撥自侯始事詳田賦志建明倫堂立文昌閣務振作人才涖崇六載告終養去崇人戴德刊集曰雋水絃聲志不忘焉

石如璉號商彝河南陳留人進士康熙丙寅任廉明公正加意作養常時季課大比月課文治一新戊辰値夏寇告警蕩平後以養親歸里

張悙號月齋滿州籍遼東人康熙己巳任性嚴厲人不敢犯四境安靜建醫官擴泮洺樹圍牆爲政規模足徵云遷陞信陽知州

何嘉儒號靜齋滿州籍遼東人康熙癸酉任性慈厚廉明勤於涖政前任張悙建學校未竟爲蕆其事修理崇洪山道重新城樓諸廢具舉八載卒官襄橐蕭然士民哀之葬西北郭外立專祠以祀詳壇廟志

胡俊號升士直隸雞澤人進士康熙辛巳任明敏剛決案無留牘上司嘉其才嘗委攝蒲圻以母憂

去

陳世蔭號松軒福建南平人廩監由縣丞陞令康熙丙戌補崇陽老成練達剛介廉明旋陞順天府判

高位號思山嘉定人以召試欽授纂修敘用康熙壬辰任嘉造士能爲古賦梓有文集

侯爵字子爵號竹齋山西絳州人舉人雍正甲辰任德性斂惠政簡民安崇自賈侯清丈後山溪暴漲田多衝淤士民賠累又有原屬麥地近開水田舊未經丈侯申請減補而均之詳准未行遽以憂去

張慄字子慎陝西華陰人舉人雍正丙午任勤於治事建先農廟遷城隍祠置營汛署善治蠢然調武昌縣

林日熠號東來福建甯德人進士雍正庚戌由武昌調任勤敏公平未幾以憂去邑人立去思碑

李五惇字秩夫號韋亭福建龍谿人歲薦雍正壬子任下車即補葺學宮整飭奎閣修理城垣以興文教嚴武備爲務又出俸餘於東城隅建桃溪書院延學究聚生童肄業其中置田屋收租爲膏火

資每月舉課給銀獎賞崇邑有書院自此始後來所守皆其準則也舊乖崖祠香火不繼侯增廓祠宇置香油店俱有記載建置志甲寅續編邑乘書成陞知州去任

黃袠字龍章號東棠直隸正定人舉人雍正乙卯任涖事克勤興廢舉墜署中建柏蔭軒自題志勉云柏蔭一室父母斯民者蔭一邑庶不愧此柏其居心豈弟於茲可想

宋鋒字銳臣一字鈍夫號蓮池直隸深澤人進士乾隆丁卯任出身寒素歷任清廉文章政事俱敍

捷所著載建置志

曹學詩字以南號震亭安徽歙縣人進士乾隆己巳任性仁厚耽風雅有文癖案牘餘閒仍理筆硯每巡鄉講約履阡陌修塘堰築隄防編保甲及禱雨祈年所至必賦詩喜育士改新泮宮作學規建涼薰閣於書院時與諸生講論文藝諄諄不倦聽訟必以情猾吏奸胥不得蒙蔽以法斷疑獄完童婚有完鏡歌琴堂合卺歌事詳雜摭中又設棚民煙册作勸民歌戒溺女歌并鬭毆條律曉諭四境嘗著護蕉說云崇署内庭乳蕉初茁羣雞日啄而

食之萌者禿秀者凋榮者悴土膏無以發其滋雨露無以施其潤余編竹爲籬羣雞環視無由啄不日而倒抽斜界新翠潡然禿者復萌凋者復秀悴者復榮噫余因茲悟牧民之道矣彼莠民之戕良民也猶羣雞之啄嘉卉也驅之不勝驅衛之不勝衛也惟綱紀嚴而防範肅隱然有藩籬之固斯奸宄者斂其爪距無以恣其吞噬而懦善乃能以生以息俾完聚其室家猶乳蕉之萌而秀秀而榮也彼博長厚之名而姑息容奸無乃縱羣雞而使之啄乎斯民之生意安在因書以自警焉滋任四年丁内艱去侯性好禪邑諸名刹遊覽俱遍後乃感噩夢長齋其詩文以淹雅勝有專集在崇所著入藝文志

謝奉璋字峩士號雙峯雲南建水州人進士乾隆癸酉任始至值旱雩禱龍頭山隨車甘雨才具明決案無留牘自學宮城垣隄埠至橋梁道路以次修治公餘拈題課士造就多方踰年調武昌縣

曾忠福建沙縣人進士乾隆乙亥任風骨峻厲居官嚴肅人不敢干以私大堂懸鑼民呼冤者擊之三郎出視狀吏無能爲弊下情畢達

晏善澄字薇東江西上高人進士乾隆己酉任精文律工詩書法秀勁書多寫意之作片紙隻字徃者珍之性儉約得肉則不食魚每以崇儉返樸爲民訓前後約任六年

曾翕受貴州桐梓人舉人嘉慶庚申任六年題補通達治體凡有興作務在利民整飭桃溪書院勤課生童靡不服教

李夢珠字月浦廣東嘉應州人舉人嘉慶甲子任善衡文樂栽培士類問字者無虛日乾隆中邑久缺解額侯至慨然曰聞此地先代盛科名號小麻

城今何以㝡當由有司不振興文教故耳乃於秋闈前招多士給卷資大排賓興宴場期每日躬詣文昌奎星二閣焚香叩禱夜則嵩人輪班值宿司鼓吹戒無褻越維時五歲三科登賢書者四人嗣後科名稍振侯作之始也先是楚督汪爲沔堤鬧工徵服出巡途遇崇民販木棉問所自曰崇陽崇陽何官曰姓李官好否曰好官因識之後被案累諸大府將劾職汪督不可飭令還任

范繼昌順天人田方畧館供事議敘未入流分發陝西教匪滋事隨大將營至湖北辦理軍需防剿

竹山有功賞戴花翎嘉慶辛未選授崇陽知縣性勤敏待下以誠喜談陰騭刊

聖諭十六條朔望宣講廣搜諸善書有裨人心風俗者重加鐫刻每下鄉載滿肩輿到處給散考試童子自以不知文禱諸神然十爆竹皆響取第一得王亟元大猷邑人傳爲佳話

趙秉湞字作純上海人舉人嘉慶道光間兩次令崇作育士類爻文哲列吳中七子中秉湞承家學溢文爾雅工於書法士林仰之

符其珍號曉峯文昌人拔貢道光六年九年前後兩任嚴治盜賊民善賴以安全

王觀瀾字海樓河南新鄭人舉人由睢州學正保舉知縣道光甲午任崇陽政尚寬厚公餘好學工詩善書試童子拔識草寒助之資斧歲旱飛蝗入境捐廉督士民捕掘旋生旋滅蝗不爲災作捕蝗記載災辯志去之日賦詩留別崇民云不居涯炎鄖山巔舉室胼胝糞有年草薄尤宜殿害馬補貧端自在耕田相關痛癢慚慈母無限栽培望後賢好勸吾民勤積貯從來豐歉總由天時稱爲仁人之言

師長治字理卿陝西韓城人舉人道光二十二年八月任十二月十三遭鍾逆之變侯守土以死誓城破盡節

朝典優卹入昭忠祠世襲雲騎尉

金雲門字菊仙安徽休寧人進士道光二十一年署崇陽閏月卸篆士民遮道送萬家生佛楄額是冬鍾逆變作明年春大府調赴軍營差遣崇人聞侯至相率送款逾月獲罪人亂解以奮勉出力保

奏 賞戴藍翎卽升知州先換頂帶由代理咸補崇陽知縣時城郭宮室無一完好侯營繕辦理一

切善後尋宜齊歸籌畫或請置重鎮增兵三百彈
壓侯曰崇陽僻壤巨寇非其民怙亂也增兵必增
餉是區區者烏足以給某在此脫有變請以身當
之大府允其請乃改議兵後窮閻凋甚籲請蠲免
二十一年錢糧減價糶常平倉穀民困頓蘇又以
化民成俗首在造士城垣既繕文廟書院次第整
理增設義學每月局衙齋課生童二次建三塔起
考棚廣賓興場費鼓舞士類談制藝者爭就質門
下凡所識拔必邑中翹楚其臨民每月朔望城鄉
各處講約作歌戒訟戒洋煙勉以孝弟力田捐廉

給孤育嬰立法周密性勤敏剛決遇事勇爲御下
嚴肅尤善聽訟判斷者稱民無冤屈舞文之吏刀
筆之徒皆畏服焉前後涖崇六年禱雨祈晴立應
如響歲無水旱閭里安生以故崇民習德侯私立
菊仙生祠尸祝之改署黃岡送者依戀不舍哭至
失聲侯臨歧賦詩自謂如別家鄉泣數行下又八
年爲咸豐癸丑侯以安陸太守調署黃州守土盡
節贈太僕寺卿祠後崇士民每年於死事日祭祠
舉祭詳見壇廟志中

韓寶昌字善浦大興人監生道光乙巳知崇陽縣
謙和善下爲政尚寬調咸甯後任麻城殉難

鹿啟烈字南溪安徽阜陽人舉人道光戊申知縣
事精明渾厚待吏民一本至誠下車之初邑方經
大水原野蕭瑟侯即嚴飭胥吏徵糧不得浮收邑
故多訟公牘生塵不得結侯至甫兩月一一剖決
積案以清凡受狀面訊無實者麾之去兩造至片
言立斷否則拘押喚乙七日爲限靡不清矣訊訟
多不用刑威獨嚴治盜先邏察主者責成保甲巡
役視所察之多少賞罰之期年盜皆遁去爲治務
實不近名每語凋瘵之民宜休養以培元氣一切

興作費民財力者皆不爲精於論文取士尚有本
之學尤以制行爲亟曰士爲民首士失道衆則效
之其奚責焉先是崇邑吏民相水火釀成巨禍侯
以由來有漸故事事務正本清源如此每謂崇邑
舊號難治殊不然以子撫之皆吾子也侯形狀魁
梧面方如田字精力強健涖政克勤無片晷暇故
邑事無不理明年四月病疽歿於署士民匍匐致
哀立遺愛碑載建置志

福昌阿字介五滿洲進士咸豐元年任溫文爾雅
政事之暇畫著色山水及鍾馗小像踰年卒官

國朝代署知縣

汪 闕名康熙二十六年任
趙齊芳 山西人進士通城知縣
劉 禕 關中人臬司知事
張朱霖 江南人進士蒲圻令
周家楫 直隸人進士
王先立 四川舉人
吳 闕名字霖川江西高安人嘉魚令調江陵以詿誤卒於嘉
高其偉 三十五年任
丁 嶔 字雲階甲戌年任

徐大宏 浙江貢
張粹蘊 山西蔚州選貢官別駕
曾崇禮 遼東人臬司經歷
李行修 山東舉人已上康熙年
吳世臣 福建人監生通山令
劉 煜 山西平定州人進士
李深源 有傳已上乾隆年
邢 闕名

李 芳 有傳已上嘉慶年
郝延年 進士
顧世熹 固始人舉人九年任
陳鳳輝 字岐山十二年八月以通判任
蔡學清 有傳
張婁基 蒲圻令攝印三日
姚國振 有傳已上道光年
王國楨 字倬亭大興監生國年以縣丞任
攝篆未至崇
諸 鑣 字蘭谷錢塘人監生六年任

鄧 培 字益齋道光三年任
鄧應羆
賴樹勳 福建舉人十年八月任
林鳳儀 有傳
程太鏞 安徽人進士藩經歷
張書麟 彭澤優貢二十七年任
鈕芳津 有傳
萬景賢 字雲臺光山人軍功保舉縣丞
馬 淵 字西泉固安人巡檢代理數月
葛致遠 字毅山畢節人舉人八年任

王鎔節 己未年任有傳
張馨亞 字宏甫善化人監生辛酉年任已上咸豐年
王紹新 字標臣號梅坪萊陽人拔貢同治元年夏代理二年秋去任
徐元杰 字慕韓三年秋代任一月餘

李深源字燮橋江蘇華亭人舉人乾隆間以試用委署崇陽任甫一月旋卸篆當時有三年馮濁水一月李青天之謠侯深於詩赴任日號云扁舟如葉載輕裝細雨濛濛路正長兩岸垂楊青不斷春光先我到崇陽去時留別紳耆云素有鳴琴願山區鮮秀民下車方一月去路尚三春細雨衝泥滑深

杯勸酒頻何嘗諸父老扶杖送江濱至今士林傳誦想見豈弟君子云

郎令名字籍貫未詳在任尚威嚴刁民畏之呼為郎打鐵

李芳字會圃直隸鹽山人舉人嘉慶己卯署任廉明果斷疑獄一空終日兀坐琴堂隨訊隨結幾於案無留牘有大案人畏稟報侯微服緝訪得其實申詳置之法遠邇稱頌

林鳳儀號梧岡福建福清人進士道光癸巳署任學贍才優性簡重為治持大綱不事苛刻積牘盈

裝片時決之莫不悦服軫恤民隱徵兩税禁差役追呼輸將者一時靡至涖任期月民稱道不忘

蔡學清字穆如福建福清人舉人道光丁酉署理縣事勤課士晉接如師生講論經義娓娓不竭折獄不尚威猛感其德者頌好官

姚國振號芹溪奉天蓋平人監生道光己酉署理縣事處衷好士能愛善言踰年調麻城咸豐初拒賊死難

鈕芳津號蓉浦臨桂人監生咸豐癸丑冬由江陵縣丞署理縣事明年春聞賊將窺境親至四鄉督

勇防禦兵未集而城陷間道請兵驅賊秋月從塔齊布復城大軍往武昌自以所請兵數百守城不數日餘賊復至守備黃鵬程健將也能飛身上城欲引兵出戰芳津不可賊伏身叢薄槍斃鵬程於城上乃開北門與敵兵潰殉難義城橋下

王錡節號竹溪河南宜陽人進士咸豐九年署理縣事性質鯨尚儉約喜作育士類興復賓興場費規制仍舊茱萸山禪院有田主拂無僧田無所屬父老請改入興賢莊侯出大力主之浮議紛起卒不能奪合邑有士盡歡顏之頌

學官

崇陽學官明以前罕見書志考邑文教實開於宋昌於元黃魯直詩云近歲多儒學嚴士貞詩云斯道淵源篤水長其弗信矣乎非有人焉掌胡瑗之教佐文翁之治曷由著效惜乎書闕有間無傳人也明洪武初置教諭訓導如元制萬歷間裁訓導

國朝康熙三年裁教諭復訓導四十三年復設教諭要百年間木鐸之聲相續不斷若舊志所列可以一觀文風所由振作士習所由陶成焉然此究非完備也嘗於饗舍左側見萬歷年間殘碑鐫學官姓

名凡三皆舊志所未載其脫落抑豈少哉迄今百年又經闕漏尤多因略更舊例兩學分表合傳補綴成篇亦師承無自之學云爾

元教諭一人

宋　埜　眉山人泰定間任

明教諭四十五人訓導五十六人

吳彥華　有傳　　梁太安　合上傳已上洪武任

姚宗文　有傳　　程　鑑　有傳已上永樂任

陳　瓊　　李居正　有傳已上宣德任

關　閏　豐城舉人　　晏　輔　巴縣貢已上正統任

胡　翔景泰任　余　瑄天順任二人與李居正合傳
王　順有傳　俞　繪有傳
張克禮西平貢升登州府教授已上成化任　馮　昪有傳
毛　衡新昌貢宏治乙丑任升平[illegible]府教授　謝　琚晉江貢正德八年任升典寶
緒　紀馬平舉人十三年任升瓊州教授　鄧　秀已下嘉靖任
徐　行　李　山布三人合傳
劉文法蒼梧貢十九年任　張廷桂潯梁舉人二十二年任
樊　峻合州貢二十八年任　李廷鈞潯梁舉人三十二年任
徐　濬馬平舉人戊午任尋第進士歷通政　劉　湛漢州舉人己未任升商水知縣
楊　簡義安貢壬戌任升肅府教授　張敷潛有傳已上嘉靖

沈　寅嘉定人隆慶元年任　廖守俊有傳已上隆慶
王來賓有傳　鄔熙和新昌舉人萬歷五年任升知縣
歐陽節永州貢九年任　蕭應奎武岡州貢庚辰任升楚府教授
鄭元龍襄陽人丁亥任　方懋德舉人升望江知縣
趙嘉猷監利貢　張　兌黃州人
劉宏功潛江人　吳繼宗福建人
敖明善三十六年任　童明衡鍾祥人　王國章江西人
張廷賓　周生文　○已上教諭已下訓導
龔　善有傳　黃師魯有傳
廖朝元　胡　鑑

丁致和三人附黃師魯傳　張　迪
李　勝二人合傳　戴　弁有傳
胡　暹新津貢正統間任　柴　仁有傳
楊　甯貢生景泰間任　魏　敬瑞昌舉人天順元年任
吳　讓安岳貢　張　瑄附柴仁傳已上天順
陳士奇臨安貢成化元年任　涂　奎榮昌貢升定遠教諭
徐　文懷甯貢九年任　陳　善海鹽貢十四年任
饒　玘資縣舉人十七年任卒官已上成化　黃尚禮祈門舉人宏治三年任卒官
黎　彝梧州舉人四年任　劉　舉華陽貢六年任
孫　玘徐州貢十年任　唐　臣蓬州貢十五年任已上宏治

吳思明保昌貢正德三年任升荔浦教諭　黃明彝江津貢六年任
孫　昱合肥貢八年任　董　鑑盧氏貢十一年任
楊　錚南充貢十一年任已上正德　郭　定南溪貢嘉靖二年任
葉永昌慈溪貢四年任中湖廣戊子鄉試　宮　善淯州貢八年任
王　瑄清平衛貢十三年任　張鵾翼瀘州貢十七年任升益府教授
莫　隱有傳　馬　鳳懷甯貢二十三年任
吳養正井研貢二十三年任　後　達九江貢二十六年任
伍自省四川貢三十一年任卒官　張師心郫縣貢三十三年任
徐繼芳六合貢三十六年任　羅繼元有傳
盛廷贊武甯貢三十九年任　孫日培虹縣貢四十三年任

馮瀾德安貢四十四年任已上嘉靖　趙希孟有傳
周嘉禾嵩明貢隆慶四年任　田宗正南部貢萬歷元年任
孫應祥有傳　馬朝立有傳
張鳳來有傳　甘繼賢蘄州貢十一年任
蔡叢安陸貢十二年任　李如芝東陵貢十六年任
謝世濂三十五年任　黃希皋三十六年任已後缺載

龔善邑人洪武甲寅以明經任本學訓導初邑學宮在西城外元末燬於兵火善卜梵安寺故址改剏焉肇啓人文嘉惠後學歷久頌其功弗衰吳彥華興新人舉人洪武間官邑教諭性良易後升長史繼之者梁太安番禺歲薦論文喜藻繪以師道自任俱有譽當時

黃師魯字希聖邑人洪武初舉明經任本學訓導性醕謹善書精篆隸工詩每遇佳山水吟咏忘還自號清河道人致仕後徙蒲邑繼之者廖朝元胡鑑丁致和皆邑人官訓導朝元本名仕齊居邑南高梘山中洪武初與鑑俱舉人材致和舉明經

張廸李勝俱洪武間訓導廸眉州人善啓迪士人多賴以造就勝潞溶人舉人善大字嘗書明倫堂桃溪洞楄額當時推重

姚宗文華亭人永樂三年以歲薦官教諭博通經史教人能因其才立言必以古人爲法

程鑑江都人舉人事母孝性剛介以禮自持雖暑月未嘗去衣冠後升國子助教

戴弁浮梁人舉人永樂間訓導性貞摯不自峻門牆日與弟子員相淬勵成就者衆秩滿升兵科給事中歷官廣東右布政

李居正吉水人進士宣德間官崇陽教諭綽有師範升遼府長史其後景泰中有胡翔天順中有余瑄先後官教諭有聲翔侯官人善草書工詩文多士式之瑄鄞都人性恬雅教人有法俱舉人

柴仁樂平人貢生正統間訓導重義歸金程翰林楷作還金傳見念齋集後仁十餘年爲天順癸未永新舉人張瑄亦官訓導教士甚勤手不釋卷

王順安福人舉人成化元年教諭性端雅每以矩矱約束弟子員諄諄不倦

俞繪上虞人舉人成化八年教諭博涉羣書尤嚴學規終日公服坐堂與諸生論經義發疑抉異夜秉燭巡視稽所學勤惰九年不倦時諸生習居黌宇書聲徹丙夜邑士習文風因是蒸蒸日上焉著

有詩文會式詩經句解崇邑志等書遷惠州授
馮昇雲南衛籍海鹽人舉人宏治五年教諭學行兼優卒於任子鼇皴皆舉人遂家崇載僑寓志
鄧秀保昌人嘉靖元年教諭德性溫克六年卒於任徐行西安人李山嘉善人次鄧秀後俱以歲薦任相繼卒官行嘗增訂邑志學問淹雅見推於時所著見禮儀藝文志
莫隱清平衛人貢生嘉靖己亥訓導制行篤謹不事粉飾後升雅州學正
羅繼元新城人貢生嘉靖己未訓導醕篤端嚴卓然師範出俸金修理文廟恥以儀文較士升咸甯教諭諸生送之至於涕泣

張敷潛晉江人舉人嘉靖乙丑教諭博文洽識範身尤嚴品藻士類彙騰薦剡升國子學正歷潮州知府
趙希孟涪州人貢生隆慶三年訓導溫潤雅飭器宇豁如
廖守俊全州人舉人隆慶五年教諭端矩獲勤課業諸生無貧富俱以禮貌待之升南國子學正大理司務

孫應祥均州人貢生萬歷二年訓導渾厚有守嘗選貢士東修遷石首教諭
馬朝立新蔡人貢生萬歷五年訓導存心端慤教士不倦升南江教諭崇士有教思錄
張鳳來潼川人貢生萬歷七年訓導性坦白誠以待士休戚相關重義輕財見貧乏者必推所有濟之升安仁教諭去時泣別諸生語諄諄不忘規戒後人深景慕焉

國朝教諭訓導

馬世盛有傳已後缺裁
沈方昌有傳缺久裁開補自此始

徐　鉅羅田拔貢康熙四十六年任
彭𫓩祖監利拔貢癸巳任一月以老致
蕭　璟有傳已上康熙
姜世垣字履平黃岡舉人雍正三年任
程光翊字西羣孝感貢壬子任庚申以憂去
萬　峋江陵舉人明通榜乾隆五年任
張之翠蘄水副榜七年任卒官
段正翁沔陽舉人十三年任
許　鉉沔陽副榜
余學乾黃岡副榜
劉克寬舉人三十年任
宋　都有傳
萬希科黃岡舉人以拔貢選任
龔傳圭有傳
石元言有傳
何宗禮蘄水舉人已上嘉慶
司煥徽字芝麓竹溪拔貢軍功
劉　焜字然山漢陽貢十四年任
方梁材有傳
彭兆珂字佩[illegible]貢二十年任

李　鏞江陵副榜二十六年任　燕光烇字掌衡漢陽副榜道光己酉年
任經咸豐同治凡十八年升襄陽府教授　陳作霖宜昌拔貢同治五年二月署
晏承烈字子駿公安縣廩貢道光乙巳同治丙寅兩次署任○以上教諭以下訓導
劉體仁有傳　曾紹英鄖陽府貢善化訓丁憂起復補
陶大任有傳　程文南隨州貢三十五年任以老致
賈　岑與陶大任合傳　徐則裕漢陽貢四十一年任
王師旦有傳　涂之淵黄陂貢常甯訓四十八年補
謝時達漢陽貢五十二年任雍正二年休致已上康熙年
劉　瓚有傳　梁　星有傳已上雍正年
李尚裕字綿齋荆門州貢乾隆九年任　秦廷璋字靜齋施南貢十六年任

熊應龍　湛　麟三十六年任
譚　暐有傳已上乾隆年　李師庾嘉慶年任有傳
喻元霈有傳　鄧承祥有傳
宋優佺漢陽舉人十五年任　任　瑩濮城蕲水拔貢二十年任
戴汝成東湖貢二十九年任已上道光年　鄭體仁有傳
萬裕澐字樹丞號雲舫黄岡舉人咸豐七年至任

馬世盛字岵思景陵人舉人順治壬辰官教諭以文行作士砥礪甄陶學校一振執卷就講者無甯晷與弟子接藹若家人興學勸督有勞壽以毋憂去士民送之至壺頭始灑涕告別

劉體仁字長人平江人康熙乙巳訓導時教諭缺裁以導任特重體仁才優風雅與鄉大夫交酒相往來交道眞切疎坦絶俗加意後學作養維勤當時物望歸焉

陶大任彝陵人賈岑景陵人俱歲貢官訓導大任康熙甲子任文思精粹講理深邃弟子多所造就岑庚辰任性醕厚課士精勤先後俱卒官

沈方昌字世其江陵縣人歲貢康熙乙酉復設崇陽教諭膺選自方昌始爲人端方耿介一言一行俱足模楷士林貧生修金盡卻不受喜賦詩著種

瑶草假養親旋諸生建去思碑於廨左以誌不忘

王師旦江陵人彝陵州歲貢康熙丙戌訓導溫厚謹慤待諸生藹若家人未幾以老致

蕭璟字曉亭漢陽人鄖陽府學歲貢康熙丙申教諭渾厚恭謹與諸生淬勵不倦士之困乏者恒推給之雍正甲辰改授縣丞

劉瓚漢陽人鄖縣歲貢雍正二年訓導學問深邃衷懷坦素與諸生研理不倦沒於官

梁星字夢篆當陽人歲貢雍正十年訓導學優養邃才具練達溫厚雅飭接弟子藹如也尤工詩所

著有種梅軒集

宋都鑄貢未詳教諭崇陽師道自任檢束諸生甚嚴嘗刊臥碑遍曉鄉塾

譚暐字曉墀江陵人乾隆辛亥以舉人官訓導性沈靜面目嚴冷不妄交接學問甚淵博精於文辭韻語復蘊藉纏綿有雅人深致學者宗之嘉慶元年解組去所著有曉墀古文制藝及郢樵詩稿

龔傳圭字潔田監利人乾隆辛亥以拔貢官教諭歷嘉慶道光三朝前後凡三任和平樂易胸無城府勤於課藝諸生親之升武昌府教授年八十餘

序舊僚譚暐詩集梓以行世其篤於風義如此

石元吉字蓉墟黃梅人嘉慶初由副榜官教諭情殷作養不稍瑕逸性剛直廉隅自礪諸生有非罪受誣者力爲剖白與邑大夫忤被劾去職留別詩云四載辛勤守一官朝朝捧水潤芝蘭鶺鴒每怯同凡鳥苜蓿猶疑是素餐豈有鸞名[illegible]黨序幸留清白在衣冠此邦意氣歸儒雅不似途人冷眼看士林爭誦之通堪輿家言嘗謂縣署舊植柏梓樓於法不利毀之吉又嘗改黌宮向位謂邑文運當亨已而有驗

何宗禮字敬齋蘄水人嘉慶末由舉人官教諭謙和溫厚與物無忤藹然儒者氣象多士親之

李師庾字月樓麻城人由舉人官訓導有應變才識大體顧惜士人名節論文以醫爲喻云古方不可治今病嘗改正張景岳書蓋旁通岐黃術云

喻元鼐字桂舟黃梅人道光間以舉人官訓導深於詩文嘗卻貧士修金保題知縣去任

鄧承祥字雲樵一字筠[illegible]江陵人道光丙申以廩貢署訓導性端嚴靜默衣冠樸素不與俗人接喜誘掖諸生問字者至相對怡然談經史文藝必舉

先正爲法窮原竟委終日不倦數月解職去

劉焜字然山漢陽人以廩貢任訓導質樸有古風尋常足不踏市井[illegible]言梔貌其所羞云

方粱材字柱廷蘄州人道光中由拔貢官教諭學有根柢論文亦具卓識

鄭體仁字古餘天門人咸豐二年以歲貢任訓導古心古貌清貧自甘庭戶蕭然諸生問字外一塵不染見俗客褦襶之頌言至則曰吾不喜面諛也初赴任特里中故舊餽金爲貲斧解組歸還[illegible]原封狷介其天性然

佐倅

丞簿尉皆佐倅也邑故無丞有簿尉見於書志者主簿自南唐始縣尉自宋始明洪武初裁主簿惟典史一員即尉也國朝因之道光二十二年設桂口司巡檢一員

歷朝主簿五人

韓 羲 南唐韓熙載姪後爲秘書正字　都夢輿 宋紹興間任

榮仲舒 正臣新昌人進士景祐間任　吳 秀 元泰定間任

陳 嵩 明洪武間任

宋縣尉一人

舒 琬 四明人紹熙間任

明典史四十六人

梁以善 有傳洪武間任　楊 泰 宣德間任

程 浩 景泰間任一人俱合上傳　李 昂 陝西監生天順四年任

劉 巽 南昌人五年任　孫 郊 甌甯人八年任已上天順

鞠 祐 高唐人成化三年任　程 河 附前梁以善傳

陳 縉 廣東人十二年任　安 就 睢州人十六年

張 泉 高郵人二十年任已上成化　郝九容 眉州人宏治三年任

李 瑞 新都人五年任　梅晦英 莆田人十年任

陳 瑞 瀘州人十年任已上宏治　牟萬濟 富順人正德五年任

徐良器 內江人六年任　李 全 臨安人十年任

王聞成 惠安人　熊 溶 南昌人

王 瑞 南充人已上正德　徐 球 有傳以下嘉靖

林以德 莆田人十五年任　龔萬選 夾江人十九年任

鮑 傑 德陽人二十六年任　李 珊 南豐人三十三年任

周 淇 彭縣人三十六年任　李 珊 安仁人三十九年任

楊 傑 錢塘人四十年任　郭雲霄 莆田人四十四年任已上嘉靖

孫元敘 豐城人隆慶元年任　周雲光 安義人五年任

黃 佐 邵武人萬歷二年任　郎 橋 懷甯人五年任

鄭 楩 山陰人八年任　萊 芮 岳池人十年任升師宗州吏目

朱 盛 大庾人十四年任　黃時麟 豐城人十七年任

胡欽舜　高德茂

吳志篤　徐時聘 四川人

霍 闕名字禹門江西人以衛經歷攝　陳先恩 福建人

程守道 休甯人　張良器 山陰人

楊國景 有傳

梁以善宣化人洪武三十一年任以廉勤調浮梁其後有楊泰程浩程河俱稱職泰宣德七年任修城隍祠經營有方浩廬江人景泰間任廉守有聲河青神人成化六年任修孔塘陂民蒙其利

徐球南靖人嘉靖五年任修石梘陂有成勞在官
十年升瀏陽主簿
楊國景揚州人崇禎癸未至任未久張賊陷武昌
分黨入崇國景集義勇躬自守隘爲賊獲唾駡不
絕被害

國朝典史

蕭承祚字仙步山陰人　陳御雯紹興人
蔣　昇字仲孺山陰人已上順治　馬御惠字約平北直人康熙七年任監
錦邑志　劉維鼎義烏人十八年任
王基遠山西太谷人二十三年任　武得祿直隸晉州人三十四年任

虞景文浙江定海人三十七年任　仵忠柱陝西寶雞人四十年任
董漢臣順天大興人四十三年任　周開泰有傳已上康熙
薛　遠山陰人雍正十二年任　鄒宏業宛平人乾隆三年任
唐　裕山東歷城人十八年任　陳　金嘉慶三年任
葉　欣有傳　孔傳荃二十三年任
章錫祺字純嘏道光初任　徐　澐
王光宇有傳　鄭家轂
劉錫齡字鶴林廣東人任升施南府經歷卒官　邵汝正字小園四川人大興籍二十年
湯慶珍
劉礪鋒　黃傳準有傳

壽　塤字子箎浙江人擣七絃琴篤嗜金石文字　易化洪字松濤翔陰人咸豐八年任能
錢長猷字翔軒山陰人十一年任　劉政芳字美齋四川蒲江人九年任
朱隨珍字小珊紹興人同治三年任　田象三有傳
周開泰江西金谿人康熙六十一年任督修石梘
陂勤於視事居民受其澤祔祀李祠後人改祠
額曰周杜躋開泰也
葉欣字芹浦嘉慶二十年間任意哦小詩作字亦
妍秀品題山水不類俗吏繼欣任者孔傳荃善八
分書

王光宇字溥泉廣東興甯人道光十三年任在官
九年貧窶謙和與物無競鍾逆之變城破公服坐
廳堂從容自經士民哀之祔祀師公祠
黃傳準負才倜儻咸豐二年任時粵匪由長沙竄
武昌亡賴予來賊中裹紅巾歸崇訛言賊將至吏
民皆倉皇走傳準慮獄囚乘閒逸獨堅守獄門不
動越日亡賴伏誅人心始安咸服其膽識
田象三字虞廷四川人同治三年任數月遷去五
年春殉難黃陂
桂口司巡檢自竹山移設

段沛霖字潤查烏程人道光二十三年任　于贊勳二十五年署
趙慶安河南固始人二十五年任　張　增有傳
年永豐字玉田四川大足人咸豐八年任　龔英燦字花田湖南人同治三年秋代
理四年年永豐復任
張翰字克山大興人咸豐三年署性慷慨不事苛
刻四年殉難會城

武弁

崇邑前朝武備不得其詳雖有職官多係外委初
不駐崇
國朝雍正初始遵例有專官設立營房其制把總一

員民壯六十名道光間改把總爲外委二十二年
添設千總一員外委千總一員民壯四十名千總
及外委把總駐城內外委千總駐洪上舊志不載
雍正以前今搜討得數人取以弁首

元明武弁二人

包朝魁千戶元隨人　王一范字谷泉本邑人萬曆二年以殺賊功授千戶

國初武弁一人

林闕名　劉　昌康熙十八年任

把總十六人道光間改外委

黃廷[illegible]雍正初年任專官始此　江自鳳雍正十二年任
胡　榮　王文忠乾隆五年任
魏　國　汪自祥
陳　明　尹上進
方定國有傳　常　華
方　潮　王達元有傳
趙連陞有傳嘉慶道光間任　賈維濂江夏人道光間任
忠　善荆州駐防人　楊闕名江夏人已後改外委

方定國籍貫未詳嘉慶初任城守營把總時承平
日久山城不繕可踰而入白蓮教匪猝起人心驚

惶知縣孫邦憲朝服坐堂待盡節定國談笑自
若遣往橫城上賊隔岸望之謂徹也遂巡將渡
定國領兵卒十數人出城鑿之舟至中流營兵饒
光福擊以槍賊引退城得安堵定國力也後卒於
任葬北城外與方潮墓俱載雜紀

王達元邑人善拳棒以勇力聞教能經其里倡衆
堵禦有賊婦躡鐵履獷悍異常達元持戟與敵殪
之賊衆敢走以功授德安府千戶署本縣城守營
把總

趙連陞荆門州人身材雄偉兩臂如鐵邑有鍵完

力能挾碌碡置樹閒闇道把總名故銜其騎二卒近之皆仆連陞一笑下馬伸指著健兒首即跪地戰汗不敢動其神力如此

城守營千總由房縣改駐

胡均標通城人世襲雲騎尉道光二十二年任

謝金魁傳有

周宗遷嘉魚人二十九年署

周燮亮本邑人舉人咸豐四年署

吳鵬程字凌雲穀城人咸豐六年任

吳炳輝江夏人同治二年任

戴金彪蒲圻人同治三年署

湯萬年字勳臣江夏人同治三年任

謝金魁江夏人道光咸豐間任城守千戶喜近文墨雅類書生甲寅粵匪大軍復崇越日賊復至與知縣鈕芳津出北門接仗同時殉難弟世榮亦死

洪上汛外委千總

魏金富江夏人道光二十二年任

蔣得元江夏人卒任

劉本誠字賓夫江夏人軍功見任

外委把總

向闕名江夏人道光間任

戴金彪道光間署

鄧闕名江夏人

周得名江夏人卒任

葉壽維江夏人世襲雲騎尉同治三年署

吳成有字仁軒江夏人見任

風俗由樸而之僞人心由渾而之鑿故治法由簡而之繁有虞官五十夏后百殷二百周三百三代官制已遞加矣周官縣正下大夫一人漢縣有令長丞簿尉等官視周制又加矣漢下雋所轄今崇陽通城巴陵臨湘蒲圻地合五縣所設之官視漢時一縣加數倍矣崇陽向設官五員今增至八員又半倍有加矣觀此能無嘆風俗之僞人心之鑿乎抑吾聞之一單父也戴星而治鳴琴而治或勞或逸視夫治之之才耳爲治誠得人將使僞仍返樸鑿仍歸渾固自易易崇非猶是露厓行化之區哉

崇陽縣志卷六終

崇陽縣志卷七目録

崇陽縣志卷七

三物崇教八才媲休昔榮楚梓今刖荆璆黄坑匯

水紫渡蓮洲會鍾邦彦首翊

皇猷志選舉

薦辟

薦辟用人其法古矣三代以來漢爲盛明次之在崇則始於元而盛於明

國朝無之蓋難其人也自制藝設科士人進身多由此其幸而選者即名不副實亦居之不疑不幸不遇者委之於數羣扼腕焉及一登薦辟之途則自

視欿然旁觀譁然故難也然則人心所重輕古今不猶一致乎舊志薦辟不參茲旁搜之又得數人並列選舉首編如左

元薦辟二人

周均叔 舉明經爲宜春山長　　廖應元 景雲舉人材任評事

明薦辟十三人

胡興福 知縣有傳載職官　　龔　善

黄師魯　　廖朝元

胡　鑑　　丁致和 已上俱學官有傳載職官

黄覺中 以人材授海鹽井大使　　張　勉 舉人材

婁原拯以人材授陝西漢中府照磨　王景昭有傳
廖仕貴朝僉洪武間人材任廣東徐聞大使　廖秉黍文清仕貴子人材任刁門大使
艾鍾秀傑子舉明經為岳麓山長
王景昭字德新父原三載人物志僑寓洪武初景
昭以老人應徵人材言事授涿州知州所居邑南
高枧山中地稱招賢鄉因景昭名也建文二年靖
難兵起涿隸燕責輸軍糧景昭不從死之

進士

進士科自隋始崇地舉進士自唐稱唐年始由宋
而元侁侁接武蓋不乏人然書志所載惟勝代能

詳焉相傳宋咸淳辛未邑士捷南宮者三其姓名
俱佚前此可知矣士非具不朽大業欲藉科名以
傳難哉有明時代較近顯達諸公大半如南金東
箭增色山川遠我
國朝繼起雖寥寥尚足追蹤前軌分別觀之若忠勤
若政績若節義若文章各有傳人甲第之重賴有
此耳沿舊志例列表如左次傳其後舉人以下俱
傚此

唐進士二人

金興政御史累任侍郎　金同慶興政子登第名次十一官郡守

○右二人通城志亦載時邑稱唐年兼轄通城地

宋進士九人

溫嚴崇慶二年霍峯友榜　廖思齊以易中周坦榜榜眼有傳
徐挺字廷玉淳祐中　龔士龍淳祐中
胡敦巽字重中咸淳三年中年十八　楊起莘寶祐四年文天祥榜第二名
徐夢宏文天祥榜　廖如琛字子翼以書中
陰穎

○按陰穎見陰氏家乘楊起莘舊志稱狀元是科
前十人皆賜及第也邑老鴉坑有起莘宅遺址墓
在通城或疑為通城籍非也湖北通志載是科有

楊起莘通城人
廖思齊字國賢父宗仁入隱逸傳思齊深於易嘉
熙二年進士第二人及第官翰林學士時宋事日
蹙思齊憤世變拂衣歸里築室南峯課子姪其間
遠近從遊者甚衆稱南峯先生

元進士六人

廖正大字端叔號芬明經及第　廖政大字君賓號東山以詩及第
李政茂有傳　向世祥評事
廖應用字九萬號梅江以春秋登乙卯鄉魁　李政敏
李政茂字德芳號方齋以書中延祐元年鄉試明

年乙卯第一人及第刊有慶雲嘉禾表行世中洲狀元書屋其讀書處也相傳中洲有德芳釣魚臺又朝陽洞德芳嘗隱其中

明進士三十八人

楊　昺永樂壬辰馬鐸榜有傳　舒　義永樂甲辰邢寬榜有傳列人物

周　昜字秀准天順庚辰王一夔榜外籍中　龔伯甯成化甲辰李旻榜有傳

黃　珂甲辰榜官尚書宗泗子外籍中　饒　裕壬辰吳寬榜外籍中已上成化

戴　菩宏治壬戌康海榜有傳　王　疇正德戊辰呂柟榜有傳

汪必東辛未楊愼榜有傳　汪文盛有傳

熊永懋外籍中官僉事已上俱辛未　余　才甲戌唐皋榜官少卿外籍中

蔡　乾丁丑舒芬榜有傳已上正德年　陳　謨嘉靖丙戌龔用卿榜有傳

汪宗元己丑羅洪先榜有傳　龔　湜己丑有傳

黃　華壬辰林大欽榜外籍中乙未歸崇　汪宗凱乙未韓應龍榜有傳

饒天民乙未有傳　汪宗伊戊戌茅瓚榜有傳

劉景韶甲辰秦鳴雷榜有傳　胡　定丙辰諸大受榜有傳

汪廷鈇丙辰有傳　饒仁侃壬戌申時行榜有傳已上嘉靖

陳忠愛萬歷己丑焦竑榜有傳　王　仰己丑見孝子王廷試傳

孫　鋐壬辰翁正春榜有傳　熊則禎丙辰錢士昇榜有傳已上萬歷

王應斗天啓壬戌文震孟榜有傳　汪　桂乙丑余煌榜有傳

楊昺字文昭明永樂壬辰進士始觀政都察院郎嫻吏事授廣西道御史調福建道丁憂起補貴至

不能遂朝後爲山東道守正執法以耿介稱尤讞大獄廷議多推昺時法尚嚴昺先後疏奏免坐死者三百餘人彈劾不避權勢有聲臺中嘗奉差出都文皇帝視朝顧近侍問楊御史安往何許久不見且云貪官贓吏不怕朝廷御怕楊御史東宮接見廷臣亦稱好御史者再宣德四年擢浙江僉事分按浙西徧歷郡縣出繫囚反疑獄部內肅然時有賊據金華百丈山蘆弄洞頻出金衢剽掠官吏捕之莫可蹤迹昺夜夢神人贈一聯云影入菱花秋月裏人如枯草洛陽邊乃識於心曰賊在吾目

中矣明旦亟往圍其山賊酋自經餘衆皆散金衢以安七年考滿入朝以疾辭歸正統初少傅楊士奇少保楊溥薦昺可大用睿皇帝引見擢廣東按察使昺奏對操南音出朝士奇詫曰何爲猶土音對曰昺世楚人奈何效齊語以媚時耶至廣東大雪人以爲異昺性質直疾惡如仇前按浙西時有政司吏胥爲奸昺榜示禁革不少假借同官咸側目自知與時寡合故引疾歸田者七年至是膺薦再出年已七十幸裁如昔時履任三載復致仕還朝陛辭宰輔以下祖餞者數十人賦詩咸東關里

榮之爲老益釁鑠家居不自暇逸修禮法爲宗族
式崇政有不便則串下情請改或諷以詩歌邑大
夫欽其品望靡不聽從同時吳人周尚書忱亦高
年解組每對人稱崇陽楊廉使治獄陰德宜享遐
齡云卒年八十六祀鄉賢所著見藝文志
龔伯甯成化甲辰進士知新昌縣公明廉介芟强
息訟勸課農桑鑿天寶山引水灌田甚廣舉卓異
入覲沒都下民思之私謚端節祀名宦又請特建
祠縣左標曰國朝第一愛民父母龔公端節之祠
崇祀鄉賢所著有遺草子淀

戴書字天錫宏治壬戌進士始爲南京評事寺正
讞獄原情陞四川屯田僉事持守廉潔多所興革
鹽法以清歷陝西苑馬少卿以副使兵備甘肅有
安邊疏久之病歸家貧無擔石儲不肯投人一刺
居林下者十年以薦起臨安兵備平尋甸安銓之
亂陞貴州按察使歷廣西江西布政久任不調以
大學士李時薦陞副都御史巡撫貴州時有邊患
上八可征策當時嘉其區畫云書性剛方屏絕嗜
欲儉約如布衣故所至有冰蘖聲卒賜祭葬祀鄉
賢

王疇字敘之號石洲守貞次子幼慧不羣三歲失
母哀毀若成人事繼母尤謹長從楊月湖遊所得
益邃正德三年成進士授南京大理寺評事論駁
潔諳法律有誣殺人者獄成疇力辨其非人咸嘗
之尋獲犯人於淮北衆稱神明丙殿災以四事諫
毅皇詞出忠悃幾逆天威陟江西僉事四川副使
致仕歸家手不釋卷性方正恥干有司處清貧晏
如也頗善飲酒嘗倣古田家苦樂詩作飲酒苦樂
歌其一云飲酒苦盛服登筵如束楚獻酬揖讓聯
儔伍主人不諱客傴僂蛇影病疑壁間弩金貂枉

換黃公酹尚書期誤丐莫許攤夫罵坐緣耳語令
嚴酒史雄貔虎罰觶飛觥無敢拒別腸已溢猶强
貯發喉攪腹森刀斧淹袖濡裳宵深吐晨餐猶爲
餘酲阻狂藥傷神竟何補那似盧仝入仙府飲酒
苦其二云飲酒樂清晝高堂集賢碩青州白醪照
鐺杓芳肴細核陳紛錯主人能文客能作談經述
史珠璣落霏鼓清響振寥廓長笛新腔過雲腳何
須紅袖誇綽約各敎雍容恣讙謔起坐不襏衣冠
縛接䍦顛倒山翁醬閒愁浪惱俱銷鑠箇中眞趣
誰知覺我似仙家餐大藥世間何物能相角飲酒

與又嘗作廢鐘亭說以見志云客有問王子有與
廢之事者王子曰物必不廢乎宮㡿缺陋衣成缺
袵盈甆則虧生焉物必於廢乎柯亭枯篠犧尊文
木塞人刓通至焉吾嘗泛楊子淩彭蠡極目蒼莽
見風檣浪激隱沒浩渺霜降之候水澁沙際閒出
鼎木若民拔其薜蠹之餘亦頗裁合爲器雖巨細
弗類猶竟其材然淒濆腐朽飄爲海塵者不知其
幾矣又嘗過古都討往蹟登眺名園勝塢見雕甍
鏤石委棄爲墟枕藉草莽往往爲畦人耕叟拾而
擲之敗垣仄徑之閒與夕陽晨月掩映遠邇雖崇

卑弗類猶竟其材然衣被糞壤風露不沾者亦不
知其幾矣客曰吾子聞鐵侯之言乎崇城寺隙有
鐘在圮廡亡紐存無慮百祀款識孔昭人其已矣
清響闃寂我情用泚感時觸事我心悽只睠彼公
署草亭巋爾移以冒之或蔽風雨衆議異同欲舉
復止鐘既無庇亭亦奚取乃排羣言擲此就彼因
以名亭以俟君子千載一時庶幾其超王子曰噫
鐵侯其以鐘之廢猶人之廢耶是大不然方鐘之
始聚金冶召匠成模鼓以烈燄釁以大牲懸以
巨纊藏以名刹鳴以修梃固欲其永天地而引日

月也一旦棟燬梁摧居移動改嗒然隳地與瓦礫
等誠若有可慨者然竇虛舟之觸耳借鐘有知其
將何尤人之廢也則不然愛憎相加升沈係之夙
念未平舊怨稍修僭譖憶塗竄之文浩然誦主棄
之句夫是之謂勢廢知巧雜進機械梟張笑談胡
越翻覆雲雨無極信而胡吳奔蔡澤入而應侯謝
夫是之謂讒廢名爭於朝勇生於進勝己則怒讒
能未遑川洛互肆其譏訶德遠猶色於武穆夫是
之謂忌廢若是者千態萬狀不可勝數胡鐘之足
云客曰子徒知廢其與之病於意也抑孰知與其

廢之亦猶是歟彼尹譏賁因說欒呂鈞不可尚也
若夫贖越石以左驂進醆明於堂下翟丞之復召
涑水之再相若是者亦未可縷數也子何泥於獨
竭巇巇者易汙磽磽者易缺非造物之不可知則
見而望斯人之弗厚歟王子曰直木先伐甘泉先
人之未定耳未容推己之怨也盍瞶聽於毀譽而
忘情於寵辱乎徜徉於盈虧通塞之際而順受之
乎鐘乎人乎物乎我乎與於廢乎納諸無何有之
鄉乎客曰敬聞命矣其爲我書之將以諗於鐵侯
瞬善書工詩古文辭毋謂文不必模擬詩不必唐

襲發吾蘊而不戾於古斯可矣所著文集盡散佚
錄其存者可知梗概云子近光近斂近素近篤
汪必東字希會號南隽以易登正德辛未楊愼榜
授戶部郎中出任天津戶部分司轉禮部祠祭郎
中時毛澄爲宗伯以必東文詞優贍凡郊廟大典
禋祀文移悉出其手嘉靖初議大禮侃侃不撓廷
杖瀕死尋少參廣西總督姚鏌討平土官岑猛籌
善後事必東與僉事申惠參將張經以兵鎮其地
猛黨復圍城張經出走城陷必東與惠先移軍他
駐得免尋進雲南大參表楚雄開滇功發滇名

楚雄以蹻功故檄父老祀之蹻之歷久而始祠自
必東始祠成爲文告之滇世奉焉必東生平篤於
風義邃於經史不喜談象山學工書逼眞羲獻海
內有獲其片紙隻字者相傳珍玩長於詩古文官
天津時搆浣俗亭引客觴咏著望海賦名聞天下
其之廣西經洞庭登岳陽樓詩有云廊廟近聞方
有喜江湖那得獨無憂惓惓君國蓋出天性云所
著見藝文志子如璧
汪文盛字希周藻炎子幼穎靈不凡少長肆力於
學與兄文明友愛篤至夙夜勵益年十八以詩領

正德庚午鄉薦十九成進士授饒州推官淮王祐
棨游戲無度左右倚勢暴橫文盛持王府事甚嚴
悉繩以法有顧嵩者病狂挾刃入府門官校執詰
之誣文盛指使下獄訊治乃白從狴犴中誦春秋
三傳著爲辯說根究理要人之得白釋還官適桃
源寇起蹂躪德興都御史俞諫源令徼往視師文
盛單騎奮慨悉心規畫多中機宜召入爲兵部主
事偕同官諫武宗南巡杖闕下瀕死者再嘉靖初
奉詔同給事中夏言御史鄭本公覈親軍及京衞
冗員汰三千二百人裁抑璫戚蕩滌衰穢羣姦屏

跡擢下爲肅清出守福州建三山書院梓兩漢諸
史招致詩人高瀔傅汝舟輩相與討古搆維一峯
祠表鄭少谷墓罷一切淫祀省浮費無算福州東
瀕海琉璃諸國人貢舟航時集乃築羅源諸城處
之五年夏大旱濬上王港以利灌注禱雨甚虔憂
思焦勞形諸篇什報災自劾疏云臣竊聞古之牧
民者務在四時守在倉廩夫不生財地不出寶則
田野荒蕪田野荒蕪則倉廩不盈倉廩不盈則民
乃草菅將捐其地而走矣臣又聞能積於不涸之
倉藏於不竭之府者可禦水旱之來常患而爲之

備既災而爲之捍者可免流離之苦天災流行國
家代有救災卹民古之道也臣謬以疎庸之才濫
叨牧民之寄涖郡以來勉思報稱夙夜兢惕未知
所云爲照福州府地方所屬九縣濱依山海叢沓
多而膏腴之壤狹陂渠少而灌溉之備疎居卑無
甚裕之家蓋藏有幾鄰聚無可通之路轉販尤難
故於歲事之盈虧尤切生民之利害前年以來陰
鬱尤甚雨水過多田地崩陷種穫不廣所產枝員
果木根苦久浸枝幹折拔於颶風子實垂結而隕
落瓜菜薤芋虛名無補蕎麥麻豆鹹地罷宜今年

春正月至於夏四月連雨日夜不止平疇蕩爲巨
浸者浹旬禾苗坐見渰沒者過半五月中旬至七
月亢陽爲災易月不雨顧茲平壤全無膚寸之滋
瞻彼高原皆如卦兆之坼雲方凝而復散雨欲作
而驟休雖祈禱之具修緣感通之殊邈旱禾水淹
未盡者或爲旱氣所傷多是白秕或爲螟蟲所食
止有薄收況本地全賴晚禾大冬二項濟飢炎天
毒瘴土脉乾燥犁鋤不入赤地相望即今晚禾秧
苗旱死全未布插大冬已插在田一切鞠爲枯草
無泉源爲之灌輸有風日爲之炙鑠曠野難耕皆

成槁白稗苗方秀頓覺萎黃節序已過原野如焚
縱獲秋霖無益穡寶臣忝司牧民目覩災旱民不
得所咎必有由謹按去冬十二月以至今年夏秋
日落之時赤紅異色蔽天西北方如火光凝霽或
至經夜不散榕花鎮東地方海水忽赤經旦復清
魚鰕可數省城左右旂鼓二山前後夜鳴各處井
泉枯竭入夏以來耳不聞蟬蛙蚓不鳴臣之愚陋
固不能仰測天文俯求地理旁究物情然推之於
人事則有隱憂者矣何者赤紅之氣正當西北之
方是陽德不順常當其下有兵荒之象也海之爲

言晦也濁黑而晦乃其常性今清固反常赤又難
委於古矣山體本靜旂鼓宜偃仆今乃飛鳴是不
靜而攝動者之職於法爲賊也井泉竭地道泄也
夏無蟬鳴逕不能化跗翼也土不反宅蛙蚓結也
天告於上地告於下物告於中人有訛言野有諱
語稽諸數端恐不但旱荒而已揆厥所由罪降自
天皆由臣不能慎身奉法平政召和以延民命徒
爲民之牧食民之粟飲民之水以致上天降罰不
於罪身反耗斁下土一郡之田盡受赤裂詩云泉
之竭矣不云自中言禍亂有所由起也今臣待罪

福州已及三年食不止福州數升之粟飲不止福民數杯之水爲民不利上干天和重傷國本如此則夫旱災之來其由臣身也必矣臣又聞古者三年耕有一年之積九年耕有三年之積閭版籍繁而食地淺爲者寡而用者多上農之夫中豐之歲公私並用已有不及在昔如此況於今日乎小民廢於生穀半年轉輸之利腴田苦於兼併不知儲偫之法故一旦饑饉萬目睽睽衆口嗸嗸奔走告急乃其眞情昔管仲曰粟行於五百里則衆有饑色其稼亡三之一者命曰小凶小凶三年而大凶

大凶則衆有遁去在昔如此又況於閩民今歲之旱乎將來之勢意外之患可以逆見臣所以不敢避斧鉞之誅而上瀆聖明之聽也伏望皇上軫念邊陲哀其困苦視萬民如容邇四方如邦畿亟勅戶部從長議處將該年稅糧蠲免轉行鎮巡等官多方設法處置穀米以備賑濟料理邊防用戒不虞仍亟勅工禮二部將各年未完并本年坐派暫且停止候有收之年帶徵古人云所費者財用所收者人心是大有望於今日也竊又念臣牧郡旣已無狀腆顔就列心甚不安乞將臣早賜罷黜以消天譴以謝人怨別選賢能官員前來拊循凋瘵之民舉行救荒之政地方幸甚人民幸甚文盛夙多病經憂勞益加又因母病垂危具疏乞養云臣聞陳力就列不能者止臣又聞器有所極强之必傾志有所妄違之必敗蓋器循良而易施君子不强畀以邀愛志過求而難勉明王無拂願以責功臣賓庸流行能無算幸屬天地純和山川容納鼓舞生成三十九歲虛糜廩祿十又六年撫膺論心刻肌鏤骨感恩圖報臣之志也殉國忘身臣之忠也顧葵藿之性雖見日而卻傾奈蒲柳之姿則望

秋而先謝伏念臣早年遇事風霜不計於殘軀中歲纏疴藥餌有同於常膳多而罔效勞則鮮功徒抱許國之忱未講衛生之術迫王程之有限念官守之尚遙嘉靖二年十月初一日前來福州府到任力疾管事觸犯瘴癘動勞精神偶値庸醫用方乖謬差之指下禍延四肢幾至不仁僅存餘喘邇者地方旱災殊甚昧先量己志欲補於休明失在信書事涉過於煩碎夙夜憂勞痰火交作有攻心之病無對證之藥卒難平復遂成怔忡外若充盈中實虛損氣血潛耗智慮全衰筋力乏於步趨耳

目儣於聽覽器本小而易盈志欲前而不逮而臣母氏夏舊感痰疾心腹滿脹母欲臣之宦成隱忍不言臣欲母之心悅勉强就列惟遷延以度日欲僥倖而收功不寤自秋徂冬日甚一日步履艱難飲食少進近寄家書思臣一見夫私家無不得巳之情則居官不見馳驅之苦腹心無可攻之疾則手足不知從事之勞臣之愚頑母氏鍾愛聞臣有病愈見焦勞臣以念母而病益增母以思臣而病未愈天地之閒無有如臣母子至情之苦也臣之進退實爲狼狽況臣母年七十二歲而臣任離五

千餘里病因慮過藥石難攻老與時違調護最切所賴思子而卽見庶幾因喜而或痊苟天命之匆損實聖恩之無窮今臣病臥牀褥日月沈重官舍非調養之所郡牧非閒曠之官母老而不歸親危而不顧有臣如此將安用之擢髮不足以數臣之罪瀝血不足以寫臣之忱乞勅該部查議准臣致仕俾得解組官庭還車故里尋醫問藥投老山林事親讀書擬迹賢哲匹夫自盡各伸所志之私戴物由衷皆受曲成之賜疏上未報丁母憂歸耦人懐之爲建節愛祠服滿起浙江提學副使下車卽

整飭天眞書院修白傅蘇公二祠用岳武穆于忠肅墓禁西湖冶遊輶軒所至嚴申鄉約瀏龍門闢天台尋前賢芳蹤以闡正學爲己任兩浙人士翕然從之丁父憂歸先是文盛與張璁桂蕚爲布衣交大禮議與二人欲援爲助文盛不可曰聖孝因心何以言爲無何二人驟起至執政而文盛遭延外僚璁再入相時晤文盛於錢塘握手勞問道平生歡語及大禮大獄事文盛曰此上意臣下安得攘爲功且大獄何謂也由是忤璁故不相推引而文盛不屑也服闋仍以本官補陝西督學甫較士

西安而雲南廉訪之命至矣時嘉靖十五年安南强臣莫登庸廢其主不修朝貢廷議將討之以文盛才就拜右僉都御史巡撫其地黔國公沐朝輔幼兵事一決於文盛副使鮑象賢言剿不如撫文盛然之會登庸巳篡位其子方瀛稱兵窺伺陳悰黎甯先後赴愬舊臣不服多據地搆兵文盛獲其閒諜及所撰僞大誥上聞帝怒命守臣征討有武文淵者據宣光以所部萬人降獻進兵地圖且言舊臣阮仁蓮黎景淯等皆分據一方與登庸抗天兵至號召國中義士諸方並起登庸可擒也文盛

具以聞授文淵四品章服子弟給冠帶文盛又報
刁姓裒人猛姓土官甯遠地方紅衣寨頭目刁汧
等及安南旁近諸國助討皆聽命乃奏言老撾土
舍怕雅聞討安南首先思奮且地廣兵衆可使當
一面八百車里與老撾相近孟艮在老撾上流皆
多兵象可備徵調酋長俱未襲職乞免其保勘以
授以官彼必鼓勇爲用帝悉從之文盛乃檄安隆
諸部以土地歸者仍故職並諭登庸能束身歸命
籍土輿圖待以不死會攻破鎮守營方瀛救之失
利登庸部衆阮璟范正毅等相率來附文盛列營

樹柵蓮花灘處之蓮花灘者蒙自縣地當交趾水
陸衝爲安南腹裏登庸益懼請降願修貢因言衆
甯阮氏子所持印亦僞文盛以聞朝議不許既而
毛伯溫至南甯受登庸降乃降安南爲安南都統
使司以登庸爲都統使如文盛議安南遂定是役
也功成於伯溫然發謀制勝文盛功爲多及論功
伯溫及兩廣鎮巡官俱進秩而文盛止賚銀幣嚴
嵩在朝陰沮之也時夏言當國推薦文盛嵩以言
故并嫉文盛云奸人唐弼請開大理府銀礦帝許
之文盛斥其妄下之吏召爲大理寺卿九廟災道

疾自陳疏乞緩令致仕卒賜葬祭如例邑祀鄉賢
所著見藝文志子宗伊
禜乾字汝健號州厓曾祖甯舉人有傳父貫宏治
時歲貢官商城訓導乾少力學以詩登正德丁丑
舒芬榜官四川僉事致仕家居杜門靜養至老猶
手不釋卷所著見藝文志後人名其居曰禜家墩
墩臨雋水對岸有崖並峙兩崖自號蓋取此孫靖
獻字思齊萬歷癸酉科以詩中
陳謙字幼孚登嘉靖丙戌龔用卿榜平生剛介不
與世推移令海門有民瘼疏請蠲折乘錫擢杭州府

汪宗元字子允文明長子少穎悟好學祖藻命應
客則攜書出月洼書曰酬客客去輒成誦以詩
登嘉靖己丑羅洪先榜由行人授工科給諫朝廷
大政令臺諫相與可否宗元出一語悉中肯適宜
時倚以爲重歷太僕太常寺卿陞副都總理河道
自通州至儀眞堤岸衝決處皆修築之河流就平
漕流以通嚴嵩嫌其不附己謫福建少參轉右布
政分守福甯道築福甯清二州縣城外禦倭寇內
察民疾苦復三運八運法歲省民金萬餘蠲其賦
爲正辦雜辦檄汀建諸鹽商使盡疆而讐又去其

互稅畫一之規世可循守晉江西左布政仍以治閩者行之禁絕使人行竊不得爲暴監者首鷹於朝臨街有坊楄之曰端本澄源嚴嵩以爲議己本源不淸也曰汪公爲我已而歷應天順天兩尹晉通政使所至治績可紀時嚴氏及趙文華假倭功方議封拜値福建胡御史燾變瀕上警奏至世蕃求遲其奏宗元曰天可欺乎即日封進文華等議沮遏蕃恨之又嵩會九卿飲萬宷故言其豨宗伊執言功事激世蕃怒宗元慮禍及遂乞致仕大學士徐階甚爲國體人才惜焉宗元事母孝禔躬廉

靜自少至歷官居里見不義之富貴若將浼己喜著作官太常時與尚書韓邦奇吏部員外楊繼盛考正音律樂器極精核宗陽明學曰良知之訓傷末學之支離也釋氏失傳纏繞名義達摩起而救之有取於迦葉微笑之旨陽明其吾儒之達摩乎家居益以文史自娛胸無城府渾然樂易若忘其爲顯宦者年六十八卒賜祭葬祀鄉賢所著詳藝文志子度

龔湜字茂揚伯甯子嘉靖己丑進士由行人改南道直聲震於時歷南臺有驄馬騎來鬼魅哭之謠薦巨豪士秀二金陵爲之傳奇霍韜以議大禮得帝眷勢張甚嘗劾湜及郭本湜等自辯亦劾韜帝並置不問遷潮州守三年惠政翔洽辭俸卻例一塵不染入覲過家遂絕意仕進致政居林下蕭然以古道自怡性厭貪鄙人酒後耳熱歷數大罵以談笑洩所不平慕先達劉東山之爲人因號少東云潮祀名宦崇祀鄉賢所著見藝文志子叔賁叔乾

汪宗凱字子才文明次子嘉靖乙未進士性聰穎究研學籍官至尚寶卿因事忤嚴世蕃歸田手不

釋卷以著述爲事嶔崎歷落才復不羈毎伸楮揮毫輒數百言不能休所著見藝文志

饒天民字明先號任庵少穎敏不羣試卽冠其曹登嘉靖己丑進士授中書舍人選河南道御史疏請進薛瑄從祀文廟增楚榜額因劾郭勛議河套廷杖尋按蘇松奏表節義祀泰伯文天祥治澱山吳淞諸水諸所建白烜赫一時爲名御史守鳳陽旋謫判合州以前不嗛時也園居三十年布衣帛冠一如寒素對客談元有作軒冕語者麈尾揮之壽八十卒所著見藝文志

汪宗伊字子衡文明三子生江西樂安學署幼聰
穎文賦成變之以爲己後攜之任所讀書年甫十
三爲文下筆輒驚長老文盛每對客稱之曰老夫
不逮也嘉靖甲午鄉試第一戊戌成進士令溧
下車召父老問疾苦凡不便於民者盡除之歲大
水饑民起爲盜繫械至百餘人宗伊泣曰盜死法
也吾民全冒死法以冀寬旦夕之死傷哉悉縱勿
問其年秋稅有司仍全徵不報從宗伊亟條五事
以救時弊曰絕常例禁包攬革加頭省自運復帶
徵於是民稍稍有起色明年邑大饑獮所縱盜悉

爲嘉師乃申鄉約榜均徭規則時郡邑徵糧無法
上府以浮粱法通行江右三載以父憂歸服闋入
朝陟兵部主政歷員外郎署郎中同科道清言濫
汰冗職一千七百二十人楊員外繼盛劾嚴嵩及
其孫鵠冒軍功事同舍郎或欲爲嵩掩蓋宗伊正
色曰椒山乃眞丈夫不怖爲死拔如山之姦我輩
復具鬚眉稱男子奈何更爲奸用且鵠乳臭子冒
軍功曾不可欺三尺嬰孺我甯死不能爲若假借
也卒執論不爲繼盛下獄廷杖宗伊以蚺蛇膽遺
之於是嵩父子銜宗伊次骨諷罷其官宗伊喜曰

吾志也即日挈蒼頭歸隆慶四年起南吏部文
選郎歷尚寶太常寺卿萬歷元年陞光祿寺卿任
應天府尹定上元等縣賦役册裁諸司供億歲省
民財萬計進南大理卿清愼勤斂刷弊禁奸尸祝
者三尋陞掌院總督倉場以南戶部侍郎績蔭子
進南戶部尚書改南吏部尚書釐正倉場漕船積
弊有酌處收放瀋河漕船經制三疏諸所籌畫爲
國爲民任勞任怨爲時所稱晚年宦情益淡屢疏
乞休溫旨慰諭云卿老成清愼特茲簡用又云老
成端亮精力未衰著照舊供職已而子庭卒朝廷

允請致仕宗伊當嚴嵩執政時歸田最久先後家
居二十餘年起勅書樓供御翰以敢樸正直風發
進爲傳家錄訓子孫年七十九卒御賜祭葬謚恭
惠邑祀鄉賢所著見藝文志
劉景韶字子成嘉靖甲辰進士授潮陽令擢刑部
主事京師警守安定門全活甚衆進職方郎尋爲
貴州僉事撫諸苗擢參議擒苗王繖等增俸賜金
會倭犯淮陽晉海防副使勅諭駐劄鳳陽省警移
駐揚州一切聽便宜處置景韶領兵與遊擊邱陞
扼如皋軍令嚴肅賊知如皋有備將犯泰州景韶

遏賊連戰丁堰海安通州皆捷賊沿海東略景韶尾之而致賊於廟灣賊既屢敗以餘衆保廟灣景韶復敗賊於印莊追奔至新河口焚斬甚衆廟灣賊據險不出官兵合圍攻之月餘不克景韶塞塹夷木壓壘而陣火焚其舟賊乃乘夜雨潛遁官軍據其巢追奔至餛子港江北倭悉平賊駐崇明三沙者將犯揚州景韶與戰連勝圍之於劉莊合諸軍攻破其巢追奔至白駒場又追至潢港口及七竈直抵海灘賊盡殄是役巡撫李遂掌兵權景韶受其節制賊奔鍋團邱陞戰死劉莊圍賊時朝廷

遣劉顯來援諸軍又分屬顯而臨陣決策得士卒死力凡三殲倭勁則景韶之功稱最自倭入寇連年淮海困甚景韶憫之有軍務八議寬減六議軍務五事議皆瞿心民瘼切中時病議減稅糧畧云錢糧之完欠視百姓之存亡百姓已逃者尚欲招徠見存者豈忍重困與其待逃而後招撫孰若減稅以圖存恤清軍丁畧云承平日久武備廢弛老弱貧寒者應役精壯富豪者買閒及至地方有事御轉全靠民力是籍軍本以衛民今乃籍民返以衛軍非法也作平倭曲有云團練從今須土著莫

憑徵調作長城又滿地流亡須撫字眼中誰復是陽城淮人築京觀立生祠祀之捷聞增俸再賜金綺晉撫鳳陽以外艱歸出俸金起餘恩橋服未闋病卒於家祀鄉賢景韶始爲郎聲聞七子間嘗同諸名輩集李于鱗宅賦退朝望西山霽雪詩風致高雅見推於時晚歲悔爲武功所奪欲專力千秋之業以不朽自命云所著見藝文志子日孚

胡定字正叔號二溪濂子爲諸生文名藉甚蔡汝楠官楚聞楚材於督學喬三石三石曰以詩冠楚省者必崇陽胡子嘉靖壬子胡宗憲臨楚試汝

楠與其事宗憲授所得詩卷於汝楠曰試摸索之誰爲喬公所舉乎汝楠以第一卷進曰即此是也揭曉果然時稱文有神契定又攻習禮記丙辰成進士知德清會倭亂奏減軍餉萬金以蘇吳越丁憂服闋補滑縣並廉能著績具兩邑生祠去思碑中入爲禮部郎典試浙江督學山西福建倡復古文詞士習一變爲參議討擒巨盜趙天智散礦聚數千人不煩一兵關中以安參政浙江去任軍民瀼思脫靴留之按察四川風裁肅然多所平反以守正不阿陞廣西左布政使致仕定溫雅端遜孝

友仁愛克守其家風歸田後杜門著述文章經術蔚然大雅儒宗海內咸推重焉所著見藝文志

汪廷鉞字彥舉嘉靖丙辰進士令任邱陞戶部主事督通南都以清慎著僉事陝西撫綏邊境調廣西以病不赴任家居事母孝產業讓於兄弟萬歷初晉銜太僕卿

饒仁侃字近剛號城山少時肄業山寺中夜無膏油就佛燈照讀嘉靖壬戌成進士任饒州府推官讞獄平恕入爲刑部主事改御史巡按山西監試多得士歷南京畿道陞大理寺少卿以右僉都御

史撫滇南萬歷八年遣人諭緬甸入貢不至仁侃曰招懷匪易修吾德禮可也其洞豁爽朗和易近人如此故所至皆有去後思自滇歸未踰年卒仁侃文理精粹所著多佚存者惟通山縣學敬一亭記畧云亭以紀敬敬以紀亭記弗可已矣諸士其繹敬一之義乎夫天命之性精明眞純一而已矣充其精明眞純之本然而使二三之見不得以雜之則敬而已矣敬何居懲忿窒慾敬於心也飭躬厲行敬於身也勅幾愼動敬於事也惟敬故一惟一故純敬一之義大矣哉勿貳以異端之空寂勿參以俗學之汎濫毅然沖然以存諸心措諸躬而見諸事如孔子所謂居處恭執事敬與人忠夫是之謂敬夫是之謂一應無負於爾師無悖於聖訓而學其始終云仁侃妻家通山花墳徐氏往來經石坑嶺山路崎嶇皆甃石官巡按時所修也路旁有碑字畫漫漶不可讀山中樵牧猶識之子忠恕懋

陳忠愛字藎卿號育海伋子萬歷己丑進士授南京戶部主事員外郎中出守河南內鄉歸服闋陞眞定知府整飭井陘兵備道提督三關兼理馬政

驛傳山西布政司右參政以不善事執政調廣西蒼梧兵備參議陞貴州提學副使年七十餘於天啟乙丑致仕歸杜門不輕出非公不至縣庭或事關邑政不惜爲民請命及時以鄉先達懿行垂訓後學子孫蕃衍克守其風當流氛倡肆告警諸子請遷鄉居力揮不納每談時事輒泣數行下年八十餘卒先是萬歷壬寅讀禮家居適邑經洪水多士應試艱資斧乃慨然出篋金數百分給之致仕後分產與族人鄉閒一切義舉捐金爲之不惜事詳知憲斯文及懿德二碑載建置志

孫鋐字載仁萬歷壬辰進士授戸部廣東清吏司主事署郎中事尋知山西潞安府以部差事謫判瀛定州奉旨修復新津堰時堰久廢修治難堅鋐馳檄里中募崇邑石工之艮者董其事堰成灌溉甚廣卒貽不朽之利直指李時華上其功調深州繼遷大名別駕未赴任歿於深民感其德立祠祀之

熊則禎字興國一字泰來早歲迍邅以氣節自勵年五十餘始補諸生萬歷丙辰成進士令建安行取河南道監察御史巡視京城有阜財坊軍人清

晨鼓譟入湖廣道監察御史趙延慶寓碎車服劫財物擁圍艮久始解時魏忠賢擅權私人佈滿朝陛淩辱縉紳又箸內兵設內操軍卒恃勢横行輦下習爲常則禎甚疾之欲嚴究主使疏略云臣看得白晝大都之中軍人乃敢一倡百和横肆無忌法難輕縱事干地方理合具題伏乞皇上敕下該衙門嚴查前項軍人是何職官統轄因何起釁何人倡首依律究處以肅軍伍以靖地方其執法不撓類此則禎充惡諸佞諛稱乾兒義子每於[illegible]案談次嗚咽流涕誓不與並立朝會都御史楊漣首

會兒鋒劾忠賢二十四罪上嚴旨切責漣則禎憤激同科道合疏糾參外仍於六月十五日單疏云爲權璫罪狀已著天誅不容久稽懇乞聖明俯察羣言毅然獨斷立賜處分以杜禍本事頃者魏忠賢逆豎自職堂官楊漣首言之科道諸臣有合疏有單疏大小九卿上及閣臣各有疏奏職言似無關重輕第忠賢之惡舉朝髮指非人者一喙而填胸忿惋無由發抒忠賢之惡罄竹難書卽章滿御前而然貫巨奸猶無從描寫於筆舌間者皇上獨憫其疇昔微勞寵眷不衰臣以爲忠賢何勞之有

夫皇上當潛邸時巳儼然號曰皇太孫前星繼離出照少海漸次揚波豈有操危慮深之遭藉忠賢以維持調護也無阿保之忠而聽其徼居積之奇貨誤矣卽頤指氣使亦其犬馬之分固應爾何言勞也皇上又以任事不避嫌怨臣以爲忠賢何事之有掃除之役是其事事此外卽爲越俎卽爲罪案忠賢目不識丁平日有何蘊藉今日展爲作用也夫其不避嫌怨者豈其欲留景耀於春秋垂功名於竹帛不過恢張氣燄樹置爪牙以成履霜之冰以作振瑾之續耳及今圖之猶可及圖圖不及

時蔓難圖矣皇上又以無忠賢將孤立於上夫無
論疑丞輔弼大法小廉纍纍若若以致堯舜之君
以襄唐虞之烈即二十四監奄豎中豈無小心謹
愼什百於忠賢者任皇上遴選而用之何致使令
不足於前耶皇上又謂忠賢不置一辯覺省煩聒
不知此正忠賢大奸大詐作用也彼以辯無可辯
不如付之一默又習見皇上厭薄抗疏串辯者故
揣摩而中其意耳而皇上竟墮其術中也夫問刑
之法唯審情眞罪當若以不辯便及寬政將重辟
極刑皆得以緘口卷舌而漏網矣恐無此條例也
大罪二十四款千眞萬眞職不必更爲註脚唯向
裏邊說說一言即搢紳習以爲常恬不知怪職初
入都時一聞作如是語竊計今日慈甯無聽政之
簾桂掖鮮司晨之牝將向何人說乎詢之而知其
要向忠賢關說也嗟乎昔范雎入秦佯爲不知王
在而直入永巷左右叱之雎曰秦安得有王秦獨
有太后穰侯耳王聞而悟遂疏太后而罷穰侯似
今日獨有忠賢之說也可借秦爲喻也皇上以英
明神武之資値東西交訌之日正宜大奮乾綱睿
劍一斷使天下曉然於大聖作爲高出庸君世主

萬萬胡纏指柔腸戀戀一幺麽罪豎不忍割也則
通國之所不解矣然忠賢何冥頑不靈乎意天奪
其鑒也蓋際此時而叩首謝死尚可徼皇上移郊
移遂不然權勢日甚罪惡日盈天益怒於上人積
怨於下金碧煌煌祇爲追魂之鬼異日欲保要領
也得乎抑職尤有慨焉綸扉重地非皇上所寄爲
腹心之任者耶皤皤黃髮溫隆眷重而堅欲弛擔
以鳴高翼翼小心貌悴神愁而最苦獨拍之寡和
其他或亦泛泛悠悠視爲不必然而甚且聲氣聯
絡若固之以爲固然況乎外廷宵小線索潛通若
傅繼教傅應星輩其人者裏鉤外應暗弄機關或
入幕交歡隱借之以驅除異已或投緘張燈明主
之以搆禍清流不知肺肝如見清議難逃抑且詞
悖詞窮心勞計拙臣愚亦不知其何所見而墮坑
落塹至此極也臣草疏甫畢忽接邸報見聖旨之
斥憲臣也愈嚴而眷罪豎也愈溫夫以忠肝義膽
者疑其肺肝以狡憑城社者反依爲憑藉是非混
淆賢奸倒置又一部十七史所未有事矣皇上若
不將忠賢速賜處分以伸公論囂囂國是孰是甯
息之期哉伏惟聖明省覽施行毋徒曰已有旨了

然不究也臣不勝惶悚待命之至疏入仍爲忠賢所持不下時則禎巡城忠賢秘加邏卒欲陷以罪不可得幸借秩滿外轉陝西按察陞辭忠賢使人明語之曰俺祖爺說饒汝生出都門不久當送命來京同官李光春等備聞此言皆爲則禎危之熊廷弼被害則禎哭之以詩詞旨甚哀後竟憂憤成疾賚志卒官子兆呂例貢官光禄監事

王體斗字天喉號北垣天啟壬戌進士授鄱陽令愷悌廉明兩舉卓異政績詳胡吏部繼美去思碑丁卯江闈同考首取熊維典後爲名都諫試童子

首録賀登選爲各御史時稱知人崇禎元年考選雲南道監察御史値疆場多故屢疏直言有追論島帥糜餉跋扈疏上嘉納之及邊事敗柄臣驅逐異己借封疆以處言官授意誣陷庚午八月與御史毛羽健毛九華同下獄在獄百日事白始釋歸十五年壬午上諭起天下廢臣屬詮部咨訪名與二毛並列已而訛傳死耗遂不與召又三年爲順治乙酉

國朝大兵定武昌登士芳起義被執乃倉卒走山中時唐藩與永明相繼保閩粵湖北諸山寨遙爲之聲援於是科道交薦督撫特疏皆稱在籍老臣可任衝邊巡撫戊子秋永明封羣臣與夏時亨並加兵部侍郎總督湖北山寨義旅命下道路梗塞未赴薾

國朝大定本省按臣李嶶疏薦下部以年老辭不復出前後家居凡數十年甘貧教子屢空晏如一字不干有司篤性至孝雅量容人雖犯不校始登第以制藝鳴有晴雪軒稿海内傳誦暮年手不釋卷工詩古文辭所著詳藝文志自縣令行取後去任四十餘年士民思之入鄱陽名宦

汪桂字伯禎號仙友曾祖宗召字子翰嘉靖丁酉舉人三兄皆甲科宗召以足疾不仕卒桂爲諸生卽矢志彌先人憾天啟乙丑成進士授行人陞兵部主事辛未分武闈杜倖門爲忌者所中同翰林劉必達廢職閑住崇禎丙子起廢列名章正宸等後補光禄署正丁丑遷戶部主事戊寅五月題管九江鈔關時軍餉孔亟榷稅益重有司因以爲奸商人苦之桂始至卽爲文祭江神云曾列使星載叨樞觴賜閒六載忽授民曹承乏潯關受事伊始預盥境煙霞之勝宦況都清當山川空濛之時忒

窮可軫慼時蒿目擊節愴魂敢不剔弊以釐奸宄
江風山月寫清白之臣心民水君舟凜安危之大
計庶幾惠此東南之物力兼可以資西北之飽騰
會稽唱籌偶爾爲抱關吏臨江橫槊逝將賦洗兵
行恭告江神仰承淵察受事一年課額不足焦勞
廢食悉心設法以支國餉釐弊剔奸謝絶情面力
甦商困以示招來己卯五月期滿報代奉旨加派
潯關練餉二萬五千兩部劄七月初始到關桂郎
遵奉旨之日爲始自五月十一扣算起解計溢解
銀五千三百兩皆郊代以應並未加派商船而戶

部已於六月間題管明智坊草場桂至任派草獨
多一差兼兩差之草皆忌者中之也桂復買草賠
累多金明年奉旨陞建甯知府仍帶往俸桂不勝
其苦累疏陳情乞休略云臣起家廢籍叨此殊擢
外吏小臣何敢望瀆臣極苦極病有萬不得已之
情不容不呼籲於聖明之前者臣素秉蒲柳少而
失血司榷一年暴露江干憂頻心焚遂成驚悸怔
忡之疾去冬入場收草星火不敢自隨屢發寒厥
仆絶在地毎毎扶掖歸寓且臣母年逾七十臥病
思臣數促臣歸時欲控陳嫌於避差私意差務稍

竣方敢陳情乃不意銓部先已推臣也臣同事起
廢諸臣如梁鴻廖大亨等俱爲監司三兩年臣俸
久寀援推屬望外第郡守責不易副微臣負苦欲
鳴聖明在宥澤及昆蟲臣何能忍苦而不呼耶伏
乞勅部將臣停陞容臣差完考核倘著令致仕臣
惟同臣母子孫朝夕焚頂祝聖壽於無疆而已臣
無任激切待命之至疏上解職未幾卒京師桂恬
淡不耐仕好奇山水當使隴蜀時窮箭括峩嵋之
險後閑住六年家居日少遊淮揚住武夷所至名
勝無幽不造嘗野服一杖信步登換骨巖絶頂如

行脚道人不被識一人則大快工詩善書有所得
歸郎叫笑伸紙潑墨淋漓滿幅自言從匡廬僧室
聽鼓琴後便有此物外翛然之感矣生平寡言笑
厭塵俗自呼臥雪居士一號梅村董其昌稱之以
儷吳偉業謂吳文注畫也然其文清高曠達超越
恆流熊開元謂不在吳梅村下嘗過洛陽作北邙
山賦云伊何時兮蒼鷹換眼隴麥殷鬣氣煦景麗
瞥見陰區覩千抔之壘壘若萬馬之振鬣碑龜項
望翁仲蠹接人代微茫何言事業則有至尊其主
帝子王孫轆轆宮車蕭蕭墓門晷促雄圖露溘斷

魂遐想池館歌鐘綺羅珠玉輦埋之寶氣媚山生殉之惴惴莫贖龍蛻未寒蟻喙何毒乃或茅土重貴將相勳臣當子女自汙之後正抗疏乞身之辰馬左賜第兮蔽日華屋歡笑兮留春豈期子孫之一草猶吝而邱墓之拱木為薪鼪鼯狐狸入賀同鄰又如一時俠烈千古風騷裁雲製錦者寸管償恩報怨者佩刀探革囊而取首淩滄洲以釣鰲方將白眼而傲滄海奈何我輩而亦蓬蒿沈鬱兮靈奇光怪蕪滅兮斷骼遺尻知等閒兮雲狗又奚逃乎火宵若僅如閭里稱奇鄉國所慕昔者未貴而

未去今已無封而無樹任黠鬼而搜神非量載之可數以泉臺為弈枰剛前拾而後布凡若此者吾貌瘁矣心悲不盈惟是北方絕世南國傾城體逃王泥氣茁蘭萌君王之心魂為死方士之攝致猶生慘垓下之劍光亂馬嵬之軍聲幽燐明兆下之璫暗佩響夜歸之瓊香銷粉褪而土石瘞[illegible]兮生來世而天地要盟吁嗟乎陰陽委轡兮孫不免控筋骨傀儡兮百年一弄昨方陟岵而送人兮余亦奄然而待送審送送之無窮期兮漸人少而鬼衆本宅必歸兮其又何痛誠欲問南面之樂不樂兮嘗試枕髑髏而說夢時稱其可抵生前自祭文他作多散佚有遺稿詳藝文志子際熴

國朝進士

米調元康熙甲戌胡任輿榜有傳　王鎮新嘉慶庚辰陳繼昌榜有傳

〇京師題名碑及湖北通志載進士張彥昌雍正癸卯于振榜崇陽人舊志未登旁搜之乃見漢陽縣志得毋本崇人而入漢陽籍耶

國初此例往往有之附志以俟考

米調元字和梅號白峯一號養石舫子康熙甲戌進士授分水縣愛民息訟豪强斂迹俗慣溺女調

元設法勸諭恩威相濟編保甲立報簿產女者捐俸給米一斗錢一百貧則倍之逾三年活女七百口民皆呼米女焉署淯安地有浮溪造浮橋聯三十七舟置田給舟子為整理費淯人德之呼米公橋立棠陰書院稱米公祠與明令海公祠相望謂能繼美廉峯也四十一年奉調同考試官所薦多名士查嗣璉年六十出門下時稱知人尋補禮部精膳司主事明年監督大通橋及興平倉剔奸除弊寢食不遑丁內艱歸服闋候補卒京師有詩集載藝文志子澧見武肖傳

王鎭新字仲德號至堂生而穎異八歲能屬文家貧將稗拾菽以讀隨父客秦寓窮谷中披吟無少閒嘉慶戊辰舉於鄉庚辰成進士在籍候銓應湖南左中丞輔聘見節署尊嚴州縣參謁維艱日是僕僕者吾何能爲役乃請改教職官襄陽府教授日進諸生與講學不斁年七屬人文蔚起掇巍科者踵相接計自友教至官廣文造就不下百十餘輩若咸甯雷侍郎以誠均州賈中丞洪詔棗陽孫中丞長芾江右徐學使士穀河南張觀察桐宜城周郡守仁壽直隸儲翰苑德燦其尤著者也丁未致仕單尚書懋謙爲後輩時以編修在籍率七屬弟子三百餘人祖餞城北之漢皋樓遠近聞見俱欣羨不已歸林下八載歿年八十四所著載藝文志

舉人

舉人始見北齊書鮮于世榮傳及舊唐書高宗紀所舉之人即爲進士考官爲知貢舉故曰舉進士亦曰鄉貢進士進士舉人貢士之名蓋通稱耳至明始以會試榜爲進士鄉試榜爲舉人邑舊志列宋元舉人考宋元舉人多稱貢士當從舊稱又舊志有登進士不列舉人者或云宋元貢士三科免解非如明以後一舉成名其不列者未及三科也邑進士惟元李政茂書鄉貢榜其他豈皆未及三科乎今仍舊志續編畧爲考證疑者闕之誤者正之遺者補之并臚列焉

宋貢士四人

廖如璋字子玉以詩中

廖如瓛字子琳以易中

廖如瑩字子久以易中鄉魁

李闕名紹興間人

元貢士六人

胡希文以巽子薦元

廖友大如璋子字景太以詩中

廖應解如琛子字景元以禮記中

李政茂進士延祐甲寅以書中

廖德明思齊孫字日新以詩中任南臺錄史

陳禧字遺慶至正間以詩中

明舉人一百一十九人

雷誠字仲明庚午以書中終江都令

王士中

蔡金中廣西榜官知縣已上俱庚午科

張翺中外省官侍郎已上洪武年

洪泳字士行壬午以詩中眞定教諭

盧文彬癸未以詩中河南教諭已上建文年

陳憲字俊七乙酉中終臨清知州

丁義字中禮戊子以書中河南教諭

楊崗進士

蔡甯以書中有傳

夏謙字志敬以詩中上華教諭已上俱辛卯科

劉魁勝字子長以詩中樂平教諭

舒　義進士以易中已上俱丁酉科　周　軏以春秋中有傳
戴　㖒本浮梁人官生以春秋中楚榜　宋　昌以詩中官沙河遷檢已上俱庚
子科　周仕安字處善以詩中徐州判
艾　常字秉彝以春秋中洛陽丞已上俱癸卯科
陳仁恕字晦堂科未詳已上永樂年　鮑　謙字克恭己酉以書中宿松訓導
荣廣志字宏道壬子中涪州同知已上宣德年
周子材甲子　龐　貴字天爵丁卯以春秋中
黃宗泗字學賢丁卯外省中秀水令已上俱正統年
胡　浩字溥淵庚午以禮記中劍城司訓　夏　瓊丙子以易中有傳景泰終
程子南己卯中外省　天順起　楊孟凱以書中有傳

廖仲貴字天與以易中已上壬午科　饒　玘乙酉中外省　成化起
艾　傑有傳　王守貞以易中有傳已上丁酉科
姜　英字世傑庚子以詩中涇府教授　龔伯甯進士癸卯亞元
廖　繡癸卯以易中詳貤封　陳彥爽字良輔以詩中科失考已上成
化年　王　甸壬子以易中有傳　宏治起
戴　書進士乙卯舉人　周景祥軏孫字瑞卿以詩中
王　疇進士　汪必東進士三人俱辛酉科
饒天爵甲子以易中有傳　宏治終　汪文明有傳　正德起
甘三德濟子字日宣以易中已上俱丁卯科　廖　東以易中詳貤封
汪文盛進士已上俱庚午科　燊　乾進士癸酉舉人

陳　誨進士丙子舉人　汪文正藻子字希范以詩中
汪必登有傳　陳　泗字東之有傳三人俱己卯中
龔　湜進士　嘉靖起　甘　惠三德子字仁甫以春秋中官直
隸令　熊　太字子極以易中三人俱壬午科
胡　濂以詩中有傳　饒天民進士
王文奎三人俱乙酉科　陳　曾戊子以易中有傳
汪宗元進士　汪宗凱進士
王近素疇子字子先以春秋中舞陽令　王文瑞文奎兄字汝賢以易中官壽州
學正　陳　仕以易中有傳
王近敏疇子字子修以易中　葉永昌崇陽訓導慈谿人以宦籍中已

上八人俱戊子科　王東輿字子周以禮記中肅府長史
熊　祚中他省　艾叔午傑孫字用昭以易中三人俱辛
卯科　汪宗伊進士甲午解元
熊　儒允弟字子崇以易中陳州知州　沈東支字汝會號白巖以詩中
王近訥以詩中有傳四人俱甲午科　王近思丁酉亞元以詩中有傳
汪如璧以易中有傳　汪宗召以詩中見汪桂傳
王近光以易中有傳四人俱丁酉科　劉景韶進士
劉　乾以春秋中有傳二人俱庚子科　饒　會癸卯以詩中威州知州
陰汝登字桂溪癸卯中外省官鎮遠知府　陳邦治丙午以詩中有傳
盧鳳來以詩中有傳　陳　采以詩中有傳

龔叔賁以詩中有傳四人俱丙午科　陳羔字良才己酉以詩中
汪廷鉞進士　孫絅以詩中有傳
陳若夔以詩中有傳　陳若魯字觀曾以詩中太甯令
鄭際可以易中有傳已上六人俱己酉科　胡定進士壬子第三名
饒仁侃進士　王作書以詩中附王近思傳三人俱
子科　雷時敏乙卯以詩中有傳
王近愚甸子字子厚戊午以易中　饒倧天民子字秉叔號南墅以春秋
中　鄭行可號雲巷
熊汝諧以易中有傳已上俱辛酉科　汪度宗元子字懿仁甲子以詩中
吳楚材隆慶丁卯以詩中有傳　金龎字國政丁卯以詩中由大竹教

諭升夏邑令陞批勝遷新化知州　蔡靖獻附蔡乾傳萬歷癸酉以詩中
陳博己卯以詩中有傳　王仰進士見孝子王廷試傳
孫可撰大用孫字茂薦以詩中任丹稜令升夔州府同知調貞豐同知撫賞宣府升山西河東運同坐升鹽運使卒官　謝所教字受仲以詩中三人俱乙酉科
汪晉吉文正孫字錫卿以禮記中亞魁任鄒平令起服補渠色令卒官
陳忠愛進士　孫鉉進士三人俱戊子科
孫可似甲午中有傳　孫鏞癸卯中有傳
黃色中己酉以易中有傳　熊則禎進士
王應斗進士二人俱乙卯科已上萬歷　汪桂進士天啓甲子中
陳雲升字亮公崇禎庚午以詩中官九江別駕

汪春昌廷鉞孫字雪盤己酉以詩中由長沙府教授升仁和縣令已上崇禎年　饒琦字蟾白仁侃姪孫壬午以詩中　蒙正發中外省有傳

蔡甯字伯安父奎洪武初歲薦官刑部郎中甯追父志好讀書築館桃溪之上自少事親以孝聞由舉人卒業胄監永樂十六年使閩中綽有能聲爲部史廉潔甯食不過虀鹽舍旁隙地輒種葵芥督學蔡瀾爲賦青紫聯輝詩

周軏字克持琮子永樂庚子舉人令歸安清愼有父風楊溥薦擢御史歸田後以所有產分族之子姪鄉里義之

夏瓊字廷輝父謙字志敬以舉人官上華教諭瓊少讀書白泉精舍博覽經史百家嗛嗛若不足才甚精明詩歌得唐人意景泰丙子舉於鄉官樂平教諭所著見藝文志

艾傑字世英成化丁酉舉人苦學安貧知府秦夔以絕田百畝予之謝不受授江安教諭力變文體衣冠坐講寒暑不懈生徒不能婚葬者助之修蜀志成擢成都府教授時禮制久弛傑復倡行冠婚禮以維風化爲己任所著見藝文志

王守貞字乾亨成化丁酉舉人性剛直好善敦孝

友知廣安州八載乞終養歸盡以田宅讓兄戒子
孫勿取鄉人義之蜀祀名宦崇祀鄉賢子甸疇
楊孟凱字廷相号猶子天順壬午舉人知簡縣以
廉潔名飲客注酒僅瓦缶政尚平易立社學刻家
禮以齊民俗歲饑賑貧邑無流徙在任七年多異
政士民戴之謝任歸囊無餘錢事母孝母卒年近
七旬廬墓三年冢生芝草知縣李銳序之李夢陽
誌以詩
國朝雍正二年奉文採訪先朝懿行知縣侯爵詳請
祀忠孝祠

王甸字易之守貞長子宏治壬子舉人令大庾清
介自持節宄費省民力免梅嶺夫役民德之以能
調萬載有政聲壯年致歸自守不苟卒祀鄉賢
饒天爵字明臣號北崖宏治甲子舉人任崇慶府
尹鋤強植弱興學校重禮教任滿歸田足不履城
市祀鄉賢
汪文明字希舜藻長子天性樸直爲諸生讀書大
集山下每遊桃花洞濯白泉翛然有自得意人莫
窺其涯際正德丁卯舉於鄉歷樂安縣教諭順慶
府教授日進諸生語以正學先行後文諄諄不倦

十三年擢知彭縣彭在蜀爲難治又值歲旱禱雨
立應力勸農桑民日殷阜久之士民相慶謂不圖
今日復見古循良也在任三年移疾云人生貴適
志何役役簿書案牘間自苦乃爾耶未幾疾甚彭
民禱於丹景山及九隴山不起以喪歸祀鄉賢子
宗元宗凱宗吞
汪必登字希文必東兄正德己卯舉人一赴禮闈
不第即絕意仕進性醇謹居家孝友制行不苟窮
經嗜學老年猶講學授徒當時推爲儒者壽九十
歿之日門人私謚曰榜山先生

胡濂字深甫嘉靖乙酉舉人幼穎異鑽研六經博
通百家纂詞雅贍父早歿事母王氏至孝每昕焚
香籲天祈壽康母有疾躬自調飲食湯藥晝夜不
解帶倦極假寐榻下奉三兄怡怡相友愛分產泣
辭數百田揀取磽薄以肥饒讓諸兄愛人好施嘗
收養煢疾無告者死則棺衾瘞之不慮家事室至
懸罄不恤歲饑有夫婦鬻女道哭甚哀濂惻然捐
之金當其鬻直爲之贖性嚴正面規人過人咸敬
憚之知定遠潔身愛民釐弊振廢縣治江濱城寖
崩隤濂卜相山川徙去十里百姓安堵擇風氣之

聚以居學官科第崛興遂爲名邑上官廉其賢遷
署巴邑一歲巴大治比叙蜀人哀痛如喪其親請
祀名宦别立祠肖像祀之大司馬張佳允爲文勒
石邑有疾病就禱輒愈歸葬崇陽大學士李春芳
志墓邑祀鄉賢其宅在肥田畈别號肥溪乎定
陳曾字廷元嘉靖戊子舉人自做秀才時即薄勢
利未嘗干有司每覯貧乏輒觧衣推食雖家無餘
儲勿惜也令貞陽清廉著聲祀名宦崇祀鄉賢曾
能詩允喜録諸儒格言所著見藝文志
陳仕字原學嘉靖戊子舉人任江西會昌縣知縣

升淮安府海州知州調四川蓬州知州性恬靜端
慤自爲諸生至宦成析義利不苟納謁公門其所
蘊云
王近誠字子仁守貞孫嘉靖甲午舉人授臨江通
判清勤有聲陟紹興同知廉介益勵嘉惠諸生後
登第者多出其品題六年致仕與陳曾齊名邑人
立二賢高節坊
王近思字子孝守貞孫美丰神聲弦鼓鐘補諸生
名藉甚衛憲使延傳其子或行百金於憲使求居
間近思艴然曰吾職吾師乃以不肖待我耶嘉靖

丁酉省試第二人屢上春官不第謁吏部選爲麗
水令邑有羨金例輸令橐近思裁之曰吾橐有吾
經無地容若金也乃田淤地給學租瀦好溪堰曰
求民所患捐俸濟之麗俗競渡相鬬十數人法當
抵死者罪讞而易爰書止坐一人在官六年所平
反類如此然不厭上官心被劾去麗民立石誌不
忘後七年弟近誠貳紹興行縣民遮道問父母歸
田無恙否近思性方正晏處整衣冠月旦望必謁
先廟接鄉人持論侃侃時以彦方比之居林下二
十餘年年七十二卒子作書字聖叙舉人官東流

令
汪如璧字子白必東子嘉靖丁酉舉人令璧山有
豈弟聲歸家日事著述善題詠下筆數千言所著
見藝文志
王近光字子觀疇子嘉靖丁酉舉人授渠令以廉
明稱致仕歸惟圖書數篋家居無事益博綜羣籍
善詩文年八十猶手不釋卷所著見藝文志
劉乾字子易嘉靖庚子舉人尹萬載多惠政築崇
文堰邑科舉遂盛解組歸先人遺產盡以讓弟性
好學博洽温雅刻有聖蹟圖傳世

陳邦治字予進嘉靖丙午舉人任泰州升福州同
知所至有聲家居岸巾瀟灑寄興山川以自娛
盧鳳來字汝儀號桐甫嘉靖丙午舉人性剛介任
仁和教諭淬礪諸生陟遂平令以清白著晉開封
通判調揚州尋歸家杜門讀書恥事繁縟宗人貧
乏每推助之所著見藝文志
陳采字廷亮嘉靖丙午舉人授海門令地故濱海
又値兵荒力爲撫綏上官過督之遂投劾歸
龔叔賁字維白湜子嘉靖丙午舉人授四川合州
學正擢浮梁令興學造士立塯關門科第自是鼎

盛他績載胡大參士彥去思碑賁天姿穎敏博綜
羣書性直諒剛方有先人風範卓立自樹一毫不
苟及卒吳國倫表其墓所著見藝文志子衍材字
珉海貢生學問淹博文章古茂衍樾字長泰幼慧
能文不壽士大夫惜之
孫絅字世章嘉靖己酉舉人性剛介不爲瓦合令
河陰清白著聲以方正謫判華州致歸行李蕭然
邑大夫周應中左遷憤往闕下乞留人服其義
陳若夔字覲一嘉靖己酉舉人授孝豐教諭陟寗
安尹政績見雒山遺事性渾厚致仕家居塵埊不

染杜門攻詩所著見藝文志
鄭際可字子過嘉靖己酉舉人生爲遺腹子事母
篤孝母病調飲湯藥卒極哀毀遂不欲仕縉紳彊
之謁選授茂州守踰年歸敦儉樸增祭田睦宗人
遠近稱其孝友云
雷時敏字正務嘉靖乙卯舉人溫易敦厚令彭澤
有善政民尸祝之遷景州守尋歸以父產讓兄爲
時所稱
熊汝諧字應俞儒子嘉靖辛酉舉人任江浦教諭
升郫縣令政成考滿以忤上官左遷齊河教諭致

歸杜門御掃鱗居不再娶人高其行
吳楚材字國賢一字仰止性嗜學爲諸生時文辭
富贍藉甚聲稱隆慶丁卯舉於鄉公車至京師交
唐順之李攀龍王世貞吳國倫輩日以詩文相切
劘爲海內知名士屢試春官不第出任會甯尹未
幾致仕歸閉戶著書以古作自任淹雅淵深足式
浮靡邑志初苦挂漏整理編纂條緒始定其美合
編疆職畧二種俱行於世詳見藝文志
陳博字文徵職孫萬曆己卯舉人官四川司李剛
介執法吏胥屏迹委巡各府風裁凜凜以忤時不

合致政歸居家杜門養望不干有司鄉里咸重其
方正
孫可似萬歷甲午舉人任盧氏縣令改瑞州府教
授福建分考得士獨多陞山靖府通判卒官
孫鏞萬歷癸卯舉人任常州府通判解白糧有功
升南陽府同知解兵赴邊督撫嘉其勞歷署鄧州
浙州遂平俱有政聲致仕歸寄興耕桑以書課子
孫不預他事屢登鄉筵
黃色中字根心號鉉觀徵時家貧讀書古廟代道
士書表取貲給膏火居常并日而食諷誦自如爲

諸生人猶嗤其貧邑李李沖獨器之曰執謂黃生
貧其學固富也萬歷乙酉以易舉於鄉授廣東海
康令特薦邊材陞汀州郡佐攝福海防督兵剿寇
全活甚衆以功擢順慶太守從督師拒獻賊出蜀
時賴以安遷嵩臯丁外艱歸里遂不復出嵩目時
艱居常憤懣每欲以身殉國聞懷宗崩慟哭題詩
云斬賊恨無三尺劍報君惟有一腔心又二年丙
戌爲
國朝順治三年大兵定武昌時臥病在牀強起調家
人曰甲申不在北乙酉不在南今日吾致命日也

遂朝服自縊色中秉性剛直操守嚴謹不事修飾
一惟古道待人教子孫居家涉世要道諄諄詳盡
出身寒素故勤課樹藝歷仕所至粵有扶桑閩有
建蘭去任皆不之攜曰玩物無取也守順慶時沿
江城植柳延袤數里蜀人號曰黃公柳所著有荒
難記杜貧論鄉人多傳誦之其易經舉業註等書
載藝文志長子金甲字孟堅邑庠生崇禎癸未從
軍湖南禦獻賊陣亡督學堵允錫詳祀長沙羣忠
祠金華另傳
蒙正發字聖功別號樵雲本甘姓其先世避戎籍

冒姓蒙曾祖蒙涵見篤行傳祖應第父上神俱邑
文學應第字五雲淹貫經史所著書載藝文志上
神貧教授爲業母氏汪娠正發時夢月入懷生而
穎異兒時嬉遊石龍原上輒拍手歌曰我是石龍
人我非石龍人我是崇陽人我非崇陽人蚤歲食
餼於庠喜遊俠馳射倜儻不羣崇禎癸未張獻忠
陷武昌正發糾鄉勇逐僞令爲撫軍何騰蛟所知
以功准貢順治二年
國朝大兵下武昌騰蛟由崇陽走長沙圖恢復督令
赴援正發與叔父上和諸同志擁邑令李方會起

勇未就大兵由漣河嶺入崇上和被擒不屈死正發妻方氏死之正發黑夜走逼城匿黎時生家間道達長沙謁何騰蛟授參軍推官銜隨章曠軍湘陰監紀十三營旋題兵部司務仍監三標兵馬

國朝大軍下岳州章曠以兵二十萬爭之岳鎮馬蛟麟合祖大受兵戰三眼橋曠軍敗退保新牆又敗正發馳十數騎至潼溪與副將覃裕春誓曰今日失新牆明日必戰潼溪此吾輩戮力效死地也堅壁不退是夜大兵襲潼溪失利蛟麟大受自相讐怨各率兵退時明唐藩建號隆武元年也是秋湖

上舉行鄉試正發返諸生服入場榜發中式仍奉檄調兵於衡而湖上潰矣永明王嗣號肇慶章曠薦正發館職入侍疏畧云蒙正發以諸生起兵崇陽臣服其勇棄家不顧仗策南征臣服其義甫解橐鞬遂登賢書臣服其學帷中運籌盾頭草檄臣服其才督催餉務裘敝肘見臣服其廉與臣同事兩載不肯離臣一步不屑求人一官臣服其靜而正疏入爲劉承允所持授待詔仍贊章曠軍事守白牙橋題授戶科給事中經理軍餉曠卒騰蛟欲以曠軍授正發守永州會永李吳晉錫賂鱗蛟乞

右奪其軍授之吾錫降正發收殘卒退保全州騰蛟兵潰孤立無援薦正發入侍實授戶科給事中未幾永明奔南甯正發與留守瞿式耜守桂林明年復衡永式耜檄正發迎永明歸桂道李成棟迎往肇慶正發遂從行兼掌兵科都給事疏請贈章曠謚爵祭葬恩廕如例明年己丑何騰蛟殉節中湘永明命結壇致祭正發主其事維時藩鎮愈危人心愈陋濫封拜乞印敕者投私門以罔上閫外輕廷議驕恣漁民自相猜殺正發與仁和金堡江夏丁時魁公安袁彭年興平劉湘客憤起力持綱

紀清言濫核功罪裁陵躐以整飭之緹帥馬吉翔以護衛之勞結援宮禁樹私人於臺省降帥高必正統十三營蹂躪粵地孫可望勢蹙請降脅求封秦王僨師陳邦傳株守南徼坐制其上正發皆抗疏論刻廷臣朱天麟王化澄吳貞毓萬翱朱士鯤雷得復皆吳人與楚分黨目正發等爲五虎謂袁頭丁尾劉皮金爪蒙腳也庚寅春大兵下南韶正發方與李元允畫戰守策吳黨擁永明棄東粵走蒼梧旋於水次聯名參奏下正發等於獄榜掠無完膚內閣嚴起恆庶僚管嗣裘彭燄甯鬭淵潛求

釋留守瞿式耜宮詹張同敞抗疏辯理皆不報會
諸帥曹志建焦璉趙印選胡一青交章訟枉必正
亦力請寬宥乃讁尚方輸作獄方決而廣肇瓦解
桂平潰陷孫可望劫永明困安隆而殘局以終當
獄解時正發而舟入桂林依式耜桂林陷投水中
二僕救之載以竄靈谿洞投身猺獞間已而循山
徑依故人於衡陽授童子讀得粟自給有仇家挾
不隊爲名將搆大難復走邕管邕帥全節重其義
優全之數年始歸衡陽閉戶屏迹平生才氣豪橫
文筆暢達善盡事理詩雄渾不事雕琢至是益以

吟嘯自遣未幾抱疾卒葬衡陽王夫之志墓後三
十餘年其子始歸崇今兩邑皆有後所著見藝文
志○按吳楚黨威調難分優劣明史於吳黨多立
傳而楚黨但附書其左袒可知然吳黨結馬吉翔
卒至罹禍楚黨結瞿式耜賴以救危觀其所與優
劣不辯自明矣

國朝舉人

譚　琳順治丁酉以詩中有傳　米　舫戊午以春秋中有傳
汪　琟辛酉以春秋中有傳　黃河源甲子以詩中有傳
米調元進士丁卯以春秋中　陳　鳳庚午以書中有傳

陳開基壬午以詩中有傳　龐養拔癸巳以詩中有傳
陳繼成甲午以詩中榜姓劉有傳巳上康熙年
夏仕任乾隆丁卯以詩中順天榜有傳　王廷琦壬午中有傳
王國洽庚寅中有傳　王　灼辛卯中有傳
熊傳瀾丁酉中有傳　陳之本癸卯中有傳
甘元亮己酉中第七名有傳　程昌德壬子中見昌禩傳巳上乾隆年
程昌禩嘉慶甲子中有傳　陳山秀丁卯中有傳
孫鍾琇戊辰中有傳　王鎮新進士戊辰中
王大猷己卯亞元有傳　何祿芳己卯中有傳巳上嘉慶年
黃廷煜道光辛巳中第七名有傳　劉利賓乙酉中有傳

程開第戊子中有傳　劉繩祖戊子中有傳
劉汝祜辛卯中有傳　劉汝祺壬辰中有傳
孫麗藻原名懋本字梧巷中己亥科官京山教諭保題遇缺儘先選用知縣加同知銜
劉汝楷字端卿丙午科中第三名大挑一等籤發山西候補知縣加同知銜前署絳縣篆
龐交贇丙午中陝西榜　陳炳南號湘帆中己酉科揀選知縣巳上道光年
王元秉字鈞卿中咸豐辛亥科選黃陂教諭丁艱未赴任　李霖藻號雨崖
熊會心號滌泉　柳文宿號武亭巳上俱中同治壬戌並補行辛酉科
○湖北通志載王家繼康熙庚午科舉人張彥昌

庚子科舉人俱崇籍又康熙丁巳科吳三桂反楚省不靖鄉試附江南闈中式八人中有吳階芝係崇籍階芝姓名見雋水絃聲集中但此集作者不盡崇人而通志字畫尤多亥豕疑有訛也附志俟考

譚琳字逵庵順治十四年舉於鄉知撫甯縣首重文教新文廟立社學置社田城樓女牆以次修葺政績釐然行取戶部廣西司主事轉員外郎陞浙江清吏司郎中授福建巡海道政績福州知府下車即全活洋船水手五十餘人閩地爲立生祠尋

以足疾告歸家居友愛婣睦杜門著書歿後入福州名宦崇祀鄉賢所著見藝文志

米舫字大川父艮崑以舉人官荆山司馬明亡殉難詳藹圻志舫六歲隨母氏朱避亂居崇陽朱氏通經史能詩文課舫甚勤既長益自力學年四十五始登賢書官桂陽州學正升德安府教授培植學校以孝弟廉恥垂訓有胡瑗造士風升印江縣令以老致仕歸卒年八十六舫詩文具晉魏風格尤工書絕類南宮得者珍之子調元

汪垂字天翼際熀子弱冠舉於鄉博綜羣書精曉音韻讀書大軍山題關侯睡像聯云枕漢應添朝爵夢襟江不洗滅吳心膾炙人口未仕早卒所著見藝文志

黃河源字于闐金華子溫厚謹慤博洽經史嗜學不倦塵埊不染登賢書未仕

陳鳳字梧岡治經孫耆年舉於鄉授京山教諭丁艱歸服闋補監利興學課士政建署門科第鼎盛多士爲之性明敏有治劇才時修北境湘堤賑濟江沔陽監利飢民修松滋孟堰屢承上官委任又修監利江堤一百二十里功成監人上萬民衣二

襲升寶慶府教授士民赴上扳留不允既之任卒官

陳開基字于予治績孫家貧嗜學好博覽性剛介不履城市不干有司屢空晏如康熙壬午舉於鄉未仕

龐養拔字其超康熙癸巳　恩科舉人醕雅端方制行不苟杜門山居吟咏自適

陳繼成字性源號文海幼岐嶷應童試冠軍患痘未與院試越歲復冠府鎮補弟子員康熙甲午舉於鄉任蘄水教諭子政清貢拔萃科

夏士任字仔君號蓉塘別號畬叟由拔貢中北闈舉人會試登明通榜任孝感縣教諭俸滿保舉擢山東甯陽縣令修城建奎閣捐廉置地備諸生賓興資

翠華南巡辦理營尖橋路事集而民不擾爲諸縣最未幾攝鄒縣旋調萊陽葺盜安民懲奸剔弊詳除蠶島海稅初侍郎彭齡以商籍應童子試萊人大譁士任力疵之拔置第一時服其識在任六載致仕歸卒年八十所著見藝文志

王廷琦字景韓由歲貢中鄉式歷署浙江杭州府

通判甯波府同知實授處州府宣平縣知縣任滿回籍尋起復力辭不赴優游林下足迹不履城市卒年八十有三自題眞云玩山釣水漁樵相親晝夜三爵怡養精神寄蜉蝣於天地聊優游以終身其曠達如此

王國洽字合川由拔貢舉於鄉官江陵教諭升岳州府教授師範端嚴從游甚衆成就不下百十餘人文章典雅清腴當時名流推重之性儉約在官無事課園丁種蔬自給歸里諸子躡草屩道迎則喜所著見藝文志

王灼字仲昭由明經舉鄉榜性行敦篤博洽經史苦心爲文模範後輩截取知縣未赴選

戴膏澤字雨南號醴泉資性魯鈍發憤苦學以文爲命中歲始登賢書爲諸生時築室如號舍寢處其中嚴寒盛暑不輟其淬厲如是

陳之本字仿泉號南峯由舉人籤發江西歷署瑞州府銅鼓營同知廣信府通判實授撫州府宜黃縣令辛酉科同考試官升臨江府清江縣令廉明仁恕所至有聲去宜黃任士民勒盧堂金鑑萬家生佛碑歿清江任

甘元亮字藎臣號執夫以廩貢肄業成均旋中鄉舉大挑一等分發河南署輝縣篆性仁慈訊獄薄施鞭扑鬧呼譽聲則攢眉不樂乃告降改官德安府訓導有句云蠶空自縛藏身拙鵠本能飛振翮遲蓋自況也

程昌祺字亦芳號柳村性穎悟讀書過目不忘嘉慶辛酉選貢廷試一等第二以當事小嫌得而旋失甲子舉於鄉屢薦不第官黃安遠安教諭從遊者多掇科名保題知縣需次未久病卒從兄昌德字聘璋善小楷先十三年中式揀選知縣大挑二

等未仕

陳山秀號馥亭學務簡要性傲岸不隨人俯仰爲文亦如之嘉慶丁卯舉於鄉選縣令將仕而卒

孫鍾琇號半樓早歲有聲庠序舉賢書以經冠本房歷署襄陽羅田縣學升荆州府教授所至勤課士各公出其門一官閒冷絕不譖緣嘗道喜爲時文長日閉衙齋從事鉛槧不倦所著載藝文志致仕歸時年八十重賦泮遊桑梓榮之子汝襄孫麗藻

王大猷號莫堂生而孱弱四歲始步八歲始言二十後始力學研究經義文章簡潔舉賢書名次第二歷官廣文署竹山安陸實授鄖縣京山教諭卒京山任所著見藝文志

何祿芳字百亭早慧有能文聲鄉薦後謁選特簡江蘇南河知縣承辦高家堰山盱睢南宿南等處河務隄防保固歷試阜甯縣高郵州事勘災賑恤全活甚衆河帥將擢以不次積勞成疾年四十歿官

黄廷煜號致堂少負不羈才登賢書以寡忌廢晚乃逃禪謝俗務博覽自矜咸豐甲寅避亂賊狙得之間以事矯首不與語强之乃紿賊曰爲若計當任民剃髮若輩翦辮庶兵民不混無逃兵無盜民乎賊知其愚己怒目相視欲加以刃其渠叱止之因詭詞遁免生平好用權術大都此類明年賊復至憤鬱死所著志藝文

劉利賓字寅臣立品端方學務精粹治經不主專門舉於鄉屢上春官不第授徒講學咸豐中爲土賊所驚怔忪遇疾卒

程開第號鏡樓爲諸生虛心好學前輩譚遠溪深於文喜垂釣水邊林下執卷就問之立久無倦容

於是業益精年四十餘舉於鄉道光癸巳自京師歸中途病卒

劉繩祖號武亭氣宇不凡英年同程開第登鄉薦癸巳公車同往返先後病歿中途

劉汝祜號篤齋鎮鼎子登賢書屢薦春闈不售官當陽廣文外艱歸服闋赴京奉部截取知縣加同知銜選貴州安南縣尹時苗猺不靖迂道至黔委署桐梓等縣閒關戎馬閒升洗累歲一夕暴疾卒平生坦懷與物城府不深功名念殷自擢於厄士論惜之

劉汝祺字戎農鎮嶽子舉人大挑二等以教諭用署京山訓導借補雲夢訓導獎誘後進保全善類得庠序歡心丁外艱歸服闋奉部截取知縣會病卒

貢士

歲貢之稱始見漢董仲舒傳明洪武十六年詔府州縣學歲貢生員一人其初視文理爲優劣其後但依食餼爲先後故曰挨貢天順六年令生員四十五歲以上俱入貢又詔善楷書者亦准貢宏治中行選貢法不分廩增附生通行考選謂之拔貢遇覃恩而選謂之恩貢

國朝乾隆初始舉優貢先是順治二年題准府州縣學取文行兼優者送入監名貢監雍正十一年題准優生由廩增升入太學者作歲貢由附生武生升入者作監生至乾隆五年庚申始令優生與恩拔貢生一體講習明經之學

國朝拔貢始於順治五年定十二年一選雍正五年改六年一選乾隆七年仍改十二年每州縣拔取一人甯缺無濫優貢大省五六名中省三四名小省一二名例定於乾隆四年凡三年一舉歲貢康

熙二年停十年復自後每逢單年一舉仍挨次不紊遇

覃恩依次加貢一名爲恩貢歲貢有正次之分其陪貢者名次貢正貢丁艱報故用次貢補之又舉人稱鄉貢進士副榜稱副貢副榜始於元順帝八年謂之鄉試備榜明因之其先取中者仍與歲試不准貢至崇禎末始定副榜准貢之例

國初副榜由增附中者作貢監由廩生及恩拔歲貢貢監中者免坐監即與廷試康熙元年停副榜十一年仍准作貢雍正四年准作舉人一體會試兩次中副榜者亦如之後不爲例此恩拔副歲優不同謂之貢則一也崇邑恩拔歲貢明以前無考副貢明不多見優貢

國朝亦僅有併爲一類書之至若由廩增附加捐爲廩貢增貢附貢皆爲例貢順治間有以諸生隨征准貢者係增附名功貢舊志俱載并列於後

明貢生

周　琮有傳　　蔡　奎見蔡甯傳

雷　琥字新五知縣　　宋　忠有傳

夏　泰有傳　　楊　昱昺兄

鄧商　林玉
傅源有傳　陳文宗有傳已上洪武貢
吳邈字兆海工部主事調蘇州推官　龐元富字德潤日照令
王璪字均實如皋令　陳惠字仲智分宜丞
魏榮字應榮將樂令　夏應奎
黎顯祖　周道龜子
廖彬字文中丙申貢長山令　閔琮
胡原俊羅江令　龔文字從美流江通判
吳誠岑溪令　鄭仕亨
簡融　甘纈

鄧文質　吳伯諒已上永樂年貢
湯子良　牟宗德監利訓導
吳忠　吳恕
楊思昂　余傑字希賢萬安訓導
廖鼎字彥和晉江縣主簿　陳紀字嘉猷興化府經歷
廖震有傳　柳厚字敦重選貢祿豐令署雲南知
府　傅森附傅源傳
蒙文彬有傳　汪德潤字身泰丙午貢已上宣德年貢
黎文字汝器成都衛經歷　夏文璲字中矩福建都司斷事
熊諒字伯信臨潼令　張衡字仲平建始教諭

蔡志敏字克讓成都衛經歷　吳暹鉛山主簿
劉吉宜黃主簿　張禮字謙節鄆城令已上正統年貢
吳璿南甯檢校　雷鈜誠子字元吉崇眉令
王凱安慶倉大使　陳誌字克明湖城主簿
甘澍字時濟　沈昇
王承宣字東川　黃憲字建章館陶主簿
陳福字天然四川按察使司檢校　宋鉉忠子
丁忠字蓋臣敘州府知事已上景泰年貢　王迪有傳
劉珪字廷器魁勝子　汪循有傳
黃明字廷輝遂甯主簿　陳忠字良弼宜黃丞

宋瀚字文淵　陳璟字玉輝荔浦令
陳鉞字廷器密雲丞　丁琢義孫字仲修官斷事已上天順
年貢　程鵬字蔭霄選貢定遠令補通州判
歷河南袁州知府　鮑楙謙子字維藩袁州府經歷
宋志道附宋忠傳　晉鏡字子昭
葉伯海字元宇更日　龐仲貴原富孫字天錫
胡論長興訓導　陳通紀孫吉安府經歷
趙勝賢字希孔號國憲　毛倫潞州判
賴英州判　陳祥崇仁丞
龐永哲璧山令　汪德高已上成化年貢

汪文謙字泰虛
揭緒祖字菴與甲子歲貢
楊沂有傳
黃珍字彭祖應城教諭未任
汪文敬字謹堂巳上宏治貢
謝潤
龔班志敏子
甘濟池州府訓導
劉金珪子字奭永太和丞
徐珪
廖光字均謙砂州同
蔡貫甯孫商城訓導
鄧如珊
謝安柳州府經歷
雷溟鎰孫富陽丞
丁守經
龔瑞有傳
吳傑平夷衛教授
婁琇原拯孫普定衛經歷
汪藻詳封蔭門人物

殷輅有傳
張仕祥
饒天滿字臣賓號東山
饒洋
雷朝昇字伯浩由訓導升雲南令
丁守約巫山訓導
葉霖
丁彥巳上正德年貢
饒祥字泉山
晉伯英鏡孫
譚寔南江訓導
汪本沂有傳
龔鑾萬州判
陳守鵬字順安
宋賢清河訓導
龔伯皋安州衛經歷
孫大經主簿
廖元盛字叔新號青峯甲午貢
孫大器襄陽縣訓導
陳伋有傳

王近偉有傳
程伯春高安訓導
金寶井陘訓導
孫大用犍爲訓導
戴季陞桐城主簿
丁世雍有傳
蔡翰
柳仲庭有傳
丁世熙有傳
陳職有傳
陳用儒字德學
饒佶字羅溪天爵子梓橦教諭
殷陟富順訓導
蒙時言字艮輔姚安府經歷
饒至大萬年訓導
鄭宗器號蓮峯池州府訓導
戴可教字似之建平訓導升徽州府教授
汪廷誨嘉定學正
汪廷佐字彥輔繁昌訓導巳上嘉靖貢

饒仁佳字近美
饒仁价字沂和慶貢
蔡于登字子岸
劉日崇字應文
陳表字廷賀宜都訓導升楚府教授
龐汝周昭化教諭
殷公仁歸德府通判
趙仲欽字汝佐巳上隆慶年貢
廖元易字叔時號湖山萬歷元年恩貢歷南北監選常州通判
王齡野癸酉副榜預修楚志己卯後副榜始准貢故舊志未載
按明崇禎
汪如瑩字子素
汪廣字鎰道榮昌丞
陳葆琮字維周鳳翔府通判
金萬憲武陵教諭
胡獻靖字邦卿
陳仲虞字思仲武康訓導
熊汝猷字應遠都昌訓導
熊懋賞字恭仲

劉　蒙字子啟
陰國卿有傳
汪　交有傳
陳雲鶴甲午貢慶陽府通判
汪學海蘄州訓導升甯海教諭
龔衍材附貢表有傳
閔　觀字近臣
陳　悌
吳楚宮字國定文安訓導
吳　權有傳
吳楚易字國元選貢
吳　桓字爾泉九江德安訓導升湘陰教諭
陳雲台字太湖
孫可教襄陽府訓導
陳雲璧凡三中副榜
黎　朝字禮齋
黃補袞字步凡
廖日教有傳
王學元字仁宇

闕　明字大愷
甘　霖字孔原雲南羅次令
王汝梅字[illegible]子巳未貢歷江西德化福建邵武教諭擢南昌縣令已上萬歷年貢
孫　纓字振宇龍陽訓導升雅州學正
陳士元有傳
吳養大字冀生癸亥選貢潛安丞
陳載茂甲子副榜與前王彰野陳雲璧俱不得爲貢但當時備元備後備魁榀額至今尚存補志以存姓名
陳　珏有傳
陳　璽
闕鳴于字臚唱拔貢
饒光明
盧繩愆字頁巷桃源訓導
陳治紀有傳已上天啟年貢
王國賓字翊華景陵教諭
汪世耀字崧和
龐　渭字起濱漢陽縣訓導
金聲清平江訓導

殷仰欽癸酉貢
余廷彥字魯夫乙亥拔貢
陳國瑛字穎白
饒光召字四岳桃源訓導
饒　珂字卞奇仁侃姪孫
汪世熺字崧泰
胡　忱字存一
劉　諍字七峩
汪　柱有傳
王心臣字葵陽

周琮字仲方均叔孫幼警敏英年遊庠篤志進修洪武間升太學癸酉擢刑部郎中戊寅遷浙江左布政三載以母憂去官永樂初調河南未幾調陝西己丑奉命偕戶部侍郎左獻總軍於邊決策而前事竣還遇寇與敵死之時庚寅三月二十七日

也年四十有八喪歸勅葬上金城鄉龍鳳源大學士楊溥志墓琮端重直諒當官處事以義爲制不以利害動其中故所至有聲自諸生起贊邦憲排讞詳慎多所平反爲布政三任名藩而陝西尤爲重地涖治七年吏民咸安值軍事旁午不憚險難期以大丈夫功業自效不幸死於賊陝人哀之立祠祀焉崇祀鄉賢子軏

宋忠字德敬洪武初歲薦令清流興學剗弊時邑有羣盜嘯聚忠抵賊巢撫之賊出降因奏免縣徭設巡檢管束之徵拜比部員外郎清流士民請於

朝乃令知汀州府暨歸遇害祀鄉賢子鎰孫志道
俱歲薦志道字率性官清平衛經歷
夏泰字志同由歲薦官戶部郎中名在周琮楊昺
間永樂中僉事交阯會黎季犛伏兵敗官軍泰死
之
傳源字本清號翠峯洪武間歲薦任江西南昌教
授誨士先行後藝歷徵與縣尹永樂五年升福建
邵武通判性廉明愷悌勤撫字斂於任事嘗董大
役工繁費省而民不擾援史事斷獄不以苛察爲
能所至有循良譽七年超擢順天府尹未任卒子

棻字興讓宣德間歲薦官饒州府推官早年引退
優游林下以高壽終
陳文宗字景周洪武歲薦永樂中任吏科都給事
舉劾不避親讐奏疏備載楚紀升江西僉事廉能
著聲
廖震字仲威號羅山宣德間貢官鬱林知州界近
蠻徼民性獷悍震閑以法撫以恩民俗一變報最
進階仍領州篆九年始致歸
掌文彬字宜中宣德間貢官閬中知縣凡九年有
政績升保甯通判致歸宦囊蕭然子五人分產各

予書數十卷田數畝農器一具崇邑掌氏俱本甘
姓前見掌止發傳始自文彬也
王迪字允吉由歲貢選授照磨升銅仁知府征苗
有功立有旌功坊在官田畈花山
汪循字天叙號雙溪事後母孝母歿廬墓終制兄
弟五人貨財無私御史馬理與蔡潮陳艮珊黃清
俱旌之天順間貢壽一百一歲
楊沂字宗魯昺孫正德壬申拔貢一作宏治歲貢官烏程
訓導研究經史講學宗程朱學宮隘陋卜地圖遷
文風始振遷遼府教授導諸王以禮樂轉衡山王

府教授壽歸不事生產年踰八十猶手不停披
龔瑞字文卿正德間貢任羅山訓導軌範整飭爲
士子所仰畢人過境必贐餞之及歸囊橐索然居
鄉温雅誠篤門徒多所造就
殷輅字質中正德間貢官羅雄州同知母喪廬墓
三年黄珂廖道南俱誌以詩輅本程姓應選時陛
見武皇顧問曰但聞殷輅未聞程輅也輅謝恩出
奉旨更姓是爲崇邑殷氏之始
汪本沂字希曾號石山循子嘉靖間貢任保定知
縣廉明著聲士民戴之超升保定府尹未久卒

陳伋字元道一字少衡穎異博記少有重名竟淹不第授休甯丞踰時即自罷歸肆力古籍洞曉星歷袖油與人處不見畛域以子邀愛贈中憲大夫賜謚曰貞

王近偉字角峯以歲貢任高州府通判有廉聲未幾致歸性溫良居家日與親故對酒相樂登山臨水時作韻言翛然有遺世意

丁世雍貢士嫡母喪廬墓三年御史伊敏生旌表其門

柳仲庭號星溪由拔貢官崇信知縣升涇州知州

雅飭峻潔惟以吟詠自娛見推鄉里文集散佚有嘯上高巔風洗脚醉歸平野月傳神之句時人傳誦之

丁世熙敵尚樸質涉獵經史塵視軒冕授明經高尚於家以孝行聞士論重焉

陳職由歲貢官保山丞陞祿豐知縣開南埧撫騰越改創學宮肇立義冢五乞休歸讓家產於兄弟置祭田積義穀以篤宗族著有昭義錄勸世文

陰國卿字少溪汝登子其先世陰穎宋進士元中葉有陰天與者避亂由崇徙蜀內江以保障功封萬戶該子孫顯於蜀七世同居春秋兩闈凡登十一榜汝登其一也汝登伯祖秉衡以講學自任蜀中稱陰孟子汝登字桂溪中正德癸酉科（舊志作嘉靖癸卯科選舉表從之誤）歷官雲南巡按知鎮遠府招降莫登庸有功嘉靖甲午年致仕還崇置公田食族人汪必東汪文盛龔湜皆爲之記子二國卿居次萬歷閒歲貢不仕守先人訓終遺命於石以睦族爲事當時咸推重之

汪奕字桐野萬歷歲貢官仁壽教諭署資陽縣一載有異政

吳權字益庭由歲貢任四川渠縣知縣有德於民祀名宦

廖日效字明初易孫萬歷己酉歲貢任常德府訓導升太平縣教諭以署縣事討土寇魏小泉功疏實知縣事升夔州府知府一載致仕

陳士元字四長爲諸生敏於文屢試冠其曹受知督學葛貧亮與金聲譚元春齊名壇坫閒天啓元年選拔以廷元授知縣崇禎甲戌任東鄉令治績載艾南英惠政册致政歸時黃臯憲色中亦家居二公莫逆交會老圍棋朝夕往來白首如初閒

里式其義

陳珏字甲玉天啟丁卯選入成均客尹奇逢幕十餘年援江西安義縣令未仕家居以品望重三舉鄉飲大賓著品松詩稿

陳治紀字若海忠愛次子以歲薦入國學未仕性好善喜施與有司舉應直指以榻旌門

汪柱字東一宗召曾孫以歲貢署嘉魚教諭順治乙酉

國朝大兵定武昌柱時家居倡義起勇應何騰蛟事泄與趙繼抃等同時被執不屈臨刑有絕命詩云

烏鳶螻蟻同傷盡忍語兒孫莫淚悲士林壯之子際秋載隱逸傳

國朝貢生

熊兆昌字伯全順治初恩貢署澧州學正　汪憲祖字大梅

陳　瓚有傳　殷學達字均燮丁亥貢

吳闓知字姚源戊子批首准選貢任趙州州判升杭州都司經歷未赴任卒趙州　劉學閑字岑岳

陳輔祚戊子副榜有傳

汪節吉字達卿穀城教諭升濰縣知縣　饒亮士珂子字益伯拔貢由當陽訓導歷穀城教諭永州府教授升陝西備經歷卒任　鄭養賢字銓卿恩貢考選判候選

汪　櫆有傳　金如璧有傳

熊仕徵甲午拔貢有傳　艾長馨字芳聞甲午貢

陳榮祚治穀子字向如由龍陽訓導升山陽丞已上俱順治年貢

汪際良康熙己亥貢有傳　黃金印□中子字符卿

陳　班字文玉以歲貢選監　何　修字清江己酉貢

鍾仕傑字漢臣庚戌貢　王應奎字支伯辛亥貢

戴堯天字則卿癸丑貢　黃金華乙卯貢有傳

吳天知丁巳貢有傳　鄒曾儒字祖尼己未貢

汪　樾庚申貢有傳　余　瓚

蕭何復辛酉副榜有傳　陳載古癸亥貢有傳

汪　型字衍于乙丑貢　饒士上乙丑拔貢有傳

楊日鵬字上九丙寅貢　王士藻字文濤戊辰貢

張　端　汪際烺辛未貢有傳

楊超藻　陳鼎祚癸酉貢有傳

萬來容　陳　坤

汪鍾鼎丁丑拔貢有傳　萬永祚

王　尊　楊九錫羅田訓導

黃自琨字扶石乙酉貢　唐宏亮乙酉府貢

陳揚基輔祚孫字于廷戊子副榜　楊九疇

何　鉅字登大辛卯貢　王　聖字若愚癸巳恩貢

黃　椿癸巳貢有傳　張士珍

王維宏　殷學瓊辛丑貢有傳已上康熙年
潘國祚江夏癸貢原籍崇陽　王一甯江夏
趙廷璧江夏　閔煜羅田已上俱崇陽原籍
趙琦雍正癸卯貢　王濤字觀瀾癸卯拔貢
王姝錫字介垣乙巳貢　吳仍緒
彭正懷　陳鵠字賓侯庚戌貢
楊杰庚戌拔貢有傳
宋聲點字逸山辛亥貢　孫照可似會孫字桐若壬子貢
汪鍾衡字崎南乙卯拔貢景山教習考授州同知
劉正綱乙卯貢已上雍正年　龔廷正字用中乾隆丙辰恩貢

雷聲壯丙辰貢　黃國屏戊午貢
王湜庚申貢　夏士任舉人辛酉拔貢
張鑑字洞衡辛酉貢　陳渠
魏嘉膳字邇蘇　柳繼仁
汪洋魁乙丑貢　吳鎮庚午貢
柳信恩貢　劉之弼庚午恩貢
熊天達壬申恩貢　汪洋文癸酉副榜有傳
陳政清繼成子號明庵癸酉拔貢　孫素德甲戌正貢
陰德亨甲戌恩貢有傳　龐先泮丙子貢
雷鳴昌字邦其庚辰恩貢選瀏陽訓導未仕有傳

王廷琦舉人壬午貢　王都泰壬午副榜有傳
劉宗虞壬午恩貢　王瑚字景端乙酉貢
王國治舉人乙酉拔貢　王廷玠丙戌貢有傳
王灼舉人庚寅貢　汪洋臨壬辰
汪鍾泰壬辰恩貢　陳變字枝芳壬辰貢
宋運衍　夏振新甲午貢有傳
陰德祿乙未貢附陰德亨傳　米廷極丙申貢有傳
孫廷玉字谷亭戊戌貢　譚登元己亥副榜有傳
楊邈拔庚子貢有傳　何元模庚子恩貢肄業國子監
王治拔壬寅貢有傳　丁邦昌甲辰

黃溥昌乙巳　宋渭濱丙午
鄧琦戊申貢有傳　蔡芳庚戌恩貢有傳
陳蘧相辛亥貢有傳　鄭泗昌本姓黃癸丑貢
徐登元乙卯副榜有傳　彭江瀾乙卯貢已上乾隆年
王業光嘉慶戊午恩貢　程元灼字白巖戊午貢
王鎮靜字德方己未恩貢　譚登傑號省齋己未貢黃安縣訓導
王鎮翰庚申貢有傳　程昌禩舉人辛酉拔貢
戴正宗壬戌　王士瓚字錫圭甲子貢
陳三善號得齋丙寅貢　吳可韜號立庵戊辰恩貢
甘一桑己巳　姜世超庚午貢有傳

甘元瑛字東昱辛未府貢
劉鎮鼎癸酉拔貢有傳
王基成丙子貢有傳
王秉忠戊寅恩貢有傳
魏倫卿字鳴岐庚辰恩貢已上嘉慶年
揭楚堂字梧溪辛巳恩貢
王顯榮字翀甲申貢桐圃
王理源字蘭村乙酉拔貢
陳山峻戊子
王鎮槐癸巳貢有傳

羅興元字賞于壬申貢
柳定基甲戌
吳傳規字匠門丁丑貢
甘元驥字伯羣己卯貢
汪正珂道光辛巳貢有傳
劉鎮崧癸未貢有傳
王兆松原名鎮圭乙酉貢有傳
黃德升號桂巖丙戌貢
全紹闓號玉亭庚寅貢
程紹濂原名元瑩乙未貢

程昌茂丙申
熊鍾祥丁酉貢有傳
傅爕鼎榜名筆可字鐵像己亥副榜
石之綱字常谷庚子貢
陳之杞甲辰恩貢有傳
羽正表字海東乙巳貢
晉道南己酉貢字廣軒
宋林縉字秋樵庚戌貢已上道光年
饒應暄號瑟庵壬子恩貢
王溯源字白渭乙卯恩貢

沈定時號敬亭丁酉拔貢
汪光裕號梅亭戊戌貢荊門州訓導
余緒鴻己亥鄉貢有傳
沈昌教號油齋癸卯貢
陳鵬字搏九乙巳貢
王敵源字允臣己酉拔貢
龐兆龍字左臣庚戌貢
程開南號雪門咸豐辛亥恩貢
田錫朋甲寅
甘登念字克夫乙卯貢

胡瀾號石亭己未貢
汪澧仁號蘭臯辛酉貢
陳葆芳號時齋中壬戌並補辛酉科副榜
龐恆泰號固庵癸亥貢以知縣用
劉汝芬號蘭圃丙寅貢

劉衡之號鑑堂庚申恩貢
李霖藻舉人辛酉拔貢
劉晉之字介眉壬戌恩貢
劉樹典號慎堂甲子優貢朝選副[illegible]
邱承裕號仔菴乙丑恩貢
林鳴鳳字梧岡咸豐己未貢

陳瓚字石岸順治初歲薦任安鄉訓導陟湘鄉教諭致歸性狷介好風雅嘗於香山水簾中手勒淨練二大字善詩嘗題壁云貧同原憲羞稱隱書學雲林不寫人以名與倪瓚同故云所著志藝文

陳輔祚字左庵倉海孫由副榜官東阿縣丞六載辭歸性渾厚寡言笑著家訓述古來嘉言懿行示子孫老猶好學手不釋卷與鄉人接怡怡如恐傷之當時有全人之稱壽九十有一

汪概字中野孟吉子由歲貢任漢陽訓導歷南漳教諭衡州教授選弋陽二尹一赴任告歸不允以母年踰九旬有五陳情於司李黎士宏得歸士宏贈言擬諸彭澤高風云生平所著一以萊隱名集志藝文

金兆璧字墨沼由歲貢任永明訓導致歸十載卒

閑以行樂性淡泊喜讀易詩宗沈雲卿設教授徒一以聖賢傳註之蘊摛爲文藻邑士多所造就

熊仕徵字渭熊順治甲午歲拔任吉安州同知公暇不廢吟哦所著志藝文

汪際炱字幕阜樾子順治己亥貢康熙辛亥授瀘溪訓導建聞香堂聚生徒講學風雅作人未幾告歸林下手不釋卷其學根柢經史博洽精詳爲邑文獻石侯如璉躬詣山齋請赴大賓贈言有清望名德之稱所著志藝文

黃金華字峩山邑中子自少勤學苦心刻勵如其

父由歲貢官嘉禾訓導軌範端方多士敬服致歸以書卷自適課子甚嚴性最友撫兄金甲遺孫教養婚配一如己出子河源

吳天知字峙臣養大子由歲貢官郴州訓導溫厚謹飭優容造士郴人德之六載辭歸以詩書啟後教宗族孝友勸鄉里敦睦卒年九十當時咸稱善人

汪樾字超叔歲貢授通道廣文時年八十有三辭不赴任居鄉植品方正爲型後進壽八十六歲

蕭何復字引曹由副舉人考教習以知縣用歷永川璧山縣勤心民事永璧無蕎麥捐俸買種令民播植無池塘示以開鑿灌田養魚不務蠶繅教樹桑柘不重茶茗訓以種植民利悉興蘇咨示辱大刑不加遠近有佛爺之稱六載考績將赴京以疾卒署蜀民擁道哀號焉

陳載古字元功歲貢不仕端方質直人俱敬之

饒士上字仲儒由拔貢考國子教習授知縣未仕文詞淹雅淵博居京師累年主黃叔琳訓其二子成名當時推重

汪餘烺字汝琳桂子歲貢未仕性耽墳典學尚本

源子弟秀發盈庭芝玉有舊家風範子亟

濂鼎祚字中洲肯澥孫歲貢不仕關心時務爲文尚議論娓娓不竭年九十二歲所著志藝文

汪鍾鼎字鼐梅康熙丁丑拔貢不仕講學授徒後輩多宗之

黃椿字叔瑱康熙癸巳歲貢雍正壬子任羅田訓導以厚重清介稱

殷學瓚字齊山辛丑歲貢孝友敦厚人皆敬之

楊杰字何凡由拔貢考授直隸州州判攺鑲紅旗教習除江西新城令署甯州州判升知州聽斷明

允除積弊釐馬政理冤滯甯人頌之致歸年七十卒於家

汪洋文家貧苦學攻時藝思筆空靈誤中副車亨年不永士論惋惜

陰德亨字垂風歲貢和平質樸與物無忤才思敏捷頃刻成文試輒奪標暮年瞑目危坐終日無語鄉後學宗之弟德祿字鼎才後二十二年歲薦輕財好義克守家風

雷鳴昌字邦其由明經選潛江訓導未任居家喜爲義舉出私產作祭田所入租有餘佽族中子弟讀書應試又以其餘贍孤貧邑侯謝奉璋爲記

汪祖恭號鑒峯岳學俱優家饒於貲讀書外無他好爲文清超中副車未仕

王廷玠字王潤性渾樸無機心貢明經垂老以詩書自娛手不釋卷孫曾世守青箱餘慶弗墜

夏振新號雲莊士任子和平樂易與物無爭士人喜從之遊由歲貢授黃州府訓導

米廷極號紫垣一號中宰謂元孫善詩工書囊古琴撫之時作雅韻歲薦未仕

譚登元號達溪天資高邁力學能文補諸生爲江漢間知名士乾隆己亥鄉闈擬元誤中副車遂絕意科名扁舟溯漢江遊秦中高山大麓窮谷深源人迹不到處無奇不搜爲文幽峭奥衍盡山水情狀或潑墨法大米畫頗饒奇趣踰年又幕遊於閩詩功益進倦而歸閉門論史長年足迹不造城市或一年釣溪水或攜節行山巖間悠然自得閻守者挾卷從之殁年九十所著志藝文

楊超拔字朱挺由歲薦選公安縣訓導未任平生清貧自守不苟同流俗所著志藝文

王治拔端慤厚重善啓迪後進將選訓導以年老不仕

鄧琦父正售邑庠早故母楊氏課讀甚嚴琦有至性母殁廬墓三年貢明經不仕

蔡芳字明哲乾隆末　恩貢樸直有古風鄉里敬憚之䖏迹城市友教多年成就者衆

陳達相字兩善爲諸生有聲庠序歲薦不仕平生規行矩步言笑不苟邑人士矜式之

徐登元號復堂資性穎異一目數行俱下中乾隆乙卯副舉精文律喜博覽書史酒酣耳熱談論風生邑士多出其門所著志藝文

程元灼字白巖家貧力學敏捷爲文屢試冠軍貢明經未仕主講篠溪書院從遊者自遠方至賓其成就不下百十輩子昌禩昌洛昌茂知名昌洛老諸生

王鎮翰號墨川天性渾厚貢明經耄年好學臨歿猶命其子取史書繙閱省記遺忘其誠篤如此

姜世超字兌英號季泉倜儻任事邑有公役常爲董率閒居喜吟咏以明經老

劉鎮鼎字辛畬嘉慶癸酉拔貢少負儁才耽風雅喜獎許後進鄉邑歸之主講書院倡議儲資興場

贇推同志公正者會計出入一毫不染先後邑大夫彷式其閭性好潔早年鰥居不再娶晚值兵燹避徙山中憂憤歿所著志藝文子汝祜

王基成字玉我號石溪力學貢明經動履不苟和平近人後學多資其造就子鎮槐

王秉忠號恕齋寬和質直禮法褆躬老於論文主講書院八年決後進利鈍如著蔡然遇寒畯栽培尤殷士類仰之歿年八十

汪正珂字禹罔道光元年貢性恬靜嗜讀書孝友愔篤可爲士模所著志藝文

吳傳規號匠門少時家貧勤學補郡弟子員用心專一經史外一切世務皆所不知老貢明經清貧如故

劉鎮嶽號松山聰穎好學苦心下帷貢穿經義由歲貢授黃岡縣訓導未任道光末年攜孫樹棻重遊泮水居家好爲善歲饑疫作捐義阡收瘞道殣金侯雲門爲之記所著志藝文

王兆松原名鎮圭字璞存髫齡英異窮經積學試輒冠軍與兄鎮新稱二難性嚴厲方正後學咸憚之貢明經不仕

王鎮槐字景三基成子品端學正謦欬不苟老年貢明經猶低首場屋之文金侯雲門亟推許之

熊鍾祥號曉山敏悟絕倫歲薦不仕性恬適蒔蔬蓺釣淡然名利之外時稱高士

余緒鴻字少垣武昌府貢性高雅慣吟弄爲山水游有得輒自喜作墨戲時有佳處所著志藝文

陳之杞號荆山行廉學粹器識過人先後尹崇者拜揄揚之以風勵多士好施與鄉里有義聲 恩貢未仕

程開南號雪門咸豐初 恩貢氣宇軒昂敏於文

錢華生友教成就多人

明例貢

陳大夏字祖禹按察司照磨　李繼芳斷事

陳一言　龔叔乾灑子江陰二尹

廖世同東子茂州判　甘寅亮惠子縣丞

陳若愚諭子恩州經歷　汪文中藻子按察司照磨

陳若蒙諭子批兵馬司　饒侗天民子字南華

王作仕近偉子　陳若鈍諭子

汪宗龍文盛子　汪宗萊文盛子

饒翼天民子字繼菴貴州理問　汪宗艮文中子

崇陽縣志　卷之七選舉　貢士　八六

饒儆天民子　蒙彝時言子號青洲府經歷

蒙鼎時言子字少龍縣丞　汪潮海如璧子

汪膺宗元子　饒忠仁佩子字少城福建清流知縣

饒恕仁佩子字少山將仕郎　汪謙吉慶子經歷

熊則麟汝諧子　饒安世天民孫字雲卿北兵馬司

陳治績忠愛子靖甯判　熊兆呂則禎子光祿監事

孫鈺可僎子由廪監任北京南城兵馬副指揮使封文林郎己巳城困派營煤米稍緩廷

杖降補順慶府照磨致仕歸　王士蓉應斗子通城教諭

陳晃士元子瀏陽教諭　牟宗德監利訓導

蒙正發舉人崇禎癸未功貢

國朝例貢

華載勳廪貢康熙丙子任棗陽訓導後任監利教諭

黃昌河源子　鄭銑

王治泰字天來附貢　王鏌廪貢

鄒宗賢　許兆虎

王治清　米廷相附貢有傳

夏振芳增貢有傳　陳夢瑗廪貢有傳

甘元亮舉人先以廪貢肄業成均　王式烈廪貢有傳

米燦廪貢有傳已上雍正乾隆時人　陳應泰字繩先附貢嘉慶初軍功保舉

知縣　簡克俊字灼三廪貢

崇陽縣志　卷七選舉　貢士　八七

劉鎮岐廪貢有傳　沈際華字鐵庵廪貢肄業國子監歷署

石首丞安南漳郢州漢川儒學　楊洪士廪貢有傳

汪炳陞字梁山廪貢　熊鍼陵字蔭崧增貢

熊兆南字愷亭增貢　楊一鶚號海峯

吳光瀚字星海　程鎮川字西溪

黃蘂叢號曉香已上俱增貢　李之仁字召棠廪貢

劉汝祥字芝圃廪貢　熊應南號芷谷廪貢

劉俊偉號鐵橋　舒艮弼字鼎臣

雷新民號作堂　劉汝宣字來商

楊熙業字鳳巢　王楷字模卿

熊洪桂亭號馥　舒鵬飛　王柏材

劉璵紳號勿堂巳上俱附貢　吳交泰號和亭

劉樾材字漢卿　劉文炳字蔚卿巳上俱廩貢

米廷相澄予號謙山幼失恃善事繼毋和於諸弟幕遊吳越湘澧閩黔間知交重其信義終附貢

夏振芳號海航士任子廩貢肄業成均考授直隸州司馬借補吳橋縣丞歷署樂亭昌黎縣丁艱服闋歷署河間河捕天津糧捕府借補灤州州判署知州前後在官四十五年魚餐布被庭可張羅辦組餘壽終於家

陳夢瑗字蘧卿廩貢狷介不諧俗喜讀書築室扃門傲岸自異敦孝行親歿廬墓所著志藝文

王式烈字干九廩貢肄業成均授漢陽訓導丁艱起復署襄陽實授漢川訓導培植學校課士殷勤所成就皆一時之選卒於任

米燦廷相子號湯泉廩貢肄業成均任廣濟縣訓導以文行勗諸生栽培寒畯不責束脩歸里時門生泣涕送之卒年七十七

劉鎮岐字聲周號桐村廩貢肄業國子監授來鳳訓導喜造士評論文藝督課維勤以老致歸

楊洪士字東瀛廩貢試用訓導歷署黃岡漢川荆門安陸漢陽州縣學廣文清廉自勵庇寒扶弱士類賴之

明監生

陳雲卿若魯子　陳雲仕會籓典寶

陳我政博子上林蔭錄事　王廷試廩監列孝子傳

吳養浩權子廩監　饒立世天民子附監

陳治經忠愛子增廣生入南雍考授光祿監事

饒樾仁佩子字懷城鴻臚寺序班　饒光古贊畫

龔運昌附監

國朝監生丁灝考授縣丞　陳鵬　劉源大　王玉　王珏號西源迪功郎　諶祚昇　譚祚淑　余大祁　全大最　王士莊　楊世芳　汪際炯　何琇　許象嘉　鄒邦憲　夏士棟　鄭鉅　石美　周首登考授縣丞　黃琮　鄭琦考授縣丞　王廷治考授州同　汪垻　李鑑　鄭銘　鄒璘　王元圭考授主簿　楊廷羔　鄧國泰　戴璠　王泓田聖信　沈鈺考授州同　何宏圖　何雲鶴　蕭璽　石晃　王續曾　劉光裕　魏正邦考授州同　黃世拔　鄭瀚昌　劉元福　楊璵　吳銓　王經桂　沈以五　葉正仁　何雲灘　丁元桂　余邦洲○按學政全書文行兼優者送入監故前輩重之不敢濫也今依舊志附綴例貢後嗣後不載

國朝恩賜進士舉人副貢

何　濤 乾隆癸酉恩賜舉人甲戌恩賜進士國子監學正

汪澤谿 字東垣癸酉科恩賜副榜　汪潤元 有傳

汪正經 有傳仝上俱咸豐戊午科恩賜副榜

柳清彥 咸豐己未科恩賜副榜

汪潤元號桂堂貧而篤學中歲始補諸生友教多人老成矩矱年八十例賜副車明年卒

汪正經號小樓皓首窮經年八十攜子及孫入棘闈例賜副車又六年再赴秋試歿省垣平生喜吟詠有句云幾間破屋門如水數卷殘書硯作田

武科

武科邑鮮其人春秋兩榜并書之有武童武生及文庠由軍功受職任武事者别爲武胄以次附後

元明武科

包大白 元至正庚子科武舉甲辰科進士

金　淮 明進士署都指揮同知升都司僉書

趙文明 字亮珠宣德丙午科第五名

王玉高 鄉魁以軍功封將軍

沈東巖 字両山嘉靖甲午科第二名官指揮

黃　簡 字筵卿嘉靖庚子科官錦衣知事升閫中校尉

雷季春

劉炳文 萬歷癸卯科有傳

雷　行 字霖雨文庠中武舉未仕

雷啟文 子季春

劉　訥 字養宏中鄉試武舉二科

劉炳文字明仲號心白日孚子以世襲指揮中萬歷癸卯科武舉歷督撫中軍升貴州守備署清浪參將地鄰黔楚犵苗爲梗仕滇南者行李輒被擄掠炳文率家丁勇卒策馬山中殲苗數十懸首要害道路以清署多積案炳文履任期月清理强半上官稱其能會湖貴軍民訟田界多年兩省督撫檄炳文往決不數言兩造帖服樹石題守備劉某永定軍民疆界碑嗣又奉檄編平溪清浪偏橋鎮遠賦役革裁弊竇後來遵爲石畫直指交薦遷鳳

陽中都秋班副留守班軍額有虞籤董役者恆肆朘削炳文不染指纖毫三軍感頌封昭勇將軍轉山東掌印都事罷不急賦役以紓民困泰昌庚申總督王在晉委署登萊副總兵登州海運要津炳文單騎巡視營壘紀律嚴明海運藉以無虞天啟初參戎徐淮訓練士卒白蓮賊蹂躪山東奉檄移駐捍防即率兵驅剿冒死衝鋒矢石不避賊突徐城對敵三晝夜賊不敢犯城得安堵先是嘉靖間其祖景韶平倭寇有功徐淮至是民德炳文僉謂能繩祖武也淮撫叙功首炳文題授總兵因避隙

訖清回籍巡鹽御史房可壯劾炳文曠職御史趙
疏救略云當寇兵破鄒滕身在行間目擊炳文奮
精銳捍禦飛輓護送六千餘艘脫險無恙隨會省
會進兵大剿獻俘淮府云云部院李養正叙功疏
有鹽臣雖挂彈章而漕臣屢列薦剡等語以軍功
薦起狼山總兵病卒年三十九炳文天性孝友不
狎婦女好賓客相對不妄發言通經術能詩文雅
歌投壺有儒將風士大夫咸推重之所著志藝文

國朝武科

王　威康熙丙午科江夏人崇陽籍　萬承祚丙午科江夏人崇陽籍

劉士啓字傳子己卯科　周誕登字先岸雍正癸卯科榜姓余

程仁□號上齋中乾隆壬子科署襄陽府提標左營副府歷署守備乞終養歸

周燮亮號炳齋中嘉慶戊寅科榜姓余道光中欽賜藍翎任荊門營千總升守備咸豐初以疾歸四年署本縣千總

趙光宇號朗軒嘉慶己卯武舉道光壬午進士授紹興衛守備調鳳陽衛升石阡營都司致仕歸見年八十

甘鍾棠字伯華中道光辛巳科署水師營千總歷柳州守備保舉廣西提標城守營都司

明武冑

金　鑾指揮使　金志鑑知縣以軍功授武功衛指揮同知

葉仲紳武昌左衛百戶

趙仕縉字秀九正統時宮太原副將　葉　正仲紳子加副千戶

田文正武昌左衛百戶　葉鈺采正子

譚震騰衛副千戶　田　勝文正子加千戶

譚　章震子　王守根玉高子指揮

田　寶勝子　王一范見職官志

譚維光章子　雷　仁百戶

劉日孚有傳　雷　恆信豐守禦千戶所

雷　鎧恆子

陳鵠翔字三達把總　陳治世字鎮海守備

劉日孚字應占號亞川景韶子庠生從景韶征倭

世蔭武昌衛指揮僉事萬歷初征蜀賊王忠升守
備旋晉都閫乞養歸性豁達仗義輕財建橋施櫬
立義倉義冢擲手千金不惜分田贍期功之親歲
給義穀桑梓稱道勿衰以子炳文贈昭勇將軍

國朝武冑

黃星耀順治初指揮使　米　漳軍功授知縣有傳

吳遵浩字正茂武庠授衛千總　雷騰雲武庠嘉慶初以軍功授督標中營千總巡查監利公安石首等處江防升參戎

王達元德安府千總見職官志

王世魁武庠授千總未任　萬樹榮武庠授參戎未任

余祖德名錫鐸授荊門州千總未任　吳可樹字立軒武庠授衛千總

饒光福軍功授黄州千總
簡光祖武庠授千總有傳
石熾然文庠軍功五品銜有傳列忠義
譚鳴盛六品軍功分府補用列忠義傳
熊觀國記名總兵直勇巴圖魯
何田玉提督銜同上俱列忠義傳
張輝泰欽賜花翎協鎮都督
石澤光熾然子號雲藻世襲雲騎尉累功保奏遊擊加參將銜
石澤暉千總銜列忠義
譚均遷字春軒世襲雲騎尉
丁鉅英字俊臣世襲雲騎尉
石懋峯藍翎把總
石德懋藍翎六品
石山嵘藍翎守備
石鉅申
石澤苑仝上俱藍翎千總
石澤蘭把總
石廷川傳忠義
石振拔
石友才
王在平傳忠義仝上四人俱藍翎外委
甘啟泰六品軍功
駱顯標外委千總
鄭永和欽賜花翎提督壯勇巴圖魯
黄光恒藍翎守備銜
宋炳福欽賜花翎協鎮奮勇巴圖魯
張宸藻俊舉都司
鄧廷珍把總

米漳字禹勳號紫衡調元子康熙末從軍征叛夷阿穆爾撒拉以功擢海豐知縣甫下車禱雨立應墾田興學擒越獄大盜爲上臺所重去之日村氓編德政歌歷任嵩縣唐縣解職歸漳少負俠骨喜結客精通武藝能騰身取簷瓦從軍時始於營中讀書性聰敏過目不忘得金文毅公琴解彈古調歸田後嘯歌泉石有陶彭澤風卒年七十有九

簡光祖號彷堯武庠授千總善騎射左右六矢皆命中性慷慨任俠喜賙人急鄉鄰貧乏者德之

明雜科

廖瑞孫字志祥洪武初六合欽監監正
包正國布政司都事
闕姓應忠知州
謝旭州判
胡璟寧府工副
饒英永甯鹽正
廖琚字仲器楊州大使
廖春字必先禮部吏員未就職
夏忠應天經歷
杜逢遠
龔子善
張如津俱縣丞
黄宗洙字學孔楚府長史
王禄知縣
柳昭潁川主簿
彭林吏目
趙廷綱字正常成化時開封知府
曾友規字仁浦孝陵衛經歷
黄杉溪字兩芭成都經歷
黄琇字本成衛輝府經歷
楊廷春
夏燦
汪臬
鄧伯升俱經歷
殷源高字聲揚宏治中益陽縣丞
楊時俊
王敬
李繼明俱知事
袁仲旻典史
余邦秀

楊濤呉縣新建典史
劉紹富
程儀
龔伯正典史
陳志紀正德特湖臚序瓊州興化府二尹
王宗顯大興巡檢
丁通
劉文信
鄭祥
袁鎧
戴清
王秉和
葉宏中
丁儒
鄭牧
葉霖巡檢
曾德清滁陽縣驛丞
楊鎏呉縣稅課司大使
謝冠
李廷瑞驛丞

劉綬司獄
余仲翔宣課大使
胡瀛鹽大使
黃秀倉大使
袁大秋
葉萬福
葉彬
張秀耕
葉相
胡喜
柳春倉大使
但友能河泊
傅玉振字龍溪醫吏目
趙之城太醫院吏目
趙光嵩之城子尊職
黃華忠字正萬豐縣丞
黃希文字南彬成都府鹽知事
龔可信吏目
李廷珍懷遠典史
甯以觀華陰典史

范守清保定府唐縣知縣
黃登仕省祭
葉榮旺倉大使
劉詎有傳
陳治綱忠愛子經歷
彭述祖知事
譚學達萬全左衛經歷九年滿升斷事經歷致歸
楊一歐字斗南欽天監博士累官監正
楊倫一歐子世襲欽天監博士
楊啟敬有傳載藝術
楊啟道啟敬弟欽天監博士
劉詎字相華以庠生改業受西鄉縣尉轉倉大使卒都下詎能書畫工詩所著志藝文

國朝雜科

楊宏量有傳
米潽詳武胄

楊九章宏量子字君錫欽天監主簿升監正
楊廷煥九章子字秋文五經博士升欽天監冬官正
鄭源榮監生歷山東布政司庫大使泰安縣丞
鄭霖監生歷貴州貴陽札佐司巡檢開泰縣丞
王步錦訓雜司巡檢
米濆字偉垣監生河工效用選江南安東長樂司巡檢卒官
金河瑞字啟文監生河南溫縣典史遷縣丞未任卒
杜頫德監生軍功保舉貴州廣順州吏目
石大模監生軍功授州判
周大光布政司理問
簡升堂監生孝廉方正
殷植澧字蘭生號文齋郡優生以軍功任日照安東衛巡檢致歸同治四年舉孝廉方正
欽加六品
石熾然見武胄

沈得源字汔仙都庠生以軍功任安徽鳳臺闞疃巡檢
程銘烈字竹虛庠生以軍功任大興黃村巡檢保舉六品藍翎甘州府經歷委署武威縣未任病卒
汪文和監生軍功任雲南新平巡檢
汪達仁號浯泉庠生軍功任滁州大槍嶺巡檢委署來安知縣
王滌源字鑑清庠生軍功任廣東豐盛縣磖隍司巡檢
舒萬峯字春林增生軍功任湘陰大荊巡檢加六品銜三月致歸
黃玉字傚蘧庠生軍功任安徽績溪濠寨巡檢
楊洪會字三省貢生軍功任四川巫山縣典史
劉念祖字蓋臣庠生軍功任浙江全旺巡檢見任秀水管糧主簿
汪際周字小溪增生報捐翰林待詔
陳培本原名大文字心田供事任安福

典史兼理縣丞捐知縣
陳炳元供事任新昌縣丞
譚鳴盛見武肖
石建勳軍功州判加知州銜
甘兆瑞字雪堂從九保藍翎六品
汪燦章軍功授縣丞
魏人奎字星垣武庠軍功六品郎選縣丞
李光馥字芬亭巡檢
盧樹芝字紫峯由庠生報捐甘肅鞏昌府西和知縣
汪綬章字端甫六安州吏目
楊宏量字海若父啟徹明萬歷時欽天監監正載藝術傳宏量襲博士升五官挈壺正
國朝定鼎授宏量官如舊順治六年奉使粵西 特賜金幟御馬未幾奉 旨賫 詔至粵便道歸里

楊氏世官欽天監以京師爲家故也王中丞應斗贈詩若奉使粵西詩別我金陵道風煙七度秋官儀元家譜代擬赤泉侯命棹三湘勝披雲八桂幽蒼梧將倚劍聚米得先籌蓋有令昔之感焉弟宏愛宏兹俱授九品京官

陰陽醫學

熊麟
陳金
王田俱陰陽學
汪田
汪鼇
戴瑪
趙元嵩
余德明

丁邦經俱醫學已上明人
米蘭生字香谷
揭濟生字思文
朱上龍已上醫學訓科 國朝

元明封蔭

陰 闕名天與父封萬戶侯元時人
周德先瑹父封刑部郎中已下明朝人
夏朝貴泰父贈郎中
傅景楫濂父贈承德郎
陳貴和文宗父庠生贈吏科給事中
楊朝宗爲父贈監察御史有傳列人物
尚義
戴清書父巡檢贈大理寺評事
王守貞疇父舉人官鄖州進階奉直大夫前有傳
楊孟鐵沂父有傳
汪震龍必東父有傳
汪藻文盛父貢士封兵部郎中加右僉都御史以孫宗伊贈資政大夫南京都察院右[illegible]

史御

蔡　貫乾父貢士官訓導封戶部主事

龔伯甯湜父進士官知縣封監察御史前有傳

汪文明舉人官知縣以子宗元進階文林郎宗凱贈工部員外宗伊疏贈本生父母加都察

右都御史前有傳

饒伯濟天民父封中書舍人

汪文盛宗伊父進士官大理寺卿進階通議大夫加資政大夫南京都察院右都御史前有

傳

劉　縉景部父封兵部主事員外郎有

傳列人物尚義

汪　循本沂父貢士封文林郎有傳列

尚義

汪源大廷鈜父封戶部主事

胡　濂定父舉人官知州進階奉直大夫前有傳

饒孟釗仁佩祖贈太僕寺卿

饒　耆仁佩父封御史贈太僕寺卿

曾伯揚友規父封南孝陵衛經歷

廖　繡末父封知州

陳彥繹庠生以孫伋封文林郎

陳守鵬伋父封文林郎以孫忠愛封中

憲大夫

饒　學庠生以孫曾灝文林郎有傳列

篤行

饒仁化曾父庠生贈文林郎

劉日孚景部子炳文父庠生廕指揮官都司贈昭勇將軍前有傳

汪　庭字簡齋以父宗伊廕

陳　伋忠愛父貢士官縣丞贈中憲大

夫

孫　締可僎父字少滄封大中大夫

孫可侍鉉父庠生封承德郎以三子翀加封

汪孟吉庭子字兩山有傳

黃廷讚色中父庠生封大中大夫

孫可僎鈺父官運使進階文林郎大中

大夫

熊　采則禎父贈文林郎

閔爲禮邦治子士元父贈文林郎

王　鉞應斗父封文林郎加監察御史

汪比吉桂父庠生贈徵仕郎

蒙上种正發父庠生贈戶科右給事中

楊孟鐵爲長子諸生弱冠棄舉子業請終養醇好施與書畬郡邑旌善亭以子沂封衡山王教授

汪震龍字粟齋高年有望以子必東封戶部主事必東官少參封翁康健如常汪文盛送少參便道歸省詩云兩代聖恩俱賜紫廿年萊綵始娛斑蓋實錄也

汪孟吉字兩山宗伊孫萬歷十一年補廕經歷致仕後杜門不出里中以善人稱之

國朝封廕

譚可考琳父贈奉直大夫

傳

米　舫調元父舉人封文林郎前有

蕭自英俞復父庠生贈文林郎

陳鴻磬繼成父有傳

夏一鑾士任父有傳

陳鉅儒之本祖庠生贈文林郎

陳家麟之本父廩生贈文林郎

米廷相燦父贈修職郎前有傳

王琛相字來獻式烈父封修職郎

孫學魁鍾琇父贈修職郎

王先德畏巖大猷父庠生封修職郎

王冰潤鎮新父贈郎

劉時章鎮岐父字燦文贈修職郎

趙賢玉光宇祖有傳

趙文英光宇父太學生贈武德騎尉

馮大定變亮父贈武德騎尉

周郎山變亮叔父封武德騎尉

殷永濤樞禮父贈登仕佐郎晉儒林郎　舒全壽萬峯父加級封文林郎有傳
列尚義　石其炳爔然父庠生封登仕佐郎
沈麟書得源父監生加級封儒林郎　程時彥銘烈父贈登仕佐郎
黃應運玉庠生封登仕佐郎有傳　劉縉鼎念祖父庠生贈登仕佐郎
劉鎮嶽汝桂父贈修職郎前有傳　劉鎮鼎汝桔父贈修職郎前有傳
孫鍾琇麗藻祖贈奉政大夫前有傳　孫汝襄麗藻父字寅齋庠生請封奉
政大夫　孫汝藹麗藻叔父贈奉政大夫
盧升階樹芝祖贈儒林郎　盧錫堂樹芝父封儒林郎
汪洋進號永清以子本皋議敘鹽提舉請封奉直大夫
魏席珍以子象賢同知銜請封奉政大夫　殷植濟以子鼎銘選巡檢加級請封

修職郎　程步雲以姪輝斗同知銜請封奉政
大夫　石澤光
譚均選　丁鉅英俱見武胄
陳鴻璟字石韜居鄉有聲詩禮傳家以子繼成
封修職郎知縣高位贈詩云檻花飛入萬年觴五
色雲霞蔚彩章式穀已憑令子貴
九重綸綍正封黃
夏一璽字康侯性坦白好善樂義處世寬厚治家
嚴肅以子士任　贈修職郎以孫振芳　贈儒林
郎

趙賢玉厚重好善高年矍鑠黃髮兒齒目不昏眊
燈下能辨蠅頭小字壽九十有八預知日期無疾
逝以孫光宇　贈武德騎尉
黃應運號文齋諸生性放達滑稽善談笑一生不
見愁顏自壽有句云盧生夢醒粱猶熟坡老身閒
菊自芳夫婦同享高年以子玉　封登仕佐郎
志選舉畢或曰無平不陂無往不復天道也邑科
目昔盛今衰斯志成令覽者皇然愧奮然興居今
而勉企乎昔其爲枯木復榮之候乎則應之曰是
固所願雖然科目故未足爲榮也國家取士循名

責實將期建不朽之大業垂無窮之令聞豈惟是
蕊榜金帖遂足光耀里閭哉世俗不知沾沾謂某
也讀書致貴某也服官致富恆情相誇無怪其然
而爲士者顧傚然自足則陋甚昔紹興同年錄以
朱考亭傳寶祐登科錄以文文山傳可知科目之
重重以人人無足重華如朝槿矣至若於科則榮
於名則辱解嘲且不暇焉邑士久不燕瓊林至令
山中學究頂千佛之名經比玉堂於天上不免世
俗之見士氣不揚不問可知夫氣易歉必易盈設
一日看花長安能無矜馬蹄之疾乎故特繫論以

明士之所重不在此庶幾後起飛騰知名實之未易副而益自勵厚其學力擴其器識卓然爲命世賢豪建大業亟令聞以無負

國家取士之意乃可爲桑梓光也列武胄雜科者明代況鏞出自書吏

國朝劉濬請改武職非常之才不拘常格庸流或傀科名名流不論出身也封蔭廁後者父以子封子以父蔭亦從選舉中得來也

崇陽縣志卷七終

崇陽縣志卷八目錄

崇陽縣志卷八

綱常繫重維柱賴扶道由
皇極藝亦師模衣冠防盜巾幗愧夫義鄉賢里十室焉
謹志人物

忠義殉難士民義附

選舉所傳人物得其大半而人物首忠義非選舉所能盡也人固有未嘗寓目詩書置身庠序而明於尊君親上之義其制行無異士夫之卓卓者安可以不書書之且足愧士夫之庸庸者焉邑忠義自唐廖氏兄弟後人志者鮮非無其人蓋不幸而湮沒耳至於近年殉難士民指不勝屈
朝廷卹典無徵不昭死而不朽又何幸而得此耶茲搜訪前朝稽載一二古略今詳以次臚列於左

廖[illegible]其先婺州金華人徙居唐年地名茄葉在今通城唐大中閒黃巢陷鄂州與弟恕倡義起兵捍衛鄉井殺賊無算卒以衆寡不敵被賊斷元猶躍馬七里揮戈破石死事聞詔贈虎威將軍後人名其戰地為七里山走馬嶺宋初追贈王爵淯祐閒知縣甯仲徵立廟上津渡朱紫橋

廖恕忠弟同兄起義忠死恕奮身鏖戰賊為退走詔封端國公未幾亦遇害宋初同忠追贈王爵奉祀立廟
國朝雍正二年自朱紫橋移祠學宮側子孫世襲奉祀生二人○按明忠義王景昭周琮宋忠夏泰熊則禎黃色中汪柱蒙正發等皆已載選舉志本傳自明茲不復列

楊同芳字古韻與揭元凱黃金甲三人俱庠生崇禎癸未從軍湖南禦張獻忠陣亡堵允錫請祀長沙褒忠祠金甲前見黃色中傳

陳效源居方山下順治乙酉闖賊竄崇分黨至山村效源率鄉人扼險與敵兩戰皆勝俄而賊大至被害方山保

蘸少男幼男兄弟居梓木港善用弩傅毒藥於矢能斃虎乙酉秋率鄉人禦闖賊隔澗飛矢殪賊無算日過晡不得食賊至益衆少男被害幼男走山上得免石屋保

趙繼抃字介臣一字巖仙廩生順治乙酉
國朝初下武昌繼抃與汪柱王士芳蒙上和蒙正發陳王言等擁明令李方曾起義未就被獲不屈死所著志藝文又趙之城字藎元亦以諸生殉節

王士芳字振秀諸生倜儻不羣崇禎癸未冬平江賊至崇士芳同弟士薦雪夜走會城求救父批垣侍御賦詩有停觴盼謝元之句乙酉冬繼抃汪柱約起義士芳慷慨赴之遂仝死難士薦字拔公廪生能騎射嘗陷賊中單騎突圍出賊不敢近宏光郎位侍御奉詔赴金陵及歸士薦棗舟迎父中途遇流賊彎弓與敵矢竭投河死亦乙酉年事

蒙上和字濟五諸生少負氣癸未獻賊據武昌下令取士上和曰如見逼當明目張膽向先聖廟前罵賊死會同志逐僞令得免至是起義姪正發走

湖南上和被擒見佟養甲不肯薙髮死之

孫樹蕙諸生起義與趙繼抃等同時殉難

陳王言字命卿廪生從李令方曾開道走湖南章曠委監紀新牆兵馳驅十餘年隱遁死

孫嗣濟諸生偕蒙正發走湖南章曠令往辰陽召募得兵三千爲之監紀勤事以死

周太瑗居新塘保業屠與同里蘇甲狎嘉慶戊午甲習白蓮教爲之頭目太瑗覘其迹有異詰之不言與之盟以實告且示兵期曰事成與子共富貴太瑗知不可挽退而告人曰事棘矣乃夜鳴鉦集鄉人圍甲宅燎薪不然厭以狗血乃然甲冒火出奔新塘合掌坐水面鳥鎗擊之不能傷衆決塘水甲呼太瑗曰汝固不免然昨與爾盟當同死太瑗刺以戈甲接之相持入水並溺焉餘黨見事洩倉卒揭竿不數日遂撲滅向非先發制之未易除也事聞贈超勇將軍祀武昌府昭忠祠通志作周達元

士人劉青巖家案山教匪起澀其門徒跨馬入縣青巖大怒厲聲罵之其徒揮戈揕青巖喉立死

李溁桂黃光興盧恆太俱邑鄉勇禦白蓮教匪陣亡與劉青巖同祀武昌昭忠祠

艾自立居黃沙山中與蒲圻洋泉鄉近教匪將起鄉人知之不敢言有文負病獨出首狀死於省垣諸大府獎其義

蒙添陞邑人寄籍鄖西禦白蓮賊陣亡祀鄖陽府昭忠祠

余清瀚字正大倡義剿教匪手刃數賊左目被刺猶奮勇直前賊遁入南箕洞以火薰之盡死歸功於叔錫鐸不自爲勞崇洪保

陰五酉鄉人鍾逆人杰之變應募守城中鳥槍死又汪某亦應募防禦城陷被害

會省堂縣市里人鍾逆變作先遣家屬出城城陷厲聲罵賊投西城井中死時道光二十一年

雷明亮雷建兄弟二人寓漢陽貿易咸豐二年冬應募守城禦粵匪漢陽陷殉難俱蒙　恩卹

庠生劉汝暄字旭昇咸豐四年春粵賊入崇汝暄罵賊遇害祀昭忠祠

魏以燦號純齋例貢居鄉不拘細行見文士能折節下之咸豐二年冬從官軍防賊逼城性故豪仇視賊賊切齒焉四年春崇陽陷被賊狙得之靡身死祀昭忠祠

周朗山變亮叔父以姪官　封武德騎尉咸豐四年春禦賊不勝肢解死

賀運亨字大文居城中口不出惡言人呼賀佛子咸豐四年秋賊復圍崇城鈕侯派市民爲兵運亨執戟從官軍出北門與賊敵遇害元幾斷猶奔馳三里許至子壻家逾時乃絶

余亦銘居東城甲寅秋賊復圍城亦銘登陴守禦城破被害

劉元善居東城善慶坊與劉鎮智王鎮華王鎮玉王鎮靜王鎮安王朝李正清李士華俱充義勇從鈕侯出北門與賊敵同日陣亡

陳東巖邑人爲鈕侯門丁禦賊北門仝侯死義城橋下禮房程國楨國賢從鈕侯乞兵復崇兄弟常在侯左右北門之戰同時死難

劉仁魁吳光耿吳光廷俱充義勇守城城陷被害

徐承懷亦城中義勇禦賊不勝溺水死

吳仕杰名傳珪城守營司書子永青名光璞城守營兵甲寅春守城禦賊同日陣亡已上俱咸豐四年

金慶揚居城中賊踞城攜家避於鄉與次子瑞源同日被賊擄强逼入夥慶揚大罵賊寸磔之瑞源

亦被害咸豐四年事也六年長子德源帶領鄉勇殺賊報仇陣亡其妻余氏年甫十九聞夫死往殮其屍適賊至恐受汙投繯死賀大文以下俱城內

汪碁榮拳勇兼人嘗充鄉勇教習咸豐四年爲賊所禁大罵不屈被害

陳應瑞應梅兄弟俱充義勇甲寅年應瑞與賊敵陣亡乙卯應梅爲官營偵探遇賊見殺

魏倫彰崔必忠徐大德俱甲寅年殉難

熊大興充義勇丙辰敵賊陣亡

陳耀金辦團有功乙卯年被賊殺已上鹿門保

魏人玉爲韓邑侯繞帶練勇乙卯春遇賊桂花樹下被害魏倫喜充官軍偵探爲賊所執見殺

汪灼杰汪灼禮汪名貴汪禹言汪基清黃清彥陳步尹俱禦賊陣亡夏在位罵賊見逼死於水皆乙卯年

汪德基同治四年叛勇入崇罵賊被害俱鹿門保

沈大瑞大俊與從兄太學和衷俱有義俠聲甲寅春賊入崇邑侯韓命和衷藏徵收册籍周二武弁家口亦寄匿焉數月事洩賊掩至和衷護二弁家口抱册他徙大瑞大俊挺身當賊受拷身被五毒

堅不肯承羣賊攢刃刺之血肉狼籍死火其廬燼焉和衷備歷艱險百計防維卒脫兩家於難官册完好如初二弁乘被劫什物和衷賠累無怨言遠近稱義

陳先年被賊擄不屈死周貞貴堵賊被害張宗壽禦賊陣亡俱甲寅年

黃孝峯乙卯年賊至其家孝峯取瓢擊賊被害

晏大秀蒙平安俱被擄不屈死乙卯丙辰年事上巳灌溪保

陳樹蓮字季泉甲寅春賊至被害

陳樹秋字拔桂甲寅辦團乙卯被賊縶不屈死

陳時瑞字兆清甲寅辦團有力乙卯被賊箠死其父陳極照字皇璉罵賊被擊劍重踰數月亦死

士人沈令銘武庠沈廷璋子罵賊被毆死

程引魁性質直被賊縶大罵不屈死俱乙卯年

陳璉修字劍垂武庠丙辰夏被賊執不屈死

王世元字久明丙辰秋與弟占鼇聯合諸保起團勇殺賊追逐僞丞相侍衛數千人出境冬月賊衆復至相持五日殺賊三十餘名防堵白霓橋勇潰退吳城港被執不屈遇害全家燬於火　卹典照

綠兵例給祭葬銀七十兩祀昭忠祠

王世貴世元弟丙辰冬與賊敵陣亡吳城港　卹銀祀典與兄同

王洪義團勇防賊被擒不屈死祀典同

傅譽鑑字宇珠武庠傅魁鼎子禦賊吳城港持短刀截斷賊槍羣賊攢刺遇害　卹銀照馬兵例祀昭忠祠子重光字月坡業儒痛父死非命冬月投池中死

程淮川字引渠善騎射多幹畧甲寅辦團有勞六年禦賊吳城港盡力拒戰被害祀昭忠祠

程開貞字鑒泉辦團爲倡與其弟開宗姪元朝俱陣亡吳城港元朗字餘一同時團勇陳炳勲陳傚甯程炳虎程逢智陳時珊程逢健劉興盛揭國相華明貴劉開智鄭廷艮程明顯劉開禮雷起源程開泗程廷青程樹雨陳鵬運孫汝懷舒方賢楊其盛龔仁申丁全魁楊世德田仕文胡昌明葉德榮程清國程正富程炳和曾濟華俱亡於陣程開義病脚不能行罵賊被害龔玉興被創數月死

陳儁新字德鄰起團派勇殺賊被賊搜獲見害程以政舒賢勝龔自有舒義賢先後被擄不從遭害

俱丙辰年 已上洪橋保

駱煌郁捐貢生甲寅總團乙卯賊復至勢益猖獗煌郁憤官軍失利大哭投繯死祀昭忠祠

雷桂壽鄉勇教習隨官營偵探襲賊至小嶺遇害

吳與魁見賊火鄉人屋罵賊遇害俱乙卯年

張文光丙辰春被執不屈死趙清書冬月陣亡白霓橋

駱煌樂辛酉年從官軍安徽剿賊陣亡廬州二十里鋪

駱緗林以團勇投廬州雷軍門精選中營同治二年調征甘肅回子賞錫外委千總戰三隄橋陣亡

已上雷驛保

張金榜甲寅義勇禦賊陣亡

余承魁劉森樹丙辰冬禦賊白霓橋同日陣亡

謝仁壽乙丑叛勇入崇遇害 已上上津保

士人劉文煥乙卯年被擄不屈死

譚鳴盛號克寰形狀梳㜵挾岐黃術走四方名聞士大夫間甲寅起鄉團驅賊寇崒復崇醫平江餉君忠駿槍傷立愈保奏六品軍功分府補用乙卯秋隨平勇駐通城偽翼王統衆數萬上嶺鳴盛拔

劍大呼殺賊衆寡不敵受傷陣亡子均選奮勇奪父尸還 䘏典照六品官例給銀一百五十兩祀昭忠祠均選承襲

丁學足字三餘議叙從九銜咸豐甲乙年辦團有勞六年督率義勇斬獲賊魁一名賊黨二十餘名已而賊衆復至接戰花涼亭勇潰陣亡士大夫俱有哀詩 䘏典照六品官例給銀一百五十兩祀府城及本縣昭忠祠一次祭銀八兩長子丁鉅英承襲

劉基隆陳守芳金元望金大發金老二金大任等

振甫金振榜金振華俱團勇與丁學足同日陣亡已上下津保
李之榮汪立炆胡家辰程立貴汪畝華俱乙卯年
被掠不從見害
士人李士元字允亭廩貢之仁子咸豐甲寅辦團
丙辰夏官軍剿賊駐西城七星嶺士元督鄉勇送
糧賊走匿山中越日軍他徙賊復出士元被賊縛
大罵不屈剖肝死王侯紹薪有哀詩云粵寇披猖
日唐年保障初雄心三尺劍義膽一編書白刃甘
經蹈黃巾欲力除可憐天意左猿鶴恨何如

黃沼仁團勇以膽力聞丙辰冬與賊敵衆潰獨自
斷後身被十四槍死
陳玉友辦團殺賊被執罵賊不屈死程老桂廖老
一被擄不從見殺俱丙辰年
譚昌亨乙丑夏罵叛勇遇害周老六汪老四俱被
擄不從死已上新塘保
黃世俊字見三廩生乙卯夏禦賊陣亡　卹典照
七品以下官陣亡例給祭葬銀一百兩祀府城昭
忠祠一次祭銀六兩
黃世儒號梅仙業儒乙卯春禦賊陣亡　卹銀五
十兩同兄世俊祀武昌府及本縣昭忠祠
田正富被擄不屈遇害乙卯年已上東嶽保
王鎮柱乙卯春賊目鍾廷宣入崇被害同時死者
王鎮衡饒子儀饒正春饒萬義汪福基汪鎮有黃
元福
王在平素有膽氣從官軍以功賞藍翎外委告假
歸帶勇殺賊多名丙辰冬與賊戰花涼亭執大旗
當鋒遍體受創亡於陣祀昭忠祠
饒俊士武生饒三麒之姪與同里王新萬以團勇
禦賊白霓橋陣亡亦丙辰冬事

汪懷清廩生汪基肇孫辛酉貿易邑東湯家墩遇
賊經過懷清怒其淫掠盛氣罵賊遇害已上小港保
王賜材乙卯春賊至被害
蔡聲名字履成諸生甲寅辦團丙辰冬督勇花涼
亭與賊對敵陣亡　卹典如七品以下官例祀昭
忠祠同時陣亡鄉勇王源英王任材丁清道丁懷
敬雷起晚雷鎮龍吳繼善龔珊殷垂輔胡國泰徐
炳雷清漢任材號臘山被賊生擒不屈肢解之已上橋墩保
王光裕甲寅辦團乙卯被賊害

米文齋辦團有力丙辰偵探賊情被殺龍頭保
丁芬字苾香諸生甲寅總團丙辰糾集鄉勇殺賊
賊狙得之芬大罵不屈被箠傷重踰月死河田保
龔義純丙辰被賊擄不屈死兄義進弟義清同日
遇害崇洪保
劉治華張生義謝祖泮謝金有龔貴元徐十俱被
脅不屈死湯田保
士人王植三字友堂王秉忠姪性正直不少阿甲
寅辦團殺賊毫不徇情乙卯夏被賊縛大罵不屈
遇害

傅深文字國華軀幹强壯賊餌之欲令入夥不從
脅以刃刎頸曰頭可斷賊不可爲賊怒殺之
魏明魁團勇殺賊多名丙辰冬被害
熊觀國字光朝初充練勇膽力過人咸豐五六年
間賊在崇居人多匿林谷觀國聞賊渠夜宿某村
勃然怒將往砍之其父懼禍鎖諸室中已而走西
山獨力擒二賊時官兵與賊來去無常慨然曰丈
夫不能自樹汗馬功徒奔走隨官營作鄉導假虎
威脅里人可恥也乃仗劍投參將軍營剿賊安慶
授外委千總賞戴藍翎同治二年從征陝西破倉

頭等處回籍加守備銜換花翎三年正月從攻克
高陵縣十三村等處補遊擊改隸提督雷正綰麾
下六月攻克平涼四十里鋪鎮原之新城鎮等處
臨陣斬驍賊補參將加副將銜十月克復平涼補
副將帶兵五營 欽加記名總兵直勇巴圖魯十
二月攻固原從正綰探營猝遇敵數十騎正綰馬
踏冰蹶觀國扶之上馬令同行諸將護從獨自斷
後馬上殺一賊中鳥槍墜馬僵復起殺兩賊始死
救兵至奪屍還觀國在軍中以勇聞與諸將執杖
對演槍法無能敵者平涼之役前軍初失利正綰

激令出戰怒馬領敢死士二十餘人突起擊賊賊
大敗回軍時馬後存壯士二人而已及殁正綰大
慟斬參將以下四人曰觀國救我若等視死不救
何也其弟在軍扶櫬歸奉檄所經州縣與馬護送
鄉人壯之巴上肥田保
楊華章怒賊入村肆掠罵賊被害時辛酉夏四聖保
從九銜孫開元居方山深谷辦團與賊仇乙卯賊
據崇偵知開元避地適歸夜圍宅執之罵賊見殺
方被執時妻葉氏救夫身被六創醫治可愈痛夫
死非命絕粒不食後十七日亦死

邱定俊明經邱承裕兄承裕鋭意殺賊賊仇之乙卯春賊執定俊問弟安在不答加以酷毒死而甦者再伺閒夜遁秋月賊復執俊及子春融父子並不屈與孫開元同遇害洋斷橋

鄒祥太辦團甚力乙卯賊至避地九月官軍至崇復議趨團殺賊賊衆夜闖其宅被執見害地與臨蒲近子元斌投蒲邑鄉局早夜往返偵賊所在郎導勇掩取前後梟二十餘首祭父靈遠近稱快

邱宗爵飲酒罵賊遇害

胡光耀甯光康團勇力捕賊賊復至被害俱乙卯年

邱廣順經蒲邑羊樓洞遇賊將見執順怒奪刀殺賊被騎黑騾賊大刀劈首死田閒

徐忠合賈人子目不知書忠義性成見賊輒謾罵之或言賊無害即怒唾其面甲寅秋賊拒官兵於神礄忠合導兵從方山絲頂下賊潰乙卯賊復至被執謾罵如初乘閒逸去丙辰中秋夕復見執被十數創死已上方山保

黃少山怒賊無賴罵之賊割其舌噴血死祀昭忠祠甲寅年

謝大鳳李文寶張誠心俱團勇乙卯賊至先後被執不屈被害祠祀如例

李樹功庠生李鴻庚胞弟乙卯夏殉難鄒可任居八斗山倡義擊賊見執被箠死廖大二彭老春俱被擄不屈見殺熊某罵賊死已上白騾保

危明桂口司兵甲寅春被賊殺

周國濂被賊執不屈支解死馮錦泰楊洪嶽字灼華楊禩業字承先均以不屈遇害

楊虎業弱冠美丰姿被賊㯽擄以紅巾裂之衣以黃衣又藉之脅以刃大罵不屈遂遇害

楊灝業充官營偵探被賊獲拷掠無完膚脛骨皆斷賊剖其腹心膽皆大異常

邱印法帥增才夏敵高葛效忠李志有劉某俱鄉勇與土賊胡稼豬鬬被害已上俱甲寅年

楊錡業穎業俱諸生洪灼子乙卯春被賊擄不屈見殺同時死者楊洪秀洪鶴和鑑錫四占元先貴玉堂金季一牙四牙周開引國新興旺蔡裕先李夢藻石必祥丙辰被害者李進圭又萬美貴劉三丹三俱殉難蒲邑楓樹嶺亦丙辰年已上桂保

胡秉士城下保正甲寅春官軍駐白沙嶺令秉士

偵探遇害
田立道六品軍功帶勇堵賊被執不屈支解死
劉有道團勇作壘堵賊石崩壓斃已上城下保
蔡煜蘭遇脅不從被害雷晉平字星泰被擄不屈
死俱乙卯年河西
黃裕中團局哨長乙卯被執大罵不屈賊支解之
投屍於河子懿德聞父被害痛哭罵賊亦見殺
鄧選立充官營勇投送公文被賊搜獲見殺
胡孔堂丁治羅先後偵探賊情遇害俱乙卯年
士人張洪勝字克山辦團出力賞給六品功牌丙

辰帶勇堵賊受傷斃命祠祀如例
陳時才辦團被執支解死
張銘通負販江右遇賊逼城苦竹嶺恐見執投崖
死已上臺橋保
傅宗海被擄不從見殺乙卯
傅儒珍遇叛勇逼脅不屈死之士人熊學銘被擄
不從投池中賊挽上岸害之俱乙丑年
士人宋自方客咸甯勸辦團被賊害已上進保
士人羅亨貴字拔鰲性剛直植品端方見推鄉里
乙卯春被擄不屈予之食怒叱曰吾何人食賊予

之食耶遂遇害
余秀成楊錫及龔正朝先後被執見殺俱乙卯年
揀字中業屠沽性率直酒後輒歷罵賊咸豐丙辰
賊眾數十集其肆索金錢無厭字中飲以酒潛出
約村人皆至圍而殲之自是各保聞風皆殺賊倡
自字中也賞給六品軍功牌投營效力未幾援攸
陣亡已上石屁保
談世榜辦團被賊狙執斃命
武生趙淩漢趙宇子辦團拏賊多名丙辰年被
執支解死

熊基信團勇拏賊多名被執見殺
龔華榮字彝桂拳勇絕倫重然諾護庇善類有俠
士風土賊憚之丙辰夏賊衆見逼腰雙刀登屋賊
不敢近紿曰與汝無怨汝藏某某吾仇也能發誓
言則疑釋矣且約棄兵器相見華榮信之擲刀下
梯足方及地匕首貫背洞胸立斃聞者惋惜已上酉冲
保
甘朝寅團勇殺賊多名被擄賊欲逼娶其女不從
被害
黃世鼇性嚴厲惡賊起義禁鄉族惡少入夥遇賊

仇殺巳上青山保
雷正儉堵賊陣亡白霓橋銅鐘保巳上俱丙辰年
張先輔被擄不屈死長峯保
士人王庭璧字聯輝乙卯春隨官營駐桂口充偵
探至縣殉難北門外
王庭璿字象環團局帶勇被執見殺
王庭瑚字克昌甲寅團勇父應華被執瑚奔赴以
身代父賊釋其父瑚度父去遠罵賊不屈賊割其
舌殺之
王俊瑞王明照先後被執殉難王富元總團王福

五之僱工被殺黃茆山下俱乙卯年巳上茶峯保
汪先立壻金之印以總團仇賊賊至大棗之印不
獲執先立害之荷山保
汪教善倜儻有幹甲寅練勇拳首要多名賞給八
品頂戴丙辰充平江何營偵探至邑東壕頭遇賊
見殺臨死詈賊不屈婦龐氏重被賊傷終身不二
可謂夫婦同義矣源坪保
龐林位辦團公直被賊箍死龔玉山汪賓臣先後
被執見殺
黃昌萬字世相督子辦團仇賊被害巳上俱乙卯年

武生龐洪團局帶勇丙辰夏被執殉難
龐桂泰太學林繼子被擄不屈遇害辛酉年巳上仙鄉保
太學生孫建侯辦團拳逃匪過山中途遇害弟定
國姪逢慶先後偵探賊情被殺
陳國治團勇偵探被執見殺巳上白羊保
石熾然號惠村庠生嫻武藝道光癸卯以軍功官
彭澤縣馬當司巡檢捕盜有方彭澤無痘科民間
生男多殤熾然爲設天花堂醫藥局以次布種自
是得免夭札丁外艱歸粵匪起連年奉地方官委
分任防剿開關湘鄂閒咸豐甲寅秋崇城再陷走

投曾大帥營委帶親兵中營水師復武昌有功加
五品銜會攻蘄州登岸督戰猝遇賊且戰且退失
足陷溼泥灘賊衆爭前熾然用長矛斃七賊遇救
還營左胸被重傷發時死曾帥奏請卹典祭銀
如例長子承襲第三子澤暉號仁庵水營哨官加
千總銜咸豐庚申從彭斯舉攻嚴州被創舟經蘭
溪沙渦灘土匪竊發遇害父子俱祀昭忠祠姪澤
艮號馬五亦死沙渦灘
石倫點王鎮鴻俱本邑被脅不屈死乙卯
石介侯字聪存庠生掌湘營李續賓書記殉難江

廬三河祀昭忠祠同時死者石鉅宣鉅貴鉅瑜丁
開辰
石鉅琮號世雄六品軍功隨李續賓營剿賊湖南
殉難東安縣俱己未
石德習鉅典鉅曜三人俱鄉勇殉難團局
石鉅盛石鉅禮石德貴榜有明王義華舒德材先
後遇賊見殺
石廷川以軍功賞給藍翎外委殉難官營其各處
從軍陣亡者山陂則石倫昭洪山壋則石得槃麻
城則石澤斂上巴河則石澤望六安州則石樹富

休甯則石金善安慶則石希友李逢盛已上下嚴保
楊青道長蔡從被脅不屈揚正發被擄不從俱乙
卯殉難
何田玉字閏生倜儻不羈見諭父老咸豐乙卯發
憤從戎投鮑軍門超營克復黃梅太湖潛山等處
賞給藍翎外委從復蕪湖換花翎補遊擊同治甲
子夏復東壩句容金壇各城陞補副將　欽加總
兵銜乙丑冬復廣東嘉應州加提督銜奮勇巴圖
魯號明年丙寅夏因力戰受重創越月歿贛州　卹
典如例嗣姪爲後襲世職田玉勇於赴敵每戰輒

衝鋒軍中號何顛子善得士心其死也帳下一卒
捐生從之已上妙明保
王玉二王鎮齊王鎮寬三人俱被脅不從死河西保
熊東山方老一陳老賤先後被脅不從見殺鹿門保
黃明太有陽人徐有芳通城人充崇陽團勇先後
陣亡甲寅乙卯年○右殉難士民有巳蒙　卹典未盡
書者緣採訪難遍詳報底本不存省城昭忠祠姓
名具在俟考出補遺

孝友

臣忠子孝人道之大故並列焉邑孝行見選舉志

有蔡甯楊孟凱汪循王疇汪必登殷輅胡濂鄭際
可丁世雍丁世熙以下諸人次則王守貞劉乾陳
職雷時毅諱琳亦以孝友稱事蹟各具本傳不復
贅志不與選舉之士及村氓之愚孝者
蒙愛産生居父母喪前後俱廬墓三年哀毀骨立
始終一節督學蔡潮僉事陳邑珊參議黃清俱旌
以額
劉紹箕字繼宗性仁孝父患嗌不能喘息飲食輒
出不留歷試諸醫藥罔驗從人受禁方云截元猨
啖之病可已崇陽故無猨乃走索猨禱三日不獲

獲當封膚進郎三日得獲南谷去縣中可十里所嘗爲父往講醫道過兩河漲即馮河水且滅頂至乃大水從上流來卒濟河無恙諸兄皆用貲爲縣功曹每趨縣諸兄裝齎之不受嘗爲伯護家宦遊蜀中及歸不持署中一錢强與之謂伯曰令世人謂縉紳爲廉吏弟誦義豈有窮時更何爲治裝中金令越境盡也即令不與伯俱而往他所緩急又誰恃乎其廉介如此歿後李攀龍徐綱表墓孫景韶

艾誠字本立性誠篤親疾奉湯藥歷時甚久晝夜

侍側無倦容自歸鄉塾教里人時稱孝義子傑載選舉志

吳仕字行義諸生德性醇厚文辭爾雅嘉靖戊子科文大穀時崇籍已中八人當路諷遜多勝榜裁去遂絶意仕進棲遲一壑手不釋卷足不至城市善事繼母愛諸弟逾同胞有孝友聲龔湜稱爲高士汪宗伊吳國倫劉景韶俱爲著傳子楚材

汪孝子佚其名萬歷初人親歿麻衣草履廬墓終身享年甚高上官旌其門

王廷試廪監生父仰字不愧萬歷己丑進士由廣東新興令補福建閩縣不攜眷屬待下過爲約束被鴆無救卒官廷試聞信奔喪察知進毒者家丁也鳴諸上官訊之伏罪因手刃三僕於公庭聞人大譟撫按下廷試獄乃止以事聞於朝天子嘉其孝釋歸前後督學俱旌門

楊玉端字華圭幼事詩書性孝順父歿廬墓三年母歿亦如之墓距家十里暑日冰天不少離側號泣之聲聞於閭里畢制軍沅旌之

胡昌文字會友事親善承歡親歿廬墓三年

熊銘健村氓目不識丁事母孝家貧奉養備旨甘

定省溫清一一循禮每事稟命外出雖日暮途遠必歸或强留之即淚下言恐老親倚門望也村人呼曰閔子騫

傅璉列字懷玉處士砥行於家喜讀書多隱德生有至性善順父母母氏陳耄年還童兒孫滿前皆不省記獨命五男奉杖璉行五也居喪泣血毀形數月鬚髮盡白宗族稱道至今

雷青雲貢生鳴昌繼子事親盡職親歿守制廬墓哀毁過人建立家塾義學一切善舉靡不樂爲學使王檏獎

陳欽修字世因孝友性成母殁與弟夢瑗廬墓三
年平生壽爲詳輯善書立義冢捐田吳城渡令子
孫繼志勿替嘉慶己卯以耆年蒙 恩給銀牌道
光七年學使王奬額孝義堪欽夢瑗詳選舉志
汪宣樂字鳴盛事親以孝聞繼母陳病風癱宣樂
與婦熊氏焚香籲天祈以身代侍湯藥不離側如
是五年母殁廬墓終制王學使額奬篤孝流芳
王先字歷山鋪靜長子諸生事繼母以孝聞丁內
艱凡三次最後饒氏母小於先且數歲敬供子職
蔡年饒病痢先及婦親奉湯藥視穢辨色慇懃周

至不少懈性仁慈見貧乏周濟之族里稱頌
王成謨農家子世父早故無子世母沈氏撫謨爲
嗣沈有風疾醫不能治 禱於神割肝以進母服
之而愈士林紀以詩道光五年事
彭祥蓬性忠厚仁孝母氏賀病癱臥牀十六年達
奉飲食湯藥頃刻不離始終一節初無子年近六
十娶妾舉子人謂孝行之報
盧義太割股奮親親殁致毀三年
何爕章少孤事寡母廖氏怡聲下氣奉養維勤母
殁廬墓十二年以終年六十三廖氏載閨範門

汪禮元少業儒因貧棄學就商家漸裕仗義好施
性仁孝母氏萬病危割臂肉和藥進之病立愈自
憾學未就生子聰穎延師訓之識者卜其昌後
楊某邑南山氐大性仁厚事親盡職母老病不起
牀者數年家貧無婦又無兄弟力耕營養中裙廁
牏躬自浣滌了無難色鄉里稱孝

篤行

言行並稱而行爲本行有百忠孝不足以盡之故
更列篤行書士之修行於家者也
胡伸福字天錫明洪武初人自幼聰穎讀書敦行

性惻怛周人之急解衣推食捐金還券以致家貧
作詩自序亡志教子孫以范希文爲法臨殁命家
人葬祭一遵家禮屏絕二氏教有道學風範
饒昱字道清祖勝昭宣德間兄弟同居立家訓昱
守之勿失巡按翁理爲義門記
陳大德字祖淵存心制行舉動不苟訓里族教子
孫悉準禮義亦貽爲家法年九十餘終
龔叔賓字維木伯甯孫孝友風著視身循禮克守
家法處貧藜藿自甘不俯仰隨俗以古人爲師所
居牖牖皆書格言時推雅飭君子

饒蓼字德薦性剛執負氣雅重名敎朱兩厓廷立
講學羊山命孫曾從游時拄杖造其門兩厓與說
良知大概豁然若有得歸著宗儀數條曰忠君孝
親信義勤儉睦族卹鄰鄉里式之所居大白原起
書舍督子姪及鄉子弟讀書其中春秋兩闈連年
七榜時號白野處士家及殁劉景韶志墓曾字維
魯舉人官知州列選舉志
廖鳳寬字裕庵貧而介嘗於道拾遺金坐待失金
者還之年八十縣令屢召鄉飲不赴居鄉不令人
爭訟婉言爲分曲直人無不服王近訥廬鳳來俱

爲賦還金詩載藝文餘編
龔涵號龍巖性誠篤然諾不欺萬歷中甯州盜白
晝入龔劫其從弟少龍寵妾去涵急出囊中金入
盜羣請贖盜感涵義即解藥還之嘗解兗州糧至
漢上檢各里幫貼金有假銀一鋌衆謂宜還其人
涵曰渠無頁賠之貽害無已也投之江舟至揚子
風濤大作先夜督運某別駕夢神告明日有厄須
龔長者解之至是別駕禱江神風愈怒憶神語急
招涵過舟一再拜風頓息別駕詢涵行誼衆以投
銀事告別駕曰卽此可知生平感天神宜矣聞上人

吳言昌廩生積學嗜善事寡母盡職出貲爲人完
婚娶保孤孀施棺收殣孳孳爲之不倦將貢明經
而殁
王淙字若泉諸生性孝友四代同爨董役新黌舍
葉石梘陂繕餘耕橋勞瘁不辭知縣曹學詩獎以
額
饒元緒字戎勳性剛正不欺暗室鄉里敬憚嘗有
客買豕較值未就而去甫出門遺銀包於地元緒
拾得俟客返問有遺否客被酒尚不知也出原裹
還之驚喜出意外銀約數十兩欲分以相酬笑却

曰無然但買豕勿斷價足矣他非所望也嗣後族
鄰慕其風還遺金者凡數人子開基
王鼇庠生姿性醇樸操守謹嚴篤天倫重然諾從
弟少孤爲買產擇配撫之如同胞歲凶賑恤貧窮
不乘便營利居常以安命存心扶綱常植名節訓
其子孫鄉人傳誦之
陳熙隆字景昌治家有法內外肅然同室百人始
分爨乾隆乙未大饑減穀價以蘇鄉鄰之困時論
其仁後裔太學立俊等世守其訓勿墜
傅森字珊木少失怙奉母敎惟謹年十四若撫

人東躬詩書不事章句言動恥隨流俗家範可型
鄉好施與焚券減租時稱盛德其歿也里中貧兒
號失聲軼事載雜紀

王勝治秉性正直動必以禮燕坐無惰容訓子孫
以忠厚與陳熙隆傅森同時鄉士稱齊家者並舉
之

王健行品詣方正教人先德行年八十有九手不
釋卷

陳從龍字雨辯廩生早年棄舉子業喜讀宋儒書
勵修能於家性仁厚嘗憫佃農貧將賣婦減田租

之半以甦之歲以爲例

何元格字品上友愛諸弟不忍析爨食指百餘人
歸統率焉年三十喪偶弗再娶重讀書嚴課子凡
葬祭必以禮屏斥僧道不苟從俗生平儉己濟人
難償逋券盡焚之戒後嗣曰我身事我自了耳毋
以爲口實善刀圭術全活不可勝計絕不受謝貧
之者且給藥餌之資子際芳字鳳陔諸生

熊大任字初壓號龍村性孝友治家有法居鄉好
爲善賙恤孤貧推解無吝色再三保離婚嘗憩旅
舍有出妻者規以正言其人怒乃酌酒出金婉言

諭之事遂已其遇物周全多類此自憾早廢書訓
子孫勤讀曰吾遺後以心田書田是爲永久計也
士論韙之

沈世薰字懋季增生奉老母志在承歡友教及門
先以孝弟爲訓有元旦聞烏詩反哺酬恩孝在烏
目爲凶鳥世多誣嗚當元旦聲聲警未審人皆聽
得無沈痾早歿子昌教明經

鄭紹光字小山諸生剛方負氣鍾人杰等勢張無
識者受指使紹光憤甚一日面折陳寶銘於廣衆
中聞者咋舌紹光傲岸自若也性好睡恆半月不

起人比之陳圖南

程登東字國才操行狷直言動一循禮法嘗作名
山遊倦而歸樓居習靜觀書自適壽九十有一無
疾而終

吳傳煥字其章太學生耿直和平事親盡敬父歿
壙墓去家十餘里值朔望必往拜終歲以爲常嫻
岐黃術尤精外治折肱夷股痛若在身給貧者藥
且無算他事利物率類此子七俱登黌序

李雨曜居石門山業農而士行世父攜子客秦遺
產值二金曜積之生息百倍客久無音耗裹糧再

四往尋不獲哭泣歸出金書世父名捐爲一族祭田曰鬼蔣有知庶歸享血食不餒也兩耀少失怙恃暮年與人言及輒流淚不已其仁孝蓋天性云歿年八十

何樹南峒直耿介純任天眞不苟合於俗喜把卷以讀書爲樂有古人風子祿芳見選舉志蘧芳增生

毛銘閣家貧力學老於諸生性廉介井日而食不干求人居城市足跡不出戸庭時人罕見其面朱侯清標延訓義塾再三强之始就歿年八十

王鎮常字維衣郡廩生植品端方讀書有識爲文刻苦一藝成輒困頓數日早世無後論者惜之

陳時鼇字魁秀性仁恕元旦方炊鄰有橫逆投糞釜中擲堂奧木主於地鼇謝罪不與校少孤育於大父母老年每念先人輒放聲哭知醫好以丸藥濟人年七十二先時浴沐整衣冠而歿

陳啓楨字維周太學生性質直砥礪廉隅言動不苟早年鰥居不再娶鄉評推重同時士庶守義鰥居者有劉炳瀾甘愊五炳瀾字大川太學生

葉亟久性忠厚居家儉約訓子弟以孝弟喜推解善排解鄉里式其義

尚義

緩急人所時有揮金散粟人蒙其利游俠與貨殖其事相資二者合書目爲尚義而繩樞甕牖之士重然諾能共人患難亦與焉有可與篤行互易者各舉其重而言也臚列如左

楊朝宗號龍山耆年負鄉望喜倡義舉明洪武初上司定崇陽賦額將進長沙例從重朝宗偕野叟數輩上言得減輕事詳食貨志以子昺受封歿年八十

汪源浩字道存太學生成化十四年大荒升米値銀一錢二分源浩減價糶又多捐米濟饑大府額獎助國濟民子循

汪恭成化時人饒於財喜爲義舉鑿鷺鷥陂興一鄉水利建高隄書院爲鄉子弟肄業之所捐山入學宮備歲時修理費以義旌爲壽官孫廷鉞

趙仕英字國才家饒於貲宏治癸丑大饑助賑濟納穀十萬恩賜冠帶榮身

饒伯濬字維南輕財尚義鄉人有質田與不索償券立義學教鄉子弟多賴玉成

劉縉字一紳紹箕子善殖財慷慨濟人手散千金好行其德以子景留受封逍遙三十年歿時八十有四王世貞志墓

廖德泉字慶源讀書明大義正德間江西不靖倡起鄉兵禦寇歲饑輸粟賑鄉里晚號黃沙翁廖道南爲賦黃沙詩已上明人

李維開字明瑞康熙時人富而樂施歲饑米價昂至數兩不以易銀減值貸貧人有不能償者焚其券納粟援衛員外郎

王世超字梅亭諸生喜爲義舉蒲邑石坑渡舟子

獨索最無狀康熙末年世超捐金置梅槐溪田爲義渡行人便之此田後復爲世超子孫所賣

鄭國榮雍正時人歲丁未邑大饑平價放穀濟里中餐尸太守張淑郿臨崇嘉獎邑令張懷給尚義可風額

劉校字士函性誠樸輕財樂施市道溪橋出多金修理邑有義舉靡不與焉士大夫重之其後裔鎮淮汝亮等能遵其軌鎮淮字白庵喜買物放生歲施棺木汝亮有傳

陳大全字玉繩乾隆時人充社正歲饑倡議減價賣米所放社穀八百餘斛因連年旱潦升合不收出己穀賠之戚某貧而鰥給金爲娶婦戊子大疫廣施藥餌所費不貲遠近頌義

姜熙太國學生慷慨樂善取與不苟幼交弱大父憐之析產時與五百金熙太拜謝曰孫止一人伯父多男願以相讓也固辭弗受行年七十邑令張瀚道贈壽言

王元才字朗棟樂善好施邑西門朱紫渡行客通津要處雷家埠亦居民往來要處也元才各捐有田畝備繕理舟橋載道頌聲未已

李開璵字泳玉家不中阜倜儻好義居近蕭老官埠其渡春夏以船秋冬以橋齊產蕆事五十年利涉之功皆其獨力爲之臨終遺命曰繼吾志修理此渡者斯爲賢孝不然非我後也至今其子孫守教不墜義聲

舒全壽字光楚太學生慷慨輕財樂爲豪舉居龍泉山中不輕至城市邑侯李夢珠以事詿誤去職袖金要諸道李侯茫然不識所由全壽曰聞賢侯一清如水今行囊蕭索聊備資斧耳公惠澤在崇無私於生生亦無私於公也李侯嘆息再四舒全

人云崇陽舒生賢而隱於山林者豈近今所能多
覯耶晚年益砥行刊先輩格言行世以子萬峯任
分司援例加級贈　封
廖祖尼家方山之麓商旅所經山路歲久不修碎
石确犖雨雪黑夜往來苦之祖尼鑱凸填凹夏具
茗飲冬具薪蒸兩具扉屨夜具火炬置客店以便
行人如是凡數十年載道有口碑
汪沠清性質慤居室勤儉捐貲而樂施邑有義舉
輒督其子任役揮多金爲倡北郭外街肉店沿道
皆古墓甃石護之時稱長者後十餘年邑須經兵

燹者民周方玉具禮葬并倡貲鳩程及戰場屍骸
無算陳夏氏母子出金葬餅侯坍津謝千總金魁
例得旌書汪子本舉字小山議叙鹽提舉銜子兆
鑾字鍐珊以助金新貢院議叙鹽運司
劉樹本字卓齋例貢生寓漢皋喜結客有江南客
幕遊囊金數百兩寄存寓中未幾客死樹本貽書
其家約迎喪者面會至則出金與之封識宛然一
時義聲聞江漢間
蔡宗聖廉潔好善嘗拾遺金於道留晉旅壁招其
人還之昆仲析居父授之銀百兩固辭不受曰可

留爲子姪讀書貲也輕財重義於斯可見
張東燦字允旭太學生急公仗義邑興大役揮金
不吝債家將鬻婦焚券保全每以刻薄居家爲子
孫戒鄉里稱頌
劉汝亮字哲明監生弱冠老成事寡母盡道性肫
摯急人之急道光辛卯薦饑餘贏者閉糶亮倡議
泛舟買糧分給里中全活甚衆壬辰大疫倡施棺
木以千計收瘞者予以錢貧人得資以生其他行
類是族里士共樂道之
龔孔覩性誠慤利物爲念釘木量器中出則拔去

負穀於人每石溢斗許受惠者咸深銘佩臨殁焚
道券屬子孫世守其教云
曾興蓮字松軒太學生好善樂施建橋梁修道路
家東北谷口暑天具茗湯飲采樵男婦殷勤不倦
嘗夜夢見貴人冕服不鮮時邑方新文昌神像及
旦興蓮登閣拜像則夢中所見獨自捐金新之同
時邑人汪燠文倡修黃獺巖崎嶇之路近又有殷
瑞南好於渡旁栽樹井旁置飲器城門置凳以便
暑天行人憩息解渴亦善之足録者也
程宗秀字文材性率直面折人過與人通財稍權

子母不取厚利不能償者告以病更出所有給之鄉人銘其惠嘗代江右人還百金之責人尤以爲難

饒大均字漢槎號清臣明經應暄子邑廩生試輒高等家貧親老卒筆耕以養邑有寇警其師以家屬相託且以友之家屬託皆直任不辭卒能脫其家於患師友德之不自居也好形家言嘗往來山水閒指破岡山謂人曰此邑根本也傷殘可乎欲建石梁空竇以通流竇土以續脈會病卒不果邑人惜焉

義丐楊玖居無屋寄石門村肆廡下得食一頓即貧踞矯竊咸豐甲寅賊入崇或勸其從賊怒目其人旣而揮老拳奮擊行乞道遇賊與以錢委之途弗顧也卒以餓死鄉人哀之爲立石還清故乞人之墓附

右所列多輕財仗義之舉爲爲富不仁者愧也書楊封翁一言而利甚溥其義大矣志饒茂才師弟之義也附楊丐者君民之義也丐者何人而列士夫後義在則然以此示坊世猶有爲乞人所不屑者

隱逸

山林與廊廟異趣時地不同或出或處其道一也邑人物始於唐金氏兩進士廖氏兩義士而並峙則高氏一隱士洎宋元明改玉之年代有其人高節不仕龍泉砦姑山水幽秀惡可無芒鞋布韈者徜徉其閒乎

國朝取士制科外兼以徵聘英異之才靡不登選而山巔水際限於數奇窮老不遇者閒亦有之以類相從編隱逸門

高驥唐威武王崇文孫性孝嗜學好恬退兄驥爲

西川節度驥往見之嘆曰三世爲將道家所忌日中則仄月盈則虧沉歟世乎遂於道遯去客江淡閒愛唐年山水卜居之築愚亭引客賦詩自號愚翁邑東高門嶺其遺址云

廖宗仁字周卿唐端國公恕後居邑南黃沙山中當宋南渡時讀易至井冽寒泉食嘆曰隱居吾志也遂築別業寒泉以經史課子壽九十有八季子恩齊登甲第孫如璋如瓛如璧俱領鄉薦如琛成進士宗仁皆目見之曾孫友大應辯德明領鄉薦應甲第進士朝元舉人材宋元兩朝崇邑簪纓之

盛廖氏爲最明初猶接踵不絶爰竊宋仁齋云先
是五代時有廖祺者名茹柔地通城精堪輿自卜葬
地曰吾子孫離台祖者繁而昌至宋仁而驗
巖士貞字正卿號寄菴元季人淹貫經史旁通仙
釋以詩鳴深山絶壁翛然獨往感物寫懷輒有題
賦所著桃溪存詠類梓傳誦洪武初棄家遊匡廬
不知所終
蔣義字志道明初人通經史隱居不仕洪武十四
年詔訪隱逸士有司舉義應以老辭有詩
王象奎字翰宿廩生質樸有古風晚好黄老學應

薦因久絶仕進躬耕待老作書及詩達學博張
延賓以老辭所著志藝文壽年八十有二
王道大字無懷廩生明季終隱居西山不出宏通
博雅講學授徒文行皆可法邑士多出其門所著
志藝文
甘濬甯字愧葛廩生負濟世才明亡披髮遯入南
山深谷中築土室以居不求聞達研究經史以詩
酒終其身年八十有五
汪際秋字貢谷柱子少孤及長勤學能詩潛心經
史作畫得仙遊太守家法棲息林泉不事舉子業

或強之應試託病歸答劉學博體仁詩云邇來談
八股久矣皺雙眉識者諒其志所著志藝文郈灶
人元明舊志明隱逸有汪必登丁世熙已見選舉志
中事詳本傳列名於此其胡仲福諸人道光壬寅
志稿分列孝行篤行尚義各門今仍之
陳鷞字雪若好學富於文有聲庠序善草書作詩
訓子弟道持身涉世事有人情險似匣中劍世態
危如局上棋甕無好酒休招客囊有餘錢莫結官
之句晏困棘闈不過以諸生老所著志藝文
吳出雄字威南一字兩巒少時居貧力學補諸生

文行並發名蕭秋闈不遇主講山城邑士多出其
門先後令尹皆禮貌之所著志藝文
傅在智字巖隱生有夙慧讀書數行俱下性傲一
試不遇即焚棄筆硯家貧結茆廬溪上取魚自給
舂溉至浮其廬去倚岸嘆曰人生世上若寄耳奚
用此廬爲乃舍大樹下或寄居鄰巷中破牆無門
風雨瀟颯深夜猶朗誦書史達旦夏則裸臥溪
水嘗天寒大醉臥沙汀以笠覆面飛雪壓其上呼
之轉側不醒喜吟咏和人詩疊韻至百首其稿盡
被水漂去僅記一聯云疎窗漏月心無礙閒榻

雲夢不知體甚强健一生無病忍饑輒至數日不
干求人卒窮老以死
饒韻芳字自堂號梧墩增生少多病讀書甚苦七
經俱經手錄秋闈文戰屢不遇性渾厚和平見者
自不敢狎從遊日衆成就至數十人修黌宮凡三
董役勤廉不苟析居宅以華美者讓兄時人推服
之晚年喜垂釣寢疾三日終所著志藝文子世則
諸生孫應瑄貢明經
熊世玉字步元性恬淡曠達早棄舉子業僑居竹
山焚券倡衆全債家鬻婦官兵討白蓮賊救被掠
兒於死道失兒者復助金爲贖晚年歸住邑南谷
宅旁種竹與瀟樵唱和戲作口詩鐫竹上殆遍云
子鍾祥明經
陳之楫字德川增生窮學窮經老困場屋性端嚴
耿介書室獨坐未嘗外踪時日爲古君子友敎數
十年成就後學甚衆所著志藝文
傅以忠號葵圃自幼力學規行矩步一準前輩誘
掖單寒及門成就多人以諸生老善人倫於語言
文字決人終身不爽年近八十終日瞑坐臨殁戒
子孫無用緇黃口占一聯云作客數十年到今朝

歸及服而去負責千萬卷待來世倒囊篋以償
孫楚材字茂才天性渾厚品行端正爲式於鄉年
九十猶從事丹鉛以老茂才終
吳紀字搴修喜讀書長年手不釋卷試輒不利性
曠達嘗作浩歌云前十幾年小後幾十年老只有
中間那一節好又被貨財酒色纏住了這世事紛
紛擾擾顛顛倒倒看將來弄什麽機巧到不如省
些子煩惱春夢一場天忽曉花開花落知多少以
布衣終年九十有六
羅先英弟先雄俱諸生性恬淡不干名利居家敦
孝友耄耋好學皓首窮經嘗手抄陰騭感應諸篇
訓世英年九十有二雄年八十有六
丁亟祚字鶴亭諸生性恬退恥奔競居家喜爲善
戒殺放生凡利物者雖小必爲道光癸卯借致仕
教授孫鍾琇重賦泮游金侯雲門紀以詩歿年九
十有四
汪正瓊字雪亭風趣高雅家貧甘淡泊性愛菊闢
小園多植異種花時約同志爲詩酒之會自謂賞
心樂事老於諸生
董崇斗號景山倉少郎淡科名研究經學及宋五

子書玩易有別解年四十目盲猶兀坐沈吟弗輟所讀易某篇某字能摸索得之歿年八十有五所著志藝文

蒙台自身軀雄偉食兼數人訓蒙鄉村輒不得飽乃傭於咸甯荷擔經村塾見童子作文甚苦代爲捉刀塾師驚異亟呼與語薦館主人每飯和以猪脂食漸減未幾補諸生清貧如故歸仍事耕作曰傳經恐誤人子弟不如力田便兩臂多力嘗日暮罷耕戲挾牛如挾嬰兒四蹄著地而擺之以淨其泥自負能爲健將惜時平無所用祗以一衿老

石中道字逢原諸生淡浮名居家祗行長年閉戶擁厚貲好施與持躬儉布衣疏食一蓆筵用數十年每舉法言法行詔後生卓然先民矩矱子孫參列膠庠

饒世瓏字質靈年四十餘始補弟子員居貧嚴辨義利毫不苟取性慈儉凡食於人家膳用雞座無他客終齋不下箸謂爲己故戕生也以諸生終

王鎭華字　副貢都泰子家世青箱自少篤學試有司不遇援例貢成均因病輟舉子業居家礪修能羣推長者子溯源明經

楊洪愷諸生試於鄉不利其妻亡隻身攜書策遊秦寓居紫陽山中娶士族女教授生徒數百人高足掇巍科遂留秦不歸放浪詩酒以客死

饒世云字雨冠篤學彊識補增廣生屢試優等戰秋闈輒北授徒數十年枕藉琴書夷然自得所著志藝文其祖元綬字偉勳諸生嚴氣正性伉義敢言士類服之子贊元增生

熊大鏸字惠三自少習勤且耕且讀應試不遇乃督子力學晚年構書屋種花木闢圃鑿池引流水出入階下杖履其間與兒輩論文陶然竟日每云

不羨作里中多田翁聞者是其言

黃應位字丹卿弱冠補諸生懶事名途早棄舉子業居鄉以正直稱善經畫常綜理公務不憚勤勞金侯雲門以老成練達稱之

李夢松字鶴齡少時家貧躬耕力學補邑增廣生屢薦秋闈不售友教多人晚歲如許敬宗見人輒忘喜談釋氏輪迴果報之說刻善書勸世詩鈔志藝文

王爔玉字金臺居西北山麓間以布衣老鬚眉如雪披吟不倦云讀來生書題室云簷低不礙風雲

踏室小常涵天地心將殁前一日猶約同人賞菊
賦詩云
劉鎮衡字楚翹太學生寄意琴書不事科舉業居
近壓肆好以丸藥濟人性情瀟灑嘗夜談名勝明
旦即命駕往遊其脱略不羈如此
余啓立石門山叟闞一區偕其嫗抱甕揮鋤嫗欲
種菜叟欲種花爭執不已喜飲善謔醉起口占云
昨日醉成泥恨不醉成水没向酒家罏長在酒罏
裏聆者絶倒叟字清廉以布衣終同時何叟元林
號杏村居臺山下李叟煥和號順齋居茶坑山中

俱布衣辨俳體詩程叟宗炳號焜軒黄叟應相號
梅園居雋溪西南兩岸山谷間俱蒼顔白髯喜讀
書種花客至不談俗事
陳之棟字隆吉幼孤耽學屢試不遇清貧有守事
寡母授徒營菽水以養不取非義之財鄉里僉推
端士以布衣終
傅述鐘號直庭性清高體弱善病無意浮名絶迹
城市偶於春水生時泛舟一至邑東郭登浮圖賦
詩擬五噫道旁人皆不之識家世有隱德夯丸藥
活人長日扃戶責若課兒孫讀書爲樂居鄉尚謙
讓不肖者畏告姓名有古隱士風
張居敬字伯欽廪生有聲庠序秋闈屢薦不遇寄
興山水意泊如也承伯父祧事高堂盡職無子娶
妾其妻見玼於姑作河東吼自恨不得於親時時
飲泣讀書山寺一夕死所著志藝文

壽考

聖朝厚澤深仁涵煦咸登壽寓崇爲山邑上接洞天比
諸鄷縣之泉飲者不老士庶多耆年宜矣邇經兵
燹不無凋謝而上元啓運
昇平人瑞仍當於三鄉求之續前志編列若干人分見

他門者不贅
舒義明永樂甲辰進士官太平府知府宣德四年
致仕歸壽百有五歲
王節年八十有八恩例壽官
汪漣字宗器恩例壽官年九十六先世婺源人子
藻明經孫曾科甲鼎盛
龔志廣恩例壽官年九十有五親見孫伯甯登甲
第
劉琇年九十恩例壽官孫乾舉人
雷霖字雨山好讀書敦實行壽九十歲成化時詔

給帛年冠帶知縣趙瑞學博黃尚禮舉以應
湯潤玉德時鄉飲大賓
劉仲溶增廣生恩例冠帶年九十有四
曾處士名未詳嘉靖元年詔九十以上給冠帶典
史牟萬齊舉以應
鄭信廩生年八十有七恩例冠帶
楊啓齊鄉飲大賓萬歷時人
王職年九十有一王之賓八十有四俱萬歷十一
年恩例壽官
饒聖士字明太鄉飲大賓

李闕名字孝庵年九十有三
蕭文芳字岐山年九十有四已上明人
丁象熺字實麓鄉飲耆賓年九十有二陳雲錫字
中和年八十有三汪棣字華叔九十有八俱庠生
陳珍字贊秀九十有二余之璇字汝鳴八十有一
俱鄉飲耆賓
汪坎字長水諸生兩次舉鄉飲大賓知縣張朱霖
侯爵先後贈額年八十有五
蔡如椅字奇功鄉飲耆賓年九十有二王天秩九
十有四恩例壽官

陳開泰字節芳庠生年八十有七舉鄉飲大賓
李鉅庠生鄉飲大賓陰清魏學博黃大盛俱鄉飲
耆賓
姜文輝居鄉好善年八十　恩給冠帶知縣李五
愔給洛中遺範額且贈以詞
趙鑑字廷藻年八十有六乾隆壬辰　恩給八品
冠帶
胡明桓壽一百三歲眼觀五代知縣朱清標贈祥
開五葉扁額明桓母姚氏妻吳氏俱年近百歲子
學謨九十有六次子亦同一門高壽時稱人瑞

劉廷煌字聖謨壽九十有六廷璋字煥文九十有
二兄弟敦友于温厚和平鄉里薰其德而善良者
衆
雷安瀾積學未遇立品端方壽八十有五
劉萬國趙寅亮田云孝三叟俱九十有三
張泳翰與妻蔡氏壽年均九十有六同年月日時
無疾終泳輪弟楚鼇與妻鄧氏俱九十有二五代
同堂好善樂施鄉里稱之
宋賡華庠生性嗜學老耄猶勤壽九十有七
馮希廷居郭外五里許不輕入城五十始肯言

九十有三子孫林立
鄭鏐字子讜居東城五代同堂壽九十有五
黃代輝壽九十古處是敦人爭重之
宋祚錦字秀文壽九十有三祚渭字輔文九十有
二夏行謨九十有二何守愚九十有一
曹煥鼎壽百歲孫選春遊庠晉接賓客燕笑無衰
容
饒世穎字明聰居家孝友待人忠厚耄年矍鑠步
履如常壽九十有二子序璋諸生序璜壽八十有
四

陳景濂字步溪忠厚居心老而好學鄉里欽重之
壽百歲
龐士聖老學究知醫壽八十有八與妻饒氏俱敦
古樸饒氏年近百歲見存
汪文運年九十有七陳錫政九十有六張丞年八
十有九汪鎮利八十有七俱　欽賜八品壽官
汪開元九十有六歸大九十有二開芳八十有八
兄弟俱端愨謹厚開元孫炳煜遊庠三叟扶杖宴
客客醉而三叟如常
馮文翰壽八十有六妻石氏長文翰四歲夫妻偕

尚古樸子孫盈庭子云亭職員孫秉初貢生
龐林琇字美元年八十有八子炳泰貢生際泰武
生諸孫交孚遊庠交道食餼交竹貢成均皆親見
之
戴元性渾古不慕榮利居鄉喜排解傾囊金不惜
嘗還人遺金謝之弗受暇則釣游自適壽九十有
二　欽賜八品冠帶
王占榜壽九十六劉國棟壽九十有二
汪淇水好善樂施詩禮傳家壽九十
汪忠本性渾厚家無儋石儲命二子讀書待師極

誠師病咳嗽嘗止宿其宅忠本及妻王氏烹茶溫
酒通宵不寐高齡舉壽官歿年九十有七子光稆
貢明經以算功官荆州教諭
劉鍾虎鍾旭俱舉壽官虎壽九十有二旭九十
饒世德壽九十世善九十有一
傅芳鐘丞鐘兄弟俱年近九十芳鐘能於燈下辨
細字丞鐘白髯及腹書把釣
張學周年百歲孫文恭升學勝銘遊庠曾目見之
武生泮香其曾孫
林冠爵孚重鄉方排難解紛捐貲不惜　恩給[illegible]

官年八十有六自整衣冠無疾逝孫鳴鳳貢明經
曾孫三壽諸生
揚國忠字仕朝公直尚義壽年九十有一　恩賜
八品銜
陳創亟其父兄俱八十有餘歲母壽九十有一五
代同堂創亟性孝友居鄉正直見年九十子孫繁
衆望中稱長者新塘保
戴宜士長厚正直課兒童讀書目明身健一塵不
染年九十有三
陳鳳翥字錫昌號梧岡太學生品學兼優屢試場

屋能行書老年猶把筆不倦見年九十有三
廖俊魁武生年八十有六
任作興壽年八十有六妻王氏八十有三子世爵
八十有七妻戴氏八十有四耕讀傳家子孫林立
世爵孫益彰附貢長孫諸生
鄒運亨儒生年九十歲妻胡氏九十有一子芳蓮
文庠年八十鄒定訖增生年八十有八
萬普亮年八十有九其妻年九十有六
陳增修年九十咸豐元年　恩賜冠帶
任本廉九十有一無疾而終

善飲翁姓名未詳道光間攜童至城中酒家取瓦
甕沽酒可飲十餘人主人謂其宴客也已而獨據
上坐命童酌酒盡一甕計三百杯不醉主人益以
兩壺一吸而盡復沽滿甕命童肩挑自扶杖渡溪
橋安步而去嗣後十數年每歲一至蒼顏白髮其
年近上壽云
陳尚禹居茶峯鐘山年九十有六嗜飲力耕荷擔
如少年與其妻俱見存無恙
張某居大集山下見年九十有七健飯食肉至數
觔躬耕不倦於勤

藝術

六藝士之文百藝工之事齊本於末無粗非精有
道存焉後世貴士賤工文苑方技歧而爲二不知
舍其本則文章害末務用其粗則技業皆精詣編
藝術門明夫一材一藝之有用也中有文士收選
與藝文二志所遺也
楊敔敬字景南祖一歐父倫世官欽天監博士敔
敬襲職累官通政司經歷欽天監監正萬歷中皇
貴妃卜兆奉差遼東叨狐裘緞袍靴帽幣金之賜
出塞二千里卜吉得燕然北幹地舉禮祭山紅黃

瑞氣高數十丈從地而起見者稱奇啟敬居京師天啟閒邑人熊則禎王應斗汪桂建崇陽會館啟敬及艾民輔黃都譚學達等守之會館在東河沿打磨廠深五重有天井空地橫闊一丈樓廳橫屋大小十間堂偏三崇陽進士舉人貢士題名今失業久

周狗師村巫嗜狗肉以是得名解禁禱小術能致雨其術具豬頭雞鴨之供乘夜詣有泉處用大竹插紙錢刺泉取歸設壇致禱施法甫畢大雨立至欲酬以錢粟悉買酒肉恣飲啖所居茅屋一區而已詳廣撫門

洞曉洞明二僧俱以醫術聞洞明未詳所居洞曉藏埨邑南仙姑山已上明人

汪世耀貢士康熙時人知醫同時有陳皋問孫嗣濬嗣豫兄弟俱以庠生知醫多用異方愈奇疾

劉廷俊字半山號芸圃庠生工草書嘗題詩浦圻驛舍有寒烏紅挂初凋樹瘦馬黃停欲暮天之句某學使經過嘆賞惡其不壽寄書邑宰欲羅致之未幾病故其書學右軍得形似同時有武生黃廷桂號東山亦解草書與廷俊等然名不出里閈或攜廷桂書及趙鵬畫至江右見者賞其工而惜其名不著趙鵬與廷桂居同里畫虎并鬬雞又武生

丁崇器字書三能詩亦工畫雞嘉慶道光閒能行書者陳之䌓劉鎮岱陳知欽之霖字雨林鎮岱字詹巖俱庠生文行兼優將貢明經而歿知欽隱城市善撫帖能書擘窠大字畫蘆雁蛺蝶頗不俗

何洸字魯原諸生喜吟咏書學率更屢試不遇出遊吳中楚豫魯燕趙弔古攬勝得古琴於京師攜歸閉戶焚香時作逸響胸中牢騷藉洩之絃端嘗抱琴登岳麓訪名流觴詠甚稱洽人年九十歲

鄧嘉聞字琴軒貲饒深厚居京師數十年口操土音然諾不欺以信義爾縉紳交卿閒知星命自推壽年踰八十歸歿於家

葉峒山居邑南善火珠林易多靈驗問者盈門尤工射覆程孝廉開第掩錢試之爻數錢色年號一一言之不爽又邑東有沈與讀易但記爻辭其談論類賣漿箍桶之流善術數或袖火紙令占沈吟久之曰遇水而成遇火而化然其性孤僻與龐泰斗俱好為詭異之行多不可為訓

陳文炳郡庠生知醫鄰叟女孫甫三歲體弱人南奄奄欲絕時已數服下劑陳診視曰壽尚未盡也薑下之而愈同時蕭仁齋賣藥西城博覽岐黃諸

書偏於用參芪嘗醫病人加劇改服文炳方而效
病家門首委煎殘藥仁齋乘夜竊燈覘之曰此用
瀉藥醫也談者以陳瀉蕭補爲話柄
邑士喜談堪輿傳歸玉巖鈐記歸玉巖者明初劉
青田弟避禍遯蕭圻埋姓名爲僧往來崇通諸縣
所至爲鈐記乾隆閒邑人陳某宿蒲之木蘭寺見
梁上方孔補木一片鑿之得此本竟夜鈔畢奄然
逝家人舁歸沐浴更衣懷中本隨地遂傳諸鄉里
然其文不雅馴按圖多莫可蹤迹疑贋本也附志
之

僑寓

吳下梁鴻隱中諸葛浣花老杜東坡髯蘇名賢寄
迹地賴以傳僑寓可勿志歟舊志所登不數人古
艾漁蓮諸家子孫今成土著但自當時論之固寓
公耳沿舊例補所未登高驤已志隱逸茲不復書
黃李二公借枝雖暫草木增榮焉列諸首簡

胡汴先世祥符人宋右丞相金紫光祿大夫致仕
寓崇遂家焉所居地因名光祿鋪墓在回頭嶺廟
在金城山下子斯文字元質年十七登熙寧六年
進士歷克謨閣待制紫金魚袋食邑六百戶孫仕
康字中正進士官尚書

黃庭堅字魯直甯州人其姑適邑高氏庭堅過訪
嘗讀書金城山留硯其上詳見山志

李綱字伯紀先世邵武人徙無錫高宗南渡相七
十七日被劾南遷經崇陽寓西郭外定明院有詩
載雜紀嘗自通城如崇宿巖頭寺所題寶陀巖埋
蹟隱仲微立石至今存已上宋人

艾頤齋臨川人元至順閒登進士寓烏石里白馬
灘子福三教授於此因占籍焉

王源眞字滇一號原三江西南昌人官翰林提舉

元至正閒避亂崇之高枧鐘山遂家焉子景昭見
選舉志已上元人

馮鼇字任之雲南前衛籍海鹽人隨父昇宦遊崇
後以易中雲南宏治戊午鄉試任順天府判封父
如其秩陞郴州守未任丁艱葬父台陂遂家焉服
闋改四川忠州卒附父塋妻谷氏傳閨範

馮餒字通之鼇弟以易中雲南己卯鄉試任湖廣
興山諭陞河南南召令與兄同占籍於崇

聶其康其允本籍未詳其先人國鉉以進士官順
天府尹歿葬崇陽康允兄弟占崇籍俱遊庠

號和梅德安府庠崇禎末全家遭獻賊之難憂憤裂巾寄迹潛沔諸寺與高僧遊久之授徒講易有名邑人陳治紀汪楓延致之愛崇陽山水遂寓焉勸令續絃誓不允聰穎絕人好茶嗜酒不時狂吟帷傚傳經恥較阿堵物人敬禮之以憂喪明年五十有九終於崇葬汪氏先隴詩文無專集

許子廉字簡可歙人與汪桂兒弟交避亂崇之石屋山家焉性清潔善詩蓄名琴古書延四方賞鑒知交傾一時名貴陳名夏楚遊時納交極歡匿詩有几案如名山之語謂所藏之富也江夏沈韻爲賦市隱詩程丕丌撰贊其像

汪懋勳先世黟著姓父應明隨太公兩世寓崇愛石城烏岡山水秀麗結廬烏頭原家焉懋勳遊庠

吳銓佐本籍未詳其祖以巨商家於崇銓佐補邑弟子員

張若仲號魯溪明季由江夏徙寓崇陽自稱張乖崖後念先人治績在崇早年卽擬卜居慕魯溪巖之勝故以爲號所著有青箕草王應斗序已上明人

熊震元父萬鎰明萬歷中賈於崇家焉震元性樸直敦品行然諾不欺　國朝康熙十五年舉鄉飲大賓子開試開詳開說俱庠生

何允文邑諸生祖仰東父懋生以客籍相繼住崇遂家焉允文七歲而孤嫡兄允光撫養之延師課讀友愛逾同胞云

金啓南字石農全椒人乾隆間客曹侯幕善品題山水龍頭石梘諸勝所至有詩

萍鄉先生姓名籍貫不傳嘉慶丙子春攜芑籥一君行李經黃巖橋樂姓館之止焉案頭一硯不置書籍講論縱橫口如懸河士流傾倒善飲酒醉中談京華事歷歷可聽殆湖海奇人歟黃麗洙莫測

何許人也未踰年一日歸屬荷行李向西南去

李德一號潛庵其父沔陽王氏子幼養於邑西石門李氏冒其姓及長爲賈武昌娶婦生德一年少性沈靜讀書能求關鍵點勘丹鉛持論有識咸豐壬子冬粵匪擄中日賦一詩城陷匿得免挈眷歸崇父及生母歿繼母頗苦之承順無怨色居二年病歿王氏世父迎至沔未幾死有潛庵遺草

道釋

緇黃之徒以廁人物類於誌異然有其人有其事志以存實猶敷江產及蟒牯水母也爰列於後

志閑淨刹寺僧唐元和中以國戚落髮爲臨濟嫡嗣勅賜圓通禪師壽百有餘歲乾甯二年大行七步垂手而逝塔曰普同

存制金界寺僧曹洞嫡派唐咸通中勅賜普觀禪師傳燈錄稱爲棗莢禪師是也趙州探泉問答機鋒載雜紀普觀塔今存

全豁資國寺僧（昌國舊名資國）泉州柯氏子骨翹肉髯燕頷虎頭體貌特異本觀音化身徧參臨濟仰山德

中原因沙汰隱鄂渚爲渡子後人名其地曰豁公渡旋居巖頭中和之亂與賊擁仗臨門全豁大喝一聲聞十數里巖端石落賊衆棄劍伏地起視已圓寂矣門人焚之獲舍利四十九粒藏塔曰出塵勅謚清巖禪師（已上唐人）

如暖本黃龍寺僧宋淳熙中嘗隨淨慈師一承孝宗召在御前與中竺寺仁問答上喜賜御用器辛丑年竟興巖頭寺先是清巖云冬筍成竹吾再來如暖未至之冬有筍生出塵塔前歲攢清巖畫像至蓬髮虬髯如暖貌甚與類咸云有夙契云

玄一眞人朝陽洞道士宋淳熙戊申羽化於此壁間留詩云鍊丹已就去昇天石室留來幾萬年欲

問眞人何處去蓬萊頂上會神仙（已上宋人）

王月台龍頭觀道士有異術能噓雨歲旱入巖洞騎龍而出大雨隨之洞有旁室其修眞處也不知何年羽化石牀蛻骨猶存

無言道人居臺山元至一樓尊無言教訊其家世瞪目不答指壁上所書偈笑示人嘗中夜擲樓偃臥於地穀然待旦能忍饑併日一餐渴則飲水昇絕鹽味王中丞應斗異之爲作掩食册題其後云那知出世有眞訣神仙一點爲金丹其時閉吻出中已凡年矣後不知所終

齋人黃時位居城中美錦坊繫籍與臺當催科宿山家夢中見婦人與羣兒泣別及醒牀側有伏雛母雞主人將烹以供食力止之得勿殺自是念佛持齋吏法名海會別號了然然納婦生女無異常人性剛戾行己介清獨之間市人多之奇也崇禎庚辰十一月二十三日忽向南河中洲掘地作坑納薪其中觀者雲集已乃解衣躍入周遭覆薪口中喃喃作念佛聲須臾火起於下不知何自來也自未至酉火滅骨立灰中昂首端臂屹然不僵時年五十七歲先是天啟初有山西老衲至其家寄

坐示語人無知者一日詣中洲書地爲火宅遂趺
坐歸寂了然莫辨化之處所化即其處也其前數
日汲水河濱鄰嫗戲曰老大終日還債應聲曰債
將滿矣歸與妻訣言越七日當去自是辟穀飲水
晨起焚香高談若有酬對乃聲言某某子衿是吾
前身法侶越四夜攤旋闔鑪舉體遍火僅存寸許
惴惴如嚴寒切骨弟姪驚問答曰吾正於火裏取
冰耳頃業已長逝恐爽廿三之約故復住也其生
死任自主張亦大異事王中丞燦斗爲之傳呃上人
行脚僧習融不知何方人康熙丙午歲寓潛南六
廟明年六月遍告通鄉言某日當逝與諸生蕭自
英普屬爲瘞骨及期同大眾數百人至河干掘地
爲坑解衣跏趺說偈訖瞑目垂手入滅眾爲聚土
成墳距縣不數百武

○願輝字天樹邑明經戴堯天之子明季落髮出家
遊歷東南名勝題詠頗多順治末年還鄉邑人築
庵留之從遊者多文士所著志藝文

戒榮字采商天童木老法嗣能詩順治中隨師入
侍曾叨
天問敕入北遊集內後自吳越來楚駐錫崇之淨洲寺

振興頹廢一時稱盛

原貞初爲靈巖僧歷九峯晴川卓錫寶隴巖深於
禪學一時名僧名士皆與之遊其談論平易近人
聞惡類則泣下話清流則齒芬顧示兒曹勛之孝
友大旨與儒家無異未幾遷 功令徵講席解散
侍從振策往遊南嶽不復返

寂龍初號拾得後更眞印浙之海甯人父朱子元
母歐氏娠十有七月將生雷電大作白虹繞室見
老僧入俄失所在時天啓甲子五月十三日也未
幾母歿父信佛送入僧寺及長隨師負瓶鉢爲行
脚僧遊蹤遍天下曉至楚卓錫崇之白羊山結雨
龍庵居焉庵無泉植杖於地而泉出康熙己未楚
中丞張公延之鄂城臨別執中丞手出袖詩言保
重者再明年三月中丞卒官繹其詩意已前知也
是夏方伯徐惺復强之鄂終日席地坐五月十三
日方晡忽起語左右曰我去了遂入滅時酷暑端
坐如生香氣撲人侍者載歸藏塔山麓生死同日
尤足異云眞印性至孝既爲僧省葬其父敬供子
職每念及母泣然如嬰孩泣受佛戒甚嚴貌癯拙
語言初未讀書不識字中年能詩偈嘗塑樓宿江

遇盜皆不死渡黃河舟中女子挑之不從忽騰空中雲氣冉冉行蓋仙女也上西臺遇道人指入蒲庵見老僧受異術言人禍福多中能以蓍飲愈人疾歲旱七晝夜不食禱雨蘇感崇十萬家與邑王中丞應斗善一日王在別業僧至求手談忽聞聲來門外王欲出僧强留終局平時王棋劣數子輒敗是日勝負久不分罾者去俄而暴死蓋先服毒來王以弈故不得與校故免於禍也其神異多類此圓寂後武昌太守杜毓秀爲誌石庵有木魚甚巨叩之數里聞聲

秘傳棲眞寺僧雍正五年暮春月之下澣得疫疾卽命徒衆爲沐浴斂襚衆見其强健弗之從乃自沐浴抱短棒曰疫氣我一身擔去命安榻殿側小停三日便諸檀越來面别自是卻而臥不復言但眼光四射手時自搔癢時二十六日也至二十九日果逝

律總字湧波號鈍樵巖頭寺僧邑余氏子初生時墮地一笑長深於禪理能詩通經生家言爲時流所重主長慶灌溪巖頭三寺講席辭世之日索筆作偈微笑而逝所著志藝文律總之後融昌號雪幢頗解吟詩然多妄作翻刻巖中古碑增損原文識者憾焉

儀容號寶亞松庵僧小茶坑山魏氏子自幼性孤寂水邊林下悠然獨往能時文授徒講學如儒士訓其弟嘉膳貢明經或勸爲賈島弗肯也有詩癖往往自晨至暮苦吟弗輟所著志藝文

儀佛號妙明别號松厂巖頭寺僧邑汪氏子聰穎過人精通釋典得戒洪山受法歸元遍歷名山由峩眉至京師乾隆中三接御駕蒙

賜羅穿還漢陽爲畢制軍太夫人誦經禱疾有效旋返巖頭制軍贈歸振宗風額

宏度金蓮寺僧象南紫癰寺僧俱能詩又聽泉庵僧寶蓮身如瘦鶴喜談詩有所得不以示人

潘守器邑人明末遯迹黃冠工書畫能詩遇異人授導引内鍊諸術雲遊至晉省寓純陽宫及陽曲北關柏樹園静坐累月不食康熙時晉撫薦送入都乞還山九十九歲羽化純陽宫遺書有石刻皆所作詩也

黃蘊和通山人爲朝陽洞道士習静多年壽[illegible]

貨四月十八日朝飯甫畢投箸疾走至洞旁子午石飛身而下石高十數丈峭壁如削崖半叢榛挂衣一片及地氣絶趺坐如生留有飛昇詩

黃鍊一家南山中自幼懷出世志種藝龍泉冬月擷崖間草果吞之能辟穀嘉慶初築萊朝陽洞建興宮宇爲巖棲勝境嘗坐洞旁石室夜半石崩安然無恙遊匡廬遇異人傳內鍊術目光甚明白日見天星暗室辨細字老年肌膚充實不見衰容一夕無疾終鍊一童身曾數歲不食煙火少時定聘某氏女既出家女及笄無歸父母將改醮命鍊一作休婚書書畢覺腹餓遂復食談修鍊者以此少之

胡義靜天門人年十餘歲隨父母流寓襄陽父死母他適義靜時爲人牧牛失母所在涕泣徧尋歲餘至崇陽東南小檊鋪得之遂依母以居業農甚勤善賺積久之母死窰塋暨石畢改服爲道士性質樸不知書苦行自勵衣褸食粗狀類乞丐諸黃冠欲引爲儔不屑就也樂義奉舜言出家人非特戒淫戒殺凡戀戀貨財貪吝不化生諸妄想皆地獄中人豈能作仙佛哉出所積青蚨佽邑士應舉

費偕邑紳上津渡橋梁僉重其義使處賓興館

人物談何容易閒氣所鍾代不數覯已顯一節之善足重於鄉崇雖褊小偕指不乏其人羅之遍刻善善從長之謂何卷首所列忠義卹典攸繫篇幅較廣砭頑起懦微權於茲寓焉其他顯微闡幽聞見必錄耳目難徧各舉所知非有阿也僑寓舊只載占籍之家重以山谷犂溪於術始當至於方外之流末之或遺然大旨重在名教忠孝二端仙佛亦不外此終之以黃冠好義羽翼士林所謂歸斯受之云爾閨範姓氏尤繁別爲下卷

崇陽縣志卷八終

崇陽縣志卷九目錄

人物志下

崇陽縣志卷九

閨範節婦貞女烈婦合類孝婦賢母命婦壽母分類

廖秉文妻蔣氏蔣義女年二十一夫故遺腹生子福矢不再適苦節終身鄉里咸敬慕之永樂中旌表

諸生楊鎰妻吳氏吳昺女二十三歲夫故子在襁褓或欲奪其志所庭前桂誓曰此吾夫手植者欲改行有如此桂以壽終

馮璽妻楊氏楊孟鐵女夫亡年二十撫妾遺腹子成立

馮鼇妻谷氏宛平谷祥女鼇仕蜀卒官所氏年甫二十徒步扶喪歸葬邑西台畈與嫡某氏皆無子相誓死守居城中朝夕奉奠如事生每掃塋徒步往雖風雨無阻家貧紡績易食即至親不一見嫡死苦益甚節益堅縣令易貞元居以官地胡秉性奏請旌表立棹楔縣前承流坊南題柱云苦節九無違俗意清風自有式閭人卒年九十四

庠生傅楚中妻王氏于歸一載楚中自省垣歸中途被仇家毒死氏年二十一撫遺孤守節五十八年備嘗辛苦卒蒙旌表所居地名龍坊因氏建坊

得名壬寅志稿
汪庭妻程氏咸甯程沂女早寡泣血喪明撫妾子
成立承大宦後一綫甌危氏內理煩外禦侮艱難
萬端勞瘁以支士大夫嘉之司府縣均旌表其匾
有清朝白璧節孝範俗貞節維風諸額
汪蒴姑汪恭孫女年二十適王姓夫故旋母家獨
居一樓三年後大父母憐其少將再嫁之女誓不
渝節因名其樓曰雁翅取雁不再配之義邑顯者
欲以上聞姑堅辭不許壬寅志稿
殷仰欽妻曾氏二十六歲守節撫孤成立孫文列

邑庠補
饒安世繼室金氏休甯金文毅公聲之女安世卒
時氏年十七矣節靡他麻衣蔬食終制置靈於榻
牖午夜哀聲數十年不絕以壽終督學高世泰楄
其門右俱節婦
張經世妻石氏與國諸生石漢女名瓊秀未笄夫
死且葬瓊秀素服奔喪臨穴一慟幾絕旋起拜舅
姑曰不幸不及事吾夫猶幸得事二尊人即無他
志矣未幾舅姑喪毀傷骨立辛苦饑寒後數年嘔
血死右俱貞女

蒙正發妻方氏徽州人父富商來崇見正發奇童
以女歸焉乙酉難作正發奔湖南氏從其父匿通
城不得正發音息氏性故剛烈念亂離身將安託
遂自縊後正發仕永明朝具狀請卹贈孺人予祭
一壇右烈婦已上俱明人
魏艮勳妻揭氏年十七而寡孝養翁姑撫子士儒
成立雍正五年請　旌建坊祀節孝祠
丁鳳儀妻陳氏邑庠陳鵬女生二子韓轍早寡矢
不他適有姑在堂夙嬰癱疾飲食起居朝夕不離
左右凡四十四年姑以壽終閭里咸重其節孝雍
正甲寅請　旌
增生汪臺妻王氏邑庠王世超女于歸七載夫歿
遺孤大者五歲次二歲氏孀居以慈母兼嚴師督
二子讀書俱成知名士鍾衡貢拔萃鍾華遊郡庠
年九十歿乾隆三年請　旌建坊門首莊殿撰有
恭賦詩載建置志
王元士妻龔氏年十九而寡撫孤子事舅姑備極
勞苦子名經緯及長娶婦遊庠未幾不祿氏撫孫
成立復見孫遊庠飲冰茹蘗以能課讀著兩世乾
隆元年　題表旌節以壽終孫名瑚歲貢生右俱節婦

汪鍾睿妻王氏王上授女未成婚而鍾睿歿氏縞素登門拜舅姑循子婦禮立夫後親撫養之父母不敢奪其志鄉里咸敬重焉右貞女

王作相妻陳氏邑庠陳梈女成婚未久夫歿無嗣還依母家誓不他適事父母盡孝已而伯氏夫婦偕亡遺子女幼氏復往夫家撫育之篤於親生遇有疾憂惶禱佑且竭力覓翁姑葬地捐貲助修宗祠屛釵環衣澣濯食無重味以紡績餘資贖回伯氏夐產增置祭田遇翁姑及夫忌辰奠茶酒哭泣悲哀終身如一日鄉里嘖嘖稱之

太學鄭瀚昌繼室楊氏蒲邑諸生楊文爕女于歸三月夫歿氏斷髮以示守貞作詩五章見志事祖姑及姑盡孝姑老病祈禱願以身代姑病旋起咸謂誠孝所感前室汪氏遺孤黃口多病氏撫摩鞠育不頃刻離懷孤漸成人不甚好學乃操刃泣諭之曰吾所以不死者爲大母與汝耳今汝不勤讀吾將血此刃以報爾父於地下孤感悟力學又以汪氏墓兆未安卜善地每寒食必往奠紡績之暇即誦書史教孤自夫歿後持齋凡十餘年鄉人皆欽其節

田聖猷繼室甯氏邑人甯宏志女于歸一年夫病劇氏刲股和藥創重幾死夫歿將以身殉念翁姑老前室余氏遺孤甫半齡乃忍死守義勤紡績節衣食以扶老撫幼足不踰閾子鑰成立與諸叔析箸氏戒無爭競田產自取薄者家庭義之咸化爲禮讓氏於田族中最長一姓四十餘戶婦姑無勃谿聲有不順者輒自悔曰無使甯母聞之其見嚴憚如此

士人徐聞詩妻吳氏吳進先女夫亡舅姑欲奪其志慟哭不從事舅姑益盡職撫兩孤子以養以教

備歷艱辛凡數十載眼見曾孫年八十四無疾而終氏性好潔暮年子婦進飲饌器必加巾拭不欲以節孝聞有譽之者輒面斥其非云右俱節婦

胡貞女其父胡帝世嬰人也女幼許字廖姓未嫁壻夭父兄欲令他適女誓死不從曰家雖貧以鍼紉度日足矣乃一室獨居四十餘年人不堪其苦女處之恬然年六十餘老於母家

王廷治妻舒氏妾廖氏俱以節著初舒氏年二十歸廷治相敬如賓五載無出聞廖氏賢勸夫納爲妾廖氏生二子曰桂曰彩舒視廖如妹撫其子若

古生廖亦姊事舒以桂爲舒子廷治病二婦同祈禱爭以身代及歿同孀居形影相弔王氏故衣冠望族二婦治家嚴整內外肅然課兩孤嚴慈備至桂遊太學彤入邑庠一門雙節時人重之婦父舒玉正廖翅元俱邑人已上乾隆壬申志外增四人

石承藻妻程氏年十九于歸甫一年夫故舅姑在堂生養葬祭以婦代子瀾叔幼延師課讀及長爲擇配先後遊庠各以一子承兄後乾隆甲申請旌建坊守節三十七年歿年五十七歲

庠生雷鳴亨妻駱氏年二十六歲夫故自矢靡他孝事舅姑教養二子瀕雲凌雲先後入泮歿年六十有一道光六年學憲王旌節孝楊薇楄孫琦登第俱庠生

廩生陳崑禮妻楊氏舉人陳山秀之母夫早故氏矢志冰操課兒及孫成名學憲茹旌書荻丸熊楄額卒年七十

陳定泰妻張氏年十九于歸甫期夫故苦節三十餘年容止端肅笑言不苟妯娌皆敬憚之

士人姜世德妻黃氏年二十九夫歿矢志冰守撫孤成立督令讀父書其子若孫後多列宮牆學憲

王額獎歿年六十有一

廩生陳從龍繼室汪氏年二十八孀居其姑耄且盲從龍繼母也奉之曲盡孝養撫前氏子炳已出新入國學之栩之杞同賦泮遊學憲王旌額曰節孝流芳

程普亨妻劉氏二十二歲夫故遺孤甫週晬撫養成立延師課讀并其孫茂才開益孝廉開第明經開南皆氏教育辛勤之報守節四十八年道光己丑旌

王錫齡妻蘇氏年二十夫故子浞生僅八月時姑年邁氏養生送死備極誠敬撫子勞以成愛督令力學不少寬浞後舉明經熊丸之助居多歿年七十學憲王獎節孝流芳楄

田爵一妻王氏年二十八夫歿家貧苦節教子孫以詩書壽八十有五學憲王給節孝流芳額庠生正南明經正表太學實賜植清皆其後也

庠生陳鉅修繼室葉氏子婦汪氏孫婦黃氏三代節婦也鉅修子家齊孫之極皆不壽葉氏年二十五而寡汪氏孀居時年二十六之極歿黃氏年亦僅二十八一門冰雪鄉里嘉歎之學憲涂錫三世

貞徽楄懸陳氏宗祠咸豐乙卯祠再三被兵燹楄
上一梁獨無恙咸謂鬼神呵護云

陳貞女庠生陳定國女也年十二許字江夏庠生鄭澤達未婚壻歿女年十七依父母以居矢不他適鄭氏諸姪重其堅貞迎至江夏養之爲立後承祀苦節三十餘年霜天月夜常有孤鶴繞其舍鳴人謂貞節所感本江夏志

石光國妻馮氏　陳遇時妻盧氏
郭坤士妻揭氏　某節婦譚氏
孫惟安妻沈氏　陳祥宇妻余氏

章岳氏　章黎氏
胡黎氏　黎應儁妻朱氏
鄒衍儀妻夏氏　夏振緒妻鄭氏
孫沐祖妻徐氏　殷朝詮妻熊氏
楊羣翹妻陳氏　陳致和妻汪氏
陳執玉妻沈氏　余希虞妻吳氏
蕭玉綬妻汪氏　蕭鰲妻王氏
金明儒妻王氏　陳理妻魏氏
余懋德妻殷氏　宋萬鼎妻姜氏
王坦妻陳氏　余開圭妻陳氏
王廷旺妻舒氏　王正華妻廖氏
王國淮妻龔氏　王潍妻黃氏
胡允詔妻宋氏　胡世拱妻黎氏
譚裕鰲妻饒氏　徐虞臣妻丁氏
李某妻張氏　夏士俊妻李氏

某節婦李氏○已上俱本湖北通志其有傳略見乾隆壬申志者魏揭氏以下十一人見道光壬寅稿者石程氏以下十二人其餘皆不能詳蓋通志修於嘉慶癸亥至今六十餘年所采姓氏其子孫多式微不復呈行狀故仍照通志書之存姓氏而已其閒有删去者係重載及命婦誤編入者也

諸生殷卜楫妻雷氏二十一歲夫故事翁姑盡孝翁卽明經學瑢也氏恐墜書香以義方教子守節五十七年子試詮妻李氏生孫本濤試詮病歿婦姑相依撫一黃口備極艱辛李之孝順如其姑姑老疾痛苛癢躬親抑搔終姑之世未嘗離側守節四十三年道光七年學憲王旌獎兩世清操本濤妻沈氏生子植澧本濤又病故沈誓不欲生止之者曰姑老子幼前型具在取法可也乃不死沈氏勤紡織善居積督子讀書遊郡庠邑有善舉勉佽

看任學憲李額獎貞潔流芳道光二十一年合三
代詳請　旌表建坊植澧後以單功官巡政
黃裕苗妻馬氏夫歿年二十七矢志守節繼子承
祧姑年老性極嚴氏奔歸常必稽首稟命反亦如
之奴婢雖眾饔飧必躬親調護終姑之世無少懈
時稱孝順歿年七十有三
胡江聘妻孫氏年十八未婚江亡聞訃奔喪撫棺
痛哭絕而復甦者再服闋矢不他適父母莫敢奪
其志嘉慶九年　旌
儒童傅常鼎聘妻徐氏年十四常鼎病故氏縞素
奔喪哭拜舅姑願以身代子職撫夫兄子謇霖為
後茹蘖飲冰不輕言笑不衣綵帛足跡不出戶庭
者五十餘年道光初謇霖郡試第一遊庠六年請
旌建坊長孫文瀚今補增廣生
士人龐中睿妻黃氏二十二歲夫故氏痛不欲生
遺腹生子兩萬家貧艱苦萬狀矢志冰霜上事舅
姑撫孤成立歿年八十孫廷昌入泮猶及見之明
經怡泰其曾孫也
陳增鳳妻羅氏二十五歲夫歿撫遺孤以養以教
備歷艱苦壽七十有五族里欲請旌氏曰守節吾

務豈求名乎堅辭不允太學德華廩生汝敬其孫
曾也
龔仁剛繼室楊氏性激烈仁剛有狂疾氏百計調
治病竟不起氏辦兩棺殮夫畢自吞藥死夫婦合
葬士人呼鴛鴦冢學憲鮑額獎苦節芳型烈婦
甘纂禹妻任氏于歸二載夫歿孀居五十餘年撫
猶子太學生同忠為夫後備嘗辛苦金石不渝道
光三年　旌
丁承正妻王氏年二十六夫故撫兩孤成立長清
玉太學生次清冰邑庠道光八年請　旌孫大鏞
亦入邑庠
程源拔妻李氏二十八歲夫歿矢志不渝事姑孝
教子嚴寡言笑見兄弟不踰閾守節四十七年道
光二十一年　旌
羅興良妻傅氏二十七歲夫故甘貧養子鄉里咸
欽其節歿年七十有二
雷仕達妻張氏年十九夫故三月生遺腹子甘貧
撫鞠躬操井臼善事舅姑守節二十八年道光七
年學憲王表其門
士人王廷玉妻陳氏監生王世基之母廷玉故氏

年二十七矢志守節教子義方拮据成素封之家守節五十七年壽八十有四道光十五年請　旌建坊

劉時茂妻楊氏邑庠楊楚鳳女年二十九夫故守節三十一年教子鎮華遊郡庠歿年六十鎮華妻吳氏通城諸生吳遵濟女年二十八鎮華不祿氏撫兩孤成立苦節三十三年學憲王旌額兩世清操鎮華次孫樹山妻沈氏太學沈士林孫女年二十四而寡無出撫猶子爲後守節三十餘年今見存

貞女朱輝父朱鼎臣母饒氏無子輝幼讀女誡書年十五將議婚見兩親有愁顏乃誓守貞不字衣男子衣朝夕侍膝下兩親年踰八旬生養死葬祭一一如人子禮嘉慶十一年輝年五十學憲吳匾獎孝行可風邑人士皆詠歌之後以壽終

生員黃湆妻陳氏太學陳臻達女年二十四夫故艱苦守志撫孤成立事舅姑以孝聞道光四年王學憲獎節孝可風額

傅預登妻陳氏年二十夫故家貧撫孤矢志不奪歿年七十

程人道妻黃氏年二十六夫故守志不渝學憲朱獎松心柏節匾額歿年八十有五

陳文顯妻王氏年二十三夫故無子堅志苦節孝奉翁姑歿年七十有三

夏樹森妻黃氏年二十九夫故翁姑垂老子幼耐貧茹苦孝養兼盡守節四十三年學憲王額獎節孝可風

朱玉琳妻宋氏年二十八夫故事姑撫子守志不渝嘉慶二十二年學憲沈額獎節孝風清

士人王中相妻劉氏年二十四夫故遺一女清操

自勵食苦茹荼事舅姑時具甘旨守節四十餘年人無閒言道光七年學憲王額獎節孝可風歿年七十

士人汪正瑩妻吳氏吳魁昌女年十七正瑩患狂疾氏于歸躬侍湯藥不解衣而寢者十有二年夫故哀號蹶死者再族人憫之以夫兄正瓊子敵烈爲之嗣道光八年　旌

士人陳于一繼室張氏年二十夫故矢不他適撫養前氏子成立恩愛若親生孫炳珩入邑庠

太學生陳鴻緒妻金氏年二十七夫歿孀居苦節

撫週歲遺孤督令讀書事盲姑以孝著學憲王額
獎節孝可風壽九十六歲孫炳南登賢書猶及見
之
楊登元妻張氏年十九夫故孀居六十餘年足不
踰閾道光十一年捐田入學宮爲修葺節孝祠費
學憲王額獎
庠生何灼芳妻王氏年二十八夫故冰操自矢家
貧子幼紡績度日訓子有義方子周申孫運炳俱
入邑庠
何元珠妻程氏年二十九夫故撫孤成立督教有

方孫周鼎入邑庠
沈萬成妻劉氏沈琠久之母萬成歿堅貞自矢撫
孤成立嚴慈兼盡學憲王給砥節懷清扁郡庠得
源太學興仁裕源邑庠清暉皆其後
李開源妻吳氏年二十一夫故清貧苦節撫孤成
立卒年七十
汪正斗妻王氏夫故年二十四家貧紡績自贍撫
養三子備極艱辛學使王給淑節幽芳扁
汪敢道妻龔氏年二十于歸甫數月夫歿絕意歸
甯事祖翁姑及姑黃氏以孝順聞繼姪太學生鏸

仁爲嗣
汪正龍妻吳氏年二十四夫故苦節不渝事姑以
孝繼姪敢明爲子學憲王旌懷清履潔額
縣武王妻戴氏年二十夫故家貧苦志自守撫孤
成立七十餘年堅貞如一日學憲王給松筠勁節
額
張升高妻殷氏殷植灃胞姊夫故欲以死殉族姻
多方勸慰撫養遺孤成立以紡績所餘散給族里
中之貧且衰者守節三十二年道光二十一年
旌表建坊

許堂日妻沈氏年二十四夫歿遺一女矢志自守
始終不渝卒年七十
王賜起妻趙氏年二十四夫歿撫周歲遺孤教養
兼至壽六十六學憲王獎以額
孫傳氏傅晃日女生三月乳於壻家九歲壻孫春
茂殤姑撫媳若女將俟其長成嫁之氏性激烈偶
以事忤伯兄伯怒叱曰爾豈我家人耶氏痛哭翦
髮一束持與伯曰所不能爲孫家人者如此髮爾
者謂童年憨態也氏自是竟卓立若男子身任井
臼孝養厥姑面鐵心冰雖妯娌之親不敢嘗以戲

言年五十學憲楊獎節孝可欽額以壽終氏一生負氣老年氣益厲婦女不率教者不敢過其門

鄭松妻王氏年二十七夫故遺一女苦節堅貞就姪紹光侍養教姪入泮壽八十二學憲王給額旌獎

武庠黃金魁妻姜氏年二十七夫故氏欲以死殉瀕水者再親屬立勸乃止撫遺孤督教如嚴父壽五十有八

甘德優妻陳氏年二十二夫歿撫遺腹子嚴慈兼至守節四十餘年學憲　給額

庠生方光朝妻程氏年二十六夫歿矢志靡他撫孤子成立事姑孝養備至子名明魁妻袁氏年二十一明魁歿遺一子姑媳相依義方垂訓一門清節鄉里嘉之

陳班鼇妻金氏年二十六夫故堅志苦守事姑以孝聞學憲王給額

甘次賢妻王氏年二十夫故矢志守節備嘗辛苦歿年六十

王千與妻孫氏于歸時千里已抱痼疾氏侍湯藥敬戒備至夫歿矢志不二守節四十八年學憲王給砥節懷清額

士人孫廷瓊妻龐氏年二十三夫故冰清自矢繼一子承夫祀守節五十餘年壬寅志稿有孫廷愛妻龐氏疑是一人

殷植楫妻孫氏年二十七夫故遺一子誓不再醮奉一翁三姑曲盡孝道守節三十八年學憲王旌節眞孝摯扁

杜昌霖妻孫氏孫鍾琇女年二十七夫故無出繼子承祧冰霜之節人無閒言道光二十二年請旌

王懋相妻陳氏夫故年二十三撫二歲遺孤以哭

夫喪明苦節四十七年

汪節文妻陳氏年二十九夫故家貧子幼舅姑在堂艱苦備歷壽年六十有三

士人沈昌壽妻王氏年二十四夫故遺孤定時甫周月矢志不渝家貧翁姑老勤紡績以奉甘旨備歷艱苦定時英年貢拔萃科

士人饒世賦繼室蕭氏年二十五夫歿無出家貧紡織自給矢志柏舟撫繼子序琛如己子族里無不欽敬歿年七十有一

增生夏樹桂妻蕭氏年二十四夫故茹苦矢貞事

姑孝養無間歿年六十
士人甘德輿妻米氏年二十七夫故僅遺一女孤
苦零丁紡績自度守節三十二年
胡上德妻曾氏年二十八夫故繼姑在堂孤子四
人氏堅志事畜紡績自贍鄉里欽其閫範壽七十
有一
劉紳華妻程氏年二十夫故孀居三十年始終一
節邑侯顧給貞潔可風額
曾煥章妻孫氏夫故守節不渝學憲王給額
士人何勳芳妻鄭氏鄭龍光女二十八歲勳芳應

試瀕水死氏守節靡他督孤子讀書繼志歿年七
十有三
廩生程登仕妻劉氏年二十八夫故欲以身殉翁
姑防守甚嚴得不死撫幼事老無不曲盡學憲王
給褊歿年六十有八
優庠生楊洪鑣繼室吳氏通城與人吳保泰女年
十七適楊甫一月夫故撫前妻二子教養兼施歿
年二十七王學憲給節孝揚徽褊
士人楊廷彰妻雷氏年十八于歸甫一載夫故素
服終身守節四十七年學憲洪旌勁節可風褊

麗吉山妻王氏年二十九夫故守節四十一年
田正倫妻黃氏年二十六倫故自刎幾斃族里勸
慰之乃不復求死事姑撫幼極其懃懇守節十九
年歿
麗芳若妻潘氏二十九歲守節貞烈自矢歿年七
十有七
楊琮鎰妻黃氏于歸甫閱月夫故氏慟哭幾絕撫
弱姪爲子以奉夫祧苦志十八年歿年三十六
鄭容光妻汪氏年二十八歲夫故矢志自守撫孤
子理成立姑廖氏年老目瞽氏奉養備至得其歡

心孤幼多病氏常泣曰若此子不生我亦無庸活
也性慈善一生未見怒容雖居城市足未常出戸
外及年老親族非大慶弔並不省視日惟紡績自
給王學憲給額詳請　旌獎歿年七十有五
士人王楩材妻饒氏生員饒世則女夫歿年二十
九遺三子俱幼家貧操懍冰霜辛苦萬端撫子成
立事翁姑得其歡心姑疾勤侍湯藥並徹夜不遑
假寐如是數月無倦色族里咸稱之歿年七十有
二
饒序宗妻鍾氏夫故遺一子俊奎時氏年二十八

歲家貧節懍冰霜事翁姑孝順不違撫孤子教養
備至歿年八十有三
饒世愔妻張氏年二十九夫故生三子紡績度日
撫孤成立孫男繞膝闔里咸重其操歿年七十二
監生王蔭烈妻石氏夫故年二十九矢志不二遺
一子教養成人族里重之歿年七十有九
士人饒序琳妻王氏年二十六夫歿撫數月遺孤
俊義成立事翁姑曲盡孝道壽年八十四無疾而
逝
王天文妻黃氏年二十八夫故遺一女守節四十

五年歿學憲王給額旌獎
曾永貞妻淵氏年二十六夫故矢志守節撫兩孤
成立家雖豐厚事舅姑飲食必躬親不使人代姑
病躬侍湯藥三年不倦鄉里以孝稱歿年六十七
長子應鑾貢生次應泰議叙
楊超謹妻王氏年二十六夫歿撫孤成立苦節堅
貞孀居三十一年
傅朝材妻李氏年二十三夫故撫孤成立守節四
十五年
楊滿鑑妻汪氏汪襄贊女二十一歲歸楊六年而

夫故苦節自矢奉事老姑撫孤子洪灼督令讀書
遊庠鄉族嘖嘖稱賢氏雖女流通書算善理家政
手錄一冊遺子孫歿年五十有六學憲王給楄旌
獎
徐遷喬妻傅氏傅心仁女于歸四載夫故苦志撫
孤守節三十八年學憲王旌楄額
汪襄贊之妻袁氏汪襄石之妻王氏姑媳柏舟自
矢玉潔冰清王學憲旌獎兩世清操楄額
楊惠鑑妻洪氏于歸一載夫故遺一子洪濟僅數
月撫孤成立守志不撓苦節四十一年歿年五十

八婦陳氏歸洪濟四年而寡遺子二長三歲次甫
三月陳繼姑志守節三十年年五十四學憲王贈
世節揚輝楄額
士人龐黃標妻汪氏年二十夫故撫遺腹子矢志
靡他守節五十二年歿年七十有二學憲王賜楄
額
汪盛泰妻羅氏年二十八夫故守節不渝仰事俯
畜曲盡其道學憲王給楄旌獎歿年七十
蔡京明妻饒氏饒國憲女年三十夫故事翁姑撫
孤子備歷艱苦歿年七十有二

熊學亨妻舒氏舒國清女年二十三夫故遺一子撫養成立孝事舅姑人無閒言學憲沈給冰蘗堅貞褊殁年八十有二

夏汝霖妻雷氏年二十九夫故家貧子幼甘心茹苦守節三十四年

魏遠輝妻汪氏二十八歲夫故矢志守節一日歸母家道遇同懷兄弟勸其再醮氏聞言即忿氣返此後絕不一往殁年五十有一

陳有端妻王氏年二十六歲而寡生一子方歲餘氏矢死靡他撫孤成人後嗣蕃衍殁年九十

鮑魁明妻陳氏年二十九孀居孝慈兼盡凜凜清操金石不渝

饒世棟妻劉氏夫故年二十九遺三子俱幼姑老家貧備極艱辛已而三子復相繼亡終日涕淚不乾撫幼孫成立殁年六十有一其媳黃氏現年六十二孀居三十五年節孝亦如姑

姜彖泉妻米氏庠生米宗岳女十八歲于歸言動以禮得舅姑歡心二十八歲夫故痛哭欲以身殉家貧撫遺孤三紡績度日苦節二十一年

張文照妻黃氏黃承祖女知書數明禮義二十歲于歸越三年夫故無出勤紡績奉孀姑凡三十餘年不懈壽八十康健如常預知某日當死無病而逝鄉里傳爲美談

儒士許人偉妻程氏程首學女二十一歲于歸甫年餘夫故家貧無出矢志不渝舅姑在堂孝養無懈撫繼子廷桓恩義兼盡儉積成家督孫榮陞讀書遊庠守節五十六年殁年七十有八

士人陳班敎妻余氏年二十六夫故矢志不貳守節三十五年學憲王奬額

太學生石其介妻甘氏二十六歲夫故守節三十四年

石光楷妻舒氏二十四歲夫故守節四十年

石則安妻王氏二十一歲夫故守節三十五年右三節婦出一門鄉里重之

王君試妻熊氏于歸五年夫故苦志撫孤殁年七十有二

雷文逼妻張氏張廷輔女年二十九夫故孝事翁姑撫育二子甘心荼蘗學憲王給砥節懷清褊守節四十五年

熊光祖妻揭氏夫殁氏哀痛不欲生以姑邏守之

衛家死事親撫姑備嘗艱辛以高年終

魏森玉妻程氏年二十五夫故矢志守節歿年七十有六

熊作敬妻龐氏年十九夫外出病故氏矢不再醮事九十八歲老姑孝養盡禮鄉鄰稱誦

士人米錫綬妻汪氏年二十四夫歿遺一子撫養成立孝事翁姑無違禮

生員汪正簡繼室劉氏士人劉經國女生二子夫歿時年二十六苦節自矢撫前氏之子如己出設夫位朝夕敬奠飲食必祝懋四十五年如一日

廖文興妻陳氏陸繹祖女二十二歲夫故無出矢志守節繼姪爲子娶婦生孫甫週歲子婦相繼亡撫孤孫成立備嘗辛苦歿年八十有二〇按節母康熙時人道光壬寅秋其裔孫夢白髮媪授一帙展視乃空幃自嘆詩全首六韻中有開幃夜冷淚痕經松柏淩霜不改常之句既寤以語塾師陳之棟陳曰邑方續志予先世殆有節母未表乎鄉媪年八十餘詢之始知其詳媪又言族里嘗壽節母以編歿後數十年宅火燬編獨無恙尤足異也

張貞女生乾隆初年性愛潔酷信佛事發願長齋因父母年老矢志不嫁勤苦紡績以養終歲不出閨門雖族戚不輕相見年八十五歲無疾而終

龐太國妻劉氏年二十于歸閱四載夫歿無出翁姑衰老紡績供膳處貧乏而百折不回道光二十三年學憲朱旌節孝可風編

太學生沈萬濟妻陳氏士人陳家相女年十八于歸二十四夫故遺孤四齡氏矢志靡他遷居教子治家嚴肅躬任作勞後嗣蕃育眼觀五代歿年八十有八

太學生石倫時妻甘氏太學甘元紳女二十于歸

三十夫故無出矢志不渝繼子鉅豪太學承夫祀舅姑歿歲時伏臘必灑滌祭奠守節五十三年以壽終

殷世勳妻袁氏嘉慶五年于歸幽閑貞靜敬執婦道二十八歲而寡苦志撫孤風規肅然守節五十年以壽終

周日光妻羅氏羅可人女乾隆四十一年于歸閱數歲夫故氏年二十有六家貧孀居奉舅姑撫孤子不辭勞瘁歿年七十有九

庠生余應鼎妻丁氏丁鉅德女生子甫六月夫故

時年二十八矢志孀居奉姑育子備極辛勤歿年六十有一

士人胡與禮妻王氏王學川女夫故年二十有四生孩僅六月矢志柏舟毀容屏飾奉親撫子曲盡其道歿咸豐戊午壽八十四歲

汪德盛妻龍氏二十歲夫故遺孤子茂壽矢志不易孝事舅姑撫孤成立所居地有山港當吳楚通衢氏將歿命子建橋利濟名遺命橋

余榮夏妻徐氏蒲邑徐振先女十九歲于歸二十六夫故矢志靡他奉舅姑盡禮撫遺腹子魯習力學遊庠家故貧延師課讀豐餽厚金歷久勿怠歿

年六十有六

士人龔肇恂妻程氏程昌祺女二十于歸二十七夫故家貧姑老二子俱幼氏紡織維勤姑歿喪葬竭誠教子有義方節操堅貞四十三年如一日以壽終

金開勳妻李氏李玉成女二十五歲夫故家貧撫二歲遺孤苦節不渝歿年七十有三

江業潤妻胡氏幼嫻姆教知書算于歸生一女二子三十歲夫故堅貞自勵風規肅然長日無笑容

守節凡四十年以壽終次子秀琪太學生

楊超雍副室余氏漢陽人貞靜慈和持家儉約于歸數載夫故苦節五十餘年內外無間言道光丙戌于學使俊補獎

楊洪第妻賀氏蒲圻庠生賀國泰女十八歲來歸二十七歲夫故誓以死守生平寡言笑慎起居尚儉樸子姪輩見之莫不肅敬守節五十三年道光辛丑學使朱額獎

士人賴鈞鑄妻黃氏年二十夫故遺一子矢志守節事舅姑盡職以壽終

沈昌瑚妻雷氏二十五歲夫故家貧撫孤成立族里無閒言

龍永興妻孫氏十九于歸二十一歲夫故無出繼一子承夫祀學使朱給獎勁節幽光額以壽終

士人傅源鍾妻李氏二十五歲夫故孀居事舅姑盡職督孤子和鼎讀書成善士守節十五年歿

庠生龍允升妻汪氏溫惠淑慎二十三歲夫故氏守志撫孤成立鄉里稱之

庠生丁清黎繼室劉氏生一子夫故撫前妻二子如己生紡績度日守節三十年

傳三姑名素蘭太學傅祖忠孫女幼字程引杞年
二十二將婚引杞病故女聞訃一號仆地素服奔
喪誓以身殉邏守之得不死留事孀姑越六載女
歸省親面上時有淚痕父母心惻欲奪其志會媒
媪至容議將成女知之仰藥求死未果中夜從容
沐浴更衣登樓自經崇俗處女辮髮嫁時方挽髻
女笄多年矣臨死仍辮髮明全其爲女云時年二
十有七道光癸卯同其姑請　旌
楊銓鑑妻鄒氏鄒勝歡女早年夫故守節不渝事
姑盡職閨範甚嚴年九十時見生客猶赧然退謂

予姪曰女子位乎內吾雖老媪使人見面不愧乎
道光丙戌王學憲表其門
王澹溥妻葉氏二十歲夫故事姑盡道撫孤成立
壽年八十縣學張之棨給勁節千秋楄
王十學妻鄭氏鄭光廷女年十八夫故撫遺腹子
成丁事舅姑以孝聞姑死弱叔僅六齡撫養婚配
一一周匝遺孤年二十餘夭又撫孤孫成丁備極
勞瘁節苦益堅鄉里稱之
陳之璪妻吳氏二十八歲夫故攜三孤子廬墓者
九閱月奉姑盡職督姪炳旂讀書遊庠同治甲子

邑侯徐元杰詳請　旌表壽踰百歲
夏振緒妻鄭氏年二十餘歲振緒歿濟甯舟次喪
歸氏哀慟幾絕撫遺孤母兼父道對妯娌言笑不
苟雖處宦家與食貧居賤等蓉塘翁稱其才而賢
前依通志列名茲補傳
汪春琦妻陳氏夫故矢志不渝道光七年王學憲
給節孝風清楄
雷起階妻孫氏夫故矢志不二王學憲給楄旌之
李萁灼妻甘氏二十四歲夫故矢志不移守節二
十七年歿

程栴鴻妻譚氏年二十八夫故撫遺孤引杞引宋
成立已而二子相繼夭杞聘妻傅氏前有傳宋妻
朱氏二十六而寡遺孤一譚朱姑婦孀居苦節不
渝譚氏於道光癸卯請　旌歿年七十有七朱侍
譚病累月衣不解帶歿葬祭竭誠族里咸稱之今
見存
蘇尊爵妻彭氏彭慶□女夫故年二十九歲遺孤
三氏矢志孀居舅姑高年孝養維謹姑病臥牀褥
凡五載躬親調護未一日離側學憲李給節孝
流芳楄歿壽六十有八

簡昌賢妻朱氏二十餘歲夫亡葬舍側時常攜遺孤就冢哭三年如一日翁姑先殁叔翁欲奪其志氏泣語叔姑曰欲存孤兒當留寡媳不聽遂雉經死士林多弔以詩熊處士世玉有彤管名香猶後事白蓮花潔是前身之句

陳序新妻伍氏二十七歲夫故遺孤一家甚貧生活取給鍼黹翁老病在牀服勤不怠鄉井僉稱節孝以壽終

譚首拔妻黃氏黃致高女二十六歲而寡甘貧守節奉舅姑盡職教子讀書夫弟死弟婦再醮氏撫姪如己子族里稱賢道光二十七年 旌表建坊入祠

龐進賢妻姜氏十九歲夫故矢志孀居始終一節壽年八十有三孫曾林立道光七年王學憲給節貞孝摯額

汪選堂妻龐氏二十歲夫故矢志不二撫猶子爲夫後道光十八年方學憲給節孝流芳額

余啟文妻丁氏丁光清女早年夫故守節不移年六十有六道光十八年 旌表建坊祀節孝祠

陳溼元妻程氏二十一歲夫故家窘撤釵環勤紡

績奉養舅姑殯葬如禮撫孤子成立守節四十餘年

鄒廣盛妻金氏金名魁女二十三歲夫故矢志不奪殁年七十

太學沈達四繼室譚氏譚遇躍女二十八歲夫故矢志守節性靜一不輕言笑勤儉孝慈見稱宗族年六十有八

廖守漏妻姜氏十九歲夫故無出撫兄子爲後武謝閏嫁氏面斥之苦節五十年殁

汪時大妻黃氏黃萬珊女七歲歸汪合巹數年夫故氏年二十五誓志守節咸豐戊午撫憲胡給操比松筠額殁年七十有二

沈世滂妻殷氏庠生殷煌範女二十歲夫故家貧子幼苦節不渝鄉里皆欽敬之道光丁亥王學憲給節孝可風匾殁年八十

甘清學妻殷氏殷湛明女性貞靜十九歲夫故矢志不二撫姪兩潤爲夫後殁年八十

士人黃學章妻余氏庠生余前樞女二十八歲夫故遺一女家貧紡織度日孝奉舅姑鄉里嘉嘆殁年五十有三

魏植三妻徐氏年未三十夫故矢志不渝事翁姑撫遺孤備歷艱苦道光七年王學使額奬節孝可風歿年六十有八

陳廷授妻蒙氏二十七歲夫故守節不渝歿年九十有六

黎雄闓妻吳氏二十一歲夫故家貧守節課子讀書王學使額奬清節揚徽歿年九十有七

全世潤妻王氏年二十九夫故矢志守節撫孤成立道光六年王學使扁奬節孝可風歿年八十有四

程逢元妻龔氏二十一歲夫故舅姑在堂遺孤開讀在襁褓氏仰事俯畜一身任之節操冰清見重族里開讀列名國學

李進受妻金氏同里金開揚女二十七歲夫故家無儋石撫兩孤成立辛苦萬狀其志益堅李族長幼男女均敬服之

劉中富妻黃氏二十五歲夫亡家貧矢志靡他事舅姑撫遺孤倍歷辛苦鄉族無閒言氏勤紡績老年猶不自暇壽九十歲子孫衆多道光六年王學使給節孝可風額

陳錫昀妻王氏二十四歲夫故撫遺孤二俱列成均孝事舅姑宗族靡有譏議

雷起汶妻龔氏夫故年二十八矢志柏舟荼蓼自奉始終如一

王尚瓊妻雷氏雷應元女夫歿氏年二十四冰霜自勵言笑不苟奉養老姑盡道撫孤成立生平好善樂施守節二十七年督學王表其門

王廷弼妻田氏二十一歲夫故柏舟自矢遺孤甫周歲撫養成立備極劬勞歿年六十有一

王煥文妻馮氏二十五歲夫故矢志守節閨閫則之

劉玉印妻王氏二十四歲夫故遺一子周歲而亡苦志守節孝事舅姑姑風疾在牀數年供侍湯藥歷久不倦繼姪後嗣承祀視如己子鄉里咸嘉嘆焉

太學生王西岳妻熊氏太學王定魁女魁生甫六月西岳病故矢志靡他撫孤成立以壽終祀上道光壬寅稿

士人張元才妻駱氏駱雄萬女十七于歸二十九夫故矢志撫孤苦節不渝歿年八十有二

張紹達妻丁氏丁爲鳳女二十八歲夫故守節不移事姑孝姑病奉湯藥衣不解帶者三閱月子姪輩俱督令讀書鄉里稱之歿年九十有三氏一子依仁業儒早故婦吳氏吳九思女年方二十四遺子一守節如其姑見年六十有六一門清操遠近嘉嘆

郡庠鍾大有妻王氏士人王泰臨女二十五歲夫故矢志不二奉親盡孝養課子以詩書歿年六十有三長孫馥亭刻邑庠

謝崇華妻陳氏陳德盛女二十一歲夫故懷姙在身或以家貧無子勸改嫁誓死不從日夜祝天賜

一男已而果生子盛逵喜曰吾志遂矣勤紡績鍼黹奉姑養子苦節自甘歿年六十有四

汪道成妻黄氏黄惟聰女二十八歲夫故守節不渝歿年六十有八

熊崇義妻徐氏士人徐學林女二十六歲夫故撫八齡孤子上奉舅姑苦節不渝性好推解周給貧乏見稱鄉里歿年六十有四

舒黄萬妻汪氏汪立德女年十九于歸二十九歲夫故遺兩孤長光楚六齡次亟勲周歲氏矢志冰操撫孤成立好施與因待養不及待父母族尤加厚鄉里有賢母聲以壽終孫萬峯邑庠官巡政習元孫以次游庠

饒庠乾妻程氏程耀海女二十九夫故遺孤一矢志不移事舅姑盡道叔母丁守節無子氏憐其老孳孤子爲之嗣敬奉無失守節三十餘年歿年六十有一

貢生甘冠元妻吳氏吳玉書女二十八歲夫故矢志靡他善理家政内外整肅三子遵提命克自樹立鄉里僉推母賢庠生登泰明經登念其[redacted]孫

王元圭繼室劉氏劉正煌女二十七歲夫故苦節自誓寂守參幃親戚罕見其面閨閫宗之

貞女陳錫闈陳秉善女幼字胡姓其貌不揚胡聞而退婚父母欲另字女誓死不從依膝下以居怡怡孝順治家勤謹終其身足不踰閾族里欽之

汪基合妻陳氏庠生陳鈿女二十九歲夫故矢志孀居奉親鞠子始終一節歿年四十有五

庠生陳廷瑞妻傅氏庠生傅以忠女幼聰慧嫻姆訓二十于歸孝敬和順稱賢内助廷瑞好義喜爲善歲大疫施丸藥棺材賴以生活收瘗者不少氏

力贊成無吝色廷瑞歿氏年二十八奉孀姑撫三孤兒憔悴辛勤苦節自甘內外稱頌歿年四十

士人龐攀桂妻孫氏年十九于歸二十一夫故無出矢志不二朱學使給勁節幽光額見年八十

甘衍清妻王氏王廷貴女二十二歲夫故守節不渝王學使給節孝可風匾見年九十有四

羅首登妻雷氏二十九歲夫故矢志守節閱歷艱辛撫兩孤成丁學使王獎額歿年八十孫定元列郡庠

傅譽祺妻廖氏年二十六生子燦章甫三歲夫故

矢志不渝紡績自勞義方爲教族黨稱其節且賢歿年七十有七

羅亭谷妻聶氏二十一歲夫故事姑育子家貧而節彌堅鄉閭推重

程道安聘妻孫氏孫麗藻炎女幼讀班宋書性情婉摯而志趣堅貞將嫁先一月壻夭女聞訃奔喪撫棺慟絕欲以身殉勺水不入口已乃勉強承舅姑命畧進飲食久之絕粒死聞者無不傷之

王純清妻姜氏姜世超孫女年十七未賦于歸純清患病甚危氏聞之稟命父母謂壻早失怙恃兒不去誰奉湯藥乃歸王侍疾衣不解帶者數月純清卒不起氏痛哭不欲生矢志孀居心同鐵石遠近無不歎服歿年三十有七

鄧進賢妻王氏性聰慧而激烈年二十八無子進賢病歿氏悲號慘怛不食三日投繯死

周福姑周燮亮孫女許字儒童陳時安年十七未婚壻故女聞訃籲天幾絕請於父母縞素奔喪殯葬畢返母家家人知其性貞烈慮其輕生多方勸慰二夕女竟沐浴更衣自縊死士林咸弔以詩請旌建坊入節烈祠知縣高贈貞烈可風額

庠生楊鵬業妻吳氏通城太學吳庚泰女年十七于歸嫺姆訓舅歷任廣文蕭然囊橐鵬業喜讀書不問生產父歿家中落氏無怨言出釵鈿爲養姑貧夫病足臥牀數年奉湯藥不稍懈夫故年二十八孀居撫子含節自甘子被賊擄哀號籲天數月子得脫僉謂積誠所感性勤謹善女紅寡言笑守節一十六年病歿族里稱贊無異言

汪基艮妻孫氏年三十夫故事舅姑撫孤子以節孝聞見年八十有三

士人姜祖嶽妻汪氏汪槐安女二十二歲于歸二

十八夫故氏矢志冰守奉翁姑飲食必先問所需
然後進供督孤子德元讀父書補弟子員見年八
十三歲
郡庠生王鎮常妻汪氏性貞靜言動不苟二十九
歲夫故無出一室獨居紡績自奉不以貧乏有異
志見年七十有四
士人備登蟾妻吳氏吳光照女二十六歲夫故祖
姑暨孀姑在堂氏矢志守節祖姑老病牀褥氏保
抱如嬰兒凡數載歿葬祭盡禮撫教孤子備極嚴
督王學使獎節孝貽徽扁額見年八十有三
王作霖妻宋氏宋有忠女八歲歸士合卺數年夫
故氏年二十七撫遺孤成立守節四十餘年見年
七十歲
龔仁利妻劉氏劉海洛女十五歸龔二十四歲夫
故遺孤甫九月氏矢志冰守見年七十有一
劉靖邦妻金氏金光斗女二十六歲夫故撫兩孤
子守節不渝見年七十有二同治二年儒學獎額
女宗是式
劉大智妻張氏二十八歲夫故矢志冰守閫範維
嚴奉翁姑生養歿葬祭一一盡職見年七十三

貢生龐炳泰妻米氏二十八歲夫故矢志冰守撫
兩孤成立長交孚列西庠次交道入學食餼交道
妻饒氏饒俊蘧女年十九于歸德容言功均有足
稱生子三交道不祿氏年三十取則孀姑壼範維
肅子鍊成鑑成遊太學克成業儒俱奉慈訓如嚴
命焉米氏見年七十有八饒氏年近五十兩代節
孝閭里重之
徐文純妻王氏王國新女二十八歲夫故貧困無
子矢志不移撫兄子爲後勤儉垂訓子孫遵教門
風肅然見年七十有一
丁學涵妻王氏二十九歲夫故家貧無以葬躬自
築塋哭泣三年一目喪明姑性善怒奉養維謹撫
二子成立日事耕種夜歸紡績至更深子孫咸率
教見年近八十康健無恙
傅序勝妻徐氏徐德魁女二十九歲夫故矢志不
二事孀姑撫三遺孤身任井臼孝慈兼盡見年七
十有一孫子成行
孫錫朝妻沈氏二十一歲夫故遺腹生子汝檠堅
志守節孫曾成行鄉族咸稱道之
生員夏樹松繼室劉氏年二十八夫歿上奉老姑

下教孤兒備極艱辛督次子茹燊讀書入泮督學王額獎見年八十有四孫紹鼎今列邑庠

周開富妻舒氏結縭二載夫歿遺孤甫三月時氏年二十誓志守節撫孤子太學生昌孝成人族黨俱無閒言見年六十有二

蕭昌祥妻饒氏饒名昌女襁褓中就乳於蕭舅姑女視之年十五未婚夫故名昌議再字氏泣曰翁老姑死又無子養媳當女女代子職義不他適也父强之再三氏乃請兩姓及比鄰父老至焚香對天取刀斷左手小指血濺案上曰阿爺慮女志

不堅耶若有玷父母如此指請翁叔蘸血作書併指付父藏之指歷久肉色不變守貞已四十餘年事翁生養殁葬祭盡禮如人子立嗣承祧家故貧勤紡績躬井臼勞苦度日心如鐵石鄉人俱欽敬焉見年踰六十

米春林妻汪氏廩生汪基肇女附生道謙姊二十九歲夫故事舅姑撫遺孤盡道守節四十餘年族里咸重之

程三姑幼字金子德未及笄而子德故聞訃縞衣適金撫棺痛泣伴靈守制歷三年如一日翁姑隨

逝出訪績餘資葬祭盡禮并爲夫弟完配續宗祀歸老母家道光十九年　旌表見年六十有九

陳榮莆妻劉氏幼抱養於姑二十二歲夫故僅遺一女撫兒子爲嗣家貧乞食誓不改嫁拮据營甘旨孝養舅姑節操堅貞遠近敬服

汪鎮玉妻毛氏二十九歲夫故矢志不渝事孀姑鄭氏盡職教子有義方族里咸欽節孝

孫黃三妻趙氏二十歲夫故家貧守節奉養舅姑撫孤雛成立年逾八十含笑而終孫漢濱遊庠

譚裕寬妻汪氏汪明德女年三十夫故矢志守節

事親撫孤內外無閒言咸豐辛酉兩學旌額見年七十有四

揭兩參妻傅氏傅理衡女年二十九兩參溺水死氏矢志孀居勤紡績上奉舅姑生養殁祭葬皆盡禮撫兩孤成丁節操凜然見年七十有四

士人宋理和妻王氏王在止女二十九歲夫故子冠甃僅周歲氏矢志撫孤教養兼至紡績裕家外人鮮見其面冠甃太學生

士人謝廷選妻王氏王鎮興女二十五歲夫故毀容極哀矢志不二以禮事舅姑撫孤子任宸成立一

見年六十有五

汪樹松妻金氏十歲歸汪合卺踰年二十歲夫故氏以家貧苦節事舅姑存沒盡禮或諷再醮面斥之見年踰六十

饒序照妻陳氏陳可久女年二十八夫故矢志不奪家甚貧奉養竭力得舅姑歡訓兩孤子以勤儉忍讓閭里賢之見年六十有二

士人王寅丁妻黎氏通邑黎以成女十六于歸甫二年而寡上奉孀姑下撫孤子備歷勤勞守節垂四十餘年見年六十

婁守謙妻孫氏鄧村林女十五于歸二十四歲夫故時舅姑在堂三孤俱幼氏矢志靡他孝養慈育一身肩責守節垂四十年

魏人修妻沈氏于歸六載夫故無出毀容素服矢志孀居立姪爲嗣孝奉公姑終始勿怠守節四十年

龔肇亨妻陳氏陳江禧女二十五歲夫亡翁姑存遺一子家貧孝養慈育日負薪夜紡績辛劬萬狀苦節三十餘年見年六十

黄沼佑妻陳氏二十六歲夫故矢志不奪守節三十餘年

吴杏林妻熊氏十六歲于歸二十九夫故遺腹五月生子撫養成立守節三十餘年見年六十一

陳希玉妻王氏王華榮女十九歲夫故撫遺孤成立勗令讀書提命甚嚴性剛烈善怒獨能將順舅姑守節四十餘載見年六十有二

士人程開錦妻丁氏年十九于歸夫以勤學病臥牀褥三年調護曲至夫故子亦夭氏時二十六歲矢志孀居爲翁買妾生子延師課讀閭里稱賢

熊大楷妻葉氏葉星交女年十九于歸二十六歲

夫故家貧苦節歿年六十有五

士人劉汝均妻王氏王典交女年二十九夫故翁姑在堂遺孤三歲氏矢志不渝孝慈兩盡見年六十有一

士人王理裕妻胡氏胡鼎銘女二十九歲夫故氏矢志靡他善事翁姑先意承志平日無疾聲厲色督遺孤讀書提命甚嚴有晝荻丸熊風範見年六十歲

李明魁妻程氏程引粱女年二十九夫故哀毀幾於滅性舅姑年老養生送死婦代子職守節今三

十餘年
王佑承妻趙氏趙進昇女二十一歲夫故家貧事
舅姑育孤子守節四十餘年見年六十有六
雷氏栢妻陳氏陳萬富女二十八歲夫故奉老姑
鞠孤子守節不渝見年六十有六
庠生陳峻秀妻沈氏沈際華女年十九夫故矢志
冰清撫孤成立孫曾成行見年六十有七
丁上年妻謝氏謝安邦女二十八歲夫故遺孤二
矢志堅守奉翁姑盡職督子讀書義方爲訓好善
樂施鄉里頌之見年六十有一

金樞三妻王氏王正雅女二十四歲夫故遺一子
矢志靡他言動不苟勤紡織得舅姑歡守節三十
八年見存
金紹閭繼室雷氏雷東翰女素嫻內則事親克孝
年三十紹閭不祿氏冰玉自守勤績和丸勗子煥
新讀父書遊庠守節三十餘載見存
增生蕭際昌妻沈氏二十八歲夫歿事姑撫孤冰
霜矢操孝慈兼盡守節三十餘年見年六十
王輯軒妻雷氏雷村甫女二十七歲夫故矢志不
二善事翁姑見年六十有五

王源富妻譚氏譚文照女二十八歲夫故家貧兄
弟勸令改適誓死不從事舅姑撫孤子紡織自給
守節四十餘年
士人沈滋杞妻陳氏士人陳時逢女二十二歲夫
故哀慟幾喪生性誠摯事舅姑盡道姑病危爇香
匍匐向山寺籲佛乞茶飲之立愈平時足不踰閫
外帷歲時上舅姑及夫墓而已以姪爲嗣娶婦生
孫子婦復後先物故撫孫成立備極辛苦道光二
十九年龍學使額獎見年六十有九
魏思立妻聞氏二十四歲夫故三月生遺腹子家

貧矢志無他生活取給十指苦節今四十一年
胡克修妻魏氏魏光涖女二十八歲夫故矢志守
節見年六十有一
殷愛樂妻丁氏丁開鰲女二十九歲夫故家貧苦
節事舅姑育孤子盡道見年五十有一
沈昌柏妻王氏王墨瀾女二十六歲夫故翁老遺
孤二氏矢志冰守婦職母道一身兼之督長子定
揚讀書遊庠見年五十有五
何秋巖妻饒氏饒豫章女二十七歲夫故欲以身
殉時遺腹數月翁姑諭以義得不死閱數月生男

撫孤養親冰霜勵節見年五十有六

傅朝鼎妻陳氏陳錫秬女二十六歲夫故慟不欲生朝鼎克家子父母倚重之聞氏哭則悶絕乃吞聲飲泣拭淚痕始見舅姑撫兩孤勤紡績食淡衣粗長日無歡容望而知爲貞節婦自幼負氣性而不忍於親舅姑多病調護不少倦舅病彌留寇警急妯娌奉治命扶姑匿山中氏獨不去曰兄弟在側餘一箇當代泉下人終子職也脫賊至自有死法何避焉見年五十有二

庠生王濟時妻龐氏年二十于歸事孀姑克順濟時病臥牀半年姑亦病先後物故氏侍疾送終一身盡瘁撫三孤成立課讀督耕冰霜勵節族里重之

田九昌妻米氏米楚占女二十四歲夫故矢志孀居勤紡織奉舅姑一節不渝見年五十有八

饒俊達妻吳氏吳海南女未笄來婿家以孝順舅姑歿哀痛動鄰里十九婚禮成二十九夫故撫兩孤貧不易節見年五十有一

蔡萬善妻宋氏宋清波女二十八歲夫故遺孤五齡矢志堅守敬事舅姑無違禮歿年踰七十

趙萬華妻沈氏沈隆富女三十歲夫故無出矢志守節撫姪爲嗣順事翁姑飭躬勤勞見年五十有一

佘永茂妻王氏蒲邑王順章女二十八歲夫故遺腹生女矢志孀居言笑不苟順事翁姑撫姪爲嗣守節二十三年見存

任煥德妻程氏士人程劭位女二十歲夫故奉老姑撫孤子矢志冰守閨範維嚴守節三十年見年踰五十

趙濟泰妻謝氏謝德元女性樸誠寡言笑二十三歲夫故矢志冰守獨居一樓一切姻婭招延堅辭不應孝養舅姑事必躬親一子早殤撫姪爲後督令勤讀好施與歲大荒鄰一老孤貧饑餓垂危氏憫之出裳帛典粟以濟得免於死守節今三十八年

太學生陳炳南妻傅氏傅德容女十七于歸二十八夫故矢志無他事親撫孤紡績勤勞篝燈熒熒夜分不倦守節今三十二年

黃世伊妻陳氏陳增庠女二十一歲夫故貧無立錐地矢志不渝紡織自給撫孤成丁見年六十有

五
廖守益妻包氏荆州包永煌女二十八歲夫故家貧遺一歲孤兒辛苦撫育節操堅貞見年五十有一
饒序琦妻黃氏黃應茂女幼嫻姆訓二十七歲夫故氏毎慟頓絕家貧勤鍼黹紡織奉孀姑姑性急患病多年服事維謹務得歡心夫有兄亦亡遺孤二先年異爨氏無出撫姪如己子與姒陳氏節操相勵扶弱叔成立爲營娶成家室嘗服闋時有以貧無子勸改節者氏怒叱之曰命薄任所適皆貧無子也且兄弟有子不爲孤餓死事小失節事大何出此語耶言者愧服守節二十六載見年五十有三
謝繼富妻雷氏雷鎮圭女二十六歲夫故無出矢志不渝事舅姑盡道撫姪爲後見年五十有三
張登榜妻程氏二十二歲夫故矢志不二奉舅姑盡職毎逢夫忌辰必攜子拜墳前祭奠致哀見者感嘆
鄧南彥妻謝氏夫故年二十九孀居矢志節操堅貞族里咸稱贊之

葉耀賢妻傅氏二十六歲夫故子春華生僅十月氏矢志撫孤和丸課讀長大成均節母賢聲喧傳里黨
葉德安妻張氏張斗維女二十五歲夫故節操自勵孝奉舅姑毎逢夫忌辰必祭哀號不止鄉族稱之
士人汪正澍妻陳氏陳之楫女十三歲來汪敬事舅姑勿怠正澍能文不遇早歿時氏甫二十八歲家徒壁立撫孤成丁苦節二十七年
汪啟睦妻殷氏殷元奇女二十七歲夫故茹苦飲冰撫成三子苦節今三十八年
汪啟逵妻黃氏武生黃基太女歸汪七年失偶撫兩孤成立苦節今三十年
姜紹泮妻汪氏汪宣泗女二十八歲夫故矢志不渝守節歷四十五年
劉裕甲妻姜氏紹泮女二十九歲夫故家貧遺孤三矢志撫育苦節今四十四年
士人王道平妻金氏二十二歲夫歿守閨不出撫兩孤成立督讀父書苦節三十二年見存
士人趙燦華妻謝氏謝雲騰女幼讀女誡女訓等

菁年十八夫故矢志靡他毀容屏飾言笑不苟事
夫繼母以孝聞訓孤子嚴慈並用趙氏宦家居西
隅俗尚徵逐演劇氏深閨獨處不出戶庭耳無
聞目無見也毎與婦女言必援古節孝貞烈女子
作樣聞者肅然起敬見年五十有五

毛啟忠妻曾氏曾成齋女二十六歲夫故家貧或
諷改適氏矢志不移奉舅姑盡職夫弟遊蕩在外
弟婦死有子三人撫如己出督馴謹率教里人稱
氏賢見年五十有二

周國秀妻黃氏黃基昌女十九歲夫故遺孤一翁
欲奪其志氏矢志不二飲辛茹苦奉親旨甘已而
子被賊害姑沒翁老伶仃萬狀族里咸矜之見年
五十有四

傅譽洋妻陳氏陳光楚女性貞靜寡言笑二十歲
于歸三十夫故撫兩孤成立艱苦備嘗志節惟一
見年六十

汪達仁妻陳氏陳煥元女十七歲于歸敬奉舅姑
相夫以道達仁宦江南挈愛妾往氏義命自安了
不妬忌道光甲辰達仁卒官所氏聞訃哀毀骨立
幾不欲生遺孤一甫完娶而夭撫姪爲嗣與寡媳

劉氏朝夕相依鄉里咸欽敬之

士人徐德仁妻陳氏處士陳會川女性淑慎嫻姆
訓年二十于歸二十三歲夫故遺一女氏矢志孀
居毀容屏飾敬奉舅姑撫兄子爲後自幼勤女紅
長年坐機杼執鍼黹寒暑宵晝無片時暇深得敬
姜習勞之意子壻遊庠歸謁氏出見曰勉之當爲
天下士無惰也識見尤出男子上見年近五十

貞女黃慧貞字慕嬰黃清海次女幼字鄭姓未歸
喪偶即矢志不他適依依膝下孝順無違善得父
母歡心見年七十有九孺慕依戀之情猶時形詞
色淒切動人賢里誦竈

士人田正緯妻雷氏雷端拔女年十九于歸二十
歲夫故遺孤一撫之將成人又夭乃立姪爲後苦
節三十餘年見年五十有七先後經邑令旌獎有
松柏勁貞冰霜勵操楄額

熊美齋妻江氏江業潤女二十六歲夫故撫姪爲
子矢志不渝見年五十有四

傅可象妻聞氏聞正發女二十九歲夫故遺孤甫
周歲家貧翁姑欲贅壻養子氏矢志靡他拮据度
日子職父道一身任之見年五十有一

王啓源妻周氏二十三歲夫故遺腹生子上拔矢
志矯君撫孤成立上拔以縣試第一補弟子員咸
豐叙朔中丞額獎冰清玉潔九年請　旌歿年五
十有九
黄繼堯妻盧氏二十八歲夫故矢志不渝撫三子
成人苦節堅貞鄉黨稱頌見年七十
全學富妻殷氏二十七歲夫故家貧紡織供舅姑
甘旨及歿葬祭如禮苦節數十年見年六十一
戴宜燽妻譚氏譚蔚九女二十五歲夫故家貧撫
孤成立苦節四十一年

鄧廷輔妻朱氏朱德治女二十六歲夫故家貧矢
志不奪撫兩孤成人翁姑老病送死事生俱克盡
職見年五十有三
宋林幹妻陳氏陳贊美女十九歲夫故矢志不二
教育遺孤成立鄉里無閒言
士人張美斯妻汪氏汪錫珪女二十一歲夫亡無
出矢志守節事寡姑撫繼嗣盡道見年五十四
謝金新妻劉氏劉夏才女十八歲于歸越三載夫
亡矢志守節奉七旬翁撫九月孤備極辛苦子業
成與孫遊庠

士人饒俊諒妻譚氏譚大粱女二十九歲夫故毀
容素服不輕出戶庭事姑訓子冰霜勵節性温柔
慈惠和於妯娌周濟貧寒戚里欽重見年五十有
三
龔肇緒妻程氏程彌洪女二十八歲夫故事翁姑
克順撫兩孤子以蒸蘗躬勵節冰雪爲心見年五
十有三
士人黄炳章妻姜氏姜祖仁女十八歲于歸二十
九歲夫故哀毀逾節屏絶鉛華事親撫孤允稱苦
節見年五十有二

士人田慶賡妻劉氏劉樹裓女二十九歲夫故矢
志守節井臼紡織以躬親之撫孤成立督令讀書
閭里稱賢見年五十有二
士人汪垂紳妻金氏金衍慶女二十一歲夫故遺
孤甫周晬氏矢志不二奉舅姑盡職訓子成人見
年五十有八
士人王洪利妻陳氏陳大裕女二十九歲夫故矢
志不二事親養子閨範肅然守節二十餘年見年
五十有六
士人駱煌斌妻雷氏雷正聞女二十九歲夫故矢

志靡他事二老撫孤雛孝慈兼盡門內整肅人無
閒言見年五十有二
鄧福全妻張氏張翠華女二十七歲夫故家貧矢
志守節孝奉孀姑撫子成立善居積衣食有羸餘
喜爲義舉建樂善橋遠近稱頌見年五十有九
士人程原義妻劉氏庠生劉鍾奇女二十五歲夫
故矢志孀居事姑盡職撫姪爲子見年五十
士人王濟殿妻金氏二十二歲于歸濟殿性善怒
患病臥榻三年氏奉侍湯藥典盡嫁衣曲意順從
無慍色夫歿兩孤俱幼矢志堅守茹苦安貧督子

讀父書苦節二十八年見年五十有四
譚鳴祿妻饒氏一十六歲夫故矢志不移奉孀姑
撫兩子家貧耐苦見年六十有二
陳立順妻李氏二十八歲夫故矢志孀居言動不
苟見年六十有二
士人汪基寶妻葛氏葛茂亢女十九于歸德容言
功均善生四子二十九歲夫故井水盟心節操清
烈督子讀父書嚴慈兼盡見年五十有四
龐世則妻黃氏黃用勤女十六于歸二十四歲夫
故無出矢志不二立姪爲嗣奉舅姑存沒以禮見

年五十有五
米靖涵妻李氏年十六于歸十八歲夫故矢志靡
他家貧紡織以養公姑至親登門出見不踰閾叔
姪不輕接言生女一教誡極嚴閫範爲一鄉式見
年五十
汪文明妻萬氏萬璧騰女十七于歸文明病氏侍
疾衣不解帶者累月及歿時年二十七立志冰守
撫二子成立姑歿翁青雲年高一切家事皆氏經
理輕財好義家茶坑山中咸豐甲乙年閒避亂入
山者無不禮待見年五十有八子煥寶國學煥章

軍功保舉縣丞
龐泰得妻王氏王正佳女十八于歸二十七夫故
矢志不二養老撫孤孝慈無忝見年五十
汪本煥妻李氏李文炳女年三十夫故家貧撫子
苦節孀居見年五十有五
士人談言中妻甘氏甘國修女十九于歸二十七
夫故孀居撫二子冰雪爲心見年五十有四
士人謝正楚妻陳氏陳宗緒女十八于歸二十一
夫故毀容極哀矢志不二終事舅姑撫孤孩成立
孝慈兼盡見年五十有六

士人王庭芳妻陳氏十九歲夫故家貧子在襁褓矢志無他奉祖姑盡孝撫遺孤成丁見年五十有五

米能安妻李氏李明達女性樸誠寡言笑二十二歲夫故矢志樓居事舅姑視夫在加謹蔬食惡服義命自安五十餘年毫無怨色

饒堂瑞妻程氏程煥陽女堂慶妻吳氏吳可極女妯娌俱以節著道光甲辰瑞不祿丁未慶亦亡兩巾幗同志孀居敬奉公姑訓孤子讀書成人松操柏節出一門城市推重程氏見年五十有三吳氏

見年五十

陳蘭芳妻劉氏二十六歲夫故苦節清操撫孤成立見年五十有二

汪惠基妻陳氏陳仁義女十九歲夫故遺孤鎮華甫兩月或欲奪其志誓死靡他家貧苦節骨瘦形毀撫孤成丁族里咸敬重焉見年五十有二

汪隆傑妻鄭氏鄭國棟女十九于歸二十四夫故矢志靡他事親撫孤苦節二十八年見存

胡光寶妻孫氏二十二歲夫故家貧撫兩孤成丁苦節堪矜見年五十有八

劉樹栻妻徐氏二十五歲夫故哀毀幾至滅性矢志孀居言笑不苟事舅姑存殁以禮撫孤成立見年五十

士人孫隆孝妻廖氏廖尙珍女二十八歲夫故遺二女翁姑年邁氏矢志守節立夫弟之子爲後孝慈兼盡山俗凡婚娶吉筵親戚婦女咸集氏絕迹不與見年五十

宋濟寬妻鄧氏鄧祚元女二十九歲夫故撫兩孤矢志不渝苦節二十餘年見存

傅章成妻劉氏劉開學女十九歲夫故矢志不二孝順公姑撫孤成立鄉族無間言見年五十二

汪春基妻金氏士人金元保女夫故奉姑嫜撫子姪守節四十餘年

汪基辰妻田氏十九于歸二十七夫故矢志不渝養老撫孤孝慈可風見年五十有九

汪秋村妻陳氏陳煌廷女二十四歲夫故矢志不二毀容屏飾居城市不出戶庭奉姑孝養不怠見年五十

余拔正妻王氏王鰲女八歲歸余嫺姆訓二十九歲夫故矢志不渝事畜盡瘁已而二子俱殤依女

壻以居節操堅貞見稱閭里見年五十有八

但開成妻劉氏劉治秀女二十九歲夫故孝順公姑恪守婦道守節二十四年

王陳氏陳麗川姑母二十歲適蒲邑王世福未踰年夫故氏終制大歸於陳依寡母以居撫孤姪勤紡績出所積貲爲姪娶婦節操堅貞行事磊落時稱女中丈夫見年六十有三

夏德品妻熊氏十九歲夫故家貧守節撫姪成丁鋤雲績月備嘗勞苦見年九十有二

黃基宿妻雷氏雷廷拔女二十八歲夫故家貧守

節事翁姑葬祭盡禮人無閒言見年九十有餘

蕭俊然妻饒氏饒楚元女二十三歲夫故遺腹生子家貧守志孝奉翁姑撫孤成立性嚴肅妯娌歡笑氏至靡不改容見年七十有三

劉相烈妻黃氏十五于歸孝順無違二十九歲夫故立志撫孤節操堅貞見年六十有六

戴煥秀妻黃氏黃謙點女二十九歲夫故矢志冰守苦節不渝見年七十有七

譚大梁妻蘇氏蘇士宏女二十八歲夫故矢志守節人無閒言見年七十有四

十八汪基瑞妻王氏二十七歲夫故矢志不渝事翁姑撫孤子三十餘年膏沐不事子業儒不祿氏哀慘殊甚未幾亦歿宗族咸爲感泣

士人余槐卿妻龐氏龐交志女嫻女訓夫病奉湯藥諸事夫卒極慟死而復甦時年二十九歲矢志不渝奉翁姑撫兩孤人無閒言見年五十有一

蘇兆麟妻饒氏饒順民女二十八歲夫故無子矢志不二撫姪承祧始終一節見年六十有八

陳公端妻雷氏雷人可女二十九歲夫故家貧孝養翁姑自茹糟糠諸葉矢志不移撫二孤及兩孤

姪備極辛勤子姪成立耕讀從教族里欽其節且賢見年六十有四

鄭澤渭妻劉氏劉元達女二十五歲夫故遺孤未遍歲而殤氏矢志不移紡績孝姑姑嗜酒供奉無缺殁盡禮極哀繼子爲後見年五十有四

王酉林妻鄭氏二十三歲夫故矢志不二苦節撫孤見年七十有六子原光入成均孫曾羅列

宋德齊妻朱氏二十八歲夫故矢志孀居屏絕鉛華事舅姑盡職撫孤子履亨成立督讀甚嚴族里推重見年六十有一

楊洪謨妻劉氏劉燕山女年十八于歸數歲洪謨迎兄洪愷於陝不獲偕獨歸病殁中途旅瘞氏聞信悲不食撫孤子依伯兄洪鼎以居冰心自矢不以貧挫志殁年六十有一

阮紹興妻王氏王西園女二十五歲夫故遺孤一矢志冰守事翁姑存殁盡禮性誠摯每攜兒祭掃壙墓戀戀不忘見年五十有一

士人魏入愷妻沈氏沈世爵女二十三歲夫故遺一子矢志堅貞一節不渝治家儉薄課子詩書見年五十有一

士人盧獻廷妻蔡氏蔡清鑑女二十九歲夫故事親撫孤冰霜礪節鄉黨稱頌之見年五十有三

廖桂森妻張氏二十八歲夫故生遺腹子守志不渝終養舅姑督子讀書兼課耕種夜勤紡績勞苦萬狀鄉里稱嘆見年五十有二

王耀廷妻譚氏譚得名女十八于歸二十二歲夫故遺孤二齡矢志冰守屏去鉛華足不踰閾終事舅姑辛苦備嘗督子從師義方是勖見年五十

石宜軒妻何氏何任廉女十九歲夫故矢志孀居事祖姑及姑克循婦職人無間言見年近五十

程昌壽妻鍾氏二十四歲夫故後母在堂家貧子幼矢志孀居族鄰並嘉其節孝見年五十八歲

王銓鍇妻石氏石瑞山女二十九歲夫故家甚貧養親撫子覓食以濟苦節三十四年冰霜之操族鄰欽服

王銘琇妻汪氏早寡守節撫孤成丁咸豐乙卯春粵賊突至殺其子及夫弟氏捨身捍蔽賊并刃之割左耳去夫弟及子徐甦氏創重死小港保己卯下俱殉難婦女

陳承朝妻張氏遇賊將逼汙大罵見殺鹿門保

羅林德妻姜氏被賊執拷問團紳堅不肯認乘間投水死時年六十仙師保

陳雲偉妻魏氏被賊追逼恐汙溺水死時年十六歲灌溪保

楊余氏夫文超甲寅團勇明年賊至求文超不獲執余氏毅之肌膚寸裂氏罵賊不絕死時大雨溪水湧賊棄其屍溪中越日水消屍仍在故處面目如生奏請祀郡城昭忠祠方山保

宋遂涵妻楊氏楊德中女賊至恐汙赴水死桂口保俱咸豐乙卯年

宋熊氏被賊逼不受汙見殺妙硐保乙卯年

徐光明妻王氏王基平女遇賊見逼力拒飛奔得免登時吐血亡湯田保乙卯年

金余氏附忠義金慶揚傳縣市里

孫葉氏附忠義孫鼎元傳方山保

王棉齡妻張氏被賊逼自經全節茶峯保

孫趙氏賊至吳城港氏畏汙先投繯死丙辰年洪橋保

龐兩亭妻王氏賊匪經過被執罵賊不受汙被害仙缾保辛酉年事

黃烈女黃源有之女幼許配劉氏子同治乙丑夏路逢叛勇驅入城行經吳漊塘一躍赴水死時年

十有六

黃滔玉妻程氏居南郊年老貌陋叛勇入崇舉家遷避氏獨守宅見執鞭箠甚急投水死仝上俱上津保

陳承道妻沈氏沈清華女居北郭外叛勇入崇氏貧女孩隨老姑倉卒與偕自知不免以女授姑奔投池中死時年二十四鹿門保

石倫琥妻陳氏賊火其屋罵賊見害

石鉅仁妻宋氏被逼恐汙赴水死

石鉅堂妻陳氏石鉅榮妻鍾氏同日遇賊不屈見殺俱下叢保乙卯年

殷以德妻夏氏二十歲夫故遺孤三家貧守節奉翁姑終老撫孤成丁見年六十嘗辛苦者已四十年鄉鄰無不嘉嘆

甘鍾棠繼室龔氏從夫官廣西咸豐癸丑鍾棠卒任氏扶柩歸時年方三十有子一家貧勢居勤紡績訓子讀書荆釵布裳安之若素見年近五十

汪寶華妻周氏年二十二夫故遺孤一矢志守節見年六十已上三人節婦

孝婦

魏朝佐妻沈氏事翁姑盡孝姑年七十餘病故翁

八十二歲染風證飲食待餧大小二便俱沈氏接洗如是六年服侍不少懈並無難色氏後享壽九十八歲眼觀五代繞膝孫曾孝順世代勿替

王品朝妻盧氏萬德華女姑楊氏病癱疾七載語不成聲氏奉侍周至飲食寒煖大小便一切皆躬親之鄉里稱孝姑臨終喃喃語曰爾後必昌

王源溥妻傅氏處士傅璉女善事翁姑姑劉氏病風輾轉牀褥閱三四年飲食二便氏貼身保護如嬰孩病甚頃刻不離側姑泣語人曰大媳孝婦也性明慧解醫方治小兒病精纖細見年八十有

七能燈下芧鍼闔閫宗之

諸生饒世則妻石氏諸生石中道女性和順自幼嫻姆訓恪循婦道不有私財母家歲時餽問必待舅姑轉賜然後受卽一物之微悉以奉二老也翁臨終遺誡諸子婦鐲氏云無他葦汝但願汝子媳異時孝敬如汝也其得老人歡如此

邑肉善妻王氏性淑愼孝事翁姑姑病醫不能治氏禱於神封左肱烹調以進病即瘳又二年復封其右肱以愈夫病姑延壽八十有九年氏及夫見存

盧汪氏性慈孝道光間夫病爽垂危氏禱諸神割肱肉醫治病立愈今夫婦見存附

庠生巴錫璋妻雷氏太學雷式穀女夫病侍湯藥衣不解帶者六閱月醫藥罔效割左耳雜藥以進病稍可未幾竟不起氏昏死半日甫蘇家人去其裹巾見血迹咸驚嘆焉附

賢母

米灵崑妻朱氏名家女通經能文明季避寇自蒲遷崇訓孤子舫成孝廉

王母饒氏明經濤諸生淇淙之母輕財好善路所

哲金參石槐殷孫曾盈前四代同居壽一百有餘歲曾侯學詩還其宅母扶杖出見侯問治家何道答云無老父母治邑同只在至公無私耳侯嘆爲至言贈惠同眾母額

王鼇妻譚氏貢生王基成母性淑惠善事姑嫜冬溫夏凊最得歡心其孫子讀書成名者眾時人稱鼇詒謀之善而尤推母賢壽年九十有四

庠生劉繩成妻黃氏淑愼慈惠生子三丸熊鼎讀映奎食鑛映斗映鵬遊庠母壽九十有二族里咸欽其姆範

程文煥妻雷氏幼嫻姆訓言笑不苟雖割肉必方正妯娌皆敬憚之眼觀五代壽九十有九

傅湯銘妻婁氏慈和好善年四十餘生子森夫不祿堂訓甚嚴子畏之如父師出入稟命子偶逐羣兒嬉則唏悲不食長跽告罪乃已晚持大士齋年九十有六無疾逝

饒元緒妻殷氏增生饒開基母事舅姑相夫訓子孝順慈和閨範爲一鄉式眼觀五代壽九十歲

田吳氏庠生正南太學正寅明經正表母性慈祥持躬勤儉督兒孫讀書懇懇弗輟至歿年九十

孚胡氏太學立早之母好善樂施捐金育女立早
喜爲善於鄉嘗母教也歿年九十

諫傅氏諸生陳履亨嫡母秉性溫惠其生母賀氏
蒲邑太學賀大純女性柔順相親若姊妹賀乳子
傅視若己出賀早故傅督子讀書里中稱賢

傅母陳氏名門女幼嫻內則能歷舉古淑媛懿行
配處士逃鐘有桓孟高致性慈和雖對子婦無疾
言遽色尋常不出戶庭避亂復與從子燮鼎轉徙
深山窮困至采蕨拾橡以養安之若素自謂能學
介母也壽年七十有六王侯紹薪嘗致胙贈詩

命婦

周李氏周明周琮母封宜人
周嚴氏琮妻封宜人
傅張氏傅源母贈安人
傅吳氏源妻封安人
陳楊氏陳文宗母封宜人
陳徐氏文宗妻封宜人
楊程氏楊昺母贈孺人
楊熊氏昺妻贈孺人
楊魏氏昺繼室封孺人

戴金氏戴書母贈孺人
戴蒙氏書妻封孺人
王張氏王疇母贈宜人
王楊氏疇繼母封宜人
王陳氏疇妻封孺人
汪李氏汪必東母封安人一作汪氏贈宜人
汪胡氏必東妻封安人一作蒙氏贈宜人
汪夏氏汪文燧母封安人贈恭人
汪彭氏文燧妻封安人加封恭人以子宗伊加封
太淑人

蔡孫氏蔡乾母贈安人
蔡王氏乾妻封安人
龔鮑氏龔湜母贈安人
龔鄭氏湜妻封孺人
汪楊氏宗元宗凱母封安人加封太宜人
汪彭氏宗元妻封孺人贈恭人
汪周氏宗元繼妻封恭人
汪陳氏宗凱妻封孺人加宜人
汪葉氏宗凱繼妻封宜人
汪蔡氏宗伊妻封淑人

饒汪氏饒天民母封孺人
饒陳氏天民妻封孺人
劉汪氏劉景韶母封安人
劉張氏景韶妻封安人以子日孚封太恭人
劉戴氏日孚妻封恭人
汪彭氏汪本沂母封孺人
汪殷氏本沂妻封孺人
汪戴氏汪廷鈇母封太安人
汪饒氏廷鈇妻封安人
胡戴氏胡定母封太宜人

胡蔡氏定妻封安人
饒程氏饒仁侃祖母贈太淑人
饒孫氏仁侃母封太淑人
饒徐氏仁侃妻贈淑人
饒汪氏饒曾祖母封太安人
饒雷氏曾母封太孺人
饒鄭氏曾妻封孺人
陳趙氏陳忠愛母贈恭人
陳程氏忠愛繼母封安人贈恭人
陳王氏忠愛妻贈恭人

陳吉氏忠愛繼妻封恭人
孫陳氏孫鉉母封太安人
孫鄭氏鉉妻封安人
孫王氏鉉繼妻封安人
孫張氏孫可僎母贈恭人
孫汪氏可僎妻封恭人以子鈺仍贈恭人
孫郭氏孫鈺妻封孺人
孫曾氏孫鏞妻贈安人
孫丁氏鏞繼妻封安人
熊石氏熊則禎母累贈孺人

熊雷氏則禎妻贈孺人
熊王氏則禎妻累封孺人
熊楊氏則禎繼妻封孺人
陳王氏陳士元母贈孺人
陳毛氏士元妻封孺人
王丁氏王應斗前母累贈孺人
王孫氏應斗母累封太孺人
王甘氏應斗妻累封孺人
汪劉氏汪桂母封太孺人
汪劉氏桂妻封孺人

黃陳氏黃色中母贈孺人加贈宜人
黃吳氏色中妻贈孺人加贈宜人
蒙汪氏蒙正發母贈孺人
蒙方氏正發妻贈孺人殉節詳前已上明人
譚汪氏譚琳母　封宜人
譚汪氏琳妻　封宜人
米汪氏米調元母　封孺人
米劉氏調元妻　封孺人
蕭王氏蕭何復母　贈孺人
蕭楊氏何復妻　封孺人

陳汪氏陳繼成母　封孺人
夏李氏夏士任母　贈太孺人以孫振芳　贈太
安人
夏譚氏夏振芳母　贈安人
陳楊氏陳之本祖母　贈孺人
陳王氏之本母　贈孺人
雷方氏雷鳴昌妻　封孺人
米孫氏米燦母　贈孺人
王龔氏王式烈母　贈孺人
孫饒氏孫鍾琇母　贈孺人

王方氏王大猷母　贈孺人
王程氏王鎮新母　贈孺人
劉汪氏劉鎮岐嫡母　贈孺人
劉何氏鎮岐生母　贈孺人
趙朱氏趙光宇祖母　贈宜人
趙甘氏光宇母　贈宜人
周劉氏周爕亮母　贈宜人
周吳氏爕亮妻　封宜人
殷沈氏殷植澧母　贈孺人
殷丁氏植澧妻　封孺人

舒金氏舒萬峯母　贈孺人
石王氏石巘然母　贈孺人
沈周氏沈得源嫡母　贈孺人
沈丁氏得源生母　封孺人
沈周氏得源妻　封孺人
程丁氏程銘烈母　封孺人
黃甘氏黃玉母　贈孺人
劉程氏劉念祖母　贈孺人
劉王氏劉汝祺母　封孺人
劉鄭氏汝祺妻　封孺人

劉吳氏汝霑母　贈孺人
孫沈氏孫麗藻祖母　贈宜人
孫汪氏麗藻母　封宜人
孫丁氏麗藻孀母　贈宜人
盧鄧氏盧樹芝祖母　封安人
盧陳氏樹芝母　封安人

壽母

楊陳氏太學生楊盛鑑母壽百歲
陳尊五妻魏氏壽九十六歲鬢髮猶黑眼觀五代無疾而終

壽考張廷鼇妻鄧氏年九十有二
陳立基妻汪氏壽年九十有二五世同堂知縣王沛膏旌額
胡姚氏壽考胡相桓母年九十有六吳氏相桓妻年九十有二
劉篤時妻曾氏淑慎性成克嫻內則壽年九十有一
傅森妻陳氏性仁慈手有異紋壽九十歲眼見子孫七十餘人殁時身作黃金色入柩三旬未掩扶之能起坐骨節屈伸如生人識者云尸解也

傅動四妻陰氏陰德亨季女嫻姆訓恭儉好善壽年九十有二
余商銘妻黃氏眼見五代壽年九十有二
陳章潤妻程氏壽百歲　恩榮建坊旌表
談周氏武庠談定三母壽百歲
劉士美妻陳氏壽九十二歲
汪正經妻王氏壽年九十子達川孫其仁俱諸生
王允安妻傅氏壽年九十有四
揭錦堂妻吳氏年九十有六眼觀五代
饒開明妻甘氏壽考饒世德母壽年九十眼觀五代

鄧重義妻揭氏壽年九十有三
黃德恆妻上官氏壽年九十有一
楊諶氏年八十八
馮文翰妻石氏壽八十八詳壽考門
胡戴氏年九十歲安貧蠶績至老不倦
李廖氏性尚儉樸喜課桑麻年八十有八
龔淑和妻余氏溫柔貞靜好善樂施壽年九十有四子孫環立者八十餘人元孫勳諸生
楊星石妻劉氏壽年九十子太學鼎業見年七十

孫榮桂榮鳳俱諸生予孫環並者六十餘人

誥蔡氏與夫冰輪同年生同日殁鄒胡氏鄒運亨妻俱詳壽考門

黄兩平妻田氏壽九十歲子菊叢增貢

傅理衡妻甘氏性慈善好生壽年九十有一

楊洪鼎妻陳氏生長名門相夫有道洪鼎性豪家貧好客樽中酒不空氏咄嗟立辦粵寇之亂子一鶚從軍仇家乘隙引土賊火其屋宮軍復崇氏戒子釋怨無急功名以取戾壽九十歲士大夫多爲賦詩

傅在田妻葉氏壽年九十有二

雷沈氏壽九十歲親見孫端乾食餼於庠

吳可極妻宋氏見年八十有六身猶康健子孫百餘人長孫光藻郡庠生

汪樹基妻田氏見年九十一歲康健無恙

龐饒氏見年九十有九詳壽考饒士聖傳

丁恭廉妻汪氏見年八十有六

坤利牝貞無成有終妻道象之十二辟卦坤爲十月前剥後復无節婦之象也婦之節濟乘先啟後令夫不死與臣忠子孝並扶三綱頹不墜歟貞女烈婦或不嫁養親或以死殉夫事關名教俱當大書今依四鄉紳耆采訪舉報名目編續舊志示勸也婦與女節與烈並志從同也分書孝婦賢母彰美也書命婦壽母耆榮也以夫爲主無成之義也書其父書其子三從之義也其父其夫其子及其孫曾均爲著名亦以示勸也

崇陽縣志卷九終

崇陽縣志卷十目録

崇陽縣志卷十

於皇顯宦有命前朝家庭寵渥泉壤光昭山襯誥
展樓御勅標地靈昔盛
天語今逢志綸音

勅諭 授本官勅亦列其內

首勅諭以專委重也前代廟謨所出國計軍機畧
見一斑志之備史官之遺焉

永樂四年五月十三日勅諭陝西布政司周琮
皇帝勅曰昔者聖王之治天下也必資武威以安
黔黎未嘗專揆文而不奮武茲朕特簡藩司秉武
職總軍餉衛邊陲爾受斯任當思以立身仁以撫
衆智以察微防姦禦侮以期有濟能此則榮及前
人福延後嗣而身永昌矣欽之勿怠

永樂八年十一月十三日勅命吏科給事中陳文
宗
勅曰朝廷設置諫垣尚矣匪剛直莫寄耳目之司
當樹清標以稱職惟端方克肅法紀之守罔迷大
體而鰥官故鬩可鳴而鳳棲陰宜和而鶴舞爾吏
科給事中陳文宗出身鄉薦列位斯員既經術之
克明亦言責之無忝是用錫之勅命以資光榮尚

其倡敢諫之風丕昭精白尚其勷太平之日晢照
汗青勿避嫌疑而瀆紀綱勿務包荒而紊臧否勿
事攻訐而徇己勿甘黨附而徇人啓沃彌勤懋惠
匆替行有顯爵以俟爾成欽哉
洪熙元年七月十三日勅命都察院山東道監察
御史楊昺
勅曰朝廷設監察御史欲其振綱紀而勵風俗以
弼成國家之治非得剛方清直之士曷克以稱爾
文林郎都察院山東道監察御史楊昺發身賢科
典司憲紀薦歷年歲克效勞勤是用錫之勅命以

示褒榮夫官以察爲名以言爲職在明大體而畧
細故在愛君子而戒小人其益端爾志益堅爾守
毋私于法毋撓于勢毋訐以爲直毋苛以爲能明
以燭之公以行之懋修而不懈尚有顯爵以待爾
其欽哉
正統元年正月十七日勅諭周軏（軏官歸安知縣後升御史此諭大約令歸安時朝廷所下統諭中外非專勅也）
皇帝勅諭中外文武羣臣仰惟天祐下民我祖宗
隆膺明撫國家君臨四海建制百司備任賢良安
撫黎庶以副天心紀綱法度備具朕以渺躬嗣承

大統思與天下相安無事夙夜敬恭惟祖宗成憲
是遵亦惟前賢匡弼是賴咨爾羣臣各撤乃職勤
乃事政令所出必明必允以求至當耳目所寄必
詳必慎以求至理牧民者以民爲心徭役必均賦
稅必平衣食其時不傷其財禁禦彊暴惠鮮鰥寡
使衣食充足禮讓興行斯爾之能典軍者以軍爲
心察其饑寒節其勞苦所獲貨利毋私役使屯種
必時訓練必精撫綏得宜戎政有備斯爾之稱朕
體祖宗奉天保民之心一切不急之務悉已停罷
惟前羣臣尚體朕心保養軍民國家長享太平之

福爾保祿位悠久矣如或瘝官廢事縱私背公爲
人患害者祖宗憲章具在爾其欽哉故諭
正德十五年月日勅命四川按察司僉事蔡乾
勅曰朝廷設按察司僉事欲其振綱紀而勵丰裁
以弼成國家之治非得剛方清直之士曷克以稱
爾戶部清吏司署郎中事主事蔡乾發身賢科列
官郎署茂著才猷式勤撫輯潔操有若冰霜沐櫛
先乎風雨是用陟爾爲四川按察司僉事錫之勅
命以究爾才夫官以察爲名以正爲守在明大體
而畧細故在愛君子而戒小人尚其丕昭精白晢

照汗青毋私於法毋撓於勢毋訐以爲直毋苛以
爲能明以燭之公以行之懋修而不怠行有顯爵
以俟爾成往欽哉
嘉靖十六年正月二十日勅授南京工科給事中
汪宗元徵仕郎
勅曰給事中朝廷封駁之司考慎政令則爲王藎
臣舉劾忠邪則主持公議其任尤重其人則難爾
南京工科給事中汪宗元文章學術[illegible]在儒科出
使賢勞可謂稱職比任給舍練達老成明於治體
端亮剴切見於奏牘朕甚嘉悅兹特授爾階徵仕

郎錫之勅命勉事匪躬用勤征邁欽哉
嘉靖二十四年十月十一日勅命南京太僕寺少
卿汪宗元進階中憲大夫
制曰國家掌馬之政初設羣牧監苑諸職悉隸太
僕示有專也南太僕掌江南北坰牧之事而專綜
之其任重矣卿試之選朕不輕畀爾南京太僕寺
少卿汪宗元本自賢科擢登諫園既常切劘治道
陳納忠猷而陟自符卿益多請問用簡僕貳以究
爾材乃能方略有條蕃養用茂可以觀隨試之効
也兹當廟典覃恩乃進爾階中憲大夫錫之誥命

朕觀周禮備載國牧之事其言養馬甚詳而詩人
歌桑田坰野之章其詩甚盛此古聖賢臣所甚急
者也今天下馬政具文日以滋弊殆亦當世之隱
憂已爾既効成績其尚益加懋勉務討今日之宜
以並隆古昔尚益有顯命欽哉
嘉靖二十九年閏六月十四日勅諭汪宗元總理
河道
皇帝勅諭都察院副都御史汪宗元近年沛縣迤
北等處被黃河衝決已經差官整理但恐河勢變
遷無常漕河不時淤塞有妨糧運今特命爾前去

總理河道督率管河管洪泉閘郎中員外郎主事
及各三司軍衛有司掌印守巡併管河副使臨青
沂州大名漕濮等兵備等官時常往來親歷多方
經畫遇有淤塞去處務挑濬深廣其黃河北岸長
堤併該管堤岸應修築者亦要著實用工修築高
厚以爲先事預防之計如各該地方遇有水患卽
便相度訪究水源可以開道分殺併可築塞堤防
處所仍嚴督各該管官員斟酌事勢緩急定限工
程久近分授用心作急修理一應合用工價人夫
椿錘等項查照該部題准事理行令各該軍衛有

司照常斟酌調用凡修河事宜勅內該載未盡者俱聽爾便宜處置若事關漕運應與各該撫按官計議而行事體重大者奏請定奪承委官員果能勤勞集事著有成績者爾即薦舉擢用其不遵約束乖方誤事乃有權豪勢要之家侵占阻絕違例盜決河防應拏問者徑行拏問應參奏者參奏治罪每年冬照例挑濬修築過河堤併用過夫料數俱造册畫圖貼說具奏爾爲憲臣受兹專委尤須竭忠盡力悉心區處毋或因循怠玩虛費財力責有所歸爾其慎之故勅

嘉靖三十九年四月二十九日勅諭劉景韶提督淮陽軍務兼巡撫鳳陽

皇帝勅諭都察院右僉都御史劉景韶近該巡按直隸監察御史馬斯臧題稱淮陽地方屢經倭寇爲患乞要專設大臣督理戎務方克有濟該部議覆前來相應依擬今特命爾前去提督軍務兼巡撫鳳陽等處地方爾宜查照該部題准事理專在鳳陽駐劄無警則以時循行各府州縣操練兵馬儲蓄糧餉繕葺城池修造戰船整辦器械撫卹軍民督察官吏將領禁革奸弊清理鹽課賑濟饑荒其用兵錢糧庫無積貯即於鹽課內支用有警移駐揚州相機調度防守如倭賊由海口突入淮陽會同漕運總兵併力夾攻賊溯長江登陸勢逼瓜儀浦口等處則與操江都御史互相策應務要聲援留都疏通運道拱護鳳泗陵寢若江海無事仍回鳳陽彈壓宿亳豐沛等處鹽徒盜賊其撫屬文武職官及潁徐曹沂睢陳等處兵備所轄官員并沿海參將守備把總等官悉聽節制錢糧兵馬徑自調用敢有抗違阻撓致誤軍機及貪殘不職文官五品以下武官四品以下徑自拏問軍前臨陣

退縮及逗遛不進者許以軍法從事各該官員如有廉能公正悉心幹濟者據實旌奬一應事宜勅內該載未盡者聽爾便宜處置爾爲大臣受茲簡命宜殫竭心力區處得宜務在蕩除賊寇保釐地方斯稱任使毋或怠忽誤事責有所歸爾其欽承之故諭

嘉靖四十二年五月二十九日勅授戶部江西清吏司署郎中主事汪廷鉞承德郎

勅曰經國之務莫重於財司徒列屬以經邦財用爲職厥任甚艱非能潔己通方之士罔克勝也爾

戶部江西清吏司署郎中主事汪廷鈇性行端純
才學明敏英年發雋宰邑蜚聲陟列民曹佐理國
計律身廉慎涖事精勤令名茂揚仁聲明遠特授
爾階承德郎錫之勅命頌朕嘉爾績晋秩外臺俾
之分憲勅法以董察吏治寄責尤重尚殫乃忠遠
乃猷惟體國安民之念益昌乃譽爾欽哉

萬歷三年六月勅河南道監察御史饒仁侃巡撫
雲南

勅曰僻壤遐陬罕近宅中之治殊風異俗多貽意
外之虞況滇居極南實屬邊境非得才識優長式

勤撫輯之臣何由宣德威廣招徠定紛紜綏林總
俾朕無南顧憂也爾河南道監察御史饒仁侃任
朝廷耳目之寄壽國家氣脉之傳獬豸去邪昝危
言以盡職羔羊守正不矯節以沽名物情旱魃之
餘適蘇霖雨天象太微之次首應法星朕後知人
之名世喜任賢之祜今授爾大理寺少卿右僉都
御史巡撫雲南品望為羣臣所重勳猷樹萬里而
遙行見威覃華夷風行交廣蠻煙瘴雨提邊徼之
孤標武略文韜紀旂常之偉績則朕心簡在臺塋
彌隆侯酬成勞行有顯擢往哉勿怠

萬歷一十四年七月二十三日勅授戶部廣東清
吏司署郎中事主事孫鉉承德郎

勅曰朕惟古哲王以三壤成賦而民阜以九式節
財而國富嘉與海內共臻斯理故大農之屬擇廉
潔材諝之士界焉厥有勳勩豈靳褒嘉爾戶部廣
東清吏司署郎中事主事孫鉉風規朗潔志行端
凝蜚英制科服官槐省乃能均平料量浣滌蠹奸
序正郎闈譽聞益暢朕甚嘉焉兹以歲滿授爾階
承德郎錫之勅命今國家方興大役所需財在四
方而四方水旱之報沓至公帑虛民藏竭勢不得

不出於關采而其利若害尚隱蹤未能逆睹也夫
生財固自有大道耳爾務懋求永圖益輸其畫佐
公家之急乎則顯陟爾欽哉

萬歷四十八年三月二十九日勅授直隸常州府
通判孫鏞承德郎

勅曰尚方玉食供自東南毘陵腴表漕艘銜尾以
入倅歲督之以為恆守湅回空篚吏抗法巧弊百
端而風濤之險不與焉督者坐郡朔無幾何日矣
自非通才孰不棘手爾直隸常州府通判孫鏞乃
封承德郎戶部廣東清吏司署郎中事主事可待

之子簪纓華胄金箭長材翹采賢科題輿大郡收
征不擾結操有若冰霜輸輓頻年沐櫛先乎風雨
三年茹蘖一路歌醋是用晉爾階承德郎錫之勅
命昔之言倖者不過曰敲朴敗清思籌算喪雅道
爾猶未若不日不月僕僕道路也劍不經淬礪則
不斷舟不歷灘渦則不習爾既煅煉泳游於諸艱
者熟矣尚光於乃父以需異擢

天啟元年　月　日勅授福建建甯府建安縣知
縣熊則禎文林郎

勅曰朕初膺歷服維新海内惟是長民之吏賴以
安戢元元最績既聞不靳褒嘉矧繁邑越在遐方

治化尤難其有才品兼優績爛程書者彝典之錫
尤亟矣爾福建建甯府建安縣知縣熊則禎清通
邁俗愷悌宜民蚤脫穎於軒掄遂綰符於巖邑而
爾心盟日鑑手握風斤振刷驅城社之奸塵清六
案撫字足桑麻之利惠普四郊神明折獄於片言
父母同稱於萬口茂著畏懷之效益徵廉善之猷
是用授爾階文林郎錫之勅命方今中土之民罹
與騷動朕諳諳以撫字求之有司而有司未易應
也爾乃宣化一同滋潤九里其益毖前勞收厥成

效且有顯陟欽哉

天啟三年十二月　日勅授河南道監察御史熊
則禎文林郎

勅曰昔人稱御史之權衡繩墨蓋水平而邪取道
爲鏡別而醜獻形焉世局得於靜觀論議匆隨依
附有臣若此朕且賴以振紀綱矣爾河南道監察
御史熊則禎器資瑩潤才識名通一擢臨軒遂膺
巖邑雨歧蔚爲呈秀三善翕然可歌爰以劇雉之
成晉於擊隼之列爾其論疏不畏强禦補贊務益
朝廷題槖肅燎當紛紜而獨持其大埋輪展采握
憲度而不吐其剛松柏居然後凋蔡藿爲之不採

當蘭臺正色之日正柱宮毓秀之時是用授爾階
文林郎錫之勅命語云內其祿外其身古諫臣補
闕主前至願與龍逢比干爭烈何偉也今非言遜
之時豈有身危之慮爾言已徹朕聽矣尚益盟爾
心堅爾骨已

天啟六年九月　日勅授江西饒州府鄱陽縣知
縣王應斗文林郎

勅曰朕注望太平惠康小民日孜孜綜核吏治慎
簡豈弟布在司牧有能奉宣德意政績顯著者歲

賚伐閲詣部銓且下璽書褒異之疇若予采爲爾登明爾江西饒州府鄱陽縣知縣王應斗履局端嚴襟神秀整爰登甲第首綰邑符而爾玉潤冰鮮山静雲發廉平不擾疇克效其規模悃愊無華莫能言其體度若披雲霧不雜風塵資謝先容名由論定政平訟理薦牘升聞茲以歲閲授爾階文林郎錫之勅命夫彭蠡廣谷大川喜事甲於江南濱湖多亡命作奸爾既理有成效矣其益懋乃心敷乃政以稱朕惠安元元之意行有顯陟欽哉

崇禎元年　日勅授雲南道監察御史王應斗文林郎

勅曰朕日親萬幾每藉耳目臣以周庶務至是非得失還折衷臺諫以持其平故花驄之上霜簡糾彈必精白乃心綜練素著之士朕不憚破格優崇爲敢言者勸焉爾雲南道監察御史王應斗丰裁天際威鸞品望人中瑞鳳彤軒射策劇邑剖符清操映徹冰壺印文生緑惠勳悠揚玉軫樂土吟春爰課最於循良俾晉司夫驗射而爾忠能貫日力可格天積於心方矢之口赤忱結主而非孤有諸己乃告之君慷慨陳謨而不激靜綜世局而雅鎮其紛紜獨邁時流而嘿銷其同異惟學問去偏詖之習故謀猷蜚忠藎之聲茲以覃恩仍授爾階文林郎雲南道監察御史昔伊川爲御史謂在拾遺補闕裨贊朝廷非僅僅掇短長沽直名也宋神宗嘆賞以爲得體夫御史固自有體也彼驁擊囊括者遠矣惟茲正直忠厚參和並濟斯懍懍有古大人風是朕所望於臺諫意也爾益慎哉初忱爲邦司直懋哉

崇禎元年勅授行人司行人汪桂徵仕郎

勅曰朝廷有錫慶覃榮之典令稽勳詔置學士制

詞而宣綸遡聽則四牡勞臣實司其役皇皇者華將毋來諗矧其躬自需被而獨斬一命之榮哉爾行人司行人汪桂才冠時英望高人譽虛懷同於抱月利器比於成風射策韶齡人皆驚其神駿彈冠俊彦衆獨讓其雕龍爰自廷掄筮官使署而爾視躬廉恪奉職精勤揚歷寰中莫能言其體度崎嶇道上疇克効其風猷水鏡澄華冰壺徹鑑爾之自盟適膺特簡先期寵錫後効可符茲以覃恩授爾階徵仕郎錫之勅命頃俞廷請進秩貤榮身親並及恩至渥矣曷思國家選近臣以充臺諫而使

職恆多苟聞見不宏則獻納無術培養不厚則建樹無基尚益端乃志遠乃猷以需大受毋曰今日馳驅邊自優逸爾在欽哉

國朝康熙二十年十二月二十四日

誥授戸部浙江清吏司員外郎譚琳奉直大夫

皇帝制曰國家推恩而錫類臣子懋德以圖功懿典攸存忱恂宜勗爾戸部浙江清吏司員外郎譚琳持躬克謹涖事惟虔奉職副郎小心克昭於夙夜分猷計部勞績允著於官方慶典欣逢新綸用賁茲以覃恩特授爾階奉直大夫錫之誥命於戲式宏車服之庸用勵顯揚之志尚欽榮命益矢嘉猷

康熙四十二年三月十八日

勅授浙江嚴州府分水縣知縣米調元文林郎

皇帝制曰分符百里必遴出宰之才報最三年爰重懋官之典爾浙江嚴州府分水縣知縣米調元雅擅才能克宣慈惠撫綏有要常深疾痛在己之心懷保無窮不忘顧復斯民之責茲以覃恩授爾爲文林郎錫之誥命於戲前勞已茂用褒製錦之能來軫方遒益勵欽承之操

諭祭文

諭葬諭祭朝典甚重非品位尊崇勳猷顯著者不得與故文無多列綸音之次彰異數也

勅葬陝西左布政周琮諭祭文

維永樂五年八月初五日皇帝遣湖廣布政司分守道彭琉諭祭陝西左布政周琮曰維爾資性端方才識淵雅早遊庠序選升太學推簡俊偉試選郎署宣贊邦憲僉揚令節薦擢垣翰出司名藩歷浙江河南所至有聲繼以陝西重地司督軍餉西陲邊關委任益匪輕矣迺撫理經七載羣黎綏靖頑梗式化功聲朝野威聞華夏方擬命召隆任有期胡遽不憚艱難矢志殉國訃音來聞深切悼傷眷念勞績宜崇渥卹特命官致祭并營兆域循爾貞亮以示殊恩爾靈不泯尚克歆承

勅葬貴州巡撫戴書諭祭文

維嘉靖十一年歲次丁未某月朔祭日庚子皇帝遣某官諭葬諭祭嘉議大夫巡撫貴州都察院右副都御史戴書曰維爾性資剛毅器識通明發跡賢科列官大理屢遷藩臬茂著才猷進副都臺式勤撫輯方隆委任胡遽長終訃音來聞良用悼惜追維往勤宜用卹恩特命有司諭葬諭祭爾靈不

朕尚克歆承

勑葬大理寺正卿汪文盛諭祭文

嘉靖二十三年歲次甲辰九月丁酉朔十二日戊申皇帝遣布政使司左參政駱爾諭祭致仕大理寺正卿汪文盛曰惟爾性資英敏才識優長發跡賢科出推大郡擢居郎署出守名邦學校專司士風丕振歷遷臬憲薦陟都臺撫治南夷威聞華夏理卿簡遺病乞歸休召用有期胡遽長逝訃音來報良切悼傷眷念往勞特賜祭葬九原不昧尚克承之

諭祭大理寺卿汪文盛妻彭太淑人文

維嘉靖二十七年歲次戊申十二月壬寅朔二十四日己丑皇帝遣湖廣布政司右參議黃鼇諭祭致仕大理寺卿汪文盛妻封太淑人彭氏曰惟爾幽貞柔順相夫有成揚歷中外持公秉正遘禍逢屯剛毅之風卓絕之概表型時望薦晉卿階曉節克全寶貧內助倚爾懿德媲美小星育子登科忠貞接武顯茲淑媛大亢厥宗垂範六姻宣功兩世寵膺封誥胡遽淪亡特頒恩卹遣官賜祭啓壽相從九原有知歆承渙渥

勑葬通政使司通政使汪宗元諭祭文

維隆慶五年七月十二日皇帝遣湖廣布政司左參政溫純諭祭通政使司通政使汪宗元曰惟爾資性端雅才識通明早以巍科亟遷給諫薦歷清卿之秩爰躋都憲之榮中遘蹇迍而操持益勵再登岳牧而盛鎖愈精遂以納言懇求歸政直節屢騰於薦剡高風素重於鄉評方擬賜環遽聞易簀聰惟哲士良足悼傷茲特遣官致祭并營兆域以示渥恩爾靈有知尚其歆服

勑葬南京吏部尚書汪宗伊諭祭文

維萬曆十七年三月初七日皇帝遣布政使司分守武昌道左參政馬鳴鑾諭祭南京吏部尚書汪宗伊曰惟卿行履端方才猷精練初以曹郎言事雅著直聲繼因廷薦起家游躋華秩兩都歷踐八座崇登裁亢釐奸意存乎節愛奉公砥行望重於典型久矣歸田茲焉易簀追維往勩特霈卹恩祭葬並頒懋褒咸備靈其不泯尚克欽承

再賜南京吏部尚書汪宗伊諭祭文

維萬曆十七年三月十七日皇帝遣湖廣布政使司左參政署右布政使馬鳴鑾諭祭南京吏部尚

書汪宗伊曰惟卿位躋八座望著三朝謝事林泉
流芳月旦溘焉淪逝爰及歸藏諭祭再頒用光泉
壤靈其不昧服此殊恩

封贈

封贈之典朝廷用以推恩故又次之舊志所登仍
列諸編其已闕及後來未載者存目於後

明洪武三十一年三月十五日勅封浙江左布政
周琮父周德先刑部郎中

勅曰朕聞古之君子積德厲行以自淑其身必克
昌其後時乃天道故奉若之典由子及父所以植

慶之原以教孝勸忠也爾周德先乃浙江左布政
周琮之父賦性耿介雅好詩書孝友著於家庭信
義孚於閭里庶幾古之高士矣育成哲嗣展采郎
署載陟屏翰既宣猷於國應顯榮其親爰渙渥錫
進爾潛德封爾為刑部郎中褒懿修之光昌歆綸
命於無窮

勅封周琮母李氏宜人

勅曰朝廷褒榮臣下以報勛勞之德其恩施厚矣
而母氏躬膺康養以承之豈非有家之慶哉爾李
氏乃浙江左布政周琮之母徽柔維則淑慎其儀
鴻案克恬順佐鹿門之隱熊丸攻苦益開麟趾之
祥婦儀母德允範閨中祿養綸褒介爾殊恩特封
爾為宜人椿萱並茂於無疆福履交綏於有赫

勅封周琮妻嚴氏宜人

勅曰人臣効勞於國而敬慎有位奏豐亨豫泰之
慶者雖本於父母蓋亦資伉儷內助之力也故朝
廷大褒榮之典必並及焉爾浙江左布政周琮之
妻嚴氏體優令儀作述君子敬慎爾止承高堂之
色笑被僮在公敢蘋藻之柔徽克隆休譽優資嘉
讃內助之賢彰矣茲特封爾為宜人式昭翟茀之

華爾效雞鳴之警

永樂八年十一月十三日勅贈陳文宗父陳貴和
如子官

勅曰士有抱珍沒世未獲會際乎風雲而貽穀嗣
人卒著勤勤於竹帛者不容不表揚之以為世勸
故獎答臣勞則必推崇父德焉爾吏科給事中陳
文宗故父庠生陳貴和游心萬卷抑志黌宮遺子
一經策名諫署其作朕耳目而無虛明聽之任緊
承爾志事而宏啓詩禮之傳顧有子象賢而躬弗
待養朕甚憫之宜有命書以彰訓澤茲特贈爾如

予官吏科給事中香飄芝檢歆茲方至之榮光燦金泥慰尔未成之志

勅封陳文宗母楊氏宜人

勅曰臣子揚休於國母氏燕喜於家世所難覯也然不致寵書之錫何以彰示其美爾楊氏乃吏科給事中陳文宗之母性稟慈和行全孝敬相戒不學機聲斷處情攸鍾每懷助精丸味成時顔用霽適成乃子宣猷本朝女德之貞自昔然矣慈誨之飭厥功茂哉今祿養方隆幸爾年其未邁而恩綸䇿被對此日以長歡茲特封爾爲宜人荷冠帔之休光逮桑榆之繁祉

勅封陳文宗妻徐氏宜人

勅曰人臣之不負所學以不負國家者其得力親幃之訓飭固多而資賢内助之贊襄亦不少顧褒榮之典不逮焉則推恩之謂何爾徐氏乃吏科給事中陳文宗之妻英姿作嬪懿德完婦儀好逑於河洲善儆寅佐媲有齊於南國贊勤予宵匪第蠶月必躬實惟雞旦嚚意宜加勅命表厥坤貞茲以覃恩特封爾爲宜人庶幾永被乎龍章抑且光垂於燕喜欽哉

洪熙元年七月十三日勅贈楊昺父楊潮宗如子官

勅曰朕惟爲人子者孰不欲顯揚其親故子之賢而能宣力効職者朝廷必推恩以報之所以遂其顯親之心而勸天下之爲孝者也爾都察院山東道監察御史楊昺故父潮宗善稱於躬慶延於後是致有子効用於朝推厥本原宜錫褒顯今特贈爾爲文林郎都察院山東道監察御史九原不昧尚克承之

勅贈楊昺母程氏孺人

勅曰朕惟人子之材雖本於父而實於母德亦深爲故國家推恩臣下存則有褒榮之命歿則有追贈之典焉爾程氏乃都察院山東道監察御史楊昺之母夙有德善著於閨門是生令子効勞於國揆厥所自宜有顯褒茲特贈爾爲孺人靈其歆承永光幽壤

勅贈楊昺故妻熊氏孺人

勅曰朕爲任職之臣既推恩於其親而又榮及其配者所以明國典而厚人倫也爾都察院山東道監察御史楊昺故妻熊氏夙謹婦道用相其夫既

已卒毅茲特贈爾爲孺人服此恩榮永光幽穸

勅封楊昺繼室魏氏孺人

勅曰朕爲人臣克効勞於國者雖本於父母蓋亦有伉儷內助之力也故推恩之典必及之爾都察院山東道監察御史楊昺繼室魏氏克盡婦道以相其夫致能盡心於所職茲特封爾爲孺人服此榮恩永光閨閫欽哉

宏治十八年十二月二十日勅封戴書父戴清如子官

勅曰朝廷待士之恩莫重於襃錫人子報親之志莫切於顯揚顧惟世官之良克廣家傳之訓肆加襃寵奚問存亡爾故江西瑞州府高安縣陰岡嶺巡檢司巡檢戴清乃南京大理寺左寺左評事戴書之父直誠無僞剛毅有爲績著既奏乎賢勞勇退遽全乎晚節刻遺經之訓素切義方致令子之才蚤登甲第廷評叢職名著留都異禮追榮光生泉壤肆國恩之伊始見德澤之有徵茲特封爾文林郎南京大理寺左寺左評事尚期神爽之昭鑒延寵光之賁

正德十五年月日勅贈蔡乾父蔡賁如子官

勅曰朝廷待士之恩莫重於襃錫人子酬親之志莫切於顯揚況善裕於躬慶延於後致令有子宜酬於國澤厥所自宜有顯襃所以遂其義方之訓亦以教孝而勸忠也爾河南衛城府襄商縣教諭蔡賁乃戶部清吏司署郎中事主事陞四川按察司僉事蔡乾之父性行端純才學明敏馳聲庠擢平樂官燕冀聿昭其椿範是用贈爾爲四川清吏司署郎中事主事進爾階中順大夫錫之勅命爾其益加懋勉克慎厥職庶綸章揭高躅以常馨命秩賁化遂而永懌欽哉

勅封蔡乾母孫氏太安人

勅曰士君子顯庸當世蔚爲國楨雖本於父而教於母儀亦槩焉故躬庇於恪而食報於後人乃鄉天之植至有類也爾孫氏乃戶部清吏司署郎中事主事陞四川按察司僉事蔡乾之母式[illegible]淑歸於巨宗相戒不學機聲斷處情攸鍾舞[illegible]精丸味成時顏用霽遍成乃子宜猷本朝女德之貞自昔然矣慈訓之飭厥功茂哉茲特封爾爲太安人荷龍帔之休光迓桑榆之繁祉

勅封蔡乾妻王氏安人

勑曰人臣在公敬慎而退有委蛇之風非內獲賢助曷克為佐故國家為任職之臣既推恩於其親而必榮及其配者所以明國典而厚人倫也爾戸部清吏司署郎中事主事進秩四川按察司僉事縈乾之妻王氏靜正有齊柔嘉無逆丁年作儷綦毋穆於雞鳴丙夜橫經機杼恒同乎螢案嘉新績於屛星念往勞於視旦是庸封爾為安人益勤司饋之職宏贊司度之勞

嘉靖四十二年五月二十九日勑贈汪廷武父汪源大如予官

勑曰朕聞古之君子積德勵行以自淑其身必克昌其後時乃天道故奉若之典由子及父所以植慶之原以教孝勸忠也爾汪源大乃戸部江西清吏司署郎中主事汪廷武之父賦性耿介雅好詩書孝友著於家庭信義孚於閭里庶幾古之高士矣訓成哲嗣展采䖍曹爰渙渥恩彰爾潛德茲特贈爾為承德郎戸部江西清吏司署郎中主事諒幽靈之未泯歆嘉命於無窮

勑封汪廷武母戴氏太安人

勑曰朝廷疏榮臣下以報劬勞之德其恩施厚矣而母氏躬履康壽以承之豈非有家之慶哉爾戴氏乃戸部江西清吏司署郎中主事汪廷武之母式稟賢淑歸於巨宗儉勤操家嚴肅訓子婦儀母德允徽中閨祿養綸褒增輝內則茲特封爾為太安人顯服洪休永綏多福

勑封汪廷武妻饒氏安人

勑曰人臣在公敬慎而退有委蛇之風非內獲賢助曷克為佐國家大褒德之典必並及焉爾戸部江西清吏司署郎中主事汪廷武妻饒氏體有令儀作配君子溫莊恭慎壼教夙閑儆戒相承克隆

休聞內助之賢彰已茲特封爾為安人祇承鴻恩宜其象服

萬曆二十四年七月二十三日勑封孫鉉父孫可侍如予官

勑曰夫經明行修之士貌落無用於世見為儒不效矣乃其子傳厥緒業一旦奮庸於庭榮顯其之而後乃見儒之果效也爾生員孫可侍乃戸部廣東清吏司署郎中主事孫鉉之父砥志清修瑩精素業學擅西崑之富才空東序之羣韞瓌鬱奇用傳令子寒燈口授螙簡手繙矻矻窮年以逮子貢

勞已勤矣是用封爾爲承德郎戶部廣東清吏司署郎中主事欽承芝檢堪慰蘭膏

勅封孫鉉母陳氏太安人

勅曰人臣爲朕司金穀有廉慎聲意其庭闈有賢母焉訓子廉潔若處媛者乎褒其奉教者而遺其教者非制也爾陳氏乃戶部廣東清吏司署郎中主事孫鉉之母寶慈爲質茹儉自怡梁案相莊酬對郊友孟機修誡督教同師佐姱節於般牽啟駿聲於農部婦順母慈卓能雙美矣是用封爾爲太安人祗荷渥恩彌延遐慶

勅封孫鉉妻鄭氏安人

勅曰金穀之司至劇繁也當事者不以內顧攖心計乃得持籌而精厖焉若是乎婦功之關國計矣爾戶部廣東清吏司署郎中主事孫鉉妻鄭氏靜正有齊柔嘉無逆躬桓汲而佐養褧樂織以箴勤爾夫著聲廉幹爾實襄之稱能婦已用封爾爲安人益勤司饋之職宏贊司庾之勞

萬歷四十八年勅贈孫鏞妻曾氏安人

勅曰漢制二千石五馬倅分乘以爲輔輔守者倅也而倅之輔不有伉儷乎黽勉下帷而相捐於纁鄜傷如之何爾直隸常州府通判孫鏞妻曾氏德稟誠縞竭誠佐餕丁年作儷履綦每穆於雞鳴丙夜樸經機杼恆同乎螢案嘉新績於屏星念往勞於視且是用贈爾爲安人有赫絲綸母棄菅蒯

勅封孫鏞繼室丁氏安人

勅曰采綠之詩不云乎言韔其弓念君子之于役繩墨之切無往不與俱也我別駕有無一歲不奉公家之役其不詹之思何如雅非有殊恩疇慰曲局爾直隸常州府通判孫鏞繼室丁氏摽梅迨吉桃蕡嗣音接跡林風擁筍梁而倍敬降心鍾禮曳

綦縞以從官襄題坐之端僚海沂歌起雎有齊之季女錡釜庸多是用封爾爲安人度稱褕衣箴加燕儆

天啟元年月日勅贈熊則禎父熊采文林郎

勅曰有志之士下帷攻苦初不以售不售爲勤惰也有如志窮而勢不能竟其志猶能式穀其子以必售及子售而年已不逮此孝子仁人所以捧口澤而長悲也爾熊采乃福建建寧府建安縣知縣則禎之父生有異資心潛古典刻苦不疲耽勞靡間學雖勤而遇則蹇志郎奪而行彌修孝友著聲

閫外之言無間解推周澤慶餘之報實宏遠砌培芝蘭之盛一雛拓霄漢之程鼎飴弗逮於花封庭訓篤孳於芝檢是用贈爾階文林郎錫之勅命恩榮於國章芳馨於家乘

勅贈熊則禎母石氏孺人

勅曰丈夫生而懷四方之志自懸弧以來其親之期望於予可思已惟茲銅章在綰而還顧萱幃祿養不逮宜何如其愴然也爾石氏乃福建建寧府建安縣知縣熊則禎之母性具慈明德涵溫粹淑範夙閑壼訓柔則克秉坤儀辛苦是甘殊有采蘋

之致鉛華不賦獨崇綦縞之風尤熊佐訓於義方甲第發祥於哲嗣式慈謨其永遠撫茵鼎而長悲是用贈爾爲孺人口澤增桮棬之惻綸音揚聖善之輝

勅封熊則禎妻王氏孺人

勅曰良令理附郭邑戴星鞅掌以勞吾民郇徵交謫之言而乏左右之助能一意勤政又能匡盡諫善乎則所需於賢閫尤亟也爾福建建寧府建安縣知縣熊則禎之妻王氏毓質高閑儷美哲人班媛克以閑家芳華不易其素敬昭淵鑒允諧靜瑟之音齋共嚙冰式贊彈琴之治相室普肅雍之化綜家追素絨之風典重蘋蘩禮隆從爵是用封爾爲孺人煥鳳彩於芝函賁燕喜於蘭閣

天啟三年十二月勅贈熊則禎父熊采如子官

勅曰朕觀漢史陳寔不名於文苑鄭元未著於獨行若乃文行並劭而又能燕翼克宗爲國家耳目朕其何愛而不以示濯磨也爾贈文林郎福建建寧府建安縣知縣熊采乃河南道監察御史則禎之父文明以止美愛可傳學富西藏元覽澈百家之潤功深午漏銳精窮三絕之編爾其逸藻雲浮

首徵霞蔚讓夷急病俠誼垮於孟嘗秉道嫉邪直節同乎汲黯楚璞雖違於屢獻章經竟啟於再傳以爾蟻輻易子駿發得時則駕固儒者出處之規非道不諫亦家庭授受之素茲贈爾爲文林郎河南道監察御史龍綍恩綸百世衍青箱之澤鸞飛誥紙九原生元嶠之輝

勅贈熊則禎母石氏孺人

勅曰士大夫顯庸當世蔚爲國楨必其家累積於厚而慈庭有義方焉故躬庇於恪而食報於後人乃知天之挹注也有類焉爾贈孺人石氏乃河南

道監察御史則禎之母以端莊懿質儷美令人而
寶儉與慈躬溫且惠調甘伺色羞羹兔以爲歡儆
爛襄勤相案鴻而問業夫多慷慨之意而黙濟以
柔室紛食指之謀而拮据匪懈至於分甘絶少同
人惠有必周理緒調機習勤夜以繼日睠慈謨於
閨闥傷遺澤於栝棬兹仍贈爾爲孺人荻灰雖寂
六珈宣綸綍之華蘐範未遠百世仰河山之象
勅封熊則禎妻王氏孺人
勅曰朕聞古人當正色之地唯是張膽報國恩終
不能録録内顧而古之賢媛抑且執此誼以佐君

崇陽縣志　卷十綸音　封贈　三十

子睠言内德朕其何斁疏榮爾河南道監察御史
熊則禎妻封孺人王氏端凝之器式以莊嚴孝敬
之風生於性順而内言不出中饋載調爾其握管
塞槃執經墨幄聽弦歌於靜好適成製錦之聲佐
輪影於堅貞力杜浣衣之戀濟此伏蒲之譽實需
儆爛之功兹仍封爾爲孺人明乃服命俾益飭於
功言從其新階將永同於福禄
天啓六年九月日勅封王應斗父王鉞如子官
勅曰令宰之賢比稱慈父仁親之典首逮嚴君惟
兹百里式于政服于教用不傷厥考心厥考亦克

用著爾儒官王鉞乃江西饒州府鄱陽縣知縣王
應斗之父渾金璞玉方珪圓珠敦德行仁飭躬勵
己公正而居里社少所徇阿和順以待族人雅多
含忍勞而不伐畜矣能施竭來就養允屬慶餘洪
巖鬱葱叢玉森秀父有山林之節穠秘俗塵子爲
廊廟之才丹青世道式穀爾子以子惠朕民今封
爾爲文林郎饒州府鄱陽縣知縣爾子修爾教爾
亦服爾子官爾子有無窮之聞爾亦有無疆之休
勅贈王應斗前母丁氏孺人
勅曰人子於前母雖不獲親其音容彼其撫鞠然

崇陽縣志　卷十綸音　封贈　三一

家祥之集有開必先國典之隆無微弗闡有能溫
柔成性淑愼肇基斯亦報本者所不忘也爾丁氏
乃江西饒州府鄱陽縣知縣王應斗之前母相厥
冢君克嫻内則蚌胎未剖蚤遺白首之悲麟趾攸
鍾黙發青雲之氣乃昌後子允邁時流惠我蒸民
咸號衆人之母褒爾茂宰俾沾一體之榮惟毛裏
之無歧故絲綸之並錫兹贈爾爲孺人焕幽光於
泉壤傳盛事於庭幃
勅封王應斗母孫氏太孺人
勅曰學道愛人式歌來暮服官將母詎羨勋勞詩

有之伐木猗矣析薪杝矣物理有本況人道乎爾孫氏乃江西饒州府鄱陽縣知縣王應斗之母柔恭婦德聖善母儀樂綦縞以從夫操荻丸而訓子鉛華不御餙環珮之容浣濯是衣勤黼黻之采聰惑萱草肇啓甘棠惠政有徵慈顔未艾是用封爾爲太孺人崇徽懿穆祇服鴻休秀色若榮彌光燕喜

勅封王應斗妻甘氏孺人

勅曰學道絃歌風生四境宜言琴瑟肇在一家旣有明明之撫字能忘旦旦之勤劬交修中外共賁

榮恩爾江西饒州府鄱陽縣知縣王應斗妻甘氏稟柔成性蘊粹含章號自名宗嬪于哲士蔡中郎之女子早聽色絲謝太傅之閨門先揚麗則虔恭內政榮曜中闈錦濯江波濯隨織室山明石鏡不廢乘壇躬秉縞衣襄予墨綬兹封爾爲孺人魚軒照曜懋宜靜好之音翟茀𤏡娟溶迓駢蕃之渥

崇禎元年勅封王應斗父鉞如子官

勅曰古君子抱至德而悠然石隱止洗耳沈淵枯槁一世孰有式穀後人作朝廷之耳目且鶴髮希夷去持世道爲熙明之大老哉爾封文林郎鄱陽縣知縣王鉞乃雲南道監察御史王應斗之父人今道古身隱德彰敬士閑詩禮之傳好善若江河之決每正言以範俗恒片語而解紛彥方之折過雖藏而怨鬻匪眦又付諸飄瓦君賓之積仁惟闇著方能施予則不問囊金允當天心特啓哲允雖一珠讓滕崔嶽必嚴道四履歌聲飲冰益勉爰遴梧桐生矣朝陽聽威鳳之音還觀椿樹鬱然海屋鎸仙籌之慶兹用如子官特封爾爲文林郎雲南道監察御史芝箘香浮飛五花於皇極蟠桃色爛祝遐祉於瑤池

勅贈王應斗前母丁氏孺人

勅曰國家和平之福造於諫臣而諫臣骨鯁之風釀自慈母雖釁離或異而蔆幃之懿範發祥於先亦錫類者所必敦也爾贈孺人丁氏乃雲南道監察御史王應斗之前母慧而有齊儷彼碩彥殷勤湘藻舉止克協班書黽勉挽車敬順悉嫻鍾禮用望藍田有毓永昭珪璧之輝豈期芳質易摧遂作舜華之落然而庭餘初案澤醒遺梧維予直臣持斧而雙飛瀏鵬翳爾孝子撫忱而載切鱗鰭是用仍贈爾爲孺人龍章溶錫於重泉鸞藻庶光於長

夜

勅封王應斗母孫氏太孺人

勅曰人臣攬轡慨然有澄清天下之志抑何壯哉亦賴賢如滂母者啓迪於素也而茲更眉壽春高北堂瑞靄覲膝下之夔龍際唐虞之日月誠超軼尋常萬萬矣爾封孺人孫氏乃雲南道監察御史王應斗之母徽柔維則淑慎其儀鴻案克恬順佐鹿門之隱熊丸攻苦益開麟趾之祥爰還鮓以訓廉琴堂聲遠旋擧豸以勵正劍匣光寒朝廷已慶得人收直聲於黼扆天道益隆樹德動喜氣於斑

衣南極一星光照慈顏之茂五雲多處香分華祝之觴介爾殊恩永錫難老茲仍封爾爲太孺人椿萱益茂於無疆福履爰綏於有赫

勅封王應斗妻甘氏孺人

勅曰昔韋思謙云丈夫正色立朝必明目張膽一報國恩終不爲碌碌保妻子計諫臣心如是也然必有同心之配相資焚草始內顧無憂而屈軼之丰采乃著朝章渥被奚靳哉爾雲南道監察御史王應斗妻原封孺人甘氏珪璋比德圖史作模度閣供甘承白頭之色笑短檠作苦褒黃眷之風雲

道佐三異於懸魚興爾簾閒琴靜今賁九重之鳴鳳肅哉簡烈劍寒惟金鎖問夜而彷徨始鐵冠際風以慷慨朕則特嘉爾績國人胥稱曰賢茲仍封爾爲孺人式昭翟茀之華益効雞鳴之警

崇禎元年勅贈汪桂父汪比吉徵仕郎

勅曰昔聖王之勞使臣體其倭遲周道不遑將父之思至爲之興嘆然則國家録駉駉四牡之勛安可不貤恩厥考哉爾生員汪比吉乃行人司行人汪桂之父窮經嗜學好俠輕貲風雲抑志雖未舒用世之猷泉石守貞實無愧幽人之履箕裘緒業

肇開源隱皇華接映靡盬効乎載驅如濡借以咨諏駿聲原播於檀車燕翼聿昭其楷範是用贈爾爲徵仕郎行人司行人綸章揭高躅以常馨命秩賁化途而永懌

勅封汪桂母劉氏太孺人

勅曰陟屺思瞻駕駱來諗人子懷母有同情焉乃若徵寵王朝承懽子舍詩人所爲賦燕喜也爾劉氏乃行人司行人汪桂之母婦德柔嘉母儀徽懿拮据而持家務躬親蠶月愛勞以佐義方手弄熊丸有子能官介爾景福是用封爾爲太孺人膺初

命以恆升永康齡而益豫

勅封汪桂妻劉氏孺人

勅曰人臣宣勞馳驅皇華載塗非鳧雁與規則昧
且之勤莫顯非琴瑟靜好則委蛇之度不昭爾行
人司行人汪桂妻劉氏夙鏡茂姿早擷芳訓含英
華冑作嬪高閎體堂上之心罔闢作苦食書中之
味一意推甘悵翁志之弗售幾致疑於天道昜夫
猷而早譽知自利乎女貞春秋克謹乎蒸嘗夙夜
時勤於儆戒使垣閫譽中壼多功是用封爾爲孺
人茂迓鴻休益光燕婉

崇禎六年月日勅封黃色中父黃廷讃如子官

勅曰國家重循良之吏必追發祥之原蓋兮治先
良斯箕裘克紹有能庭訓致謹以父教作臣忠者
襃錫之典在所必及焉爾廣東雷州府海康縣知
縣黃色中之父生員黃庭讃幼學素裕壯志未酬
慷慨自居常慕輕財之義優游在澗無愧碩人之
寬躬不附乎青雲忠乃厪於白屋義方是導靡非
嘉謨嘉猷貽穀存心恆蘄汝爲汝翼出處雖殊二
致作述原自一途茲封爾爲文林郎如子官用表
潛德之幽光特彰寵綸之永賁

勅贈黃色中母陳氏孺人

勅曰和熊之教千古流芳母之玉成乎子也甯獨
爲家之楨而國之瑞實嘉賴之爾廣東雷州府海
康縣知縣黃色中母陳氏操行儉約相夫不畏績
織之勞賦性明聰課子能親誦讀之訓其名登仕
籍烈皆一方者恩勤之力不小也縱使德豐而年
嗇必且生榮而死榮用贈爾爲孺人片綸之褒射
嘉九泉之魂可慰

勅贈黃色中妻吳氏孺人

勅曰女以內助稱賢禮重糟糠易嘉中饋所謂柔
順之德不可忽也爾廣東雷州府海康縣知縣黃
色中妻吳氏淑慎有齊柔嘉維則垂髫爲嬪績紝
無斁乎清修茹蘖自甘井臼無形諸怨色芳魂雖
逝閫範猶存是用贈爾爲孺人爍哉身後之榮永
作女貞之勵

崇禎十年月日勅封黃色中父黃廷讃奉政大夫

制曰農夫穮蓘必有逢年況積善詒謀不獲式穀
耶窮居教澤及人厥嗣自大其里固挹注之不爽
也爾黃廷讃乃福建汀州府同知黃色中之父性
懷樸茂心抱端誠承簪組之家聲布衣自適探詩

書之奥脉治鑄作人清標高陶經之風正誼重太
邱之學壽徵杖國子已亢宗即其佐郡之能嘗爾
過庭之訓是用封爾爲奉政大夫汀州府同知庶
彰燕翼之謀永賁鴻冥之耀

勅贈黄色中母陳氏宜人

制曰義方之訓雖父主之而母之和丸亦若督課
伊唔者然則慈慕之等於嚴訓胡可不昭闡懿也
爾陳氏乃福建汀州府同知黄色中之母柔而且
愼淑以能温養得姑歡不減登堂之乳德同夫健
儼然舉案之眉夷猶於衡泌之清風式範於閨幃

之雅化洵女師之永譽聰子績之光前是用贈爾
爲宜人慰桮棬之慕於綸褒示箕裘之徽於壼則

勅贈黄色中妻吳氏宜人

勅曰伉儷之歡期以偕老而鸞影蚤逝願從宦達
遺佩猶存安能已於恩綸之闡也爾福建汀州府
同知黄色中之妻吳氏實勤與儉克諧以孝鳴環
贊閫每致儆於雞鳴服纘佐膏期成衣於豹變道
繳佩之盟已踐而琴瑟之御先分黽勉懷清足徵
懿範是用贈爾爲宜人爰頒紫泥之華永耀黄壚
之色

康熙二十年十二月二十四日

勅贈譚琳父譚可芳奉直大夫

皇帝制曰資孝維君錫類宏昭報本教忠自父服官敬
用承家爾譚可芳乃戸部浙江清吏司員外郎譚琳之
父道在褆躬爰被絲綸之重志存作室式宏堂構之遺
兹以覃恩贈爾爲奉直大夫戸部浙江清吏司員外郎
錫之誥命於戲恩逮所生彌表象賢之美榮施下壤益
彰燕翼之庥

勅贈譚琳母汪氏宜人

皇帝制曰疏恩將母推錫類之仁移孝作忠切顯揚之

念爾戸部浙江清吏司員外郎譚琳母汪氏愛子能勞
篤義方於杼柚相夫克順端令範於閨闈兹以覃恩贈
爾爲宜人於戲象服昭榮聿荷廷綸之寵熊丸遺教永
流泉壤之輝

勅封譚琳妻汪氏宜人

制曰靖共爾位良臣既効其勤黽勉同心淑女宜從其
貴爾戸部浙江清吏司員外郎譚琳妻汪氏克嫻内則
本貞順以宜家載考國常應褒嘉以錫寵兹以覃恩封
爾爲宜人於戲克著令儀宜恩綸之並寵式彰壼範尚
翟服之欽承

康熙四十二年二月十八日
贈封米調元父米舫如予官
皇帝制曰求治在親民之吏端重循良教忠勵資敬之
忱聿隆褒獎爾米舫乃浙江嚴州府分水縣知縣米調
元之父視躬渟厚乖訓端嚴業可開先式穀乃宣猷之
本澤堪啓後詒謀務作牧之方茲以覃恩封爾為文林
郎浙江嚴州府分水縣知縣錫之勅命於戲克承清白
之風嘉茲報政用慰顯揚之志昇以殊榮
勅封米調元母汪氏孺人
皇帝制曰朝廷重民社之司功推循吏臣子懍冰淵之

操教本慈幃爾浙江嚴州府分水縣知縣米調元母汪
氏淑愼其儀柔嘉維則宣訓詞於朝夕不忘育子之勤
集慶澤於門閭式被自天之寵茲以覃恩封爾為孺人
於戲仰酬顧復之恩勉思撫字載煥絲綸之色用慰劬
勞
勅封米調元妻劉氏孺人
皇帝制曰良臣宣力於外効厥勤勞賢媛襄職於中膺
茲寵錫爾浙江嚴州府分水縣知縣米調元妻劉氏終
溫且惠既靜而專蘩縞從夫克贊素絲之節藻蘋主饋
爰流彤管之輝茲以覃恩封爾為孺人於戲敬爾有官

著肅雍而並美職思其內迪應勉以同心
已上舊志全登其有僅存名目而文闕者明勅封
則有陳憲宋忠傳源周軏王疇汪宗凱汪本沂劉
日孚饒曾陳士元孫鈺王玉高各一道汪必東汪
文盛廖東夔是饒天民劉景韶胡定饒仁侃孫可
僎陳忠變曾友規舒伸翊各二道汪宗伊四道皆
闕不存周琮楊尙戴書汪廷鉞皆二道闕一勅諭
則有龔潮一道劉景韶一十一道闕十饒仁侃二
道闕一勅書則有戴書一道饒天民汪廷鉞各二
道胡定五道制誥則有王疇汪宗元陳伋各一道

汪文盛二道汪宗凱三道汪宗伊七道俱目存文
闕邑仕宦鼎盛前朝綸音不盡於此徐行志列文
陳洪烈志列目皆未備也茲從故家采取畧補一
二鉄漏猶不少總之封贈之詞多半通用盡登之
簡帙浩繁
國朝自譚米二公後敬錄
宸翰之目於左以昭
光寵勸忠廣孝其義已具於斯云
勅授饒琦浙江仁和縣知縣一道順治十三年九月
勅授饒亮士當陽縣教諭永州府教授二道一順治七

年一順治十七年右在譚米二勅前舊志未載一概存目
勅命陳繼成父母一道康熙五十年
勅命夏士任父母本身及妻一道乾隆二十五年
勅命夏振芳祖父母一道乾隆四十二年
勅命陳之本祖父母父母二道嘉慶年
勅命米燦父母一道嘉慶十四年正月初一日
勅命孫鍾琇父母一道道光八年十一月初九日
勅命王大猷父母一道道光年
勅命王鎮新父母一道道光年
勅命劉鎮岐父母一道道光十五年

誥命趙光宇祖父母父母二道道光十五年十月初十
日
誥命周燮亮父母本身及妻一道道光二十五年二月
十五日
勅命殷植澧舒萬峯石熾然洸得源程銘烈黃玉劉念
祖父母各一道俱道光二十五年十月十五日
勅命劉汝祺父母一道道光三十年正月二十六日
勅命劉汝祜父母一道道光年
勅命劉鎮樾父母一道咸豐五年十月二十日
勅命孫靈藻祖父母叔父母二道一咸豐十一年十二
月初八日一同治元年四月二十六日〇謹按
國朝綸音亦不盡是核實者志之其餘已見人物封
蔭門中

崇陽縣志卷十終

崇陽縣志卷十一目録

崇陽縣志卷十一

鑽研墳典補綴風騷摛書崖壁洗硯洪濤百家幟匯四庫籤高豈無篇目足式譽髦志藝文

經部

易問大旨　汪必東著佚

詩經註解　熊則禎輯自序云不佞燥髮治詩讀紫陽傳註至詳且悉邇來海內名公講解喙喙爭鳴然而臆見滋多令屈首窮經者歲不能一遍不佞記性弗靈更苦之因手錄註意於講說中下存白文掇諸先正要旨可資制義且便記憶者條列其上辭不務灝繁句不從重冗能使人展卷涉目即躍然有會不踰旬三百篇可遍而匝也總之不敢遺註翼註而已不敢臆撰以角名公折名公之衷參酌其竅而已此予事帖括時所揣摩既釋褐已亡去乃執經門下士曾手手相傳忽汪生寅侯過訪建安攜而請錄余笑曰此為諸生時懶癖謬託捷徑寧可災木貢拙乎汪生曰師四書一錄人捧為隋卞之寶奈何靳此既而建安庠士日升江君余所歷試而青錢賞者精於詩常攻苦道闇著錄

大有當於後學也乞梓甚懇學博孝廉維全周君且割俸佑之余不能辭聽付剞劂以請政於四方云

易經舉業註黄色中著王應斗序云千古文字莫奇於易而說易者必求諸奇雖畢世鑽研罕窺其際惟闡幽抉微還諸易簡使其旨不奧而詞不繁開卷易晰了然無奇斯天下之至奇必歸之耳余友黄根心攻苦韋編垂二十年其剖析天人不在康成輔嗣下顧以窮經原期用世藉令講說不便行文於後學何裨用是披訂本義一披紫陽之幟

另出手眼破暗爲明削繁爲簡舉疑難風影托在目前雖童子可徹老成人不能有加正如鵲巢氏對春山說法平近務使人人可行不在天花零亂也得是編者垂髫熟誦則終身不費講繹厥功偉哉或曰是乃謂之註易而名以舉業註也何居曰此根心深於易也蓋易不可註也陰陽奇偶不滯言詮卽爻象所著總無實落潛見飛躍後世聖人姑以一端明之豈謂六畫二體貞在君臣顯號之際耶十翼皆宣尼手筆而曰不可爲典要惟變所適考亭因象測意止仍其本義終不與他經四書

同者意可知也獨是制舉之業旣確守一家言無以王牽趨應功令故在舉業之中者不可無註耳黄君旣已振聾醒聵而其於先後天之理卒未嘗鑿不以奇說易乃能以奇還易卽四聖在天上猶當印可豈直紫陽功臣哉

春秋要訣汪垂著佚

周易行文約義孫鍾琇著

周易直講王大猷著

五經集解陳之楫著

爾雅音義辨劉鎮崧著

四書論定邑諸生汪俊錫著米調元序略云是書句有解節有訓然後合全章神理而論定之殆深體朱註融液大全蒙存等書及李岱雲黄際飛諸家所著述而得其精髓發爲提綱挈領之言眞理學之功臣科名之金鍼也

四子參講陳之楫著

四書述義王大猷著

史部

馬政考汪宗元著宗元時爲太僕寺卿書佚

南京太常寺志汪宗元著四庫全書提要云是書

乃宗元爲南京太常寺卿時所輯分謨訓規制
官禮書樂書舊制薦獻祭告祭器祿食夫役列傳
爲十二門所記各祀祝文陳設及樂章樂器皆較
明會典集禮諸書爲備至於薦獻品物應祀官概
及署中藏經字號存貯什器皆條列不遺焉
經世考汪宗元著亦官太常時采朝臣奏議有裨
時政關世道者爲此書今佚
南京吏部志汪宗伊著入明史藝文志四庫全書
提要云是編乃宗伊爲文選郎中時所作首聖訓
次建官次公署次職掌次列官表傳次藝文前有

宗伊所作志例謂自之尚書吳嶽創爲部志又諮
之曾官吏部者侍郎李棠大理卿杜拯太僕卿殷
邁鴻臚卿孫鑨應天府丞邱有嵓郎中顧闕鄉國
儒袁尊尼傳艮諫主事蔡悉薛廷寵綱羅散失以
成此編頗爲詳悉
南京大理寺志汪宗伊著時爲大理寺卿
南京尚寶寺志汪宗伊著時爲尚寶卿
表忠錄汪宗伊著表建文諸臣死事之烈立石南
雍有董傳策劉一儒序
應天府志汪宗伊著時爲應天府尹

風紀彙編汪宗伊著時爲南京都察院御史
尚書奏議汪宗伊著舊志存三疏其一酌處收放
疏云題爲乞酌收放以廣儲蓄以裨國計事稽之
王制國有九年之積漢稱文景富庶粟至紅朽不
可勝食臣謂漢積未必九年斂散或不得其宜也
國家因地以積貯因積以斂散會計盈縮因時出
納是在戶部而總督之臣管理倉場者知其數又
當以時上聞以佐戶部酌議支放者也爲照大倉
天下積貯凡軍國之需仰給焉永樂十二年奏准
每歲漕運以兩運赴京倉一運赴通州倉交收此

成祖文皇帝制國用之成法也以後漕運四百萬
石內兌運三百三十萬石改兌七十萬石除舊例
改折一十七萬七千七百三十四石七斗麥運四
鎖四十五萬四千八十三石外兌運撥京倉改發
撥通倉各上納糧萬歷六年全運京通糧實三百
一十七萬九千六百一十八石內京倉收二百八
萬八千二百七十三石而通倉收一百九萬一千
二百四十五石蓋三分之一也往因通惠河未疏
通通倉收糧多於京倉故嘉靖四年議放五年分
通京倉三月四月五月九月十月粳米八月粟米

共六箇月通倉正月六月七月十一月十二月粳米二月粟米共六箇月自疏通惠河之後京倉積倍於通倉仍執前議又以十月折色係京倉放糧月分遂比通倉少放一月是京倉收二分而放三月通倉收一分而放五月也況折色係銀庫支給不在倉糧之數當另扣算不當因其所值月分而獨減放京倉之糧且積貯量入爲出裒多益寡今以京通二倉見積粳米計之萬歷六年十二月歳報京倉粳米一千二百五萬九百八十石本年放一百三萬四百九十六石是放十一年猶有餘也通倉粳米三百一十五萬九千五十六石本年放八十七萬二千三百三十八石是放四年而不足也若通融京通倉糧支放實有七年餘積合無本折兼支糧銀月算祭米價之貴賤定本折之月分每年以兩月放折色折色銀庫支給不必分屬二倉以十月放本色本色二倉三分收受當三分支放除兩月粟米京通倉各放一月外除便放粳米八箇月坐撥京倉五月通倉三月其常食京通倉糧者照舊庶幾京通二倉各有九年之積而粳米無復紅腐之慮支異富庶不足言也伏乞聖裁其

一濬河疏云題爲濬河以備漕運以圖經久事我
朝歳漕江南之粟數百萬石以供軍國之需乃開會通河達之通州世宗皇帝又開通惠河直達京師臣由大通橋閘以至石壩伏覩聖德神功萬世永賴無得而名焉自通州以達丁字沽猶有可言者敢爲皇上陳之葦子淺以至丁字沽五十九淺運衛有司額設堤淺夫一千五百有餘誠於秋冬之交糧完水涸即令堤淺夫役逐淺挑濬春夏之間糧運盛行又以堤淺夫役隨船扒淺即糧船利涉無待盤剝嘉靖以前未聞置官剝船者非無大旱水涸不容不剝之時也顧募民暫爲盤剝可行即已不取一時之快而起不貲之費也河西務之議置剝船比例閘河其實不同通會之開河以舟運代車載山水陡峻閘難啓閉故每閘設舟剝船即淺船省腳價速運輸經久之道也至於河西務有船可運又加之剝是爲重費當時亦爲河西務設也乃分二百隻於外河以爲灣民罔利之計外河歳費一千七百餘兩河西務歳費二萬三千七百餘兩若有益於漕計猶之可也船戶縱盜乘機插和還兩沾濡船損壞無益於漕糧也運官沿

淤難買軍旗因而侵費起欠掛欠皆由於此無益於運官也船戶通同積書每年只剝三次勒令民船幫貼洸糧賠補沿河驛擾無益於居民也然水涸之時必待盤剝猶爲不得已而用之今則不然通州至張家灣乃以管淺者爲攔河之官不論水之深淺運船可否通行一概攔阻勒令自灣起剝云花板石淺灑花板石淺與南營淺相對東西兩岸擊之俱水可行舟花板石淺既可通行則通州至灣無容起剝里二寺至桃花口淺中經河西務鈔關往年乃阻之關南上從桃花淺下從王家擺

渡通令起剝云桃花口王家擺渡淺灑桃花口淺與游潮相接潮經桃花口蔡家口漕溝旱溝兒至老米店而止王家擺渡即舒雞淺臨船扒疏併力拽挽亦自可行非若通黃河地方淤阻者比也臣四月初五日巡視至河西務行該關主事徐一正霸州兼理河道兵備副使顧褒隨船扒濬自初六日以後河西務節報過關淺船並未起剝或云水長及查每年五六月船俱起剝歲旱水涸固亦有之但五六月間多雨乃理之常歲歲起剝豈皆水淺哉河西務二日可抵灣每船不過用銀一兩再

加之三錢後又每兩加二錢乃云每兩扣抵價三錢十年即可完原價其實三錢原在船價之外乃朝三暮四之術也十年造船三萬金歲計之費三千金因費三千金而以二萬三千七百餘金扣抵之得毋又重費乎又每年以艙船預挪借官錢千百兩積書每以不剝稽運恐喝各官而各官亦狃於故習不悟起剝之更稽遲也乃不得不剝臣所謂起一時之快而取不貲之費也然不以爲費者運官利於剝費不己出也船戶利於剝歲得厚貲也積書利於剝因而侵分也各官利於剝可以市

恩也但於國計則未爲利耳若將外河之船歸之河西務無雨水淺或游船載重呈詳總督應剝則剝過行則止嚴禁乘機插和貽累居民庶幾官雖費而漕糧無損民不受害此亦權宜之計也經久之計莫若濬河乞敕下戶工二部計議查照開通惠河事例行償通巡倉各御史工部管河戶部坐糧各郎中密雲兵備道將通州以至張家灣河道會勘作何濬治洪狹應該挑闊沙淤應該疏深會勘建閘啟閉以時蓄洩區畫停當合用夫役錢糧通行議處上請仍敕戶工二部尚書覆勘待秋冬

水涸大加挑濬務令深廣積水五六尺以上沿河
縴路俱各修整令可坦行相度建閘旱潦蓄洩臣
考通惠開河四十里加之建閘僅用銀七千兩今
通州拟濬舊運河也又不及四十里因其勢而疏
濬之爲力必易乃任其歲費數萬金又稽遲糧運
累苦居民而不爲之議長久之計哉其里二寺以
至桃花口淺行管河郎中河西務主事霸州兼理
河道兵備督管河把總等官調集沿河地方軍衛
有司堤淺夫役挑濬務令河身深廣海淺糧船通
行無礙合用口糧器具該道酌議上請如來年糧

運淺澀聽總督之臣參奏仍將起剝脚價從公估
議載入議單非天旱水涸糧船阻滯不得輒議盤
剝以後查照通惠閘河例每年秋冬務挑濬一次
待糧船至日管河郎中照例移駐河西務會通該
關主事更添設管河把總二員一員自王家擺渡
而南一員自桃花口淺而北各照信地率領額設
提淺夫役隨宜分派隨船扒疏併力拽挽庶河渠
疏通糧船利淺不惟剝價歲省數萬金而糧運亦
便益百倍經久可行似無出此其一漕船經制疏
云題爲遵例清查漕糧乞賜定經制以蘇軍民以

便糧運事准本部咨該臣題本部覆准漕司及各
該巡撫等官遵奉明旨見運船隻中間有損壞者
嚴責糧儲各道催行該府補造足額不許再雇民
船及將損壞者湊數搭派本幫以致載重難行每
年終備將各總船隻數目造册送部轉咨總督衙
門收候各運糧船至日造册查封如不足額及有
雇覓民船者照例參奏備咨在卷爲照漕運必資
於舟楫而造船必先於集料洪武永樂初海河船
修造屬之清江衛河貳提舉司正統始限江南江
北造船一萬一千七百有奇當時取材於川湖措

價於征商船造於廠而給之於軍天順二年令廠
造船隻松木二年小修三年大修五年改造杉木
三年小修六年大修十年改造小修運自備整理
大修改造照正統元年例撥支木料摘撥各衛運
軍在廠同官匠修造成化十六年令三處抽分再
行添加務足該造船隻價銀之數十七年議定清
江衛河貳提舉司造船料銀共一萬七千兩及考
會典清江衛河貳提舉司海船每隻一百二十兩
以十分爲率舊船料三分官給新料銀八十四兩
淺船每隻一百兩以三分爲率舊料一分旗甲自

價一分官給一分該銀三十三兩三錢是成化宏治時始分官給軍辦後衛河清江合而爲一官銀軍料漸有不同該廠每船官銀五十九兩四錢軍料三十五兩廠造止給四新料以民軍料置買內梁等項俱原船舊料又每旗軍得過者旗造貧難者廠造廠造者提舉司止給官料在衛軍辦料銀三十五兩謂之軍三運軍仍貼五兩旗造者止給官料在運旗軍自辦料銀三十五兩外則減存銀五兩不爲不省猶往往稱料不足非料之不足也臣查抽分料價杭州額解一萬四千四百四十兩

蕪湖額解一萬八千七百七十兩共銀三萬三千二百七十兩人匠班銀清江三千三十兩衛河四千一百九十兩四錢共銀七千一百二十兩四錢二項共銀四萬四百三十兩四錢清江抽分該廠自收抽分屬之工部糧船屬之戶部而戶工二部莫知其數大約倍於蕪湖杭州二廠以之充官給料銀用之不盡積之有餘宜覈其收支使歸實用額軍辦料錦衣等三十四衛銀一千六百二十八兩戶兵二部又將官銀抵補軍料銀二千七百四十八兩中都總一千九百六十八兩直隸衛分四

千六百五十九兩遮洋總扣糧抵料銀二千五百八十八兩二錢共銀一萬四千五百九十一兩二錢皆額辦之料也又有減存軍料如八年分減存運軍扣月糧料錦衣總銀一千五百六兩五分旗手一千二百六兩三錢三分中都四千八百兩淮大九千五百四十九兩六錢揚州七千七百二十兩八錢共銀二萬四千七百八十二兩七錢八分扣行糧料錦衣總銀三千五百八十九兩五錢旗手三千七百五兩中都二千三百九十一兩二錢淮大四千七百二十兩揚州三千八百四十六兩

八錢共銀一萬八千二百六十二兩五錢二項共銀四萬三千四十五兩二錢八分額軍專以辦料不復領運故扣銀四兩減存雖暫休息而以待運故扣銀二兩四錢此皆船造於清江廠者也又浙東總減存扣月糧料銀九千一百五十二兩行糧料遲閏半箇月五千二百八十兩浙西總扣月糧料銀八千四百七十四兩四錢行糧料五千二百九十六兩五錢上江總扣月糧料銀二百六十兩行糧料一百五十兩下江總扣月糧料銀一萬一千三百一兩七錢六分行糧料銀一萬一千三百

[illegible]七錢六分行糧料五千四百二十七兩共銀[illegible]萬五千三百四十一兩六錢六分此則船造於名省直而料價歸於清江廠者也若清查原額辦料之軍見在辦料若干如其不足即於減存軍料湊補減存支賸又專備軍三料銀支用不得別項那移如是而調軍三之不足未之有也再照上江下江船七年一改造每隻銀八十三兩嘉靖三年令浙江總船俱松木五年一次改造運底船該銀九十七兩萬曆二年以不過壩改限七年一造江西總船用株雜木七年一次改造運底船該銀九

十三兩松木五年一次改造運底船該銀八十三兩湖廣總船用杉楠木十年一次改造運底船該銀一百三兩株雜木七年一次改造運底船該銀九十兩五錢松木五年一次改造運底船該銀七十三兩九錢各該省直民七軍三徵派不等木料年限亦各有異俱宜為之經制使有所遵守伏乞勅下戸工二部會議從長計算歲運漕糧四百萬石除山東河南湖廣改折一十七萬七千七百三十四石七斗外實運糧三百八十二萬二千二百六十五石三斗通融淺船每隻以載糧三百三

十七石計之約該船一萬一千三百四十二隻清江廠該造錦衣旗手直隸淮大揚州中都遮洋七總船若干限以十年改造歲該造船若干隻官給銀五十九兩四錢歲用抽分匠班銀若干軍料銀三十五兩歲該辦料若干辦料不敷取之減存務令足用賸有餘積不必分別廠造旗造以免管造侵剋以袪運軍賠補上江下江與浙江湖廣江西五總歲造船若干隻民七該料若干作何徵派軍三該料若干作何減存有司軍衛照數徵扣依期解納各省直司道及時支給造船綜各地土所產

木料定與價值限以年分支用不濫則取之民者有節造作如式則領之於官者不乏屬清江廠者工部給與印鈐空白收支文簿凡抽分班銀辦料減存并造船支料之數歲報該部查考其各省直糧儲道查照今派船料每年備造冊報各該巡撫漕運衙門漕運仍查照戸部題准事例歲終查取各總船冊咨部轉咨督臣稽查庶經制一定經久可行軍民咸得蘇息漕運不無裨益

昭義録陳職著佚

帝王統系諸生蒙應第編

明史膚見蒙應第著自跋有云其中雲龍風虎應期膠合孰式之靈宵小弄柄正士結舌又孰奪之鑒毋甯世轉帝王帝王不能轉世别有所以鑪錘之而非人所能爲耶不然胡惺惺者纖塵不能點其照憒憒者百口不能呼之醒哉

御史疏稿熊則禎著汪桂序云忠諍之名非臣子所樂居也臣子而有忠諍之名則天下事先有不忍言者矣不忍言而不敢不言故其言之幽憤凜烈使讀之者不寒而慄無雷而震則有如我泰來熊先生之疏擊黨賊也先生二載言路諸所條上

封事大要平心緩頰指陳利害不必曰如何而可爲痛哭如何而可爲長太息令余讀之而自欲爲之痛哭自欲爲之長太息而不禁也何也彼其瀝血剜心而出之可以泣鬼而貫虹故不覺其感人而動物也夫精誠如此雖開金石變風雷何難焉而不能回宸聽之悟去肘腋之姦卒以招吾楚清流之禍并先生亦因以一麾奏甸豈非其所能者人其所不能者天乎嘗記稱功頌德舉國如狂之日先生猶與余握手長安毋相對嗚咽誓不與佞賊共戴乾坤則當三秦齋志之日將無慕伯道之

孤蹈甘鮑焦之引犢抱抑鬱而長終借哀輓於離箴者乎則余之憑弔先生亦有不忍言者矣頃余承乏使員跋履山川每藉以弔古忠烈節義之遺蹤雖或其人與骨俱已朽而考其邑里志其邱墓輒爲泫然以悲低徊留之彼千秋碧血猶慘我心脾而況余與先生生同時志同義洽託姻親生聆謦欬無言是音死追素紼常感夢思則今之讀遺草而感且悲也又何能已已嗟夫昔人有云廉頗藺相如雖千載上死人懔懔恆如有生氣曹蜍李志雖見在懨懨如九泉下人余視當時魏賊之私

人青蠅蟒玉直土苴耳縱還家黑頭不如死之久矣然則先生之所以死而不死者其端在是稿也夫

三湘從事錄蒙正發著志明唐藩及永明初事故以三湘名錄時正發從章曠何騰蛟盡瘁湘南故紀二公事頗詳王夫之序云余何忍復讀三湘遺事哉聖功授我此錄使序之聖功不哀我痺病而送之哀聖功過矣當湖上半壁時黎平義興華亭三公爲鼎三足而華亭公爲雉膏黎平義興當金玉鉉之任金玉皆寶也相觸則相傷玉碎而金亦

撓交之以爲鈙安得不覆餗乎聖功以亭亭嶽嶽
之男子與雉膏同惻又安能起泗水之洸潑以禦
罔兩哉華亭公有示余及巴陵李天玉句云劃絕
耳根猶有恨破除心事倍多情可以知華亭之爲
雉膏而聖功且爲山梁之共故終以姑蘇之降撫
抑聖功而盡棄三湘華亭公之恨九原不舍也余
平心論之義與自忠孝人但嘗侍其弈不勝則掇
十數子易之對弈者不敢爭當時殘山賸水能有
幾十數子之可易乎近有弄筆紀楚事者言義與
在潯南時將捲土重來爲聖功諸人所阻撓余亦

忝義與公知遇皇天后土實式臨之義與又爲崑
山朱震青所訹舉動差異忠孝不伸邑邑而終余
不敢昧也雖然華亭公以勞愁死義與以惋恚終
余與聖功屢不死而今日猶然言之則我兩人之
終出黎平與天玉下自取之也余何忍復讀三湘
遺事哉自跋云正發記三湘從事録畢投筆歎曰
國祚中興何代蔑有高皇帝提三尺劍東征西討
南驅北伐者定乾坤得天下之正與漢高等然漢
家享祚靈長光武起自白水重嘘炎運歷數二百
九十四年唐肅宗卽位靈武滅安史重奠鐘虡歷

十四帝一百五十八年趙宋南渡雖云孱弱猶更
九帝緜歷一百五十三年至我明烈皇帝以精明
而失天下從古希覯無何孝安卽位南都舉華纔
踰期月遂蹈徽欽之轍猶謂孝安昏庸不克負荷
加以馬阮當國斲傷元氣譬人抱劇病復治以庸
醫劑以毒藥豈不斃哉思文繼立文武英明勵精
圖治中興規模大有可觀第以求效太速羽翼未
成牙爪先露致失擁戴勲臣心又爲奸輔所賣遂
蒙汀洲之塵今上神廟嫡孫敘親敘賢聖德渾厚
和平綽有漢高大度之風宜卽重新日月再整河

山兩都故物何難鞭箠收之乃五稔湖南寸土未
恢百里日蹙豈人事之多乖抑天命之已改耶正
發衡而斷之曰始終皆流賊之爲害也闖逆初起
綠林漸成巨寇稱戈犯闕喋血禁廷祿山黃巢之
禍不烈於此矣幸而天道昭彰元惡授首死於九
宮山村民之手率土痛憤於茲稍快督師何公總
督章公同內閣嚴公制撫堵公撐持湖南綢繆拮
据以爲光武之河北高宗之錢塘不意布置甫就
而闖逆之餘燼又竄入矣始而窮鹿奔獸搖尾以
求憐繼而養虎貽患張牙而恣噬殺民則椎惡其

不盡穴鬬則梟然以稱雄望北路則鼠竄出南塘
則鷹揚高李虎踞於辰常王郝鴟張於衡永袁劉
蠶食於澧沅且以有用之金錢養此多害之谿壑
人或歸咎於督師之不應撫納以自貽伊戚不知
彼窮而來歸若不收之戎索勢必披猖跳踉立見
決裂門庭既受攻堂奧又樹敵其為禍也不益速
乎故督師初計以為此輩可馴而用之則不召不
募坐獲精兵十數萬不則靡以虛器戢其爪牙使
不致決裂滅變亦權宜補救之一術也或曰劉承
允張先璧曹志建黃朝宣非賊也而所行率多不

馴將安歸咎乎夫劉承允叛逆性成董卓朱泚合
為一身此固有北投之豺虎畀之耆張先璧曹志
建黃朝宣雖紀律不嚴擾民毒地其初皆奉督師
調度後見新營驕横遂爾效尤又為忠郝高李輕
視南人每加陵轢不得不各踞一窟以防襲劫耳
總督章公憤客兵為害乃與督師決策自練親標
始得自將下湘立定腳跟鋒刃相拒潼溪新墻之
鬬勝負各當岳陽之役若無新營僨事方城漢水
可鳴鏑而下也大隊已報壓境又與親標起釁房
之爭曾不移時戰馬長嘶宛其入室獨不以一矢

相加遺何耶湖南塊土糜爛已盡承忠狠顧而入
八桂所到之處城邑荆榛忠貞營自常德南竄崎
嶇衡永僻邑之地闖入粵東三連經四會歷懷集
渡蒼梧深抵潯南兩粵遂從此壞孫可望獻逆前
部也西川敗遁南來收沐沙漁人之利攘我六詔
滇黔遂從此壞向使悉湖南之錢穀以贍親標則
臂指效命不致有內梗之憂向使忠貞不奔長沙
則滇營必隨督師鞭弭當不致有中湘之失向使
郝永忠高必正不躁粵土則曹焦趙胡不致分心
內顧而疏疆圉之防向使孫可望不襲據雲南則

滇黔之財賦甲兵必為我用不致有餉匱兵單之
患北自燕都南至滇粵流毒所及悉成潰決故曰
始終皆流賊之為害也即督師之以殉節死督輔
之以勞瘁死制撫之以憤鬱死其禍源豈外是哉
且光武當年新莽傳首之後王郎赤眉以次翦除
假令銅馬高湖諸部若不投死效命其何以成建
武之業唐肅宗藉塞上精兵又得回紇吐蕃為之
內助假令靈武涼晉閒有縱橫跅駻之徒其何以
收兩京而還舊物宋高宗恃長江之險以限南北
假令浙閩吳楚諸路有尾大之將為腹心痼疾其

何以延建炎之祚故漢唐宋禍在外而不在內所以畢心一志致中興而延歷數今則內外交受其困故智力俱窮張而復蹶不得媲美前代也雖然中興者中興也謂剥極而復絕極而蘇恰當其阨而興非適中之說也孟子曰以其時考之則可矣父母既死猶思招魂而復之正發敢作絕望想哉或曰天下大位神器大寶興衰之數天實主之豈可全咎人事然正發從何章二公共事三湘其中事勢歷歷身履而熟諳之者也故不敢歸諸蒼蒼以開人推諉之端也

遯香集汪際炱著王應斗序略云汝弼名家子嗜古好奇慕出世人徵遺世事孤憤憑弔集成是書始節義終勇退畧迹旂常搜幽泉石拔英雄於九地標俠烈於中天厥旨深哉蓋視夫蒙面偷生不啻髑髏無氣正取義魄貞魂呵來紙上使人讀之喉舌皆香耳

史論譚登元著初彭齡評譚暐序論凡二十八則錄二則兩晉清談論云余觀東西晉之亂蓋天地一大變局也自古亂人國者或以閹宦或以女色或以權奸與强藩未有以言亂人國者以言亂國自晉始古君子之立言也原本於道德根據乎仁義用其言則天下蒙其休晉時士大夫文采風流幾欲上掩古人而祖尚虛無放誕六經以不事事爲曠達以舉職爲猥鄙麈尾揚塵談笑而麾天下靡然從風遂使神州陸沈誤天下蒼生者豈伊異人哉嗟乎人心敝靡之俗先王蓋飲食教誨之而恆虞其不能自致矣蚩蚩之氓瞻望士大夫以爲風聲之樹而王戎阮籍畢卓劉伶之徒放棄禮法務爲荒誕浮游之談轉相倣效播於齒牙者中於人心中於人心者成爲風俗浸淫漸漬終至禮義

廢弛彝倫攸斁而大亂隨之揆其所由則言語以爲階也東晉立國江左四分五裂中原鼎沸自戰國以來未有大亂若此其甚者也何也亂之初生有源有流前世閹宦女戎强藩權奸亂其流者也晉室清談亂其源者也亂其流者亂在一時亂其源者亂在數世夫朝廷自公卿大夫至於府史胥徒皆有職位以相守倫紀自君臣父子至於兄弟夫婦皆有禮法以相維而當時清談之士一切背馳放棄其在上也奚以爲治其在下也奚以立身故一時賁然錯出其才皆足以有爲而正心修身

之學不講齊治均平之化難臻終晉之世禍亂未泯遠宋梁陳隋浮侈淫靡餘風未殄蓋其所從來者遠矣陶侃論云陶侃鎮荆襄史稱其釘頭木屑皆藏以待用笠翁作史論嗤為富家翁蓋笠翁亦清談之流宜其臭味之不合也良工之庀材也大者為椽細者為桷寸株尺櫱各得其用而棟宇奠良相之用人也上自卿大夫中自守令下至丞掾簿尉各當其才而天下安侃能統攝大綱而又綜理微密使庶務各適其宜真良相之烈而非獨將帥之才也夫瑣屑之務詎足以辱名賢要其識量

精敏智慮周詳恆即小物以知大用是以郗超因履屐各當其材而識謝元之將略劉惔以博不勝則不為而知桓溫之功成若自笠翁視之二子皆當以瑣屑見棄則是淝水之捷無以存晉室伐蜀之功無因擴疆土矣夫所謂攬大綱者謂政事之間不尚繁碎非謂綜理微密者非相臣之度諸葛武侯之治蜀也罰自二十以上必躬親之且得以為非良宰相乎哉侃在鎮無事輒朝運百甓於齋外暮運於齋內曰吾方致力中原未可過自優逸又曰大禹聖人乃惜寸陰吾人當惜分陰其心豈

嘗一日忘天下哉即蘇峻之反遲留未發亦必別有所度觀其戎服登舟其子瞻喪至弗臨父子天性之愛然不以閒君臣之義其志量亦可見矣夫東晉之世以小心恪謹為鄙俗以虛浮放誕為曠達侃獨勇於為人超然自拔於流俗之外彼其人固聖賢之徒也若使庾亮能推賢讓能引之輔政其功業當有不止於是者惜乎終於藩服而鶩桀忠勤之志不得展布於朝廷以救清談之弊也

子部

太極圖解夏璵著佚

臆說註疏汪宗伊著佚

離騷存疑熊仕徵著佚

發蒙約旨龐泰斗著泰斗字景山邑處士嘉慶時人

氏族大全補遺王近光著佚

韻府羣玉補王近光著佚

美合編吳楚材著佚

彊識略吳楚材著凡四十卷入明史藝文志四庫全書提要云其書分三十九類類各一卷惟雜志分上下二卷皆剽剟類書略為聯貫成文弇陋殊

甚端刻王世貞批二行云彊識略奇書也梓之必傳第大梓時不可不更詳慎則世貞已嬿謳之矣何楚材不悟猶引以爲重耶○按此書王士正香祖筆記再引其説

窺豹錄蒙應第著典故類書也自序畧云豹未嘗掩人以斑人胡局窺於管且費窺不一斑復一斑無窮極也胡不徹去此管俾目中有全豹乎奈心而瞽也目不得不費窺目而豆也窺不得不在管苟斑斑窺而斑斑徹討未始不積收全豹者若夫出扶桑入濛谷馳觀域外知必鄙夷我老眼牖下之覷夫且白鳳自吐長虵自捕將豹變在胸不在目也

管窺集黄色中著俞志虞序其目分天文地理禮制樂制禪學元學星學相術醫理占卜十類自序畧云天下學問不論精粗有一種法門即有一種名理予嘗游意雜學亦不盡信陳言閒出一二膚見與參駁豈有通識哉猶之窺豹以管畧見一斑耳

續詞林合璧劉鎮岱著鎮岱字詹巖邑廩生

傳家寶訓黄色中著凡十八則皆立身治家待人處世格言其守土一則有平泉木石之愛宜疏廣獨高千古矣

營陣圖劉炳文著佚

平擡末議陳鼎祚著前采入食貨志

雋陽遺事陳夢瑗著

雲溪詩話徐登元著

惺齋記異張居敬著居敬字伯欽號篤臣邑廩生道光壬寅冬續編崇志伯欽與其事以其餘閒記此皆狐鬼怪説也書僅一卷今不存

天樹語録釋願輝邑明經戴堯天之子號天樹居祇園庵化去後門徒輯此録

鈍樵語錄釋律戀門徒輯律戀邑佘氏子號穎波居巖頭寺

集部

方齋文集李政茂著有慶雲嘉禾二表大德寺記等篇佚

桃溪百詠巖士貞著楊昺序嘗聞故老言昔在元季邑固有隱君子若寄巖先生其人者先生以能詩名雅爲士林所推許至其一律一絕之出輒膾炙人口於是傳之他邑者在在有之先君子生

雋陽長山林閒得所謂桃溪百詠披而誦之益加嘆賞爲之批點謀繡諸梓以張大之元季舊板燬於兵燹其綑帙之存者無幾矣余年弱冠侍先君子尚以示昺錄不忍釋手既掩卷尋復展玩稱賞而嘆曰若斯人者何可得哉又曰先生平生所作甚多賴斯存爾余初不省作者之爲誰也後從學之暇因取其編誦之則知其爲桃溪百詠重念先君子手澤是存奉之維謹一日有某好事者借觀之欲掩爲己有弗之出余頃自渤憲歸休田里復從某之子得之宛逢故物也將規爲永久計與吾

黨之士共之既而承朝命有廣東之行捐己俸購工鏤板以酬吾之志焉嗟乎是編之傳僅百年其間顯晦取舍每繫乎人然先生之作卒不至於滅沒者豈非其感發人心者有攸在與先生貫穿經史旁通仙釋之書其於詩洗著典雅無蹈襲庸腐之語要於其胸中自出誠不易得也讀者咀其吟咏之味契其模寫之工則於其邑之名宦人物山川古蹟忠烈神明之祠梵宇琳宮之富草木鳥獸之異不待求之圖志可由此而得之矣昺生也晚不獲聞唱和之盛幸得竊誦遺編思力傳之俾邑之來學得知夫宗匠鉅手於崇求之自吾寄菴先生始亦庶幾乎仰止高山景行之意也先生諱士貞字正卿寄庵蓋其別號云

素庵文集楊昺著

素庵詩集楊昺著

石洲文集王疇著佚

南僑集汪必東著入明史藝文志

白泉文集汪文盛著

曷簣集汪文盛著守福州憂旱詩也趙葉序略云其志靚以艱其思鬱以紆其鳴疾以苦其唐人之憂者乎思以達政政以平物良吏哉

節愛汪府君詩集汪文盛著四庫全書提要云文盛知福州有惠政郡人爲立節愛祠故傳汝舟編次其詩即以名集朱彝尊明詩綜所選萬年枝上露華清一首題曰西苑今考此集實爲擬古八首之一不知何以改其原題其偶誤也與

春谷集汪宗元著佚

皇明文選汪宗元著入明史藝文志二十卷佚

少東集龔湜著佚

棠谿集汪宗凱著佚

見一軒集饒天民著佚

時藝譚元饒天民著佚

大易集注如璧著

出易集注如璧著

夢南集汪如璧著俱佚

鏤冰集王近光著佚

近唐集饒仁化著仁化字臨水邑庠生劉景韶序其集略云公別號近唐即以名集蓋謂與唐人風相近也然其詩丰度姿格殆無一句不唐無一字不唐直近代之唐風也即進之盛唐中唐晚唐而

並傳不朽云

大白原稿劉景韶著王世貞序云崇陽劉子成先生之卒而世貞業爲之志其墓大要以先生文武之業雖就而未及竟其就者以人而未竟者以天故其天之靳之然亦足以名先生而使不朽矣余志先生卒之九年而其子日孚悉裒其詩文若干篇就删於吳孝廉國賢得十之五已復取孝廉之所存者就删於吳大參明卿更得三之一鄧先生故名大白原稿者付剞劂焉而問序於世貞世貞老好忘然猶記游西曹時曹部李于鱗詩隆隆起聲矣而先生從潮陽令入爲同舍始亦慕稱詩嘗偕賦贈郎惲先世分憲顯陵部于鱗之旨小漫而先生差妍密心以爲勝于鱗于鱗夷然不屑也一夕余偶過先生袖出于鱗詩讀之余首不甚肯乃自出其詩余稱善者再先生喜而詰余以甲乙余謂所不肯首者于鱗靡也即再有所稱善以足下詣稍自力不遠矣先生大驚服飛騎迎于鱗深酒高論極意不朽之業質明而後罷自是先生折節或趨于鱗亦既彬彬矣而亡何有貴臬之命數鏟苗簀功簿最用選超治淮揚兵以陸三蹙倭勁悉

破俘其衆遂擢中丞之節未幾而所謂天者靳之奉大夫諱歸裒甫畢而自簡隨下矣先生之於古文詞固不盡爲武奪而晚節益自悔其兩負於是復專精於千秋謂此可不盡由天嗚呼先生未篤老而遘厲以死非天爲之謂之何哉今者以日孚請故得卒業諸集夫先生之詩由于鱗始也然至才情之所傅會景事之所觸際或晦或顯或濃或淡取足於識而不僅受束於格則其於于鱗大都不能無合離而至於文則字琢句劌雅音促節靡所不于鱗矣第于鱗善繁先生善簡縱先生之闊

蓋有目者皆識之而欲窺于鱗之起伏馳驟非深
造者莫會也先生旣以文爲政于鱗其所心儀當
亦莫如于鱗第其序吳國賢之文有曰能爲獻吉
而不爲獻吉也者謂于鱗也又曰能爲于鱗而不
爲于鱗也者則似以不佞故吾不知國賢之當心
與否豈所謂欺人英雄者耶將晚暮忽忽而別識
異嗜因之耶然余於詩或有似先生者於文實不
敢以先生之見賞故而遂狎先生先生集十三卷
別刻奏議九卷不能盡廢司馬家言而其志與事
見一斑矣宜併行之王應斗序畧云當嘉隆之閒

嘆趣歷盛濟南太倉實司桓耳先生唱和其中聲
響既宏臭味滋合一時品先生者猶之選材于大
歷非伯仲錢郎安所定位置哉故謂並轍王李此
亦依樣知己之言也然而屈於知己者亦在是元
美曰先生之詩豁于鱗始贊文字琢句劘靡所不
于鱗明卿亦云一言不五子不詩不于鱗不文嗟
嗟祖元珍自出機杼豈共人生活者耶以余觀先
生諸作浩瀚泱漭不失雄風雖格律偶符當代而
觸景抒靈時用我法子綦之聽天籟懷素之書空
雲庶幾似之若必拘拘焉左于鱗而右元美揣摩

迎合安在其爲先生哉且夫詩文之道猶用兵也
兵事風雲變幻無有成跡可師囊沙增竈使後人
爲之鮮不蹶矣先生淮海之業以書生肆力行閒
應變出奇遂成元凱破竹之勢豈嘗左孫右吳一
一則效之哉

燕臺集劉景韶著

秋螢集劉景韶著

上雋去思卷劉景韶爲署縣鄧之松編其引云崇
故上雋地至於今隸武昌而邑焉邑扼兩省七州
縣山川四塞稱天城云人居天城中弦誦而文不

假王公設險之義而自安堵則有恃乎其上大夫
邑有司之爲盟主也惟是中丞御史監司守郡於
崇令長勤心焉郎署委吏數十輩必得其人不得
則郡貳倅賢者輟所守而往涖之若今玉臺鄧公
是已以其爲中丞御史監司守郡之未嘗至於斯
也將邑之褊小而介於兩省七州縣之閒無上大
夫邑有司之賢之爲盟主天城之險暴與共之乃
嘉靖隆慶閒椎埋竊發恣睢巨室棄其壞土而歸
市市城覆土耳土圮久不葺不足恃也斯議洶洶
矣撫臺趙公惻然曰不城而守之奈何逢執事者

之不閒而使操戈不遑安用彼封疆爾乎檄三使視之無報成以一二愚黠見小茹利齟齬目前之論不謂何以奉明詔保障元元爲萬世計也蓋四十餘年所未嘗有中丞御史監司守郡之至於斯而撫臺至焉至則定議邑既久闕令長以故王臺公之涖之也旬日積牘迎刃以解始進父老子弟爲城崇謀剖譬懇切參考反覆不得爾以先入之言而前所齟齬竟亦帖悔謝無違志矣既選城植者七十有三舉咸當實量功秩用分役授時延石而操之凡若干斗悉出心計手畫人人樂於趨命

崇自是其有成城哉夫城盛也天城不足與守而寄之城上大夫邑有司賢者之爲盟主不常而城守有常然則城崇民遷居郡郡且罔惠不遺崇民崇民於今其能一日釋然公去去又安能一日不思公乎壺頭贈別語焉不具余上雋去思卷之作也謂夫有甘棠之遺愛云

效顰草龔叔賁著佚

鳴岐存稿盧鳳來著佚

覲一軒詩藁陳若夔著佚

二溪全集胡定著佚

二溪四書文胡定著列可儀堂百二十名家稿俞長城小序云文或以疎勝或以密勝史公風神班掾典麗各不相爲然由疎而密其道從人故易由密而疎其道從天故難班馬並稱而班不如馬其數易見也胡二溪雋於嘉靖之季文尚博大其勢固然間出其樸淡之筆則屈曲變化不可測識余嘗謂方山能密而不能疎理齋能疎而不能密二溪兼之文雖不多可以傳矣夫巫女洛神衣裳環珮望者以爲胡天胡帝令之粗服亂頭其妍亦有不可掩者絕世之姿豈在淡妝濃抹間哉

嚴夏倡和錄嚴瓊著佚

仰止全集吳楚材著劉景部序佚

藏拙稿劉炳文著炳文承家學才兼文武書雖不傳儒將風流於茲可想

晴雪軒制藝王應斗著

湛輝閣草十卷王應斗著鄭都賢序云客有摹曇礦寺帖者撥鐙諸法一一畢似或曰此奴書工似不工意者爾獻旭顏柳何嘗步趨陳蹟以筆先之意爲主而筆若奔焉所以同曇礦字法踔絕三古而莫與易焉也惟詩與文亦然乎讀古名集因與

伊人相遘其感遇必有一鬱律不可言之隱其氣志必有一孤行不可再之事其縱横掀翻必有衝口而出愜心不自解之趣爰發爲詩歌古文辭非詩歌古文辭也作者甫一伸紙正如楚王吞蛭一吐而心腹之疾皆瘥夫豈有章亥可步哉主之以其人而古今所共命爲才者皆退居疏附先後之列以聽我揮使焉矣不則統系未眞若英雄以尊號與人而殿庭蕞蕞皆得糾指以告天下鳳有隸魚有婢神雖王弗善也予故曰爲主不爲奴創斯眞眞斯傳也予同年北垣王公與予稱心交夙持

五色管噪名一世邇以直道違時養晦山皋其制作日後以便郵遠致予皆得縱讀之而因嘆詩歌古文辭皆先有其人焉主之北垣不知其至而自至焉也北垣神閒而韻濇藏遙深於瀟灑其中別有寄託而情文赴之今讀即事諸什則致關飛動理接混茫時與景交至矣讀陟登諸什則五嶽圖眞百靈嘯發觀者與遊者齊功矣讀咏物諸什謝詒癡於和凝分龍睛於僧繇其頰後三毛予讀豔情諸什則窈娘之魂欲出畱僊之體特釋其河滿子一聲乎讀佛刹諸什則陝右似有因緣夔下自

窺明鏡其三更聚一偈乎放而爲傳讚序記之辭江令匹錦虞謀邈珠娓娓百千言一時迸落咸本於其所誠然而行止乎其自爲行止讀之者心癢難搔正求麻姑抑抓不得耳夫詩禪同出一機昔人深解禪宗觴義於賓主而予讀北垣所爲集以爲主不爲奴概之騷壇未墜楚風代興不謂天壤之閒後有王郎也

淩滄草王應斗著尹民興序稱其以廣大易良之音發人康樂喜愛之氣袁奐序略云先生爲吾鄉前輩中早達名流自壬戌登制科以迄今日凡四

五十年山河陵谷朝市滄桑業數易矣而所以爲先生者弗易其說在易之明夷內文明而外柔順文王以之大著裒然一家言先生之文明也然剛而不折高而不危出入於驚風震雨之中不失其聳壑昂霄之度蓋能以柔順善藏其文明而不爲文明用也茲以淩滄名帙有取於嘯傲之義則又轉柔順而正用之能爲繞指者自能百煉能爲蠖屈者自能天飛先生之人在先生之詩文斯在

續淩滄草王應斗著汪際炱序云先生夙貽蚤慧於筆趣墨脫時唾成鐘呂腕掣風雲海內奉爲玉

尺八矣乃於詩文之行世獨有取於遲暮何也蓋先生少魁南宮績著茂宰入爲柱下史直聲卓越一時佩服先生章奏者固已顒望於詩文而先生專注之誠必先其所志也曩野鈔所收於先生疏奏幾過其半其最彰者先皇臨雍先生即疏端士習云躬逢視學之初快覩崇儒之化舉正誼明道之論數千言勃勃楮上爲先皇擊節嘉賞勑行天下學宮勒爲成訓時適有某學紛喧者有司幾莫制會先生疏頒至爲之立解至焚三朝要典有奥援閣下者先生立劾之疏云違非賈長沙揮漢室

憂時之涕近非方正學赴文皇闕下之號數載忠義摧殘不見英雄下淚今日權姦既朽反令兒女琦悲習一時咋舌驚怖之言也迨後以追論東江一疏雖過激賈戾而其實老成跋扈之慮此疏尤痛切畢竟先皇於東江部曲周文煌之請卹與赫然震怒有歷年糜餉牽制無功豈得乘機借端妄稱忠義之旨則憑海障天眞同掩耳而先生疏已爲睿照之所嘉録居然石畫矣且聞當年公疏公揭藉如椽之筆居多如倪鴻寶太史汪月掌都諫極相推服由此言之先生之章奏甯減於詩文乎

今先生詩文富有後章奏數十年而渺於天下恰雲之梓進湛輝淩滄而三今又續淩滄而四會爲良存高王父兩世奏草獨以己疏不存不勝兵燹之感則良願有進也良嘗讀先生初入侍班詩云九域方多事三緘非此官又云諫草俱焚易彈文欲就難是雖隻字未傳已想見鳴鳳之概不在副墨之流行也昔宋華岳孤鯁之疏已遺於歷代名臣奏帙之選後二百年搜幽者表而出之章恭毅復儲幾萬餘言一時雖未登英廟實録亦自有謝文節之嘆息流涕請於留中傳之先生立朝精白

肝膽所瀝後必有代先生呵護發皇之者珠玉之光光於屈蠖月蝕大晕世之靈物欽其寶者洵有在也夫先生之道光明俊偉故幾先遠引即老名山之業厥後有邊陲節鉞之召爭望彈老成之冠而先生決志還山穩結貞白白雲之契毋抒懷憂閔慷慨淋漓猶是白簡風霜形於咏歌之際直令梨棗應接不暇由此言之先生之詩文甯減於章奏乎良嘗浪跡芝城芝城爲先生僻寵地毋論接先生高足賀濬餘直指公語移竟日即萃鄒之村嫗野叟罔不以良爲先生里中人而慇問潛焉者

今鄮志聿新祀先生於名宦山高水長之思食報桐鄉矣由此言之先生之章奏之詩文又豈加於鳴琴之致乎茲大集種種津梁後學覓奚用此瓦抑之聲捧土而塞泰山爲惟是道義中之知己濮洄宿寐后山云向來一瓣香敬爲曾南豐良竊自幸雖木敢方廣乘之得有道或不至如陳瓘之悔伯淯爰拜書之以誌敬恭云○按此序紀王公爲御史時先後奏疏可以補本傳所未備非僅志藝文也

怡雲草王應斗著晩年山居詩也沈以曦序稱其

元氣元神覸前錙爲渾壯吳剛思序畧云原本山川極命草木寄意遥而法律嚴眞正始之音

梅村遺稿汪桂著熊開元序云思白董先生嘗遺余書云於文有吳梅村於畫有汪梅村皆足冠絶一時然汪梅村沖齡健翮聯翩上苑彩管生花名噪字內文固不在吳梅村下惟是生平精神固結半在煙雲且足跡遍天下名山大川靡奇不搜興之所到輒潑墨濡毫以肖之寸牋尺楮價重連城自謂畫中有詩意蓋不欲以詩傳以故題咏雖富邊不自惜身殁之後令子若孫從里中故舊所耳目者僅得五十餘章乃一枝片玉令人想見山林之盛則又詩中有畫矣

香雪園詩趙繼抃著佚

不須删草趙繼抃著其感舊詞有云眉語盈盈映遠山含情無限是芳顔幽閨一步傷心地鷓鴣前簷清晝閒他作稱是繼抃以諸生殉明難此卷皆風情之作亦宋廣平梅花賦類也

蟋蟀吟劉詫著佚詫列選舉志雜科門

竹窗餘稿王象奎著佚象奎歲薦不仕好黄老術王應斗序略云絶志風雲具持世之品希蹤鸞鶴

飄出世之姿斯之謂大本領一切揮灑咏歌猶賸馥耳故曰竹窗其餘也

淹湘草陳瓚著佚瓚教諭湘鄉故以淹湘名集王應斗序略云自出機杼不傍前繩不履陳轍與三醉翁朗吟横笛飛渡八百里煙波其況相似湘之所得亦捷矣乃云淹耶

杏花天詩王道大著道大字人一明季廪生

國初隱居教授所著多静觀自得之作王應斗爲之序

漆園放言蒙正發著王夫之序云詩至啟禎閒歧

路百出竟陵之門三盈三虛雲閒起而爭之竟陵不能盈矣竟陵諱言依傍實大有所依傍雲閒妙於依傍遂不諱言依傍兩家皆有主盟之心宜其所推進者皆其曹縢乃有不然者方密之弱冠即與陳青浦定交而其詩不入雲閒之壘抑不屑似尸祝竟陵者之夢魂以之也密之之學以雙行爲大用於詩乃孤行託錢劉以離二家門戶愚嘗竊笑密之其孤行者正其雙行者也不隨乃以不昧後百丈即先百丈癡人謂爲兩百丈耳密之善於藏身春浮一夢脫離再來傀儡其感召矣夫金道

隱與密之同然各夢遂不相睚至於詩道隱猶密之也密之胸有錢劉道隱胸無錢劉而不覺錢劉在焉道隱其達矣蓋竟陵雲間之外又有倪文正王謔菴一支橫出則錢劉之濯濯解紛之聖術也勿論其胸有錢劉與否而自然清雄迴宕之氣不可遏抑亦此日之勝事哉聖功與道隱爲生死道義交胸亦無道隱其詩乃逼道隱與密之亦各夢又逼密之意薄錢劉不爲且迴錢劉自然也清雄也迴宕也其人其世其心其才輳合而然一也嘗讀元末國初詩若楊孟載高季迪袁景文諸公不

相擬而壘外皆同調然則天地其有悔心乎詩先之矣潘鴛楓序云今之言詩者多如雨亦有窮詩源者乎上古諸篇譬猶崑崙也三百篇猶積石至龍門也離騷九章九辯天問諸篇猶三門險也漢十九首樂府及蘇李贈答猶官渡洛孟也魏晉及唐之初盛雄伯數十亦猶分爲九河同爲逆河然詩一變騷再變五言古七言古三變五言律七言律變止矣唐初詩猶渾迤開元天寶則盛極其支百出然不窮其源則是非高下亦終不見而見小者因性所近習所移執一端爲妄言此與尺水之

鯢測度河海何異唐盛時支流雖多或似深谷寒溪或清漪如練或壁絕厓從濤怒瀰衝瀧或洪波淼淵動天而漾地然比興賦發乎情讀者心動或起舞或悽愴泣下其詩移人之情故曰源遠詩至中唐則巧而靡靡降及晚唐日益薄若宋則意平而辭陋非楊載一人詩系將絕白香山詩成必問婢弗解卽毀去其存者皆婢所知向使取三百篇及離騷樂府十九首問婢婢必不解三閭大夫離憂而作離騷其情深故其旨遠天下群婢豈知之哉余持此論詩與俗不合聖功先生獨許我聖功

當年兩掌掖垣與金道隱堡丁金河時魁袁特立彭年劉瑞星湘客志同道合慨然以安天下爲己任排權奸沮逆孼立朝正氣巖巖致來謠啄者蛾眉之嫉遂以黨禍見放雖隨蒙賜環而聖功已拂衣入山澤畔枯槁行吟不輟然忠諫之聲流傳海内十數年來其見諸遺聞野史聞者或載其疏章或述其亮節藹藹然麟鳳欽之泰岱仰之嗟乎聖功先生原不樂以詩著也聖功而以詩著豈得已哉余今年遊龍城得聖功之藏稿讀之大抵所作五言古則體出漢魏風似少陵詠懷諸作確若阮

陶若古風長短句其奇峭神似太白五言律純乎子美而尤長者其中新逸清拔儼然王孟此眞三百篇種子也聖功生於楚郢挾洞庭浩淼之氣紹三閭之舊其所秉同而其見放亦相類故詩移人情不舞而泣聖功先生是集遠浹古人豈徒澎湃乎天下

龍璧吟　蒙正發著

蘆草　蒙正發著此草與龍璧吟俱曾付梓燬於火龍璧吟無存稿此草尚有殘篇更名蘆草遺灰其子鴻手錄藏之今俱佚

款乃聲　蒙正發著自序云己酉冬余自灘江南還詠得款乃聲三十首庚戌春復由湘入灘居無幾偶以家事促歸舟中往返又得若干首嘻余徬於客矣杜若江蘺偏與幽人分韻粵山楚水專同野客縈懷四愁想贈瑱玕湘妃之淚灑來筠篔斑斑九歎驚疑環珮屈子之魂招入楓林黯黯嗟將何及歌以永言

秋心草　二卷汪際秋著際秋抱蓼莪之痛以布衣終於

國初故本傳列明逸民後哀其志也有劉體仁甘澧

甯序

棠山集　惺園集　二種俱譚琳著

天笑齋詩　汪楓著　魏謨序

秋堂草　汪楓著　鄒知新序

蓼莊集　汪楓著山中避亂詩也　王應斗序略云清風襲人大抵濠梁濮上之致實有頓悟以敵白刃交前刈人如草爲能遺死生捐利害逃形萬象之中不失吟咏其視壺頭上下猶赤水也東嶺懸巖猶藐姑也竄伏待餔猶飡露辟穀也脫險辭危七尺如舊猶之象罔得珠外其身而身存也

萊隱集汪檝著康熙間檝任弋陽貳尹以母老乞致仕所著一以萊隱名之蓋自比老萊云

竹園草熊仕徵著佚

南遊草五溪零筆二種俱汪際炅著時際炅爲瀘溪訓導南遊草不存五溪零筆皆序記雜文也

律閣詩汪際炅著佚

酣雪藏稿汪錘著佚

清遠堂集汪塈著

南窗吟北遊草二種俱陳鼎祚著

雋永絃聲集邑人士頌知縣李特生詩也李侯罷

大差蘇民困故邑人頌之集共二卷分題各賦汪節吉清米數詩經術淵深政易敷租庸右法見討謨册清花戶春秋數人識條編早晚輸甲首包收流弊絕丁徭難隱蝕侵無山中老叟爭相告今喜門前吏不呼汪際炅革羨規詩正供焉得羨差役有何規總緣清節小設此罔民辭神宰懸冰鑑徹風悉耘耔畜魚惟稀水小大感洪慈願得南山石鐫詩傍戒碑黃金華革羨規詩邑山四連聳春水民似魚泉小本易竭秋旱涸溝渠土安得不瘠民安得不盡路歧湖湘驛戈馬如櫛梳逃亡屋遍野土荒無耒鋤惟正尚難供焉能及其餘我侯初涖官咨訪心爲殫正賦徵且緩羽檄應以寬聞彼舊羨規惻然不自安一一迅鏟革力甦此凋殘飲水願不違民遂得所依農廬還以實土瘠渾如肥霍然創痍起供賦餘食衣粲粲元道州仁風甯式微汪塈戢衙役詩獨斷獨行乖崖在宋務得民歡不求吏頌民歡吏閒吏頌民苦所以我侯防吏甚虎巧計心沮巧言舌鉗六房懍懍怵侯之嚴其權不借其心惟一一憂衆樂一勞衆逸問侯視吏較民何疎曰民吾子其子吏乎

養石詩鈔米調元著養石宰湻安查慎行初白出門下時初白年近六十詩名久播矣養石詩自是益上筆力之清剛雅與敬業堂集相近蓋亦得於他山之助云

雪君詩稿陳鵜著

桃溪課鶴吟知縣曹學詩著

雋州雜詠知縣謝奉璋著

澹餘制藝蓉塘詩鈔俱夏士任著佚

龍潭一勺吟二卷吳世雄著曹侯學詩序

孔塘吟丁崇畧著崇畧字書三武庠能詩居近孔

塘堰以地名其集

淩雲軒文稿鄧琦著

餉凡詩草四卷楊杰著

秦遊草譚登元著是集古文爲勝紀山川巖壑奇奧有致凡二卷

閩遊草譚登元著客遊初頤學園使幕中作也凡二卷俱詩無古文其詩較秦遊草特爲穩老雁字詩白首初公亟許之

蓮溪時文譚登元著

梧墩文稿饒開基著

復堂四書文徐登元著

沙溪詩集雷琦著琦邑諸生

石泉詩古文王國洽著吳壽平序

石泉四書文王國洽著陳詩序

青齋集楊趣拔著

湯泉詩存米燦著

知非合稿陳夢瑗著

耕心堂時文孫鍾琇著李會馥序略云半樓老司鐸地僻官苦而處之泰然絕不階緣當道家無長物獨著作積滿簏隻髮皤皤白且盡猶從事鉛槧不以爲倦半樓殆隱於文者與半樓爲文最敏不稜晷可成數藝其於家人生事全不嘗省一日不作文則忽忽不樂每值薪糧告乏僮僕吁嗟覘主人則方磨墨作炊含毫爲漸迨文成稿脫欣欣然不啻煙生於突而飧承於簋也夫文藝事也自半樓得之以英華掇取科名以根幹留培子孫而以其滋味恬養性命半樓之於文洵可謂盡文之福者矣

吟癡詩草陳之楫著

種竹山房稿劉鎮崧著

藝亭草汪正珂著

至堂文稿王鎮新著

吾素堂詩鈔劉鎮岱著

學殖堂詩鈔劉鎮鼎著王侯觀潮序畧云劉子蓄德邃學寄情詩酒此集清華雋永中時復雄傑鉅麗駸駸乎登大雅之堂蓋希古而不囿於古原本溫柔敦厚之旨自成一家之言者也

致堂存草黃廷煜著

桐蔭山莊時藝劉鎮岐著

正齋文鈔饒世云著邑增生正齋其號

四梧山館詩草余緒鴻著

鶴亭詩鈔李夢松著邑增生鶴亭其別號

蘭溪文稿劉汝舉著邑廩生號蘭溪

雪浪餘音集傅燮鼎編凡四卷俱崇人詩也自來名家選本詩鮮采崇如汪文盛西苑詩列明詩綜汪桂紅螺山詩列帝京景物略長沙廖元度楚風補崇邑與選者十三人此外蓋寥寥是集所收略備然不無失之濫鷃之翔止於籓蛙之躍域於井奮上則墜行遠則躓殆不免取譏方家

訪道詩集釋顧輝著

鈍樵吟釋律懿著

得得吟釋儀容著松庵僧號實垂邑魏氏子

楚人不善爲名況蕞爾邑僻處山陬海內談文藝者恆畧之所志毋乃夸乎曰不然草木生於山魚鼈生於水大小雖殊無地無之文亦猶是也特是見斑遺豹拾羽亡禽散録篇章於文無當茲倣史例序次書目如右雖不無瑜瑕互見有識者自能辨別焉爾

舊志

志書史例當列史部崇志自楊文昭作始凡經兩朝四百餘年續編一十三次數典者未可忘也因專以舊志爲一門自原至委次第書之以便觀覽云

明宣德年志楊昺著崇陽縣志前無考明宣德間昺以疾歸里始本巖士貞桃溪百詠復蒐羅典故訪采遺聞以成書品騭邑中山川勝景有八曰桃源春霽瀛潭秋月雲峯朝陽壺頭雪浪文昌曉鐘中洲返照金城墨沼葛洪丹井後來邑志皆奉爲藍本云

成化九年志教諭俞縉續編佚

正德年志艾傑蔡乾續編佚

嘉靖八年志汪宗伊續編教諭徐行序文已殘缺其畧云聖朝百四十餘年凡更五六修而始成完書收殘斷於燹燬之餘是亦無怪然矣其或朋巖於指使迫爾應承孰與從容講道之暇蒐獵諏訪用心桑梓之爲仁且厚哉行膚淺庸陋所幸得覩是書於更修屢出之後而獲以附一得之愚於文獻足徵之日爾敢爲是役哉摭拾章句亦可以少裨簡闕之貲然於鮑郭笑舞之嫌靡所逃也正識補缺尚不有望於後之君子哉又星野說周禮保

章氏以星土辨九州之地所封封域皆有分星故天文自張十度至軫十一度爲鶉尾於辰在巳當楚之分野𢇁荆州之域又州郡躔次陳卓范蠡鬼谷張良諸葛亮譙周京房張衡之流並云翼軫楚之荆州而江夏入翼十二度崇陽爲江夏南屏且境接咸甯咸甯古楚子之國春秋魯哀公二十八年歲淫於元枵而禆竈知楚子之將盡且曰歲棄其次而旅於明年之次以害鳥帑周楚惡之說者謂帑鳥尾也則楚爲鶉尾而崇陽爲鶉尾之次可知也○按此說涉膚舊志相沿已久未便删姑附此

隆慶年志饒天民續編佚

萬歷戊寅年志知縣周應中續修佚

萬歷乙丑年志邑人吳楚材龔衍材續修知縣陳洪烈序萬歷戊子春余自佷山調崇陽甫視篆於一切風教懵然亡所考據索邑志驗之弗得無何詢之鄉縉紳人士僉曰志廢久矣曾有成帙復逸勿傳且時勢既遠紀載未備嘉隆以後文獻罔徵也公如有意乎甚幸余因謀之邑博李君李君忻然聚生徒博采野史參以衆論凡閱月而草創具余復就鄉大夫吳君商確義例稍爲增損已又質之胡方伯取裁焉大都筆削取舍一秉諸是非之公又閱月而論定志成卷凡十一目凡五十四將以壽之梓李君謂余當有序余曰志以載事所爲存風教而備鑒戒也昔杞宋亡徵夫子傷之乃今黯闇亡識顧得藉諸君子之手而成茲曠典也詎不謂修舉廢墜之一幸耶然余讀是志而重有慨焉崇於武昌爲僻邑地狹土瘠磽沙石雜沓呰窳亡積聚小有水旱即不厭糟糠其人半業儒且女仰給惟田里樹畜性偷惰不善治生且不事商賈

以是貧窶日益衆又賦役煩重歲派雜徵小民不勝誅求之擾閒多逋負俗尚鬼歲時伏臘斂財賽神以覬福利緇黃糜費病者率事師巫不知重藥餌四通山澤易爲盜藪萑苻諸亡賴時剽竊爲齊民憂薦紳人士秉禮敵義猶有先進之風顧其民稍頑梗鮮循約束輕扞文罔不顧公家之急急之則相率稱厲緩之則玩愒而事坐廢此崇俗之大較也然則致理亦維艱矣夫邑初歲輸不過四五千今則加至幾巨萬戶口初尚衆至萬四千有奇今則僅萬五百有奇閒與父老譚往時川原尚饒

物產今則水陸耗竭亡贏餘況乎人心不古巧僞日滋俗又安得而不儆也噫余聞郡國之日儆儆獨一崇而於崇則身親見之矣嘗竊謂儆則必返江河下流非一力障之不可也因識之以俟後之艮司牧者胡定序語曰江漢之流始於濫觴夫志蓋濫觴於結繩云志也者識也上古之世識以結繩智窮道變書契之制自此興焉今天下學士大夫所得以攷古鏡今生乎數千百年之下而不難抵掌談說乎數千百年之前者則何藉哉亦藉之乎書記也夫志書記也而當已乎今天下郡國在

往有志而吾邑志何哉久闕者甯歲月忽忽代遷不及爲乎將重首事趨怨遂不爲乎抑曰邑小而簡民鮮桀黠扞罔不足煩綜覈罷不爲乎而今前者泯泯後之冥冥誰與爲鏡而誰與稽則毋亦結繩我乎而亡書契也今陳侯爲邑之明年剛政湛甯廢躡擘振慨然曰邑宰已無事吾欲述載乘接往者傳之來世且吾既已施之長陽矣吾將事崇焉於是原本舊志綱羅軼聞科列條貫起自李唐迄於今屬文學掌故弟子補續闕亡而公爲筆削集邑人會甯吳君論次之書成定得受而覽焉蓋

爛然古今之變天文地里人事之紀具是矣厥自今世世諸書按籍而譚何患乎無徵乎公又嘗爲定言吾嘗臥治茲邑邑簡質殊謬故所聞今觀所志風俗亦云恢德乎并容勤思乎闊遠使百年之闕成於一旦豈爾陋邑徼惠社稷得耀乎光明人雖木少文渠甯能固謝默然而已乎於是爲稍論著一二而叙識所繇以藉報於公所蓋亦曰庶幾來者徵獻采風斌斌然稱師師我而吾嶲廩廩相與揖讓於里以無忘君侯所欲志云吳楚材序郡國故有志吾邑文獻足徵迄於今而志當有成言

先後百有餘歲再修屢修嫺然古之作者遞興遞佚有其舉之於以章往勸來事顧不重與之令不闇於故實循書而安焉胥返其初服下之流風善政相守亏治不失從好以趨時非是志也孰能指掌而廩廩乎蓋奉職循理之上務而時必有待以興安可廢不講也咨詢既具畫一維新爰有纂長自我作始浹月而既舉古今之際以耳目之所睹記何絡明世正之易而成言之不難夫簡則體要是執易則觀聽並懸不戾時俗不搖羣議試一按籍爾邑之所稱繁難治較可知已以逼於志

乘之修法程不至著與藉令道旁築而道旁謀之
匪惟無成且空言何補成之奚當也又況矯枉或
過骫而任情無以厭服人心令後世何所取裁與
其赫然藻繢爭奇孰與鎭靜長者卧而治之相與
愉快庶幾德讓遺風滌茲繁難還我渟樸謂是志
也猶成宏間故志可覆視也噫是又大夫告新令
尹意也身有其難而貽後人以易不期年而四境
晏如夫豈偶然後之視今將曰百餘年而成之一
旦此其政可知已儻備輶軒之采則亦有是志在
襲衍材亭邑大夫陳公溎事之明年政教翔洽蒸

黎父安既炳鴻猷爰考雜次顧茲桃溪之野實聯
荆沙之會皇虞屬隸秦漢奠邦沿暨唐宋肆延舊
疆檮杌散佚史氏闕文於是嚴公士貞楊公昺俞
公繪汪公宗伊各述所聞抒揚故典施彩於焉後
素成功靡不殺青然而鳳藻摛辭難免漏萬之嘆
龍華章美豈無拾一之傳而況時序遞遷勳猷繼
起不有似續孰詢風謠迺謀於文學博士爰咨掌
故遂旁搜補闕閱月竣事謹端肅撰次爲志其辭
焉曰昀昀宅土惟禹甸之睠茲寓縣厥有桃溪煥
乎翼斗光搖紫微夷則應律大荒授時相厥山川

拱秀獻奇北聯蓴川東接石梯豫甯經南錫里在
西肅肅巖城維邑之隅王公設險永鎭坤維三鄉
鼎峙環繞周旋崒嵂雲盤登嶂連綿四街北屋既
順迺宣表厥宅里民具爾瞻景行行止曰有先賢
興梁利涉舟楫濟川乃若風俗世代幾更樸質渟
良士誦農耕以諗古道無懷葛天民係於土故輿
地先焉料民立戶登耗有稽維此繁庶孰啟其麗
何以奠之樹德務滋厥田中下厥賦有差我思古
人保障繭絲何以斂之牧哉惟時爰及繇役畫一
永釐載其清淨戒在豪漁羽毛皮革民用咸宜土

穀維修故次方輿皇皇治區君子攸躋經之營之
與國同休廉遠堂高胡志聚廬嵔岫渟瀾種種凝
暉雲階霎霎芳草萋萋揮毫弔古覽勝凭虛翼翼
彝典惟國之規而況惠愛翩翩郊圻君子所視小
人所腓方之食貨故宮室次之思樂泮水爽塏龍
蓯郁郁敷文彬彬獨風我侯戾止迺振羣蒙爰立
塾師家絃戶誦宦寢孔奕宦業孔隆尸而祝之百
世來宗政教首務是次公宮維楚有材儁亦稱盛
鳳鳴龍潛風拂雲蒸邦家之光胡考之甯無競維
烈有覺德行胡不礪世忠孝廉貞樹之風猷是往

神君炙於有司宦蹟攸徵說命稽殷洛誥兆周太
哉王言凛若天球富在石室畏此簡書綱曰人文
秀毓精儲菽粟稻粱酥乳醍醐式宣令德匪調饕
部言文行遠不占有孚文武之道一張一弛觀兵
有略訓練有時師干之誠用戒不虞二氏支起聖
遠道微琳宮梵宇金碧琉璃雲峯仙臺寶藉品題
古墓豐碑松楸纍纍或以存忠或以勸讒災異之
來湯旱堯水古人修政一懼一喜例得並書故附
之以雜紀是志也總爲卷十有一總爲目五十有
四核事則希遷史牘人則步蘭臺深愧論焉之末

工庶幾窺豹之有自乎乃若是非頗謬毀譽失眞
叔文以掩忌掩瑜秦氏以世史追罰吾知免矣
天啓年志知縣魏光前續修佚
國朝康熙庚戌年志邑人王應斗汪際炅續修知縣
高景之序恆思服官無他奇取不愧其名而止今
天下府州縣之長其名曰知謂夫山川風俗錢穀
刑名暨文武經畫之類罔不洞悉斯無忝厥職耳
顧見聞有限既徵諸載籍何繇得知則國史而外
莫重於志今
天子首崇文教蒐羅古今詔諸司咸以志上蓋欲令守
土吏各陳其所知也迺三知中惟縣爲難余解褐
得令授邑得崇斤斤乎不知是懼甫受篆首詢縣
志諸紳士曰志不修八十年矣數載奉檄迄未編
摩蓋將以成功需大手也嘻前人畫餅我復依樣
臧與穀奚殊焉於是與邑博劉君商謀始事君卓
練開爽亟招弟子員宣佈倡導又得歲選汪君名
家子老成淹博並局組修遂不揺旁喙一矢虛公
再閱月而草創具尋質之王中丞棠正焉乃壽諸
棗梨用完鉄典集中分野疆界悉仍其舊古蹟湮
廢不沒其名戶口丁役隨時有增損土田規則酌

量於滄桑宦蹟一長而必錄人物百年而愈多與
夫文藻洩於山川綵綸出於土命例得併書以垂
不朽下至緇黃院舍鬼物壇壝自昔秉收義無偏
置亦謂縣所當知無巨細焉爾異日
主上御彤庭召天下令千二百人命之曰盍各言爾志
則將稽首揚言舉崇所知未審眞不愧其名否也
王應斗序國有史邑有乘其義一也供輶軒之錄
備輸展之觀損益勸懲於是焉資義顧不重與吾
邑僻在山陬竊附文獻貽固有成志修廢不常自
光山陳侯修飾而後輟筆八十餘載聞見罕稽遂

成鉄山今

國家車書混一當事鼓吹休明廓清之餘廣求遺志比諸鄧侯入關先收圖籍猶將遇之維時檄下郡邑爰第舉行而崇令更遷志卒未有成緒會高侯涖治半載敏才惠政百度咸修爰徵故籍訊厥所由毅然曰樂舍三年更復誰諉乃進博士劉君歲薦汪君暨二三文學相與旁搜遐聞補輯舊編稟侯裁鑒不數月而書成耀闇貿於光明厥功偉哉同輩以曠舉非侯莫辦苦心大力宜示來茲咸趣余應斗一言書其緣起應斗竊謂志之大端不出

人地二者然自有宇宙來山川舊矣雖有品題咼施褒黃似乎志地猶非其亟茲之皇皇咨諏亦惟是八十年人物凋謝宦於斯產於斯者姓名罔載懼千載而下悉淪於荒草寒煙令人懷古銷魂耳此集一垂則涖茲土者臚列畢具龔黃生氣猶在簡端展卷如挹清風不必望峴山涕零也其有姓字空存闃之漠漠則亦同於泯泯矣生茲土者不僅惟登朝通籍纍若爭榮蓋將於爵秩崇卑外考懿行焉故有文章事業炳於當年有亮節孤芳明於月旦亦有建章買戾直道違時利害等於飄風

是非聽諸千古身名未盡副墨猶鮮可爲援策而思舊者也向謂勸懲攸賴豈不信然乃若時會不同滄桑遞變昔也阡陌今爲溪河昔也豐盈今成懸磬昔也敦龐猶近今則澆薄日滋昔也戶口殷繁今則凋傷逾半狂瀾可返物極斯還輔相裁成是在當軸茲罔采風之一助云

汪際炅續志辨九則存四新舊通志於縣治下俱云南唐在桃溪橋東五代時遷今處妄矣南唐在五代後豈有後建先徙之理乎今攷廣德觀曆爲吳南唐三更其名卽唐年縣址彼時既爲縣則不可以

建道場矣謂五代時遷爲是南唐之南多一南字蓋誤簡也單一唐字蓋指天寶時　五代史楊行密乃高駢部將後授淮南節度天復壬戌稱國爲吳薨於天祐乙丑六月而通志則曰五代時楊行密百詠集云楊行密據江左改唐年爲宗陽而通志則曰改爲崇陽宋始改崇陽而通志則曰復崇陽則通志傳訛也又石壇載大唐保大五年知唐年縣楊文檢蓋南唐主李璟保大四年時晉開運三年也明年丁未爲後漢仍稱晉天福十二年保大五年正是時也曰南唐後復曰唐年是其蓋昔

郴平江南後開寶八年乙亥南唐主李煜降歸其州軍縣戸於宋而始爲崇陽越五年太平興國庚辰爲乖崖登闈之年宋治崇陽實自乖崖始焉狀元楊起莘宋録理宗寶祐丙辰會試第二名貫鄂州通城縣時文天祥掄魁是科賜及第者十人今載崇陽指爲通城合崇陽時故亦載其人非也崇陽自熙甯五年劃通城鎭爲縣閒廢尋復至丙辰七十餘年則非合一之時矣牽合附會似亦不必按此說未盡是辨見選舉進士表 侍郎金興政太守金同慶狀元李政茂進士徐夢宏温威之類皆志畧之所

未載他尚何言哉聞諸前輩修志於廖正大廖政大凝爲一人後遊郡學見明倫堂樞始載明兩人噫是烏得以疎虞治志事耶○又爲例八則志畧與通志前續修者已議其挂漏志始於楊公昺不過以百詠爲稿本後經數修考詳於一統志方輿勝覽各家傳乘又復博證名籍節其實蹟不假臆說大約至徐行所續而規模大定玆於新入者註補以別之不敢溷前賢也 田賦戸口古邏登耗不一存舊額便窮源也經制近雖通變酌宜屢更莫定然準則已有成式矣 舊志選舉郎彙於人

物然選舉國制也雖兼芳行而言然亦有芳行之不繇於選舉者又不可不各例其善也惟登勿勝登有所憚而事難大白有所格而時嘗曲亮者拾遺補罅所望於後之者矣 藝文莫大於宸翰莫重於章奏晉關於國計民生者然詳於古以昆明之後勿齊壕壁之遺也略於今以美難悉收也要亦非李綱寶陀巖慈氏閣徐浩金剛碑趙摩鼎山碑黃庭堅山居詩浩然堂等跡身歷手勒者亦不泚收恐亂眞也即舊志不錄普惠堂碑之意要其録者故不必推吕黎於近孟議程朱之拘理務求

指歸於邑事而已 祠廟城隍外有先賢司空忠定忠顯遂初廖將軍等皆於邑有崇德報功之義若馬援關某張巡許遠以其人祀之可耳何必鑿定爲軍次下雋進兵荆襄郡閬亦祀屈原原未嘗至閩可類推矣至晉應詹三侯尤屬無稽舊云滅火濟饑起於好事之民君范文正遷沁昭明祠於芝城爲禳火災或亦一說耳僞吳據江左改邑宗陽而得祀舊云泰定中主簿吳秀始建其歐文忠禱沙山之遺乎要皆荒唐之甚矣若夫儺非方相氏之制亦託名爾耗費尚鬼徒長游惰先輩汪太

僕力詆之正誼哉其他淫祠妄魈或雜沓於道旁或傳食於細簷雖習爲賽社究屬不經將無楚俗之好巫抑亦家禨之郁鄰歟故自漢書雖陽外欒不書崇名教也舊云俗有玉皇東嶽之設皆淫祠之所當厭故不錄以長非宗之漸卓哉前賢一轍同心矣

雍正甲寅年志邑庠生陳鵷續編知縣李五惇序

蜀之太上立德次立功次立言此三不朽也顧德藏密勿功被斯民苟無言焉以紀其實則德與功亦將泯滅弗傳是故立言一道大之國史小之邑

乘往者過來者續志烏可空缺乎哉予膺簡命承乏茲邑於今固已三年涖崇土撫崇民披覽崇志僉念閲六十年來無人乎勤事增修迮且夏程二先生奉命旋楚編摩省志崇雖山谷彈丸長自道旁築舍奚可也爰從前任丞舉約正中擇其品行端方學問充博之士玩其筆意拨其心裁有陳生名鵷者委之雖再三固辭弗聽也陳生嗜恬靜甘淡泊館之以蕭寺授之以壺飧俾得專心敬事無搖旁喙無避嫌疑從正從直不徒抱皮裏之春秋矣愼矣公推

有勤汝南之月旦草創既具梗概可觀一切盛典新恩蒐羅畢備一切良規舊蹟攟摭周詳予稍爲校正焉覽六十餘年已事瞭然咸在而志於是乎成是當壽之以梓并爲之序若曰某也有德德藏於內崇人猶得而言之言之可傳也若曰某也有功功被諸世崇人猶得而言之言之可法也若曰某也不見德亦不見功功德兩無可述崇人猶得而言之言之可媿也立言以垂不朽蓋崇人固藉是以用情於梓里而司牧則藉是以加惠於桐鄉云

乾隆辛酉年志四明郭彥博續修知縣黃衮序庚戌志者康熙九年邑令高君景之集邑中多士視前明時邑令陳君洪烈本而續之者也甲寅志者雍正十二年邑令李君五惇屬庠士陳鵷視庚戌本而續之者也今辛酉所刊則予在任邑中紳士迎請原任通城令郭君彥博視甲寅本而修之者也辛酉距甲寅纔六年爾本無事於更張顧李君善政多端獨其所續志崇人士嗛焉予下車輒丐釐正緣簿書鹿鹿未遑庚申冬會鄰令郭君卸事崇人士亟迎請而釐正之蓋續與造不同修又與

續不同若作室家闢其荆棘相其陰陽暨厥梁棟爰立垣牆是之謂造子姓蕃衍嫌其湫隘傍其故宇用加擴大是之謂續意有弗愜僉曰失倫取而更之肇壘一新是之謂修庚戌甲寅續也云爾修云乎哉維今辛酉所刊迺得云修後之君子取而觀之自周秦楚漢以迄康熙庚戌數千百年者爲庚戌之所續自庚戌至甲寅六十五年者則爲甲寅之所續而辛酉之所修自乙卯至庚申五六年者又爲今辛酉之所續了了如掌紋矣若問造者誰氏則書缺有間矣我不敢知郭彦博序崇通接

壤也然崇實勝焉入其境有洪譁然其深處汩不見底而淺處横布飛簾朵朵吐白蓮花吾浙之泠泉濟南之趵突無以踰也入其郊天城一鄉彌望平疇曠博沃衍眷至如礡四圍率相去十五里許迺始有山山如其城迤邐蜿蜒土肉秀縟無粗獷氣山外復有山以漸而高愈遠愈高如列屏疊嶂春夏萬花滿谷香襲人裾冬末野燒如萬道金蛇入其城文廟奎閣書院牙署祠宇街坊皆翼然嚴正且泮宮一所古柏森然數之百千株皆千百年物入其館多士衣第來謁雅雅魚魚皆敵樸循謹閲其志志在

本朝已再訂猶欲句櫛而字比之凡此皆通所不逮也予以閒廢粗爲削其繁冗事已以語邑之髦士曰爾崇固江夏名區也先達鉅公文章事業彪炳千秋今制誥奏疏具存志中可攷也又率皆祖孫父子叔姪弟兄後先濟美今之人不尚由舊乎匯而增之爾志可重光也山川之靈實儲之矣聊書數言以爲繞朝之策焉○附郭彦博冬杪赴崇陽紳士約詩寒夜盡由庚窮途識宿盟挂帆離鄂渚寄旅逼通城年老雄心在交投聖夢清此番親翰

墨原是一青生

乾隆壬申年志邑庠生吳世雄續編知縣曹學詩序崇邑之有志也前令黄君續修於乾隆辛酉迄今星紀一週矣宦茲地者雖迭去迭留幾如傳舍然而山川如故也城郭如故也官廨壇宇寺觀津梁堰塘田畝人民戶口如故也惟是孝義節烈者德高人與夫詩賦藝文可傳可誦十餘年中豈無聲沈響寂埋沒於孤村深谷風煙蔓草中未及採取蒐羅光諸簡册者予甚惜之乾隆己巳余承乏崇邑扶衰救敝鹿鹿未遑每於巡歷四郊見溪山

之明秀蜿蜒民俗之儉勤誠樸未嘗不忻然慰藉
朝廷之德化遠播遐方往往發抒性靈見諸篇什彤
諸吟咏以見余與崇民簡易相安間亦諮求隱逸
節義可風之人與夫峯巒巖壑寺觀津梁陂塘堤
堰之遺漏及藝文之有關民事者增補志所未備
爲十卷以續前聞而耳目未周網羅未廣壬申臘
盡政務少閒思欲延請紳士確訪鄉評博採旁蒐
續全邑志而余以丁內艱解任望雲悲泣在疚煢
煢未竟厥志然異日手此一編而泉樹煙雲依依
在目村墟民俗歷歷關心未嘗不追念前遊惘然

似夢如入武陵仙洞而歷繪其桑麻雞犬貽諸同
志以供臥遊也爰書其大畧以俟後之採風者○
按此志無加於前惟增曹侯詩文一卷過於繁冗
茲刪去十之八九矣
道光壬寅年志邑人劉鎮鼎定稿凡八卷知縣金
雲門序將繡梓未遂遭亂散失近購得之已亡其
半

餘編

詩文入志各門有分屬之篇專門有總括之目盡
之矣乃猶有未盡者或贈言來自名公難悉登諸
本傳或感興成之游宦初無與於故鄉而存之增
載乘之光仍掇之附藝文之末亦志例也

嚴士貞贈廖崇大欽甫子如璧詩黄河西來決崑崙
散爲百支一本源人於天地立姓氏亦欲子孫俱
衍蕃將軍誅巢清中原南峯繼之光斯文流傳振
振至今日聲名大震崇通閭文章滿府客滿前芬
厓先生世其勤中年懷璧有不售高臥東山看白
雲有弟欽甫六十春逼元太極俱紛紜我今考盤
在澗谷仙濆快覩流芳馨願將持此勒金石以詔
長幼訓語言南山可夷石可分此宗子孫永長存

諷誦進修有後人要道仰奉堯舜君億千萬年忠
孝門

楊士奇送楊昺按察廣東詩白簡緋袍寵命新南
行一路見陽春明時憲府清於水只許梅花對玉
人華髮蕭蕭鐵作冠梅關此去路途漫憑將使者
冰霜操散作炎州九夏寒

劉烝淸嶺南見雪爲楊臬使紀異詩五羊臘盡碧
桃開六出飛花亦異哉臺閣歲寒淸賞趣分明帶
向嶺南來運帥從容綺席開坐中賓客總賢哉不
緣共保冰霜操那得寒威過嶺來

楊溥喜楊昺自嶺南還京贈絕句一首清湘老幹拂雲端烏府風霜六月寒見說嶺南冬有雪此君長日報平安

董璘送楊御史還鄉序監察御史楊公文昭三年秩滿來京以年躋七旬懇歸鄉里以終其餘年皇上優許之士大夫咸賦詩以華其別右都御史陳公僉都御史張公徵予爲文以弁其首予不敢辭乃爲之言曰古賢人君子之登仕版者當英妙之年揚風振烈砥名礪節樹偉績於當代垂聲光於後世及其年登耆艾未嘗不浩然思歸然能遂其

願者蓋鮮也文昭湖廣崇陽之士族永樂壬辰登進士第任監察御史彰善癉惡激濁揚清靡不克盡歷任九載遷浙江按察僉事其至於浙也列郡之吏聞風震慴一旦以老疾告歸宣德十年以知者薦超拜今職公至廣處己公平不爲詭隨鋤剔奸宄辨雪冤抑卓然蜚聲於千里之外非操行超越秉心剛介疇克爾耶矧今大明重熙一視同仁凡居任老疾者優恤放歸所謂曠千萬祀而一見也文昭此旋緋袍金帶優游鄉里四時休暇想與里之縉紳隱逸輩頡頏後先觴詠娛樂嘯傲林泉

歌頌盛時太平之氣象以樂夫燕境夫豈讓香山五老至道九老洛社耆英會專美於前哉并書之以爲頌旹正統五年歲在庚申菊月上澣楊士奇

詩入奏初承上考書引年旋得遂閒居天恩浩蕩逾江海晝錦光華耀里閭嶺表舊瞻梅對玉山中今看鹿隨車衰齡並有投簪興矯首瞻君愧不如

杜甯詩早承優詔遂歸休共說恩波似海深欲簪丹衷持憲節可堪白髮滿華簪秋風蓴菜迎船問臘雪梅花策杖尋幾度夢回應戀闕臥殘夜賦漏沈沈

陳智詩濂鎮投簪賦式微持杯相送惜分違

從聞化雨民間遍頓覺文星闕下稀驛路草深驄馬健家園秋老白魚肥到時好學陳元亮瀟灑東籬醉夕暉

高穀詩欲辭憲府返巖扉竟作封章達瑣闈曉日金門承詔出秋風白髮倦遊歸路人猶避青驄馬鄉里重看錦繡衣冠蓋飲闌行漸遠五雲回首思依依

劉炫詩久持風紀肅朝紳何事明時便乞身司馬病來還戀蜀杜陵老去亦思秦欄前種藥參苓茂林下看花杞菊新多少故人霄漢上題詩相送見情眞

張純詩蕭蕭華髮照烏紗別騎新乘白鼻騧民意盡期重攬轡皇恩特許早還

冡行辭北闕千鍾祿歸看東籬九月花日散黃金
延故舊光生草木更誰誇楊溥詩湖海風霜四十
年九重優詔許歸田扁舟後夜維揚宿戀闕心隨
海月懸繡衣霜簡照清秋嶺海頻年瘴霧收去後
更詢新憲使綱維還似舊時不故家譜牒自關西
清白相承世共知潞水孤舟歸去日行囊總是故
人詩歸帆明月楚江東故舊相迎一笑中莫訝別
來雙鬢改此心還與舊時同蜚入烏台遂有名又
從浙水振英聲漫云白髮重承召嶺海於今憲紀
清崇陽風景早逢春桃李花開滿四鄉導俎從容

追洛社衣冠總是太平人槐陰滴翠滿前除芸閣
凉生暑雨餘啼鳥數聲清晝永北窗睡起課兒書
橘柚霜餘透夕暉豐年況是稻粱肥金樽滿泛黃
花酒卻笑陶潛望白衣繞屋寒梅盡著花喬林雪
後玉槎枒里胥不到重門掩信是山中宰相家同
鄉何幸又同宗接武同朝氣誼同明日得同歸老
願一樽同醉舊溪東
傳源邵武秩滿赴京別郡守葉仲賢及諸僚友詩
溪橋秣馬曉霜天卻枉諸公勸著鞭奏績近聽身
佐郡拜恩遥想步隨仙九秋翠閣浮尊裏三載[illegible]

峯聚案前別後梅開應問訊一枝春信遞誰先
汪文盛駕回炙日早朝奉天殿誓戒詩千里巡遊
迴玉輦九重閶闔御金鑾掖垣花氣春先動閣道
寒光雪正殘樂合簫韶聞九奏禮嚴郊社擁千官
委蛇朝罷歸南省宮漏沈沈夜已闌又早朝詩天
空海國初翔雁子夜西風入敝袍雲裏鐘聲雙闕
曉秋來水勢九侯高南征未報銷金甲北狩猶煩
振羽旄此日長安徒抱病百年短髮不禁搔又歲
暮供事奉天門詩千里宸遊幸舊畿金陵長見五
雲飛隔年旌旆開元武永夜星辰動紫微天苑塵

隨司僕厩御營花映後宮衣荒村處處催夫役悵
望軍門消息稀
楊慎慶汪文盛生辰值安南款報至詩金鏻銅柱
貢函來象潛龍編道路開上將簡書回北極中丞
勛業冠南臺擬將萬舞排家宴欲取鐃歌獻壽杯
節鉞可能淹袞舄明年何地望三台
楊繼盛壽楊太夫人維宗伊母七十詩南極星臨衡岳
動北堂萱映瀟湘明漢宮瑤軸封仙檢塗水梅花
照楚城海日蟠桃開壽域天風青鳥下蓬瀛金陵
江夏隔千里西望白雲無限情

張治送汪宗元南轄詩薊門三月與君別秋盡燕山還別君異域不堪頻送遠故鄉況復怨離羣醉翁詞賦今尤重毛仲功名世所聞共羨白泉勳業舊又看三鳳在青雲

龔湜送廖東之任廣安詩連牀共飯逾三月鼇國金臺各一方愧我藍袍先換綠喜君花帶又生香甲科未遇眞由數簡命新膺迥不常西土祇今勞聖慮好將膏澤洗痍瘡

劉景韶集李于鱗宅賦退朝望西山霽雪詩禁漏曉分丹鳳闕珮聲春散紫宸班漢宮月墮金盤外燕嶠風生玉樹閒萬壑晴光連上苑千門寒色淨西山招攜況有梁園客並馬高吟踏雪還

王近詠美廖鳳寬還金詩六月披裘不拾遺稀庵拾得又還之雖蘇青史流芳譽自有行人路上碑

盧鳳來詩陶朱仁義久幽沈君到清貧志卻貧留與兒孫傳樣好家聲世世重南金

劉景韶送饒仁侃巡按山西詩桑乾楊柳拂晴雲驄馬離筵向曉分天下久稱眞御史臺中傳說舊彈文雙龍劍氣搖華嶽萬里霜威淨塞氛比歲賀蘭刁斗急捷書何日帝廷聞

胡定九日詩年年九日隔鄉關把酒看花嘆未還冬謝聖朝容放逸登高今得故園山

吳楚材癸未春闈報罷上蔡焯詩結綬彈冠事已非癡兒仍著布衣歸自憐老大馳驅苦還憶晨昏定省違三策未能舒夙願一旆何以報春暉兒歸欲效樊舟計所慮高堂又斷機

熊則楨哭熊芝岡歸櫬詩死後生前事可嗟名高翻使罪頻加宵人共妬誰憂國酷吏相遭立破家豈有素車來范式尙留元冢待侯芭東園幾樹江陵橘日暮風凋白玉花

王應斗初入侍班詩玉楯巖趨仗金河肅漸磬懸無霜入篇空擁鐵爲冠九域正多事三緘非此官誰能似蟬翼先露怯秋寒紀歸詩并引按東坡先生以元豐二年八月逮繫十二月二十九日釋貶黃州身在繫中百有餘日故寄予由詩有百日歸期恰及春之句頃余庚午八月與毛含章毛捷卿以論事被訊至臘月二十九日奉旨釋歸與先生人獄出獄時日相符私念古人不可及而先生千古之一人尤不可及所爲合轍者在此百日行藏耳笑而紀之首用其句百日歸期恰及春此詩千

載郤如新平生學古全無得獨有今朝似古人出
都詩近事多同此相傳何太驚怪雲終自幻流水
竟歸平朋舊皆憂死君王獨好生只今懷浩蕩匆
復作悲鳴抱泣因憐玉懷讒爲鑠金所欣逢濁淚
猶許適長林野店三更月孤臣萬里心不知從此
往何以答高深
前人贈楊醫士詩彫傷滿地不知春羨爾擔囊學
救人肘後有方休錯用危時先欲辨君臣
汪桂題賀季眞乞湖圖詩身到江湖都是賜鑑湖
何必賀家私祇應一乞歸湖骨萬頃風煙任所之

蒙正發秋風鳥詩小魚過秋風而化出惠州東門河　秋風催水族
應候起沈淪漸有雲霄志難忘湖海身招呼仍戀
舊毛羽忽更新微物猶騰化何須歎隱鱗
熊陽履京門贈汪幕阜詩自古豐城劍如今合屬
君西湖尋好友南浦悵離羣名士何妨老奇才不
用聞浩歌行古道天放爲斯文
饒士上雪夜彝倫堂校試限韻二首應節初霏紫
禁東英才環坐勝齊宮地皆崖玉簾知價花若雕
雲亦競工熀甲虬龍瞻柏曉騰光蝌蚪藝蘭紅誰
從黍谷吹陽律恃有東風凍盡融漏催寒色淨聽

明呵筆抽思興倍清訪趙一編稱主輔侍程千載
見師生堂中銀燭星重聚座上冰壺鑑共瑩得句
自慚非郢調大風高處鼓鏞鳴
汪際炅送子垂北上詩課兒原望上長安翻到臨
期不盡歡二十賦餐都倚膝三千風雪此征鞍祖
繩似我幾幾墜母線何人密密看行矣上林春色
麗莫忘梅屋夜燈寒
查嗣璉送米和梅明府任分水詩桑麻雞犬本仙
寰一曲桐江似帶環鑠印時看垂釣水彈琴人對
慶雲山棠陰滿地青春好花影穿簾白日閒聞說

御屏臣姓氏三年準擬寇公還
晏善澄次胡學山齊崙太守崇陽勸農詩山坳茅
舍亂如麻生計蕭條那足誇牆下未成當日樹園
頭猶稅舊時茶完納茶稅者謂之園頭　刀耕火耨行青嶂疊
嶂攢峯起赤霞末吏承流眞忝負六年缺憾愧難
遮
黃廷煜讀元史有感詩在昔有元捲蒙古燒炳乾
坤倒朽腐白雁飛來江之滸小朝廷潰無寸土立
國帆檣作安堵張陸千軍魚蝦伍紅衣不順臨以
武十三萬人奮一鼓全軍覆溺空遺虜寸木獨歸

范文虎吁嗟乎颶風號兮海水苦忠魂亟吞降將吐

萬裕澐贈傅變鼎勸應薦舉詩儒官留滯久荒城早識林宗有盛名千首正聲承雅頌百年終養謝公卿胡宮保淑召以母老辭大湖洞口探雲入天岳峯頭采藥行興孝舉廉今日事山中猿鶴莫相驚

王柏心題我泉詩草癸甲年間五古一首我誦傅子詩念亂最深切枉矢經南天蒼生盡流血薦食江沔閒宗國再淪滅惟昔重繭人痛哭秦庭徹亡國可復存豈不在豪傑寥寥千年來英風何歇絶詎知伍胥倫跧伏在巖穴負母逃山中獨全志士節雖無丈二殳綴

國奮凶孽仰天發悲歌大義肝肺熱上推姦亂萌禍始禁防裂下言鋒鏑餘未可困搜抉詩人洞先幾高識衆難埒撫事觸憂端蘊蓄偶一泄耿耿康濟心什九秘鬲鐍惜哉滯衡茅不佐前籌決天兵近掃除

國恥足振刷神靈翊

中興舟楫望賢哲將子謝邱園無爲守故轍早持經

國謨巖廊往陳列

楊鵬業諸生小滄擬秋懷詩三首商飆動林木策策悲作聲蟋蟀感悽惻不敢恣意鳴一燈耿虛室愁人病相嬰披衣强起坐斂退歸平生念彼朝華灼得時莫與京精英旣銷鑠剥復難爲情春夏各徂謝託處一朝傾微寒奪顏色憔悴非故榮大哉造物盛溫肅誠兮明淒淒屋上雨切切屋中響寂寂良夜清脉脉孤客想踟躕念已亡追逐境忽恍躡影莫許蹤捫燭苦無象地遠半庭空窗近兩耳爽纍塞收衆聲默息底獨往懷哉君子友奇文不同賞田疇各已穫曠然秋遂空村尨大夜吠始覺孤行

蹤尚寒木葉脫且忘依長松仰瞻白露下星漢移横縱𧒂妻當窗織軋軋和幽蛩閉門讀書史斂氣收長虹删蕪就翦剔實此眞實功萬物被清肅吾亦厲吾攻精理倘不具搖落將毋同

李德一詠蝨詩曾讀阿房賦斯文竟若斯我身關痛癢汝腹飽膏脂褌內闗何事灘中居亦宜有人還善射可怕貫心時

崇陽縣志卷十一終

崇陽縣志卷十二

崇陽縣志卷十二

祥占二氣兆驗五行無窮塵劫不朽珉貞掇爲道概參以言鯖蘭臺備采桑野輸誠作雜紀

災祥

崇地災祥古無考若唐天寶初之歲稔宋紹興間之兵荒書志偶見其餘蓋闕如夫吉凶之至兆端甚微呈象甚顯驗位育參贊之能待匡救彌縫之道具斯二義五行志往史所以不廢也舊志自明天順來屢經續編茲仍其例

明天順二年戊寅大旱自五月至九月不雨人相食

成化十四年戊戌六月旱饑十七年辛丑正月十九日雨不止至五月初九日十八年壬寅大有年二十三年丁未旱

宏治二年己酉大有年八年乙卯冬十一月至十二月大雪深五尺彌旬不消牛馬凍死無算野獸舉手可捕

正德四年己巳大旱民徙之四方盜起五年庚午蟲食松六年辛未夏五月雨雹水平數丈人畜多溺死七年壬申蟲食禾

嘉靖十一年壬辰蝗飛蔽天逾月乃止十八年己亥四月恆雨五月暴雨大風折木發屋六月九日大水壞廬舍七月八日震雷民有震死於野者十四日流星如盞白色少頃大如盌紅若炬火尾有芒角沒於西方有聲十九年庚子五月二十三日大水漂沒廬舍壞田地數千餘畝二十三年甲辰四月至六月不雨歲大凶小民貸借無自窘甚有小熟則羣强刈之饑者骨立散逋甯州通城負米養老弱采葛根黃花羊荷薑亥草根然蕨惟十都十一都產人日可得三升三十八年己未大饑窮

結實民採食之三十九年庚申初夏不雨五月大水傷禾稼浴河衝決四十年辛酉大歉米價騰貴

隆慶元年丁卯月光晝見下有二星隨之

萬曆五年丁丑大水入市十年夏秋不雨三十八年庚戌夏四月風霾晝晦至夜轉烈損大木無算

天啓三年癸亥六月溪水暴漲壞居民官廨人畜死者無算歲饑

崇禎十六年癸未正月朔日大晦如夜相視不見人雞犬喧跳五刻始復平江賊許定凡乘閒犯境

國朝順治二年乙酉五月闖賊百萬入崇嘯據半載人民去十之七田疇廢耕崇劫灰之災較甚賴

王師廓清釐鴻驚集三年丙戌大疫死亡無算四年丁亥大饑穀價騰貴民食草根油菜子樹皮殆盡多死亡九年壬辰五月初雨至七月十四方雨四野焦枯米貴如珠十年癸巳四月初三天雨雹狂風偃仆民居山林大木多拔十一二三四年多虎患白晝傷人道路阻塞

康熙六年丁未閏四月二夜縣市十字街火燒百二十家烈燄中有赤鳥累百朋飛而上毛羽頭足鮮明如朱先數年畢方鳥見鳥石罪人頭鳥也見

則其邑多火王應斗詩云莫是窮民萬點淚因風化作血痕飛八年己酉春惡風拔木秋雨雪冬起蟄虹見蛙鳴桃李華催耕鳥鳴雷霆連朝九年庚戌夏暴蛟突起崩淤田地成河十年辛亥旱七月穀七錢八月穀八錢幸有蕎麥民藉以安十三年甲寅吳逆三桂反雲南逆黨據岳州邑人民逃散三載始安二十七年戊辰江夏裁兵夏包子逢龍作亂自五月至七月郡邑震驚逢龍誅始安二十九年庚午夏旱饑三十二年癸酉旱無收三十五年丙子七月初十日溪溢四城俱浸三日始退四

十四年乙酉四月初五雨雹狂風拔木四十五年丙戌旱連歲人多疫四十九年庚寅多虎患連年不息五十五年丙申大水衝淤田地五十七年戊戌六月十一日雨雹大木多折大水秋旱無收雍正四年丙午暴蛟突起水浸入城五年丁未二月穀價騰貴銀一兩一石府尹臨崇懲其不法者平糶勸貸而民安六年戊申人畜多災七年己酉大旱穀價騰貴十三年乙卯夏六月旱秋熟穀價稍平

乾隆十年乙丑冬十一月大雪冰厚尺餘文廟縣署古柏俱凍死二十四年己卯六月大雨倚水大溢又六月復溢高於前三尺三十四年己丑大疫三十五年庚寅大熟三十六年辛卯有年三十八年癸巳有年三十九年甲午秋七月大風拔木四十年乙未春夏旱冬十一月初六夜大雷電四十二年丁酉五月六月大水壞民屋田多被淤邑西南尤甚四十三年戊戌大旱是年閏六月自四月不雨至九月苗盡槁穀價騰貴次年尤甚山中葛蕨掘食殆盡五十年甲辰大水五十一年乙巳大旱五十四年戊申大水

嘉慶二年丁巳冬十一月木冰被折過半三年戊午無雲而震八月青山堡愚氓業大廷等從白蓮教匪爲亂衆數百人自焚其居入夜火光燭天村民驚走邑城戒嚴越兩日四鄉起義勇併力平之七年壬戌旱九月地震八年癸亥蟲食松幾盡十二年丁卯正月初一大風自南來夏大旱十四年己巳旱十五年庚午彗星見十七年壬申旱二十一年丙子二月大雪二十五年庚辰夏秋旱

道光元年辛巳正月大雪秋有年二年壬午二月大雪三年癸未溪水常溢六年丙戌夏六月迅雷擊牛多死七年丁亥山水暴漲城中水深數尺八年戊子冬十二月大雨雷電十年庚寅大水霪雨連旬狂濤洶湧漂溺者衆十一年辛卯夏五月大水平地深丈餘田多衝決升米錢四十文貧民率老幼男女向大戶索米有積儲者羣搶奪之縣令捕其魁置之法方止秋八月有白氣如練自南流北所過有聲滿城照耀如白晝十二年壬辰大疫病者十八九死者十五六田多草宅穀石價二千二百文五月寒劉鎮鼎無家嘆云毒霧青濛濛癘雲白靡靡醞此流行災幾命如螻蟻慘閙痛哭聲

酸風吹骨髓大道少行人白晝雜鬼傀十室固九空十病亦九死鳴梟屋上巢死亡連數里又云纍纍枕邱山邱墓更誰指可憐背郭村炊煙竟不起

十三年癸巳猊食犬豕西鄉士人傅調鼎妻一產二男一女

十四年甲午夏四月大風拔木

十五年乙未旱飛蝗入境知縣王觀潮率衆捕之尋滅作捕蝗記云崇邑地狹山僻石田磽确巖棲谷汲之民敷土嶔巇舉鍤閒布種而耕終歲勤苦所獲無幾兩暘偶愆立見荒歉因之轉徙流離不保家室較他邑爲甚涖斯土者圖所以撫摩而噢咻之良

不易易也道光乙未夏旱余既齋居蕭寺徧歷名山靈湫以祈膏澤復亟請於監司緩徵以紓民力迨秋鄰邑蝗大起惴惴焉惟蔓延是懼未幾飲上仁下二里以飛蝗告幸多積山陽設法搜捕並捐廉爲挖蝻費旱餘之稼所存無多倘不致盡飽蝗腹如疢之憂庶少紓已乃懸崖峭壁人力不及之區抵春餘孽又生余復督率二里紳民攀藤附葛縋險鑿幽務盡殲乃已二里紳民不憚登陟勞瘁不惜貲助供飲食踴躍爭先俾余蔵事足徵吾崇民愿慤趨義有古鄉田同井之風焉是豈守土者之力歟實我

國家重熙累洽有以涵濡薰陶其秉懿之良固無待驅而之善也夫天災流行何國蔑有惟積誠可以回之人定可以勝之若視爲天時之適然則鄭表暇永庸及迎貓迎虎載之經籍列在祀典何以詳悉鄭重爲也今吾崇二里之紳民相助禦患如此一境安卽全境無虞俾吾崇獲有豐年慶盈甯樂安堵不致轉徙流離者實惟此舉是賴是用勒諸姓名於石彰其勞爲後來者勸

十六年丙申蟲食松殆盡秋有年冬少雪

十七年丁酉夏麥熟五月

寒自正月至五月霪雨不止六月雨少止猶寒自丙申丁酉後四五年閒城鄉婦服尖頂帽短衫衣窄底鞋行步促數城市尤甚帽俯首卽墮鞋跕步不穩識者謂爲服妖

二十年庚子春黃霧四塞晝夜不見日月凡數十日冬十一月催耕鳥鳴十二月十五夜大雷電

二十一年辛丑春霪雨夏麥熟五月烏吳山龍塘堰同日蛟起六月菌多螟冬十月邑西山民得鼠土窖中五頭共一尾烹食之十一月大雪連月不消有鴉數萬飛蔽天日其鳴哀集縣署驅之不去踰月鍾逆變作明年大兵入城

始散十二月逆首鍾人杰陳寶銘汪愲族倡亂陷城知縣師長治典史王光宇死之先是人杰以諸生健訟被革遞因連歲吏民搆訟遂至於亂大殺胥役邑民懼逼四散逃匿逆黨陷通城犯蒲圻通山二十二年壬寅春正月制憲裕提督劉統大兵入崇逆首就縛招撫流離民始復業夏大饑貧民採草根木皮以食知縣金雲門開倉平糶穀價頓減八月桐華十月桃李華十一月蛙鳴雉雊虹見大雷電二十三年癸卯春麥熟秋有年立冬日雷越日虹見冬訛傳有妖翦雞毛是年西鄉寡婦家

牝雞化雄冠鳴無距不將南鄉有女化爲男二十四年甲辰冬十月雷二十五年乙巳正月大雨雹雷電皆至二十八年戊申春苦雨青山港洪鰕居人撈之凡數百石五月有青蛙來沙坪市江右人以爲神七月十一夜四山蛟起隽水暴溢陵谷變易壞田廬無算二十九年己酉春夏霪雨五月上旬九日四大水浸壞田苗無算三十年庚戌春大荒民食草根木皮及土土出山谷中色白微綠外裹黃壤挖取礙碎如粉和以半糧可充飢俗呼觀音土麥大熟一穗雙歧且有三歧者

咸豐元年辛亥春蟲食小麥四月通城逆民王尚志聚眾滋事知縣福昌阿駐勇高梘防之妖人孟仁和自興國州至崇榜妖說惑衆典史邵汝正擒解會城伏誅西鄉民家婦一產五男皆死二年壬子秋自八月不雨至十一月小寒始雨是日雷鳴虹見粵匪由長沙竄武昌郡邑大震邑無賴子自賊中歸倡妖說知縣韓印海擒戮諸市三年癸丑春二月通城逆民羅景仁聚衆滋事三月按察使江忠源統兵駐通城十二日蒲圻新店黃蓋湖盜入崇焚桂口司天無雲而雷十四日按標營馬千

總遇賊沙坪市兵寡失利十六日江按察敗賊於上峯嶺四年甲寅春賊目咸甯人余姓從通山入崇焚縣署學宮倉廒及祠廟殆盡又有從蒲圻入者木工某本邑人爲賊鄉導殺先至賊肆行劫掠無賴不軌之徒多附之三月觀察使胡林翼參將塔齊布率軍自湖南至邑西白沙嶺十二日岳州失守軍旋湖南四月賊渠僞丞相曾添養自江右入崇五月始去僞賊目僞將軍翁姓據崇陽八月初八日塔齊布復崇陽初十日大軍拔營十三日賊復攻城是夜月暈數匝營官黃鵬程中鳥槍死知縣鈕芳津千總謝金

魁開北門出戰俱陣亡崇城復陷桂口溪水腥十
月十一援察胡率兵由方山入復崇陽分軍駐桂
口令四鄉起團局殺賊有犬哭於山家前足抱首
踞地如人啼其家以從賊敗冬十一月水大動雋
溪及四鄉池井同時籟蕩魚鰕隨躍上岸自秋至
冬不雨竹筍生高丈許五年乙卯春正月賊渠僞
丞相鍾廷宣統賊數萬復由通山入崇鄉勇同平
江勇禦賊白霓橋拔補把總何忠驥何敬椿俱平江人
陣亡鄉勇死者八十餘人城復陷越三日賊去二
月十五賊復至鄉勇同平勇堵禦糧饋不繼撤散

四月賊十數萬由崇陽趨甯州四散蹂躪鄉民不
能安居賊目會添爵咸甯人監軍崇陽六月雋水溷
羣小魚奔竄兒童舉手拾之七月下旬賊既陷甯
州從鋋子坵趨桂口築土城九月中旬布政使銜
羅澤南知府銜李宿賓自甯州逐賊至通城同知
銜何忠駿由平江來會同剋復通城崇陽羅李軍
俱駐崇城外前鋒參將彭三元保舉知縣李杏春
遇僞翼王石達開於邑東棠棣嶺力戰陣亡賊大
至羅李軍退營蒲圻羊樓洞賊兵由通城徑去六
年丙辰夏五月同知銜曾國華都司普承堯等援

江右兵經崇陽逐賊目何指揮於分水嶺賊衆盡
他竄越數日軍去賊仍據崇搜殺紳勇百餘名自
是四鄉各起團殺賊自五月至七月不雨八月梨
華九月有秋十月鄉勇驅賊白霓橋賊至益衆退
保吳城港陣亡百餘人十一月卽補道王鑫自岳
州逐賊至崇破賊屏風山下又破之於崇城外復
崇陽知縣諸鑣起四鄉團勇殺賊七年丁巳春霪
雨夏四月二麥大熟五月十九西鄉有飛蟲滿山
身麻頭赤四翼類螻蛄兩兩成配翼相連即脫是
夕大雨及旦失所在秋蝗過不爲災冬竹筍生成

林八年戊午民家雞鴨卵有三黃兼有穀兩重者
蒜一本九心秋八月十八夜初昏圓月見東方十
月梨華九年己未秋桃華松萌抽三寸許八月蟲
食菽冬十月大雨雷電十年庚申春霪雨夏或負
小兒沿村乞百家米綴五色布爲小袋云厭勝術
蓋惑衆邪說也不知所自來城鄉多效之識者嗤
焉秋鹽貴九月大水冬苦雨雪十二月二十七日
大雨自旦至夜不止寒甚十一年辛酉春羣鵲集
城上夏四月官兵逕崇陽防賊逼城五月初旬賊
目陸姓自甯州統賊數千犯通境官兵潰賊因入崇

分駐縣城桂口六月賊由邑東高堤竄甯州沿道擄人平江舉人李元度引兵復崇陽秋有妖截人髮各鄉龍燈大起十一月初十夜大雷雨十二月下旬連日大雪深數尺雋水冰堅可渡山中麂盡死桂柏櫻柞冬青等樹靡不凍枯

同治元年壬戌正月元旦大霧淞三月十八日大風拔木夏六月蝗又八月梨華葉復生十一月二十九夜大雷雹風雨二年癸亥春正月桃梨華二月大風黃沙咫尺不相辨三月隕霜爲災夏五月酷熱水蟲多死西鄉柳孝廉婦一產二男一女冬

旱三年甲子春正月初旬夜雷電越日大雪三月麥熟夏五月大水城下畈許仙祠後松樹枝葉糾結成刀矛弓矢狀六月大雨雹秋旱是年西北鄉有男化爲女學生子四年乙丑春正月十一日甚風雨雷雹大作夏四月叛將歐陽暉等以萬人徑崇陽沿途擄殺西村牛生犢一身二首六足兩尾冬積陰連月自癸亥後連年穀貴五年丙寅春二月初一村市數處紅雨西鄉楊氏婦一產一男二女三月漁人獲大黃魚於雋水百八十斤夏四月大水壞田廬橋梁五月水患亦如之東鄉民家豕生子豕身人面東南鄉有女化爲男秋旱九月霜殺

舊志但列兵荒於災祥門而用兵之人交兵之地則概從畧近十餘年邑苦於兵討賊諸公或奏績於斯或死事於斯皆不可不志考正史兵事涉崇地者不多見未便標門事在近年身歷目覩故詳紀之仍附災祥中並節錄史書二則於後備考覽云

晉惠帝太安二年癸亥三月義陽蠻張昌反以山都人邱沈爲主改姓名爲劉尼僞號漢建元神鳳其衆皆以絳科頭攢之以毛江夏義陽士庶蠭從

之攻破郡縣遣其將馬武破武昌秋八月荆州刺史劉宏遣陶侃劉恒皮初討昌於竟陵大破之昌及沈竄下雋山明年秋乃擒斬之傳首京師前見建置晉書

宋恭宗德祐元年乙亥三月湖北撫司討議官吳繼明攻通城縣復取之時崇通諸縣陷於元執縣令以歸五月吳繼明復蒲圻通城崇陽三縣加帶御器擢知鄂州將士各轉官

寺觀

巖土貞桃溪百詠涉二氏者居其半風土所尚自

昔然矣後來梵宇琳宮金碧輝煌幾與黌舍相並惡可無回瀾之思乎攺寺觀於外紀所以矯之也於災祥後因世之談祈禱懺悔者必藉二氏也臚列如左

臨溪上潛寺東郭外半里原名千佛林有汪尚書更衣亭汪姓新舊捐田供香火　五穀寺東五里在浮溪橋　道林寺橫山麓明宋瀾祖建（捐田二畝三分）（四都）後崖嶺地咸豐初寺僧靜修重建　興福寺東十二里饒仁侃讀書其中今名巖下寺　石梘寺東十五里即古龍泉院舊在古城岡陳仲微修陂

邊此鎭蛟龍巖士貞詩一窗飛雨聽龍吟是也王晴題壁詩曉乘晴旭上高林午坐寒陰過別岑狐兔未潛青野合魚龍初靜碧潭深紺園樓閣相虧蔽墨沼煙雲自古今擬把世紛歸澹泊一襟秋水共禪心王近敏詩森松堆翠半山頭百轉虛廊一刹幽馴鹿曉眠苔畔草野雲春隱竹邊樓輪蹄不礙煙痕溼澗谷深迴溪影流禁住蛟龍憑佛力寒陂十頃萬家秋汪宗凱季秋偕王二子修四弟子翰過寺分詠詩菊月征鴻度花宮並馬遊惠連重夢草王粲共登樓秋色諸天淨泉花萬象幽覺來悲幻境長嘯檢滄洲

東流寺舊名普惠前臨歐家陂明王守貞讀書其中地有聽月池養雲徑迴瀾瀨觀魚臺等勝皆守貞所自也近僧會司普善整理林壑喜與文士遊王守貞秋日獨步至寺詩雨雨風風柳岸秋歐家陂上一橫舟石橋茅屋依山靜古刹禪房傍水幽多士文章歸上國幾人車馬向東流老僧不盡慇懃意茗椀浮香若我留王甸遊寺詩與客攜筇訪淨扉東流人渡一舟微雲開老鶴頻依錫雨墜殘花易溼衣荒徑繞林松葉滑午風清座鳥聲稀躊

躇欲盡高談興更出山僧幾局棋　慧林寺一名松岡　福田寺在田洞旁（以上俱東十八里）　靈竹寺舊地僧脫解重興今廢　蘆泉寺東四十里舊地邑人汪謙吉重建　紫龜寺在鏡面山紫龜巖畔

五峯寺在五峯山一名崇雲元至正間僧普濟建揭徯斯記康熙初重修王應斗記　龜山寺在下巖（以上俱東四十五里）　寶界寺一名三峯宋治平間賜額王應斗過寺詩三峯遥帶雨痕青信馬如雲舊所經萬里煙霜縈獨夢十年燈火對疎星存亡幻迹同飛電隱見浮名類轉萍何似春風能耐久庭花

不攺別時馨　石屋寺在石坑靈女山下王應斗
宿寺即事詩避世何須遠層巒深可攀嵐飛天一
線樵闢路三彎鳥影孤雲外鐘聲萬壑閒翻憐秋
穫近不見老僧閒以上俱東五十里　中峯寺在白羊山
麓後攺雨龍庵詳下　與教寺一名興諾邑庠汪
憲祖重修後改回頭庵　古峯寺以上俱東七十里　石坑
寺東二十五里　高陂寺一名多福院東二十里
觀音寺西城內成化閒禪僧定慧建寺前有井相
傳毎日夕僧遙見女子踞其上疑其非人逼視之
女躍入井乃縋人求之得觀音像因建寺鑄鐘記

其事道光閒鐘燬咸豐甲寅寺燬今構屋數閒
西禪寺西關外里許一名定明院前有白龍池供
禱雨宋丞相李綱寓寺詩踰年去天闕長是寓僧
居雲水志方適軒裳情已疎午風吹茗椀夜月照
牀書忘我兼忘物此生眞有餘王應斗春日過寺
省兒曹諸友會課得西字過雨輕嵐映郭西曉隨
芳徑步招提樽前瑞靄酣紅樹簾外春寒漲碧溪
燈火半窗尋舊蹟鶯花十里換新題桓壇盡有焚
舟意五夜先聲破石雞　來修寺在虎巖禪僧智
耀及明經陳載古建西十里

淨剎寺一名灌溪唐元和中敕賜圓通禪師志閑
道場宋治平元年賜額嘗變爲律元祐六年復爲
禪院宋元以來經明初德昌國朝戒榮字采智耀
元文脫解諸僧先後振興寺中遺支堂寺外漚麻
池劈箭橋長松徑夯見山水古蹟津梁各門陳瓚
募修灌溪寺引大道旣隱貨力斯行洪惟我
世祖章皇帝鴻闡至教丕揚宗風一時如天童木陳老
人起自草莽應
召大內荅決五宗煌煌
天語重若璧球也毎讀北遊一集
先皇問道之閒長講臨濟堂奧有所證入及老人還山
之日大書敬佛二字并製
敕印衣盔宏覺禪師號而錫之隆重濟上一脈可謂今
古罕有矣緊惟灌溪志閑大師臨濟嫡嗣也唐乾
甯二年大行七步垂手而逝種種靈異不亞先佛
入滅明洪武初有禪師昌公者屬閑祖十九代孫
也嗚道斯山奇勛偉績猶載傳燈爍若日星昌公
去後香田法座散失民閒靈龕寶墖蕪穢荆棘蹤
余二世祖嘉猷公極力恢復遂寺有山圭之銘勒
世祀勿替又嘉靖舉人許巖公見虞公始貲買還

山然亦家常茶飯未有發明先德者故令選佛道場遂變爲狐兔之墟茲呆商和尚木老法嗣門人也卽爲開祖三十一世孫隨侍

大內激揚向上機緣法語會叨

天問勅入北遊集內

先帝賓天遂自

皇都如吳越適黃鄂沂雋水慨然斬武以爲己任以重興爲四方檀越之福田嗟夫名山其人亦在數百年以前一在數百年以後洵開祖之再來緇林之松柏矣或一切縉紳先生大官長者相與欣慕

先皇湔善之大意庶幾再造叢林於不朽云爾曹學詩

重修灌溪寺碑仰慈容於偏祖天魔攝揭鉢之圖瞻妙相於兜羅帝釋拜轉輪之座紫金光聚山河盡化琉璃青髻紋關草木都垂瓔珞散三千之花雨羣眞證道於蒲團供億萬之香煙衆祠焚修於松壑既已星移物換宜爲山水主盟況嘗谷蘊陵遷忍令煙霞板蕩崇陽邑西灌溪寺者路接桃源峯連桂口岡廻嶺複爲下雋之靈區綠繞青圍作天城之福地蓋自志閑禪師看雲卓錫傳燈初建道場築雪成龕選佛偕歸震旦溯圓通之賜敕元和之御墨猶留傳壯麗之遺碑臨濟之宗風漸振藤蘿容覆祇園獻白馬之經檜柏成圍香閣露青鴛之瓦募黃金之布地徐定岙曾此爲文勸白石以摩空黃太史於茲書額乃西來有意羣瞻金碧之莊嚴而南渡無緣漸見丹青之剝落時則德昌禪師憫諸天之顚覆空山誓願埋頭嗟勝地之衰頹淨土重開生面袈裟入覲感綸拜賜於彤廷瓶鉢還山精舍經營於紺殿望觚稜之突兀拈花開說法之壇聽唄誦之悠揚種竹補安禪之榻方喜金身丈六長留悲憫於瞿曇何期寶座無雙又嘆

凋殘於羅刹今則魚鱗傾圮夕陽無掃塔之僧鴟吻飄零春雨少聞鐘之客壞壁之妖狐競嘯長松空響梵音危梁之野鼠相喧細草誰承趺坐於時脫解上人龐眉半世澄懷看世外滄桑苦行十年習靜見山中朝槿期諸善果願發菩心珠光復耀於摩尼劫火重新於般若孤雲片石三分之色相依然翠竹疎花十笏之禪房無恙悟妙香於鐘磬紅牙象擁慈雲禮繡影於幡幢白耳龍環法雨坐松風而聽講海潮聞灌頂之音披蕉露以繙經山月照降心之偈從此臣忠子孝同遊極樂之天庶

幾人壽年豐永享菩提之福一路之蟬聲送客相
逢如在虎溪三更之鶴夢依人大定頻參鴿座但
願福田種就超彼岸以齊登行將寶篆鐫成附名
山而不朽宋任希夷題灉溪叢林詩山中只見漚
麻池山下誰知劈箭溪欲向閑公問消息金烏依
舊碧天棲明王炎至寺詩春風一路百花開踏遍
空山特地來莫道漚麻池水淺千尋飛瀑吼春雷
食肉定知非虎頟騰身自笑不爲肩相逢莫話青
雲事借我清風一枕眠又陪留宰游寺詩泥融紫
燕欲營壘日暖黃蜂爭取花試向靜中觀物化蒲

團相對坐僧家花暖不勝蝴蝶狂松閒支徑午陰
涼漚麻別自有春色鼻觀同參佛上香樽中歡伯
解人意乞取桃皮杏眼紅一笑勞生那易得回鞭
落日馬嘶風入眼山花盡笑迎雙鳧飛處雨新晴
二年踏徧桃溪路攜酒尋春只此行汪宗凱人日
同傅丁戊山人汝舟遊寺止宿詩人日珠林集春
懷此暫開松雲盤古殿蘿月映莓苔地即諸天上
人傳二妙來十年同覽眺徙倚雪峯隈釋戒榮籽
商長松徑次嚴寄庵韻根深洵是大唐栽閒踏涼
陰往復來霜幹漸疏樵不戀煙枝雖老鶴能回千

尋任倚蘿長短一色何妨雲合開漫憶克符人去
後巖公當日已餘哀崇三祖庭今惟灉溪一席近
年巖頭僧彼岸源溪相繼主講持戒俱巖鐵中錚
錚者也書之爲彼教中示勸　妙峯庵在灉溪寺
右志閑禪師建山有妙高峯故名今廢西十二里
昌國寺舊名資國一名巖頭唐乾符中全奯禪師
道場宋治平元年賜今名山谷老人書額淳熙辛
丑僧如暖振興之舒琥記并李丞相任大參諸公
筆蹟先後俱立石巖中明季僧募修方丈汪桂疏
國朝康熙間護法李明瑞捐金鼎新今久歷年所大

雄殿大半頹廢矣此寺巖壑深邃故宋碑猶存乾
隆中有不曉事僧任意剷刻淳熙碑茲照原文登
志以存眞云舒琥重興巖頭碑崇陽縣西南行五
十里有山曰巖頭實爲德山眞子清巖禪師全奯
道場也山有二巖一曰羅漢峻拔幽夐非梯崖不
可入一曰寶陀上圓而下平蒼壁抱合狀如菴廬
深五十尺其廣亦如之前若立屋以爲堂室之限
地方正與巖口等合中外可容數百衆諷誦梵唄
谷虛而應宛然撞鐘擊磬舊曰石崖山院號資國
本朝治平初元改錫今名中間禪律更易不定以

故其顯者出淯熙己亥主僧法臻嗣學清巖褱徊四顧僅見古殿如魯靈光披荆榛而進之狐兎虎狸據爲窟宅慨然曰非大福德者恐未能起此廢遂下山訪若人者以補處之洎到黄龍一見興藏僧如暖與之語大喜曰吾將以巖頭誘予矣暖不許歸謁縣大夫鄧君清卿郡將檢詳丘公宗奉疏牒且率道俗數十人輓之來暖猶有難色臻曰空巖老宿數椽誠不足以相辱得不爲清巖一動心乎暖不得已就法席鐘魚寂莫院雖有田舊令弃王君溉碑其籍而初未嘗耕也師謂其徒曰古人

拈一莖草建大法幢安有遺址巋然而不可以弃興乎願力感動檀那雲集首定華巖堂且作善知識五十三頌宗旨旣揚法堂草淨倒用祖師之印遊戲世諦之場於是百役齊舉募殿閣營香積掫經藏新廣隱堂惟雲堂雄傑獨殿衆作經始於淯熙辛丑之夏落成於紹熙庚戌之冬餘無一不就緒師□得道淨慈水庵師一爲維那僧重華帝玩意禪悅嘗召徑山心潛靈隱慧遠淨慈師一中竺中仁入侍淨慈入見有旨互相問答師問中竺見身圓月相以表諸佛體說法無其形用辨的竺顧

聃良久進云何不答話竺曰汝問阿誰師云中竺長老竺云已答了也師云金龍蓮玉馬大地盡陽春竺云爾向什麼處去師云法法不隱藏古今嘗堂堂竺云且喜領話師云龜毛拂子衲僧窺竺云兩重公案師云巖頭跨德山門便問是凡是聖山震威便喝頭便禮拜意旨如何竺云此話盛行師云喝下鐵圍山倒走草偃風行四百州竺云不妨快活師云縮卻舌頭竺云靈利衲子□□上喜□□□□仍賜以御用器淯熙乙未四月八日也是時以侍先君官在所嘗遇師西湖敘鄉曲之好迨

今□□□復見師於巖頭□□爲之嘆惋先□俗傳清巖有云冬筍咸竹吾再來矣師未至之冬出壓墻前忽有是瑞故寒溪□詩刊□□有雪滿新篁此道重光之句繼有自雪峯攜清巖畫像來者蓬髮虬髯師貌甚與類人益信其夙契也師屬予爲□造記因爲□其道業及所以不偶然於巖頭者云從事郎鄂州崇陽縣尉四明舒琬記承直郎充總領湖廣江西路財賦所幹辦公事史涓書修職郎鄂州崇陽縣主簿都夢與題蓋紹熙二年正月興藏□□維那如□知事慧堅住山傳法下缺

承議郎知鄂州崇陽主管勸農營田公事賜下缺
朝奉郎通判鄂州軍州兼管內勸農營田事劉光
祖督修大中大夫集英殿修撰知鄂州事兼管內
勸農營田使莆田縣開國伯食邑下缺汪桂巖頭
募方丈疏邑西有巖頭寺蓋古刹也其巖修廣徑
數十武貫頂皆石猶懸釜然峻潔嶙峋不受寸莖
勺水夏卻扇冬去鑪不獨可遊兼可居者余童時
癖嗜山水並已寢處其中幸十年來捧檄從舟車
之役漸得縱觀天壤名勝如匡廬之瀑華嶽之雲
峩眉之雪三峽洞庭彭蠡之波崎嶇瞻眺頗足發
舒胸中邱壑而所爲巖頭不啻醯甕視之矣逮客
遊倦還少憩里中亦復片帆下上看雲問石復理
前巖一時秋氣襲人竈竹亭繞頻伽出聽講諸幽
奇曠遠之致恍惚舉似覺與匡廬諸勝無從甲乙
而況宋忠定李公寶陁巖碑跡古色可捫且傳燈
載寺原爲唐全奯禪師祖庭已與吾雋灌溪金界
鼎峙千年又烏敢大匡廬諸勝而小巖頭耶今開
廢之餘分應以料理巖壑爲務時又有武夷之遊
而寺僧適欲募方丈於巖中分好遊者以榻余固
遊人也因躍爲之弁并舉所見聊一洗發之至若

佛因之云則有山僧廣長舌在宋任希夷題巖頭
叢林詩出塵塔下龜紋竹閣龍髯來長數叢應有
清巖來住世兩巖歷歷舊家風曹學詩初入巖頭
寺詩忽覺鐘聲落松篁滿塢蒼橋分雙樹合寺露
萬峯藏古澗生寒響空林滿夕陽不知樵路遠時
有異花香律戀和曹邑侯題壁詩面盡看雲壁忘
機度歲華談經招瘦鶴敲磬和頻伽鉢洗松間水
衣裁嶺上霞問余禪悅理一笑指天涯按寺以巖
勝詳見山志及古蹟門寺後出塵塔爲清巖藏骨
處其玉澗橋頻伽鳥龜紋竹諸勝分志津梁物產
又考康熙間先後振興是山者僧濟徹原直永山
原直有語錄傳後王應斗序藝文志失載補此永山相傳
自京師來駐錫此山後復結茆深山終焉　雪峯
庵在昌國寺西雪峯義存訪奯禪師駐錫於此久
廢
金界寺在茱萸山唐咸通中普觀禪師存制道場
宋治平初賜額其後興廢無常順治間僧智耀智
暹重新寺右浮圖藏存制骨稱普觀塔石上舊有
黃巢劍痕後更修易去其石任希夷金界叢林詩
空聞白鶴舊機緣不見紅蕖照眼鮮一自趙州蹤

撲後何人重到此山前嚴士貞題寺詩雨霽山光凝不流樹林陰翳最宜秋題詩昔有任參預採水今無老趙州曉日出雲金殿麗暮鐘敲月紫煙浮名山只在桃溪上何必區區賦遠遊禪院故有田道光間因主席久虛大衆乖戾屢年構訟知縣金雲門鹿啓烈俱斷改爲義學田久之未就咸豐己未知縣王錡節允邑紳饒應瑄黄玉周夔亮楊一鶚等請判改興賢莊田注雲路先資册詳請定例存院中者取足供香火而已○按崇邑浮屠之居在昔甚盛原其自始實衰世之頹風也有唐元和

咸通兩朝先後迎佛骨天下靡然從之以故雷封百里有三祖庭至於南唐君服袈裟臣呼和尚崇地又隸其版圖三峯九寺派演益多梵唄佛號聲聞山谷宜矣彼習其教者亦有解清淨之理顯詭異之蹤足爲士流所傾倒而邑故多顯宦解組歸田寄情方外往往留帶布金樂爲檀越亘豪舉也然以施主募首之名留貽後裔久則侵陵及於薪木爭競起於雞蟲而訟端日起不知施者捨也已捨安能復據勒募之名何得專募之利蓋由彼教式微不能自有則羣起思奪而稱檀越者先之矣

金界之田累年無主其變無用爲有用也金侯菊仙鹿侯南溪倡其始王侯竹溪成其終省吏牘之聒煩養人材之作育誠兩得之舉哉　趙州庵在金界寺右久廢趙州從諗三到採水劄禪師云我這裏一滴也無探箇什麽州無語而去一日復來師云老老大大漢何不尋箇住處州云甚麽處住得師云老老大大漢住處也不知州云三十年弄馬技今日卻被驢子撲遂結庵依止焉

壽林寺唐時建初名石堆以田內有石山巋然如鉢盂也中間變爲律宋紹興五年復爲禪又相傳

富室盧氏居此後廢其宅爲寺嚴士貞詩夜雨昔年盧氏宅春風今日梵王宮　常清寺舊名蓮池在黑石嶺下太監夏炎題寺詩寂寂松開古道場暫容仙客拂横牀老僧欲盡慇懃意林下春風茗椀香俱西三十五里　寶林寺在八斗山口舊名中巖嚴士貞題壁詩斷香浮月暮鐘微石徑生苔屐齒稀犬吠白雲知客到猿升青嶂玩僧歸空山振錫金環響深夜談禪玉麈揮一自心心相繼後空門誰更說傳衣西四十里

雷音寺在獅子巖僧鐵木鼎建蹄澗有亭乾隆間

僧象巖增飾之最爲佳境王國洽記今廢寺前後氷口有楮柏大樹二十株劉鎮淮買存護寺王國洽吼雪亭記雷音寺在華山盤鬱之中山不甚峻陂陁起伏縣亙數里許平立望之不知其有寺也緣溪口入山益窈地益深疊嶂重關殆欲自崖返復從石峽行數十步則峯回路轉砉然中開地平如掌天圓於鏡而寺適在山之北其屋皆依山爲址複殿重樓愈幽愈曠佛像莊嚴雨花璀璨閒坐最高處但見樹木交蔭林鳥弄聲幾忘在人間世諸峯如列屏如環斯抱如拱斯揖峯足有田泉皆

自田中渾渾泡泡四集於其溪溪之狹不容咫倚石爲門其下有巖若張口而嘯謂之獅子巖每大暑過之毛髮森然肌膚起粟眞紅塵中冰雪界也巖之上舊有亭跨兩岸水流其下位置甚佳而結構草草不與山稱遊者憾焉山僧象巖少時一瓢一笠禮南嶽探峩眉扁舟下九江登廬阜吳楚之奇秀皆攬而有之遡乃出錫葉萸倦而歸日坐臥亭側慨然曰是亭之荒山靈其待我乎爰伐木斷石去其舊而新之上承以板覆以瓦四面疎櫺嵌空玲瓏一望洞然壁粉如拭無纖埃其南剜石爲基搆書屋三楹設斐几數座鑪香茗椀琴囊經卷悉具可以遊可以息凡日月之送迎煙嵐之起滅雲橫東嶺爽挹西山呈巧貢技如在襟袖俯而聽泉如沸鼎如懸瓴蕭瑟如鳴琴琤瑽如戛玉瞰其巖若吐白虹若瀉紫霓千態萬狀不可殫述人忘其爲一邱一壑而以爲十洲三島閒也亭成而山之勝具矣余一日入山象巖觴之亭上請錫之名余取杜工部風磴吹陰雪雲門吼瀑泉之句題曰吼雪蓋紀泉與巖之美而兼及和尚之道力也夫洞天勝地非其時不開非其人莫之愛憶余十年

來浪迹東南遍岱岳抵淮瀆平山金焦諸處頗領其概行蹤與僧畧同而長年旅客不及一日以居思欲結香火緣以優遊於此亭何可得乎乃信天下名山水惟世外人能開之能愛之蓋造物之所甚惜而不輕以相與也然則茲山之有亭豈偶然哉

迴峯寺舊名青龍庵桂口水口山同上俱四十里

望仙寺西五十五里舊爲道士趙汪必東詩一徑松陰半畝苔望仙山色似蓬萊靈鴉翻樹時三匝瑞鶴歸巢日幾回綠圃有花多是藥循牆無處不栽梅卻憐道士遊何許輪與高僧卓錫來

護國寺在摩旗峯其地舊爲窮寇壘詳山志明天啓初僧如陽始薙荆棘建此教諭童明衡記有禪關石仙林柏浣衲盆摩旗硆諸勝近時老僧淨塵有道行謹持戒律咸豐初主講灌溪禪席文士多與往來　棲眞寺舊名西巖在棲眞嶺下宋元豐五年權縣王嶽記稱巖壑之美泉石之清幽林窮谷勝絕甲諸刹二　古塘寺臺山麓　臺山寺臺山上　半山寺臺山之半　龍坡寺久廢僅一井存中產水蟲呼龍子詳物產　妙明寺舊名暇心唐温遷約施田今寺中尚供其像　法源寺唐寺

元大德間慧通重建已上俱西七十里　廣化寺舊名眞寄西一百里　壽安寺在鳳凰山舊名延壽宋紹興間竺賢建淳祐壬子寺丞陳乘之記西北十里　石螺寺近清水鋪王應斗詩夜深煙雨正淒迷夢過前村與後溪曉起特來尋石馬詩成猶恐破金雞羅隱事　大明寺一名明福西南十里　善因寺一名塘衝西南十八里　淨嚴寺舊名林中西南十五里　大巖寺一名海會南二十里劉乾遊寺詩蔚岑古徑白雲陰梵宇人稀野草深伐鼓鳴鐘驚遠客流泉飛瀑遶幽林月高山色明空性夜靜經聲悟道心更向巖端尋勝處須與煙霧溼衣襟　唐峯寺一名唐封南五十里王近素遊寺詩清秋雲樹景成斑乘興迂行萬谷間佛嶺梵音醒舊夢鐘山霽色映酡顏村家寥落松陰斷碑石摩挲蘚篆刪漫逐野僧窮怪險洞天高處苦躋攀曹學詩題詩一徑轉修竹觚稜露樹陰禽嘗知飯熟僧老入雲深古澗甘泉味空山悟磬音勞勞薄宦客水月懺初心

古佛寺龍泉山陽南六十里　茶峯寺南七十五里曹學詩題詩未辨煙中寺鐘聲出白雲松陰隨路合竹色到門分野犬迎荒澗幽禽散曉曛忘機輸老

衲清磬妙香焚　天香寺在黃茆山槐頭砦麓旁有天香石　横山寺詰軸山下　仰山寺在集雲峯有舒樹德堂捐田二畝四分　下坑寺東南八十里

梵安古寺在北城內其址今爲學宮宗伯龐題梵安古松詩老僧何年植此松倔强曾經秦時封孤危獨立雲關外挺挺上天如蟠龍蒼髯泣露擘翠蓋日高木末花影重但見藤蘿挂兩眼老猨病鶴時相從枯楂起伏拏雲霧霜幹偃蹇摩青空月篩光鏤金鎖碎雪披髮閒冰玲瓏鱗皴剝落膚甲脫簌濤夜吼號山硿凜然冰雪色不變介若烈士懷

孤忠叢林搖落幾代謝歲晚節操孰勒功平分風月讓老栢大夫雅與蒼官同入言數株有餘食未甞一飽吟清風我來盤桓凭幽獨更爲寫出留山中 藍泉寺城內西北隅近掾藍井故名一名高峯庵 薦嚴寺舊名西塘有陳乘之詩明劉日孚重建東北七里 金蓮寺白竹山麓邑人陳冕建僧宏度所居今改爲庵諸生饒世則有詩云古殿斷碑微有字荒壇枯桂半生枝東北十里 大德寺在城岡山湯泉之右元李政茂讀書其中有記明劉景韶重修東北十三里 集福寺大集山麓一名大集寺久

廢相傳開山僧遇虎於途乘之而歸號伏虎禪師北五里 長壽寺在栢田邑人汪宗伊爲兩親祈年於此因名順治中汪樾重修王近思題寺詩葛仙峯下舊琳宮入寺尋僧一問空紫翠山深無客到巉巖石古有門遁逃禪心印前溪月伐磬聲調午夜風可許移家分一榻不妨紺宇白鬚翁 聽泉寺葛仙山下北二十里 東泉寺一名靈應明汪文盛少時讀書東泉山夢異僧書同慎二字不解其意後同楊慎登進士第始悟其靈因建此康熙間汪際炅重修北二十五里 雪屏寺北三十五里 雪峯寺在

雪峯山當蒲圻界秋糧在崇北四十里 經堂寺在白馬灣北十五里 羅漢寺在羅漢嶺下西北四十里 桃花庵東郭外半里許今廢菴基王姓所捐并菜圃餘地有契存石塘王宅 寶樹庵釋願輝藏塔於此東二里 祇園庵釋願輝建願輝邑明經戴堯天之子落髮出家順治十八年還鄉里人築庵留之從之者衆今庵廢東二十里 靈濟菴一名石坑東二十五里 白巖庵一名青峯東四十里 板坑庵東五十里 兩龍庵在白羊山麓舊爲中峯寺康熙間僧眞印一號兩龍駐錫於此故名嘗爲咸崇兩邑祈雨蘇旱後入滅於會城歸藏

塰山右武昌太守杜毓秀撰碑文 勝果庵西城外里許 香雲庵西北八里李樸山建 新化庵西二十二里烏岡山更名青松庵奉大士像闔鐵最靈太學熊祖惠捐田二斗助香火 古泉庵優婆尼所居西三十里 上寶庵在上寶山西三十里 雞鳴庵在雞鳴峯西四十里 棲雲庵八斗山深處 白雲庵在方山一名大庵康熙間開山僧搠建竹樹四圍深藏庵宇落木入廚流泉注竈邑文士多讀書其間西四十里 巖石庵方山東麓 普渡庵在方山之陰 集雲庵 青雲庵方山上俱廢 碧峯庵在

碧雲峯楊文昭建今改關西書屋(西五十里) 朝陽庵在紫雲峯久廢(西四十里) 保舟庵一名寶舟在瀛潭渡 玉龍庵在磯埠瀛潭之閒(俱西四十五里) 松庵一名十方庵僧寶亟居此(西六十里) 高峯庵佛圖陂側小山椒奉佛圖澄及涵遷約像(西六十五里) 圓明庵在伍塘僧覺悟建(西七十里) 北山庵 白羊庵(俱西三十里) 朝陽庵在朋塘道人鄧純一住持(南五里) 港東庵(南十一里) 金盆庵(南十六里) 龍庵一名泉坑僧慧模建(南十五里) 法華庵在梓木峯上 淨勝庵優婆尼所居舊名觀音寺在巖士貞先壟右(俱南四十里) 朵雲庵地名萬靈山在馬鞍山之陽(南四十五里)

華嚴庵北城外一里一名經堂劉景韶建庵旁舊多花木為遊人閒賞之所汪桂詠落梅詩野徑行歌問落梅肝腸鐵石一時摧飄零豈滅高寒韻同腐誰分冰雪胎枝上月痕無限瘦樓頭笛調有餘哀可憐青帝難為主一任東風自翦裁金綿祠華嚴庵詠桂詩并序山閒桂樹此為最盛高可百尺蔭逾三楹每逢花候斥從一至其地覺金粟垂垂香滿如來之座眞一大莊嚴境界也爰賦七言用誌厥勝云清秋簾捲一天長問桂遮來入上方亂點堦前金佈地高飄雲外月移廊昔傳仙吏名曾顯偶對華巖字亦香寄語雞牕時努力好教攀折幾枝芳夏熙臣和詩并小序己未六月有鵠灣之役信宿魯溪偶避暑華巖坐老桂下次韻云婆娑丹桂與偏長南國甘棠信可方遠接雲根歸古寺輕移月影過迴廊天風吹去聲名重仙令題來姓字香料得游人歌詠處召公憩息有餘芳郭都賢(字些菴)題壁詩負郭青山步步幽名藍深處綠雲稠傳燈不夜書同照載酒何人佛肯收話過七朝初地冷魂來一院古香留相看白首啣杯晚搖落空林作野遊 太平庵大集山上伏虎禪師道場僧德明重建(北五里) 沙塘庵(北十五里) 青蓮庵在羊角峯詳山志(東北二十里) 雙泉庵(黃沙保) 丹井庵葛仙山上道人陳曉亭重修(北二十五里) 朝陽庵壺頭山南絕頂中丞劉景韶建邑諸生汪塈讀書其上題其景有八俱誌以詩今廢 大雄庵在天門觀山後(西北二十五里) 青石庵明嘉靖初建(西五十里)

廣德觀舊在北五里朱砂橋畔後徙東郭桃花溪口唐年縣故址歷代更名不一宋紹興二年賜今額久廢 東嶽觀初在古城岡嘉靖閒移建岡左

同治甲子知縣徐元杰給示刊碑東二里 下金城
觀臨白石港即山谷書院東鄉講約所東十五里 石
鐘觀劉景韶修東二十五里 仙師觀在仙師巖側東三
十里 龍頭觀在龍頭巖畔劉景韶建康熙間重新
王應斗募引龍頭之勝在巖洞絶壁千仞峯巒迴
合石竇瀉洪波飛濤如雪聲激如雷盛夏之月坐
綠陰漱清流不知有暑似别一天地也沿蹊一罅
爲洞門門以内疊級趨下空深杳冥有旁室一間
是王眞人修道處余嘗秉燭一遊見石牀蛻骨千
載未灰探之心怖循床而入則愈下愈寬悸不敢
前人言握炬坦行如河如洲如嶼如畛不知其幾
十里厥初遇旱取水獲其底裏一瓶雨應如響嗣
是人跡亦罕到蓋蛟龍窟宅神物之所司察靈之
所護也道士之屋憑巖而居距洞不遠先日劉子
成先生開府歸捐貲修創靈宮道房備極壯麗經
今一百載孟冬燼於祝融惟三清殿一重亡恙其
餘黄冠露立眞人亦御風避煙不知其所之矣一
日道士叩余曰某等不暇爲身謀但眞人堂係開
山古蹟不敢不先務且此堂不修則正殿孤危三
清失其輔翼豈能終作魯靈光哉謹以再造之緣

乞於大筆余向癖此山奇奥聞之不覺心動又思
二氏在域中並行無悖今大雄之族遍天下精藍
碁布諸録如林而獨伯陽之徒不支一木幾令五
千言冷落偏枯於是乃役管城屬之先導諸檀那
閲是篇也有慕巖洞之勝而心神飛舞快助經營
以復舊觀是爲高致有不爲巖洞之勝而獨憫道
士之窮救丹邱之厄思著勞於紫府清都是爲善
因道士其必有所遇矣汪塈字半水布衣 冬日遊龍頭
觀詩半天雕椽枕孤巒分得龍宮草樹寒風引泉
聲霜屑玉雲封巖影日垂丸樓臺歲歲荒丹竈松
栢蕭蕭老石壇聽罷樵歌兼牧笛空餘青嶂對黄
冠 集亭觀在雙港保 文昌觀西城外朱紫臺上一
名靈應宋邑令耿宜中建歷朝屢經廢興今存屋
數間舊有程鵬程等捐田見邑志同治初程雄斗捐田八斗八升爲修葺觀後文昌閣 汪
宗元九日同人會飲文昌道院詩秋光澹澹照霞
觴細細歌聲雜管簧碧澗清泉臨古院紫萸黄菊
對重陽微風偏助登臺興短鬢何須落帽狂令節
從兹傳勝事城西奎聚應文昌 紫皇觀西三十里
四聖觀舊在縣治東百餘步至元壬午嚴眞常建
提舉宋梅洞記久廢後改建楊林畈爲講約所

天門觀在許仙巖上蛟龍藏其下流泉從階前出饒天民題壁詩琳堂曾記浹旬留又趁山中長夏幽綠樹入雲飛白鳥黃冠對我問青牛巖深松徑笙簧奏澗迥煙蘿天地浮人境從來絕塵事狂歌長伴劍仙遊俱西三十里　石城觀烏吳山前西二十四里

虎爪觀　上金城觀桂口講約所觀前石路吳世雄倡修俱西四十里　望仙觀明初改望仙寺見前西五十五里　三千觀西六十里　壽聖觀西八十里　迴龍觀在雷駱保潭頭鵝南十里　天靈觀在天靈山雩求每應甲寅兵燬霞峯道人諶禮光募修南十五里　乾陽觀在西沖陳治紀建西南二十五里　丫髻觀一名孚會南二十里

高眞祠在城內今廢雷作皴雪夜投宿祠中詩黯黯黃昏古道幽斑楊葉盡草含愁暗風忽覺吹鬅鬢飛雪還驚壓滿頭官馬夜嘶孤客店寺鐘寒度萬家樓明朝且慮輪蹄澀臥擁冰衾不自由

小洞天在吳婆塘山岡郎所構塔前屋程變昭捐山一面契存程宅　八常廟在臺橋市明正德時建里人捐田一石九斗供香火又臺橋大原茶峯保及寒泉俱有祠廟爲講約公所所供神像率皆流俗相沿稱號未便登志臺橋俗呼平浪廟村民公建大原廟傳源芳范守清及家姓分建茶峯神祠前有古柏三株又有廟俱王姓山主寒泉水口廟傅姓建

二氏之宮王政禁之而不廢豈其道清淨固有足存者乎盛明之世聖道昭如即有異說惡能搖惑人心且紺宇元宮半供文人遊眺之區藏修之所所以歷代聽其自爲興廢於其興也亦樂得吾向善之民心暇裕之民力故借物外之區以處之存之爲解世紛去殺機之一助云節舊志

坵墓

徐君之塋挂劍柳下之壟禁樵古人往矣憑弔在茲坵墓之書固宜舊志所登絕少荒煙蔓草能不朽者幾人哉茲略爲增補列諸外紀次寺觀後

唐溫遷約墓縣西七十里靈塘源侍郎胡文記〇

按靈塘源即龍潭洞一說墓在大竹原

高驤墓縣東高門嶺荒坵纍纍皆高氏冢相傳舊有碑久廢不知誰爲驤墳

宋胡汴墓縣東二十里回頭嶺相傳有金雞從墓中出詳疆域志原隰門

陰穎墓縣西神橋竹林灣

明李善墓縣西一里善將樂人洪武中尹崇詳職

官志
馮敏 馮鰲墓縣西台陂
黄珂墓縣北白竹坳
胥廣文墓縣東八里新塘嶺廣文揚州人職官志
不載闕名無考
王景昭墓縣東七峯尖回龍寺旁
周琮墓縣西龍鳳港
戴書墓縣東一里古城岡
王疇墓縣西泥套七星嶺
汪文盛宗伊父子墓縣東三十里羊港官月二山墓旁有享堂上下兩重

汪宗元墓縣南堂谿嶺
陰汝登墓在白驛佛牛形山
饒天民墓縣西一二十里棂梓園
劉景韶墓東北五里史家渡遷望天畿
饒仁侃墓縣西一二里西禪寺後
吳懋材墓桂口舒家園
汪廷鉞墓縣東乾坑楓樹垻
熊則禎墓縣南六廟嶺
劉炳文墓在史家渡

王應斗墓縣東後畈墓門鐫聯云世間不老惟
山水吾譜長留賴子孫冢中人題
聶國鉉墓縣北石龜三里許國鉉順天府尹詳僑
寓巳上俱明代墓
何嘉儒墓在北關外里許油草沖壬首丙趾嘉儒
康熙間知縣遂東人眷屬並附葬於此嘉慶末知
縣李芳樹碑
方潮墓方定國墓在油草沖二人俱把總
陳會墓在吳漢塘畔嘉慶初典史○已上道光壬
寅志稿未采者俟續登

古者族葬大約類滆澤園彌望皆馬鬣也後世尚
青烏家言佳城是卜山向是拘士大夫家尤倚爲
重於是南北山頭此疆彼界墓地之爭因之日起
茲所載大書名目防犁田之傷也墓域墓禁不書
聽夫人各守其券契邑志不爲爭訟章本也
古滆澤園三所
南峯亭在西郭外
北峯亭在北郭外汪永清護石路左咸豐四五六年間耆民周方玉收瘞陣亡官兵此處居多
天香壇在古城岡下二處俱附近僧道看守

增置義冢山

長嶺山在縣南地二畝六分零東至照湜南至塝西至大路北至嶺頭分水朝陽宮道士管

古塘山在縣西地二十九畝二分零東西俱至彭山南至本山塅北至山腳古塘寺僧看管

右二所俱乾隆二年知縣貢衮捐置

葬藪山在桂口道光中明經劉鎭嵩捐置金侯雲門記

六姑嶺東城外五里汪余徐六人捐置

袁家沖山西郭外道光庚子年太學田峙軒捐置

恩功沖山西郭外二大障仝下俱江西商人旅瘞處

白泉磡山趙姓宅旁前後二嶂

鳳凰山假山一段李四娘塘山一段二俱臺橋保江右商人旅瘞處

泉陂市吳城坪兩處古墓俱見建置古蹟門又肥田畈耕者於古冢旁得石碣鐫嚴閣老三字小港畈耕者於溝塍間挖得古棺其大倍常木未全朽前後兩當凹入如龕列明器其內從隙罅窺之髑髏甚大脛骨甚長居人為遷瘞山岡至如桂口葛某墓郭嶺鄒秀才墓皆被挖為患於人者此類指不勝屈約舉數端明夫掩骼埋胔非但王政所重抑且冥報可畏云

廣摭

諸涉傳聞事資法戒志乘所必收也崇事散見他說者逼志雜記凡登數條前已畧采大邑大夫鄉先達傳茲補録其餘為廣摭門并倣其例隨筆增訂於後足添尾續殆謂此夫

崇陽多曠土民不務耕惟以植茶為業張忠定令民伐去茶園誘之使種桑麻自此茶園漸少而桑麻特盛於鄂岳之間至嘉祐中改茶法湖湘之民苦於茶租獨崇陽無茶租民監他邑思公之惠立廟以報之民有入市買菜者公召諭之曰邑居之民無地種植且有他業買菜可也汝村民皆有土田何不自種而費錢買菜笞而遣之自後人皆置圃至今謂蘆菔為張知縣菜夢溪筆談

張乖崖為崇令一吏自庫中出視其鬢傍巾下有一錢詰之庫中錢也乖崖命杖之吏勃然曰一錢何足道乃杖我耶爾能杖我不能斬我也乖崖援筆立判判語詳本傳自仗劍下階斬其首申臺府自劾崇陽人至今傳之蓋自五代以來軍卒淩將帥胥吏淩長官餘風至此時猶未盡除乖崖此舉非為一錢而設其意深矣其事偉矣鶴林玉露

葛源字宗聖荆湖北路提點刑獄鄂州崇陽大姓與人妻謀而殺其夫州受賕出之乃使再劾劾者又受賕獄如初其弟訴之轉運使雖在事者亦莫不以爲寃復置之獄卒得其奸賕收論如法（王臨川集）

崇陽縣村巫扇狗師者能行禁禱小術而嗜狗肉以是得名最工於致雨其法以紙數十束豬頭雞鴨之供乘昏夜詣湫洞有水源處而用大竹插紙錢入水謂之刺泉凡以旱來請者命之列姓及田疇畝步具於疏内不移日雨降惟名在禱疏者得雨他或隔一塍越一塹雖本出泉處荒旱自若村

民方請禱時先持錢粟爲餉未能者至牽牛爲質及應感則賚錢贖取之所獲不鮮然但以買酒肉飲啖所居才茅屋一區而已其所刺泉穴或源水即時乾竭懼爲彼民所拒故必夜往邑宰常苦旱並走羣祠了無響答呼周使禱周曰請知縣與佐官皆詣其所須攜雨具以行恐倉卒沾濡無以自蔽宰勉從之施法甫畢大雨至（夷堅志）

崇陽胡二溪爲諸生時文名藉甚蔡汝枏官楚中問楚材於提學三石喬公三石曰以詩冠楚省者必崇陽胡子也嘉靖己酉詩本房初擬第一後不果用又三年梅林胡公監臨楚試汝枏仍掌卷簾内外閱有炙矣梅林謂汝枏曰薦士得如三石所舉始不負茲役因授内外簾所上詩卷俾翻閱之汝枏以第一卷進質梅林色喜且曰寧能於數千人中決一士爲所素望及拆封果然梅林自慶不已三石之先期汝枏梅林之臨事均可謂知人矣（道聽錄）

崇陽南鄙有鳳翅洞洞前怪石層疊一石長數丈若鳳翅然作入洞狀内銅鑼銅鼓各一土質以石擊之錚然有聲又石紋縱横井井宛如棊枰手拂

之則沒少頃復見（秋登叢語已上通志所載）按鳳翅洞今無其名詢其狀於邑人或云似指魯溪巖存以俟考

崇邑里民宋春林娶妻畢氏反目不和取憎姑舅避出中峯寺欲斷髮爲尼不果其父畢世國挈畢氏及兩幼妹潛逃入蜀復嫁鄧友雲爲妻春林控縣揖訪無踪時有監利縣女子舒氏隨伯父逃荒乞食伯父餓死中途女漂流至崇邑有里民劉以於年老無子收爲義女贅壻王家信爲室初奸徒趙龍瑞李耀山挑女謀娶女正色叱拒懷恨遂唆使春林冒認舒氏爲畢氏欲扭歸被阻兩造控縣

審斷舒氏誓死不從劉以於及王家信不敢容留
舒氏號哭覓食人皆憐之前任遣人入川緝訪未
回疑獄已數載矣余時承乏崇邑先研審公庭兩
造堅辨未決因閱洗冤錄中有夫婦滴血之語隨
令於大堂滌器貯水各刺指血王家信與舒氏血
珠入水即合而宋春林與舒氏滴入觸合即分然
春林猶强爭不已余乃微行密訪知畢氏曾住中
保尼寺數月乃密喚老尼應鍾至署訴畢氏形貌
甚悉出舒氏令認堅稱非是復潛拘春林母楊氏
問其媳形貌若一而與老尼所供脗合亦出舒氏令

認不識何人互吐出唆使官認根由乃喚春林及
趙李兩奸面質皆俯首無辭直供不諱遂令王家
信領舒氏歸疑案數年一朝伸雪復遣役往四川
訪畢氏消息於南部縣緝獲回斷令春林領去此
案益復確信無疑因離合甚奇爲作完鏡歌紀其
事寒煙亂樹啼姑惡逐婦春鳩巢寂寞畫梁燕子
正雙栖無端飛入簾櫳隙有女空山嫁練裙負薪
供爨日辛勤補屋牽蘿春聽雨灌園種菜夜鋤雲
愁顏憔悴姑嫜恚輕薄誰憐夫壻棄尼菴祝髮不
容留冷竈蓬頭偏辱詈攜家燒棧走蠶叢蜀雨分

飛巧出讒言密潛逃黄口妹擔簦遠逐白頭翁秋
月春花昏復曉琴臺歸鳳雲山杳琵琶抱去月邊
船翡翠哺成花裏鳥蜀道流離竟不還山鄉訴牒
語解蠻赤亦無從探象罔青城何處訪嬋鬟是時
別有他州女離鄉丐食衣藍縷伯父提攜殍路旁
娟娟雛鳳誰爲主漂泊愁雲落葉村關河泣盡子
規魂譍鍾老叟憐童稚豢養頻依義父恩撫鬢蓬
門年歲久西鄰贅壻歡羊酒鬢插山花聘縞綦廚
燒料葉供貧箒邪知閭里有登徒月送眉挑過酒
爐花影東牆窺宋玉桑陰南陌拒羅敷一日奸謀

羣小趁風波慘淡藍橋水商量短蜮射飛沙勾引
狂蠭爭落蕊失妻鰥客正無聊嘯聚羣狐篝火招
妄指釵頭拋白燕思將劍客盜紅綃屢屢强奪他
人婦雀角鼠牙紛戶牖窅將碧玉葬蛟涎肯使明
珠歸虎口破鏡菱花控訴因公庭白晝眯埃塵蜃
樓一任成虛幻鹿夢何由辨假眞榜掠沾衣頻拭
淚焚香空向神明誓蘼蕪錯誤夕陽迷苛藥催殘
春露墜可憐寥落竈煙空故宅雖歸痛路窮抱憤
市人爭贈米含悲疾首亂飛蓬破廟無人清夜宿
松雲暗處呼天哭化石終年伴怨魂羃盎幾載洗

冤獄大府明懸照膽臺澄清吏治肅風雷彈琴月送鴻聲去捧檄書從馬首開自笑煙霞才本拙忘餐疑案愁難決幕中賓佐盡賢明勸我琴堂親滴血碧靡清來滌黴鹽濡縷神鍼試指尖伉儷已諧雙璧合臙脂初浸半痕黏花落訟庭人似堵才民利口如簧鼓猶思入月捉蟾蜍未許閞籠放鸚鵡一鞭風雪訪茅庵膏沐曾經避佛龕蹤跡老尼還熟識形容怨婦已都諳歸來試取雙囊認面目全非呼不應張燈更喚阿婆看直吐眞情相印證獄吏捉將杻械來奸人相顧色如灰深知此日羅鴻網始向當年悔鴆媒紅輪湧出消陰晦裙布當增泥首拜風吹羅刹忽團圞霧散嵐尤交慶快鏡匣潛光惜未圓芒鞋遣役入西川玉壘初聞征雁過錦塘已獲野鴛旋兩家眷屬重完聚別後羞容無可訴提攜應甘破屋貧寒裳自恨迷途誤從來聖化重綱常茶薺同心苦可嘗挽鹿靜歸紅雨路驪雞聞入白雲鄉作歌願使愚頑警女織男耕閭閻整曲巷柴門少吠尨春郊綠滿桑麻影桃溪課鶴吟

崇民張以昇生女其妻欲溺之比鄰包某於盆中乞抱養里人夏正育爲媒許配幼子包廣忠辛

勤撫育已十四年矣己巳歲廣忠父母雙亡零丁孤苦張以昇慴其貧誘令出牧羊迎女去另嫁富室丁永亨迎娶之夕廣忠出控縣立緝到衙訊出眞情各予杖責隨命童男女於堂上行合巹禮給以卮酒花紅鼓吹迎出是日觀者如堵爲琴堂合巹歌紀之鴛鴦嬌小池塘浴驚起分飛洗碧玉東風吹縐綠漪平交頸依然遊水曲當年坐蓐泣呱呱忍棄何堪碎掌珠胞血淋漓將鬼錄離魂慘澹在須臾叩戶鄰家來老嫗呼嬰抱起憐孩孺悲憫盆中乞養回撫摩室內恩勤顧艱難乳哺幾星霜霧鬢風鬟歲月長灌園相隨提汲爨挑燈伴坐助縫裳爺娘義絕吾何有甘向貧家供井臼絡秀緣諸尚幼齡蹇修約定成佳耦撲棗鋤瓜識愛憐柴門童稚日周旋綢繆欲待星臨戶婉孌還遲髮覆額日追桑榆人漸老嚴霜忽隕椿萱槁顧影魂銷夜雨聲含悲淚盡春暉草孤兒骨立歎伶仃風雪麻鞋墓木青拾橡寒雲經野塢牧羊殘照出郊坰那知外舅憎煢獨誘取嬌娃令別宿翠袖潛迎聘玉釵羅襦月嫁歸金屋義俠曾無古押衙鳩巢拆散配烏鴉紅綃已盜崑崙客青粉空尋道蘊家可

憐訴牒聲嗚咽叩首訟庭人泣血巳悲奔月大蟾宮誰取行雲歸虎穴豪門絳蠟錦屏開繡幙剛投玉鏡臺倚竹人初啼暮雨尋花客已到天台月落正愁瓜破夕奪回眈柱無瑕璧敲門夜犬吠銀鐺匿窟妖狐驚霹靂清風鐵面凜閻羅錯愕奸人氣沮磨贍落嫣媒紅日出聲歡鵲渚彩霞邀娟娟重聚雙雛鳳交拜琴堂簾影動賜酒春卮禮已成聲花鼓樂喧相送丈人峯倒霧瀰漫蒻埽求恩法少寬簫響已終猶縹緲鏡光將碎復團圝願勸吾民風俗古縞綦伉儷安環堵玲瓏玉兎月長圓缺陷

靈鼇天可補赤繩繫定不容移笑煞錢刀愛富兒練裙遣嫁牛衣好酒肆當壚犢鼻宜從來鈿盒憑媒妁合離勿負三生約護惜金鈴連理花春寒莫使東風落 桃溪課鶴吟 仝上 俱本乾隆壬申志

吳本源明正統時人業農兄弟多人源居長其季本浩繼母生也初生時母以家貧欲不舉次兄某奉命取水將溺矣其父徬徨不忍亦不禁適源荷鋤自外歸聞呱呱聲亟呼婦趨救得活浩卽仰止孝廉高祖也取水者其後式微源子孫蕃衍多列簪纓入謁天佑長厚云

宋詩壽魚入李用庚自敘先系云政宣間家道趨盛始嫁名仕宦右族者江夏張氏孔氏蒲圻賓氏任氏咸甯陳氏崇陽高氏胡氏秦氏皆是也據此邑巨閥在宋三姓爲最今高胡尚聞有衣衿秦氏後裔存者蓋寡矣盛衰亦何常之有哉

蒲圻荆泉洞中有石田溝塍悉具居民歲時視其燥濕以占凶穰自洞門入百步別有門甚狹好事者裹糧信步而出則在崇陽之葛藤坪相去百餘里 廣輿記

黃鉝觀居城中幼時貧甚父出游母拮据營食畀

日不舉火代傭嫁針鞋底五雙僅得米一升以瓦鐺煑之或予稻餅　貝稱鑄以炊其姊持米歸甯祝母生日母留作飯出城外掇芋田黃葉爲蔬芋主大詈奪之去嘗借居城外僦館一夕母方寢若有人自外呼之趨甫出戶屋傾塌乃構茅屋三間俯首出入風雨漂搖天寒無被聯夏布裙四幅覆之其困苦如此父應試省垣僅有銀八分劃四分之一與母買薪一肩供爨十八日父亦竟以銀六分完一考往還之費其儉約又奚似哉及貴作荒雜記傳後序生平事蹟詳茲略舉一二端云

邑庠王世超以富雄於鄉夜夢虎入其宅蹲柱下明旦堂前犬羣吠出視之有客倚柱跛立一僕持刺來前上書朱軾心知應夢必貴人與之坐問籍貫則江右孝廉北上沿途抽豐過訪也具酒食款之書名刺答拜餽五十金去後十餘年世超自外醉歸跨高馬寶鞍錦障泥奚僮執鞭隨後顧語僮曰何法能使我發乎僮曰是不難三場人命兩次火再過三年便似我世超怒下馬鞭僮失足踢僮斃僮家鳴之邑宰適世超因事失宰歡遂詳大府以故殺人命論世超多計走使入京求解部駁下

改誤殺得減罪時朱公官刑部也

楊林販某營商自江北歸薄暮將抵家路遇老父呼姓名謂之曰子腰間有金若干能為乃公沽酒乎某金恰符老父言心異之又語曰非索飲聊見吾言有徵耳明年三月三九月九兩日子不利愼勿外出須切記之某唯唯至明年上巳則忘之矣出行澗岸叢薄中有虎躍出急走入人家得免因憶老父言曰九九之期當勿忘至重陽則又忘之矣是日偕同伴采樵山上日將暮衆邀下山某方坐石上敲火吸煙曰何匆匆乃爾衆不能待先下至山麓聞呼救聲則虎啣某去矣

高隄龐氏寡婦一子大不孝婦憤極輒呼天一日大雨雷擊其子跪門外婦念子死身將無靠急跪地求天帝暫時緩殛禱畢雷雨立止自是子改行克順其母得善終

傅森性仁厚好施與夜夢逋債者垂白巾於腰突入牛欄明旦牛生犢腰有白毛方如巾森對牛焚券是夕犢死命瘞諸野逾夕又夢其人淋血至求賜衣衾命視瘞犢被人掘去解之矣亟索其皮瘞之

江南某姓請乩關帝降筆判勿宰耕牛題文云湖北崇陽舉人孫鍾琇作冥司增壽一紀盍傳之某至武漢訪崇人無見此文者蓋孫公作是題未嘗出以示人也此與貴中孚戒溺女文事正相類人不見神知之可畏哉是時孫公官荆州教授道光己亥科親見其孫麗藻登賢書八十致仕歸癸卯重游泮水皆所增十二年內事其文自是行世

邑東下㠘保某姓牧童出遇虎牛護童與虎鬭虎不能勝竟去而童已帶傷斃矣牛歸戴童於角主人謂牛觸死也怒殺牛一夕主人夢牛作人言白

窺乃用佛氏教爲牛設醮誦經數日
邑西南鄉村小戶有田姓者嘉慶初習白蓮教鄉
人叔義滅其門墟其宅爲墩曰田家墩相傳明季
兵火後人煙寥落田氏之先有驢子黑夜隱身林
麓劫奪官道孤行客人所殺不可勝計墩東相去
里許有荒坵皆所瘞屍也世濟其惡其無遺種也
宜哉
胡某桂口鄭氏家丁近鄉黃姓生女不舉請瘞諸
野某掘地爲坎坎成女忽呱呱啼某曰何不早甦
貧待坎成乎竟埋之歸行數十步右眼暴裂珠垂

出寸許痛不可忍呼號數月死
官代書戴某居麗家巷破屋欹斜一夕有客出重
貲求寫狀誣人死罪多去某篝燈搦管籌思轉念
曰死生爭一字不可造次正沈吟間案前瞥見白
鬚叟蓋駭曰鬼神也吾筆可輕下哉言已叟又來
前某起就之叟趨出某尾之足才出戶一聲響危
牆傾塌壓坐案粉粹矣噫一念之善即動神鑒不
置人於死己因以得生危乎微乎某自是移家居
鄉不復充代書
西鄉村農熊旺楚薄暮行野外天大雨張傘蔽身

電光逼近雷從頭上鳴相隨不捨旺楚素樸直仰
天告曰某罪不應死於雷殆天數也擲傘於地霹
靂一聲傘碎而人無恙冒雨歸比明往視擊斃一
巨蜈蚣兩鬚長數尺許
學宮前其左有文瀾井一日天將夕地下殷殷起
聲有圓暈如金釧閃爍作電光自井口出旋轉不
定直騰向空中良久始沒道光年間事
西南村巫奉劉真人神像神名彥七相傳本邑人
解道術既歿而人神之也嘉慶中天旱雩禱神判
某日午時雨至期碧天無雲村人咸謂絕望日將

午俄見西方雲一片大如幅巾向東南行漸近漸
展幂空如濃墨雷電隨之大雨如注螺蚌青苔與
雨交下則皆儕溪潭中水也維時神像汗如蒸白
氣沖上雨止氣始收村民感其澤立廟祀之號曰
應雨
吳茂才星海徵羔書寢書齋恍惚見其先人語之
曰中堂神龕上層須子細搜尋豁然而覺念必有
異亟命子弟梯龕上無所見惟壁縫有物微露其
端鑿而出之布片裹小蛇盤屈其內外纏以五色
縷蓋匠師害人之術作宅者宜知預防也

咸豐甲寅春粵賊竄崇桂口太學楊洪鈞挈眷匿深山留老僕守門有長髮者三人據其宅向僕問主人姓名行事甚詳封鎖內戶食用有節其黨俱奉令不敢耗室中所有凡長髮者稱老兄弟衆受約束故也三人與僕相處久益親習屢懇求主人一晤僕知其意無他入山具以告洪鈞昏夜出與相見皆下拜自稱益陽人貿易長沙被賊脅從已三年無計能逃聞公高義幸脫我羅網時崇通土賊往來如織湖南防堵甚嚴道遇面生人互加刄焉洪鈞遣人送之不得去住桂口凡五閱月逮秋

胡文忠以臬司銜統兵復崇賊他竄頃之哨報有賊陷邑西箬姑山鄉勇同官兵圍剿通邑某獻所獲長髮賊則三人在其中路經桂口洪鈞聞之赴縣營救中途逢人自縣中來云適見解老賊七人立時正法救之不及矣洪鈞悵惘返越二日洪鈞坐市肆見三人薙髮翩然至大驚以為鬼三人直前揖洪鈞備道得生之故蓋七人同跪營門已斬其四忽傳新鑄臬司印到合營稱賀胡公甚喜遂蒙開釋念洪鈞義來告別也噫三人無賊心雖不幸為賊卒得免劫書之使陷賊者知所鑒焉

甲寅乙卯閒土賊成羣豕食鄉村謂之打館索銀錢酒肉不遂縛父老鞭笞之官軍復崇以次伏誅踰年邑西有人夢中見十餘賊持戈矛旗幟館其鄰內有某某皆已正法者也及旦鄰人來告夜來豬生子或無首或無足或剖腹體皆不全墮地轉側死與諸賊就戮狀無異乃知墮畜生道者皆此輩也鄉人取以餧犬

太學劉鍾澍字漢池春月拜父壙視其旁有蟻蛭穴大倍常衆蟻出入其間接續不斷惻然心傷欲取熱湯灌之轉念蟻命以千萬計斃之不仁乃焚

香拜禱曰蟻有知當遠徙無集我親側請俟三日三日不去不汝貸也至期復省墓蟻穴無一蟻

舒鼎臣茂才族人某好啖牛必宰牛無算後沾惡疾喉作牛吼聲一日為人耙田以足踏耙用力鞭牛牛怒而奔曳某折其足扶歸偃臥不能起傷處潰爛生蛆蟲痛且癢須犬舐之乃稍可久之足斷見骨而死

饒蓀庵明經家藏泉港北塾師訓蒙祖堂一童子年十四忽如中邪揮拳奮擊力敵百夫諸童辟易已而呼渡河者三云爰不得升堂揖衆不解其故

允堪庵南宅火燬移所供神像於祖堂凡村塾學
規童子晨夕出入必手捧書向北揖座間値賓客
道旁遇長者家庭見父母皆然識者謂此必神假
童言所云過河者故宅也孔聖揖者童子捧書揖
也歸像於潛南童子霍然醒觀此可知揖而捧書
是爲褻聖神不敢受況人乎書之爲訓蒙者戒
例貢生楊洪璧子十餘歲病殤悶甚一日晝寢恍
惚見其父灼雄語曰汝子在某房書櫥上層醒如
言覓之得故紙一束乃其父先年出銀爲某甲保
婚所存借券也某貧不能償久已置勿問洪璧取

投諸火已而連舉三子
甬龍庵僧眞印知堪輿康熙時爲王姓翁卜吉穴
定艮首坤趾酉訖云至五世當掄元奪魁嘉慶間
翁裔孫大猷中己卯科亞元首題出門如見大賓
四句文後比用艮坤二象與葬地山向恰符僧之
前知其神妙眞不可思議
甬龍庵門左立武昌太守杜鯱秀碑誌眞印藏塔
顛末甚詳同治丙寅夏錄其文將登志王允臣明
經以援備大釋爲病都人士疑其言遂止至八月
朔十夜戌時庵內火自作佛像禪榻一切化爲有

門棖裂碎無完石而太守一碑巋然獨存
趙繼抃明季以諸生殉難其書勁健有骨某姓藏
一幅失去數字云剪取燒灰吞服治瘧有效
村俗被盜有圓光之說其術甚妄最易生禍端不
可不察也邑在城灣某店失豬夜深然燈請術士
作術市兒環觀術士書符掌心就燈前頻放其拳
俄見燈作綠色已而復紅其光隨大日月兩曜升
沈其中有土地神引一人出乃比鄰屠者某牽豬
宰之隨有老少男婦數十輩出錢市肉頃刻而盡
諸兒具道狀闔市譁然某大呼寃屈衆唾其面某
憤極早夜焚香被髮籲天以頭搶地越數日某店
未明起有物蠢然臥門首蹴之則豬還故無恙也
此殆神爲剖白不然某寃屈死矣

補遺

疆域志補遺

沿革 封號

宋仁宗生母李宸妃封崇陽君

道路

南門踰河經吳婆塘至棠嶺垠石路同治五年太學陳楚畏倡修

桂口鎮石路同治五年劉枝晉孫鎮淮重修

山水

金紫山一名金山或云主簿采金穴崩被壓在此

山麓亦有福聖祠 仙人洞在金紫山深入歷九重凡三里許石色瑩潔成玉樹瓊枝之狀

白泉山洞同治間冬旱水竭土人然炬入行數里內多奇石

頭巾石石頂舊有茅庵路險難造鄉人張姓者栖焉王應斗有序送張鍊士歸六石即此俗傳神人驅六石渡河山童笑之石墜岸側荒誕不經之說也距頭巾石里許

石坑山土人呼月山道光間山頂石陷爲壑大畝許中涵積水不涸其深莫測

臥龜石在臥龜山巨石似龜踞山頂

隽水船埠春夏水生泊洪鐘埠再上泊石背秋冬水落泊沙坪再下泊楓樹潭天旱水涸泊石城灣以下

原隰

以村名者上新 桂口港口西四十里

以垢名者鑿垢 南三十六里 鋌子 南一百一十五里

建置志補遺

壇廟

師公祠祔三牌位妾吳氏姪女師氏及家人曹斌同時殉難并祀之 櫟山廟 長峯保亂關帝有香火田二石斗

古蹟

麾旗峯故壘相傳巨寇稱紅花太子疑即晉太安中草竊張昌之黨按史張昌以邱沈爲主改姓名爲劉尼其眾皆以絳科頭攢之以毛及敗昌與沈竄下隽山昌所據爲槐頭砦則此壘必邱沈所據紅花太子當是沈子絳頭攢毛故曰紅花也

津梁

石背渡繕渡田二石一斗五升屋三間捐田名目 黃廷煜羅達川周竹魁洪滿堂洪汝福及田姓募捐名目 黃吳鄉若冰徐賀彬阮成緒龍

李直龍光暐等

白雲渡捐田名目 沈應內魏盡善周青雲丁國一陳錫勳鄭相仕李勝頁李樂明陳麗雷清川章

洪上渡古名壺頭渡乾隆間建 首事余諒余文稱 咸豐甲寅毀義渡捐田名目 余尚澄德遜德文在貴

櫟山橋 進口呆糯修田六斗

一坑橋 崇洪保余服周建

學校

文昌閣 康熙間奉訓導徐則裕牌位詳下職官補遺

食貨志補遺

物産

桐子葉秋後采之製片可供茗飲 嘉慶道光間邑人簡光祖始造此種安化茶於江漢襄樊等處市之大獲其利

蠲賑

咸豐元年辛亥欽奉

恩詔蠲免道光三十年以前民欠錢糧雜税

同治元年壬戌欽奉

恩詔蠲免咸豐九年以前民欠錢糧雜税

同治三年甲子欽奉

上諭蠲免咸豐十一年以前民欠錢糧雜税

職官志補遺 南宋設下雋侯相

國朝知縣

金雲門 諡果毅

明學官

胥 闕名揚州人

國朝學官

金祖謙 康熙五十一年任

徐則裕 字益齋由明經司訓崇陽時教諭奉裁訓兼諭職甫涖任闢講堂置東西舍宇月之三六九日集生童校藝其中授餐致餼誨飭愷切貧者資之膏火居官三載所費逾千金悉取給家財而贄

幣脡脯諸陋規洗手不名一錢多士感激尸祝於學宫文昌閣未幾報最以詳復黜生何斌忤邑令謝病歸壽卒年僅四十有七 前已列表本漢陽縣志補傳

明典史

陳廷華 崇禎八年任

選舉志補遺

明舉人

艾 棻 字興俊中永樂辛卯科　甘如翔 中天順己卯科官杭州同知

黄 珪 字國賓中宏治己酉科官太和令　艾秀馨 字文藻中萬歷辛卯科

明貢士

汪源滔字流海　沈仲富成化貢已上俱

艾鍾垣成化十三年貢升新都令　朱時登字鏡山嘉靖貢官重慶府教授

王學元號仁宇萬歷丙戌拔貢官宛平令　甘霖隆慶貢有傳

甘以成拔貢年失考

甘霖字寅魁一字孔源由歲薦爲羅次令丁母憂歸廬墓楊梅山頂三年未嘗返舍以孝蒙旌

國朝貢士

龔廷正官雲夢教諭前已列表　王瑚肄業成均將選訓導而卒二人

黃鼇

汪兩財　劉習之選州判分發甘肅

黃德升品行端正性耽煙霞吟咏自適前已列表

國朝例貢

任燕彰字伯嶌　李鴻庚字博齋已上俱附貢

國朝武科

舒士英字節山中嘉慶辛酉科官漕務守府

國朝雜科

王士楏由監生捐授鄱陽知縣未任

盧樹芝由庠生報捐知縣分發甘肅委署篆西和縣將赴任遭兵變死會城

國朝封蔭

王煥鼇達元之父贈武信尉　石澤光甘肅兵變被害

人物志補遺

忠義

夏某龍頭保保正道光辛丑冬脫邑侯之子於難事泄被害大府命吏致祭焉

熊大興家東城外咸豐丙辰禦賊白霓橋陣亡鹿門保

傅漸居石城灣賊至走匿其父被執漸出請代行數里不屈被殺乙卯

武生汪銘相縣城帶勇一日獨行遇衆賊毆之被傷疾走得脫吐血病死

揭國琦字光臺乙丑夏遇叛勇逼脅不從撻而縛之卒以不屈見殺已上肥田保

徐運元狀貌魁梧有膂力辦團得六品銜乙卯賊至焚其廬被毆病死

王月中被賊追毆立死　龔曉與賊敵死洪橋已上湯田保

士人樂某被擄不屈死辛酉年沙坪保

張廷珍張開義俱被擄不從遇害乙卯年事

樊衛章被叛勇擄掠不從見殺進卩保

石雷霖孫廣興二人從軍甘肅陣亡四百河又石

景會死安徽石允臣死麻城俱從軍

石西團軍功六品死下巖保團局石正泮亦以局勇被害

孝行

陳孝子家邑南黄埸灣年十餘歲母殁日就墓旁慟哭久之自經墓樹下鄉人志石哀之

周可明字達照業農天眞爛漫拙世故事親以誠父畏雷聲每外出値陰雨必極力奔回依父側及殁廬墓三年其曾孫開虎字文炳母喪廬墓開𤑔

國學推財讓兄

謝金標字鴻緒處士善事親問寢視膳寒暑無違親殁結廬守墓耄年訓子孫務敦本族里稱頌

陳其式業儒家貧母老訓蒙里中離所居二里每夕歸温席嚴冬恆親爲母濯足裹幅必自滌之

篤行

王顯烈增生性渾厚居城市有山林風以高年終

陳増貴字鼎五處士禮法規躬耄年好學

柳崇基號文理早歲喪偶不再娶推産讓兄焚積券捨藥物踰八年七十尚應童試列前矛不售家人陰輸貲入監聞之盛怒遂已嘗書行狀云桂條無數芬留與後人折殁後其孫舉於鄉

尚義

魏學訓字完忠饒於財明季邑饑發梓木港積穀賑貧乏其地至今呼萬穀倉明人

周應槐正直居鄉喜義舉凶年糶穀減價息訟完婚建橋興義塾俱揮金不惜

柳鎭瑚號魯庵庠生仁厚型族里咸豐四年官營駐岳州前軍偵探至通城縛鄉民四十八人徼功强衣以賊衣衆不能辨哭聲盈路鎭瑚晝夜兼程至岳營救在返數次兵加頸者再卒賴以白衆酬金幣悉不受年六十四整冠拱手而殁鄉人哀焉

隱逸

甘白東庠生嘉靖間應試秋闈已得復失肆志林泉隱居以老明人

劉鍾瑱字東泉國學子學升俊偉俱諸生道光辛丑冬崇難作邑令命子懷印出境俊偉實左右之事平鍾瑱戒子辭賞絶口不言勞邑人高其識

壽考

王棟壽九十有六其孫賓廷夫婦俱年近九十

揭楚望字桐溪邑庠壽年八十有六無疾終

張首魁居史家渡忠厚儉約年八十有八子繼善

性耿介好善樂施年九十

甘同英號曉山庠生閉門絕俗經籍自娛年八十有八

石應詔號玉樓性高潔以品重望於鄉見年八十披卷不倦其父正清母余氏皆享高壽於道光六年春正月同日同時無疾逝

汪煥智布衣授讀爲業性渟樸一塵不染有懷葛風年八十舉壽官見年九十

雷時達年九十　恩榮壽官

王源湛字以文力學不遇居鄉尙禮法衆敬憚之

見年八十有四

楊世象舉壽官年八十有八

姜裕和年九十有二五代同堂

陳谷顯號誠古樸見年八十有八

程宗獻字文睿性剛直嚴取與重然諾交端人不伍流俗見年八十有二

丁學全年七十有一舉子其妻劉氏時年五十有三

汪正朔壽九十有一　黃瑞海壽九十

鄧悅裔壽八十有七以子楚珩同知銜援例請封

楊爲貴見年九十有一童身兒齒步履如後生

閨範

吳義文妻熊氏熊德輿女二十三歲夫故事舅姑撫孤子甘貧苦節見年八十

諸生舒金銘妻邱氏二十八歲金銘遊庠歸中途物故家貧氏矢志守節撫三孤成立備嘗辛苦見年五十有二

士人林齊望妻劉氏二十八歲夫故哀慟不食者五日矢志撫孤茹荼飲冰毀容屏飾見年近六十

丁元亮妻張氏張勝育女十九于歸二十六歲夫故事親撫子內外無閒言見年八十有三

蔡子明妻杜氏二十二歲而寡子明同胞四人皆早亡惟氏一子貧困不堪人咸危之氏矢志苦節撫孤成立見年六十有三

林友松妻廖氏廖漢臣女二十六歲夫故矢志孀居孝養翁姑義方教子見年五十有二

譚鳴岳妻汪氏汪來儀女二十五歲夫故矢志撫孤荷鋤坐機晝夜勤苦守節歷三十八年

丁學淵妻戴氏二十九歲夫故家貧矢志撫孤年

四十時病疫氣絶經宿就殮復甦僉謂天繇其算
也見年七十有六
庠生劉樹珊繼室田氏太學田開文女二十歲夫
亡撫姪爲後苦節彌堅
劉致中妻陳氏陳開道女二十餘歲夫亡矢志孀
居禮法律身詩書督子守節歷五十餘年
太學劉述之妻吳氏二十九歲夫亡守志不渝持
躬勤儉督子讀書見年四十有九
士人田正銓妻王氏王大猷女幼嫻姆訓言笑不
苟二十歲夫故矢志守貞撫繼子爲後見年逾五

十
沈新隆妻饒氏飽世光女二十九歲夫故家貧守
節撫孤成丁見年八十有三已上節婦
程宗獻繼室譚氏舅老年臥病氏與夫奉湯藥不
離側衣衾垢穢每日親爲浣濯三年不懈舅彌留
時曰死當佑汝氏壽七十有一子大鵬郡庠
馮開勳妻夏氏天寒爲姑温席喜推解鄉鄰貧婦
仰之已上孝婦
汪炳章妻黃氏年六十侍炳章病躬自服勞飲食
如廁乘涼暴日掖坐負行病者自忘體廢也子定

基童蒙就塾黎明風雨督氏負之咸嗟其瘁
庠生熊洪猷繼室陳氏治內有法閨閫肅然督子
會心出從師師遭急難挈老小男女依之極力維
持卒保無恙僉稱巾幗丈夫會心旱歲舉於鄉妃
賢母
王麗氏王達元母 贈孺人命婦
王曰纘妻劉氏壽百歲五代同堂知縣高贈額次
子棟補載壽考
王顯烈妻汪氏壽年九十
丁尚聘妻聶氏母儀足式見年九十有四子孫蕃

衍已上壽母
饒俊位妾金氏家貧隨夫就食監利夫病故遺四
子艱難萬狀或勸改適曰無以對吾夫也攜子歸
崇事嫡汪氏如事姑汪病臥牀數月浣濯便穢慇
懃不怠族里嘉歎節孝婦
龔義才妻萬氏萬兆滿女幼育於姑饒氏同治丙
寅冬姑病沈重氏割左臂肉烹調以進姑食之病
頓痊孝婦

藝文志補遺

經部

周易變通解十六卷訓導萬裕澐著司訓黃岡舉人言讀易在崇今十載以研易名齋是書歷兵火稿燬數是以變通二者解易辭象謂伏羲之卦以太極爲本生生爲用文王之卦以乾坤爲本變通爲用上繫聖人設卦觀象繫辭焉而明吉凶剛柔相推而生變化蓋變通者聖人觀象繫辭所本也以變通解易本諸孔子是書之義雖若近於荀虞實自悟得之其說較荀虞爲精密也

集部

耕心堂詩草孫鍾琇著

餘編

教諭晏承烈桂口修路碑崇四圍皆山也在易艮象爲山爲徑路爲小石山多石則路利用修路在山則修仍賁乎石艮下爲漸由磐而逵路斯通焉桂口在邑西路達數省其街衢舊皆甃石乃乾隆丁卯劉君士函所修邑侯曹震亭記之詳矣自是百餘年輪蹄往來非復舊時坦履至咸豐癸甲後迭年粵匪張甚出入咸甯類多盤踞桂口市闠所砌石遭其殘毀天雨昏黑行路多艱山風之蠱山澤之損山地之剥水山之蹇殆兼有其象歟同治丙寅歲其後裔白安别駕恐墜先緒捐金二百有奇運石興工不數月而路仍其舊遠近咸嘉賴之洵可謂世濟其美勇於爲善者矣今夫席先人之舊業倉千箱萬坐享豐盈乃聲色玩好之娛服飾豪華之奉不禁任意揮霍或告以先世之所營建若者傾圮宜修若者坍缺宜補往往極其吝惜漠然不介於懷至於塵市通衢輒諉諸僉馹者流瞻顧因循日復一日欲其相濟增修終不可得觀於劉氏之世德相承其積愧而生勵否耶邑人士恐其久而湮也屬予記其事予聞白安生平樂

於爲善如施棺以免暴露濬池以惠鱗潛其功德之所及甚多不僅此一事也而卽此率由前軌化崎嶇爲坦道有敦艮厚終之象焉因亟爲書之使山居之人咸知至善之途而各得所止則尤予所厚望也夫

崇陽縣志卷十二終